suhrkamp taschenbuch
wissenschaft 1977

Mit der Beschleunigung des sozialen Lebens in der Moderne ändert sich auch die Art und Weise, in der der Mensch »in die Welt gestellt« ist. Hartmut Rosa analysiert aus unterschiedlichen Blickwinkeln die Veränderungen in der Welterfahrung, der Weltbeziehung und der Weltbearbeitung moderner Subjekte. Dabei entsteht umrisshaft das Programm einer kritischen Soziologie, in deren Zentrum die Bestimmung derjenigen sozialen Bedingungen und Voraussetzungen steht, die eine gelingende individuelle und kollektive Weltaneignung möglich machen.

Hartmut Rosa ist Professor für Allgemeine und Theoretische Soziologie an der Friedrich-Schiller-Universität Jena sowie Direktor des Max-Weber-Kollegs in Erfurt.

Im Suhrkamp Verlag sind erschienen: *Beschleunigung. Die Veränderung der Zeitstrukturen in der Moderne* (stw 1760), *Soziologie – Kapitalismus – Kritik* (stw 1923, mit Klaus Dörre und Stephan Lessenich), *Beschleunigung und Entfremdung* (2013) sowie *Resonanz. Eine Soziologie der Weltbeziehung* (2016).

Hartmut Rosa

Weltbeziehungen im Zeitalter der Beschleunigung

Umrisse einer neuen Gesellschaftskritik

Suhrkamp

Bibliografische Information der Deutschen Nationalbibliothek
Die Deutsche Nationalbibliothek verzeichnet diese Publikation
in der Deutschen Nationalbibliografie; detaillierte bibliografische Daten
sind im Internet über http://dnb.d-nb.de abrufbar.

4. Auflage 2021

Erste Auflage 2012
suhrkamp taschenbuch wissenschaft 1977

Umschlag nach Entwürfen
von Willy Fleckhaus und Rolf Staudt
Druck und Bindung: C. H. Beck, Nördlingen
Printed in Germany
ISBN 978-3-518-29577-9

Inhalt

IV. Schlussfolgerungen:
Auf dem Weg zu einer Soziologie der Weltbeziehung

Einleitung

Ist es möglich, mit den Mitteln der modernen Sozialwissenschaften und auf der Basis der Einsichten der Sozialphilosophie eine *Soziologie* des guten Lebens zu entwerfen? Deren Aufgabe bestünde nicht darin, anzugeben, was die Ziele, die Werte oder die Inhalte eines gelingenden Lebens sind – diese zu bestimmen ist ein Anliegen der *Philosophie* des guten Lebens, doch sprechen gute Gründe für die Annahme, dass sich solche Ziele, Werte und Inhalte allenfalls formal bestimmen lassen –, sondern in der Identifizierung der sozialen Voraussetzungen und Bedingungen eines solchen Lebens.[1] In dem vorliegenden Band möchte ich die Umrisse, Möglichkeiten und Grenzen einer solchen Soziologie aus verschiedenen Blickwinkeln versuchsweise ausloten. Als Ausgangspunkt für die Organisation des Materials dient mir dabei die Vorstellung, dass sich die Frage nach dem gelingenden Leben als eine Frage nach dem Weltverhältnis oder der Weltbeziehung des Menschen reformulieren lässt und dass diese Weltbeziehung stets sozial, kulturell und historisch vermittelt ist. Der Begriff der ›Weltbeziehung‹ meint dabei die Art und Weise, wie Menschen *in die Welt gestellt sind* oder, besser: in der sie sich als *in die Welt gestellt* erfahren. Diese Stellung oder auch Haltung der Welt gegenüber umfasst sowohl die eher passive Seite der *Welterfahrung* als auch die aktive Weise des menschlichen *Eingreifens* in die Welt; mithin also sowohl die Beziehung zu dem, was den handelnden Subjekten ›entgegenkommt‹, als auch zu dem, was es ›zu tun gibt‹. In dieser (in der Grundintuition durchaus phänomenologisch inspirierten) Perspektive erscheint ›die Welt‹ dabei zunächst als alles, was ›begegnet‹, also als objektive, soziale und subjektive Welt zugleich. Anders als in Philosophie und Anthropologie üblich, geht es mir bei der Entwicklung dieser Fragestellung nicht um die ›allgemein menschliche‹ Weltbeziehung, weniger um die Conditio humana per se, als vielmehr um die Frage nach den kultur- und gesellschaftsspezifischen, den milieu-, alters- und

1 In ebendiesem Sinne habe ich mein Buch über *Beschleunigung* in der Moderne als einen (bescheidenen) Beitrag zu einer solchen Soziologie des guten Lebens bezeichnet, vgl. H. Rosa, *Beschleunigung. Die Veränderung der Zeitstrukturen in der Moderne*, Frankfurt/M. 2005, S. 66f.

geschlechterspezifischen Differenzen in der Form solcher Weltbeziehungen. Dass in einer Gesellschaft, deren Wirtschaftssystem kapitalistisch und deren Weisheit wissenschaftlich organisiert ist, die Subjekte durch eine andere Weltbeziehung charakterisiert, ja: konstituiert sind als in einer Agrargesellschaft, oder dass ein Waldarbeiter buchstäblich auf eine andere Weise in die Welt gestellt ist als ein Wissenschaftler oder ein Tänzer, scheint mir ebenso trivial wie in seiner Bedeutung unerforscht zu sein.

Der gemeinsame, wenngleich nicht immer explizit gemachte Fokus der folgenden Untersuchungen liegt nun in der Vermutung, dass die Frage, unter welchen Bedingungen menschliches Leben gelingt, sich übersetzen lässt in die Frage nach der Qualität oder den Qualitäten der jeweiligen Weltbeziehung und dass dabei ein fundamentaler, ja kategorialer Unterschied besteht zwischen einem Modus des *In-die-Welt-gestellt-Seins*, bei dem diese Welt (in der subjektiven, objektiven und/oder sozialen Dimension) dem Subjekt als ein antwortendes, tragendes, atmendes ›Resonanzsystem‹ erscheint, und einer Weltbeziehung, der jene Welt als stumm, kalt und indifferent – oder sogar als feindlich – erscheint. In der Traditionslinie der Kritischen Theorie, aber auch weit darüber hinaus diente lange Zeit der Begriff der ›Entfremdung‹ als Chiffre für diese letztere Form der Welterfahrung. Entfremdungstheorien (in materialistischen wie existentialistischen Varianten) identifizieren dabei das Stumm-, Fremd- oder Indifferentwerden der Dingwelt oder der Natur, der Sozialwelt oder sogar der eigenen leiblichen und psychischen Existenz als Kern einer (sozial verursachten oder aber unvermeidlichen) pathologischen Weltbeziehung. Dieses Konzept ist im weiteren Verlauf der sozialphilosophischen und soziologischen Debatte jedoch nach und nach aus der Mode gekommen. Diskreditiert wurde der Entfremdungsbegriff dabei insbesondere dadurch, dass ihm als gelingende Form der Weltbeziehung die Idee der ›Eigentlichkeit‹ oder Authentizität entgegengesetzt wurde, die ihrerseits mit der Vorstellung entweder einer ›wahren‹ Natur des Menschen (und daher einer ›richtigen‹ Form des menschlichen Lebens) oder aber zumindest eines feststehenden ›inneren Kerns‹ des Individuums verknüpft ist.[2] Weil sich diese Vorstellung aber als

2 Vgl. dazu etwa die Arbeiten von R. Schacht, *Alienation*, Garden City 1971, und R. Schacht, *The Future of Alienation*, Urbana 1994. Siehe auch R. Jaeggi, *Entfremdung. Zur Aktualität eines sozialphilosophischen Problems*, Frankfurt/M., New York

kaum haltbar erwiesen hat, machen jüngere Arbeiten den Versuch, dem Zustand der Entfremdung nicht die Eigentlichkeit oder Authentizität, sondern nur die Idee der Autonomie, der Selbstbestimmung, entgegenzusetzen.[3] Weltbeziehungen und Weltaneignungen gelingen nach dieser letzteren Auffassung dann, wenn Menschen sich selbst zu bestimmen und selbstbestimmt zu handeln in der Lage sind. Wenngleich vieles für diese Rekonzeptualisierung spricht, reicht sie meines Erachtens nicht aus, weil sich einerseits insbesondere unter spätmodernen Bedingungen vielerorts beobachten lässt, dass just die Ausweitung und Steigerung von Selbstbestimmungsmöglichkeiten und die Verminderung von Begrenzungen und Abhängigkeiten zu neuen und verstärkten Entfremdungserfahrungen führt, während andererseits die Auffassung, dass alles menschliche Leben, das nicht im modernen Sinne als selbstbestimmt verstanden werden kann, als entfremdet zu gelten habe, schlechterdings unplausibel ist. Hinzu kommt, dass das Autonomiekonzept meines Erachtens in einer unübersehbaren Spannung zu anerkennungstheoretischen Ansätzen steht, die Entfremdungserfahrungen eher dort identifizieren, wo sich Subjekte als minderwertig, als missachtet oder wertlos erfahren, und deshalb der Entfremdung tendenziell das Konzept der Anerkennung entgegensetzen. Deshalb möchte ich vorschlagen, dem Zustand oder der Erfahrung der Entfremdung nicht länger den Autonomie- oder den Authentizitätsgedanken entgegenzusetzen und auch nicht den Zustand der Anerkennung und Wertschätzung, sondern *das Konzept der Resonanz*: Gelingende Weltbeziehungen sind solche, in denen die Welt den handelnden Subjekten als ein antwortendes, atmendes, tragendes, in manchen Momenten sogar wohlwollendes, entgegenkommendes oder ›gütiges‹ ›Resonanzsystem‹ erscheint.

Anerkennung ist dabei ohne Zweifel eine (wichtige) Ermöglichungsbedingung von Resonanz, wenngleich Anerkennung und Resonanz nicht identisch sind: Wenn Person A von Person B wertgeschätzt oder sogar geliebt wird, bedeutet das keineswegs, dass sich zwischen A und B eine Resonanzbeziehung einstellt. Diese

2005, und H. Rosa, *Alienation and Acceleration. Towards a Critical Theory of Late-Modern Temporality*, Malmö, Arhus 2010.

3 Zentral dafür die Arbeiten von Jaeggi, *Entfremdung*, und von M. Seel, »Ethik und Lebensformen«, in: M. Brumlik, H. Brunkhorst (Hg.), *Gemeinschaft und Gerechtigkeit*, Frankfurt/M. 1993, S. 244-259.

entsteht erst und nur da, wo A und B sich ›berühren‹, wo sie in eine Beziehung des wechselseitigen Antwortens eintreten. Darüber hinaus machen Subjekte Resonanzerfahrungen aber auch außerhalb der Sphäre sozialer Interaktion. In der Moderne haben sich die Sphären der Ästhetik und der Naturerfahrung als Resonanzsphären sui generis etabliert: Wer etwa von Musik zutiefst ergriffen, berührt und erschüttert wird, wer auf diese Weise einen Moment des ›Einklangs‹, der ›Tiefenresonanz‹ zwischen sich und einer (wie immer gearteten) akustischen Welt ›da draußen‹ erfährt, macht eine Resonanzerfahrung – ebenso wie der- oder diejenige, die unter den Sternen am Meeresstand oder bei Sonnenaufgang auf einem Berggipfel die Welt ›atmen hören‹. Als eine weiterhin wirksame zusätzliche Resonanzsphäre kann darüber hinaus der Bereich der religiösen Erfahrungen gedeutet werden: In Gebet, Lied oder Abendmahl beispielsweise ›erfahren‹ (christliche) Gläubige ein antwortendes ›Du‹, eine Beziehung zwischen Subjekt und (Über-)Welt, die über eine instrumentelle oder kausale Wechselbeziehung hinausgeht.[4] Dass sich in allen dreien dieser Sphären (Ästhetik, Natur, Religion) die Resonanzerfahrung nicht manipulativ sicherstellen bzw. fixieren lässt – dasselbe Musikstück, die identische Szenerie, das gleiche Ritual, welches ein Subjekt an einem Tag bis ins Innerste ergreift, kann es am nächsten Tag völlig ›kalt lassen‹ –, macht dabei deutlich, dass wir es hier mit einem Moment der Subjekt-Welt-Beziehung zu tun haben, das über instrumentelle, kausale und/oder epistemologische Relationen hinausgeht.

Daraus lässt sich der Gedanke formulieren, dass menschliches Leben (zumindest momenthaft) dort gelingt, wo Subjekte konstitutive Resonanzerfahrungen machen, dass es dagegen misslingt, wo Resonanzsphären systematisch durch ›stumme‹, das heißt rein kausale oder instrumentelle Beziehungsmuster verdrängt werden. Sofern Resonanzbeziehungen sich nur dort ausbilden können, wo die Aneignung oder Anverwandlung von Weltausschnitten gelingt, kann dann das Fehlen von Autonomie und/oder sozialer Anerkennung, insbesondere unter den Bedingungen der Moderne, weiterhin als eine zentrale Ursache für Entfremdungserfahrungen gelten.

Wenn die Beiträge in diesem Buch daher unter der organisierenden Idee einer Analyse von ›Weltbeziehungen‹ zusammengeführt

4 Einschlägig dafür: M. Buber, *Das dialogische Prinzip*, Gütersloh 2001.

werden können, so ist damit ein Thema bezeichnet, das zwar in enger Verwandtschaft zur Disziplin der *Wissenssoziologie* steht, diesen Titel und diese Zuordnung aber insofern nicht verdient, als es nicht oder zumindest nicht primär um eine ideengeschichtliche oder weltanschauliche Untersuchung des subjektiven oder kulturellen Weltverhältnisses, ja letztlich überhaupt nicht um die kognitiven oder propositionalen Gehalte moderner Subjekt-Welt-Beziehungen geht. Auf dem Prüfstand stehen also nicht das Weltwissen oder auch nur die ›Mentalitäten‹ moderner Subjekte, sondern ihr Weltverhältnis (und damit unvermeidlich auch: ihr Selbstverhältnis) per se, und dieses ist stets und primär ein leibliches, emotionales, sensuelles und existentielles und erst danach ein mentales und kognitives. Weltbeziehungen können mithin im Sinne der angedeuteten Überlegungen ›stumm‹ oder ›resonant‹ sein, und sie können dies ohne Zweifel in mannigfaltigen Formen und Mischverhältnissen, die zu untersuchen eine ebenso reizvolle wie schwierige intellektuelle Herausforderung darstellt, da bisher weder die Philosophie noch die Psychologie oder die Soziologie dafür über ein geeignetes analytisches Instrumentarium zu verfügen scheinen.

Der vorgelegte Band ist indessen noch nicht der Ort für die systematische Entfaltung dieser Idee. Er kann jedoch als breit angelegte Vorstudie für eine solche umfassende ›Soziologie der Weltbeziehung‹ dienen, indem er auf unterschiedlichen Wegen die kulturellen, politischen, aber auch ökonomischen Kontexte und Differenzen moderner Weltbeziehungen und die methodischen Schwierigkeiten bei der Verfolgung dieser Konzeption exploriert.

Gerade weil die Arten und Differenzen menschlicher Weltbeziehung sich nicht auf Unterschiede der kognitiven Repräsentation von Welt reduzieren lassen, erfordert ihre Analyse die Rekonstruktion kultureller Lebensformen als Ganzen. Erst in dem Ensemble aus Institutionen und Praktiken, aus Sprache und Habitus und den durch sie erzeugten Emotionen und Interaktionen formt sich die historisch und kulturell je spezifische Weise einer Weltbeziehung. Um einen Sinn für die Differenzen zwischen solchen Weltbeziehungen zu gewinnen, sind komplexe hermeneutische Operationen erforderlich, die es erlauben, mit den Mitteln der Sprache die Unterschiede auch in den nichtsprachlichen Modi der Welterfahrung, Weltaneignung und Weltbearbeitung spürbar werden zu lassen. Der erste hier aufgenommene Beitrag »Lebensformen vergleichen und verstehen« knüpft an das Paradigmen-Konzept des Wissenschaftshistorikers Thomas S. Kuhn und an Überlegungen Charles Taylors an, um die Grundlinien eines solchen hermeneutischen Verfahrens herauszuarbeiten. Charles Taylors Philosophie dient dabei als wichtiger Ankerpunkt und als Inspirationsquelle nicht nur für diesen, sondern auch für die übrigen Beiträge des ersten Teils dieses Buches – und darüber hinaus auch für die Idee, Resonanzerfahrungen zum Ankerpunkt einer Analyse der Bedingungen gelingenden Lebens zu machen.[5] Tatsächlich liegt in ihr, wie ich im zehnten Kapitel zu zeigen versuchen werde, die innere Verbindung zwischen meinen an Taylor orientierten früheren und den ›beschleunigungsdominierten‹ späteren Arbeiten.

Die Lebensform der Moderne in ihrer umfassenden Gestalt wird dabei in besonderem Maße von der Vorstellung ihrer politischen Gestaltbarkeit bestimmt: Seit der Aufklärung entwickelte sich (zunächst in Europa und Nordamerika, dann aber auch weit darüber hinaus) die Politik – und insbesondere die demokratische Politik – zum zentralen Instrument der Aneignung oder ›Anverwandlung‹ der kollektiven Lebenswelt. Im Modus der Politik werden die kollektiven Strukturen gleichsam ›zum Sprechen‹ gebracht; die soziale Welt bildet für die Bürgerinnen und Bürger demokratischer Gemeinwesen insofern eine Resonanzsphäre, als sich ihre geteilten Werte und ausgehandelten Entscheidungen darin widerspiegeln, weil sie sich in die Institutionen gleichsam *einbringen* und in ihnen *wiedererkennen* können. So jedenfalls lautet die Kerneinsicht des republikanischen und kommunitaristischen Politikverständnisses. Dem steht indessen ein stärker liberal-individualistisches Politikverständnis gegenüber, dem zufolge der Staat und die öffentlichen Institutionen gerade nicht als ›Resonanzsphären‹ für die Bürger missbraucht werden dürfen, sondern hinsichtlich deren unterschiedlichen und pluralen Identitäten und Wertvorstellungen als

5 Taylor entwickelt die Resonanzidee – eher unsystematisch und gleichsam en passant – in seinem neuen Opus magnum *A Secular Age* (2007; dt.: C. Taylor, *Ein säkulares Zeitalter*, Frankfurt/M. 2009), wenngleich sie von Beginn an in seinem Werk angelegt scheint; vgl. dazu ausführlich: H. Rosa, »Is There Anybody Out There? Stumme und resonante Weltbeziehungen als monomanischer Analysefokus im Werk Charles Taylors«, in: M. Kühnlein, M. Lutz-Bachmann (Hg.), *Unerfüllte Moderne? Neue Perspektiven auf das Werk von Charles Taylor*, Frankfurt/M. 2011, S. 15-43.

neutral, unparteilich und unbestechlich erscheinen müssen: Indifferenz erscheint dem liberalen Politik- und Gerechtigkeitsverständnis als ein Vorzug und nicht als ein Problem der politischen und rechtlichen Institutionen. Damit aber, so lautet das im zweiten Beitrag entwickelte Argument, könnte es zusammenhängen, dass die tatsächliche Wohlstands- und Chancenverteilung in den entwickelten Gesellschaften nicht den Gerechtigkeitsvorstellungen der Bürger folgt, sondern ›blinden‹ (kapitalistischen) Sachzwängen und dass sich Entfremdungsgefühle gegenüber den Strukturen des Gemeinwesens ausbreiten, welche die Form einer wachsenden ›Politikverdrossenheit‹ annehmen.

Der dritte Beitrag versucht, die individuellen und kollektiven Elemente des menschlichen ›Weltverhältnisses‹ einerseits und seine kognitiven, ideengeleiteten sowie die habitualisierten, ›verkörperten‹ oder emotionalen Momente andererseits systematisch zueinander in Beziehung zu setzen. Ausgehend von der für die hier wiedergegebenen Studien grundlegenden Einsicht, dass Selbst-Welt-Beziehungen stets das Ergebnis konstitutiver Selbst- (und Welt-)Interpretation sind, entwickelt er ein konzeptuell angelegtes ›Vier-Felder-Schema‹ der Selbstinterpretation. Die Weltbeziehung von Subjekten wird demnach gleichermaßen bestimmt (1) durch ihr reflexives Selbstverständnis (›Identität‹), (2) durch ihre verkörperte, habitualisierte, zu einem großen Teil unbewusste Welthaltung, (3) durch die institutionellen Kontexte und die sozialen Praktiken, an denen sie partizipieren und in die sie eingebunden sind, und (4) schließlich durch die Selbstbeschreibungen und Leitbilder der kulturellen Gemeinschaft, der sie zugehören. Diese Konzeption legt den Gedanken nahe, dass tiefe Resonanzerfahrungen in jenen (seltenen und unvermeidlich transitorischen) Momenten entstehen, in denen sich diese vier Ebenen in Übereinstimmung befinden – dass aber Entfremdung aus der dauerhaften Unvereinbarkeit von habitualisierter und expliziter, institutionalisierter und politischer Selbst- und Weltdeutung resultiert.

Nach der in diesen drei Beiträgen versuchten konzeptuellen, methodischen und theoretischen Grundlegung einer Soziologie der Weltbeziehung widmet sich der zweite Teil der hier vorgelegten Studien verstärkt der Analyse der spezifisch modernen Form des Subjekt-Welt-Verhältnisses. Den drei folgenden Beiträgen gemeinsam ist dabei die Überzeugung, dass die Art und Weise, wie moderne

Subjekte die Welt erfahren und sich in der Welt bewegen, grundlegend bestimmt wird durch die *Steigerungslogik* der modernen Gesellschaft. Das fundamentale Charakteristikum dieser Gesellschaft ist die Tatsache, dass sie sich nur dynamisch zu stabilisieren vermag, was bedeutet, dass sie nicht nur kontingent (in besonderen Situationen), sondern strukturell und dauerhaft auf Wachstum, Innovationsverdichtung und Beschleunigung angewiesen ist, um sich in ihren Strukturbedingungen zu erhalten und zu reproduzieren. Dies führt zu einer fortwährenden Dynamisierung (und damit zugleich zu einer Ent-Ontologisierung) des modernen Weltverhältnisses: Die Beziehung des modernen Subjektes zur Dingwelt, zur Sozialwelt und zu sich selbst ist fundamental dadurch bestimmt, dass sich jene Welten in permanenter Veränderung und immer schnellerer Bewegung befinden. Von elementarer Bedeutung für die alle Formen und Sphären der modernen Weltbeziehung durchdringenden Dynamisierungs- und Steigerungszwänge ist ohne Zweifel das dominante Wirtschaftssystem der Moderne. Nicht nur Karl Marx, sondern auch Max Weber, als sein soziologischer Antipode, hat auf dieses konstitutive Grundfaktum für jede Form moderner Soziologie hingewiesen, als er den Kapitalismus als die »schicksalsvollste Macht unseres modernen Lebens« bestimmte.[6] Das vierte Kapitel unternimmt daher den Versuch, die (weitgehend verborgenen) Wirkungsweisen und Einflussmechanismen dieser ›marktpaternalistischen Schicksalsbeziehung‹ aufzudecken und ihnen – gewissermaßen als kollektive Selbstschutzmaßnahme – das Konzept eines demokratisch-deliberativen ›Auto-Paternalismus‹ gegenüberzustellen. Damit soll zugleich die spezifisch kapitalistische Form der Weltbeziehung genauer bestimmt werden.

Die Beiträge über »Modernisierung als Beschleunigung« und »situative Identität« betonen demgegenüber expliziter die *Zeitlichkeit* der menschlichen Weltbeziehung. Die Art und Weise, wie Menschen – individuell und kollektiv – in die Welt gestellt sind, wie sie sich selbst und die Welt erfahren und wie sie sich Welt aneignen, sich in ihr positionieren und sich bisweilen auch vor ihr zu schützen versuchen, hängt elementar davon ab, wie sie *in die Zeit gestellt sind.* Die Moderne ist aber dadurch gekennzeichnet, dass sich diese Beziehung systematisch und kontinuierlich verändert

6 M. Weber, »Vorbemerkung«, in: M. Weber, *Die protestantische Ethik I. Eine Aufsatzsammlung*, hg. von J. Winckelmann, Gütersloh [8]1991, S. 12.

durch jenen Prozess, den ich in einem früheren Buch als Prozess der *Beschleunigung*[7] interpretiert habe. Im fünften Kapitel versuche ich daher noch einmal deutlich zu machen, warum jene in der Soziologie oft als ›Modernisierung‹ apostrophierten Veränderungen in der epistemischen und ökonomischen, sozialen und emotionalen, politischen und ästhetischen Weltbeziehung als ein seit nunmehr fast dreihundert Jahren andauernder Vorgang sozialer Akzeleration beschrieben werden können, ja müssen. Daran anschließend geht dann der sechste Beitrag der Frage nach, wie dieser Beschleunigungsprozess mit jenen Entwicklungen zusammenhängt, die sich unter dem Stichwort der Individualisierung beschreiben lassen, und welche Konsequenzen sich aus ihm für die Möglichkeiten und Zwänge individueller Identitätsbildung und Lebensführung ergeben. Die aktuelle Form subjektiver Weltbeziehungen, so lautet die dort entwickelte These, ist wesentlich bestimmt durch das spätmoderne Stadium einer entfesselten Beschleunigungsdynamik, der gegenüber inhaltliche bzw. ideelle und normative Fragmente und Differenzen der Selbstbestimmung geradezu als sekundär erscheinen.

Damit aber ist der Punkt erreicht, an dem die soziologische Zeitdiagnose und Moderneanalyse in eine *kritische Theorie der Gesellschaft* übergeht. Die beiden Beiträge des dritten Teils versuchen daher die Umrisse einer kritischen Theorie der Zeitverhältnisse zu entwerfen. Das siebte Kapitel unternimmt dazu den Versuch, das gesellschaftskritische Potential der Beschleunigungstheorie explizit in die Traditionslinie der Kritischen Theorie zu stellen und dabei deutlich zu machen, welchen Beitrag jene zu den beiden großen aktuellen Versionen dieses intellektuellen Unternehmens – Honneths Kritik der Anerkennungsverhältnisse und Habermas' Kritik der Kommunikationsverhältnisse – zu leisten vermag. Darüber hinaus unternimmt dieser Beitrag aber auch den Versuch, die beschleunigungsbedingte Veränderung unserer Beziehung zu den Dingen und zu den Menschen, mit denen wir interagieren, zu den Räumen und Orten, an denen wir leben, und zu unseren eigenen Wünschen, Werten und Bedürfnissen auf ihr Entfremdungspotential hin zu analysieren. Die Dynamisierung unserer Weltbeziehungen, so lautet die dabei entwickelte These, unterminiert tendenziell die Neigung und die Möglichkeit, sich Weltausschnitte (in Erfahrungen) ›anzu-

7 H. Rosa, *Beschleunigung.*

verwandeln‹ und Resonanzbeziehungen aufzubauen – und steigert damit die Wahrscheinlichkeit von Entfremdungserfahrungen: Die beschleunigt erfahrene und durchschrittene Welt bleibt tendenziell ›stumm‹. Dass diese Form der Weltbeziehung indessen weniger eine Frage individueller Einstellungen oder kultureller Werthaltungen als vielmehr eine Folge sozialstruktureller Dynamisierungsimperative ist, möchte der achte Beitrag deutlich machen. Dieser identifiziert das Wettbewerbsprinzip als die zentrale Triebfeder der neuzeitlichen Dynamisierungs- und Beschleunigungslogik. Indem die Konkurrenz zum zentralen Allokationsmodus wurde – nicht nur die ökonomische Verteilung folgt ihrer Logik, sondern generell die Vergabe von Positionen und Privilegien (in der Politik, in der Wissenschaft, der Kunst etc.), aber auch von Freundschaft und Beziehungen und von Status und Anerkennung –, ist es der modernen Gesellschaft gelungen, die materielle und die soziale Welt buchstäblich in Bewegung zu versetzen und darüber enorme Wohlstandsgewinne zu erzielen. Der Preis dafür ist jedoch eine permanente Beunruhigung, deren Unerbittlichkeit sämtliche Sphären menschlicher Weltbeziehung immer stärker zu ›kolonialisieren‹ scheint.

Im vierten und letzten Teil des Buches plädiere ich daher für den Versuch einer – positiv an der Möglichkeit von Resonanzerfahrungen und negativ an der Idee einer Vermeidung strukturell verursachter Entfremdung orientierten – Revision der spätmodernen Weltbeziehung. Leitidee ist dabei die Vorstellung einer gelingenden ›Wiederaneignung‹ oder ›Anverwandlung‹ von Welt – einerseits, kollektiv, im Modus demokratischer Politik, welche noch immer das Versprechen der Antwort- oder ›Resonanzfähigkeit‹ der kollektiven Strukturen und Voraussetzungen unseres Lebens birgt, und andererseits, individuell, durch den Entwurf einer veränderten Konzeption gelingenden Lebens. Lebensqualität, so versuche ich im zehnten und letzten Beitrag zu zeigen, hängt nicht vom erreichten oder erreichbaren materiellen Wohlstand und auch nicht von der Summe an Lebensoptionen ab – sondern von der Möglichkeit zu und vom Reichtum an Resonanzerfahrungen. Bei diesem Beitrag handelt es sich um meine bisher unveröffentlichte Jenaer Antrittsvorlesung aus dem Jahre 2006. Sie enthält, wenngleich in überaus holzschnittartiger, vorläufiger und tastender Form, wesentliche Kernelemente einer Soziologie der Weltbeziehung, wie ich sie in meiner nächsten Monographie systematisch entwerfen möchte.

I. Konzeptuelle Grundlegungen

1. Lebensformen vergleichen und verstehen

Eine Theorie der dimensionalen Kommensurabilität von Kontexten und Kulturen

I.

Was sind die Voraussetzungen dafür, dass wir sagen können, wir hätten in Kontexten der Verständigung einen anderen Menschen, eine andere Kultur, eine differente Weise des (wissenschaftlichen, moralischen oder ästhetischen) Denkens und Handelns *verstanden* und seien daher in der Lage, ein vergleichendes Urteil über unsere eigene und die fremde Situation, Denkungsart oder Handlungsweise zu fällen? Was könnte den kategorialen Boden für ein solches Urteil bilden? In welchen Fällen stellt die Aufgabe eines derartigen Verstehens und Vergleichens eine ernsthafte Herausforderung dar, und unter welchen Bedingungen vollzieht sie sich nahezu ›von selbst‹?

Solche Fragen sind traditionelle Kernfragen der philosophischen Hermeneutik. Ich möchte im Folgenden im Anschluss an Überlegungen des Wissenschaftstheoretikers Thomas S. Kuhn und des kanadischen Sozialphilosophen Charles Taylor ein Modell der *dimensionalen Kommensurabilität* von Verstehenshorizonten vorschlagen, das vielleicht ein wenig Licht in das nach wie vor recht undurchdringliche Halbdunkel jenes Problemzusammenhangs zu bringen vermag.

Eine fundamentale Schwierigkeit im Hinblick auf die menschliche ›Grundoperation‹ des Verstehens – gleichgültig, ob es sich auf Kulturen oder Lebensformen, auf Formen der Moral, ästhetische Stilrichtungen oder sogar auf Wissenschaftsauffassungen richtet – besteht zweifellos darin, dass sie sich stets auf dem Boden eines holistischen Geflechts von Auffassungen, Begriffen, Überzeugungen, Bewertungen, Annahmen und Fragestellungen vollzieht. Jeder auf diese Weise gebildete Verstehenshorizont scheint einerseits zwar ›universalistisch‹ insofern zu sein, als er den gesamten zur Disposition stehenden Phänomenbereich abdeckt, sieht sich andererseits aber anderen, ebenso holistischen Verstehenshorizonten gegenüber, welche denselben Phänomenbereich mit Hilfe *anderer* Auffassungen, Begriffe, Überzeugungen, Fragestellungen und Handlungsweisen erfassen, die sich gegenüber den eigenen insofern als *inkommensurabel* erweisen, als es keinen neutralen Standpunkt gibt, von dem aus die jeweiligen Vor- und Nachteile abgewogen werden können oder bei abweichenden Phänomenbeurteilungen oder inkompatiblen Handlungsweisen über richtig und falsch entschieden werden könnte. Mit der *Inkommensurabilität* von Verstehenshorizonten ist dabei nicht einfach deren *Inkompatibilität* gemeint, wie häufig fälschlich angenommen wird.[8] Die Aussagen »Das Spiel beginnt um 18 Uhr« und »Das Spiel beginnt um 20 Uhr« sind inkompatibel, aber nicht inkommensurabel. Inkommensurabilität sollte daher definiert werden als das Verhältnis zweier Systeme, deren Begriffe oder Bedeutungseinheiten sich nicht adäquat, das heißt nach den Vorgaben der logischen Einschließung, Ausschließung und Überschneidung, ineinander übersetzen lassen, so dass sich das im einen System Intendierte nicht restlos in der vorgegebenen Begriffs- und Bedeutungsmatrix des anderen Systems darstellen lässt. Sie kann dann natürlich (und wird es häufig) *Inkompatibilität* implizieren, wenn es eine Hinsicht oder eine Reihe von Konsequenzen aus diesen Systemen, Perspektiven oder Horizonten gibt, derentwegen sich nicht beide zugleich einnehmen oder vertreten lassen. Besteht eine solche Art von Inkommensurabilität zwischen zwei Systemen (Lebensformen, Kulturen, Theorien), ohne dass sich eine absolute Entscheidung zugunsten des einen oder anderen begründen lässt, so rechtfertigt dies nach Bernard Williams[9] die Verwendung des Begriffs *Relativismus*.

Die Abwesenheit einer neutralen Metasprache oder eines Standpunktes, von dem aus sich unterschiedliche Verstehenshorizonte vergleichen oder überblicken ließen, und die daraus resultierende ›Partikularität‹ alles Verstehens begründet im Anschluss an Wittgenstein, Gombrich und Kuhn die These von der ›Priorität des Paradigmas‹, sie liegt auch Hans-Georg Gadamers Einsicht in die (universale) Rolle der ›Vorurteile‹ als nahezu *transzendentale Bedingung des Verstehens* zugrunde.[10] Alles Verstehen ist demnach unauf-

8 Vgl. etwa C. Taylor, »Rationality«, in: C. Taylor, *Philosophical Papers*, Bd. 2, *Philosophy and the Human Sciences*, Cambridge/Mass., New York u. a. 1982, S. 134-151, hier S. 144.

9 B. Williams, »Die Wahrheit im Relativismus«, in: B. Williams, *Moralischer Zufall. Philosophische Aufsätze 1973-1980*, Königstein/Ts. 1984, S. 143-154, hier S. 144-147.

10 H.-G. Gadamer, *Wahrheit und Methode. Grundzüge einer philosophischen Hermeneutik*, Tübingen ³1975.

hebbar kontextgebunden, weil es Fragen generierende Vorstrukturen voraussetzt, welche »die Blickbahnen des Verstehens im Voraus bestimmen«.[11]

Das Kernproblem, mit dem ich mich im Folgenden befassen möchte, wird deshalb nicht sein, wie Verstehen überhaupt, das heißt vom festen Boden *eines* bestimmten Paradigmas oder Verstehenshorizontes aus, möglich ist, sondern wie sich das Verstehen und a fortiori die Verständigung *zwischen unterschiedlichen Paradigmen oder Horizonten* vollziehen könnte.

Zunächst liegt hier natürlich die Vermutung nahe, dass es die Phänomene oder die Fakten des in Frage stehenden Phänomenbereiches selbst sind, welche die Vermittlung zwischen konkurrierenden Paradigmen oder Verstehenshorizonten leiten und Inkommensurabilitäten zumindest dort, wo sie zu Inkompatibilitäten führen, auflösen können. Während es offensichtlich ist, dass ein solches vergleichendes Verfahren im Hinblick auf die Gegenüberstellung von Moralsystemen, ästhetischen Auffassungen oder Kultur- und Lebensformen auf große Schwierigkeiten stößt, vor allem hinsichtlich der Bestimmung der relevanten Fakten, scheint diese Annahme insbesondere im Bereich der klassischen Methodologie der Naturwissenschaften plausibel zu sein, die ja auf der Überzeugung beruht, dass die Falsifizierbarkeit von Hypothesen im Experiment eine unvoreingenommene Entscheidung zwischen konkurrierenden Forschungsprogrammen ermöglicht. Daher ist es von besonderem Interesse, dass eine Wissenschaftstheorie wie diejenige des Physikers Thomas S. Kuhn[12] eine entscheidende Wende in der postempiristischen Wissenschaftstheorie insofern einleitete, als sie auch und gerade für die Naturwissenschaften die *Priorität des Paradigmas* nachzuweisen versuchte. Ich möchte nun im Folgenden zunächst anhand einer Rekonstruktion des Kuhnschen Paradigmenbegriffs die kategorialen Strukturen holistischer Verstehenshorizonte gleichsam exemplarisch am Beispiel der Wissenschaft herausarbeiten, um daran anschließend und in Anknüpfung an Überlegungen Charles Taylors gewissermaßen eine Ebene tiefer

11 J. Grondin, *Einführung in die philosophische Hermeneutik*, Darmstadt 1991, S. 151.

12 Jedenfalls soweit sie in seinem 1962 erschienenen bahnbrechenden Essay *Die Struktur wissenschaftlicher Revolutionen* niedergelegt ist. T. Kuhn, *Die Struktur wissenschaftlicher Revolutionen*, Frankfurt/M. [10]1989. In seinen späteren Schriften nahm Kuhn einige seiner radikaleren Thesen wieder zurück.

zu steigen und nach der Struktur der konstitutiven Verstehenshorizonte von Kulturen oder Lebensformen zu fragen. Von dort ausgehend werde ich dann mein Modell *dimensionaler Kommensurabilität* entwickeln, um die Möglichkeit und die Voraussetzungen interkontextuellen und interkulturellen Verstehens und Sich-Verständigens auf dem Wege einer *Horizontverschmelzung* zu erkunden. Abschließend möchte ich einige Überlegungen dazu anstellen, wieso eine so begründete Arbeit an den Grenzen des je eigenen Horizontes für moderne westliche Gesellschaften möglicherweise eine Aufgabe von höchster Dringlichkeit darstellt.

II.

Der Grundgedanke von Kuhns *Struktur wissenschaftlicher Revolutionen* besteht darin, dass eine wissenschaftliche Gemeinschaft konstituiert und geleitet wird durch den Besitz eines gemeinsamen Paradigmas. Solche Paradigmen haben dabei sowohl eine kognitive als auch eine normativ-soziale Funktion. Aus diesem Grunde sind sie mehr als einfach nur *Begriffssysteme*.[13]

Paradigmen strukturieren und, wie Kuhn in einer eigenen Wahrnehmungstheorie zu zeigen versucht, *programmieren* in gewissem Sinne sogar unsere Erfahrungen. Sie selbst bleiben daher der (zumindest direkten) empirischen Überprüfung entzogen, während das mit einem Paradigma *Verglichene* durch den Vergleich verifiziert oder falsifiziert wird. In *kognitiver* Hinsicht kann ein Paradigma als »System von Überzeugungen ontologischer, erkenntnistheoretischer und methodologischer Natur verstanden werden, durch das die generellen Ziele, Möglichkeiten und legitimen Vorgehensweisen wissenschaftlichen Arbeitens festgelegt werden«.[14] Ein Paradigma definiert und generiert also die wissenschaftlich zu

13 Zur Diskussion der Vorzüge und Gefahren des Paradigmenkonzeptes in den Sozialwissenschaften vgl. H. Rosa, »Paradigma und Wertbeziehung. Zu Sinn und Grenzen des Paradigmenkonzeptes in den Sozialwissenschaften«, in: *Logos* 2 (1995), S. 59-94.

14 J. Falter, »Die Behavioralismus-Kontroverse in der amerikanischen Politikwissenschaft. Ein Beispiel für die Übertragung von Thomas Kuhns Theorie wissenschaftlicher Revolutionen auf sozialwissenschaftliche Entwicklungsvorgänge«, in: E. Topitsch, *Logik der Sozialwissenschaften*, Königstein/Ts. [10]1980, S. 423-448, hier S. 425.

bearbeitenden und relevanten Fragen und bestimmt das, was als zulässiger Lösungsweg gelten kann, sowie das Spektrum möglicher Antworten auf Forschungsfragen. Implizit enthalten sind dabei auch ontologische Annahmen über den Aufbau der Welt und die in ihr vorhandenen Einheiten sowie eine Konzeption dessen, was ›wichtig ist‹ oder ›worauf es ankommt‹ in dieser Welt. Entscheidend ist dabei allerdings, dass Paradigmen nicht über formallogische und theoretische Regeln, Systeme und Entwürfe konstruiert werden, sondern zunächst immer von konkreten wissenschaftlichen Lösungen, das heißt einzelnen paradigmatischen Musterbeispielen (*exemplars*)[15] ausgehen. Methodologien und metaphysische Annahmen werden aus solchen in der wissenschaftlichen Praxis entwickelten Musterlösungen *abgeleitet* oder sind implizit in ihnen enthalten oder mit ihnen verknüpft; sie werden aber nur in Krisenzeiten, in denen sich eine Disziplin ihrer Grundlagen unsicher geworden ist, explizit formuliert und theoretisch reflektiert.

In der Terminologie Kuhns lassen sich somit drei Abstraktionsebenen des Begriffs unterscheiden. Die konkreteste Verwendung von *Paradigma* begegnet, wie dargelegt, in der Bedeutung von ›Musterbeispiel‹ (*exemplar*), modellbildender Einzellösung. Für die mittlere Abstraktionsebene hat Kuhn in seinen späteren Arbeiten den Begriff der *wissenschaftlichen* oder *disziplinären Matrix* vorgeschlagen.[16] Diese Matrix umfasst die genannten Musterbeispiele, also die ›untere‹ Ebene, aber auch symbolische Verallgemeinerungen, heuristische und ontologische Modelle, welche den Wissenschaftlern bevorzugte Analogien und Metaphern liefern, sowie die maßgebenden normativen Orientierungen, die verbindliche Urteile darüber erlauben, was als wissenschaftliche Fragestellung und Lösungsmethode zulässig und relevant ist. Sie liefert somit die Methodologie und das Instrumentarium für den geordneten Forschungsgang der ›normalen Wissenschaft‹, wie sie vor allem über die Lehrbücher vermittelt werden. Der Ausdruck ›disziplinär‹, den Kuhn einführt, weil die Matrix »der gemeinsame Besitz der Ver-

15 Dies ist auch die ursprüngliche Bedeutung des griechischen Terminus παράδειγμα.

16 T. Kuhn, *Die Struktur wissenschaftlicher Revolutionen*, S. 189 ff., und T. Kuhn, »Neue Überlegungen zum Begriff des Paradigma«, in: T. Kuhn, *Die Entstehung des Neuen. Studien zur Struktur der Wissenschaftsgeschichte*, hg. von L. Krüger, Frankfurt/M. [3]1974, S. 389-420.

treter einer Fachdisziplin ist« und durch ›Gruppenfestlegungen‹ bestimmt wird,[17] weist dabei natürlich schon auf die soziale Dimension von Paradigmen hin. Auf der höchsten Abstraktionsebene, aber eben erst dort und nicht von vornherein und ausschließlich, besitzen Paradigmen einen *metaphysischen* Charakter; sie sind hier Weltanschauungen oder Weltbilder. Dies besagt, dass jedes Paradigma mit einer ganz bestimmten »Art und Weise, die Welt zu sehen und die Wissenschaft in ihr auszuüben«, verknüpft ist. Denn jede Wissenschaft muss, bevor sie tätig werden kann, gewisse Grundannahmen machen hinsichtlich Fragen wie: »Welches sind die Grundbausteine des Universums? Wie wirken sie aufeinander und auf die Sinne ein? Welche Fragen können sinnvoll über diese Bausteine gestellt [...] werden?« Daher gründet normale Wissenschaft zwangsläufig »auf der Annahme, daß die wissenschaftliche Gemeinschaft weiß, wie die Welt beschaffen ist«.[18] Wie bereits bemerkt, geht Kuhn hierbei davon aus, dass solche Paradigmen sogar unsere Wahrnehmungsprozesse zu steuern vermögen. Dies erklärt die ›Priorität des Paradigmas‹ vor aller wissenschaftlichen Beobachtung und Überlegung. Die genannten drei Abstraktionsstufen stehen dabei natürlich in einem wechselseitigen Abhängigkeitsverhältnis: Veränderungen auf der einen Ebene können – oder müssen in manchen Fällen sogar – auch Veränderungen auf den anderen Ebenen nach sich ziehen. Modifikationen des Weltbildes können so zu einer Anpassung der disziplinären Matrix und eventuell zu einer Neubestimmung kanonischer Musterlösungen führen, während bahnbrechende Einzellösungen umgekehrt Rückwirkungen auf die Methodologie einer Disziplin und eventuell auch auf das in ihr angelegte oder aus ihr hervorgehende Weltbild haben können. In der Regel setzen jedoch nach Kuhns Modell der Wissenschaftsentwicklung Veränderungen an den konkreteren Ebenen ein und wirken dann zu den abstrakteren fort.

Weil es nun aber (synchron und diachron) unterschiedliche forschungsleitende Paradigmen gibt und weil diese Paradigmen nicht nach einem formallogischen Algorithmus miteinander verglichen und bewertet werden können, so dass es keine eindeutigen Verfahren gibt, mit deren Hilfe man die Überlegenheit eines Paradigmas gegenüber einem anderen beweisen könnte, ist die soziale Dimension

17 Kuhn, »Neue Überlegungen zum Begriff des Paradigma«, S. 392.

18 Kuhn, *Die Struktur wissenschaftlicher Revolutionen*, S. 18-20.

von Paradigmen neben der kognitiven von entscheidender Bedeutung. Da jedes Paradigma seine eigene Sprache, seine eigenen Rätsel, Lösungswege und Rationalitätsstandards produziert – nicht zufällig hielt Kuhn zeitlebens an der Idee fest, dass diejenigen, die unterschiedlichen Paradigmen folgen, in ›verschiedenen Welten‹ leben[19] –, kommt es beim Versuch transparadigmatischer Verständigung zu massiven Kommunikationsstörungen. Die Begriffe verschiedener wissenschaftlicher Gemeinschaften sind genuin inkommensurabel in dem oben dargelegten Sinne,[20] weil Theorien, Daten und Sprache in einem komplexen Interdependenzverhältnis stehen: Paradigmen treffen nicht nur eine unterschiedliche Auswahl und Gewichtung der jeweils für relevant erachteten Fakten, sondern sie konstituieren diese Daten (wenigstens zum Teil) erst, indem sie die Wechselwirkung zwischen Stimulus und Empfindung (mit-)bestimmen.

In einem noch unbekannten Ausmaß ist die Herstellung von Daten aus Stimuli ein erlernter Vorgang. Nach dem Lernen ruft der gleiche Stimulus ein anderes Datum hervor. Ich komme zu dem Ergebnis, daß Daten zwar die Minimalelemente unserer individuellen Erfahrung sind, aber gemeinsame Reaktionen auf einen gegebenen Stimulus nur bei Mitgliedern einer verhältnismäßig einheitlichen Gemeinschaft: einer Ausbildungs-, einer wissenschaftlichen oder einer Sprachgemeinschaft [sic!].[21]

Wie beim Phänomen des *Gestaltwechsels* von Vexierbildern, bei denen der Betrachter etwa einmal eine Vase und dann, ohne Übergang, plötzlich zwei Gesichter sieht, so verändert sich daher auch die Welt des Wissenschaftlers nach einem Paradigmenwechsel.

19 Ebd., S. 123 ff., und T. Kuhn, »Afterwords«, in: P. Horwich (Hg.), *World Changes. Thomas Kuhn and the Nature of Science*, Cambridge/Mass., London 1993, S. 311-341, hier S. 314 ff.

20 »Inkommensurabilität liegt […] dann vor, wenn auch die Welt, vermittelt durch eine andere Struktur des Lexikons, nach der Revolution anders strukturiert ist als zuvor.« Diese Definition Hoyningen-Huenes (P. Hoyningen-Huene, *Die Wissenschaftsphilosophie Thomas S. Kuhns. Rekonstruktion und Grundlagenprobleme*, Braunschweig, Wiesbaden 1989, S. 212, vgl. S. 197 ff.) lässt meines Erachtens die von vielen Kuhn-Interpreten vertretene These, Kuhn habe seine Inkommensurabilitätstheorie vor allem im Hinblick auf die ›Verschiedene-Welten-Frage‹ nach der *Struktur wissenschaftlicher Revolutionen* grundlegend geändert, implausibel werden; vgl. dazu auch P. Horwich, *World Changes. Thomas Kuhn and the Nature of Science*, Cambridge/Mass., London 1993.

21 Kuhn, »Neue Überlegungen zum Begriff des Paradigma«, S. 404.

Der Übergang von einem Paradigma zu einem anderen enthält deshalb nach Kuhn – und dies hat entscheidend zu seiner kontroversen Popularität beigetragen – auch in den vermeintlich so harten Naturwissenschaften ein psychologisches und soziales Moment der ›Bekehrung‹. Im normalen Fortgang der Wissenschaft sichert eine paradigmengeleitete Scientific Community rigoros eine einheitliche Sozialisierung, wissenschaftliche Orientierung und interne Strukturierung und lässt Abweichungen nicht zu. Mit anderen Worten, sie sorgt dafür, dass ihre Mitglieder nicht die falschen Fragen stellen oder falsche Methoden verfolgen. Wissenschaftliche Revolutionen, die dann eintreten können, wenn eine Disziplin in eine Krise geraten ist, in der ihre Standards in Frage gestellt werden, sind daher stets eine Folge gruppendynamischer (sozialpsychologischer) Prozesse, wobei Kuhn wissenschaftliche Rationalität nicht normativ-absolut, sondern jeweils soziologisch bestimmt sieht: »Wissenschaftliche Kenntnisse sind wie die Sprache das Gemeineigentum einer Gruppe, oder es gibt sie nicht«, lautet eine seiner zentralen Einsichten.[22]

In späteren Arbeiten hob Kuhn zunehmend die konstitutive Rolle der *Sprache* für die paradigmengeleitete Tätigkeit einer wissenschaftlichen Gemeinschaft, die er als *Diskursgemeinschaft* begriff, hervor. Paradigmen können daher als ›Begriffsnetze‹ verstanden werden, welche die Welt auf je spezifische Weise konzeptualisieren. Solche Begriffsnetze – und damit die Bedeutung einzelner Begriffe – sind dabei nicht nach formallogischen Ein- und Ausschlusskriterien bestimmt, sondern über *Ähnlichkeitsrelationen* (auch hierin folgt Kuhn Wittgenstein). Die Gesamtheit solcher Ähnlichkeitsrelationen bezeichnete der späte Kuhn als ›Lexikonstruktur‹, in der unser Wissen ›über die Welt‹ enthalten ist, so dass diesem konzeptuellen Lexikon auch eine welt*konstituierende* Rolle zukommt.[23] Dies verdeutlicht noch einmal, inwiefern konkurrierende Paradigmen *inkommensurabel*, das heißt nicht ineinander übersetzbar oder aufeinander rückführbar sind und wieso der For-

22 Kuhn, *Die Struktur wissenschaftlicher Revolutionen*, S. 221.

23 Vgl. T. Kuhn, »Commensurability, Comparability, Communicability«, in: *Proceedings of the 1982 Biennial Meeting of the Philosophy of Science Association*, Bd. 2, hg. von P. D. Asquith und Th. Nickles, East Lansing/Mich. 1983, S. 669-688, hier S. 682 f.; Kuhn, »Afterwords«; Hoyningen-Huene, *Die Wissenschaftsphilosophie Thomas S. Kuhns*, S. 211 ff.

scher nach einem Paradigmenwechsel in einer ›anderen Welt‹ lebt. Denn eine Übersetzbarkeit im strengen Sinne erfordert, dass für jeden Begriff der Quellsprache ohne intensionale oder extensionale Bedeutungsverschiebung ein Begriff in der Zielsprache gefunden werden kann. Rivalisierende Paradigmen besitzen aber unterschiedliche Lexikonstrukturen, weshalb für einen Vergleich genuin hermeneutische Erkenntnisleistungen[24] erforderlich sind, da die Bedeutung eines einzelnen Begriffs erst durch das Erfassen der (lexikalischen) Gesamtstruktur erkannt werden kann und vice versa. Inkommensurabilität meint damit also auch nicht *Unvergleichbarkeit* per se, sondern lediglich die Unmöglichkeit eines Vergleichs unter formallogischen Gesichtspunkten. In diesem letzteren Sinne wird eine Wahl zwischen konkurrierenden Paradigmen zu einer *politischen* Entscheidung, deren höchste Norm »die Billigung durch die jeweilige Gemeinschaft«[25] ist.

Unabhängig davon, ob sich diese Konzeption bezüglich ihrer Theorie des Wechsels von normaler und revolutionärer Wissenschaft für die *Naturwissenschaften* tatsächlich erhärten lässt, haben die zahlreichen Versuche, sie auf die Sozial- und Kulturwissenschaften zu übertragen, nach meiner Einschätzung zu einem erstaunlichen Ergebnis geführt.[26] Zunächst einmal fällt auf, dass es in diesen Wissenschaften keine geschlossenen Scientific Communities mit rigider Sozialstruktur im Sinne Kuhns, sondern konkurrierende *Schulen* gibt, deren Gegenstände nicht als eindeutig lösbare ›Rätsel‹ aufgefasst werden können, weshalb es in der Regel auch kaum eindeutige Modelllösungen gibt. Vor allem aber sind die sozialwissenschaftlichen Forschergemeinschaften nicht autonom gegenüber der Gesamtgesellschaft, von der in der Regel die Wahrnehmung von (mit den vertrauten Methoden nicht zu bearbeitenden) Anomalien ausgeht und deren Veränderungen vor allem den Forschungsgegenstand der Ersteren verändern. Die Forschergemeinschaft und die untersuchte Gemeinschaft stehen in den Sozialwissenschaften in einem doppelt-reflexiven Wechselverhältnis: Nicht nur verän-

24 Hermeneutik kann hier mit Richard Rorty (R. Rorty, *Philosophy and the Mirror of Nature*, Princeton 1979, S. 315 ff.) als ›Diskurs über inkommensurable Diskurssysteme‹ verstanden werden.

25 Kuhn, *Die Struktur wissenschaftlicher Revolutionen*, S. 106; vgl. Kuhn, »Afterwords«, S. 339.

26 Vgl. Rosa, »Paradigma und Wertbeziehung«.

dern gesellschaftliche Wandlungen den Untersuchungsgegenstand der Sozialwissenschaften und haben maßgeblichen Einfluss auf deren Lexikonstruktur, sondern Erkenntnisse und Begriffsneudefinitionen der Letzteren haben mitunter auch Rückwirkungen auf Erstere. Sozialwissenschaftliche Theoriebildung und soziale Praxis stehen somit in einem unauflöslichen Wechselbezug, in dem Theorien selbst konstitutiver Bestandteil der kulturellen Wirklichkeit sind, und es ist *dieser* Aspekt, der uns im Folgenden beschäftigen soll. Denn während es wenig Sinn hat, sozialwissenschaftliche Forschergemeinschaften als solche als autonome, paradigmengeleitete Gemeinschaften im strengen Kuhnschen Verstande zu betrachten, gewinnt Kuhns Entwurf dann wieder entscheidende Relevanz und Erklärungskraft, wenn die soziale oder kulturelle Gemeinschaft selbst als paradigmengeleitet und die soziale Wirklichkeit als paradigmenkonstituiert verstanden wird. Er kann dann entscheidend dazu beitragen, die ›Priorität des Paradigmas‹ im Hinblick auf die soziale Wirklichkeit von Kulturen und Lebensformen zu verstehen und damit die ›ontologische Dimension‹ von Verstehenshorizonten auszuloten.

III.

Die Idee, dass nicht nur die Entwicklung wissenschaftlicher, sondern auch diejenige sozialer, kultureller oder politischer Gemeinschaften mit Hilfe des Paradigmenkonzeptes zu untersuchen sein könnte, wird von Kuhn selbst nahegelegt, wenn er nicht nur den Revolutions- und Krisenbegriff in expliziter Analogie zu *politischen* Umwälzungen bestimmt, sondern (wiederum in Anlehnung an Wittgenstein) den Paradigmenwechsel auch als Übergang zwischen *unvereinbaren Lebensweisen der Gemeinschaft*[27] beschreibt und darüber hinaus hinzufügt, dass seine Theorie der Entwicklung von Gemeinschaften keineswegs neu sei, sondern in anderen Bereichen – etwa der politischen Geschichtsschreibung – längst Anwendung finde.[28] Sein Buch über die *Struktur wissenschaftlicher Revolutionen* schließt

27 Kuhn, *Die Struktur wissenschaftlicher Revolutionen*, S. 106.
28 Ebd., S. 220.

mit der Unterstreichung der Notwendigkeit ähnlicher, vor allem vergleichender Studien der entsprechenden Gemeinschaften auf anderen Gebieten. Wie wählt man, und wie wird man zum Mitglied einer bestimmten wissenschaftlichen oder nichtwissenschaftlichen Gemeinschaft gewählt? Worin bestehen der Prozeß und die Stadien der Sozialisation in der Gruppe? Was sieht die Gruppe kollektiv als ihre Ziele an? Und wie wird sie mit unzulässigen Abweichungen fertig?[29]

In der Tat scheint es schon auf den ersten Blick in politischen und kulturellen Gemeinschaften alle diejenigen Elemente zu geben, die fehlen, wenn man die Entwicklung der Sozialwissenschaften isoliert betrachtet: Es gibt kürzere Phasen revolutionärer Umwälzungen und längere Phasen regelgeleiteter, stetiger gesellschaftlicher Entwicklung; es gibt eine mehr oder weniger rigide Sozialstruktur und wertevermittelnde, konsensschaffende Sozialisationsprozesse, und es gibt institutionalisierte Entscheidungsmechanismen, welche gesellschaftliche Konflikte (heute etwa Verteilungskonflikte) auf eine Weise lösen, die an Kuhns ›rätsellösende Tätigkeit‹ erinnert. Mehr noch, Krisen des sozialen und politischen Systems werden durch Entwicklungen ausgelöst, die, wie Kuhn selbst explizit festhält, dem Auftreten wissenschaftlicher Anomalien vergleichbar sind:[30]

Politische Revolutionen werden durch ein wachsendes [...] Gefühl eingeleitet, daß die existierenden Institutionen aufgehört haben, den Problemen, die eine teilweise von ihnen selbst geschaffene Umwelt stellt, gerecht zu werden. Ganz ähnlich werden die wissenschaftlichen Revolutionen durch ein wachsendes Gefühl [...] eingeleitet, daß ein existierendes Paradigma aufgehört hat, bei der Erforschung eines Aspektes der Natur, zu welchem das Paradigma selbst den Weg gewiesen hatte, in adäquater Weise zu funktionieren.

Wenngleich es in der Diskussion um Kuhn nur einige wenige und begrenzte Versuche gegeben hat, das Paradigmenkonzept auf solche Weise auf die Gesellschaft als Ganzes, das heißt auf die kulturelle, soziale und politische Realanalyse hin, auszudehnen,[31] blieben die

29 Ebd., S. 221.
30 Ebd., S. 104. So bemerkt etwa auch Gary Gutting (G. Gutting [Hg.], *Paradigms and Revolutions. Appraisals and Applications of Thomas Kuhn's Philosophy of Science*, London, Notre Dame 1980, S. 19), die Potentiale des Kuhnschen Denkens seien auf keinem anderen Gebiet so wenig erschlossen worden wie eben hier.
31 Ebd.

Möglichkeiten, die sich daraus für die Erforschung der Entwicklung kultureller Gemeinschaften und der Konstruktion sozialer Wirklichkeit ergeben, bisher weitestgehend ungenutzt.[32]

32 Die Übertragung des Paradigmenbegriffs von der Wissenschaftssoziologie auf die politische Realanalyse wurde erstmals von dem amerikanischen politischen Philosophen Sheldon Wolin (»Paradigms and Political Theories« [1968], in: Gutting [Hg.], *Paradigms and Revolutions* [wie Anm. 31], S. 160-191), aber auch von Heinrich Bußhoff (*Systemtheorie als Theorie der Politik. Eine Studie über politische Theorie als Grundlagendisziplin der politischen Wissenschaft*, Pullach bei München 1975) und Joachim Raschke (»Politischer Paradigmenwandel in den westlichen Demokratien«, in: Thomas Ellwein [Hg.], *Politikfeld-Analysen 1979. Wissenschaftlicher Kongreß der DVPW 1.-5. Oktober 1979 in der Universität Augsburg; Tagungsbericht*, Opladen 1980, S. 284-299) vorgeschlagen, ohne in der Disziplin nachhaltigen Widerhall gefunden zu haben. Ein ›politisches Paradigma‹ oder ›Paradigma operativer Art‹ (Wolin) kann dabei in Anlehnung an Kuhn als eine »grundlegende gesamtgesellschaftlich bedeutsame Einheit [...]›, die nicht völlig auf logisch letzte Bestandteile reduzierbar ist« (Bußhoff, *Systemtheoretische Theorie der Politik*, S. 240), bestimmt werden. Ebenso wie ein Kuhnsches Wissenschaftsparadigma auf drei interdependenten Abstraktionsebenen – als Metaparadigma, disziplinäre Matrix und Musterlösung – zugleich identifiziert werden kann, ist auch ein politisches Paradigma auf drei unterschiedlichen Ebenen gesellschaftlich wirksam: Es impliziert erstens jeweils eine Reihe von Überzeugungen und Erwartungen hinsichtlich des Wesens und der Aufgabe von Politik und Gemeinschaft, von sozialer und politischer Ordnung, welche dann, zweitens, in der rechtlichen Verfassung und den institutionellen Arrangements eines politischen Gemeinwesens wirksam werden, die schließlich, drittens, wiederum die konkreten politischen und sozialen Handlungsweisen bestimmen (vgl. S. Wolin, »Paradigms and Political Theories«, S. 183 ff.). Entscheidend für ein solches Verständnis von Paradigmen ist, dass sie keineswegs nur die Elemente eines grundlegenden gesellschaftlichen Konsenses umfassen, sondern zugleich die Voraussetzungen für das Auftreten von gesellschaftlichen Konflikten und ›Cleavages‹ schaffen, indem sie erst den Bezugspunkt für unterschiedliche politische Programme und Forderungen liefern und den Rahmen politischer Auseinandersetzungen konstituieren. Ebenso wie ein wissenschaftliches Paradigma ganz bestimmte *wissenschaftliche* Probleme (*Rätsel*) generiert und löst, erzeugt bzw. definiert ein politisches Paradigma ganz bestimmte *politische* Probleme (*Issues*), zu deren Lösung es auch die Regeln, Verfahren und Institutionen bereitstellt. Das Auftreten neuartiger Issues in der politischen Diskussion kann dabei – wenn sich diese nicht innerhalb des gegebenen institutionellen Rahmens lösen lassen – ein Hinweis auf eine Krise des operativen Paradigmas sein, die dieses zu Adaptationen zwingt oder, wenn eine Anpassung nicht möglich ist, einen revolutionären Paradigmenwechsel herbeiführt (vgl. Rosa, »Paradigma und Wertbeziehung«, und H. Rosa, »Operatives Paradigma und objektiver Geist: Kuhn, Taylor und die Konstruktion der sozialen Wirklichkeit«, in: A. Reckwitz, H. Sievert [Hg.],

Von entscheidender Bedeutung ist nun, dass auch die für Kuhn so zentrale soziale Dimension eines Paradigmas, die sich in der Organisation und Struktur einer (wissenschaftlichen) Gemeinschaft niederschlägt, nahtlos auf die kulturelle Gemeinschaft übertragen werden kann. Tatsächlich scheint Kuhns Beschreibung der Scientific Community sogar eher der politisch-sozialen oder kulturellen als der wissenschaftlichen Gemeinschaft zu entstammen: Die Gemeinschaft sichert rigoros die Einhaltung und Akzeptanz der vom Paradigma vorgegebenen Werte und Autoritätsstrukturen, sie bestraft abweichendes Verhalten, ignoriert außerhalb des Paradigmas liegende Sachverhalte, bestimmt legitime und illegitime Handlungsweisen und vermittelt durch strikte Sozialisations- und Erziehungsmuster das dem Paradigma angemessene Weltbild, ja sichert sogar eine bestimmte *Wahrnehmungsweise* der Welt.[33]

Politische oder im weiteren Sinne *kulturelle* Paradigmen legen also fest, was wichtig ist in der Welt, was zählt, worauf es ankommt, welche Entitäten und zwischen ihnen auftretende Probleme es gibt und wie diese zu lösen sind. Zur genaueren Bestimmung von Natur, Funktion und Status solcher ›operativer‹ kultureller Paradigmen ist es nun aber ausgesprochen aufschlussreich, auf die Arbeiten von Charles Taylor zurückzugreifen. Für ihn stellen gesellschaftliche Paradigmen zuerst und vor allem bestimmte Weisen der *Selbstinterpretation* dar, weshalb er – wenngleich er die Thesen Kuhns kennt[34] – in der Regel den Begriff der *Selbstinterpretation* dem des Paradigmas vorzieht. Menschen sind für Taylor unhintergehbar definiert dadurch, dass sie ›selbstinterpretierende Tiere‹ sind, deren Selbstinterpretationen indessen nicht monologisch erzeugt werden, sondern das Ergebnis intersubjektiv-kultureller Sozialisationsprozesse darstellen, die Individualität vor dem Hintergrund je kulturell verbindlicher *intersubjektiver* und *gemeinsamer Bedeutungen* ermög-

Interpretation, Konstruktion, Kultur. Ein Paradigmenwechsel in den Sozialwissenschaften, Opladen 1999, S. 158-180).

33 Vgl. auch A. Ryan, *The Philosophy of the Social Sciences*, Basingstoke, London 1988, S. 234 f., oder Q. Skinner, »A Reply to my Critics«, in: J. Tully (Hg.), *Meaning and Context. Quentin Skinner and His Critics*, Princeton/NJ 1988, S. 231-288, hier S. 248 ff.

34 C. Taylor, »Explanation and Practical Reason«, in: M. C. Nussbaum, A. K. Sen (Hg.), *The Quality of Life. A Study Prepared for the World Institute for Development Economics Research (WIDER) of the United Nations University*, Oxford 1993, S. 208-231.

lichen. Solche Selbstinterpretationen sind jedoch – ähnlich wie die Kuhnschen Paradigmen – durchaus nicht in erster Linie das Ergebnis reflexiv-expliziter oder theoretischer Überlegungen, sondern sie sind »embedded in a stream of action«.[35] Sie bestehen ebenfalls auf drei unterschiedlichen, interdependenten Ebenen wachsender Reflexivität, deren *primäre* die in konkreten Praktiken und Handlungsweisen (die Parallele zu Kuhns konkreten Einzellösungen ist nicht zu übersehen) implizit enthaltene oder ›materialisierte‹ Selbstinterpretation ist.

Unterhalb der Ebene der Doktrinen gibt es mindestens zwei weitere: diejenige eines verkörperten Hintergrundverständnisses und eine symbolische Ebene, auf der das zum Ausdruck kommt, was aus dem verkörperten Habitus heraus erwächst. Neben dem doktrinären, expliziten Verständnis der Gesellschaft gibt es also das Verständnis, das im Habitus verkörpert ist, und eine Ebene von Bildern, die noch nicht in explizite Doktrinen übersetzt wurde. Für diese könnten wir einen Begriff borgen, der von zeitgenössischen französischen Autoren benutzt wird, den des »imaginaire social«.[36]

Selbstinterpretationen, die wie Kuhnsche Paradigmen intersubjektiv erzeugt und verankert sind, sind nun allerdings nicht als ex-post-Deutungen von etwas unabhängig von ihnen Vorgegebenem (etwa einer sozialen Wirklichkeit) zu verstehen, sondern haben einen konstitutiven Charakter. Personale Identitäten und soziale Wirklichkeiten werden in und durch Selbstinterpretationen erzeugt, deren grundlegendes Element jeweils in einer bestimmten ›Lexikonstruktur‹ liegt, die – wie wir bereits gesehen haben – soziale Praktiken und soziale ›Welt‹ nicht nur konzeptualisiert, sondern (mit)konstituiert. Selbstinterpretation gewinnt dadurch bei Taylor (der hier in der Tradition Heideggers steht) einen ›ontologischen‹ Charakter. Unterschiedliche Selbstinterpretationen sind daher unauflöslich verknüpft mit unterschiedlichen Lebensformen oder Lebensweisen in Wittgensteins Sinne. Es sind solche ›Gesellschaftsparadigmen‹, die uns die Möglichkeiten unseres Denkens, Redens, Handelns und Seins vorgeben. Der Übergang von einer sozialkonstitutiven Selbstinterpretation zu einer anderen stellt wie

35 C. Taylor, »Interpretation and the Sciences of Man«, in: C. Taylor, *Philosophical Papers*, Cambridge/Mass., London 1971, S. 15-57, hier S. 26.

36 C. Taylor, »Modernity and the Rise of the Public Sphere«, in: *The Tanner Lectures on Human Values* 14 (1993), S. 203-260, hier S. 219 (Übers. H. R.).

ein Wechsel von einem wissenschaftlichen Paradigma zu einem anderen den Übertritt in eine andere Welt dar, in der eine andere Sprache, andere Selbstkonzepte, Wertmuster, soziale Praktiken etc. existieren. Mehr noch, ein Mensch, der einen solchen Paradigmenwechsel vollzieht – sofern er es denn kann –, wird dadurch selbst ein anderer, weil die kulturelle Selbstinterpretation (das operative Paradigma) seine Identitäts- und Handlungsmöglichkeiten prädefiniert.

> Wenn wir über einen Menschen nachdenken, dann sehen wir ihn nicht einfach als lebenden Organismus an, sondern als ein Wesen, das denken, fühlen, entscheiden kann und fähig ist, berührt zu werden, zu antworten, Beziehungen zu anderen aufzunehmen. All dies setzt aber eine Sprache voraus, ein verknüpftes System von Formen der Welterfahrung, der Interpretation eigener Gefühle, der Deutung sozialer Beziehungen sowie der Beziehung zur Vergangenheit, zur Zukunft, zum Absoluten etc. Es ist also eine spezifische Weise, sich in einer solchen kulturellen Welt zu platzieren, was wir die Identität eines Menschen nennen.[37]

Die entscheidende Leistung solcher sozial- und identitätskonstitutiver Selbstinterpretationen besteht für Taylor nun darin, dass sie den Subjekten neben einer kognitiv-kategorialen Struktur zur Erfassung der Wirklichkeit eine Art ›moralischer Landkarte‹ an die Hand geben, mit deren Hilfe sie im Sinne ›starker Wertungen‹ das Wichtige vom Unwichtigen, das Richtige vom Falschen, das Schöne vom Hässlichen etc. unterscheiden, sich also in der Welt orientieren und daher für ihr Leben und Handeln die relevanten, richtungsweisenden Fragen stellen lernen. Die Kategorie der Selbstinterpretation gewinnt daher in dem Moment an Gestalt, in dem sie durch die Idee der *starken Wertung* als der (neben der Selbstinterpretation) zweiten Fundamentalkategorie der Taylorschen Philosophie ergänzt wird. Die durch solche Wertungen gebildeten ›moralischen Landkarten‹ stellen substantielle ethische Konzeptionen (›Rahmen‹) dar, die einen sinnstiftenden und damit *Verstehen ermöglichenden* ontologischen Entwurf dessen, *worauf es ankommt, was wichtig ist*, beinhalten. Unabhängig von solchen festen Rahmen sind stabile Identitäten, planvolles menschliches Handeln und natürlich auch jegliche *Verstehensleistungen* undenkbar.[38]

37 C. Taylor, *Hegel and Modern Society*, Cambridge/Mass. 1979, S. 87 (Übers. H. R.).

38 C. Taylor, *Quellen des Selbst. Die Entstehung der neuzeitlichen Identität*, Frank-

Das Gewebe von Bedeutungen, welches eine Kultur definiert, kann damit als ›operatives Paradigma‹ verstanden werden, dessen primärer Ort die *Sprache* ist, welche jenes kontrastive (und normative) Feld an Bedeutungen und Begriffen aufspannt, das den sozialen Praktiken ihren Sinn und ihre Gestalt verleiht. Doch eine Sprache kann ebenso wenig unabhängig von einer konkreten sozialen Wirklichkeit existieren, wie diese ohne die sie konstituierenden Begriffe auskommt. Sprache und Lebensform bleiben im Sinne Wittgensteins untrennbar aufeinander verwiesen.

Taylors Analyse ermöglicht uns somit ein Verständnis davon, wie ein ›operatives Paradigma‹ wirkmächtig und realitätskonstituierend wird nicht nur und nicht in erster Linie dadurch, dass es unmittelbaren Zwang auf die Ausbildung von individuellen Identitäten, Überzeugungen und Handlungsweisen ausübt, sondern vor allem dadurch, dass es – als »tacit knowledge« (Polanyi) – deren unhintergehbaren Rahmen darstellt und deren Möglichkeitsraum definiert. Das operative Gesellschaftsparadigma leitet die individuelle Selbstinterpretation, ermöglicht (*kommensurablen*) Dissens und Cleavages zwischen den Mitgliedern einer Gemeinschaft und schafft die Formen zur Lösung korrespondierender Konflikte. Indem es in den gesellschaftlichen Praktiken, Institutionen und Sprachen ›verkörpert‹ ist, stellt es eine sozial konstruierte, aber unhintergehbare ›historische Tatsache‹ im Sinne Webers dar. Gewinnt man auf diese Weise also mit Hilfe Taylors ein tieferes Verständnis der Natur und Funktionsweise eines ›operativen Paradigmas‹, lassen sich umgekehrt aus den Arbeiten Kuhns und aus der daran anschließenden Diskussion entscheidende Hinweise für die Behandlung zentraler Fragenkomplexe entnehmen, wie ich sie eingangs formuliert habe und wie sie sich auch im Anschluss an Taylor ergeben.

Dazu ist es hilfreich, sich zunächst noch einmal die grundlegenden Parallelen zwischen beiden Ansätzen zu vergegenwärtigen. Beide gehen von einer ›Priorität des Paradigmas‹ aus, das heißt, für Kuhn wie für Taylor sind Paradigmen welt- und erfahrungskonstituierend und dürfen deshalb nicht einfach als unterschiedliche

furt/M. 1994, S. 55; vgl. C. Taylor, *The Ethics of Authenticity*, Cambridge/Mass., London 1991, S. 35 ff. Zum Begriff starker Wertungen auch H. Rosa, *Identität und kulturelle Praxis. Politische Philosophie nach Charles Taylor*, Frankfurt/M., New York 1998, S. 100 ff.

Weisen, eine vorgegebene Welt oder Erfahrung zu *interpretieren*, verstanden werden.[39] Diese Vorrangigkeit des Paradigmas oder auch der Lexikonstruktur begründet, warum es keinen Metastandpunkt und keine Metasprache zur Beschreibung von Natur oder Wirklichkeit geben kann. Nach einer wissenschaftlichen oder kulturellen Revolution lebt der Wissenschaftler bzw. der Kulturmensch *in einer anderen*, und zwar inkommensurabel anderen, *Welt*. Sowohl nach Kuhn als auch nach Taylor sind solche Paradigmen als umfassend holistische Gebilde zu verstehen, die aus einem ineinandergreifenden Netz von Begriffen, Sprachen, Wahrnehmungsweisen, Praktiken und Institutionen bestehen. Daraus ergeben sich aber unmittelbar drei schwerwiegende, miteinander verknüpfte theoretische Probleme, zu denen im nächsten Abschnitt skizzenhaft eine Antwort versucht werden soll:

(1) *Wenn alles menschliche Denken, Handeln und Sprechen stets kontextuiert in dem Sinne ist, dass es vom Boden eines präexistenten Paradigmas aus erfolgt, wie ist es dann möglich, die Intentionen, Bedeutungen oder Wertungen eines anderen Paradigmas zu verstehen?*

(2) *Wie (wenn überhaupt) lassen sich unterschiedliche, ›inkommensurable‹ Paradigmen hinsichtlich ihrer kognitiven oder auch normativen Leistung vergleichen?* Es ist bereits deutlich geworden, dass ein Rekurs auf eine vorparadigmatische Realität dabei deshalb nicht möglich ist, weil wir auf eine solche Wirklichkeit keinen Zugriff haben. Paradigmen *erzeugen* Wirklichkeit in dem Sinne, dass das Reale »das ist, womit man fertigwerden muß«, was sich nicht einfach dezisionistisch oder voluntaristisch zum Verschwinden bringen lässt.[40] Diese Art des Realismus ist natürlich kompatibel mit der für die Hermeneutik grundlegenden Annahme, dass verschiedene

39 »Wenn wir einmal erkennen, dass unsere expliziten Gedanken nur Bestand haben vor dem Hintergrund eines immer schon vorausgesetzten Sinnes dafür, wer wir sind und wo wir uns in der Welt, im moralischen Raum und in der Beziehung zu anderen Menschen befinden, stellen wir fest, dass wir ohne eine Beziehung zu den zentralen Referenzpunkten nicht auskommen können [...]. Diese sind etwa: die Welt, die anderen, die Zeit, das Gute. Diese Beziehung kann natürlich transformiert werden, wenn wir uns von einer Kultur oder von einem Zeitalter zum nächsten bewegen, aber sie kann sich niemals einfach auflösen. Wir vermögen niemals ganz ohne ein Verständnis unserer moralischen Lage und unserer Verbundenheit mit anderen auszukommen« (Taylor, »Modernity and the Rise of the Public Sphere«, S. 258; Übers. H. R.).

40 Taylor, *Quellen des Selbst*, S. 117.

Sprachen und Lebensformen eine *Pluralität* von Wirklichkeiten hervorbringen, die wechselseitig inkommensurabel sein können.

(3) *Gibt es angebbare Wege, die über das Verstehen hinaus eine genuine Verständigung (im Gegensatz zu einer spontanen ›Bekehrung‹) zwischen Vertretern differierender Paradigmen ermöglichen könnten?* Als grundlegendes Problem muss hierbei natürlich gelten, dass die unhintergehbaren Wirklichkeiten bzw. die durch starke Wertungen ausgezeichneten Güter oder Handlungsweisen *einer* Lebensform in *einer anderen* Lebensform oft nicht einmal *denkbare* Optionen darstellen, weil ein korrespondierender Bedeutungshorizont und eine entsprechende Sprache dort nicht vorhanden sind.[41]

Es scheint dabei offensichtlich zu sein, dass solche Fragen umso schwerer wiegen, je umfassender die zur Diskussion stehenden paradigmatischen Verstehens- (und damit Selbstinterpretations-) Horizonte sind. Anhänger verschiedener wissenschaftlicher, moralischer, politischer oder ästhetischer Konzeptionen innerhalb eines bestimmten Kulturkreises stehen zwar vor dem Problem inkommensurabler ›Fachparadigmen‹, doch ist anzunehmen, dass sie von einer mehr oder minder weitreichenden Übereinstimmung im Hinblick auf ihre *alltagsparadigmatischen* Wahrnehmungen und Situationsdeutungen ausgehen können, welche ihnen als geteilte Grundlage für den Versuch wechselseitigen Verstehens und Sich-Verständigens dienen kann. Dies gilt unbeschadet des postulierten ›universalen‹ bzw. holistischen Charakters auch solcher ›Fachparadigmen‹, die sich gegen eine verlustlose Reduktion auf geteilte alltagsparadigmatische Verstehensweisen hartnäckig sperren und daher Operationen, wie sie im Folgenden vorwiegend am Beispiel *interkulturellen* Verstehens beschrieben werden, gleichfalls unverzichtbar machen.

41 Als ein weiteres Problem drängt sich die Frage danach auf, wie sich vor diesem Hintergrund *die Möglichkeit von (historischen) Übergängen von einem Paradigma zu einem anderen* begründen lässt; vgl. dazu Rosa, »Operatives Paradigma und objektiver Geist«, und Rosa, *Identität und kulturelle Praxis,* Kapitel IV.2.

IV.

Die in den vorangehenden Abschnitten entwickelte These der Abhängigkeit alles menschlichen Verstehens von vorgängigen, wechselseitig inkommensurablen Paradigmen wirft unweigerlich das gravierende Problem des (je nach untersuchtem Phänomenbereich moralischen, ästhetischen, wissenschaftlichen oder kulturellen) *Relativismus* auf. Dieser gilt (vor allem in der Form des *Kulturrelativismus*) zumeist als verknüpft mit zwei unliebsamen Folgen, derentwegen etwa Charles Taylor – trotz seiner unübersehbar *kulturalistischen* Position – als radikaler Gegner des Relativismus auftritt und sich zu einem (nicht sehr klaren) Realismus bekennt. Interessanterweise scheinen seine Gründe weithin geteilt zu werden, wenn man bedenkt, dass selbst so offensichtliche ›Relativisten‹ wie Rorty, Winch, Foucault oder Kuhn[42] diesen Begriff zur Kennzeichnung ihrer Position ablehnen. Der erste Grund besteht in der Befürchtung, die Zulassung des Relativismus müsse früher oder später zur Annahme eines nihilistischen, radikal-subjektivistischen oder projektionistischen Standpunktes führen.[43] Auf diese Befürchtung kann ich hier nicht ausführlich eingehen, sie erweist sich aber, wie ich andernorts zu zeigen versucht habe, deshalb als nicht stichhaltig, weil die paradigmenkonstituierte Realität nichtsdestotrotz eine *unhintergehbare und objektive (›materialisierte‹) Wirklichkeit* darstellt, die verlässliche Maßstäbe für das ja stets situierte Leben und Handeln der Subjekte bietet und daher mit subjektivistischen, projektionistischen oder nihilistischen bzw. ›Anything-goes‹-Positionen nicht zu vereinbaren ist. Stellt die Suche nach einem neutralen oder universalistischen Metastandpunkt gewissermaßen den untauglichen Versuch einer *Überbietung* der Priorität des Paradigmas dar, so begehen die letztgenannten Positionen den umgekehrten Trugschluss einer *Unterbietung* des Paradigmas durch dessen Auflösung in subjektivistische Erkenntnisakte. Die intersubjektive Priorität

42 Thomas Kuhn hat sich allerdings in seinen Veröffentlichungen *nach* der *Struktur wissenschaftlicher Revolutionen* (1989) immer stärker von einer relativistischen Position entfernt.

43 Für ein besonders augenfälliges Beispiel der undifferenzierten Gleichsetzung von Kulturrelativismus mit ›brutalem Nihilismus‹ und ›banalem Hedonismus‹ vgl. M. Gillespie, »Martin Heidegger«, in: L. Strauss, J. Cropsey (Hg.), *History of Political Philosophy*, Chicago, London ³1987, S. 888-906, hier S. 889.

des Paradigmas in allen Verstehens- und Interpretationsleistungen anzuerkennen bedeutet nicht, diese auf subjektivistische ›Willkürakte‹ zu reduzieren. Der zweite Grund beruht auf der Überzeugung oder Hoffnung, dass eine interkulturelle Begegnung und Verständigung sowie ein kritischer Dialog zwischen den Kulturen und Lebensformen reale Möglichkeiten sind, während der Relativismus kulturelle Grenzen als ›schicksalhafte Gegebenheiten‹ und unüberwindliche Hindernisse zu betrachten scheint, welche uns auf eine primitiv-ethnozentrische Perspektive (oder gar eine kulturimperialistische Position im Sinne Rortys) festnageln.[44] Kulturrelativistische Positionen, so Taylors Sorge, machen uns in der interkulturellen Begegnung sprachlos und lassen die essentiellen Differenzen im Dunkel der Inartikuliertheit.

Die im Folgenden zu lösende Aufgabe soll es daher sein, einen Weg zur Versöhnung des (Kultur-)Relativismus mit der Möglichkeit interkultureller Verständigung aufzuzeigen. Ich möchte dazu im Anschluss an einige verstreute Überlegungen Taylors zur Frage transkulturellen Verstehens[45] ein eigenständiges exemplarisches Modell entwickeln, mit dessen Hilfe fruchtbare Dialoge und ›lokale‹ ethische Urteile über Kultur- und Paradigmengrenzen hinweg möglich werden, ohne dass dabei auf kontexttranszendierende Maßstäbe oder gar universalistische Kriterien Bezug genommen werden muss.[46]

Natürlich besteht *eine* Möglichkeit des Herangehens an fremde Kulturen und Lebensformen stets darin, bei der Analyse ihrer Praktiken, Institutionen und Selbstverständnisse einfach von der *eigenen* kognitiv-moralischen Landkarte, vom je eigenen Verstehens- und Bedeutungshorizont auszugehen. Die unweigerliche Folge eines solchen Ansatzes ist es, dass diese Kulturen als höchst kritikwürdig erscheinen. Ihre Praktiken scheinen das Wesentliche an der Wirklichkeit, das, *worauf es ankommt*, stets zu verfehlen oder

44 Taylor, *Quellen des Selbst*, S. 131.

45 C. Taylor, »Understanding and Ethnocentricity«, in: C. Taylor, *Philosophical Papers*, Bd. 2, *Philosophy and the Human Sciences*, Cambridge/Mass., London 1981, S. 116-133; C. Taylor, »Rationality«; C. Taylor, »Comparison, History, Truth«, in: F. Reynolds, D. Tracy (Hg.), *Myth and Philosophy*, Albany/NY 1990, S. 37-55; C. Taylor, *Multiculturalism and »The Politics of Recognition«*, hg. von A. Gutmann, Princeton/NJ 1992, hier Abschnitt V.

46 Ich werde mich dabei im Folgenden in weiten Teilen auf meine in Rosa, *Identität und kulturelle Praxis*, Kap. IX, entwickelte Argumentation stützen.

falsch aufzufassen, und, schlimmer noch, die sozialen Akteure in solchen Kulturen scheinen selbst die ›wahre‹ Bedeutung dessen, was sie tun, beständig misszuverstehen. Der Grund für Letzteres liegt darin, dass Paradigmen (in ihrer Funktion als kognitiv-moralische Landkarten) die Bedeutungsmuster festlegen und so den Zielpunkt und Wert der Praktiken, Institutionen und Ereignisse bestimmen und damit Handlungen erst intelligibel werden lassen.[47] Dies besagt aber zugleich, dass die scheinbaren Rationalitätsdefizite und die Unterlegenheit anderer, insbesondere sogenannter ›primitiver‹ Kulturen nicht auf deren tatsächliche Minderwertigkeit, sondern auf abweichende Bedeutungshorizonte bzw. auf differente gesellschaftlich wirksame und realitätskonstituierende Paradigmen hinweisen. Wie die Diskussion in den voranstehenden Abschnitten deutlich gemacht hat, gibt es nach dem hier vertretenen Ansatz jedoch keinerlei kontexttranszendierende Maßstäbe, welche es erlauben würden, interkulturelle Differenzen aus einer ›akulturellen‹ oder neutralen Perspektive zu bewerten. Dies gilt natürlich insbesondere auch für genuin moralische Fragen. Akzeptiert man die Priorität des Paradigmas, dann sind auch die Maßstäbe der Gerechtigkeit kulturgebunden und können nicht den (gesamten) moralischen Horizont der Kultur, aus der sie stammen, selbst bewerten (wie etwa Amy Gutmann[48] meint), sondern lediglich – gleichsam ›binnenparadigmatisch‹ – einzelne Praktiken und Institutionen auf ihre Übereinstimmung mit den grundlegenden moralischen Überzeugungen jener Kultur überprüfen. Sprache, Handlungsweisen und konstitutive Güter bilden gemeinsam eine Lebensform, welche personale Identitäten ebenso wie soziale Realitäten erst her-

47 Nachdrücklich hebt diesen Punkt etwa A. Ryan, (»›Normal‹ Science or Political Ideology?«, in: P. Laslett, W. G. Runciman, Q. Skinner [Hg.], *Philosophy, Politics and Society. Fourth Series*, Oxford 1972, S. 86-100, hier S. 93) hervor: »Erst im Lichte eines geteilten Paradigmas lässt sich das Verhalten einer Person verständlich machen; das gilt nicht nur für die Beobachter, sondern auch für den Handelnden selbst. Denn nur auf der Grundlage und in den Begriffen eines solchen Paradigmas kann er das, was er tut, als vernünftige Handlung darstellen [...]. Der Wert, den ein Handelnder seinen Handlungen beimisst, lässt sich nur in einem von dem angemessenen sozialen Paradigma gestifteten Rahmen begreifen oder auch verteidigen. Erst dieses Paradigma macht sein Handeln erwartbar oder unerwartet, rechtfertigbar oder unerklärlich« (Übers. H. R.).

48 A. Gutmann, »Das Problem des Multikulturalismus in der politischen Ethik«, in: *Deutsche Zeitschrift für Philosophie* 43 (1995), S. 273-305, hier S. 288.

vorbringt und so gar keine erkennbare ›Außenseite‹ aufweist.[49] Aus dieser Perspektive kann es nicht überraschen, dass auch zeitgenössische westliche Moralphilosophen immer wieder die ›Entdeckung‹ machen, dass gerade *ihre* Gerechtigkeitsauffassung (im Vergleich zu der anderer Kulturen) die einzige wirklich legitimierbare ist und *ihre* (das heißt die westlich-liberalen) Gesellschaften mehr oder weniger die einzigen sind, welche die Maßstäbe *der* Gerechtigkeit wenigstens ansatzweise verwirklichen. Alle anderen (›primitive‹, ›archaische‹, ›fundamentalistische‹, ›despotische‹) Kulturen scheinen die ›wahre‹ Natur des Menschen, des Diskurses, des sozialen Lebens (je nachdem, *welches* Element paradigmatisch *ontologisiert* wird) beständig misszuverstehen.

Der einzige Ausgangspunkt, der für einen interkulturellen Diskurs, welcher nicht derart in ethnozentrischen (Vor-)Urteilen gefangen bleiben will, bestehen bleibt, ist die in Taylors philosophischer Anthropologie formulierte Einsicht, dass die Angehörigen fremder Kulturen ebenso wie wir *selbstinterpretierende* und *stark wertende* Wesen sein müssen. Wir wissen, dass sie auf der Grundlage eines ›Verstehenshorizontes‹ operieren, der sich gegenüber dem unsrigen zwar in der Substanz, nicht aber in der elementaren Form als inkommensurabel erweisen mag. Dies wiederum impliziert, dass *sie* ebenso wie *wir* von einem kognitiven und moralischen Bedeutungshorizont aus argumentieren, von dem sie glauben, dass er ›ontologisch‹ fundiert sei, weil die Letztbestandteile eines Paradigmas immer mit der Zuschreibung einer ontologischen Fundierung einhergehen.[50] Diese Ausgangslage begründet natürlich auf der einen Seite, wieso es eine Art ›universeller Feindschaft‹ zwischen den Kulturen zu geben scheint.[51] Von der Perspektive des je eigenen ethischen Horizontes aus verletzen, verleugnen und verfehlen die Mitglieder anderer Lebensformen beständig das, was *wirklich* gut ist. Wenn westliche Liberale heute glauben, ihre höchsten Güter

49 Praktische Vernunft erweist sich in diesem Sinne zwar als unaufhebbar kontextgebunden, nicht aber als notwendigerweise status-quo-fixiert. Das Argument lautet nur, dass die Maßstäbe und Kriterien für eine radikale Kritik des Bestehenden aus dem moralischen Horizont einer Lebensform selbst stammen müssen; vgl. dazu ausführlich Rosa, *Identität und kulturelle Praxis*, Kapitel IV.3.

50 Ebd., S. 98 ff.

51 J. Raz, »Multiculturalism. A Liberal Perspective«, in: *Dissent* 41, Heft 1 (1994), S. 67-95, hier S. 72.

(sei es Freiheit, Gleichheit, Gerechtigkeit oder ein substantieller Katalog von Menschenrechten) seien von universeller Geltung, so bestätigt das letztlich nur dieses Muster. Da indessen die Annahme einer ontologischen Fundierung der eigenen kognitiv-moralischen Landkarte den Glauben daran impliziert, dass der *Geltungsanspruch* der je eigenen ethischen Überzeugungen *kontexttranszendierend* ist, rechtfertigt dies auf der anderen Seite aber auch die Vermutung, dass es eine natürliche Disposition zum Dialog und zur Artikulierung der eigenen kognitiv-moralischen Landkarte in allen Kulturen gibt, selbst wenn *politisch-strategische* Gründe einen tatsächlichen Dialog oftmals erschweren mögen.[52] Denn in einer interkulturellen Begegnung oder im Konfliktfall werden beide Seiten die Aussage »Wir leben und handeln eben so« als Antwort auf eine Begründungsforderung als unbefriedigend empfinden, eben *weil* sich aus ihrer Sicht die in Frage gestellten oder verletzten Normen rechtfertigen lassen. Sofern Menschen natürlicherweise annehmen (müssen), dass das, was aus ihrer Sicht ›wahrhaft‹ *gut* (oder *wahr* oder *schön*) ist, auch *per se* und schlechthin gut *ist*, müssen sie auch annehmen, dass die Regeln und Normen, welche aus diesem Guten folgen, intelligibel sind und von allen befolgt und verstanden werden sollten.

Ich möchte dies an einem Beispiel illustrieren. Würden wir etwa von den Mitgliedern einer archaischen Stammesgesellschaft aufgefordert, einen bestimmten Baum keinesfalls zu berühren, wären wir sofort geneigt, nach dem Grund hierfür zu fragen. Und die Angehörigen des Stammes würden wohl kaum antworten, »weil wir nun mal so leben«, sondern etwa sagen, dies sei der Wille der Götter, oder die Berührung eines heiligen Baumes würde großes Unheil über ihren Stamm hereinbrechen lassen oder etwas Ähnliches, das in jedem Fall Anlass zu weiteren Fragen von unserer Seite aus geben würde. Damit aber wäre bereits ein erster Schritt zur Artikulation ihrer ›kognitiv-moralischen Landkarte‹ und zum Dialog getan. Es wäre allerdings ein harmonistischer Fehlschluss, anzunehmen, dass alle scheinbar tiefen kulturellen Konflikte sich auflösen ließen, wenn wir nur erst den Weg zum Dialog und zur Artikulation von Güterkonzeptionen gefunden hätten. *Verständigung* ist keineswegs

52 H. Münkler, »Die Visibilität der Macht und die Strategien der Machtvisualisierung«, in: G. Göhler (Hg.), *Macht der Öffentlichkeit – Öffentlichkeit der Macht*, Baden-Baden 1995, S. 213-230.

eine notwendige Konsequenz aus einem wirklichen gegenseitigen *Verstehen*, doch stellt dieses eine unabdingbare Voraussetzung für jene dar.

Von entscheidender Relevanz ist dabei nun, dass sich aufgrund der komplexen Natur von Paradigmen der Bedeutungs- und Verstehenshorizont einer anderen Kultur nicht ohne die Einbeziehung der mit ihr unauflösbar verknüpften Institutionen und Praktiken verstehen lässt, die als ihre fundierende und ›objektive‹ Verkörperung aufgefasst werden können und denen gegenüber Artikulationen stets sekundär bleiben. Es ist die *Sprache der Institutionen und Praktiken* (der *exemplars* in Kuhns Terminologie), welche implizit den vollständigen Horizont einer Kultur enthält, indem sie ein Bild des Wesens der Welt, der Position und Funktion des Menschen in ihr und in der Gemeinschaft, der besten Ein- und Ausrichtung des individuellen und sozialen Lebens, des Gemeinwohls, des verlässlichen Wissens etc. birgt.[53] Die Frage jedoch, wie sich die inhärente Bedeutung (*the point*) einer fremdartigen Praxis adäquat erfassen lässt, stellt eines der Grundprobleme der kulturellen Hermeneutik dar.

Was wir normalerweise tun, wenn wir einer uns fremden Praxis – zum Beispiel einem Regentanz, einem religiösen Ritual oder einer politischen Versammlung – begegnen, besteht darin, dass wir sie zu den Bedeutungsmustern *unserer* kognitiv-moralischen Landkarte in Beziehung setzen und ihr daraus einen Sinn und eine Bedeutung zu geben versuchen. Und natürlich können wir überhaupt nur damit beginnen, die fremde Praxis zu verstehen, indem wir von unserem eigenen Verstehenshorizont ausgehen. Wie etwa auch Gadamer[54] gezeigt hat, *können* wir unserer je eigenen Bedeutungswelt gar nicht entkommen, es sei denn um den Preis des völligen Verlustes der Fähigkeit, *zu verstehen*.

Wenn wir jedoch dabei stehen bleiben und dementsprechend die fremdartige Praxis und die Kultur, aus der sie entstammt, aus einer unbeteiligten Beobachterperspektive (wie sie etwa Quine oder Davidson vorschlagen) zu begreifen und zu beschreiben versuchen, *verstehen* wir letztlich *gar nichts* von jener Kultur. Denn das

53 C. Taylor, »Hegel's Sittlichkeit and the Crisis of Representative Institutions«, in: Y. Yovel (Hg.), *Philosophy of History and Action*, Boston, Dordrecht u. a. 1978, S. 133-154, hier S. 139.

54 Gadamer, *Wahrheit und Methode.*

Eindringen in das holistische Bedeutungsnetz aus Sprache, Überzeugungen, Denk- und Handlungsweisen, welche gemeinsam das operative Paradigma oder den Bedeutungshorizont der fremden Kultur konstituieren, stellt eine hermeneutische Herausforderung dar, die zumindest teilweise die Übernahme der *Teilnehmerperspektive* erfordert, weil Bedeutungen in den Praktiken ›verkörpert‹ sind und sich der Erschließung durch reine Beobachtung entziehen. Von grundlegender Bedeutung für Lebensformen in dem von Taylor und Wittgenstein definierten Sinne ist ja nicht nur, dass sich ihr Bedeutungs- und Wertehorizont nicht von ihrer Sprache und Praxis trennen lässt, sondern dass diese zusammen auch Form und Gestalt der möglichen Handlungs-, Erfahrungs- und sogar Empfindungsweisen bestimmen.[55]

Wir können daher eine fremde Praxis so lange nicht wirklich verstehen, wie wir nicht über die entsprechende *Sprache* verfügen, welche jene Praxis mitkonstituiert; und wir können umgekehrt jene Sprache nicht verstehen, bevor wir nicht das *implizite Wissen* (Polanyi) der Praxis erworben haben. Und weil beide zusammen die Güter definieren, welche in diesen Praktiken angestrebt werden, haben wir keine Grundlage für deren *Bewertung*, bevor wir nicht im Besitz der erforderlichen begrifflichen und praktischen Kenntnisse sind. Die Implikationen hiervon werden sofort klar, wenn wir uns etwa vor Augen führen, dass auch die oben benutzten Begriffe des *Regentanzes*, des *religiösen Rituals* und der *politischen Versammlung* der lexikalischen Struktur *unserer* Welt, unserem Begriffs- und Bedeutungskosmos entstammen und daher keineswegs eine kommensurable Entsprechung in jenen Kulturen haben müssen, deren soziale Praxis wir damit zu beschreiben versuchen.[56] Ein

55 Mit Nachdruck führt Taylor diesen Punkt etwa gegen die wahrheitskonditionale Bedeutungstheorie Davidsons ins Feld: »Zu begreifen, auf welche Weise die Sprache ihren Horizont und ihre Praktiken artikuliert, macht den reinen Beobachter zur Absurdität« (C. Taylor, »Bedeutungstheorien«, in: C. Taylor, *Negative Freiheit? Zur Kritik des neuzeitlichen Individualismus*, Frankfurt/M. 1988, S. 52-117, hier S. 101).

56 Aus diesem Grund führt es nahezu unvermeidlich zu einer ethnozentrischen Verzerrung, wenn wir nach der Bedeutung oder Realisierung eines Elements unseres Weltbildes in einer anderen Kultur fragen (vgl. F. Kambartel, »Begründungen und Lebensformen. Zur Kritik des ethischen Pluralismus«, in: W. Kuhlmann [Hg.], *Moralität und Sittlichkeit. Das Problem Hegels und die Diskursethik*, Frankfurt/M. 1986, S. 85-100, hier S. 87).

klassisches Beispiel für eine solche ›Verortung‹ einer fremden Praxis im eigenen Bedeutungshorizont stellt etwa der verbreitete Versuch früher Ethnologen dar, magische Praktiken wie etwa den *Regentanz* einfach als irregeleitete und erfolglose Versionen *unserer* Wissenschaft und Technik zu interpretieren.[57]

Aus all dem wird hinreichend ersichtlich, in welchem Maße das Verstehen genuin differenter Paradigmen ein hermeneutisches Problem darstellt. Gadamer nennt den Weg, auf dem ein solches Verstehen erreicht werden kann, eine *Horizontverschmelzung.* »Verstehen [ist] immer der Vorgang der Verschmelzung [...] vermeintlich für sich seiender Horizonte.«[58] Ebenso wie nach Gadamer die für das Studium eines fremden *Textes* nötige Horizontverschmelzung nur möglich ist, wenn wir an ihn mit der Erwartung herangehen, dass er uns etwas Bedeutungsvolles und Kohärentes zu sagen hat,[59] argumentiert Taylor, dass wir fremde *Kulturen* erst dann verstehen können, wenn wir von der Annahme ausgehen, dass sie etwas *Wertvolles* enthalten, das potentiell unserer eigenen Kultur in nichts nachsteht (*equal worth presumption*):

> As a presumption, the claim is that all human cultures that have animated whole societies over some considerable stretch of time have something important to say to all human beings [...]. It is a starting hypothesis with which we ought to approach the study of any other culture. The validity of the claim has to be demonstrated concretely in the actual study of the culture. Indeed, for a culture sufficiently different from our own, we may have only the foggiest idea *ex ante* of in what its valuable contribution might consist. Because, for a sufficiently different culture, the very understanding of what it is to be of worth will be strange and unfamiliar to us.[60]

Da wir jedoch wissen, dass die Angehörigen anderer Kulturformen ebenso wie wir selbstinterpretierende starke Werter sind und vom

57 Natürlich wird der Fehler auch nicht dadurch bereinigt, dass man etwa behauptet, solche magischen Praktiken hätten gar keinen technisch-praktischen Zweck, sondern dienten der expressiven Entfaltung oder dem Ziel, sich in Einklang mit dem Kosmos zu setzen, weil auch diese kategoriale Aufspaltung *unserem* Horizont entspringt (vgl. Taylor, »Understanding and Ethnocentricity«, S. 124 ff., und Taylor, »Rationality«, S. 142 f.).

58 Gadamer, *Wahrheit und Methode*, S. 356 ff.

59 Ähnliches besagt auch Donald Davidsons *principle of charity*.

60 Taylor, *Multiculturalism and The »Politics of Recognition«*, S. 66 f. [engl. Original; die deutsche Übersetzung, S. 63, ist hier sehr eigenwillig]; vgl. C. Taylor, »Comparison, History, Truth«, S. 47 ff.

Boden eines relativ stabilen Verstehenshorizontes oder Paradigmas aus denken und handeln, können wir uns allmählich in eine Position versetzen, von der aus es möglich wird, das zu entdecken, was *sie* pflegen und wertschätzen. In seinem Aufsatz »Comparison, History, Truth« formuliert Taylor dies folgendermaßen:

> Das Ziel einer kulturvergleichenden Anstrengung besteht eben darin, uns in die Lage zu versetzen, die Anderen unverzerrt wahrzunehmen, mithin also die Vorstellung des Guten in ihrem Leben zu erkennen, auch wenn wir zugleich registrieren, dass ihre Vorstellung des Guten mit der unseren konfligiert. Es kommt also darauf an, über den Punkt hinauszukommen, an dem wir die anderen einfach als diejenigen sehen, die unsere Grenzen überschreiten und verletzen. Es geht darum, sie auf eine Weise wahrzunehmen, die auf der Basis unseres Ausgangsverständnisses nicht möglich gewesen wäre, weil dieses für die fremden Bedeutungen keinen Platz hatte. Nun aber sehen wir zwei Güter, während wir zuvor nur ein Gut und seine Verneinung wahrgenommen haben.[61]

Um dies zu erreichen, bedürfen wir einer Sprache *qualitativer Kontraste*, welche die relevanten Unterscheidungs- bzw. *Variationsdimensionen*[62] der fremden Kultur erkennbar werden lässt. Diese Idee beruht auf Taylors Einsicht, dass Kulturen die sozialen Phänomene stets mit Hilfe einer Sprache von kontrastiven Begriffen beschreiben und bewerten, welche Objekte und Ereignisse entlang deskriptiver und evaluativer Strata kategorisieren, die man in der

61 Taylor, »Comparison, History, Truth«, S. 53 (Übers. H. R.).

62 Taylor selbst spricht in »Neutralität in der politischen Wissenschaft«, (in: C. Taylor [Hg.], *Erklärung und Interpretation in den Wissenschaften vom Menschen. Aufsätze*, Frankfurt/M. 1975, S. 14-64, hier S. 22) von *Dimensionen der Variation*, um zu verdeutlichen, dass unterschiedliche politische Theorien unterschiedliche Kontrastbereiche für die Analyse politischer Gemeinwesen konzeptualisieren (beispielsweise demokratische versus despotische, konsensuelle versus konfliktive, sozialistische versus kapitalistische Systeme etc.). Er benutzt jedoch diesen Terminus meines Wissens nicht für den interkulturellen Vergleich. Im Deutschen würde sich dafür der griffigere Ausdruck *Unterscheidungsdimensionen* anbieten, doch wirkt er im gegebenen Zusammenhang etwas irreführend, weil er den Anschein erweckt, als würden verschiedene Kulturen nur unterschiedliche Merkmale an den sozialen Phänomenen herausgreifen und diese dann mit Hilfe entsprechender Kategorien klassifizieren, während in Wirklichkeit *die Phänomene selbst* aufgrund der differenten Unterscheidungsdimensionen, welche den jeweiligen kulturellen Bedeutungshorizont definieren, *variieren*. Weil also nicht nur *wir* jeweils anders unterscheiden, sondern die Dinge selbst variieren, möchte ich im Folgenden am Begriff der *Variationsdimension* festhalten.

metaphorischen Sprache der Landkarten als ›Berge und Täler‹ bezeichnen könnte und die ein Feld alternativer Handlungen und Zustände eröffnen. Ein Blick auf unsere eigene Sprache vermag dies rasch zu illustrieren: Begriffspaare wie subjektiv/objektiv, rational/irrational, demokratisch/totalitär, tolerant/dogmatisch etc. definieren Variationsdimensionen, mit deren Hilfe wir uns in der sozialen Welt orientieren. Indem wir soziale Phänomene in solchen Begriffen beschreiben und wahrnehmen, bewerten wir sie zugleich, das heißt wir verorten sie auf unserer kognitiv-moralischen Landkarte.[63] Dass die Tatsache des Verstehens und Erschließens der Phänomenwelt entlang den Vorgaben solcher kontrastiver Variationsdimensionen nicht einfach nur als Beschränktheit unserer Interpretationsfähigkeit und -freiheit verstanden werden darf, sondern vielmehr eine Grundbedingung des Verstehens darstellt, wird ersichtlich, wenn wir uns vor Augen führen, welche überraschende Tiefe und Bedeutungsvielfalt beispielsweise Texte oder historische Ereignisse manchmal dadurch erhalten, dass wir sie mit neuen, ›fruchtbaren‹ Variationsdimensionen untersuchen: Betrachtungen entlang den Begriffspaaren apollinisch/dionysisch, proletarisch/bürgerlich, klassisch/romantisch, Eros/Thanatos oder auch Yin/Yang vermögen jeweils (wenngleich wechselseitig inkommensurable) aufschlussreiche Verstehensperspektiven zu eröffnen oder zu konstituieren. Es ist die vorhandene oder fehlende Eignung, konsequenz- und bedeutungsreiche Variationsdimensionen einzuführen, welche sozialwissenschaftliche Ansätze wie Psychoanalyse, Marxismus, Poststrukturalismus etc. als vielversprechend oder untauglich erscheinen lässt.

Eine andere Kultur wirklich zu verstehen bedeutet demnach, eine Vorstellung davon zu gewinnen, was *deren* maßgebende oder ›operative‹ Variationsdimensionen sind; beispielsweise könnte etwas in Übereinstimmung mit der Natur/gegen die Natur, ehrenhaft/unehrenhaft, gemäß Gottes Willen/sündig etc. sein.[64]

63 Taylor, »Understanding and Ethnocentricity«, S. 119 ff., und Taylor, *The Ethics of Authenticity.*

64 Natürlich entstammen auch diese Kontrastpaare letztlich unserem eigenen kulturellen Horizont und nicht völlig fremden Kulturen. Tatsächlich verfügen wir ja über keine Sprache, um unseren eigenen Begriffskosmos wirklich zu verlassen. Gadamer hebt ebendies hervor, wenn er darauf hinweist, dass wir letztlich nicht aus unserem eigenen Verstehenshorizont ausbrechen können; doch geht es gerade darum, ihn *zu erweitern.*

Nun mag es scheinen, als könnten wir, wenn wir erst einmal verstanden haben, was die zentralen Variationsdimensionen einer anderen Kultur sind, eine umfassende Horizontverschmelzung, welche uns die Beschreibung und Bewertung sowohl unserer eigenen als auch der fremden Kultur aus einer integrativen Perspektive erlauben würde, einfach dadurch erreichen, dass wir die neuen Dimensionen (bildlich gesprochen: die neuen ›Berge und Täler‹, wo früher nur ›flaches Land‹ war) in unsere eigene kognitiv-moralische Landkarte einzeichnen. Dies scheint mir jedoch ein Trugschluss zu sein. Um dies zu verdeutlichen, möchte ich im Folgenden ein Beispiel aus dem Bereich ästhetischer (gleichsam ›Hör-‹)Paradigmen heranziehen.

Nehmen wir für einen Augenblick an, dass es sich bei den zu vergleichenden Phänomenen nicht um Kulturen, sondern um Symphonien, beispielsweise um Beethovens *Neunte* und Mozarts *Einundvierzigste* (C-Dur, ›Jupiter-‹)Symphonie, handelte. Hier scheint es offensichtlich zu sein, dass es keinen Sinn ergibt, die beiden Werke als Ganze zu vergleichen oder zu fragen, welches das bessere oder wertvollere Werk *in toto* sei. Als integrale Ganzheiten sind sie schlicht *inkommensurabel.* Es ist jedoch nicht unplausibel anzunehmen, dass es eine ganze Reihe spezifizierter Variationsdimensionen gibt, im Hinblick auf welche die beiden Symphonien kommensurabel gemacht, das heißt verglichen und beurteilt werden können. Als potentielle Kandidaten für solche Dimensionen bieten sich etwa Dynamik, Orchestrierung, proportionale und materiale Verknüpfung der Sätze untereinander, harmonische, rhythmische und melodische Vielfalt und Kohärenz, Virtuosität etc. an. Ein Problem besteht nun aber darin, dass selbst dann, wenn wir uns mit Hilfe dieser Kriterien auf die spezifischen Stärken und Schwächen der beiden Werke verständigen könnten, wir natürlich dennoch nicht in der Lage wären, einfach die vorteilhaften Elemente der einen Symphonie herauszunehmen und in die andere ›einzupflanzen‹. Ein solcher Versuch würde unzweifelhaft beide Werke zerstören.

Glücklicherweise verhalten sich jedoch Kulturen zueinander nicht in allen Hinsichten wie Symphonien. Sie sind nicht einfach ein für alle Mal festgelegt und abgeschlossen, und sie sind auch niemals so erschöpfend ›ausartikuliert‹, wie dies eine Symphonie in ihrer Partitur ist, sondern stets für rekonstituierende Neuinterpretationen offen.[65] Eine Horizonterweiterung prinzipieller Natur ist daher für Kulturen möglich, für Symphonien aber ausgeschlossen. Kulturen sind jedoch *wie* Symphonien in dem Sinne, dass sie holistische Gebilde darstellen, so dass wir keinen ihrer Bestandteile ändern können, ohne damit zugleich die Gestalt ihrer gesamten kognitiv-moralischen Landkarte zu verändern. Deshalb stellt eine einfache Superimposition der beiden Landkarten, wie ich sie oben angedeutet habe, keine reale Option dar.

Die Analogie aus dem Feld der Musik kann jedoch helfen, noch einen weiteren grundlegenden Aspekt des interparadigmatischen bzw. -kulturellen Verstehens und Vergleichens zu illustrieren. Sie lässt nämlich deutlich werden, dass die zu einem solchen Vergleich herangezogenen Variationsdimensionen unvermeidlicherweise vorurteilsbeladen und ›ethnozentrisch‹ sind. Denn wenn wir nun Beethovens Neunte einer *Heavy-Metal*-Einspielung, etwa Metallicas *Schwarzem Album*, gegenüberstellen, werden wir feststellen, dass der Vergleich entlang allen der oben genannten Variationsdimensionen mehr oder weniger übereinstimmend in eine Richtung weist: Metallicas Musik erscheint nicht nur als unterlegen, sondern geradezu als verarmt und minderwertig und deshalb als weitgehend ›wertlos‹. Es mag daher nicht überraschen, dass nahezu alle Analysen der Rockmusik, die mit Hilfe der Methoden und Begriffe der an der *E-Musik* ausgebildeten Musikkritik durchgeführt werden, zu ebenjenem Ergebnis gelangen.[66] Dennoch gibt es natürlich eine große Zahl von Menschen, welchen diese Musik nicht nur sehr wichtig ist und die sie intensiv *wertschätzen*, sondern die sie auch anhand *ästhetischer Kriterien beurteilen*, wenngleich die *Maßstäbe* für ihre Urteile fast vollständig *unartikuliert* bleiben. Trotz der überraschenden Vielzahl an Rockmagazinen scheint es noch nicht gelungen, die relevanten Variationsdimensionen für diese Art der Musik zu formulieren. Um deshalb zu einem bedeutungsvollen Dialog zwischen Rock- und Klassikfans zu gelangen, müssten als

65 Sicherlich stellt auch jede neue Einstudierung einer Symphonie in gewissem Sinne eine Reinterpretation durch den Dirigenten und das Orchester dar, doch ist der Spielraum hier durch die Partitur prinzipiell begrenzt, während Kulturen im Laufe der Zeit *vollständig* umgearbeitet werden mögen, also keinen unveränderbaren Kernbereich aufweisen.

66 Vgl. R. Flender, H. Raue, *Popmusik. Aspekte ihrer Geschichte, Funktionen, Wirkung und Ästhetik*, Darmstadt 1989.

erster Schritt die entscheidenden qualitativen Kontraste und Variationsdimensionen *auf beiden Seiten* artikuliert werden.[67] Allerdings ist es durchaus nicht auszuschließen, ja sogar wahrscheinlich, dass etwa ein Klassikliebhaber durch Einübung in und Teilnahme an rockmusikalischen Ritualen und Praktiken allmählich dazu gelangen könnte, das von den Rockfans Wertgeschätzte tatsächlich zu *hören* und damit zu *verstehen* (und vielleicht selber wertzuschätzen), *bevor* bzw. *ohne* dass er es artikulieren könnte: Wie wir bereits gesehen haben, sind es die *Musterbeispiele*, *Praktiken* und *Institutionen*, welche die paradigmatischen Selbstinterpretationen am unmittelbarsten und ›reinsten‹ verkörpern, während ihre Artikulation in der Regel sekundär und unvollständig bleibt; und dieses ›implizite Wissen‹ lässt sich nur durch Teilnahme erwerben. In der Konsequenz wird sich dann höchstwahrscheinlich auch die Art und Weise verändern, in welcher der ursprüngliche Klassikliebhaber fortan seine eigene Lieblingsmusik hört.[68]

Versucht man nun, die Ergebnisse dieses Exkurses, der noch einmal deutlich machen sollte, was alles in einen Versuch des Verstehens, Vergleichens und Bewertens komplexer, holistischer Bedeu-

67 Einen bemerkenswerten Versuch, dies für *Heavy Metal* zu verwirklichen, stellt Robert Walsers Buch *Running with the Devil* dar (R. Walser, *Running with the Devil. Power, Gender, and Madness in Heavy Metal Music*, Middletown/Conn. 1993), in dem der Autor beispielsweise die These vertritt, das Wechselspiel von starren, kraftvollen Rhythmen auf der einen und virtuosen Gitarrensoli auf der anderen Seite ›artikuliere‹ und variiere die antagonistischen Bedeutungsgehalte von Macht (*Power*), Kontrolle und Sicherheit (in den *Rhythmen*) und transzendierendem Ausbrechen oder Freiheit (in den *Soli*). Einen weiteren Anhaltspunkt könnte vielleicht die Vermutung liefern, dass Rockmusik und insbesondere *Heavy Metal* als extreme Art eines kaum artikulierbaren ›letzten Heilsversprechens‹ in einer säkularisierten Welt fungieren; vgl. dazu J. Koenot, *Hungry for Heaven. Rockmusik, Kultur und Religion*, Düsseldorf 1997.

68 Lambert Zuidervaart hat mich dankenswerterweise darauf hingewiesen, dass seine eigenen Untersuchungen in diesem Bereich (vgl. etwa seinen Beitrag in Q. J. Schultze, R. Anker, J. D. Bratt, *Dancing in the Dark. Youth, Popular Culture, and the Electronic Media*, Grand Rapids/Mich. 1991) tatsächlich meine im Folgenden noch näher zu begründende Vermutung bestätigen, dass das Begreifen der zentralen *Variationsdimensionen* der Rockmusik in der Tat auch unsere Perzeption der E-Musik verändert. Dies korrespondiert mit der (Gadamerschen) Annahme, dass im Prozess der Herstellung *dimensionaler Kommensurabilität* zwischen zwei Kulturen sich die *beiden* beteiligten ›Landkarten‹ oder Paradigmen mitverändern.

tungssysteme involviert ist, auf die Begegnung oder den Vergleich von differenten kulturellen Lebensformen zu übertragen, so lässt sich festhalten, dass für den Fall, dass zwei miteinander verglichene Kulturen sich hinreichend ähnlich sind, insofern sie einen vergleichbaren Bedeutungshorizont (als Resultat einer gemeinsamen historischen Entwicklung oder Grundlage) teilen, von unmittelbarer oder *einfacher dimensionaler Kommensurabilität* gesprochen werden kann. Ein Beispiel hierfür mögen etwa die zeitgenössischen Kulturen Frankreichs und Italiens sein, deren Verhältnis zueinander dem der beiden Symphonien ähnelt. In diesen beiden Kulturen sind in etwa die gleichen Variationsdimensionen wirksam; sie beschreiben und bewerten beide die soziale Wirklichkeit mit Begriffen wie demokratisch oder totalitär (oder autoritär), frei oder Zwängen unterworfen, rational oder irrational, effizient oder ineffizient, parteiisch oder neutral, gleich oder ungleich usw.

Damit soll in keiner Weise behauptet werden, dass es keine signifikanten Unterschiede zwischen den beiden Kulturen gebe oder dass sie in ihrer tatsächlichen Gestalt gleich seien. Sie mögen vielmehr (ebenso wie die beiden Symphonien) als Ganze durchaus inkommensurabel sein, weil sie etwa ihre Parameter entlang den gemeinsamen Variationsdimensionen auf unterschiedlichen Ebenen setzen und im Verhältnis der Dimensionen zueinander unterschiedliche Prioritäten haben bzw. unterschiedliche Hierarchisierungen vornehmen. So mögen etwa beide Gesellschaften Freiheit, Gleichheit und Solidarität wertschätzen. Weil sich diese Güter jedoch in einem potentiellen Konflikt miteinander befinden, mag die eine dem Wert der Freiheit ein größeres Gewicht beimessen, während die andere einer spezifischen Kombination aus Solidarität und Gleichheit den Vorzug zu geben geneigt ist. Dennoch kann ein Beobachter oder Sozialkritiker aus der einen Kultur legitimerweise und für beide Seiten nachvollziehbar darauf hinweisen, dass seine eigene oder auch die andere Kultur beispielsweise den Wert der Freiheit, der Gleichheit oder der Solidarität vernachlässige, oder kritisieren, dass sie ineffizient, gewalttätig, rücksichtslos im Hinblick auf ökologische Erfordernisse usw. sei, weil die korrespondierenden Variationsdimensionen auf *beiden* kognitiv-moralischen Landkarten eingetragen sind. Auf diese Weise mag sich in manchen Fällen sogar ein wohlbegründetes Gesamturteil über die Vorziehbarkeit der einen oder anderen Einrichtung des Gemeinwesens fällen lassen, sofern sie ein besseres Ergebnis in allen oder doch den meisten der gemeinsamen Variationsdimensionen erzielt.[69]

Dieses Bild wandelt sich grundlegend, wenn die beiden zum Vergleich stehenden Kulturen genuin differenten kognitiv-moralischen Landkarten folgen, die durch radikal *unterschiedliche* Variationsdimensionen konstituiert werden, wie beispielsweise das zeitgenössische Frankreich und eine Stammeskultur auf Neuguinea. Natürlich steht es uns immer offen, unser eigenes Paradigma in Anschlag zu bringen und das, was wir etwa an der Letzteren beobachten, zu beurteilen und zu kritisieren auf der Grundlage, dass es beispielsweise gegen die Ideale der Toleranz, der Gleichheit, der individuellen Autonomie etc. verstoße; und es mag sogar sein, dass wir dabei feststellen, dass die beobachtete Kultur sich gegenüber der unseren im Bereich einiger unserer *eigenen* Variationsdimensionen (etwa in der Vermeidung gewalttätiger Devianz, im Schutz natürlicher Ressourcen oder auch in der sozialen Integration oder Solidarität) als durchaus überlegen erweist. Auch im historischen Blick auf *vorab definierte* Variationsdimensionen lässt sich auf diese Weise begründetermaßen von Gewinn und Verlust, Fortschritt und Wachstum reden. »In dieser Kultur, und in dieser Hinsicht, hatte die Geschichte eine Richtung«, so kann nach Taylors Auffassung ein wohlbegründetes Urteil lauten.[70] Und sofern wir politische Entscheidungen treffen müssen, werden wir oftmals gar nicht umhinkönnen, sie auf einer solchen Basis, das heißt auf der Grundlage unserer eigenen kognitiv-moralischen Landkarte, zu fällen. Indem wir aber so verfahren, verstehen wir weder eine fremde Kultur, noch lassen wir ihr Gerechtigkeit (nach dem diesem Entwurf inhärenten Maßstab) widerfahren, und wir erweisen uns auch als unfähig, von ihr zu lernen.[71]

Genuines interkulturelles Verstehen als Bedingung der Möglich-

69 Der Grund dafür, warum wir wohl dennoch davor zurückschrecken würden, die eine oder andere *Kultur* als besser oder schlechter zu bezeichnen, liegt vermutlich darin, dass wir intuitiv (und aufgrund der Tatsache, dass Paradigmen sich niemals vollständig artikulieren lassen, zu Recht) annehmen, dass es stets noch eine Reihe weiterer, verborgener bzw. nichtartikulierter *Variationsdimensionen* gibt, welche der Vergleich nicht berücksichtigen konnte.

70 Taylor, »Comparison, History, Truth«, S. 52 (Übers. H. R.).

71 Jürgen Straub (*Handlung, Interpretation, Kritik. Grundzüge einer textwissenschaftlichen Handlungs- und Kulturpsychologie*, Berlin 1999, S. 6; vgl. S. 331 ff.) nennt daher ein solches Verfahren eine ›machtorientierte Nostrifizierung des Fremden‹.

keit von Verständigung erfordert daher die Bereitschaft und Fähigkeit, die Bedeutung der grundlegenden Variationsdimensionen und der mit ihnen verknüpften starken Wertungen der jeweils anderen Kultur zu erfassen. Dies lässt sich jedoch nur bewerkstelligen mit Hilfe des bereits angedeuteten komplexen hermeneutischen Prozesses einer *Horizontverschmelzung*. Um dies zu erreichen, müssen wir zuerst versuchen, die kulturwirksamen Variationsdimensionen der anderen Kultur angemessen zu artikulieren. Dazu müssen wir aber unweigerlich von unserer eigenen ›Landkarte‹ und Sprache ausgehen. Was wir daher schließlich artikulieren werden, sind niemals die ursprünglichen *Variationsdimensionen* der anderen Kultur, sondern etwas, das man als *Vergleichsdimensionen* bezeichnen könnte. Solche Vergleichsdimensionen haben die Funktion, die Unterschiede oder Kontraste zwischen den beiden kognitiv-moralischen Landkarten in einer Weise zutage treten zu lassen, welche unsere eigenen ursprünglichen Variationsdimensionen, von denen wir ausgegangen sind, erweitert oder übersteigt.

Die Idee, dass wir andere Kulturen nur dann angemessen verstehen und vergleichen können, wenn es uns gelingt, die *signifikanten Kontraste* auf adäquate, das heißt nicht primitiv-ethnozentrische Weise zu artikulieren, wird dabei auch von Taylor selbst in verschiedenen Kontexten formuliert. In »Comparison, History, Truth« heißt es etwa:

> Auf welche Weise entsteht ein solches tieferes Verständnis? Es ergibt sich, so möchte ich behaupten, aus Vergleichen und Kontrastierungen, welche das Andere in seiner Eigenart bestehen lassen. Kontraste sind hier entscheidend. Aber sie werden erst sichtbar auf der Basis eines umfassenderen Verständnisses, das sich wiederum aus der Artikulation von Dingen ergibt, die zuvor einfach als selbstverständlich erschienen [...]. Ein Gespür für Kontraste ist hier elementar. Dadurch gewinnt die Herausforderung eine Form, verliert das Andere den Charakter des einfach nur Verstörenden und Beängstigenden (obwohl es immer noch beides sein kann). Wir gewinnen ein Gefühl für die Kontraste, lange bevor wir zu verstehen glauben oder bevor wir eine Sprache für die Artikulation der Kontraste entwickeln. Auch in dieser Hinsicht erweist sich also das Vergleichen als Voraussetzung für das Verstehen.[72]

72 Taylor, »Comparison, History, Truth«, S. 43 (Übers. H. R.); vgl. Taylor, *Multiculturalism and »The Politics of Recognition«* (dt.), S. 63 ff., und Taylor, »Under-

Insofern dabei *unsere* und *ihre* Variationsdimensionen inkommensurabel sind, sind wir gezwungen, zunächst eine (möglichst für beide Seiten akzeptable) *Sprache der Vergleichsdimensionen* zu entwickeln, welche die Differenzen zwischen den beiden Kulturen artikuliert und akzentuiert und dabei niemals frei von ethnozentrischen Elementen sein kann, jedoch beide Horizonte durch die Aufnahme neuer, zuvor vielleicht unvorstellbarer qualitativer Kontraste zu erweitern vermag. Das Ergebnis eines solchen Prozesses ist daher nicht mehr eine *einfache*, sondern eine *komplexe dimensionale Kommensurabilität.* Mit diesem Begriff möchte ich zum Ausdruck bringen, dass wir die Variationsdimensionen einer genuin differenten Kultur nicht unmittelbar erfassen und in unsere kognitiv-moralische Landkarte eintragen können, sondern dass wir zur wechselseitigen Verständigung Gebrauch machen müssen von einer Art Zusatzkarte und -sprache, welche die Kontraste zwischen den Verstehenshorizonten sichtbar werden lässt. Von dieser Zusatzkarte aus werden sich jedoch einige Phänomene, die im Rahmen des ursprünglichen Verstehenshorizontes fraglos und unverrückbar feststanden, als auf vielleicht inkompatible Weise verändert oder auch als gar nicht mehr identifizierbar erweisen.

Eine derartige interkulturelle Begegnung oder Verstehensleistung wird in jedem Fall *keine kontexttranszendierenden* oder gar *universellen* Maßstäbe liefern, sondern vielmehr einen *neuen* und vielleicht *erweiterten*, aber immer noch *partikularen* Kontext hervorbringen, der aus den beteiligten ursprünglichen kulturellen Horizonten hervorgeht. Interkulturelles (oder allgemeiner: interkontextuelles bzw. interparadigmatisches) Verstehen ist daher unaufhebbar mit einem Moment der *Selbsttransformation* verknüpft und lässt sich nicht aus der Perspektive eines Unbeteiligten zustande bringen. In diesem Sinne formuliert Gadamer in *Wahrheit und Methode*:[73] »Verständigung im Gespräch ist [...] eine Verwandlung ins Gemeinsame hin, in der man nicht bleibt, was man war«, und dies ist auch eine Grundeinsicht von Taylors Hermeneutik. So bemerkt er etwa in *Interpretation and the Sciences of Man*, ›Ändere dich selbst!‹ könne eine durchaus legitime Antwort auf die Feststellung ›Ich verstehe nicht‹ sein; und in seinem *Multikulturalismus*-Essay

standing and Ethnocentricity«, S. 125; dazu Gadamer, *Wahrheit und Methode*, S. 356 ff., und Straub, *Handlung, Interpretation, Kritik*, S. 205 ff. und S. 331 ff.

73 Gadamer, *Wahrheit und Methode*, S. 360.

heißt es im Hinblick auf den interkulturellen Vergleich: »Wirkliche Werturteile setzen [...] die Verschmelzung der Werthorizonte voraus; die Bedingung ist, daß wir durch die Auseinandersetzung mit dem Anderen selbst eine Veränderung erfahren.«[74]

Nun mag die nahezu unterschiedslose Diskussion ästhetischer, wissenschaftlicher und moralischer Phänomene unter dem generellen Aspekt paradigmatischer Verstehenshorizonte bei manchem Leser Unwillen deshalb hervorrufen, weil damit die Differenzen zwischen moralischen, ästhetischen und naturwissenschaftlichen bzw. empirischen Geltungsansprüchen, in deren Ausdifferenzierung doch gerade eine der entscheidenden Errungenschaften der Moderne liegt,[75] auf den ersten Blick eingeebnet scheinen. Tatsächlich aber, so meine ich, lassen sich diese Differenzen im Rahmen der hier entwickelten Konzeption nicht nur bewahren, sondern vielmehr in ihrer Relevanz, ihren Grenzen und ihrer Reichweite sogar neu und genauer einordnen. Im Licht der Paradigmentheorie des Verstehens zeigen sich die Differenzen zwischen den genannten Geltungsansprüchen nämlich als nichts anderes denn als Differenzen in den jeweils zugrunde gelegten Variationsdimensionen. Ebendeshalb liegen den jeweiligen Geltungsansprüchen ja auch je spezifische Kontrastbegriffe wie wahr/unwahr, richtig/falsch, schön/hässlich etc. zugrunde. Solche Variationsdimensionen oder Gruppen von Variationsdimensionen unterscheiden sich dabei nicht nur nach dem jeweils bezeichneten und dabei (*mit*) *konstituierten* Phänomenbereich, sondern auch nach dem Maß ihrer *Explizität*, ihrer *Eindeutigkeit* und ihrer *Diskriminierungsfähigkeit*. Naturwissenschaftliche Geltungsansprüche etwa erscheinen uns deshalb als so klar und objektiv, weil sie zum Ersten je explizit formuliert werden, zum Zweiten in der Regel eindeutig sind (im Musterbeispiel des falsifizierenden Experimentes etwa schlägt das Pendel entlang der Wahr/unwahr-Dimension völlig unzweideutig in eine Richtung aus) und daher, zum Dritten es ermöglichen, die Leistungsfähigkeit konkurrierender Ansätze *in der zur Diskussion stehenden Hinsicht* zumeist eindeutig zu beurteilen. In der Frage

74 Taylor, »Interpretation and the Sciences of Man«, S. 54, und Taylor, *Multiculturalism and »The Politics of Recognition«*, S. 68.

75 J. Habermas, »Die Moderne – ein unvollendetes Projekt«, in: J. Habermas, *Die Moderne – ein unvollendetes Projekt. Philosophisch-politische Aufsätze 1977-1990*, Leipzig 1989, S. 32-54.

etwa, ob ein Regentanz oder eine moderne technische Bewässerungsanlage besser geeignet sei, um ein Kornfeld ausreichend zu bewässern (oder ob eine Geisterbeschwörung oder ein schulmedizinischer Eingriff ein Blinddarmleiden zuverlässiger beseitige), lassen sich eindeutige Urteile fällen. Bei ästhetischen Geltungsansprüchen (man denke an die Symphonien) dagegen ist es weit unklarer (*impliziter*), was die Variationsdimensionen sind, die Künstler oder Rezipienten zur Wertschätzung des einen oder anderen Werkes bringen, und selbst wenn diese Dimensionen klar wären, bliebe es möglicherweise intersubjektiv unklar, ob die angestrebten Güter etwa in der einen oder der anderen Symphonie besser verwirklicht werden (*geringe Diskriminierungsfähigkeit*). Zugleich ist es nicht unplausibel anzunehmen, dass es vielfältige, heterogene Variationsdimensionen sind, entlang deren die Wertschätzung von Kunstwerken erfolgt (*Polyvalenz*). Ästhetische Variationsdimensionen erweisen sich daher gegenüber naturwissenschaftlichen als weitgehend implizit, weniger eindeutig und von geringerer Diskriminierungsfähigkeit. Ähnlich sind etwa die Ziele staatlicher Verteilungspolitik ebenso unklar, wie die Leistungsfähigkeit unterschiedlicher sozialer Arrangements im Hinblick auf deren Realisierung umstritten sein mag.

Betrachten wir nun uns (historisch oder geographisch) fremde Kulturen unter diesem Aspekt der Ausdifferenzierung von Variationsdimensionen bzw. Geltungsansprüchen, so können wir zunächst natürlich mit den Maßstäben einfacher bzw. unmittelbarer dimensionaler Kommensurabilität operieren. Dabei mag es sich vielleicht erweisen, dass eine andere Kultur – etwa diejenige der Griechen – uns an Feingefühl und Errungenschaften im Bereich der ästhetischen Variationsdimensionen überlegen ist, im Hinblick auf die von uns zugrunde gelegten moralischen und naturwissenschaftlich-technischen Maßstäbe sich jedoch als ›rückständig‹ zeigt, ohne dass wir deshalb ein Gesamturteil fällen könnten oder müssten. Wir sollten uns jedoch der Möglichkeit bewusst sein, dass auch für diejenigen Kulturen oder Lebensformen, die der unsrigen recht ähnlich scheinen oder die unsere Vorgänger sind, Verstehens- und Bedeutungshorizonte konstitutiv sind, die von unseren eigenen abweichen. Indizien dafür finden sich etwa dort, wo wir für Kontrastbegriffe, die einstmals eine grundlegende Bedeutung innehatten, keinerlei signifikante Verwendung mehr haben. Beispiele hierfür mögen Begriffspaare wie edel/unedel, ehrenhaft/unehrenhaft oder auch tugendhaft/lasterhaft darstellen. Diese Möglichkeit wird natürlich umso größer, je weiter die untersuchte Kultur von der unseren zeitlich oder der Lebensform nach entfernt ist. Dabei kann es sich dann rasch erweisen, dass eine Kultur uns *weder* nach moralischen *noch* nach ästhetischen *oder* naturwissenschaftlich-technischen Maßstäben erfolgreich oder ›wertvoll‹ zu sein scheint. Wir sollten dies nicht als Hinweis auf deren Minderwertigkeit, sondern als Aufforderung interpretieren, nach uns verborgenen Variationsdimensionen zu suchen, die für jene Lebensform konstitutiv sein könnten, die aber *quer* zu unserer kognitiv-moralischen Landkarte der spezifisch ausdifferenzierten Variationsdimensionen oder Geltungsansprüche liegen und daher von dort aus nicht zu erkennen sind. Die von einer solchen Kultur angestrebten Werte zu verstehen ist jedoch nicht möglich ohne die Bereitschaft, die dargelegte hermeneutische Herausforderung, *komplexe dimensionale Kommensurabilität* zu etablieren, anzunehmen, wenngleich es a priori keinerlei Erfolgsgarantien für deren Gelingen geben kann. Ich möchte nun abschließend einigen Hinweisen darauf nachgehen, dass das Bemühen um ein derartiges interkulturelles Verstehen eine Aufgabe ist, die keineswegs einer Gruppe von Esoterikern oder Fachspezialisten vorbehalten bleiben sollte, sondern sich als von höchster Aktualität, ja Dringlichkeit für die Selbstreflexion und die zukünftige Entwicklung der Kultur der Spätmoderne und der in ihr möglichen Lebensformen (und Weltbeziehungen) erweisen könnte.

V.

Die Bereitschaft, fremden Kulturen nicht mit einer Strategie der ›machtorientierten Nostrifizierung‹ zu begegnen,[76] sondern mit hermeneutischen, verständigungsorientierten Methoden, wie sie im voranstehenden Abschnitt diskutiert wurden, stellt in einer Welt der zunehmenden globalen Interdependenzen und multikulturellen Gesellschaften eine unverzichtbare Voraussetzung für die Etablierung einer nationalen und internationalen ›Dialoggesellschaft‹[77] dar. Die Alternative wäre ein *Mosaik von Ghettos* in multikulturellen

76 Straub, *Handlung, Interpretation, Kritik*, S. 6.

77 Vgl. Rosa, *Identität und kulturelle Praxis*, S. 464 ff.

Staaten oder Großstädten und ein weltweiter ›Kampf der Kulturen‹ im Sinne Huntingtons. Dies bedarf wohl kaum der Erörterung.

Indessen sprechen gute Gründe dafür, dass sich jene Bereitschaft auch im Hinblick auf die Selbstreflexion der westlich-spätmodernen Kultur als unverzichtbar erweisen könnte. Die politisch liberal und wirtschaftlich kapitalistisch verfassten westlichen Kulturen der Gegenwart erheben den Anspruch, ihren Mitgliedern weitestgehende ethische Autonomie zuzubilligen, das heißt, letztlich eine unparteiliche soziale und materielle Grundlage darzustellen, von der aus die Individuen über die ihnen gemäße Lebensform (ihre Religion, ihren Beruf, ihre sexuelle Orientierung, ihre Freizeitbeschäftigungen etc.) selbst bestimmen können. Das Beharren des politischen Liberalismus auf ethischer Neutralität gegenüber Lebensformen und die Idee der (möglichst unbeschränkten) *Wahlfreiheit* (›choice‹) der kapitalistischen Wirtschaftsorganisation (die auch von der Vorstellung gleichsam eines spätmodernen ›Supermarktes der Lebensformen‹ lebt) erheben so implizit den Anspruch, in kultureller Hinsicht eine Art ›Metaparadigma‹ zu bilden, von dem aus die Wahl nahezu aller anderen, spezifizierten kulturellen Paradigmen möglich ist. Nach der in diesem Kapitel entwickelten Konzeption der unaufhebbaren *Priorität des Paradigmas* ist jedoch gegenüber einem solchen Anspruch höchste Skepsis angebracht. Der implizite Verstehenshorizont, von dem aus der politische Liberalismus und die kapitalistische Wirtschaftsorganisation im Verein mit der Vorstellung unbedingter ethischer Autonomie der Individuen als das ›Ende der Geschichte‹ (Fukuyama) erscheinen, kann nichts anderes als ein partikularer und deshalb ›ethnozentrischer‹ Verstehenshorizont sein. Aufgrund der holistischen Natur von Paradigmen tritt er jedoch gleichsam ›naturgemäß‹ als universalistisches Gebilde auf, welches seine eigenen Grenzen und die Möglichkeit genuin alternativer Variationsdimensionen unsichtbar macht und daher im Gewande des alle Phänomene und Möglichkeiten zulassenden bzw. abdeckenden und deshalb universalistischen Horizontes erscheint. Denn auch eine bewusst erweiterte und gegenüber anderen Kulturen offene kognitiv-moralische Landkarte bleibt stets *partikular*, was bedeutet, dass jeder Zugewinn an neuen Potentialen, Fähigkeiten und Gütern durch Horizonterweiterung immer auch die Gefahr des Verlustes *anderer*, dabei unsichtbar gemachter Güter und Fähigkeiten birgt. So können wir ganz offensichtlich nicht die

Ideale des Mönchs, des Kriegers, des Bürgers und des romantischen Künstlers zugleich anstreben, und zwar nicht nur auf der individuellen Ebene, sondern auch im Bereich der geteilten kulturellen Praxis. Einige der früheren ›Berge und Täler‹ müssen im Zuge einer Horizontverschmelzung unweigerlich eingeebnet werden, wenn die ›verschmolzene‹ moralische Landkarte kommensurabel bleiben soll, weil es keine *Metasprache* gibt, die *alle* Variationsdimensionen gleichermaßen inkorporieren könnte, und weil jede *Artikulation* das *Artikulierte* immer auch auf eine spezifische Weise umformt. Mit am nachdrücklichsten hat diese Vorstellung A. M. Ungar in seiner Verteidigung des Relativismus formuliert, in der er sich nicht scheut, den Versuch immer umfassenderer Inkorporierung fremder Traditionen als eine Form des *Kulturimperialismus* zurückzuweisen:

> Es liegt eine verstörende Arroganz in der zeitgenössischen Toleranz für kulturelle Vielfalt, die schon seit langem den Widerspruch derjenigen hervorruft, die innerhalb partikularer Kulturtraditionen leben. Diese resultiert aus der Vorstellung, es ließe sich all das, was wahr und wertvoll an den verschiedenen Traditionen ist, in eine einzige, universale und pluralistische Kultur integrieren, die es dann den Individuen ermöglicht, alle Vorzüge der je eigenen Tradition zu genießen und zugleich für die Segnungen aller anderen Kulturen offen zu sein. Nur selten wird registriert, dass in diesem Prozess der Inkorporierung auch etwas Wertvolles verlorengehen könnte. Meine Argumentation für die unaufhebbar perspektivische Natur des Wissens bringt mich zu der Schlussfolgerung, dass solche Versuche der Einverleibung nicht zu Unrecht als Kulturimperialismus bezeichnet werden und dass das Problem der Versöhnung unterschiedlicher Kulturtraditionen innerhalb einer pluralistischen Gesellschaft sich bei weitem nicht so einfach lösen lässt, wie wir uns das einmal erhofft haben.[78]

Daher könnte es nur allzu leicht sein, dass uns jener ›ungeheure Kosmos‹ der liberalkapitalistischen Lebensform, von dem schon

78 A. M. Ungar, »The Relativism of Objektivity«, in: J. E. Bayley (Hg.), *Aspects of Relativism. Moral, Cognitive, and Literary*, Lanham/Md., London 1992, S. 87-107, hier S. 107 (Übers. H. R.). Dieser Vorwurf lässt sich natürlich auch gegen Gadamers Vorstellung eines *umfassenden* Horizontes richten, und ebenso klingen solche harmonisierenden Tendenzen bisweilen auch bei Taylor an, vgl. etwa Taylor, *Multiculturalism and »The Politics of Recognition«* (dt.), S. 77, Anm. 41; siehe dazu auch H. Steinfath, »Authentizität und Anerkennung. Zu Charles Taylors neuen Büchern ›The Ethics of Authenticity‹ und ›The Politics of Recognition‹«, in: *Deutsche Zeitschrift für Philosophie* 41 (1993), S. 575-584, hier S. 583.

Max Weber[79] sprach, als grenzenlos erscheint und nicht als das ›stahlharte Gehäuse‹, das Weber in ihm auch erblickte, weil wir seine Wände nicht mehr spüren; sie begegnen uns aber indirekt etwa in der Form der scheinbar unhintergehbaren Sachzwänge der Globalisierung oder der ökologischen Grenzen unserer Lebensweise.[80]

Nicht zuletzt angesichts der Letzteren scheint daher eine neue ›ideologische‹ im Sinne einer den (auch impliziten) Bedeutungshorizont artikulierenden *ideenlogischen* Analyse der spätmodernen Kultur, welche die unsichtbaren Grenzen des dominanten Paradigmas, das sich unreflektiert immer weiter zu verselbständigen droht, wenigstens erahnbar werden lässt, eine prädominante Aufgabe gegenwärtiger Sozialphilosophie.[81] Aber die Grenzen eines Paradigmas lassen sich aufgrund seiner holistisch-universalistischen Natur nicht von innen heraus, aus dem eigenen Horizont bestimmen – ebendeshalb scheint eine ernsthafte Auseinandersetzung mit abweichenden kulturellen Verstehens- und damit Handlungs- und Lebenshorizonten im Dienste der Selbstreflexion unerlässlich.[82] In den diskutierten Ressourcen und Möglichkeiten des interkulturellen Vergleichs und Dialogs liegt die vielleicht einzige Chance dafür, wenigstens einige der ›blinden Flecken‹ unserer Lebensform und Weltbeziehung zu erkennen und für andere Möglichkeiten (oder Variationsdimensionen) sensibilisiert zu werden.

79 Weber, *Die protestantische Ethik* I, S. 188.

80 Als erste vorläufige Versuche, Grenzen und ›Verluste‹ des spätmodernen Paradigmas auszuloten, vgl. Rosa, *Identität und kulturelle Praxis*, Kap. VII und IX.5, sowie H. Rosa, »On Defining the Good Life. Liberal Freedom and Capitalist Necessity«, in: *Constellations. An International Journal of Critical and Democratic Theory* 5 (1998), S. 201-214.

81 Taylors *Quellen des Selbst* kann in diesem Zusammenhang als ein monumentaler Versuch gelesen werden, ebendies zu leisten.

82 Vgl. dazu auch Skinner, »A Reply to my Critics«, S. 286 f.: »Die Erforschung fremder Glaubenssysteme gibt uns ein unersetzliches Mittel an die Hand, für einen Moment von den eigenen vorherrschenden Annahmen und Denkstrukturen zurückzutreten und uns ins Verhältnis zu setzen zu anderen und abweichenden Lebensformen […]. Vor allem aber können wir hoffen, dadurch eine Perspektive zu gewinnen, von der aus wir unsere eigene Lebensform auf eine selbstkritischere Weise in den Blick nehmen können, die unseren gegenwärtigen Horizont erweitert, anstatt unsere engstirnigen Vorurteile zu bekräftigen« (Übers. H. R.).

2. Gerechtigkeit und starke politische Wertungen

Die prozedurale Gesellschaft und die Idee starker politischer Wertungen. Zur moralischen Landkarte der Gerechtigkeit

I.

Die gegenwärtige Debatte um Verteilungsgerechtigkeit in der politischen Philosophie hat bisweilen etwas geradezu Gespenstisches. Wie Leuchttürme, die souverän aus dem Meer der gesellschaftlichen Realität herausragen, senden sich die Koryphäen der Gerechtigkeitstheorie (von Nagel und Dworkin bis Habermas und Honneth und von Walzer bis Miller) diesseits und jenseits des Atlantiks unbeeindruckt ihre Signale zu, das heißt ihre immer weiter verfeinerten begründungstheoretischen Argumente für eine zustimmungsfähige Konzeption sozialer Gerechtigkeit, während unten die See des sozioökonomischen Wandels immer rauer wird und das unter dem Banner von Solidarität und Gerechtigkeit segelnde Schifflein des Sozialstaates vollkommen zu verschlingen droht. Faktizität und Geltung, um einen zentralen Titel dieser Debatte zu zitieren,[83] klaffen im Hinblick auf den dominanten politiktheoretischen Gerechtigkeitsdiskurs in ebenjenen Gesellschaften, auf deren Boden er ausgetragen wird, (ebenso wie auch in fast allen anderen Gegenden der Welt) immer stärker auseinander, ohne dass dies die Diskursteilnehmer sonderlich zu beunruhigen scheint. Der in den 1970er und 1980er Jahren anvisierten sozialliberalen Form des Sozialstaates, der von Habermas und Honneth über Rawls, Dworkin und Barry bis hin zu Walzer und Rorty, aber auch zu Fraser und Forst die Sympathie der Theoretiker gilt, mangelt es derzeit gewiss nicht an eloquenten und ausgetüftelten theoretischen Rechtfertigungen, dafür aber umso eklatanter an Möglichkeiten der praktischen Umsetzung. Diese Tatsache kann meines Erachtens nicht bedeutungslos für die Bewertung oder Einordnung jener Theorien selbst sein. Sie argumentieren mit immer subtileren, trickreicheren

83 J. Habermas, *Faktizität und Geltung. Beiträge zur Diskurstheorie des Rechts und des demokratischen Rechtsstaats*, Frankfurt/M. [5]1997.

und nuancierteren Strategien für eine ›universalistische‹[84] und mehr oder weniger egalitär ausgerichtete, auf der sozioökonomischen Basis des sozialliberalen Wohlfahrtsstaates beruhende Konzeption der Gerechtigkeit (und verlieren sich dabei in Auseinandersetzungen um Details der Begründung), bleiben dabei jedoch in jeder Variante auf gesellschaftliche Solidaritäts- und ökonomische Umverteilungsressourcen angewiesen, die im derzeitigen realen gesellschaftlichen Entwicklungsprozess – von der Theorieentwicklung weitgehend ignoriert – immer schneller und radikaler erodieren. Tatsächlich nämlich sind die liberalen Gesellschaften des Westens (und nicht nur diese; im Grunde handelt es sich zweifellos um ein weltweites Phänomen) im realpolitischen Prozess dabei, sich völlig von nahezu allen Standards distributiver Gerechtigkeit zu verabschieden, die (sieht man einmal von der extremen Minderheit der Vertreter des Nozick- oder Hayek-Flügels ab) in der Theoriediskussion eine Rolle spielen . Sie werden daher, legt man jene Maßstäbe im Hinblick auf die Verteilung des gesellschaftlichen Wohlstandes zugrunde, immer schneller immer ungerechter. Sowohl das *Gleichheitsprinzip* – gleichgültig ob es als auf Chancen-, Ressourcen- oder Ergebnisgleichheit zielend aufgefasst wird oder ob es im Hinblick auf Einkommensentwicklung, Bildungschancen oder kulturelle Entfaltungsmöglichkeiten in Anschlag gebracht wird – als auch das *Bedarfsprinzip* (etwa im Gesundheitssektor) befinden sich überall

84 Michael Walzers in *Spheres of Justice* (New York 1983) vorgelegte Gerechtigkeitstheorie stellt hier insofern eine Ausnahme dar, als sie weit eher (und bewusst) kontextualistisch als universalistisch argumentiert. Walzer hat jedoch, wie etwa Rainer Forst zu zeigen versucht (R. Forst, *Kontexte der Gerechtigkeit. Politische Philosophie jenseits von Liberalismus und Kommunitarismus*, Frankfurt/M. 1994, S. 258 ff.), inzwischen seine Position modifiziert in Richtung auf einen ›formal-prozeduralen‹ Universalismus, in dem »universale Prinzipien einen formalen Rahmen bilden, der sich [...] in jeweils verschiedener Form ›reiteriert‹« (ebd., S. 258; vgl. dazu M. Walzer, »Zwei Arten von Universalismus«, in: M. Walzer, *Lokale Kritik – globale Standards. Zwei Formen moralischer Auseinandersetzung*, Hamburg 1996, S. 139-168). Diese Interpretation scheint mir indessen Walzers nach wie vor aufrechterhaltenen Vorbehalten gegen den ›Universalismus des allumfassenden Gesetzes‹ nicht genügend Rechnung zu tragen; vgl. dazu auch Alessandro Ferraras abweichende Deutung (A. Ferrara, »Authenticity and the Project of Modernity«, in: *European Journal of Philosophy* 2 [1994], S. 241-273), der Walzers reiterativen Universalismus pointiert gegen prozedurale Varianten, wie Forst sie vertritt, abhebt. Für Rortys Position bleibt ebenfalls festzuhalten, dass sie keine *kulturübergreifende* Gültigkeit beansprucht.

dort, wo es um reale Verteilungskämpfe geht, auf dem Rückzug. Und selbst das Leistungs- bzw. Verdienstprinzip (*desert*), das von kaum einem Theoretiker und nur von einer verschwindenden Minderheit in der Bevölkerung als allein maßgebendes Gerechtigkeitsprinzip betrachtet wird,[85] findet bei der Verteilung der gesellschaftlichen Ressourcen nur sehr bedingt Anwendung: Betrachtet man die derzeitige Entwicklungsdynamik im Hinblick auf Reichtum und Einkommen, so scheint eher *Reichtum* Reichtum und *Erfolg* Erfolg zu produzieren als *Leistung*;[86] die großen Gewinne werden über Börsengeschäfte, Finanztransaktionen, Geld- und Immobilienanlagen erzielt und in der Regel weitervererbt (wobei die Vererbung ein notorisches Problem für leistungsorientierte Gerechtigkeitstheorien darstellt); sie werden dagegen selten durch sozial oder wirtschaftlich produktive *Leistungen* erreicht. Es bedarf daher eines sehr einseitigen Leistungs- oder Verdienstbegriffs, um in ihm den derzeit gesellschaftlich wirksamen Verteilungsmaßstab zu sehen.[87]

Dass sich daher in zunehmendem Maße überall in den westlichen Gesellschaften auf breiter Front Entwicklungen beobachten lassen, die weder nach Maßgabe der genannten Theorien noch nach dem Gerechtigkeitsempfinden der Bürger als ›gerecht‹ bezeichnet werden können, bedarf kaum mehr der Erwähnung. So steht – um nur ein paar willkürlich ausgewählte Symptome zu benennen – einer stetig wachsenden Zahl von (arbeitenden und arbeitslosen) Menschen, die auf soziale Unterstützung angewiesen sind und unterhalb der Armutsgrenze leben müssen, nicht nur eine ebenfalls wachsende Zahl von Einkommensmillionären gegenüber, sondern zugleich auch eine steigende Zahl von Millionären, die

85 Ralph Schrader versucht in seinem Aufsatz »Verdienst – Erfolg – Gerechtigkeit« (in: M. Corsten, H. Rosa und R. Schrader: *Die Gerechtigkeit der Gesellschaft*, Wiesbaden 2005, S. 101-123) nachzuweisen, dass ›Leistung‹ nicht konsistent als eigenes Gerechtigkeitskriterium zu definieren (und von ›Erfolg‹ abzugrenzen) ist.

86 Vgl. S. Neckel, K. Dröge, »Die Verdienste und ihr Preis. Leistung in der Marktgesellschaft«, in: A. Honneth (Hg.), *Befreiung aus der Mündigkeit. Paradoxien des gegenwärtigen Kapitalismus*, Frankfurt/M., New York 2002, S. 93-116.

87 Vgl. M. Deutsch, der versucht, die Vielfalt an Gerechtigkeitsvorstellungen vermittels der genannten drei zentralen Prinzipien (Gleichheit, Bedürfnis, Leistung) zu kategorisieren (M. Deutsch, »Equity, Equality, and Need: What Determines Which Value Will Be Used as the Basis of Distributive Justice«, in: *Journal of Social Issues* 31, Heft 3 [1975], S. 137-149).

keine Steuern zahlen;[88] die ›Armutsdienstleistungen‹ vom Gepäckträger zum Rickschafahrer, Tüteneinpacker im Supermarkt und Schuhputzer – bisher fast nur aus der sogenannten Dritten Welt bekannt – sind auch in den reichen Industriestaaten wieder auf dem Vormarsch; Qualität im Bildungssektor droht in den Privatbereich abzuwandern, und die Chancengleichheit droht durch privatwirtschaftliche Angebote (man denke etwa an den stetig wachsenden Nachhilfebereich oder die Privatschulen) ausgehöhlt zu werden; im Gesundheitssektor zeichnet sich ein Wandel (von möglicherweise historischer Tragweite) vom Solidarprinzip hin zum versicherungstechnischen Äquivalenzprinzip ab (darauf wird noch näher einzugehen sein); und selbst das städtebauliche Erscheinungsbild moderner westlicher Gesellschaften lässt Zweifel an der Hypothese aufkommen, die Verteilung gesellschaftlichen Reichtums werde über Gerechtigkeitserwägungen gesteuert: Überall schießen in den teuersten und bestgelegenen Stadtgegenden die Marmorpaläste der Großbanken in den Himmel, während in den benachbarten Schulen infolge von Mittel- und Lehrerknappheit der Unterricht ausfallen muss und die Krankenhäuser Mühe haben, auch nur die minimalen hygienischen Standards aufrechtzuerhalten. Während auf der einen Seite über einen gigantischen Werbeapparat vielfach mehr Geld in die *Induktion* ›neuer Bedürfnisse‹ gesteckt wird, als für deren Befriedigung aufzuwenden ist (etwa dort, wo die Hersteller von Markensportschuhen höhere Summen an NBA- und Formel-1-Stars überweisen, als sie insgesamt an die Frauen und Kinder in Südostasien bezahlen, welche die Schuhe herstellen), wächst auf der anderen Seite die Zahl unerfüllter Grundbedürfnisse permanent an – es fehlt für diejenigen, die es sich nicht (mehr) leisten können, an Wohnungen, Kleidung, Gesundheitsfürsorge, Bildung, Umweltschutz etc. Dieses Missverhältnis vergrößert sich im Hinblick auf das sogenannte Nord-Süd-Gefälle, aber auch innerhalb der reichen Industriestaaten selbst. Auf eine einfache, wohlbekannte Formel gebracht: Die Armen werden immer ärmer, die Reichen immer reicher – ohne sich um prozedural-universalistische (oder, um fair zu sein, auch kommunitaristische, postmoderne oder sonst

88 Vgl. hierzu E. U. Huster, *Reichtum in Deutschland*, Frankfurt/M. 1993, oder U. Maeder, E. Streuli, *Reichtum in der Schweiz. Porträts, Fakten, Hintergründe*, Zürich 2002.

wie geartete) Gerechtigkeitskonzeptionen zu scheren.[89] Das eingangs angedeutete Phänomen ist also ein durchaus wechselseitiges: Nicht nur nimmt die Theorie offensichtlich die sich für die Chance ihrer Verwirklichung verheerend auswirkenden gesellschaftlichen Veränderungen nicht zur Kenntnis, sondern die zentralen entwicklungsdynamischen gesellschaftlichen Prozesse scheinen sich auch unter nahezu vollständiger Ignorierung theoretischer (und empirischer) Gerechtigkeitskonzeptionen zu vollziehen. Sofern man es als die vordringliche Aufgabe der politischen Theorie versteht, die der sozialen Wirklichkeit zugrunde liegenden Prinzipien zu erhellen, zu legitimieren oder zu kritisieren,[90] kommt man daher nicht umhin, der derzeit dominanten Gerechtigkeitstheorie ein schlechtes Zeugnis auszustellen.

Was wir also brauchen, sind schwerlich neue begründungstheoretische Strategien zur Rechtfertigung auch nur minimaler Standards von Verteilungsgerechtigkeit, sondern zunächst ein Verständnis davon, wieso theoretische und empirische Gerechtigkeitsüberzeugungen derzeit nicht oder kaum gesellschaftlich operativ oder wirkmächtig zu werden vermögen. Ein wesentlicher Grund dafür, so möchte ich im Folgenden zeigen, ist in der Struktur der dominanten, vorwiegend deontologisch verfahrenden Gerechtigkeitstheorien selbst zu finden. Sie vermögen es nicht, gesellschaftliche Energien gegen die sogenannten ›systemischen‹ oder funktionalen Zwänge des kapitalistischen Wirtschaftssystems zu mobilisieren, welches seiner eigenen, von allen Gerechtigkeitsvorstellungen abgekoppelten Verteilungslogik folgt.[91] Will man

89 Einen Überblick über theoretische und empirische Gerechtigkeitskonzeptionen gibt etwa D. Miller, »Recent Theories of Social Justice«, in: *British Journal of Political Science* 21 (1991), S. 371-391, und D. Miller, »Distributive Justice: What the People Think«, in: *Ethics* 102 (1991), S. 555-593; diese beiden Dimensionen der Diskussion um Gerechtigkeit analytisch zu trennen und gerade dadurch füreinander fruchtbar zu machen versucht V. H. Schmidt, »Bounded Justice«, in: *Social Science Information* 33, 2 (1994), S. 305-333.

90 Vgl. dazu ausführlich H. Rosa, »Ideengeschichte und Gesellschaftstheorie: Der Beitrag der ›Cambridge School‹ zur Metatheorie«, in: *Politische Vierteljahresschrift* 35 (1994), S. 197-223, und Rosa, »Paradigma und Wertbeziehung«.

91 Über die Art und Weise, wie bei Gerechtigkeitsurteilen der Bürger genuine Gerechtigkeitsprinzipien und funktionalistische Erwägungen verknüpft werden, vgl. M. Rübner, P. Samol, *Zwischen Gleichheits- und Leistungsprinzip. Gerechtigkeitsorientierungen ostdeutscher Studierenden*, Manuskript Jena 1996.

sich nicht der – auf eigentümliche Weise mit den Ergebnissen der Luhmannschen Systemtheorie konvergierenden – fatalistischen ›Volksweisheit‹ anschließen, gegen ›das System‹ könne man ›sowieso nichts machen‹, muss die zentrale Frage lauten, wie Gerechtigkeitserwägungen überhaupt wieder in den gesellschaftlichen Entwicklungsprozess eingeschleust und wirkmächtig werden können und wie sie auch auf der kollektiven Ebene eine handlungsleitende Funktion (zurück)gewinnen können.[92]

Wie sehr funktionale Erwägungen die Anwendung genuiner Gerechtigkeitsprinzipien unterlaufen und geradezu vereiteln können, macht dabei auf eindringliche, wenngleich unfreiwillige Weise die ohne Zweifel bekannteste, einflussreichste und am weitesten diskutierte Gerechtigkeitstheorie des 20. Jahrhunderts, John Rawls' *A Theory of Justice*,[93] deutlich. Der dort formulierte zentrale Gerechtigkeitsgrundsatz des *Differenzprinzips*, nach welchem sozioökonomische Ungleichheiten nur dann gerechtfertigt sind, wenn sie *den am schlechtesten Gestellten der Gesellschaft (am meisten) zugutekommen*, scheint auf den ersten Blick radikal egalitäre Konsequenzen zu haben, und in diesem Sinne wird er in der Literatur zumeist auch interpretiert.[94] Tatsächlich aber enthält das Differenzprinzip letztlich *zwei* Prinzipien, nämlich zum einen das der *Gleichheit* und zum anderen die Idee des ›Mehrhabens‹ bzw. des wachsenden Wohlstandes. Dass das erste Prinzip dem zweiten dann untergeordnet wird – Ungleichheit ist gerechtfertigt, wenn sie dazu führt, dass ›alle mehr haben‹ bzw. ›bessergestellt sind‹ –, hat zur Konsequenz, dass Rawls' Theorie letztlich wehrlos ist gegenüber den Argumenten der Neoliberalen, die ihrerseits nicht über Adam Smith hinausgelangt sind, der bereits den Anspruch erhob, die ›unsichtbare Hand des Marktes‹ sorge dafür, dass selbst der am schlechtesten gestellte Engländer noch besser lebe als der

92 Vgl. zu einer umfassenden analytischen Trennung der unterschiedlichen sozialen Kontexte, in denen moralische Erwägungen mit je unterschiedlichen Wirkungsweisen, Voraussetzungen und Konsequenzen entfaltet werden (können): H. J. Giegel, *Moralische Orientierungen im politischen Prozeß – ein Ankerplatz für die normative Analyse der Demokratie?*, in: M. Th. Greven, R. Schmalz-Bruns (Hg.), *Politische Theorie – heute. Ansätze und Perspektiven*, Baden-Baden 1999, S. 177-213.

93 J. Rawls, A *Theory of Justice*, Cambridge/Mass. 1971.

94 So etwa C. Taylor, »The Nature and Scope of Distributive Justice«, in: C. Taylor (Hg.), *Philosophical Papers*, Bd. 2, *Philosophy and the Human Sciences*, Cambridge/Mass. 1985, S. 289-317, hier S. 303 ff.

bestgestellte Indianerhäuptling – womit die Bedingung des Rawlsschen Differenzprinzips erfüllt wäre. Das Prinzip impliziert somit zumindest in dieser Hinsicht seine eigene Wirkungslosigkeit: Gerechtigkeit ist keine handlungsleitende und -motivierende Idee, kein intentional anzustrebendes und im Handlungsvollzug zu verwirklichendes Gut, sondern eine glückliche Nebenfolge, die sich einstellt, wenn die Rahmenbedingungen richtig gesetzt sind. (Dass freilich keine Einigung darüber zu erzielen ist, wie die ökonomischen Randbedingungen genau beschaffen sein müssen, damit die im Differenzprinzip erhobene Forderung erfüllt wird, ist meines Erachtens ein grundsätzliches und inhärentes Problem dieser Theorie.) Eine solche Auffassung von Gerechtigkeit scheint mir jedoch nicht nur ihrem Gegenstand unangemessen zu sein, sondern auch bereits den Keim ihres ›empirischen‹ Scheiterns in sich zu tragen: Sie impliziert und transportiert ein Menschen- und Gesellschaftsbild, vor dessen Hintergrund sich jene Gerechtigkeitsvorstellungen nicht verwirklichen lassen, weil sie die dafür erforderlichen *motivationalen Ressourcen, Antriebe und gesellschaftlichen Energien* nicht zur Verfügung stellen kann. Dies gilt auch für die diskursethischen Varianten an prozeduralen Gerechtigkeitstheorien, die Gerechtigkeit zwar für eine moralische Forderung halten, die sich unmittelbar und stets von Neuem auch dem Einzelnen in seinen Handlungen stellt, sie aber dennoch nicht als ›Gut‹ auffassen, das es gemäß den je partikularen ethischen Konzeptionen der Einzelnen zu verwirklichen gilt und das deshalb unmittelbar handlungsantreibend wirkt, sondern in ihr eher eine begrenzende, von Erwägungen des je ›für mich‹ guten Lebens unabhängige *Verpflichtung* erblicken. Auch ihnen fehlt daher – wie noch genauer zu zeigen sein wird – die motivationale Basis dafür, für gerecht erachtete Zustände auch wirklich herbeizuführen.

An diesem Punkt erhebt sich nun mit Nachdruck die Frage, um welch für ein ›Ding‹ es sich bei der Gerechtigkeit eigentlich handelt. Wovon reden wir, wenn wir erwägen wollen, wie eine gerechte Gesellschaftsordnung aussehen könnte oder wie sie zu verwirklichen wäre, und worauf beruhen unsere Gerechtigkeitsintuitionen und -urteile? Auf welche Weise lässt sich von Personen, Handlungen oder institutionellen Ordnungen aussagen, sie seien ›gerecht‹? Selbst diejenigen, die an einer strikten Unterscheidung zwischen dem Guten und dem (Ge-)Rechten festhalten möchten, bestreiten in der Regel nicht, dass Gerechtigkeit als ›Gut‹ zumindest in dessen weitestem, formalem Sinne verstanden werden kann. Die Ansichten gehen aber dann auseinander, wenn bestimmt werden soll, *was für eine Art von Gut* die Gerechtigkeit darstellt, wie sie in *substantieller* Hinsicht zu verstehen ist und wie sie im Verhältnis zu anderen (substantiellen) Gütern und Vorstellungen des Guten, des guten Lebens und der guten Gesellschaft zu verorten ist.

Ich möchte im Folgenden zeigen, dass jeder Begriff von Gerechtigkeit unauflösbar und konstitutiv verknüpft ist mit einer je spezifischen Konzeption der Person und der Gemeinschaft sowie deren Verhältnis zueinander, des Guten, der Zeit etc., kurz: dass ›Gerechtigkeit‹ nur denkbar ist vor dem Hintergrund einer kompletten ›moralischen Landkarte‹, die nicht ausgeblendet werden darf, wenn Gerechtigkeitsvorstellungen gesellschaftlich wirksam werden sollen. Ich werde mich dabei in tragenden Teilen meiner Argumentation auf Überlegungen stützen, die *Charles Taylor* in unterschiedlichen Zusammenhängen entwickelt hat; nicht, um aus seinen Schriften eine weitere, abstrakte Gerechtigkeitstheorie zu destillieren,[95] sondern um aufzuzeigen, wie man mit Taylor zu einem veränderten Verständnis der Gerechtigkeitsproblematik und darüber zu einem neuen Zugriff auf gesellschaftliche Gerechtigkeitsressourcen gelangt, welche die Inadäquatheit und Wirkungslosigkeit der vorherrschenden Konzeptionen zu überwinden vermögen. Hierbei möchte ich, an Taylors Begriff der *starken Wertung* anknüpfend, dann auch ausloten, welche konkreten politischen Konsequenzen und Möglichkeiten sich daraus ergeben.

95 Aus Gründen, die im Folgenden ersichtlich werden, entwickelt Taylor selbst keine explizite Theorie der Gerechtigkeit. Er diskutiert jedoch die aktuellen Vorstellungen von Verteilungsgerechtigkeit in »The Nature and Scope of Distributive Justice« (in: C. Taylor, *Philosophical Papers*, Bd. 2, *Philosophy and the Human Sciences*, Cambridge 1985, S. 289-317; deutsch: ders., »Wesen und Reichweite distributiver Gerechtigkeit«, in: C. Taylor: *Negative Freiheit? Zur Kritik des neuzeitlichen Individualismus*, Frankfurt/M. 1988, S. 145-187), wo er sich darum bemüht, einerseits atomistische und ahistorische Ansätze zu widerlegen und andererseits die unaufhebbare Pluralität von Gerechtigkeitsprinzipien sowie deren Verankerung in konkreten Lebensformen herauszuarbeiten (vgl. ferner auch C. Taylor, »Justice after Virtue«, in: M. Benedikt, R. Burger [Hg.], *Kritische Methode und Zukunft der Anthropologie*, Wien 1985, S.23-48, und C. Taylor, »Leading a Life«).

II.

Für Charles Taylor stellt es eine grundlegende und unhintergehbare Einsicht dar, dass unsere Begriffe des *Selbst*, der *Gesellschaft* und des *Guten, Gerechten oder Richtigen* sich als intern so miteinander verknüpft und verschränkt erweisen, dass sie sich getrennt nur dann sinnvoll erörtern lassen, wenn die korrespondierenden Komplementärbegriffe stillschweigend mitgedacht oder vorausgesetzt werden. Die De-facto-Preisgabe eines dieser Begriffe (etwa in der Behauptung, man setze in einer Erörterung der Gerechtigkeit keinen spezifischen Selbst- oder Gemeinschaftsbegriff oder keine bestimmte Idee des Guten voraus) untergräbt daher unweigerlich auch die Plausibilität der anderen (verwendeten) Begriffe.

Meine Behauptung könnte so formuliert werden: Unterschiedliche Prinzipien distributiver Gerechtigkeit sind mit Konzeptionen des menschlichen Guten verbunden, insbesondere mit verschiedenen Auffassungen hinsichtlich der Abhängigkeit des Menschen von der Gesellschaft bei der Verwirklichung dieses Guten. Daher können tiefreichende Auffassungsunterschiede in Bezug auf die Gerechtigkeit nur aufgeklärt werden, wenn wir die zugrunde liegenden Vorstellungen vom Menschen und von der Gesellschaft formulieren und einander gegenüberstellen. Dies ist der Kern der Auseinandersetzung, der auch den aktuellen Kontroversen zugrunde liegt, die wir in unserer Gesellschaft miterleben.[96]

Die Begründung dieser Behauptung führt Taylor (an anderer Stelle) in anthropologische bzw. phänomenologische und transzendentalphilosophische Bereiche.[97] Danach sind Subjekte (individuell und kollektiv) nur dann in der Lage, eine stabile Identität zu entwickeln und zu bewahren und handlungsfähig zu werden, wenn und solange sie sich vor dem Hintergrund eines stabilen ›Horizonts der Bedeutsamkeit‹ (*horizon of significance*) definieren, der ihnen ein Bild davon vermittelt, *wer sie sind* und *worauf es im Leben ankommt*, das heißt, welche *Bedeutungen* den sie umgebenden Dingen und Menschen zukommen. Ein menschliches Selbst muss sich daher nicht nur im physikalischen Raum zurechtfinden, sondern findet sich stets zugleich in einen ›moralischen Raum‹ oder *Bedeu-*

96 C. Taylor, »Wesen und Reichweite distributiver Gerechtigkeit«, in: C. Taylor: *Negative Freiheit? Zur Kritik des neuzeitlichen Individualismus*, Frankfurt/M. 1988, S. 145-187, hier S. 148.

97 Vgl. dazu ausführlich Rosa, *Identität und kulturelle Praxis*, Kapitel II.

tungsraum gestellt, in dem es für sein Leben und seine Handlungen grundsätzliche Orientierungen gewinnen muss.[98] In diesem Bedeutungsraum findet es sich mit Hilfe einer kulturell konstituierten und teils sprachlich, teils implizit in sozialen Praktiken vermittelten ›moralischen Landkarte‹ zurecht, die Definitionen des Wichtigen und Unwichtigen, Guten und Schlechten, Ehrenhaften und Feigen, Edlen und Gemeinen etc. enthält, aber auch Bestimmungen dessen, worin ein gutes Leben besteht, was die Natur des Einzelnen und der Gesellschaft sei, was eine gerechte Ordnung darstelle, was verlässliches Wissen garantiere usw. Solche kontrastiven Begriffspaare oder -netze – als starke qualitative Unterscheidungen bilden sie die Grundlage für die *starken Wertungen*[99] der Subjekte – eröffnen immer auch korrespondierende Situationswahrnehmungen, Handlungsoptionen, Empfindungen und Selbstverständnisse, die

98 »Meine zentrale These lautet, dass ein Selbst seinem Wesen nach mit Hilfe eines räumlichen Leitbildes im moralischen Raum lebt. Und darauf beziehe ich mich auch, wenn ich von einer ›moralischen Topographie‹ des Selbst rede. Diese Redensweise mag als schräg oder eigenwillig erscheinen, aber das ist sie nicht. Auf jeden Fall ist dieses Bild nicht meine Erfindung, sondern es ist im moralischen Bewusstsein selbst verankert. Damit meine ich nicht nur, dass Raumbegriffe in ethischen Diskursen häufig verwendet werden – man denke an Platos Bild eines Auges der Seele, das sich den Ideen zuwendet, oder an den Ort des Heils im Himmel, oder an die Idee der Wahrheit ›in‹ uns –, sondern dass unsere grundlegenden und unhintergehbaren Sprachen des Selbst auf räumlichen Bildern beruhen, etwa den Kontrastpaaren innen/außen, oben/unten, ganz abgesehen von der topographischen Konstruktion des Unbewussten, von unserem Sinn für innere Tiefe, von der Abwertung gewisser Gefühle als oberflächlich etc. Meine These lautet also, dass diese inhärente Räumlichkeit des Selbst eng verknüpft ist mit einer moralischen Landkarte, mit einem Sinn dafür, wo die moralischen Quellen liegen« (C. Taylor, »The Moral Topography of the Self«, in: St. Messer, L. Sass, R. Woolfolk [Hg.], *Hermeneutics and Psychological Theory*, New Brunswick 1988, S. 298-320, hier S. 300 [Übers. H. R.]; vgl. C. Taylor, *Quellen des Selbst. Die Entstehung der neuzeitlichen Identität*, Frankfurt/M. 1989, Teil I, Kapitel 2).

99 *Starke* Wertungen und *schwache* Wertungen können danach unterschieden werden, dass Letztere sich auf Dinge beziehen, die wir haben oder tun wollen, während Erstere Gegenstände bezeichnen, von denen wir glauben, dass sie wertvoll sind, unabhängig davon, ob wir tatsächlich (gerade) ein Verlangen nach ihnen spüren oder nicht. Schwache Wertungen beantworten daher die Frage: ›Was will ich (gerade)?‹, starke Wertungen bezeichnen dagegen, ›was für eine Art von Person ich sein will‹ (vgl. dazu vor allem C. Taylor, »What Is Human Agency?«, in: C. Taylor, *Philosophical Papers*, Bd. 1, *Human Agency and Language*, Cambridge 1977, S. 15-44; dazu ausführlich: Rosa, *Identität und kulturelle Praxis*, S. 98-126).

natürlich sprach- und kulturabhängig sind. Universalität kann daher nur für den moralischen Raum als solchen in Anspruch genommen werden, nicht aber für dessen unmittelbare Struktur und die *konkreten* Fragen (etwa nach dem, was in einer Situation ehrenhaft oder feige ist), mit denen sich ein Subjekt auseinanderzusetzen hat.[100] Da dieser Raum natürlich nicht nur bestimmte *moralische* Qualitäten enthält, sondern den gesamten Horizont des Bedeutsamen für ein Subjekt umfasst, müssen die entsprechenden moralischen Landkarten nach meiner Auffassung als eng verknüpft mit umfassenderen *kognitiven Landkarten*, oder als ein Bestandteil derselben, verstanden werden.[101] Wenn im Folgenden verkürzend weiterhin von moralischen Landkarten die Rede ist, so sind dabei ästhetische, ethische (und sogar epistemologische) Unterscheidungen stets mitgemeint. Wenn diese Unterscheidungen darüber hinaus qualitative Unterscheidungen im Sinne von ›gut‹ und ›schlecht‹ darstellen, so sind auch diese Begriffe dabei weder als ethische noch als moralische Termini im engeren Sinne zu verstehen, sondern ebenfalls als Begriffe, die die gesamte Sphäre des Werthaften umfassen: »Das Wort ›Gut‹ wird hier in überaus allgemeinem Sinne verwendet, so daß es alles bezeichnet, was als wertvoll, würdig oder

100 Es sei denn, diese Fragen seien rein formaler Natur, wie etwa in folgender Formulierung Taylors: »Wissen, wer man ist, heißt, daß man sich im moralischen Raum auskennt, in einem Raum, in dem sich Fragen stellen mit Bezug auf das, was gut ist oder schlecht, was sich zu tun lohnt und was nicht, was für den Betreffenden Sinn und Wichtigkeit hat und was ihm trivial und nebensächlich vorkommt« (Taylor, *Quellen des Selbst*, S. 56).

101 Zu vermuten wäre dabei, dass jede kognitiv-moralische Landkarte jenseits ihrer unterschiedlichen Strukturen qualitativer Kontraste eine epistemologische, eine ästhetische und eine ethische Dimension enthält, das heißt, in einem zumindest vagen Sinne die Fragen nach dem Wahren, nach dem Schönen und nach dem Guten (um es in der Sprache der platonischen Trias zu formulieren) definieren und einen entsprechenden Antwortenraum anbieten muss. Zur Theorie kognitiver Landkarten oder Schemata als den grundlegenden Bausteinen menschlicher Kognition vgl. etwa R. Axelrod, »The Analysis of Cognitive Maps«, in: R. Axelrod, *Structure of Decision. The Cognitive Maps of Political Elites*, Princeton/NJ 1976; S. 55-73, oder W. F. Brewer, G. V. Nakamura, »The Nature and Functions of Schemas«, in: R. S. Wyer, T. K. Srull (Hg.), *Handbook of Social Cognition*, Bd. 1, Hillsdale/NJ 1984, S. 119-160, und D. E. Rumelhart, »Schemata. The Building Blocks of Cognition«, in: R. J. Spiro, C. Bertram, W. F. Brewer (Hg.), *Theoretical Issues in Reading Comprehension. Perspectives from Cognitive Psychology, Linguistics, Artificial Intelligence, and Education*, Hillsdale/NJ 1980, S. 33-58.

bewundernswert gilt, einerlei, zu welcher Art oder Kategorie es gehört.«[102]

Vor diesem Hintergrund ist es nun einleuchtend, dass die Frage nach dem *Gerechten* wiederum nur sinnvoll zu beantworten ist im Kontext einer umfassenden moralischen Landkarte, auf der sie eine bestimmte *Hinsicht* darstellt bzw. einen spezifischen ›Höhenzug‹ bildet.

Verzeichnet sind auf dieser Landkarte die möglichen Handlungsoptionen, Lebensstile und Ideale, und sie werden, um in Taylors Raummetapher zu bleiben, ›topographisch‹ erfasst vermittels der durch starke Wertungen bezeichneten qualitativen Kontraste, welche die positiv und negativ bewerteten ›Berge und Täler‹ bestimmen. Es sind dabei nach Taylors Konzeption immer die ›Berge‹, welche als grundlegende Markierungen der moralischen Landkarte dem menschlichen Leben Sinn, Richtung und Orientierung geben, weil sie die erstrebenswerten Güter oder ›das Gute‹ bezeichnen. Die ›höchsten Berge‹ bzw. die architektonisch zentralen Güter bilden dabei die handlungsmotivierenden und inspirierenden Zentren, die Taylor auch als *moralische Quellen* bezeichnet.[103] Deshalb ist jeder Begriff des Selbst und jede Identität unauflösbar verschränkt mit einer Konzeption des Guten: »Unser Selbstverständnis schließt immer ein bestimmtes Verständnis des Guten und unserer Beziehung dazu ein [...]. Die Vorstellung einer menschlichen Identität ohne ein solches Verständnis bringt uns an den unausdenkbaren Rand des totalen Zusammenbruchs.«[104]

Auf dieser Grundlage ist nun auch ersichtlich, dass die – den eingangs erwähnten liberalen und prozeduralen Gerechtigkeitstheorien zugrunde liegende – Vorstellung, wir müssten uns auf gesellschaftlicher Ebene auf die gemeinsame und verbindliche Definition des ›Richtigen‹ bzw. Gerechten und die Herausarbeitung eines Katalogs individueller Rechte sowie die Festlegung bestimmter Verfahrensweisen beschränken, weil sich kein gemeinsamer Horizont des Guten bzw. des guten Lebens und damit keine kollektive moralische Landkarte mehr finden oder herstellen lässt, dass also diese Vorstellung nicht nur unzulänglich, sondern in einem entscheidenden Punkt auch irrig ist. Die Bestimmung des Richtigen oder die

102 Taylor, *Quellen des Selbst*, S. 177.

103 Daher gibt er seinem Hauptwerk den Titel *Quellen des Selbst*.

104 Taylor, »Modernity and the Rise of the Public Sphere«, S. 257 (Übers. H. R.).

Festlegung unveräußerlicher Rechte kann sich nämlich immer erst aus einem *vorgängigen* ethischen Horizont, aus einem gesellschaftlichen Rahmen ergeben, der Vorannahmen evaluativer Art darüber enthält, was es heißt, ein Subjekt zu sein, wie dieses Subjekt in seine Umwelt eingebettet ist und worauf es bei Handlungen und Entscheidungsfindungen (und damit im Leben) ankommt.

> [W]o wir den Ausdruck »das Gute« im Sinne der vorliegenden Erörterung verwenden und wo damit dasjenige gemeint ist, was durch eine qualitative Unterscheidung als etwas Höheres gekennzeichnet wird, da könnten wir sagen […], das Gute [habe] stets Vorrang vor dem Rechten. […] [D]as Gute [ist] dasjenige, was, indem es artikuliert wird, den eigentlichen Sinn der Regeln nennt, [und dadurch wird] das Rechte bestimmt.[105]

Um diese These aufrechterhalten zu können, muss Taylor liberalen bzw. verfahrensethischen Ansätzen nachweisen können, dass sie de facto immer schon vor dem Hintergrund eines bestimmten, impliziten Horizonts des Guten argumentieren. Ebendies postuliert Taylor denn auch in *Quellen des Selbst*. Seine zentrale Annahme ist dabei, dass die fundamentalen Güter oder Hypergüter,[106] die tatsächlich deontologischen Moraltheorien zugrunde liegen, die des desengagierten Naturalismus (z. B. Autonomie und desengagierte Rationalität) sind, welchen stets die Tendenz innewohnt, ihre eigene Wirkmächtigkeit zu verleugnen.

> Je mehr man die Motive dieser Theorien des pflichtgemäßen Handelns untersucht – also im Sinne Nietzsches »Genealogie« treibt –, desto seltsamer wirken sie. Wie es scheint, werden sie durch die stärksten moralischen Ideale motiviert, wie z. B. Freiheit, Altruismus und Universalismus. Diese Ideale gehören zu den zentralen moralischen Bestrebungen der neuzeitlichen Kultur; sie sind die Hypergüter, welche diese Kultur auszeichnen. Und dennoch – das, wozu die Vertreter solcher Theorien durch diese Ideale getrieben werden, ist eine Leugnung aller derartigen Güter.[107]

Infolgedessen verfangen sich deontologische Theorien (ebenso wie utilitaristische Ansätze, mit denen Taylor sich andernorts auf analo-

105 Taylor, *Quellen des Selbst*, S. 171 f.

106 Zur Unterscheidung von Lebensgütern, Hypergütern und konstitutiven Gütern siehe ebd.; vgl. Rosa, *Identität und kulturelle Praxis*, S. 117-122.

107 Taylor, *Quellen des Selbst*, S. 170.

ge Weise auseinandersetzt[108]) in einem performativen Widerspruch ebenjener Art, die Diskursethiker (insbesondere Apel) umgekehrt denjenigen vorwerfen, welche die apriorische Richtigkeit des diskursethischen Prinzips nicht anerkennen wollen.

Sie verwickeln sich in einen merkwürdigen pragmatischen Selbstwiderspruch, durch den eben die sie anspornenden Güter sie dazu drängen, alle derartigen Güter zu leugnen oder unbrauchbar zu machen. Die Vertreter dieser Theorien sind konstitutionell unfähig, die tieferen Quellen des eigenen Denkens offen einzugestehen. Ihr Denken ist verkrampft.[109]

Daher macht Taylor sich selbst auf die Suche nach dem impliziten ›Horizont des Guten‹, der deontologischen Moraltheorien zugrunde liegt.[110]

108 Vgl. C. Taylor, »Kant's Theory of Freedom«, in: C. Taylor, *Philosophical Papers*, Bd. 2, Cambridge/Mass., New York 1984, S. 318-337, hier S. 330-337; C. Taylor, »The Diversity of Goods«, in: C. Taylor, *Philosophical Papers*, Bd. 2, Cambridge/Mass., New York 1985, S. 230-247, hier S. 230-233; Taylor, »What Is Human Agency?«, S. 15-44, hier S. 17-27. Taylors Haupteinwand gegen den Utilitarismus ist es dabei, dass dieser es ablehne, qualitative Unterscheidungen zu akzeptieren, und deshalb alle Wertungen auf *schwache* Wertungen reduziere, indem er einfache, faktische Präferenzordnungen als unhintergehbar betrachte, obwohl er selbst (analog zu deontologischen Theorien) auf einer ganzen Reihe von (nicht eingestandenen) starken Wertungen beruhe und nur auf deren Grundlage überhaupt plausibel werde. Ernst Tugendhat (E. Tugendhat, »Koreferat zu Charles Taylor: ›What is Human Agency?‹«, in: E. Tugendhat, *Philosophische Aufsätze*, Frankfurt/M. 1991, S. 441-452, hier S. 442) hat dagegen geltend gemacht, dass der Utilitarismus sehr wohl eine qualitative Unterscheidung mache, wenngleich nur eine einzige: Die gesollte Handlung (die etwa dem größten Glück der größten Zahl dient) ist als ›starker Wert‹ gegenüber dem je individuell *Angenehmen* vorzuziehen. Selbst wenn man diesen Einwand akzeptiert, bleibt Taylors weiterführende Kritik, dass der Utilitarismus reduktionistisch sei, weil er die unaufhebbare Diversität der Güter durch die (nicht zu rechtfertigende) Auszeichnung eines einzigen (formalisierbaren) Moralprinzips leugne (C. Taylor, »To Follow a Rule«, in: C. Taylor, *Philosophical Arguments*, Cambridge/Mass. 1992/1995; vgl. oben, Kapitel 2, Abschnitt 3.), davon unbeeinflusst bestehen. Es zeigt sich darin das Anliegen der moralischen Phänomenologie Taylors, den einseitigen Reduktionismus der Beschreibung der Welt in den Kategorien des Rechts und der Nützlichkeit aufzuzeigen.

109 Taylor, *Quellen des Selbst*, S. 170.

110 Es handelt sich dabei um »Sprache und Gesellschaft« (in: A. Honneth, H. Joas [Hg.], *Kommunikatives Handeln. Beiträge zu Jürgen Habermas' »Theorie des kommunikativen Handelns«*, Frankfurt/M. 1986, S. 35-52) und vor allem um »Die Motive einer Verfahrensethik« (in: W. Kuhlmann, *Moralität und Sittlich-*

Seine Ausgangsthese ist es dabei, »daß alle Theorien, die der Frage nach dem Richtigen den Vorrang geben, in Wirklichkeit auf einer Idee des Guten beruhen, und zwar in zweierlei Hinsicht: (a) daß es der Artikulation dieser Idee bedarf, um deren Motive zu verdeutlichen, und (b) daß jeder Versuch, an einer Theorie des Richtigen ohne Untermauerung durch eine Theorie des Guten festzuhalten, zum Scheitern verurteilt ist«.[111]

Wenn es ihm dann in ›genealogischer Absicht‹ immer wieder darum zu tun ist, die *Motive*, die hinter solchen Ansätzen stehen, durch den Rückgriff auf die Ideen- und Kulturgeschichte freizulegen, so geschieht dies, weil er hofft, auf diese Weise zur Sprache zu bringen, was solchen Theorien an immanenten Annahmen bezüglich des Guten zugrunde liegt. Dazu gehört etwa der Glaube an die Gültigkeit von Werten wie Freiheit, Vernünftigkeit, Gerechtigkeit, Wohltätigkeit (als *benevolence* und *altruism*) und Universalismus.[112] Was dann in der Moderne auf solcher Grundlage in die Kategorien von Rechten und Gerechtigkeit gefasst wird, ist letztlich nichts anderes als jene Werte oder Ansprüche, die aufgrund der Struktur des neuzeitlichen moralischen Horizontes und ihrer Verkörperung in den gesellschaftlichen Praktiken und Institutionen unstrittig und gewissermaßen ›überdeterminiert‹ sind, so dass sie in der Tat im Sinne Thomas Scanlons, jedoch nur *innerhalb* einer bestimmten (modernen) Traditions- oder Kulturgemeinschaft, »nicht vernünftigerweise zurückgewiesen werden können«.[113] »Wieso sind wir uns in Bezug auf manche Verpflichtungen ganz sicher? Weil sie von vielen unserer Traditionen nahegelegt werden. Solche Verpflichtungen sind Werte, die durch eine Reihe von Traditionen gleichsam überdeterminiert

keit. Das Problem Hegels und die Diskursethik, Frankfurt/M. 1986, S. 101-135). Letzterer Artikel ist weitestgehend identisch mit der 1985 erschienenen Arbeit »Justice After Virtue« (in: Benedikt, Burger [Hg.], *Kritische Methode und Zukunft der Anthropologie*).

111 Taylor, »Die Motive einer Verfahrensethik«, S. 119.

112 Vgl. Taylor, »Sprache und Gesellschaft«, S. 49, und Taylor, *Quellen des Selbst*, S. 170 f.

113 T. M. Scanlon, »Contractualism and Utilitarianism«, in: A. Sen, B. Williams (Hg.), *Utilitarianism and Beyond*, Cambridge 1982, S. 103-128, hier S. 110. Übersetzung nach R. Forst, »Kommunitarismus und Liberalismus – Stationen einer Debatte«, in: A. Honneth (Hg.), *Kommunitarismus. Eine Debatte über die moralischen Grundlagen moderner Gesellschaften*, Frankfurt/M. 1993, S. 181-212, hier S. 190.

sind. Beispiele hierfür sind etwa die Würde des Individuums, die Beseitigung physischen Leidens, das Ideal der Autonomie.«[114]

Der entscheidende Punkt, an dem die Fundierung des Richtigen oder Gerechten in einer Konzeption des Guten sichtbar wird, liegt indessen nicht im Bereich der *Begründbarkeit* von Normen, sondern in der Frage der *Handlungsmotivation.* Diese bildet nämlich den notorisch schwachen Punkt aller deontologischen Theorien seit Kant. Wer nämlich, wie es diese Tradition tut, eine kategorische Scheidelinie zwischen Ethik und Moral zieht, also zwischen demjenigen, was ›*gut für mich*‹ ist, und demjenigen, was ›richtig‹ ist im Sinne einer verallgemeinerbaren abstrakten Norm, steht vor dem unlösbaren Problem, begründen zu müssen, was Menschen dazu bringt oder bringen könnte, im Sinne des ›Richtigen‹ zu handeln. Die grundsätzlichen, identitätskonstituierenden Fragen, vor denen Subjekte im Hinblick auf ihre Handlungsentwürfe und ihr Leben stehen, sind: »Was soll ich tun? Wie soll ich leben?« Diese Fragen, so viel ist unstrittig, beantworten sie unter Rückgriff auf eine Konzeption des (für sie) Guten, welche ihren Zwecken, Wünschen und Projekten zugrunde liegt. Letztere bilden die motivationalen Antriebe für ihr Leben und Handeln. Nun hebt aber Kant, und mit ihm letztlich die gesamte deontologische Moralphilosophie (auch in ihrer Rawlsschen Variante),[115] ausdrücklich hervor, dass der Begriff der Moral und des Rechts unabhängig sein müsse von allen konkreten oder empirischen Wünschen oder Zwecken, da diese notwendig partikularer Natur sind und die Interessen oder Rechte anderer verletzen könnten. So geht der Rechtsbegriff für Kant »gänzlich aus dem Begriffe der Freiheit im äußeren Verhältnisse der Menschen zueinander hervor und hat gar nichts mit dem Zwecke, den alle Menschen natürlicher Weise haben (der Absicht auf Glückseligkeit), und der Vorschrift der Mittel dazu zu gelangen zu thun«.[116]

114 Dies ist Martin Löw-Beers Zusammenfassung der Position Taylors (M. Löw-Beer, »Living a Life and the Problem of Existential Impossibility«, in: *Inquiry* 34 [1991], S. 217-236, hier S. 233; Übers. H. R.).

115 Eine Ausnahme bildet hier in gewissem Sinne Ernst Tugendhat, der sich mit unterschiedlichen Argumentationsstrategien immer wieder um eine Lösung des Motivationsdilemmas bemüht; vgl. etwa E. Tugendhat, *Vorlesungen über Ethik*, Frankfurt/M. 1993, und E. Tugendhat, *Probleme der Ethik*, Stuttgart 1984.

116 I. Kant, »Über den Gemeinspruch: Das mag in der Theorie richtig sein, taugt aber nicht für die Praxis«, in: I. Kant, *Gesammelte Schriften*, Band 8, Berlin, Leipzig 1923, S. 273-313, hier S. 289.

Konsequenterweise ist die Motivation zum moralischen Handeln gänzlich verschieden und abgetrennt von aller übrigen menschlichen Motivation.[117]

Nun ist es aus phänomenologischer Sicht kaum bestreitbar, dass es unsere Affekte und unsere (naturgemäß *parteilichen*) emotionalen Bindungen sind, die unsere Handlungsimpulse auslösen und daher handlungsantreibend wirken.[118] Wo es um das (nichtinstrumentelle) Verhalten gegenüber anderen geht, wird die handlungsmotivierende affektive und emotionale Funktion vor allem durch unsere *Loyalitätsbindungen* und *-gefühle* übernommen. *George P. Fletcher* hat dies in seinem Buch über *Loyalität* umfassend dargestellt, in dem er die enge Verknüpfung zwischen personaler Identität und identitätsstiftenden Loyalitätsbeziehungen herausarbeitet.[119] Er argumentiert dort, ganz ähnlich wie Taylor, dass die Beziehungen und Gemeinschaften, in die ein Individuum eingebettet ist, dessen Identität bestimmen und ihm ›logisch vorausgehen‹. »Wir definieren uns als Personen darüber, wie wir die Grenzlinien unserer Loyalitätsbeziehungen ziehen«, dabei »übernehmen die Gegenstände unserer Loyalitätsbeziehungen ihrerseits die Aufgabe zu definieren, wer wir sind«.[120] Derartige Beziehungen als Motivationsquellen unseres Handelns sind dabei aber *per definitionem konkret*, *parteilich* und *historisch kontingent*, denn es handelt sich ja immer um bestimmte Personen und Gruppen, mit denen wir uns verbunden fühlen. Aus solchen Loyalitätsbindungen und aus unserer dadurch definierten Identität ergeben sich nun nach Fletcher auch unsere ethischen und moralischen Verpflichtungen. »Allein aufgrund der Tatsache, dass ich eine Lebensgeschichte habe, unterliege ich Verpflichtungen gegenüber anderen, die ich unter dem allgemeinen Titel Loyalität zusammenfasse.«[121]

117 Vgl. Williams, »Die Wahrheit im Relativismus«, S. 12.

118 Vgl. dazu etwa Williams, »Die Wahrheit im Relativismus«, und B. Williams, *Probleme des Selbst. Philosophische Aufsätze 1956-1972*, Stuttgart 1978, oder D. Dennett, »Why Everyone Is a Novelist«, in: *Times Literary Supplement* 4, Nr. 459 (1988).

119 G. P. Fletcher, *Loyalität. Über die Moral von Beziehungen*, Frankfurt/M. 1994; vgl. zum Folgenden ausführlich H. Rosa, »Neigung verpflichtet. Das schwierige Verhältnis von Treue, Verrat und Gerechtigkeit«, in: *Deutsche Zeitschrift für Philosophie* 42 (1994), S. 1107-1114.

120 Fletcher, *Loyalität*, S. 32 und S. 22.

121 Ebd., S. 33 f.

Während die solcherart begründeten ethischen und moralischen Handlungsimpulse unmittelbar in der allgemeinen menschlichen Motivationsstruktur verankert sind und sich aus den notwendigen Bedingungen personaler Identität ableiten lassen, erfordert moralisches Handeln im Sinne deontologischer Moraltheorien Universalität, Unparteilichkeit und Affektfreiheit. Stellt man nun jene ›partikulare‹ und parteiliche, individuelle Handlungsmotivierung unvermittelt gegen die Unparteilichkeitsforderung der deontologischen Moral, so lässt sich schlicht nicht mehr begründen, warum jemand sich moralisch im Sinne einer abstrakten Universalmoral verhalten sollte.[122] Es mag ja sein, dass jener Zustand oder diese Handlung ›gerechter‹ wären, als diejenigen es sind, die ich gerade vollziehe oder durch mein Handeln herbeiführe, aber wieso sollte mich das beunruhigen, wenn das ›für mich Gute‹ dadurch nicht nur nicht gefährdet, sondern sogar gefördert wird?[123] Es ist daher auch von diesem Blickwinkel aus gesehen wenig sinnvoll, eine strikte Trennlinie zwischen Moral und Ethik, zwischen dem Guten und dem Richtigen zu ziehen, wenn man die Aussicht darauf nicht preisgeben will, dass die Vorstellungen des Richtigen und Gerechten auch tatsächlich – individuell und kollektiv – handlungsleitend werden könnten.

Im Begriff der *starken Wertung* eröffnet nun Taylors Philosophie einen Weg, diese beiden Bereiche zusammenzuführen. Danach haben wir genau dann Grund, uns in einer bestimmten Weise zu verhalten, wenn wir durch eine starke Wertung dazu motiviert werden. Moralisches Handeln wird demnach ebenso wie jede andere Art des Handelns angetrieben durch ein bestimmtes Gut oder eine bestimmte Güterkonstellation unserer moralischen Landkarte, die uns die entsprechenden Handlungsweisen als qualitativ ausgezeichnet erscheinen lässt.

122 Ebendieses Dilemma offenbart sich in seltener Klarheit in Fletchers (gescheitertem) Versuch, die beiden so definierten Moralprinzipien miteinander zu versöhnen (dazu H. Rosa, »Neigung verpflichtet«).

123 So bemerkt Taylor (»Sprache und Gesellschaft«, S. 46) im Blick auf die Diskursethik: »Wenn ich also meine eigenen Interessen allen Einwänden meiner Gesprächspartner zum Trotz durchzusetzen versuche, dann verletze ich mit Sicherheit die Logik des Diskurses. Aber warum soll ich das nicht tun? Warum soll ich nicht ein erwünschtes Ziel zu erreichen versuchen um den Preis einer kleinen Inkonsequenz?« Ähnlich auch Michael Walzer: »The detached […] moralist goes on and on, and we don't care« (zitiert nach I. Shapiro, *Political Criticism*, Berkeley, Oxford 1990, S. 69).

Als Handelnder kann ich immer die Frage stellen, warum ich eigentlich nach einer bestimmten Norm [...] verfahren soll? Warum soll dies eine Norm sein, der ich mich nicht verweigern kann? Dies ist eine Frage, auf die man nicht anders als mit, wie ich sage, »starken Wertungen« antworten kann.[124]

Starke Wertungen bilden, wie ich zu zeigen versucht habe, einen Horizont des Guten, der uns als *ontologisch verankert* erscheint,[125] so dass die Differenz zwischen dem *für mich Guten* und *dem Guten schlechthin* zwar nicht aufgehoben, aber doch stark relativiert wird. Das (intersubjektiv) Gute und die Vision des guten Lebens, der ich folgen will, haben ihren Ursprung in einem gemeinsamen, quasi-ontologisch verankerten Wertehorizont, ohne den authentisches Leben und gelingende Identität nicht denkbar sind. Das dort bestimmte Gute und das *für mich Gute* gehen dabei allerdings schon deshalb nicht völlig ineinander auf, weil der gemeinsame Horizont nur die Makrostruktur der individuellen moralischen Landkarte bestimmt und weil ich im Zusammenhang meines individuellen Lebensvollzuges nicht allen Gütern gleich intensiv folgen kann, sondern mit Rücksicht auf meine Lebensgeschichte und meine je individuelle ›Verortung‹ auf dieser Landkarte in bestimmten Situationen dem einen oder anderen Gut den Vorzug geben muss.

Diese Reduktion moralischer Antriebe auf starke Wertungen und eine Konzeption des Guten hebt nun aber keineswegs die Differenz zwischen Wollen und Sollen auf. Diese lässt sich vielmehr weiterhin mit Hilfe von Taylors Unterscheidung zwischen Wünschen erster und zweiter Ordnung[126] bzw. zwischen schwachen und starken Wertungen begründen. So mag es beispielsweise sein, dass ich gerne ins Kino gehen *will*, aber für die morgige Prüfung lernen *soll*; dass ich lieber Fußball spielen *will*, aber in den Gottesdienst gehen *soll*; dass ich in den Urlaub fahren *will*, aber meine kranke Mutter pflegen *soll*; dass ich gerne mit dem Auto fahren *will*, aber aus Gründen des Naturschutzes den Zug nehmen *soll*; oder auch, dass ich aus dem Schlachtfeld wegrennen *will*, aber (falls die mora-

124 Taylor, »Sprache und Gesellschaft«, S. 45.

125 Weil und insofern er uns nämlich Gegenstände als wertvoll erscheinen lässt unabhängig davon, ob wir sie de facto (gerade) begehren oder nicht.

126 Wünsche zweiter Ordnung sind dabei (für die hier relevanten Fälle an unseren starken Wertungen orientierte) Wünsche, die sich auf die Wünsche erster Ordnung beziehen und diese ›bewerten‹.

lische Landkarte dies gebietet) für das Vaterland sterben *soll.* Diese Beispiele verdeutlichen noch einmal, dass jene Güter, die mich zu einer bestimmten Handlungsweise verpflichten können, als intrinsisch wertvoll erfahren werden müssen. Daher lässt sich auch das Phänomen *moralischer Empörung* problemlos innerhalb dieses Rahmens erklären: Wir empören uns immer dann, wenn gegen diese Güter bzw. die mit ihnen verbundenen starken Wertungen verstoßen wird. Der orthodoxe Christ empört sich, wenn jemand auf den Fußballplatz statt zum Gottesdienst geht; der Rassist und Chauvinist empört sich, wenn ein weißer Mann im Bus stehen muss, während eine Farbige sitzt; und der deontologische Moralphilosoph ist empört (oder sollte es sein), wenn gegen jemandes Rechte verstoßen wird.

Natürlich lassen sich dabei aus dem alle möglichen Bereiche menschlicher Werte umfassenden Gebiet starker Wertungen solche heraussondern, die sich auf das Verhalten anderen Menschen gegenüber beziehen. Nichts hindert uns dann daran, diese unter dem Sammelbegriff der ›Moral‹ oder der Gerechtigkeit zusammenzufassen.[127] Aber die auf eine solche Moral bezogenen starken Wertungen sind in phänomenologischer Hinsicht durch nichts kategorisch oder qualitativ unterschieden von den übrigen starken Wertungen, wenngleich sich natürlich mit einiger Plausibilität behaupten lässt, dass die für den Bereich der Moral maßgebenden Güter (etwa Freiheit, Gerechtigkeit, Wohltätigkeit) im westlich-liberalen Kulturkreis zu den ›höchsten Erhebungen‹ auf der moralischen Landkarte

127 Taylor selbst schlägt dies an der Stelle vor, wo er versucht, Fragen des Verhaltens gegenüber anderen und Fragen des guten Lebens sowie ›die Würde betreffende Fragen‹ als die drei Achsen des moralischen Raumes zu unterscheiden (vgl. Rosa, *Identität und kulturelle Praxis,* S. 115-117; siehe auch Taylor, *Quellen des Selbst,* S. 172 f., Fußnote 66). Sein Drei-Achsen-Modell geht jedoch, wie ich zu zeigen versucht habe (ebd.), nicht ganz auf und hat auch keinen systematischen Stellenwert innerhalb seines Ansatzes. Wenngleich er eine diesem Modell entlehnte Unterscheidung zwischen Moral und Ethik nicht einfach ablehnt und es als ein mögliches *Ideal* bezeichnet, der Moral bzw. dem Rechten gegenüber der Ethik bzw. dem Guten den Vorrang zu geben, steht er ihr letztlich sehr skeptisch gegenüber: »Die hier getroffene Unterscheidung hat Realität, und daher ist es ein denkbares Ideal [...], nicht an Möglichkeiten der Erfüllung, sondern an Pflichten [...] festzuhalten. [...] Dennoch glaube ich, daß ein Anflug von Hybris und etwas Selbstzerstörerisches – eine über die menschlichen Kräfte hinausstrebende Selbstlosigkeit – in dem Versuch läge, diese anspruchsvolle Entscheidung konsequent durchzuhalten« (*Quellen des Selbst,* S. 173).

zählen und zugleich am tiefsten in unseren Traditionen (einschließlich der epistemologischen) verwurzelt sind. Tugendhats Vorschlag an Taylor,[128] eine kategoriale Unterscheidung zwischen Fragen der Moral und der (personalen) *Identität* (!) einzuführen, ist daher aus Taylors Sicht geradezu absurd. Weder lassen sich nämlich meine moralischen Urteile von meinem ›ethisch-evaluativen Horizont‹ trennen, noch lässt sich die von Taylor für zentral gehaltene Frage, ›was wirklich wichtig ist‹, einfach darauf reduzieren, ›was ich (eigentlich) will‹, wie Tugendhat nahelegt. Denn beide Bereiche sind letztlich in meiner moralischen Landkarte, welche überhaupt erst meine Identität definiert, vereint. Wirft Tugendhat daher Taylor vor, die Trennung zwischen den immer auch ein voluntatives Moment enthaltenden Fragen nach dem, ›was ich will‹, und dem moralisch Richtigen zu übersehen, so lässt sich umgekehrt behaupten, Tugendhat trage Taylors Prinzip der moralischen Landkarte oder des ethischen Rahmens, welches allein den *Zusammenhang* zwischen Identität und Moral (oder Gerechtigkeit) adäquat zu erklären und damit das (für Tugendhats eigene Arbeiten oftmals zentrale) Problem der moralischen Motivation zu lösen vermag, keine Rechnung.

III.

Just aus der Tatsache, dass liberale und prozedurale Gerechtigkeitstheorien diesen konstitutiven und internen Zusammenhang zwischen Identität und Moral, zwischen dem Guten und dem Richtigen nicht anerkennen, erklärt sich nun auch ihre realpolitische Wirkungslosigkeit. Die in den westlich-liberalen Gesellschaften vorherrschenden politischen und politiktheoretischen Sprachen konzeptualisieren Moral und Gerechtigkeit als etwas Externes: Gerechtigkeitserwägungen begrenzen uns im Hinblick auf die Ausführung dessen, ›was wir eigentlich wollen‹, sie hindern uns daran, das für uns Gute bzw. für unsere Interessen Nützliche konsequent zu verfolgen. (So liefern sie etwa die legitimatorische Grundlage für den Zwang, Steuern zahlen zu müssen.) Sie definieren als ein von unserem Wollen abgetrenntes ›Sollen‹ unsere Pflichten, die in

128 Tugendhat, »Koreferat zu Charles Taylor: ›What is Human Agency?‹«, bes. S. 445 f. und S. 448 ff.

keinen Zusammenhang mit den von uns individuell angestrebten Gütern gebracht werden. Als solche aber gehen sie der motivierenden Kraft der ›moralischen Quellen‹ verlustig, als welche nur Güter wirken können, die auf unserer Landkarte des Guten verzeichnet sind – und dies, obwohl ihnen selbst ursprünglich konkrete Gütervorstellungen zugrunde lagen, die als solche jedoch nicht mehr in den Blick kommen und nicht mehr artikuliert werden. Ganz deutlich wird dies etwa an Rawls Konzeption der Gerechtigkeit. Seine Theorie basiert auf der Idee eigeninteressierter rationaler Akteure. Deren Gerechtigkeitsorientierung resultiert nicht aus ihrem Horizont des Guten, aus ihrer moralischen Landkarte (oder, in der Terminologie von Rawls, ihrer ›comprehensive doctrine of the good‹), sondern besteht gerade darin, sich auf einen hypothetischen Urzustand einzulassen, in dem sie *nicht* wissen, welche Interessen sie haben und welche Güterkonzeptionen sie verfolgen werden. Gerechtigkeit wird so eindeutig zu einem externen Prinzip, das sich in der institutionellen Grundordnung niederschlagen soll und danach nur noch als Handlungsrahmen, nicht aber als unmittelbares Handlungsmotiv wirksam wird. Andere *Rational-* oder *Public-Choice*-Theorien – die über die Ideologie des Neoliberalismus durchaus nennenswerten politischen Einfluss gewonnen haben – gehen noch einen Schritt weiter, indem sie Gerechtigkeitserwägungen als geradezu dysfunktional erscheinen lassen. Paradigmatisch hierfür ist etwa die als ›Nash-Solution‹ diskutierte Lösung für eine Verhandlungssituation, in der eine Verteilungsmasse zwischen zwei Parteien aufgeteilt werden soll.[129] Sie lässt sich leicht an folgendem Beispiel illustrieren: Ein Vater hat zwei Söhne, denen er ein Erbe von insgesamt 100 000 Euro hinterlässt. Sie erhalten die Summe jedoch nur unter der Bedingung, dass sie sich auf eine bestimmte Aufteilung dieses Betrags *einigen* können, andernfalls fällt das Geld einer Wohltätigkeitsorganisation zu. Wie wird das Geld aufgeteilt? Eine Gleichverteilung, die intuitiv vielleicht als gerecht erscheinen mag, ist keineswegs die einzige und nicht einmal die naheliegendste ›rationale‹ Lösung. Nehmen wir an, einer der beiden Söhne sei sehr reich, vielleicht mehrfacher Millionär, dem es letztlich auf einhunderttausend Euro mehr oder weniger kaum ankomme; der andere dagegen müsse gerade 20 000 Euro Schulden zurückzahlen, die er

129 Dieser Lösungsvorschlag ist nach einer Idee des Mathematikers John F. Nash benannt; vgl. dazu ausführlich B. Barry, *Theories of Justice*, Berkeley 1989, S. 12 ff.

ohne das Erbe nicht aufbringen könnte. Vor diesem Hintergrund ist offensichtlich, dass der Nutzen oder der ›Nutzwert‹ (*utility*) der gleichen Geldsumme – sagen wir 20 000 Euro – für den armen Sohn viel höher ist als für den reichen. Der arme Sohn (als rationaler, nutzenmaximierender Akteur) wird sich weit eher mit 30 000 oder auch nur 20 000 Euro zufriedengeben, als ein Scheitern der Verhandlung zu riskieren, während es für den reichen durchaus Sinn ergibt, das Geschäft auch bei 60 : 40 zu seinen Gunsten noch platzen zu lassen. Nach Nash ist es daher wahrscheinlich – wenn beide Söhne rational im Sinne dieser Theorien verhandeln –, dass sie sich auf jene Verteilung einigen, bei der das *Produkt aus den ›Nutzwerten‹* (*utilities*) am höchsten ist, und das wird in einem solchen Fall bei einer deutlichen Ungleichverteilung (vielleicht bei 70 000 zu 30 000 zugunsten des Reichen) der Fall sein. Eine solche Lösung ist in der Terminologie dieser Theorie nicht nur ›rational‹, sondern sie wird sogar unter der Rubrik ›fair division‹ als Standardlösung geführt.[130] Entgegen allen rhetorischen Beteuerungen der Rational-Choice-Theoretiker, normativ neutral zu sein, spricht diese Sprache deutlich genug: Eine Gleichverteilung – oder gar ein Verzicht des Reichen zugunsten des Armen – wäre nicht nur irrational, sondern auch noch unfair (wenn man davon ausgeht, dass »irrational« und »unfair« die Gegenbegriffe zu »rational« und »fair« sind). Moralische oder normative Erwartungen in einen solchen Verhandlungskontext einzuführen erscheint dann nicht nur als dysfunktional, sondern schwächt zudem noch die Verhandlungsposition dessen, der sie einbringt.[131]

Die hierin verkörperte Logik, dass es nämlich für den Einzelnen erstrebenswert und ›gut‹ sei, sich zu nehmen, was immer er kriegen könne – die moralische Landkarte des nutzenmaximierenden Individuums –, scheint sich bei realen Verteilungssituationen in jenen Bereichen, die ökonomischen Prämissen folgen (etwa Tarifverhandlungen), in der Tat durchgesetzt zu haben, und sie zeitigt auch durchaus die Ergebnisse, die man erwarten kann. Nehmen wir an, dass es sich bei der Verteilungssituation nicht um eine Verhandlung zwischen zwei Söhnen, sondern um eine zwischen Arbeitgebern und Arbeitnehmern handelt, die über die Aufteilung des erwirt-

130 Vgl. ebd., S. 12, S. 16.

131 Vgl. dazu Giegel, »Moralische Orientierungen im politischen Prozeß – ein Ankerplatz für die normative Analyse der Demokratie«.

schafteten Gewinns verhandeln. Nehmen wir ferner an, dass die Rahmenbedingungen zweijährlich stattfindender Tarifverhandlungen sich nicht ändern. Gehen wir nun davon aus, dass die Arbeitgeber aufgrund einer stärkeren Verhandlungsposition einen größeren Gewinn aus der in der ersten Runde verteilten Masse ziehen, so hat dies zur Folge, dass sich zwei Jahre später bereits die Nutzwerte zu Ungunsten der Arbeitnehmer verschoben haben: Das Produkt der *utilities* erreicht seinen Maximalwert nun bei einer noch deutlicheren Ungleichverteilung zugunsten der Arbeitgeber, und diese Tendenz setzt sich fortan in jeder neuen Runde fort. Dieses Modell kann damit problemlos erklären, wieso die Verteilung des Wohlstandes in den Industriegesellschaften (und nahezu überall sonst auch) immer ungleicher wird (wie ein Blick auf die Entwicklung des Verhältnisses von Arbeitnehmer- und Lohnquoten deutlich bestätigt).[132]

Dennoch verhält es sich nicht so, dass die atomistische moralische Landkarte des nutzenmaximierenden *homo oeconomicus* diejenige wäre, nach der sich die Menschen in westlichen Gesellschaften ausschließlich oder auch nur überwiegend orientierten und definierten. Nicht nur vermag Taylor in seiner Kritik des Atomismus überzeugend aufzuzeigen, dass sie, wofern sie verabsolutiert wird, inkohärent wird und auf nachweisbaren Selbstmissverständnissen beruht,[133] sondern vielmehr belegen empirische Untersuchungen zum Leidwesen der Rational-Choice-Theoretiker auch immer wieder aufs Neue, dass Individuen sich nicht rational oder nutzenmaximierend verhalten – es sei denn, man weitet den Nutzenbegriff so exzessiv aus, dass er tautologisch wird und alle Erklärungskraft einbüßt.[134] Auch in ihrer kognitiven Ausrichtung offenbaren die Individuen vielfach eine Orientierung an Gütern oder Prinzipien (etwa Gerechtigkeitsvorstellungen), die ihren ökonomisch definier-

132 Vgl. etwa den *Datenreport 1994* des Statistischen Bundesamtes, Bonn 1995, S. 258 f. Der angedeutete Trend wird vor allem dann eindrucksvoll bestätigt, wenn man von den Nettoeinkommen ausgeht, also den disproportionalen Anstieg der Belastung von Arbeitnehmern durch Sozialabgaben und Steuern beachtet.

133 C. Taylor, »Atomism«, in: C. Taylor, *Philosophical Papers*, Bd. 2, *Philosophy and the Human Sciences*, Cambridge 1979, S. 187-210, und Taylor, »The Nature and Scope of Distributive Justice«.

134 Er besagt dann nur noch, dass Menschen in allem, was sie tun, (offenbar) einen Nutzen sehen – was gar nichts erklärt.

ten Interessen zuwiderlaufen. Hier zeigt sich jedoch ein grundlegendes Problem: Eine bestimmte Handlung oder einen bestimmten Zustand für *gerecht zu halten* muss durchaus nicht implizieren, dass das unmittelbare Handeln auch daran ausgerichtet wird. Ob Gerechtigkeitsvorstellungen handlungsrelevant werden, hängt vielmehr vom Kontext und von der Form des Optionenraumes ab, in dem Entscheidungen getroffen werden müssen. Soziale Institutionen und Verhaltensweisen entwickeln stets eine Eigenlogik; sie folgen gewissermaßen ihren eigenen moralischen Landkarten, insofern sie implizit ein je spezifisches Bild der Akteure und der Umwelt voraussetzen und zugleich befördern. In diesem Sinne ist für Taylor die moralische Landkarte der Gesellschaft als eine Art ›objektiver Geist‹ in den sozialen Institutionen und Praktiken verkörpert.[135] Bildet die Art und Weise der Trennung von abstrakten Gerechtigkeitserwägungen und persönlichen Interessen und Zielen in den gegenwärtig vorherrschenden Vorstellungen von Gerechtigkeit einen ersten Grund für die realsoziale Wirkungslosigkeit der Letzteren, so stoßen wir hier auf eine zweite Ursache.

Nach Auffassung des Mainstreams der liberalen Theorie, wie er etwa von Rawls, Ackerman oder Larmore vertreten wird,[136] ist es eine zentrale Aufgabe des Staates und der Politik, die neutralen Rahmenbedingungen für die Verfolgung der unterschiedlichsten, teilweise inkompatiblen, jedoch nebeneinander existierenden individuellen Entwürfe des Guten und des guten Lebens zu schaffen (sofern diese nicht mit den liberalen Grundprinzipien kollidieren), um so das Zusammenleben in pluralistischen Gesellschaften zu ermöglichen. Liberale Politik bildet in diesem Sinne eine *Voraussetzung* des guten Lebens, über deren Grundsätze von einer ethisch neutralen, moralisch-unparteiischen Position aus entschieden werden sollte.[137] Diese ›Neutralitätsvorstellung‹ und die herausge-

135 Taylor, »Hegel's Sittlichkeit and the Crisis of Representative Institutions«, S. 139 f. Für Hegel freilich ist in der Theorie des bürgerlichen Staates erstmals der Punkt erreicht, an dem die Theorie der sozialen Praxis diese tatsächlich einzuholen imstande ist, vgl. G. W. F. Hegel, *Die Vernunft in der Geschichte*, hg. von J. Hoffmeister, Hamburg 1955.

136 Ausnahmen davon bilden etwa der von Joseph Raz vertretene liberale ›Perfektionismus‹ oder die Position William Galstons, vgl. dazu etwa Forst, *Kontexte der Gerechtigkeit*, S. 78 ff., bes. S. 101 ff.

137 Die Neutralitätsforderung ist dabei vor allem als Gebot zu verstehen, politische Maßnahmen nicht mit Berufung auf bestimmte ethische Konzeptionen, also

arbeitete Tendenz des vorherrschenden naturalistischen Paradigmas, die eigene Verankerung in vorgängigen Güterkonzeptionen zu verleugnen, hat zur Konsequenz, dass das für die politischen, rechtlichen und wirtschaftlichen Strukturen und Institutionen liberaler Gesellschaften maßgebende naturalistische Selbstbild, das atomistisch-instrumentalistische Verfahrensweisen begünstigt und die Vorherrschaft der instrumentellen Vernunft und des desengagierten Selbstverständnisses in weiten Gesellschaftsbereichen begründet, nicht mehr artikuliert, diskutiert und bewusst gemacht wird. Daher entäußert und verselbständigt es sich in vielerlei Hinsicht in den sozialen Strukturen des ›objektiven Geistes‹ und kehrt dann als ›Systemzwang‹ zu den Subjekten zurück. Solcherart geronnene und verselbständigte, nichtartikulierte, aber gesellschaftlich wirkmächtige Selbstbilder sehen wir derzeit überall dort am Werk, wo unter Stichworten wie Globalisierung, Standortproblem und Strukturkrise Verfahrensweisen und Strategien verfolgt werden, denen sich Individuen in einer Weise ausgeliefert fühlen, die keine wirksame Reflexion auf Gerechtigkeitsfragen oder andere ethische Prinzipien mehr zulässt. (So werden Verteilungsfragen heute generell unter den [funktionalen] Gesichtspunkten der Standortdebatte und nicht nach Maßgabe von Gerechtigkeitsargumenten geregelt.) Ganz grundsätzlich wird dabei die Autonomie und Effizienz der Bürger als *Staatsbürger*, die über die Lebensform, in der sie leben wollen, demokratisch selbst bestimmen, immer weiter zurückgedrängt zugunsten der (zumindest angestrebten) Effizienz der Bürger als *Produzenten*. Die gesellschaftliche Organisationsform und die menschlichen Lebensweisen in modernen Industriegesellschaften scheinen in wesentlich höherem – und wachsendem – Maße das Produkt der industriellen Revolution und der wirtschaftlich-technischen Notwendigkeiten als das Ergebnis politischer Deliberation und Willensbildung zu sein.

Verstädterung, Fabrikproduktion, Entvölkerung des Landes und manchmal ganzer Regionen, Massenemigration, die Einführung eines rationalisierten, streng gemessenen Lebenstempos auf Kosten des vorherigen jah-

auf partikulare Auffassungen des Guten, zu *rechtfertigen*; vgl. ebd. S. 78 ff., und K. Baynes, »Liberale Neutralität, Pluralismus und deliberative Politik«, in: B. van den Brink, W. van Reijen (Hg.), *Bürgergesellschaft, Recht und Demokratie*, Frankfurt/M. 1995, S. 432-465, hier S. 433 ff.

reszeitlichen Rhythmus – alle diese Veränderungen und andere werden durch ihre größere Wirksamkeit im Hinblick auf die Produktionsziele erklärt und gerechtfertigt, und zwar unabhängig davon, ob sie geplant sind oder durch Launen des Marktes und der Investitionsmodelle entstehen. In dieser Hinsicht ist die utilitaristische Vorstellung in unseren Praktiken und Institutionen verhaftet, eine Denkweise, in der verschiedene Weisen des Zusammenlebens nicht nur durch einen angenommenen inneren Wert und sicherlich nicht durch ihre ausdrucksbezogene Bedeutung eingeschätzt werden, sondern durch ihre Wirksamkeit in der Produktion von Gewinnen, die schließlich von Individuen »konsumiert« werden. In dieser Zivilisation werden soziale Beziehungen und Praktiken, ebenso wie die Natur[,] fortschreitend vergegenständlicht.[138]

Insbesondere im Zeitalter der verstärkten Globalisierung der Kapital-, Arbeits- und Absatzmärkte scheint das Wirtschaftssystem keine ›externe‹ Prioritätensetzung mehr zu erlauben. Politische, soziale und ökologische Zielsetzungen lassen sich nur noch dort verwirklichen, wo sie nicht mit den Erfordernissen des wachstumsorientierten kapitalistischen Wirtschaftssystems in Konflikt geraten. Es ist deshalb unzweifelhaft,

dass die Einrichtungen und Strukturen der industriell und technisch ausgerichteten Gesellschaft unsere Wahlfreiheit stark einschränken und dass sie die Gesellschaften ebenso wie die Einzelpersonen dazu nötigen, der instrumentellen Vernunft ein Gewicht beizumessen, das wir ihr bei ernsten moralischen Beratungen [*in serious moral deliberation*] niemals zubilligen würden und das sich sogar überaus schädlich auswirken kann.[139]

Nahezu alle politischen und sozialen Fragen – von der Gentechnologie über das Sozialversicherungssystem und die Rüstungspolitik bis zu den Ladenschlusszeiten – werden vorwiegend oder

138 C. Taylor, *Hegel*, Frankfurt/M. 1975, S. 709. Taylor verdeutlicht damit, in welchem Ausmaß moderne Gesellschaften als Ganze – allen Neutralitätsbemühungen zum Trotz – gegenüber den individuellen Entwürfen des guten Lebens *nicht* neutral sind.

139 Taylor, *The Ethics of Authenticity*, S. 15; zur Verselbständigung der *ökonomischen Rationalität* und zu ihrem Vordringen in alle Lebensbereiche siehe auch A. Gorz, »Ökonomische Rationalität und Lebenswelt«, in: A. Honneth (Hg.), *Pathologien des Sozialen. Die Aufgaben der Sozialphilosophie*, Frankfurt/M. 1994, S. 235-259, und R. Bellah u. a., »Gegen die Tyrannei des Marktes«, in: C. Zahlmann (Hg.), *Kommunitarismus in der Diskussion. Eine streitbare Einführung*, Berlin 1992, S. 57-73.

ausschließlich unter dem Gesichtspunkt ihrer wirtschaftlichen Konsequenzen diskutiert und entschieden; externe Prioritäten – und zu ihnen zählen natürlich auch Gerechtigkeitsfragen – lassen sich kaum mehr zur Geltung bringen oder durchsetzen.

Zugleich verschärft sich dabei noch das bereits zur Sprache gekommene Problem, welches das legalozentrisch-naturalistische Paradigma aus dem Blick verliert, dass nämlich Rechte aus einem gemeinsamen Verständnis des Guten resultieren, welches der Pflege und der stetigen Erneuerung bedarf, wenn die zur Durchsetzung der Rechte erforderlichen motivationalen Ressourcen nicht versiegen sollen. So hat die dominierende Ideologie des liberalen Wohlfahrtsstaates (wie eine inzwischen verbreitete Kritik lautet) seinen Mitgliedern zwar ein starkes Bewusstsein für eine wachsende Zahl von Rechten vermittelt, sich dabei aber als unfähig erwiesen, ein korrespondierendes Gefühl für die zur Garantierung der Rechte notwendigen Pflichten und Leistungen und die erforderliche Gemeinwohlorientierung zu erzeugen.[140] Dies vermag zu einem wesentlichen Teil das Auseinanderklaffen zwischen Anspruch und Wirklichkeit des Sozialstaates in den zeitgenössischen Industrienationen zu erklären. »Während wir den Bedarf an öffentlichen Leistungen erhöhen, vermindern wir unsere eigene Bereitschaft, die korrespondierende Last zu schultern. Dieser durch und durch irrationale Zustand führt zu allerhand Spannungen und Auswüchsen, deren politisch folgenreichster das internationale Erstarken einer aggressiven ›Neuen Rechten‹ [...] ist.«[141]

Mit Recht hat etwa auch Michael Sandel darauf hingewiesen, dass John Rawls eine stichhaltige Begründung für sein *Differenz-*

140 Nachdrücklich vertritt dies etwa auch Herfried Münkler, der zu zeigen versucht, dass die (kontraktualistische) liberale Philosophie sowohl politisch als auch innertheoretisch gescheitert ist oder zu scheitern droht. Daher plädiert er für eine Wiederaufnahme des (republikanischen bzw. bürgerhumanistischen) Tugenddiskurses, um die soziomoralischen Bestandsbedingungen der Demokratie zu sichern (H. Münkler, »Politische Tugend. Bedarf die Demokratie einer sozio-moralischen Grundlegung?«, in: H. Münkler [Hg.], *Die Chancen der Freiheit. Grundprobleme der Demokratie*, München, Zürich 1992, S. 25-46, bes. S. 41 f.).

141 C. Taylor, »Alternative Futures: Legitimacy, Identity, and Alienation in Late Twentieth Century Canada«, in: C. Taylor, *Reconciling the Solitudes. Essays on Canadian Federalism and Nationalism*, Montreal 1993, S. 59-119, hier S. 84 (Übers. H. R.).

prinzip schuldig bleibt, weil eine liberale Theorie nicht erklären kann, wieso die Gemeinschaft, in die ich zufällig hineingeboren wurde, Ansprüche auf meine besonderen Fähigkeiten oder die dadurch erworbenen Früchte haben soll, wenn ich selbst solche nicht habe.[142] Die unreflektierte und unkontrollierte Verselbständigung der den zentralen gesellschaftlichen Entwicklungsprozessen zugrunde liegenden impliziten und unartikulierten starken Wertungen und Güter, vor allem der Güter des Instrumentalismus und des Atomismus, bildet somit den zweiten Grund dafür, warum sich Gerechtigkeitserwägungen in den sozialen Subsystemen gegenüber den scheinbar neutralen oder geradezu ›naturgegebenen‹ Sachzwängen immer weniger in Anschlag bringen lassen.

Dieser Zustand ist nun aber nur um den Preis der Beendigung der fortschreitenden Entpolitisierung des Gemeinwesens und der Repolitisierung all jener Strukturen zu überwinden, welche die für die Individuen und ihre Konzeption des guten Lebens unhintergehbare soziale Wirklichkeit bilden. *Repolitisierung* muss dabei in erster Linie heißen, die Güter und Wertvorstellungen, die implizit unseren sozialen Institutionen, Praktiken und Tätigkeiten zugrunde liegen, zu artikulieren und zu diskutieren. Gegenüber den sich immer stärker verselbständigenden politisch-administrativen, wirtschaftlichen, wissenschaftlichen und rechtlichen Institutionen und Verfahrensweisen, die nach vorgeblich autonomen und neutralen Sachzwängen funktionieren und kaum mehr politisch steuerbar sind, würde dies deutlich machen, dass allen gesellschaftlichen Handlungsweisen bestimmte, für sie konstitutive Güter und Selbstbilder zugrunde liegen. Indem diese artikuliert und im Sinne Taylors zurückgewonnen werden, werden sie auch der Kritik und Diskussion wieder zugänglich und damit für die politische Öffentlichkeit in einer Weise wieder verfügbar gemacht, die es erst ermöglicht, ihnen gegenüber Gerechtigkeitserwägungen ins Spiel zu bringen. Wenn damit nicht mehr die ›unsichtbare Hand des Marktes‹ über die wesentlichen Lebensbedingungen der Bürger entscheidet – im Hinblick auf welche demokratische Wahlen kaum einen Unterschied zu machen scheinen –, sondern die öffentliche politische Diskussion und die gemeinsame Deliberation, können die relevan-

142 M. Sandel, »Die verfahrensrechtliche Republik und das ungebundene Selbst«, in: A. Honneth (Hg.), *Kommunitarismus. Eine Debatte über die moralischen Grundlagen moderner Gesellschaften*, Frankfurt/M. 1993, S. 18-35, hier S. 27 ff.

ten Institutionen auch wieder an den vorherrschenden Gerechtigkeitsüberzeugungen gemessen und entsprechend verändert werden.

Voraussetzung für eine wirkungsvolle demokratische Kontrolle der gemeinsamen sozialen Umwelt ist dabei allerdings, dass die Ausgangsfrage des *politischen* Handelns eines Individuums nicht mehr lautet: »Wie setze ich meine Interessen am wirkungsvollsten durch?«, sondern: »Wie soll unser Gemeinwesen beschaffen sein?«, das heißt die Einnahme einer Bürger- oder Wir-Perspektive.[143] Umgekehrt wird aber ein solcher Paradigmenwechsel auch eine verlässlichere Grundlage etwa für die Bekämpfung der Armut und die Überwindung extremer Ungleichheiten und damit für die Verwirklichung von grundlegenden Gerechtigkeitsvorstellungen darstellen als das im Grunde längst gescheiterte Modell der Verquickung von endlosem ökonomischen Wachstum und individueller Nutzenmaximierung. Wie aber lässt sich ein solcher Perspektivenwechsel realistisch denken, wie lässt er sich politisch verwirklichen? An dieser Stelle scheint mir eine Übertragung des Taylorschen Begriffs der ›starken Wertung‹ auf den Raum des Politischen einen fruchtbaren und gangbaren neuen Weg zu eröffnen.

IV.

Das entscheidende Argument, das sich aus Taylors Überlegungen herausziehen lässt, lautet folgendermaßen: Die vorgeblich neutralen und unpersönlichen, am Marktmodell orientierten Strukturen des politisch-ökonomisch-sozialen Raumes verleiten uns als Bürger aufgrund ihrer inhärenten Rationalitätslogik zu einem atomistisch-instrumentalistischen oder nutzenmaximierenden Verhalten, das unserer tatsächlichen moralischen Landkarte und unseren starken Wertungen, wie sie sich etwa in unseren Idealvorstellungen enthül-

143 Vgl. B. Barber, *Starke Demokratie. Über die Teilhabe am Politischen*, Hamburg 1994, und B. Barber, »Die liberale Demokratie und der Preis des Einverständnisses«, in: B. van den Brink, W. van Reijen (Hg.), *Bürgergesellschaft, Recht und Demokratie*, Frankfurt/M. 1995, S. 360-384; ebenso D. Miller, »Deliberative Democracy and Social Choice«, in: *Political Studies* 40 (1992) Special Issue, hg. von D. Held, S. 54-66, hier S. 96. Zur Vermittlung von Ich- und Wir-Perspektive oder, klassisch ausgedrückt, von Interessen- und Tugendparadigma vgl. meinen Vorschlag im nächsten Abschnitt.

len, gar nicht entspricht.[144] Bei der Einrichtung und Gestaltung unseres Gemeinwesens folgen wir den Vorgaben und Argumentationsformen des atomistischen *homo oeconomicus*, der uns als neutrale Gestalt erscheint, obwohl er ein einseitiges Produkt des Naturalismus darstellt. Nur dadurch können wir es uns leisten, auf der explizit-theoretischen Ebene auf Konzeptionen des Guten im öffentlich-politischen Raum zu verzichten. Würden wir uns dagegen erlauben, die Politik wieder als Teil des guten Lebens und als basierend auf einer konkreten ›moralischen Landkarte‹ zu betrachten, würden wir als (*auch* moralisch) deliberierende Citoyens in unserem politischen Handeln und Entscheiden starke politische Wertungen vertreten, die im Einklang mit unserer je eigenen moralischen Landkarte – und damit unseren Gerechtigkeitsvorstellungen – stünden, die wir als nutzenmaximierende Marktteilnehmer aber ignorieren (müssen).

Die Diskrepanz zwischen dem Ergebnis individuell-nutzenmaximierenden Handelns und dem Resultat gemeinsamer politischer Deliberation und (konsensueller) kollektiver Selbstbindung wurde inzwischen von mehreren Autoren herausgestellt.[145] Mit Nachdruck hat vor allem Cass R. Sunstein darauf hingewiesen, dass (wie zahlreiche empirische Untersuchungen belegen) individuelle Präferenzen je nach dem Kontext, in dem sie formuliert werden, stark variieren und dass sich signifikante Differenzen zwischen individuellen Konsumentscheidungen und politischen Bewertun-

144 Taylor selbst formuliert diesen Gedanken allerdings nicht aus, er verbirgt sich jedoch andeutungsweise hinter seiner Bemerkung, dass die technisch-instrumentelle Gesellschaft uns dazu nötige, »der instrumentellen Vernunft ein Gewicht beizumessen, das wir ihr bei ernsten moralischen Beratungen niemals zubilligen würden« (*The Ethics of Authenticity*, S.15).

145 Vgl. etwa M. Sandel, *Liberalism and the Limits of Justice*, Cambridge 1982; Barber, *Starke Demokratie*, und vor allem W. M. Sullivan, *Reconstructing Public Philosophy*, Berkeley, Los Angeles u. a. 1982, und M. Warren, »Democratic Theory and Self-Transformation, in: *American Political Science Review*, 86, 1 (1992), S. 8-23; dazu auch W. Kymlicka, »Liberal Individualism and Liberal Neutrality«, in: S. Avineri, A. De-Shalit (Hg.), *Communitarianism and Individualism*, Oxford 1992, S. 165-185, hier S. 173 ff.; diese Differenz klingt auch in Rawls' Unterscheidung von ›rational‹ und ›reasonable‹ an, wird dort jedoch meines Erachtens nicht konsequent zu Ende gedacht (vgl. J. Rawls, »Kantian Constructivism in Moral Theory. The Dewey-Lectures«, in: *The Journal of Philosophy* 77 [1980], S. 515-572, hier S. 520 ff.; dazu Forst, »Kommunitarismus und Liberalismus«, S. 186 f.).

gen aufzeigen lassen. Gegebene ›Marktpräferenzen‹ daher als die unzweideutige Basis des politischen Handelns zu betrachten und die Möglichkeit kollektiver Selbstbindung (außer für prozedurale Rahmenbedingungen, wie sie etwa in der Verfassung niedergelegt sind)[146] in Fragen des Guten systematisch auszuschließen ist deshalb weder die ›neutralste‹ noch die demokratischste Weise, politische Entscheidungen zu treffen. »Die bloße Tatsache, dass die Präferenzen so sind, wie sie sind, liefert wenigstens manchmal, vielleicht aber auch grundsätzlich keine gute Rechtfertigung für politische Maßnahmen. Regierungsentscheidungen müssen nicht – und in einigen Fällen sollten sie nicht – durch den Hinweis auf Präferenzen allein gerechtfertigt werden.«[147] In einem politischen System, das nur konvergierende (individuelle) Güter im politischen Prozess kennt und dessen politische, wirtschaftliche und soziale Entscheidungen sich überwiegend aus der Aggregation individueller Präferenzen ergeben, lassen sich etwa unmittelbar oder auch mittelbar gemeinsame Güter[148] (z. B. Solidarität und bestimmte Gerechtigkeitsintuitionen) kaum formulieren und politisch nicht verwirklichen, obwohl einige von ihnen unter Umständen von allen Beteiligten höher bewertet werden als die tatsächlich verwirklichten individuellen Güter, die den Wünschen der Bürger *innerhalb des gegebenen politischen Kontextes* entsprechen. Aufgrund solcher Überlegungen schlägt Sunstein für die US-amerikanische Gesellschaft in zumindest einigen Fällen einen ›republikanischen‹ bzw. demokratisch-deliberativen Modus politischer Entscheidungsfindung vor, der den wirklichen (kollektiven) Aspirationen der Bürger gerecht zu werden vermag und daher den Grad ihrer Autonomie erhöht, obwohl er von ihren unmittelbar gegebenen individuellen Präferenzen Abstand nimmt.

146 Die individuelle und kollektive Selbstbindung als Mittel zur Überwindung des Problems der Willensschwäche wird von Jon Elster ausgiebig untersucht; vgl. etwa J. Elster, *Subversion der Rationalität*, Frankfurt/M. 1987, bes. S. 67 ff.

147 C. R. Sunstein, »Democracy and Shifting Preferences«, in: D. Copp (Hg.), *The Idea of Democracy*, Cambridge 1993, S. 196-230, hier S. 206 (Übers. H. R.).

148 Zur Unterscheidung von konvergierenden, mittelbar und unmittelbar gemeinsamen Gütern vgl. C. Taylor, »Aneinander vorbei. Die Debatte zwischen Liberalismus und Kommunitarismus«, in: A. Honneth (Hg.), *Kommunitarismus. Eine Debatte über die moralischen Grundlagen moderner Gesellschaften*, Frankfurt/M., New York 1995, S. 103-131.

Kollektive Zielsetzungen oder durchdachte Urteile, die aus einem Deliberationsprozess hervorgehen, an dem die konkurrierenden Perspektiven beteiligt waren, sind Ausdruck eines Begriffs politischer Freiheit, der in der amerikanischen Verfassungstradition tiefreichende Wurzeln hat. Aus dieser Sicht lässt sich politische Autonomie als kollektive Selbstbestimmung verstehen, bei der die Bürger nicht darüber entscheiden, was sie ›wollen‹, sondern wer sie sind, welches ihre Werte sind und was jene Werte erfordern. Was sie ›wollen‹ muss durch Gründe ausgewiesen sein.[149]

Führt man nun Taylors Begriff der *starken Wertung* (der in Sunsteins Formulierungen bereits anzuklingen scheint) in diese politische Situation ein, so wird deutlich, dass die Instanz, die darüber befindet, wer wir sind, natürlich nicht die Gemeinschaft als Kollektiv, sondern noch immer das Individuum ist, das aber im politischen Raum andere Entscheidungskriterien zugrunde legt als im individuellen Markthandeln. Auf der persönlichen Ebene lassen sich starke Wertungen so definieren, dass sie die Frage beantworten, »was für eine Art von Person wir sein wollen«.[150] Ich möchte nun analog dazu einen Begriff der starken *politischen* Wertungen vorschlagen, nach dem diese Antworten auf die Frage liefern, »was für eine Art von Gemeinwesen wir bilden oder sein wollen« bzw. »in was für einer Art von Gemeinschaft wir leben wollen«.[151] Es scheint offensichtlich zu sein, dass wir diese Frage auf eine Weise beantworten, die in mancherlei Hinsicht eine andere Form des gemeinschaftlichen Lebens nahelegt als diejenige, die wir durch unser (schwachen politischen Wertungen bzw. politischen Wünschen erster Ordnung folgendes[152]) individuelles und nutzenmaximieren-

149 Sunstein, »Democracy and Shifting Preferences«, S. 206; vgl. S. 208.

150 Vgl. dazu Rosa, *Identität und kulturelle Praxis*, S. 98-126.

151 Eine andere, aber verwandte Art, schwache und starke politische Wertungen (oder einen politischen Willen erster und zweiter Ordnung) zu unterscheiden, bestünde darin, sie auf die Trennung von einfachen (in der Regel mit einfachen Parlamentsmehrheiten zu verabschiedenden) Gesetzen und Verfassungsgrundsätzen zu übertragen, die gar nicht oder nur unter erheblich schärferen Bedingungen geändert werden können und von einer Verfassungsgerichtsbarkeit überwacht werden. Auch hier könnte man sagen, dass das unmittelbare politische Wollen des Volkes (der ›taktische Volkswille‹) reflexiv überprüft und gemessen werde an den in der Verfassung niedergelegten ›starken politischen Wertungen‹ (dem ›strategischen Volkswillen‹), welche Auskunft darüber geben, um ›was für eine Art von Gemeinwesen‹ es sich handeln soll.

152 Schwache politische Wertungen sind dabei – analog zu Taylors allgemeinem

des Markthandeln in den neutralen Strukturen des liberalen Staates indirekt schaffen. So könnten wir etwa der festen politischen Überzeugung sein, nicht in einem Gemeinwesen leben zu wollen, das todbringende Waffen in alle Welt exportiert oder in dem Menschen unter der Armutsgrenze leben müssen, wohl aber in einem, das Opernhäuser unterstützt, gleichzeitig aber – indem wir nicht in die Oper, sondern ins Musical gehen, den Steuerberater konsultieren (oder für Steuersenkungen stimmen) und aus Angst vor Arbeitslosigkeit unseren Arbeitsplatz in der Rüstungszulieferindustrie nicht aufgeben wollen – just zur Etablierung des gegenteiligen Gesellschaftsmodells beitragen, ohne dabei offensichtlich irrational zu handeln. Das Opfer, das wir zu bringen hätten, wenn wir unmittelbar unseren politischen Überzeugungen gemäß handeln wollten, stünde in keinem Verhältnis zu dem zu erwartenden Nutzen – individuelle und kollektive Rationalität fallen dramatisch auseinander.

Gerechtigkeitsvorstellungen, so lautet nun mein Kernargument, lassen sich überhaupt nur im Modus *starker Wertungen* zum Ausdruck bringen und politisch verfolgen. Sie beziehen sich ihrer Natur nach auf die Frage, was für ein Gemeinwesen die Mitglieder einer Gesellschaft bilden wollen, und können daher innerhalb politischer Institutionen, die nach dem an schwachen politischen Wertungen orientierten Modell der Aggregation individueller Interessen verfahren, nicht angemessen zum Ausdruck kommen oder wirksam werden. Sie finden sich in einem durch Letztere konstituierten Optionsraum, in dem politische Akteure sich in ihrem Handeln an der Frage ausrichten, was für sie jeweils aus einer Situation herauszuholen ist, überhaupt nicht repräsentiert.

Ein hervorragendes Anschauungsbeispiel liefert dafür die (bundesdeutsche) Diskussion um die Entwicklung und Gestaltung des Gesundheitssektors. Dort scheint sich ein historisch beispielloser Entsolidarisierungsprozess abzuzeichnen: Geht es nach dem Willen der neoliberalen Wortführer, dann dämmert das Ende der am Solidarprinzip orientierten Sozialversicherung herauf, die auf der (Gerechtigkeits-)Vorstellung beruhte, dass Gesundheit ein Gut ist, das es rechtfertigt, Mittel dafür nach dem Gleichheits- bzw. Bedarfskriterium zu verteilen, was zur Folge hatte, dass die gesetz-

Konzept schwacher Wertungen – solche, die unsere unmittelbaren (nicht reflexiv am Bild der idealen Gemeinschaft gemessenen) politischen Wünsche reflektieren – das, was wir aus dem politischen System ›herausschlagen‹ möchten.

lichen Krankenversicherungen nicht nach dem versicherungstechnischen Äquivalenzprinzip organisiert sind, sondern auch massive soziale Umverteilungen vornehmen.[153] Wie Ullrich, Wemken und Walter[154] zeigen, wird dabei in der vorwiegend gesundheits*ökonomisch* dominierten politischen Diskussion um die Reform des Gesundheitswesen gemeinhin unterstellt, die Versicherten seien mit der überkommenen gesetzlichen Form der Versicherung unzufrieden und verlangten nach einer stärker marktförmigen und wettbewerbsorientierten Einrichtung des Versicherungssystems. Zweifellos lässt sich dabei auch beobachten, dass Versicherungswechsel zu individuell günstigeren Kassen bzw., im Fall der Beamten, Selbständigen und Besserverdiener, zu privaten Krankenversicherungen vollzogen werden. Setzt sich diese Tendenz fort, so wird sich der Entsolidarisierungseffekt beschleunigen: Die Kosten für die in den gesetzlichen Kassen Zurückgebliebenen erhöhen sich, wenn ihnen die Gesunden und Zahlungskräftigen auf diese Weise verlorengehen; der Anreiz auszusteigen wächst. Ein zunehmender faktischer Ausstieg aus der gesetzlichen Krankenversicherung kann jedoch, wie die dazu erhobenen Forschungsergebnisse zeigen, obwohl er de facto zu einer Entsolidarisierung führt, ganz eindeutig nicht als Indiz dafür genommen werden, dass die *Solidaritätsbereitschaft* unter den Versicherten (selbst unter den Nettozahlern und bereits Privatversicherten) abnimmt. Vielmehr beweisen die vorliegenden Ergebnisse eindrucksvoll, dass auch die überwältigende Mehrheit derer, die einen Wechsel in Erwägung ziehen oder die bereits gewechselt haben, das Solidarprinzip für die angemessene bzw. vorzuziehende Versicherungsform halten. »Für ›selbstverständlich‹ wird dabei vor allem die Vorrangigkeit

153 So verteilt die gesetzliche Krankenversicherung deutlich um von jungen zu alten Versicherten, von Singles zu Familien, Gesunden zu Kranken, Einkommensstarken zu Einkommensschwachen etc. Auch werden erkennbare Risikounterschiede bei der Beitragsbemessung nicht berücksichtigt. Vgl. hierzu ausführlich C. Ullrich, »Solidarität und Sicherheit. Zur sozialen Akzeptanz der Gesetzlichen Krankenversicherung«, in: *Zeitschrift für Soziologie* 25, 3 (1996), S. 171-189.

154 C. Ullrich, I. Wemken, H. Walter, »Leistungen und Beiträge als Determinanten der Zufriedenheit mit der gesetzlichen Krankenversicherung. Ergebnisse einer empirischen Untersuchung zur Akzeptanz des Krankenversicherungssystems bei den gesetzlich Versicherten«, in: *Zeitschrift für Sozialreform* 40 (1994), S. 349-375.

des Bedarfsprinzips gehalten.«[155] Sie befinden sich jedoch in einer dem *Gefangenendilemma* vergleichbaren Situation,[156] an der einmal mehr das Auseinanderfallen von individueller und kollektiver Rationalität deutlich wird: Der *individuelle* Verzicht auf einen Wechsel trägt nahezu nichts zur Rettung des Solidarprinzips bei, zeitigt also einen verschwindend geringen Nutzen, während die individuellen Kosten, die dadurch entstehen, sehr hoch sein können. Da die Versicherten

> nicht verhindern können, dass andere Netto-Zahler zur PKV [Privaten Krankenversicherung, H. R.] wechseln, sehen sie sich [...] auch dann ›gedrängt‹, selbst in eine günstigere (und ›unsolidarischere‹) Krankenkasse zu wechseln, wenn sie eine solidarische Finanzierung für grundsätzlich legitim und erstrebenswert halten.[157]

Ganz deutlich manifestiert sich hier das oben beschriebene Phänomen, dass durch das marktinduzierte, schwachen (politischen)[158] Wertungen folgende Verhalten eine soziale Wirklichkeit geschaffen wird, die den Wünschen und Überzeugungen der Akteure widerspricht, die ihnen aber durch die marktförmige Gestaltung des soziopolitischen Raumes aufgenötigt wird:[159]

> Wechselwünsche und -entscheidungen können [...] nicht auf eine Ablehnung der solidarischen Finanzierungsform zurückgeführt werden. Im Ergebnis läuft ein Wechsel in eine individuell günstigere Krankenkasse oder in die PKV jedoch auf eine *faktische Entsolidarisierung* hinaus [...]. Zusammenfassend kann hier daher festgehalten werden, daß es zwar aufgrund der Wechselbewegungen der Krankenversicherten zu einem Rückgang der

155 Ullrich, »Solidarität und Sicherheit«, S. 186.

156 Ebd., S. 187.

157 Ebd.

158 Tatsächlich lassen sich Zweifel daran formulieren, ob es sich bei solchen schwachen politischen Wertungen überhaupt um *politische* Wertungen im eigentlichen Sinne handelt oder ob Letztere nicht ihrer Natur nach ›stark‹ in dem hier gemeinten Sinne sein müssen.

159 Dass sich eine analoge Situation auch in anderen gesellschaftlichen Bereichen einstellt, verdeutlicht etwa der Umstand, dass eine Person, die um eine individuelle Gehaltserhöhung kämpft, obwohl sie in ihrem Einkommen bereits über dem gesamtgesellschaftlichen Durchschnitt liegt, deswegen nicht irrational handelt, wenn sie tatsächlich eine egalitärere Einkommensverteilung als ›gerechter‹ präferieren würde: Diese Präferenz kann in ihrem an die vorgegebenen Institutionen gebundenen Handeln nicht adäquat zum Tragen kommen.

faktischen Mitfinanzierung kommt, Anzeichen für eine Erosion der Mitfinanzierungs*bereitschaft* dagegen nicht zu erkennen sind.[160]

Dies scheint ein fundamental wichtiges Argument dafür zu liefern, politisch sensible Bereiche des öffentlichen Lebens dem sich verselbständigenden Markt, unter Umständen aber auch der Sphäre des abstrakten Rechts und der rein individuellen Entscheidungsfreiheit (jedoch zum Schutz auch der individuellen Autonomie) wieder zu entziehen und sie zu *repolitisieren* und zu demokratisieren, indem sie partizipatorischen, deliberativen politischen Entscheidungsmechanismen unterworfen werden. Mit einem ganz ähnlichen Argument, das noch einmal das Auseinanderfallen starker und schwacher politischer Wertungen exemplifiziert, plädiert eben hierfür auch Sunstein:

> Manche Leute mögen sich beispielsweise für Nachrichten und Dokumentationsprogramme im Fernsehen einsetzen, obwohl ihre eigenen Konsummuster vor allem Sitcoms bevorzugen; sie mögen strikte Umweltgesetze oder Schutzmaßnahmen für bedrohte Tierarten fordern, obwohl sie keine öffentlichen Parkanlagen besuchen oder irgendeinen persönlichen Vorteil vom Schutz dieser Arten hätten; sie mögen Gesetze für eine Verbesserung sozialstaatlicher Leistungen befürworten, obwohl sie selbst weder sparen noch die Armen unterstützen, sie mögen Antidiskriminierungsgesetze gutheißen, obwohl ihr eigenes Verhalten nicht politisch korrekt ist. Die Wahlentscheidungen, die Menschen als politische Staatsbürger treffen, unterscheiden sich von denen, die sie als Konsumenten machen. Die Demokratie verlangt daher nach Eingriffen in die Marktsphäre.[161]

Das liberal-naturalistische oder prozedurale Modell der Politik tendiert also, wie ich zu zeigen versucht habe, gemäß der dem Naturalismus innewohnenden Neigung, qualitative Unterscheidungen zu negieren, dazu, den politischen Prozess auf der Grundlage schwacher politischer Wertungen zu konzeptualisieren, die aggregiert und zu Kompromissen geformt werden müssen, und Politik entsprechend zu gestalten. Der politische Prozess wird dabei selbst zum ›Marktplatz‹ (dem idealen Forum für die Verfolgung schwacher Wertungen), auf dem die Parteien zu Unternehmern und die Wähler und Interessengruppen zu Kunden bzw. Konsumenten werden, wie ökonomische Theorien der Politik von Schumpeter bis zu *Rational* und *Public/Social Choice* verdeutlichen. Dadurch erge-

160 Ullrich, »Solidarität und Sicherheit«, S. 185.

161 Sunstein, »Democracy and Shifting Preferences«, S. 207 (Übers. H. R.).

ben sich aber mindestens zwei schwerwiegende Probleme innerhalb dieses Theorierahmens selbst: Zum einen die von der *Social-Choice-Theorie* identifizierten Dilemmata kollektiven Handelns, die in der Essenz darin zusammenlaufen, dass das Ergebnis des Handelns den Wünschen der Handelnden widerspricht, obwohl sich alle Akteure ›rational‹ verhalten, und zum anderen das Phänomen ›endogener Präferenzen‹: Individuelle Präferenzen bilden nicht einfach die ›unbewegten Beweger‹ (Elster)[162] des politischen und sozialen Entscheidungsprozesses, sondern stehen mit diesem in einem interdependenten Verhältnis; sie sind auch das Ergebnis des vorgängigen soziopolitischen Kontexts. Die naturalistischen Ideale der Autonomie, Selbstbestimmung und Freiheit werden daher nicht notwendig dadurch gefördert, dass jene Präferenzen als unhinterfragbarer Ausgangspunkt des politischen Entscheidungsprozesses dienen. Der von zahlreichen Autoren beobachtete Gegensatz von Staatsbürger und Marktbürger lässt sich, wie aufgezeigt, auch als Gegensatz von starken und schwachen politischen Wertungen reformulieren. Sofern Taylors und Harry Frankfurts Überlegungen richtig sind, dass unsere starken Wertungen oftmals unsere authentischeren sind oder unser ›wahreres‹, nichtentfremdetes Selbst zum Ausdruck bringen,[163] ermöglicht der Markt keineswegs auf neutrale Weise individuelle Selbstverwirklichung, sondern zwingt geradezu paternalistisch – ›marktpaternalistisch‹ – zur Verfolgung schwacher Werte und damit weniger authentischer Ambitionen. Selbst wenn ein Versuch, gegebene Präferenzen ernsthaft zu hinterfragen, (nur schwer zu legitimierende) paternalistische Konsequenzen nicht vermeiden könnte, ließe er sich doch damit rechtfertigen, dass der apriorische Verzicht darauf nicht unmittelbar *Freiheit* und schon gar nicht Gerechtigkeit, sondern eher eine Art Marktpaternalismus

162 J. Elster, »The Possibility of Rational Politics«, in: D. Held, *Political Theory Today*, Stanford 1991, S. 115-142, hier S. 117.

163 Exemplifiziert wird dies zumeist am Beispiel eines Süchtigen, dessen intensives (und handlungsleitendes) Verlangen nach Suchtbefriedigung auf einer schwachen Wertung beruht, während er sich auf der Ebene starker Wertungen (und damit ›eigentlich‹) wünscht, von seiner Sucht frei zu sein. Vgl. H. Frankfurt, »Identification and Externality«, in: A. O. Rorty (Hg.), *The Identities of Persons*, Berkeley, Los Angeles u. a. 1976, S. 239-251, bes. S. 242 ff. und S. 250 f., und Taylor, »What Is Human Agency?«; zur Kritik an dieser (zu einfachen) These vgl. Rosa, *Identität und kulturelle Praxis*, S. 124-126.

begünstigt.[164] Interessanterweise scheint ebendiese Überzeugung nach den bereits zitierten Untersuchungen zur gesetzlichen Krankenversicherung auch von den dort befragten Individuen geteilt zu werden, über die Carsten Ullrich schreibt:

> [V]ielen der befragten Versicherten [ist] die (kollektiv) dilemmatische Situation durchaus bewußt [...]. So geht aus den Äußerungen vieler Versicherter hervor, daß sie eine durch eine allgemeine und gleiche Versicherungspflicht *»erzwungene Solidarität als Selbstbeschränkung«* für legitim und funktional angemessen halten [...]. Die sich in den Äußerungen der Versicherten andeutende Akzeptanz eines Versicherungszwangs für alle potentiellen Versicherten [...] [ist] insofern bedeutsam, als sich hier für die Sozialpolitik Gestaltungsoptionen erkennen lassen, die im Ergebnis zu zwar paternalistischen, aber (weiterhin) solidarischen Arrangements führen könnten – solidarischeren jedenfalls als es angesichts der Fixierung der aktuellen gesundheitspolitischen Diskussion auf »Marktlösungen« möglich erscheint.[165]

Gegenüber der liberal-prozeduralen Konzeption von Politik hätte ein von starken politischen Wertungen ausgehendes ›republikanisches‹ Politikmodell den Vorteil, dass das Gemeinwesen von seinen Mitgliedern wieder als ein *gemeinsames Projekt* und, darüber hinaus, als Teil des guten Lebens verstanden werden könnte, was jenem die nötige Stabilität und Gemeinwohlorientierung der Bürger verliehe und diesen die Entwicklung nichtentfremdeter Identitäten ermöglichte. Der *Politik* könnte auf diese Weise wieder ein Spielraum dafür eröffnet werden, den sich verselbständigenden, insbesondere ökonomischen Zwängen externe Prioritäten – und darunter an prominenter Stelle Gerechtigkeitserwägungen – entgegenzusetzen. Politische Programme, die an starken politischen Wertungen orientiert wären, müssten sich nicht mehr darauf beschränken, niedrigere Steuern oder höhere Leistungen zu versprechen, sondern würden auf die Schaffung eines Gemeinwesens zielen, in dem die Mitglieder sich wiedererkennen könnten. Das gute Leben der Gesellschaft wäre nicht mehr darauf reduziert, stabile Wirtschaftswachstumsraten (die zum zentralen Wohlstandsparameter in allen Industriestaaten geworden sind) zu erzielen. Auf der Grundlage der Taylorschen Philosophie lässt sich daher ein starkes

164 Zum Begriff des *Marktpaternalismus* siehe unten, Kapitel 4, Abschnitt III. Vgl. ferner Sunstein, »Democracy and Shifting Preferences«, S. 223 f.

165 Ullrich, »Solidarität und Sicherheit«, S. 188.

Plädoyer dafür gewinnen, auf die gegenwärtig beobachtbare Unfähigkeit liberaler Staaten, »effektiv auf die Gestaltung des sozialen und wirtschaftlichen Lebens Einfluss zu nehmen«,[166] nicht in der heute üblich gewordenen Weise mit weiterer Deregulierung, Privatisierung, Ökonomisierung und Entpolitisierung, sondern mit *Repolitisierung* und Demokratisierung zu reagieren.

Zugleich eröffnet sich im Begriff der starken politischen Wertung eine Möglichkeit, die Kluft zwischen ›Ich-‹ und ›Wir-Perspektive‹ oder, klassisch ausgedrückt, zwischen dem (liberalen) Interessenparadigma und dem (republikanischen) Tugendparadigma[167] zu schließen, ohne zugleich nach Manier des klassischen Republikanismus das gute Leben des Individuums vollständig im guten Leben der Gemeinschaft aufgehen zu lassen. Starke politische Wertungen bilden nur einen Teilbereich (die ›erste Achse‹ in Taylors Raummodell der Moral) der Gesamtheit unserer starken Wertungen, wiewohl sie wie alle starken Wertungen unserer (integrierten) moralischen Landkarte entspringen. Der Gegensatz zwischen dem, was *gut für mich* ist, und jenem, was *gut für die Gemeinschaft* ist oder was diese von mir fordern kann, wird daher in der Frage, für welche Art von Gemeinwesen ich mich (gemäß den jener moralischen Landkarte entstammenden starken politischen Wertungen)

166 H. Buchstein, R. Schmalz-Bruns, »Republikanische Demokratie«, in: B. Barber (Hg.), *Starke Demokratie. Über die Teilhabe am Politischen*, Hamburg 1994, S. 297-322, hier S. 299.

167 Zur Kontrastierung von Tugend- und Interessen- (bzw. Rechts-)Diskurs vgl. auch H. Münkler, »Wieviel Tugend braucht die Demokratie? Voraussetzungen der Zivilgesellschaft«, in: *Die Neue Gesellschaft/Frankfurter Hefte* 38 (1991), S. 612-617. Münkler weist ebenfalls darauf hin, dass das Interessenparadigma, welches die Institutionen Markt und Verfassung leitet, nicht ohne *spezifische* soziomoralische Voraussetzungen und anthropologische Annahmen – das heißt nicht ohne eine spezifische moralische Landkarte und entsprechende starke Wertungen – auskommt, dass diese Voraussetzungen in liberaldemokratischen Gesellschaften jedoch leicht ›vergessen‹ werden: »Die Verpflichtung aufs wohlverstandene Eigeninteresse dürfte in der Regel für den Einzelnen nicht weniger einschränkend und kontrollierend sein als die aufs Gemeinwohl, aber ihr kommt unterm Aspekt liberaler Freiheitsrechte zugute, dass das Einschränkende und Limitierende an ihr weniger klar und deutlich wahrgenommen und erfahren wird als im Falle des Tugenddiskurses« (ebd., S. 615 f.; vgl. auch H. Münkler, »Subsidiarität, Zivilgesellschaft und Bürgertugend«, in: A. Riklin, G. Batliner [Hg.], *Subsidiarität. Ein interdisziplinäres Symposium*, Vaduz 1994, S. 63-80).

einsetzen will, aufgehoben oder zumindest abgeschwächt, wenngleich natürlich, wie bereits angedeutet, jede moralische Landkarte auch widersprechende Aspirationen und Güter enthalten kann.

Die zentrale Schwierigkeit eines solchen Ansatzes besteht aber natürlich in dem liberalen Kernargument, dass die Angehörigen pluralistisch-liberaler Gesellschaften der Moderne eine Vielzahl von unterschiedlichen und teilweise inkompatiblen starken Wertungen vertreten, die keine Einigung über ein gutes Leben zulassen. Die Öffnung des politischen Raumes für ethische Konzeptionen birgt daher die große Gefahr, dass Minderheiten ihre starken Wertungen nicht berücksichtigt finden und von der ›moral majority‹ ausgeschlossen oder unterdrückt werden.[168] Dagegen ist von den Befürwortern eines republikanisch-partizipatorischen Politikmodells immer wieder die Möglichkeit der dialogischen *Herstellung* gemeinsamer Präferenzen bzw. starker Wertungen und kollektiver Zwecke – oder eines ›kreativen Konsenses‹ (Barber) – im politischen Prozess betont worden. Die Idee eines *gemeinsamen politischen Projekts* (eines inklusiven Wir, das alle gesellschaftlichen Gruppen umfasst) verbietet es dabei, abweichende Minderheiten bei politischen Regelungen einfach auszuschließen. Während eine naturalistische Politik, welche Interessen oder Präferenzen einfach als gegeben annimmt, sie dann aggregiert und daraus Kompromisse zu schmieden versucht, auf die Abwesenheit geteilter starker Wertungen nur mit dem Verzicht auf eine politische Regelung der zur Disposition stehenden Materie oder mit einer De-facto-Mehrheitsentscheidung reagieren kann, setzt das hier entwickelte Modell auf die Möglichkeit der *Transformation* von Präferenzen und Wertungen im Verlauf partizipatorischer politischer Auseinandersetzung.[169] Moralische Landkarten sind nicht geschlossen oder ein

168 Vgl. etwa Kymlicka, »Liberal Individualism and Liberal Neutrality«, S. 179 ff., und A. Gutmann, »Die kommunitaristischen Kritiker des Liberalismus«, in: A. Honneth, *Kommunitarismus. Eine Debatte über die moralischen Grundlagen moderner Gesellschaften*, Frankfurt/M., New York 1993, S. 68-83, hier S. 79 ff.

169 Vgl. dazu auch F. Michelman, »Kollektiv, Gemeinschaft und das liberale Denken in Verfassungen«, in: G. Frankenberg (Hg.), *Auf der Suche nach der gerechten Gesellschaft*, Frankfurt/M. 1994, S. 55-73; Barber, *Starke Demokratie*, und Barber, »Die liberale Demokratie und der Preis des Einverständnisses«; Sunstein, »Democracy and Shifting Preferences«, und Sullivan, *Reconstructing Public Philosophy*, sowie insbesondere Warren, »Democratic Theory and Self-Transformation«. Dies ist eine Grundeinsicht des (Neo-)Republikanismus.

für alle Mal feststehend, sondern fortwährend diskursiv veränderbar. Annäherung und Veränderung sind jedoch nur möglich, wenn eine andauernde, dialogische Artikulation und kritische Auseinandersetzung bezüglich der entsprechenden Güterkonzeptionen und Selbstbilder tatsächlich stattfindet, das heißt, wenn Letztere nicht länger in scheinneutralen Strukturen erstickt und unartikulierbar gemacht werden. Wenn das Gemeinwesen nicht länger auf einer schweigend und unreflektiert vorausgesetzten, ›geronnenen‹ moralischen Landkarte, sondern auf einer deliberativ-demokratisch hergestellten kollektiven Selbstinterpretation basieren soll, muss die politische Auseinandersetzung in einer Sprache geführt werden, die nicht ethische Neutralität und den Ausschluss moralisch kontroverser Fragen von der politischen Diskussion verlangt,[170] sondern die Artikulation starker Wertungen erlaubt und eine Basis für die Formulierung *qualitativer* moralischer Differenzen schafft.[171] Eine sol-

Vgl. auch Gutmann, »Das Problem des Multikulturalismus in der politischen Ethik«, S. 298, zum Argument, dass gemeinsame Beratung zu gegenseitigem Respekt auch bei abweichenden Positionen und aus Gründen der ›Ökonomie moralischer Differenz‹ zu einer Minimierung der Gegensätze führt.

170 Die Forderung nach Ausschluss kontroverser Fragen erheben etwa Bruce Ackerman (B. Ackerman, »Warum Dialog?«, in: B. van den Brink, W. van Reijen [Hg.], *Bürgergesellschaft, Recht und Demokratie*, Frankfurt/M. 1995, S. 385-410), oder auch Charles Larmore (C. Larmore, *Patterns of Moral Complexity*, Cambridge 1987); mit Einschränkungen auch John Rawls. Dagegen argumentiert u. a. Michael Sandel (M. Sandel, »Political Liberalism«, in: *Harvard Law Review* 107 [1994], S. 1765-1794, hier S. 1794): »Eine Politik, welche Moral und Religion zu rigoros ausklammert, erzeugt bald ihre eigene Entzauberung. Wo die politische Auseinandersetzung ihre moralische Resonanz verliert, findet die Sehnsucht nach einem bedeutungsvolleren öffentlichen Leben rasch unerwünschte Ausdrucksformen. Gruppen wie die *moralische Mehrheit* versuchen den kahlen öffentlichen Raum mit engstirnigen, intoleranten Moralismen auszukleiden. Fundamentalisten stoßen in Lücken vor, in die sich die Liberalen nicht wagen [...]. In Ermangelung einer politischen Agenda, welche die moralische Dimension öffentlicher Angelegenheiten thematisiert, stürzt sich die öffentliche Aufmerksamkeit auf die privaten Laster öffentlicher Figuren. Der öffentliche Diskurs konzentriert sich mehr und mehr auf das Skandalträchtige, Sensationelle, Bekenntnishafte der Politik, wie es von der Boulevardpresse, in Talkshows und am Ende auch von den öffentlichen Medien verbreitet wird« (Übers. H. R.).

171 Eben hierin erblickt William Sullivan (Sullivan, *Reconstructing Public Philosophy*, S. 162; Übers. H. R.) den Vorzug der Sprache der bürgerrepublikanischen Tradition: »Ein Vorzug der bürgerrepublikanischen Tradition liegt darin, dass

che Sprache stellt eine unabdingbare Voraussetzung für die kreative Überwindung solcher Differenzen und damit für eine potentielle Einigung im Hinblick auf konkrete, politisch relevante moralische und ethische Fragen und insbesondere Gerechtigkeitsfragen dar.[172] Vor allem aber eröffnet erst sie wieder einen gesellschaftspolitischen ›Korridor‹ dafür, Gerechtigkeitsintuitionen im sozialen und politischen Handeln in angemessener Weise wirksam werden zu lassen.

V.

Es hat sich im Verlauf dieser Untersuchung gezeigt, dass wir es nicht mit einem, sondern mit zwei miteinander verknüpften, aber analytisch trennbaren Problemen oder Gründen dafür zu tun haben, dass unsere Gesellschaften nach ihren eigenen Gerechtigkeitskriterien immer ›ungerechter‹ werden: (1) Auf der ›äußeren‹ Ebene der beobachtbaren Handlungen und ihren Verknüpfungen hat es sich erwiesen, dass die Strukturen des öffentlichen Raumes (Politik, Recht, Wirtschaft) dergestalt sind, dass sich Gerechtigkeitserwägungen in ihnen nicht in Anschlag bringen lassen; sie haben sich gegenüber unseren Vorstellungen darüber, was gut oder gerecht wäre, dadurch verselbständigt, dass die ihnen zugrunde liegende moralische Landkarte aufgrund der vorgeblichen Neutralität dieser Strukturen nicht artikuliert und daher auch nicht kontrolliert und kritisiert werden kann. (2) Auf der ›inneren‹ Ebene der kognitiven Handlungsorientierung und -motivierung bleiben Gerechtigkeitserwägungen deshalb weitgehend kraft- und wirkungslos, weil sie eingebettet werden in Gerechtigkeitstheorien, die sie als ›externe Verpflichtungen‹ konzeptualisieren und artikulieren, welche uns in der Verfolgung unserer (eigentlichen) Ziele und Interessen nur limi-

ihre Sprache ein Verständnis der sozialen Bedingungen liefert, von denen sie abhängt. Die wichtigste dieser Bedingungen ist ein Verständnis der psychischen und moralischen Entwicklung, welches von der liberalen Auffassung entscheidend abweicht. Das unmittelbare Verdienst dieser Alternative besteht darin, dass sie ein Verständnis dessen anbietet, was die liberale Theorie nicht zu leisten vermag: eine Erklärung für die fehlenden Verbindungen in ihrem eigenen Verständnis des sozialen Lebens.«

172 Zum Problem der möglichen Inkommensurabilität radikal verschiedener moralischer Landkarten und ihrer potentiellen diskursiven Überwindung vgl. oben, Kapitel 1.

tieren. Auf diese Weise können sie nur wenig Motivationsenergie entfalten. Was wir also brauchen, ist erstens eine Restrukturierung des politischen Raumes, welche die Politisierung und Ethisierung sozialer Fragen zulässt, und zweitens die theoretische Überwindung der kategorischen Trennung zwischen dem (motivierenden) Guten und dem (limitierenden) Gerechten. Diese beiden Problembereiche erweisen sich als insofern miteinander verknüpft, als sie zum einen dieselbe Ursache haben (die Dominanz naturalistischer Konzeptionen sowohl in den Strukturen des öffentlichen Raumes als auch in den vorherrschenden Gerechtigkeitsdiskursen) und zum anderen eine Lösung für das erste Problem – die Tatsache, dass etwa die Verteilung des gesellschaftlichen Wohlstandes nach Regeln erfolgt, die sich gegenüber Gerechtigkeitserwägungen nahezu vollständig immunisiert haben – nur über eine Lösung des zweiten, das heißt über eine Neufassung von Gerechtigkeitstheorien in der Sprache unmittelbar handlungsantreibender Güter, denkbar ist. Den Weg zu beidem, so habe ich zu zeigen versucht, kann die Reformulierung politischer Fragen (und damit auch von Gerechtigkeitsfragen) in der Terminologie starker politischer Wertungen eröffnen. Dort, wo der Modus politischer Entscheidungen sich an der Frage orientiert, »was für eine Art von Gemeinwesen wir (verstanden als ›inklusives Wir‹) bilden wollen«, lassen sich Gerechtigkeitserwägungen nicht nur in Rechnung stellen, sondern sie rücken geradezu natürlicherweise an eine zentrale Stelle des Deliberationsprozesses, während sie in einem Marktmodell sozialer Entscheidungen keinen Ansatzpunkt haben und sich oftmals als geradezu dysfunktional erweisen. Zugleich hören die Gerechtigkeitsprinzipien in der Konzeption starker politischer Wertungen auf, uns als etwas Externes, als bloße Pflicht gegenüberzutreten – sie werden Ausdruck unseres Willens und erhalten so den Status eines handlungsleitenden und motivierenden Gutes zurück.

3. Das Ausgangsmodell

Vier Ebenen der Selbstinterpretation. Entwurf einer hermeneutischen Sozialwissenschaft und Gesellschaftskritik

I. Interpretative Sozialwissenschaft

Nach der ›linguistischen‹ und der ›interpretativen Wende‹ in den Sozialwissenschaften[173] besteht in der soziologischen und politischen Theorie kaum mehr ein Zweifel daran, dass die komplexe Wirklichkeit, die wir als ›Gesellschaft‹ beschreiben, sich über rein szientistische Methoden, die diese als eine Aggregation ›nackter Fakten‹ oder Tatsachen begreifen, welche sich dann im Sinne der Naturwissenschaften objektivieren lassen, nicht adäquat verstehen lässt.[174] Stattdessen haben einflussreiche Autoren wie Anthony Giddens,[175] Jürgen Habermas[176] oder auch Michael Walzer[177] überzeugend dargelegt, dass sich die Aufgabe der Sozialwissenschaften und der Sozialphilosophie adäquat mit dem Bergiff der ›Doppel-Hermeneutik‹ beschreiben lässt. Dieser Begriff besagt, dass Sozialwissenschaftler eine Wirklichkeit interpretieren, die ihrerseits bereits eine Interpretation ist. Bei dieser letzteren Interpretation handelt es sich um eine gesellschaftliche Selbstdeutung, die konstitutiv für soziale Institutionen und Praktiken ist. In diesem Sinne argumentiert etwa Charles Taylor,[178] wenn er feststellt, dass das, was die Sozialwissenschaften interpretieren, »selbst eine Interpreta-

173 R. Rorty, *The Linguistic Turn. Essays in Philosophical Method*, Chicago, London 1967; D. Hiley, J. Bohman, R. Shusterman, *The Interpretive Turn. Philosophy, Science, Culture*, Ithaca/NY 1991; T. Ball, *Transforming Political Discourse. Political Theory and Critical Conceptual History*, Oxford 1988, S. 4 f.; R. J. Bernstein, *The Restructuring of Social and Political Theory*, New York 1976, S. 112 f.

174 M. Hesse, *Revolutions and Reconstructions in the Philosophy of Science*, Brighton 1980; A. Cribb, *Values and Comparative Politics. An Introduction to the Philosophy of Political Science*, Aldershot 1991.

175 A. Giddens, *Studies in Social and Political Theory*, New York 1977.

176 J. Habermas, *Theorie des kommunikativen Handelns*, Band 1, Frankfurt/M. 1981, S. 159.

177 M. Walzer, *Interpretation and Social Criticism*, Cambridge/Mass. 1987.

178 Taylor, »Interpretation and the Sciences of Man«, dt., S. 171.

tion, eine Selbst-Interpretation, die in einen Fluß von Handlungen eingebettet ist«, sei.

Wenn im Folgenden von sozialkonstitutiven Selbstinterpretationen die Rede ist, so ist damit eine je historisch und kulturell bestimmte Auffassung des Menschen und seiner Beziehung zur Gesellschaft und zur Welt gemeint, die in den sozialen Institutionen und Praktiken verankert ist und deren *Sinn und Bedeutung* bestimmt. Erst und nur im Lichte solcher Selbstinterpretationen werden Handlungen und Institutionen verstehbar. Dies ist der Grund dafür, warum es nach Auffassung der interpretativen Sozialwissenschaften keine soziale Wirklichkeit und keine Form des individuellen oder kollektiven Handelns gibt, die unabhängig von jenen Selbstdeutungen existierten, welche ihren Sinn, ihre Bedeutung und ihren Charakter definieren. Das schließt nicht aus, dass auch zunächst nichtinterpretierte, materielle Faktoren die Gesellschaft beeinflussen, etwa ein Erdbeben, Klimaveränderungen, neue Technologien oder von außen aufgezwungene Kriege. Indessen werden Art und Ausmaß dieses Einflusses erst in und durch die Selbstdeutung festgelegt. Handlungen, Institutionen und Strukturen, aber auch individuelle und kollektive Identitäten werden durch solche Ereignisse über Modifikationen in den konstitutiven Selbstinterpretationen verändert; es gibt keinen sozialen Wandel unabhängig von einer Veränderung der Selbstinterpretation. Während nun aber viel Forschungsaufwand und wissenschaftlich-philosophische Diskussion betrieben wurden, um die erste Form der Interpretation, das heißt die Aufgabe, Methodologie und Metatheorie der Sozialwissenschaften zu bestimmen, blieben Natur, Status und Charakter der sozialkonstitutiven Selbstinterpretation weitgehend im Dunkeln. Was und wo *ist* die Selbstinterpretation einer Gesellschaft? Wie kann sie identifiziert werden? Lässt sich ein Anspruch auf die ›richtige‹ Form der Selbstinterpretation (die ja immer auch eine Weltinterpretation ist) erheben – und, wenn ja: von wem? Dabei kann kein Zweifel daran bestehen, dass unterschiedliche soziale und politische Gruppen unterschiedliche Selbstdeutungen artikulieren und dass in den verschiedenen Sphären der Gesellschaft (in der Wirtschaft, der Politik, der Kunst, der Wissenschaft, der Religion etc.) unterschiedliche Sprachen und Bedeutungssysteme vorherrschen, die alle um die richtige Selbstinterpretation der Gesellschaft konkurrieren.

Diese Fragen sind von großer Relevanz vor allem für die Möglichkeiten einer legitimierbaren zeitgenössischen Gesellschaftskritik. Weil die universalistischen Ansätze in der normativ orientierten politischen Philosophie – vom aristotelischen Essentialismus über den Utilitarismus bis zum prozeduralistischen ethischen Liberalismus – im Verlauf des 20. Jahrhunderts mehr oder minder alle gleichermaßen fragwürdig und kontrovers geworden sind, haben sich viele Verfechter der Idee einer rechtfertigbaren Gesellschaftskritik kommunitaristischen oder kontextualistischen Ansätzen zugewandt.[179] Diese vertreten die Auffassung, dass es just die konstitutive Selbstinterpretation – oder die Selbstdeutung – einer Gesellschaft ist, welche die Sozialkritik mit den Normen, Werten und Maßstäben versorgt, die sie zur Ausübung ihres Amtes, also zur Kritik der Institutionen, Praktiken und Diskurse dieser Gesellschaft, benötigt.

Obwohl nun etwa Michael Walzer eine solche hermeneutische Konzeption der Sozialphilosophie und der Gesellschaftskritik ebenso umfassend wie überzeugend begründet hat, bleibt es in seinen Schriften – wie auch bei anderen Autoren dieser Richtung – letztlich unklar, wie *die* Selbstinterpretation einer Gesellschaft identifiziert oder rekonstruiert werden kann und welche gesellschaftlichen Sphären oder Gruppen die richtigen Maßstäbe für die Gesellschaftskritik bereithalten. Daher fragt Judith Shklar[180] in ihrer Kritik an Walzers Ansatz zu Recht: »Was ist denn dieses ›geteilte Grundverständnis‹, auf das alles zurückgeführt werden soll?« In der Tat stellt sich eher Verwirrung ein, wenn man etwa das »Criticism Today« betitelte Schlusskapitel von Walzers *The Company of Critics*[181] liest. Es sei die Aufgabe des Kritikers, argumentiert Walzer dort, der Gesellschaft einen Spiegel (wie Hamlets Glas) vorzuhal-

179 Walzer, *Spheres of Justice*; Walzer, *Interpretation and Social Criticism*; M. Walzer, *The Company of Critics. Social Criticism and Political Commitment in the Twentieth Century*, New York 1988; M. Walzer, *Thick and Thin. Moral Argument at Home and Abroad*, Notre Dame 1994; C. Taylor, »Die Motive einer Verfahrensethik«; A. Macintyre, »Politics, Philosophy and the Common Good«, in: K. Knight (Hg.), *The MacIntyre Reader*, Cambridge 1998, S. 235-252; R. Wolin, *The Terms of Cultural Criticism. The Frankfurt School, Existentialism, Poststructuralism*, New York 1992.

180 J. Shklar, »The Work of Michael Walzer«, in: J. Shklar, *Political Thought and Political Thinkers*, hg. von S. Hoffmann, Chicago 1998, S. 384f. (Übers. H. R.).

181 Walzer, *The Company of Critics*.

ten, »der uns vor uns selbst so darstellt, wie wir wirklich sind, wenn wir aller Verstellungen und moralischen Verkleidungen entledigt wurden«. Diesem Bild sei dann ein idealer Entwurf unserer selbst entgegenzusetzen, »eine Deutung oder eine Interpretation dessen, was wir in der Tiefe unserer Seelen sein möchten: unsere höchsten Hoffnungen und optimistischsten Visionen unserer Selbst und unserer Gesellschaft«.[182] Es bleibt indessen völlig unklar, wie diese beiden kontrastierenden Bilder gewonnen werden können. Wohin gilt es den Blick zu richten, um herauszufinden, wie ›wir‹ (als Gesellschaft) wirklich sind, und wo finden wir ›das‹ oder ›unser‹ gesellschaftliches Idealbild, wenn es keine Gruppe oder Klasse oder privilegierte Gesellschaftssphäre gibt, die a priori als Avantgarde der Geschichte schlechthin gelten kann? »Es gibt ebenso viele Spiegel, wie es Sozialkritiker gibt, und ebenso viele Spiegelbilder wie Menschen, die in den Spiegel zu schauen bereit sind«, stellt denn auch Walzer zu Recht fest. »Aus diesem Grund ist der Kritiker gezwungen, sich andere Menschen, die in andere Spiegel sehen, vorzustellen; und auch wenn er nicht sehen kann, was diese sehen, muss er doch die endlose Vervielfältigung seiner eigenen kritischen Tätigkeit anerkennen.«[183] Infolgedessen wird der Gesellschaftskritiker für seine Aufgabe, die angemessene Selbstinterpretation und die relevanten Wertmaßstäbe der Gesellschaft zu identifizieren, die er zu kritisieren versucht und der er selbst angehört, ebenso willkürlich wie inkonsistent einmal auf die (nationale) Geschichte, die Kunst, die Politik oder auch die Kultur verwiesen;[184] dann wieder auf die Gefühle und Überzeugungen der Mitbürger;[185] und schließlich auf

182 Ebd., S. 231 (Übers. H. R.).

183 Ebd., S. 232 (Übers. H. R.).

184 »Ein idealer Gesellschaftskritiker [...] versteht [...] die Menschen und ihre Probleme ebenso wie die möglichen Lösungen zu diesen Problemen vor dem Hintergrund einer nationalen Geschichte und Kultur. Die Nation, nicht die Klasse ist die Bezugsgröße, auf die es ankommt [...]« (ebd., S. 234); vgl. ebd., S. 235: »Die Art und Weise seiner Kritik hängt wesentlich ab vom Charakter seiner Kultur, aber in der Regel wird er seine Aufmerksamkeit auf die Nationalgeschichte lenken, weil ihm die Vergangenheit seines Volkes (seine Literatur und Kunst ebenso wie seine Politik) eine Rechtfertigung für die Kritik der Gegenwart liefert« (Übers. H. R.).

185 »Einfache Männer und Frauen hoffen weiterhin auf ein besseres Leben [...], und ihre politischen Anführer rechtfertigen sich weiterhin mit idealisierenden Begriffen [...]. Der Gesellschaftskritiker formuliert die Hoffnungen aus, deutet

sein eigenes moralisches Empfinden und seine Wertüberzeugungen (die dabei denjenigen der ›irregeleiteten‹ Massen entgegengesetzt werden)[186] oder auf die Werte und Normen, die von bestimmten gesellschaftlichen Gruppen verteidigt, von anderen dagegen unterlaufen werden.[187] Darüber hinaus beruft sich Walzer gelegentlich auch auf die ›konstanten Werte‹ der Gesellschaft (wie immer sie zu identifizieren sein mögen) oder auf die geteilten sozialen Praktiken als Basis der Kritik.[188] Ebenso unklar bleibt in dieser Konzeption sodann der Gegenstand bzw. das Ziel der Gesellschaftskritik. Walzers Kritiker addressiert ohne erkennbare Ordnung oder Hierarchie je bestimmte Traditionen, Autoritäten, Praktiken, Institutionen, Werte oder gesellschaftliche Gruppen.

Diese Unsicherheit darüber, wo sich die maßgebende Selbstinterpretation einer Gesellschaft lokalisieren lässt, resultiert nicht zuletzt daraus, dass Gesellschaften weder als statisch noch als monolithisch verstanden werden können; sie befinden sich vielmehr in einem fortwährenden Prozess dynamischer Veränderung. Normen und Werte, aber auch Institutionen und Praktiken verändern und entwickeln sich unablässig; zeitweise scheinen sie zu konvergieren, dann wieder treten Spannungen und Divergenzen zwischen ihnen

die Ideale und vergleicht sie beide mit dem von ihm gezeichneten Spiegelbild der gesellschaftlichen Wirklichkeit« (ebd., S. 233; Übers. H. R.).

186 »Manchmal freilich muss der Gesellschaftskritiker seinen eigenen Weg gehen – wie es Silone tat, als er mit seinen Parteikameraden brach, oder Orwell, als er versuchte, die politische Linke davon abzuhalten, formelhafte Rechtfertigungen für den Stalinismus zu liefern, oder de Beauvoir in ihrer Verurteilung der Mitwirkung von Frauen an ihrer eigenen Unterdrückung [...]« (ebd., 234); vgl. S. 238: »Er steht zwar mitten unter den Menschen [...]. Aber er *bezieht* einen anderen Standpunkt als sie, denn diese lassen sich oftmals einfach von den Ideologien des Staates oder der Partei leiten, denen er sich widersetzt. Seine Unabhängigkeit entfernt ihn von den gewöhnlichen Männern und Frauen ebenso wie von den Beamten und Würdenträgern. Er rückt ab von der Volks-Nation, um Kritik an dem zu üben, was die Mehrheit seiner Mitbürger lobenswert findet« (Übers. H. R.).

187 »Er ist Regimekritiker, nicht Volkskritiker; oder Kritiker eines Teils des Volkes, aber nicht anderer Teile, oder des Volkes in einer Hinsicht, nicht aber in einer anderen« (ebd., S. 238; Übers. H. R.).

188 Ebd., S. 234; vgl. S. 236: »Ebenso verhält es sich auch mit dem Exil: Der Gesellschaftskritiker gibt dabei ja sein Land nicht auf [...]. Noch indem er fortgeht, klagt er die zurückbleibenden Männer und Frauen des Verrats an: Sie selbst, nicht er, haben die bleibenden Werte ihrer Gesellschaft preisgegeben« (Übers. H. R.).

auf. Darüber hinaus verändern sich der relative Einfluss und die Macht unterschiedlicher sozialer Gruppen ebenso immer wieder aufs Neue wie das relative Gewicht und die Bedeutung der einzelnen Gesellschaftssphären, also etwa der Kunst, des Rechts, der Politik, der Religion oder auch der Wirtschaft.[189] Nach der Verabschiedung von Geschichtsphilosophien, wie sie etwa der Historische Materialismus entworfen hat, die behaupteten, der soziale Wandel habe eine Richtung, Logik und Struktur und eindeutig identifizierbare Trägergruppen, steht die Gesellschaftskritik daher vor der Schwierigkeit, eine nichtwillkürliche Basis für die Identifikation von notwendigen Veränderungen und für deren Unterscheidung von schädlichen oder sogar pathologischen Entwicklungen definieren zu müssen. Sie bedarf dazu aber, so das hier zu entwickelnde Argument, eines präzise definierten Konzepts der gesellschaftlichen Selbstinterpretation, welches eine systematische Analyse des sozialen Wandels erlaubt und dadurch und darüber Gesellschaftskritik zu legitimieren vermag.

Versucht man die von Walzer in Anschlag gebrachten Quellen der Selbstinterpretation zu kategorisieren, so stellt man fest, dass sie sich als die potentiellen Träger relevanter Normen, Werte und Bedeutungen mindestens drei verschiedenen Phänomenbereichen zuordnen lassen. Dabei handelt es sich zum Ersten (a) um explizit gemachte, artikulierte Deutungen, wie sie sich etwa in den Texten des Rechts, der Literatur, der Theologie oder der Wissenschaften finden lassen, zum Zweiten (b) um die wirkmächtigen sozialen Institutionen und Praktiken als ›verkörperte‹ Selbstdeutungen und zum Dritten (c) um die von den Menschen selbst vertretenen Auffassungen und Überzeugungen. Durchaus in Übereinstimmung mit Walzer möchte ich deshalb hier die Auffassung vertreten, dass (sozialkonstitutive) Selbstinterpretation als ein sehr weit gefasster Begriff verstanden werden sollte, wie ihn etwa Hegel entwickelt hat und wie er heute von Autoren wie Charles Taylor oder auch Hubert Dreyfus weiterverfolgt wird; als ein Begriff also, der sich nicht nur auf bewusste und selbstreflexive Prozesse bezieht, sondern auch Wahrnehmungs- und Geschmacksurteile, Körperpraktiken (etwa im Sinne der Bourdieuschen *Hexis*) und Emotionen wie Scham

189 Vgl. J. G. A. Pocock, »The History of Political Thought. A Methodological Enquiry«, in: P. Laslett, W. G. Runciman (Hg.), *Philosophy, Politics and Society*, Second Series, Oxford 1962, S. 183-202.

oder Schuld einschließt. Selbstinterpretationen in diesem Sinne liegen an der Wurzel unserer Institutionen und Praktiken, aber auch unserer individuellen und verkörperten Habitus, und als solche gehen sie unseren expliziten sprachlichen Artikulationen und Theorien, die sie dann zum Ausdruck zu bringen versuchen, immer schon voraus. Selbstinterpretation umfasst daher einen bestimmten Sinn dafür, wer wir als menschliche Wesen sind, was die Gesellschaft ist, auf welche Weise wir als Individuen in die Gesellschaft gestellt sind, aber auch einen je spezifischen Begriff von Wahrheit, Zeit und Ewigkeit sowie eine (und sei sie auch noch so vage) Konzeption des gelingenden Lebens. Auf diese Weise sind menschliche Wesen, wie Taylor und Dreyfus es ausdrücken, ›interpretation all the way down‹, was impliziert dass soziale Wirklichkeit und Interpretation geradezu gleichbedeutend oder ko-extensiv werden. »In seiner ganzen Existenzweise beantwortet der Mensch eine Frage, die erst dadurch gestellt wird und auf die es doch keine endgültige Antwort gibt.«[190]

Selbstinterpretationen sind also das, was unseren Handlungen und Praktiken, aber auch unserem individuellen und kollektiven Leben einen Sinn verleiht, insbesondere weil sie die Bedeutung (›the point‹) von Handlungen und Institutionen bestimmen. Nichtsdestotrotz ist es offensichtlich, dass es keine monolithisch geschlossene, kohärente Selbstdeutung der Gesellschaft gibt, sondern stattdessen ein komplexes, vielschichtiges, teilweise selbstwidersprüchliches Gewebe von miteinander verknüpften Selbstinterpretationen. Deshalb möchte ich im Folgenden ein Modell für die Identifikation, Rekonstruktion und Analyse sozialkonstitutiver Selbstinterpretationen entwerfen, das die drei oben identifizierten Kategorien zum Ausgangspunkt nimmt und sie um eine vierte Quelle der Selbstinterpretation ergänzt, nämlich um (d) die Körperpraktiken und Habitus der Subjekte. Eine zentrale Aufgabe wird es dabei sein, diese vier Ebenen oder Quellen der Selbstinterpretation miteinander in eine angemessene Beziehung zu setzen. Auf der Grundlage dieses Modells – das in wesentlichen Punkten an Einsichten anknüpft, die der kanadische Sozialphilosoph Charles Taylor in seinen Arbeiten formuliert hat – lassen sich soziale Spannungen, Konflikte und

190 C. Taylor, »Self Interpreting Animals«, in: C. Taylor, *Philosophical Papers*, Bd. 1, *Human Agency and Language*, Cambridge 1977, S. 45-76, hier S. 75 (Übers. H. R.).

mögliche Pathologien identifizieren und (sinnverstehend) rekonstruieren und damit angemessen *kritisieren*. Darüber hinaus soll es das Modell erlauben, die Position des Gesellschaftskritikers und die Dynamik des sozialen Wandels analytisch exakt zu bestimmen.

II. Das Grundmodell

Zunächst möchte ich eine Unterscheidung einführen zwischen *expliziten* Selbstinterpretationen, die in der Semantik unserer Sprache zum Ausdruck kommen und in Form von Theorien, Diskursen und Dogmen gefasst sind und damit das Reich der (artikulierten) Ideen bilden, und *impliziten* Selbstdeutungen, welche die sozialen Institutionen als eine Form objektivierter oder sogar *sedimentierter* Selbstinterpretation konstituieren. Institutionen und Praktiken bilden daher stets eine Verkörperung, Materialisation oder Expression von Selbstinterpretationen, welche ihren Zweck und ihre Bedeutung und auch ihre jeweiligen ›standards of excellence‹ spezifizieren – mithin also *das, worauf es jeweils ankommt*.[191] Unter dieser Perspektive erscheint es nun als offensichtlich, dass die expliziten,

191 Im Anschluss an Hegel schlägt Taylor (Taylor, »Hegel's Sittlichkeit and the Crisis of Representative Institutions«, S. 139 f.) vor, dass diese Form der Selbstinterpretation als ›objektiver Geist‹ einer Gesellschaft verstanden werden kann: »Eine bestimmte Auffassung des Menschen und seiner Stellung in der Gesellschaft ist in die Praktiken und Institutionen der Gesellschaft eingelassen, so dass man sagen könnte, diese seien der Ausdruck bestimmter Ideen. Vielleicht sind sie sogar der einzige, oder zumindest der angemessenste Ausdruck jener Ideen, wenn die Gesellschaft keine ausgearbeitete und zutreffende Theorie über sich selbst entwickelt hat. Die Ideen, welche einer bestimmten Praxis zugrunde liegen und sie erst zu dem machen, was sie ist – z. B. jene, die aus dem Markieren eines Papiers [im Wahlakt, H. R.] eine politische Entscheidung machen –, liegen vielleicht nicht ausformuliert vor in Aussagen über den Menschen, seinen Willen, die Natur der Gesellschaft usw. [...]. In diesem Sinne können wir die Institutionen und Praktiken einer Gesellschaft als eine Art Sprache verstehen, in der sie ihre fundamentalsten Ideen zum Ausdruck bringt. Aber bei dem, was dann in dieser Sprache ›gesagt‹ wird, handelt es sich nicht um Ideen, die jeder für sich haben könnte; vielmehr gehören sie der Gesellschaft als Ganzem, denn sie sind eingebettet in ihr kollektives Leben, in ihre Institutionen und Praktiken, die sich von ihr nicht trennen lassen. In einem gewissen Sinne ist darin also der Geist der Gesellschaft objektiviert. Es handelt sich dabei, um Hegels Begriff zu benutzen, um den ›objektiven Geist‹« (Übers. H. R.).

in Ideen artikulierten Selbstdeutungen und die nur implizit in die Institutionen eingelassenen Selbstinterpretationen in einem komplexen Verhältnis wechselseitiger Abhängigkeit und partieller Autonomie stehen. Mit Quine gesprochen bedeutet dies, dass diese beiden Seiten der gesellschaftlichen Selbstinterpretation wechselseitig unterdeterminiert sind. Denn auf der einen Seite sind recht unterschiedliche Theorien und Diskursformationen mit einem bestimmten Arrangement von Institutionen vereinbar, während auf der anderen Seite Theorien oder Ideen auch auf recht verschiedene Weisen in die Praxis umgesetzt bzw. ›institutionalisiert‹ werden können. Nichtsdestotrotz können die Institutionen und Theorien einer Gesellschaft oder ihre impliziten und ihre expliziten Selbstdeutungen leicht in einen Konflikt oder ein Spannungsverhältnis geraten, das dann einen Anpassungsdruck nach der einen oder anderen Seite – oder auch nach beiden Seiten – erzeugt.

Diese Charakterisierung des Verhältnisses zwischen den oben definierten Kategorien (a) und (b) trifft nun überraschenderweise auch auf die Beziehung zwischen den beiden übrigen Kategorien der Selbstinterpretation, (c) und (d), zu, also zwischen den reflexiven Selbstbildern und Überzeugungen der Individuen einerseits und ihrer Körperpraktiken oder Habitus andererseits. Subjekte werden konstitutiert und gewinnen eine Identität mit Hilfe eines expliziten Selbstverständnisses, das in ihrer Sprache, ihren Ideen, Theorien und Überzeugungen zum Ausdruck kommt. In einem nicht unerheblichen Maße *ist* daher ein Subjekt das, was es zu sein *denkt*. Zugleich aber werden Subjekte noch durch etwas anderes definiert, ja konstitutiert, nämlich durch das Spektrum ihrer Gefühle und ihrer Leib- und Körperpraktiken, durch ihren *Habitus* im Sinne Bourdieus, der prä-reflexiv und dem Körper eingeschrieben ist, aber nichtsdestotrotz als Träger sozialer Bedeutung und mithin als eine Form impliziter und zugleich expressiver Selbstdeutung verstanden werden muss.[192] Denn nur und erst in Form von

192 »Das rückt die Rolle des Körpers in ein neues Licht. Unser Körper ist nicht einfach das ausführende Organ für die Ziele, die wir uns setzen, und auch nicht der Ort für die Einwirkung kausaler Faktoren auf unsere mentalen Repräsentationen. Vielmehr ist unsere Weltauffassung selbst verkörpert. Das heißt, unser Körperwissen und die Art und Weise, in der wir handeln und uns bewegen, enthalten Elemente unseres Selbst- und Weltverständnisses«, bemerkt Taylor im Anschluss an französische Denker wie Foucault, Bourdieu

Interpretationen sind uns körperliche Bedürfnisse, Gefühle usw. zugänglich, und erst als Interpretierte werden sie handlungsrelevant (wenn man Handlungen als reflektiertes Verhalten von nichtintendiertem, unwillkürlichem Verhalten unterscheidet). Das aber bedeutet, dass selbst in der Art und Weise, wie jemand sich bewegt, wie er spricht, tanzt, schläft, lacht oder isst, also in seinen Gesten und seinem expressiven Verhalten, ein bestimmtes Selbstverständnis zum Ausdruck kommt.

In ihrem einflussreichen Aufsatz »Throwing Like a Girl« hat Iris Marion Young[193] im Anschluss an Merleau-Ponty dieses Argument auf eine höchst instruktive Weise entfaltet. Die Art und Weise, wie ein Mädchen (oder ein Junge) einen Ball wirft (oder sitzt, geht, tanzt, ja ein Buch trägt, eine Dose öffnet oder über einen Graben springt), so zeigt Young, ist intrinsisch verknüpft mit einer bestimmten Form des ›In-der-Welt-Seins‹. Sie offenbart ein bestimmtes Selbstgefühl und einen je spezifischen Sinn dafür, wie man in die Welt eingebettet ist und ihr zugleich gegenübersteht. Bewegungen und Beweglichkeiten bringen auf diese Weise Bedeutungen und Selbstinterpretationen zum Ausdruck, die sich dem Bewusstsein des Subjekts weitestgehend entziehen. Kein fünfjähriges Mädchen, so lässt sich vermuten, hat einen artikulierbaren Begriff oder auch nur ein Bewusstsein von den Unterschieden im Wurfverhalten von Mädchen und Jungen, und doch reproduzieren sich diese Unterschiede bei Kindern in einem gleichbleibend hohen Maße. Interessant ist dabei nicht nur, dass auf diese Weise Kör-

oder auch Merleau-Ponty. Dabei ist er sogar bereit, dieser impliziten Form der Selbstinterpretation Vorrang vor der expliziten Seite einzuräumen: »Diese Deutung ist in zwei Hinsichten grundlegender: Zum Ersten liegt sie überall vor, während wir manchmal bewusste Repräsentationen ausbilden und manchmal nicht, und zum Zweiten sind diese Repräsentationen nur verstehbar vor dem Hintergrund jener nichtartikulierten Deutungen. Repräsentationen sind also nicht der Ausgangspunkt des Verstehens, sondern weit eher nur Inseln im Meer unseres unartikulierten praktischen Zugriffs auf die Welt« (Taylor, »To Follow a Rule«, S. 170; Übers. H. R.). Vor diesem Hintergrund überrascht es nicht, dass einige Sozialwissenschaftler selbst Phänomene wie Dickleibigkeit oder Magersucht nicht in erster Linie für ein physisch-biologisches Merkmal, sondern für eine expressive, bedeutungstragende bzw. ein bestimmtes (konfliktreiches) Selbstverständnis zum Ausdruck bringende Eigenschaft halten (vgl. S. Bordo, *Unbearable Weight. Feminism, Western Culture, and the Body*, Berkeley 1993).

193 I. M. Young, *Throwing Like a Girl and Other Essays in Feminist Philosophy and Social Theory*, Bloomington 1990.

perbewegungen und Gesten unterschiedliche Selbst- und Weltverständnisse reflektieren oder zum Ausdruck bringen, sondern mehr noch, dass das Umgekehrte ebenfalls zu gelten scheint: Indem wir in der Interaktion mit anderen lernen, wie man (als Mädchen oder Junge, aber auch als Rocker oder Künstler, Arbeiter oder Akademiker) angemessen geht, sitzt, tanzt und Bälle wirft oder über Gräben springt, wird ein entsprechendes Selbst- (und Welt-)Gefühl erzeugt und entwickelt. Die Vorstellung, dass es ein vorreflexives, verkörpertes Selbstgefühl gibt, ist daher keineswegs unvereinbar mit antiessentialistischen und antibiologistischen Theorien einer ›performativen‹ Identitätskonstruktion, wie sie etwa Judith Butler oder Erving Goffman vertreten.[194]

Die expliziten und reflektierten Selbstinterpretationen der Subjekte verhalten sich mithin zu den in ihren Gefühlen und Praktiken nur implizierten und habitualisierten Selbstverständnissen just ebenso interdependent und teilautonom, wie wir dies bereits für das Verhältnis von sozialen Theorien und Institutionen gesehen haben:

> Das Paradoxon der menschlichen Gefühle besteht darin, dass – auch wenn erst ein artikuliertes Gefühlsleben ein charakteristisch menschliches Leben ist – alle unsere Artikulationen jederzeit durch unser nichtartikuliertes Gefühl dafür, was wichtig ist, in Frage gestellt werden können. Das bedeutet, dass wir von ihnen erwarten, dass sie angemessene Artikulationen eines Sachverhalts sein müssen, von dem wir nur unzureichende, fragmentarische Eindrücke besitzen. Geht man nur vom ersten Punkt aus, dann könnte man glauben, menschliche Wesen würden willkürlich von der Sprache geformt, die sie angenommen haben. Geht man dagegen nur vom zweiten Punkt aus, entsteht der Eindruck, es ließe sich wissenschaftlich sauber die reine, interpretationsfreie Basis der menschlichen Gefühle herausarbeiten, auf die sich alle diese Sprachen beziehen. Aber beide Versionen sind falsch. Es gibt kein menschliches Gefühl, das nicht in einer sprachlichen Deutung realisiert wäre, und dennoch lassen sich alle Interpretationen auch als mehr oder weniger angemessen, mehr oder weniger verzerrt beurteilen [...]. Das ist es, worum es geht, wenn man den Menschen als ein sich selbst interpretierendes Wesen versteht. Es bedeutet, dass er sich nicht einfach

194 Eine instruktive Diskussion dieses Zusammenhangs findet sich bei Bordo (Bordo, *Unbearable Weight*, insbesondere S. 289 f.); zur Interpretation von Körpern als Quellen und Trägern von Bedeutung vgl. D. McNally, *Bodies of Meaning. Studies on Language, Labor, and Liberation*, Albany 2001, und J. L. Bermúdez, A. Marcel, N. Eilan, *The Body and the Self*, Cambridge/Mass. 1995.

als ein Objekt unter Objekten begreifen lässt, denn sein Leben schließt immer eine Interpretation ein, einen Ausdruck dessen, was ohne Ausdruck nicht existieren kann, denn das Selbst, das interpretiert werden muss, ist das Selbst eines Wesens, welches sich selbst interpretiert.[195]

Versucht man also, die Selbstinterpretation(en) einer Gesellschaft umfassend zu rekonstruieren, so gilt es dabei die beiden Ebenen der kollektiven oder gesellschaftlichen Selbstdeutung ebenso in den Blick zu nehmen wie diejenigen der individuellen Selbstinterpretation (vgl. *Abb. 1*). ›Individuell‹ bedeutet dabei allerdings nicht, dass die betroffenen Überzeugungen, Gefühle oder Habitus nicht gesellschaftlich erzeugt bzw. nicht sozialer Natur wären. Ganz im Gegenteil, in den Worten Taylors: »A self exists only within what I call *webs of interlocution*«,[196] und das gilt für beide Ebenen (die implizite wie die explizite) der individuellen Selbstinterpretation. Auf eine ähnliche Weise bedeutet ›kollektive Selbstinterpretation‹ natürlich nicht, dass sich hier ein Super-Subjekt selbst interpretiert; vielmehr handelt es sich um sozialkonstitutive Vorstellungen und Begriffe von Akteuren, Gesellschaft und Welt in dem oben ausgeführten Sinne. Die gesellschaftliche Selbstinterpretation wird also auf allen vier Ebenen von sozialen Bedeutungen gebildet, aber diese Bedeutungsgewebe (*webs of interlocution*) können dort, wo sie Subjekte konstituieren, deutlich abweichen von jenen Interpretationen, welche in den sozialen Institutionen oder ihren legitimierenden Doktrinen zum Ausdruck kommen.

Die dargelegte Beziehung wechselseitiger Interdependenz und partieller Autonomie besteht interessanterweise aber auch zwischen den beiden Ebenen der individuellen Selbstinterpretation auf der einen und denen der kollektiven Selbstdeutung auf der anderen Seite. Die reflexiven Selbstverständnisse und die Gewohnheiten und Gefühle der Subjekte werden von den herrschenden gesellschaftlichen Doktrinen und Überzeugungen ebenso geprägt wie von den dominanten Institutionen und Praktiken – und umgekehrt. Wenn wir also nach den sozialkonstitutiven Selbstinterpretationen suchen wollen, welche der Dynamik des sozialen Wandels zugrunde liegen, so müssen wir alle vier dieser wechselseitig verknüpften und doch teilautonomen Ebenen untersuchen. Der Ausdruck »Ebenen der Selbstinterpretation« mag dabei insofern etwas irreführend sein, als

195 Taylor, »Self Interpreting Animals«, S. 75.
196 Taylor, *Quellen des Selbst*, engl. Originaltext, S. 36.

es sich bei meinem Entwurf nicht um ein hierarchisches Konzept von vier aufeinander aufbauenden Ebenen handelt, sondern um ein Modell, das entlang zweier Achsen unterteilt ist, deren erste die individuelle von der kollektiven Seite scheidet, während die zweite implizite und explizite Selbstinterpretationen einander gegenüberstellt (vgl. *Abb. 1*).

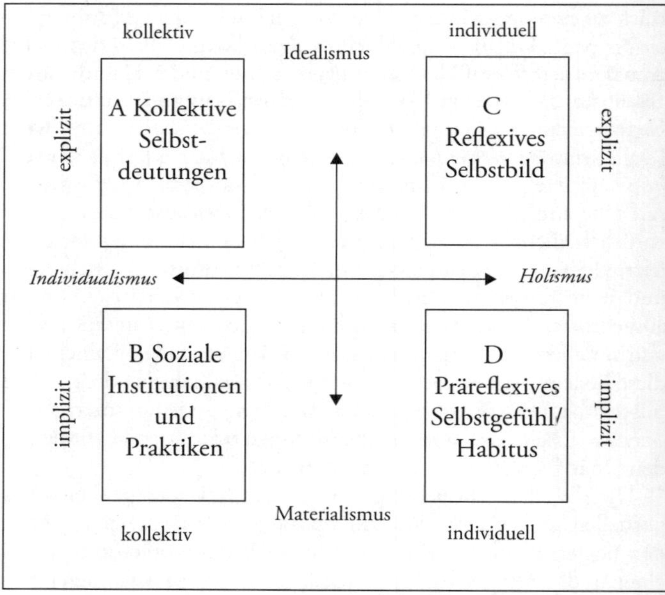

Abbildung 1: Vier Ebenen der Selbstinterpretation. Grundmodell

⟶ Richtung des sozialen Wandels

Materialismus: Sozialer Wandel vollzieht sich von unten nach oben.
Idealismus: Wandel erfolgt von oben nach unten.
Individualismus: Wandel ereignet sich von rechts nach links.
Holismus: Wandel ergibt sich von links nach rechts.

Je nach der theoretischen Position, die man vertritt, können soziale Veränderungen nach diesem Modell in allen vier Richtungen verlaufen: Sie können sich von rechts nach links vollziehen (das heißt, sie nehmen ihren Ausgang bei den Individuen und ziehen dann gesellschaftlichen Wandel nach sich), was dem Standpunkt des methodologischen und/oder ontologischen Individualismus entspricht, oder aber von links nach rechts, was bedeutet, dass (makrostrukturelle) gesellschaftliche Veränderungen einen nachfolgenden Wandel der Individuen bewirken (methodologischer/ontologischer Holismus). Ebenso können sie aber auch von oben nach unten erfolgen – wenn (neue) Theorien und Leitbilder einen transformierenden Einfluss auf Institutionen und Praktiken haben (Idealismus) – oder von unten nach oben – wenn Mutationen in den Institutionen und Praktiken Anpassungen auf der Ebene der Ideen, Theorien und Dogmen erzwingen (Materialismus).

Nach meiner Auffassung ist es nun aber entgegen den Postulaten der puristischen Vertreter dieser vier Ansätze offensichtlich (und – wenigstens prinzipiell – historisch nachweisbar), dass soziale Veränderungen und Anpassungen de facto in allen vier Richtungen verlaufen können.[197] So scheint es im historischen Blick auf die Diochtomie zwischen Materialismus und Idealismus nahezu unbezweifelbar, dass es Fälle oder historische Lagen gibt, in denen soziale Institutionen deshalb umgestürzt werden, weil sich neue Ideen ausbreiten – die Französische Revolution von 1789/99 mag, entgegen den marxistisch inspirierten Interpretationen, dafür ein Beispiel sein[198] –, dass aber zu anderen Zeiten oder in anderen Lagen

197 Vgl. etwa Taylor, *Quellen des Selbst*, S. 199 ff., sowie meine Interpretation des taylorschen Ansatzes in Rosa, *Identität und kulturelle Praxis*, S. 271 ff. Die vielfältigen Verflechtungen zwischen diesen Ebenen in Prozessen sozialen Wandels sind auch ein zentrales Thema für die Gruppe von Ideengeschichtlern um Quentin Skinner und J. G. A. Pocock, die manchmal als *Cambridge School of Historiographists* bezeichnet werden; vgl. dazu Q. Skinner, *Meaning and Context. Quentin Skinner and his Critics*, hg. von J. Tully, Cambridge 1988; J. G. A. Pocock, »Political Ideas as Historical Events. Political Philosophers as Historical Actors«, in: M. Richter (Hg.), *Political Theory and Political Education*, Princeton 1980, S. 139-158; J. G. A. Pocock, *Politics, Language, and Time. Essays on Political Thought and History*, Chicago 1989; M. Richter, »Reconstructing the History of Political Languages. Pocock, Skinner and the Geschichtliche Grundbegriffe«, in: *History and Theory* 25 (1990), S. 38-70, sowie Rosa, »Ideengeschichte und Gesellschaftstheorie«.

198 Für eine ›idealistische‹ Interpretation der Französischen Revolution und zur Debatte darum vgl. etwa T. C. W. Blanning, *The Rise and Fall of the French Revolution*, Chicago 1996.

legitimierende Theorien und Doktrinen preisgegeben und durch neue ersetzt werden, weil sie nicht länger mit neu sich entwickelnden Institutionen und Praktiken in Einklang zu bringen sind.[199] In der ganz überwiegenden Mehrzahl der Fälle sozialen Wandels wird jedoch der Anpassungsdruck und folglich auch die Anpassungsleistung in beiden Richtungen verlaufen. In ganz ähnlicher Weise werden – auf der rechten Seite des Modells – Subjekte manchmal ihre Verhaltensweisen und in der Folge dann auch ihren Habitus deutlich oder sogar radikal verändern, weil sie nicht ihrer reflexiven Selbstdeutung, ihrem expliziten Selbstbild entsprechen, manchmal werden sie aber auch umgekehrt ihre Ansichten und Überzeugungen ändern, weil sie in anhaltendem Widerspruch zu ihren Gefühlen, Praktiken und Gewohnheiten stehen.

Infolgedessen bin ich der Auffassung, dass individuelle ebenso wie gesellschaftliche ›Entwicklungsgeschichten‹ sich auf der Basis dieses fortwährenden dynamischen Wechselspiels zwischen impliziten und expliziten Selbstdeutungen vollziehen und erst über eine Analyse dieses Wechselspiels adäquat erklärt werden können.[200]

199 So können etwa die neu entstehenden soziologischen Theorien und gesellschaftstheoretischen Deutungen, die gegen Ende des 19. Jahrhunderts formuliert werden, als Antworten und Reaktionen auf die neu gebildeten Institutionen und Praktiken des Industriezeitalters verstanden werden (vgl. H. Rosa, D. Strecker, A. Kottmann, *Soziologische Theorien*, Konstanz 2007). Folgt man Pococks (J. G. A. Pocock, *The Machiavellian Moment. Florentine Political Thought and the Atlantic Republican Tradition*, Princeton 1975) Interpretation der (Wieder-)Aufnahme des bürgerhumanistischen Diskurses als Reaktion auf die soziopolitischen Veränderungen während der 1640er Jahre in England, so handelt es sich dabei um ein weiteres Beispiel für diese Veränderungsrichtung.

200 Charles Taylor legt diese Auffassung in seiner Deutung des Menschen als selbstinterpretierendes Tier wiederholt nahe, wenngleich er sie nirgendwo systematisch ausführt. Vgl. etwa die folgenden beiden Argumente: »Diese Art der Deutung [die explizite Artikulation des impliziten Selbstverständnisses, H. R.] ist keine freiwillige Zusatzleistung, sondern ein unverzichtbarer Bestandteil unserer Existenz. Denn alle unsere Gefühle beinhalten bestimmte Artikulationen, und gerade deshalb machen sie uns empfänglich für einen Bereich von Bedeutungen, die nach weiterer Artikulation verlangen. Dieser Prozess des fortschreitenden Artikulierens ist möglicherweise ein lebenslanger Prozess. Auf jeder Stufe ist das, was wir empfinden, eine Funktion dessen, was wir bereits artikuliert haben, und jedesmal wirft es neue Rätsel und Überraschungen auf, die erst ein neues Verständnis zu entwirren vermag. Aber ob wir uns dieser Herausforderung stellen wollen oder nicht, ob wir nach Wahrheit verlangen oder

Weil Theorien und Doktrinen unsere Praktiken bzw. unser vorreflexives, verkörpertes Selbstgefühl niemals vollständig zu artikulieren vermögen und weil diese beiden Ebenen der Selbstinterpretation ihrer je eigenen Dynamik folgen und sich in verschiedenen Richtungen entwickeln können, werden unvermeidlich immer wieder – und immer wieder neue – Spannungen und Divergenzen zwischen ihnen entstehen, die dann adaptive und häufig ko-evolutionäre Veränderungen von Theorien und Praktiken zur Folge haben.

Im Blick auf die Rechts-links-Achse des Modells zeigt sich ein ähnliches Bild. In der Geschichte finden sich Evidenzen für Veränderungen, die sich von links nach rechts vollziehen – also für einen allmählichen Wandel der Überzeugungen, Mentalitäten und Praktiken der Individuen infolge einer Veränderung der institutionellen und ideologischen Gesellschaftsordnung –, aber auch für den umgekehrten Fall: Die iranische Revolution von 1979 scheint insofern ein gutes Beispiel für eine Umwälzung von rechts nach links zu sein, als es sich um eine radikale Preisgabe von legitimierenden Leitbildern und entsprechenden Institutionen handelte, die durch die Ausbreitung und Verstärkung eines anderen Selbstverständnisses in der Bevölkerung verursacht wurde.[201] Auf der anderen Seite mögen die Ostdeutschen nach 1989 einen interessanten Testfall für eine umgekehrte Transformation darstellen: Die nach der Wende praktisch über Nacht eingeführten und durchgesetzten neuen (das heißt westdeutschen) Institutionenordnungen und Leitbilder treten unvermeidbar in eine spürbare Spannung zu den gewachsenen

Zuflucht zu einer Illusion nehmen, in jedem Falle formen unsere Selbst(miss)-verständnisse das, was wir fühlen. Dies ist die Bedeutung des Diktums, der Mensch sei ein sich selbst interpetierendes Wesen« (Taylor, »Self Interpreting Animals«, S. 65; Übers. H. R.).

»Die kurze Begründung dafür, warum eine vollständige Artikulation eine Chimäre ist, lautet, dass jede Artikulation nur vor einem schon gegebenen Hintergrund Sinn hat. Jede neue Formulierung gewinnt ihre Verstehbarkeit aus einem Hintergrundverständnis, ohne das sie bedeutungslos wäre. Jede Artikulation trägt dazu bei, uns neu zu bestimmen, und eröffnet uns daher neue Wege möglicher weiterer Artikulationen. Dieser Prozess ist seiner ganzen Natur nach unabschließbar« (C. Taylor, »Engaged Agency and Background in Heidegger«, in: C. B. Guignon [Hg.], *The Cambridge Companion to Heidegger*, Cambridge 1998, S. 317-336, hier S. 328; Übers. H. R.).

201 M. Kamrava, *The Political History of Modern Iran. From Tribalism to Theocracy*, Westport/Conn. 1992, S. 154f.

und vorherrschenden Habitus und Selbstverständnissen ostdeutscher Bürgerinnen und Bürger, die auf den Modellebenen C und D zumindest für eine gewisse Zeit weiter wirksam sind.[202]

Somit scheint es zumindest *prima facie* plausibel anzunehmen, dass alle vier Ebenen der Selbstinterpretation auf die beschriebene Weise in einer von Interdependenz ebenso wie von Teilautonomie geprägten Wechselbeziehung zueinander stehen. Diese Beziehung toleriert durchaus eine beträchtliche Elastizität, das heißt eine Divergenz oder Abweichung zwischen den Normen, Werten, Bedeutungen und Selbstbildern, die auf den verschiedenen Ebenen vorherrschen, aber es gibt auch jeweils Grenzen, jenseits deren die Spannungen so stark werden, dass inkompatible Handlungsimpulse dysfunktionale oder sogar pathologische Folgen zeitigen, welche adaptive Veränderungen auf der einen oder anderen – oder auf beiden – Seiten nahelegen bzw. erforderlich machen. Solche Veränderungen vollziehen sich häufig in einem evolutionären Prozess inkrementaler und oft wechselseitiger Anpassung, aber sie können auch in plötzlichen revolutionären Umschwüngen und Brüchen erfolgen.

Eben hier liegt nun aber der Ort und die Herausforderung für eine hermeneutische (und kritische) Sozialwissenschaft, deren Aufgabe es sein kann (oder sein sollte), Spannungen, Konflikte und potentielle Pathologien zu diagnostizieren, die sich aus unversöhnlichen, nicht mehr überbrückbaren Diskrepanzen ergeben. Dies soll allerdings nicht bedeuten, dass Spannungen oder Unvereinbarkeiten per se als pathologisch anzusehen wären – ganz im Gegenteil: Sie sind nach meiner Überzeugung nicht nur unvermeidbar, sondern sie fungieren sogar als die kreative und innovative Kraft der (individuellen wie kollektiven) Geschichte. Pathologien (die *per definitionem* mit einer Form des menschlichen Leidens verknüpft sein müssen)[203] entstehen erst, wenn die Diskrepanzen so stark gewor-

202 Die Arbeit des SFB 580 (*Gesellschaftliche Entwicklungen nach dem Systemumbruch. Diskontinuität, Tradition, Strukturbildung*) an den Universitäten Jena und Halle-Wittenberg widmet sich seit einem Jahrzehnt der Untersuchung ebendieser Fragestellung. Dem von mir geleiteten zugehörigen Theorieprojekt liegt dabei das hier entwickelte Modell zugrunde; vgl. dazu die Beiträge in D. de Nève, M. Reiser, K. U. Schnapp (Hg.), *Herausforderung – Akteur – Reaktion. Diskontinuierlicher sozialer Wandel aus theoretischer und empirischer Perspektive*, Baden-Baden 2007.

203 Eine zeitgenössische philosophische Definition sozialer Pathologien liefert Axel

den sind, dass keine Möglichkeit zur Reintegration auf dem Wege wechselseitiger kreativer Anpassung und keine Hoffnung auf eine wenigstens punktuelle und partielle Versöhnung der Widersprüche in lokalen Kompromissen mehr besteht, und wenn sie zugleich zu persistent widersprüchlichen Impulsen auf der Handlungsebene führen. Von einem pathologischen Zustand lässt sich daher erst dann reden, wenn in einem spezifischen Handlungskontext das wirkmächtige Selbstbild einer Ebene der Selbstinterpretation und die mit ihm verknüpften Wertvorstellungen zugunsten einer anderen Konzeption massiv verletzt oder unterdrückt werden müssen. Dies impliziert aber auch, dass Inkonsistenzen und Widersprüche zwischen verschiedenen sozial wirkmächtigen Selbstdeutungen in einer Gesellschaft über längere Zeiträume hinweg unproblematisch und sogar unbemerkt bleiben können, solange die mit ihnen verbundenen Diskurs- und Handlungsfelder nicht in dauerhafte Berührung kommen, so dass die Akteure nicht gezwungen sind, sich zwischen unvereinbaren Normen, Deutungen oder Handlungspfaden zu entscheiden.

Ich möchte diese Idee nun im Folgenden anhand einer Spezifizierung meines Modells weiterentwickeln, welche die möglichen Spannungsbeziehungen zwischen den vier Selbstinterpretationsebenen identifiziert (vgl. *Abb. 2*). Das spezifizierte Modell macht dabei zugleich deutlich, auf welche Weise der hier vorgeschlagene Ansatz als ein Paradigma für eine interpretative Sozialwissenschaft dienen könnte, indem es ein ganzes Bündel an Forschungsfragen für die einbezogenen Disziplinen eröffnet und definiert.

Honneth (A. Honneth, »Pathologien des Sozialen. Tradition und Aktualität der Sozialphilosophie«, in: A. Honneth [Hg.], *Pathologien des Sozialen. Die Aufgaben der Sozialphilosophie*, Frankfurt/M. 1994, S. 9-69).

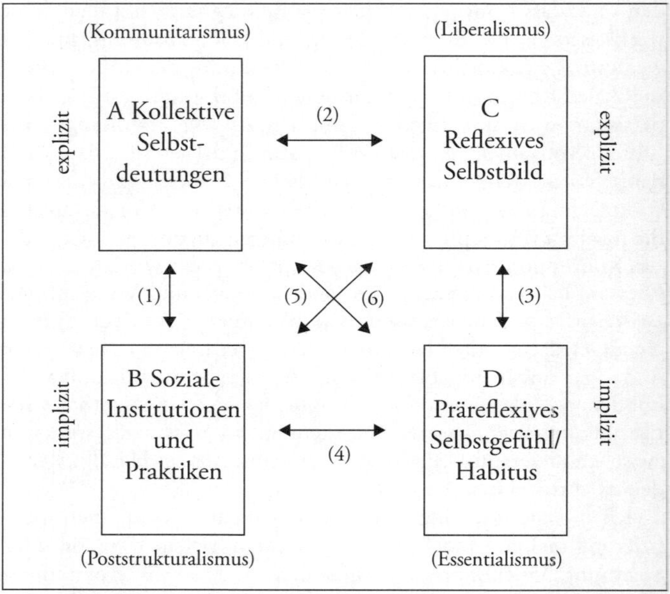

Abbildung 2: Grundmodell: Wechselbeziehungen und Pathologien

⟶ Einflussrichtung/Divergenz

Identifizierbare Pathologien
(Makrostruktur)
(1) Institutionenkrise und/oder Ideologiekrise
(2) Legitimationskrise
(3) Identitätskrise; Psychopathologien
(4) Klinische Pathologien, deviantes Verhalten
(5) Entfremdungskrise und/oder Institutionenzerfall
(6) Eine völlige Unvereinbarkeit von A und D könnte in politischen Terror münden.

Pfeil (1) bringt zum Ausdruck, dass soziale Institutionen und die sie legitimierenden Theorien und Diskurse in einem (elastischen) wechselseitigen Abhängigkeitsverhältnis stehen. Wie ich bereits dargelegt habe, werden daher manchmal Institutionen im Lichte neuer Theorien oder innovativer Leitbilder reformiert, während zu anderen Zeiten die Doktrinen und Lehrmeinungen reformuliert werden, um sie veränderten institutionellen oder praktischen Verhältnissen anzupassen. Zumeist erfolgt der Wandel dabei auf eine ko-evolutionäre Weise, so dass Veränderungen in den Praktiken und den korrespondierenden legitimatorischen Überzeugungen sich schrittweise und fast zeitgleich vollziehen. So ist beispielsweise die ›Ideologie‹ des *Besitzindividualismus* weder einfach die *Ursache* noch schlicht die *Folge* der sich entwickelnden neuen Marktpraktiken. Denn während diese Ideologie auf der einen Seite jene Praktiken legitimierte und rechtfertigte, gewann sie auf der anderen Seite an Plausibilität und Attraktivität erst im Lichte der Alltagserfahrungen, welche jene Praxis ermöglichte. Auf diese Weise verstärken und stabilisieren sich theoretische Deutungen und praktische Erfahrungen bei der Herausbildung neuer sozialkonstitutiver Selbstinterpretationen wechselseitig.[204] Überschreitet indessen die Diskrepanz zwischen diesen beiden Ebenen die Elastizitätsgrenze und damit die Möglichkeit kreativer Anpassung, dann wird es früher oder später zu einer revolutionären Veränderung kommen, entweder in Form einer genuinen soziopolitischen Revolution, bei der die institutionelle Ordnung umgestürzt wird, oder in Gestalt einer

204 Auch hier folge ich weitgehend Taylors Konzeption des Verhältnisses von Ideen und Praktiken (Taylor, *Quellen des Selbst*, S. 366 f.): »Es liegt auf der Hand, daß sich Veränderungen sozusagen in beiden Richtungen abspielen können: durch Wandlungen und Entwicklungen der Ideen – wozu auch neue Anschauungen und Erkenntnisse gehören –, so daß es im Bereich der Praktiken zu Veränderungen, Brüchen, Reformen und Revolutionen kommt; und auch durch den Zufallsgang, den Wandel, die Beschränkungen oder Aufschwünge der Praktiken, durch die es im Bereich der Ideen zu Veränderungen, zu ersprießlichen Entwicklungen oder zum Niedergang kommt. Aber selbst dies ist zu abstrakt formuliert. Es wäre besser zu sagen, in jeder konkreten historischen Entwicklung gehe der Wandel in beide Richtungen. Das wirkliche Knäuel der Ereignisse ist mit Strängen verflochten, die in beiden Richtungen verlaufen. Eine neue revolutionäre Interpretation ergibt sich zum Teil womöglich deshalb, weil eine Praktik – vielleicht aus Gründen, die mit diesen Ideen gar nichts zu tun haben – einer Bedrohung ausgesetzt ist. Es kann auch sein, daß eine bestimmte Interpretation der Dinge Überzeugungskraft gewinnt, weil die Entwicklung der Praktik – wieder aus Gründen, die mit der betreffenden Idee nichts zu tun haben – Fortschritte macht. Aber die Veränderungen, die sich daraus ergeben, werden selbst wieder wichtige Konsequenzen nach sich ziehen. Das Knäuel der Ursachen läßt sich nicht entflechten.«

ideologischen Umwälzung, welche die legitimierenden Doktrinen, Leitbilder und Lehrmeinungen durch eine neue Ideologie ersetzt. Beide Formen des Umbruchs können als Reaktion auf einen zuvor eingetretenen pathologischen Zustand gedeutet werden, in dem die beiden Ebenen A und B sich unwiderruflich und unversöhnbar auseinanderentwickelt und so eine *institutionelle* oder eine *ideologische Krise* verursacht haben. Die Erstere tritt ein, wo die herrschende Ideologie plausibel, die Institutionen aber als degeneriert erscheinen, während die Letztere dort entsteht, wo Praktiken und Institutionen weitgehend unhinterfragt bleiben, die überkommene Ideen- und Werteordnung dagegen fragwürdig geworden ist. Diese Divergenz bildet meines Erachtens ein zentrales (und traditionelles) Forschungsfeld für die Soziologie.[205]

Pfeil (2) macht deutlich, dass auch die sozialen Leitbilder und die reflexiven Überzeugungen der individuellen Akteure interdependent sind. Kollektive Selbstdeutungen, Lehrmeinungen und Leitbilder verändern sich, wenn die Subjekte neue Selbstbeschreibungen übernehmen, also etwa infolge einer religiösen Konversion. Umgekehrt verändern die Bürger auch ihr Selbstverständnis, wenn sie neue soziale Theorien oder Doktrinen – etwa emanzipatorische Ideen – übernehmen.[206] In dieser Beziehung führen problematische

205 Ob eine politisch-institutionelle oder eine ideologische Revolution wahrscheinlicher ist, hängt nicht zuletzt von der inhaltlichen Substanz der jeweiligen Selbstinterpretationen ab. So wird eine Gesellschaft, die davon überzeugt ist, dass ihre Selbststeuerungsmöglichkeiten sehr gering sind (also beispielsweise eine Gesellschaft, die Niklas Luhmanns Systemtheorie oder eine Version des orientalischen Fatalismus verinnerlicht hat), vergleichsweische rasch bereit sein, die Konsequenzen einer sich verselbständigenden Institutionenordnung und ihrer ›Sachzwänge‹ zu akzeptieren. Das Gleiche gilt für eine Gesellschaft, in der das dominante Bild eines sozialen Akteurs das eines unpolitisch, individualistisch Handelnden (etwa des *homo oeconomicus*) ist. Demgegenüber wird eine Gesellschaft, die sich im Sinne eines gemeinsamen politischen Projekts definiert (die also etwa einer republikanischen politischen Selbstdeutung folgt oder dem griechischen Polis-Ideal anhängt) und in der das herrschende Bild des sozialen Akteurs an der Idee des politischen Handelns orientiert ist, eher an ihren politischen oder ideologischen Überzeugungen festhalten wollen und dafür eine institutionelle Revolte in Kauf nehmen.

206 Als Beispiele hierfür mögen etwa die *›Black-is-beautiful‹*- oder auch die *Gay-Pride*-Bewegungen dienen (vgl. Taylor, »Self Interpreting Animals«, S. 68 ff.). Aber auch marxistische Theorien und Doktrinen haben es zweifellos vermocht, die Selbstverständnisse von Individuen nachhaltig zu verändern.

Spannungen potentiell in eine *Legitimationskrise*, deren Kennzeichen es ist, dass die legitimierenden Doktrinen in den Augen der Bürger nicht länger tragfähig sind. Die Beziehung zwischen A und C ist daher von zentraler Bedeutung für die Disziplin der Politikwissenschaft bzw. die politische Theorie.

Wie ich bereits ausgeführt habe, können, was die Individuen angeht, auch personale Identitäten so verstanden werden, dass sie aus zwei Ebenen der Selbstinterpretation gebildet werden (*Pfeil (3)*): Aus ihren expliziten und reflexiven Selbstentwürfen, Werten, Überzeugungen und Lebensplänen auf der einen Seite und aus einem präreflexiven, verkörperten, habitualisierten Selbstgefühl, das expressiv in Gefühlen, Körperpraktiken, Gesten usw. zum Ausdruck kommt. Auch diese beiden Ebenen sind wiederum durch Teilautonomie ebenso wie Interdependenz geprägt. Unsere expliziten Vorstellungen und Interpretationen beeinflussen unsere Emotionen und unseren Habitus ebenso sehr, wie die Letzteren eine stetige Modifikation und Reformulierung der Ersteren nahelegen oder sogar erzwingen. Als Sprachwesen werden Menschen stets dazu getrieben, das, was sie ›wirklich‹ fühlen und was die ›wirkliche‹ Bedeutung ihrer Emotionen, Wünsche und ihres Lebens ist, zu artikulieren und zu interpretieren, ohne dass diese Artikulationen oder Interpretationen jemals abgeschlossen oder vollständig sein könnten. Wenn diese beiden Ebenen C und D sich so weit auseinanderentwickeln, dass sie als nicht mehr integrierbar und wenigstens teilweise oder zeitweise versöhnbar erscheinen, kommt es zu Identitätskrisen oder sogar klassischen Psychopathologien. So ist es etwa höchst wahrscheinlich, dass ein Mann, der in seinem reflexiven Selbstentwurf ein konservativer, traditionsbewusster Familienvater sein möchte, zugleich aber auf der Ebene der Emotionen und Körperpraktiken fortwährend mit homosexuellen Impulsen und Reaktionen konfrontiert wird, einen beträchtlichen Leidensdruck erfährt.[207] Auch hier können Anpassungsbewegungen dann

207 In vergleichbarer Weise mag jemand sich auf der reflexiven Ebene des Redens und Fühlens ›wie ein ganzer Mann‹ verstehen, aber auf der Ebene des Habitus nichtsdestotrotz ›wie ein Mädchen‹ werfen oder gehen (um noch einmal Youngs Beispiel zu zitieren). In diesem Fall müssen zunächst keine problematischen oder handlungsrelevanten Reibungen zwischen C und D entstehen, solange daraus keine konfligierenden Handlungsimpulse erwachsen. Indessen wird ein solcher spannungsvoll-dichotomer Selbstentwurf höchstwahrscheinlich früher

in beiden Richtungen versucht werden: In manchen Fällen werden die Subjekte das Problem überwinden, indem sie neue Selbstinterpretationen übernehmen und Lebenspläne entwickeln, die ihrem präreflexiven Selbstgefühl entsprechen; in anderen dagegen werden sie versuchen, ihre Empfindungen so lange neu zu deuten, dabei allmählich zu verändern und ihre Körperpraktiken so zu beeinflussen, bis sie schließlich mit ihrem expliziten Selbstentwurf und ihren Wertvorstellungen kompatibel werden (wenngleich Zweifel daran bestehen mögen, ob das in dem gewählten Beispielfall gelingen kann). Dies ist zweifellos das Feld, mit dem sich die Psychologie beschäftigt.

Pfeil (4) zeigt an, dass die Partizipation an sozialen Institutionen und Praktiken unvermeidlich unsere individuellen Empfindungen, Körperpraktiken und Habitus formt und beeinflusst. Diesen Zusammenhang haben etwa die Arbeiten Michel Foucaults[208] und seiner Nachfolger im Blick auf die Disziplinierungspraktiken und die entsprechenden Institutionen der modernen Gesellschaft deutlich werden lassen. Umgekehrt werden jedoch soziale Institutionen und Praktiken in unserem und durch unsere Habitus und Körperpraktiken ihrerseits beeinflusst und reinterpretiert. Wo diese beiden Ebenen signifikant auseinanderfallen, wo also die Normen und Selbstbilder, welche den Institutionen und Praktiken zugrunde liegen, unvereinbar sind (oder werden) mit den Werten, Deutungen und Selbstverständnissen, die unseren Körpern eingeschrieben sind, stehen einmal mehr pathologische Reaktionen zu erwarten. Diese nehmen dann die Form devianten Verhaltens oder somatischer Erkrankungen an, welche wiederum Gegenstand der Sozialpsychologie oder der Medizinsoziologie sind.[209] Insofern die betroffenen Subjekte unter diesen Umständen tatsächlich und

oder später mit den dominanten gesellschaftlichen Bildern und Performanzerwartungen bezüglich Männlichkeit und Weiblichkeit in Konflikt geraten und dadurch dann zu Reibungen zwischen C und/oder D auf der einen Seite und A und/oder B auf der anderen führen.

208 M. Foucault, *Madness and Civilization. A History of Insanity in the Age of Reason*, New York 1965; M. Foucault, *Discipline and Punish. The Birth of the Prison*, New York 1977.

209 Die ausgeprägtesten Beispiele für diese Art der Divergenz finden sich in ethnologischen Studien, die der Frage nachgehen, warum die Mitglieder mancher indigenen Völker, etwa der australischen Aborigines, äußerste (und sogar körperliche) Schwierigkeiten haben, sich ›westlichen‹ Institutionen anzupassen.

buchstäblich krank werden können, stellt dies den offensichtlichsten Fall einer genuinen Pathologie dar.

Pfeil (5) zeigt an, dass auch die Ebenen B und C interdependent sind. Das bedeutet, dass die reflexiven Selbstverständnisse der Akteure nicht nur von den kollektiv wirkmächtigen Doktrinen und Leitbildern (Ebene A), sondern auch durch die sozialen Institutionen und Praktiken geprägt werden. Denn diese Letzteren setzen stets schon ein bestimmtes Verständnis des sozialen Handelns und eine bestimmte Konzeption menschlicher Interaktion voraus, deren implizite Werte, Normen und Deutungen die sozialen Akteure wenigstens teilweise internalisieren müssen, um handlungsfähig zu sein. Umgekehrt werden die so institutionalisierten Selbstverständnisse in der Partizipation an den entsprechenden Praktiken auch wiederum bestätigt und legitimiert. In der Partizipation an sozialen Institutionen werden die Individuen daher stets mit impliziten, erfahrungsgesättigten Selbst- und Weltverständnissen konfrontiert, die mit ihren eigenen Selbstentwürfen im Einklang stehen können oder auch nicht. Allerdings interpretieren und beeinflussen die Selbst- und Weltverständnisse der Akteure auch ihrerseits die sozialen Institutionen und Praktiken, indem sie deren Natur, Charakter und Bedeutung (neu) bestimmen und darüber auch die Interpretation und Ausfüllung der vorgesehenen Rollenmuster definieren.[210]

Ein markantes Auseinanderfallen zwischen den wirkmächtigen Normen, Selbstbildern und Interpretationen dieser beiden Ebenen wird langfristig entweder zu einem *Institutionenzerfall* führen – wenn die sozialen Akteure die institutionell verankerten und vorausgesetzten Normen, Werte und Rollenverständnisse nicht mehr ernst nehmen[211] – oder aber ausgeprägte *Entfremdungserfahrungen* verursachen. Wie Charles Taylor im Anschluss an Hegel überzeugend dargelegt hat, entsteht Entfremdung nämlich überall dort, wo die Akteure sich in den Institutionen und Praktiken, an denen sie teilhaben, nicht mehr wiedererkennen können. Soziale Verhältnisse

210 Vgl. dazu Taylor, »Alternative Futures«, S. 68; Übers. H. R.: »Institutionen werden definiert durch bestimmte Normen und konstituiert durch bestimmte normative Konzeptionen des Menschen. Und diese Konzeptionen, welche die Institutionen legitimieren, werden umgekehrt durch jene Institutionen erhalten.« Siehe auch P. Selznick, *The Moral Commonwealth. Social Theory and the Promise of Community*, Berkeley 1992, S. 229 ff.

211 Ebd.

dieser Art bilden einen traditionellen Gegenstand der klassischen und der marxistischen Sozialphilosophie.

> Ein glückliches, nichtentfremdetes Leben [...] ist dort möglich, wo die Normen und Ziele, welche im öffentlichen Leben einer Gesellschaft zum Ausdruck kommen, auch diejenigen sind, nach denen die Mitglieder ihre Identität als menschliche Wesen vordringlich definieren. Denn dann empfinden sie den institutionellen Rahmen, in dem sie ihr Leben so oder so vollziehen müssen, nicht als etwas Fremdes, sondern vielmehr als die Essenz oder ›Substanz‹ ihres eigenen Selbst. [...] Entfremdung entsteht dagegen dann, wenn die Normen, Ziele oder Werte, welche den gemeinsamen Praktiken und Institutionen zugrunde liegen, den Akteuren als irrelevant oder sogar monströs erscheinen.[212]

Wenn dagegen überhaupt ein direkter Einfluss zwischen den kollektiven sozialen Leitbildern und Legitimationsdoktrinen A und dem individuellen Habitus D besteht, der weder über die reflexiven Selbstverständnisse der Akteure noch durch die sozialen Institutionen vermittelt wird, wie es *Pfeil (6)* nahelegt, dann ist er vermutlich eher schwach ausgeprägt. In jedem Falle sind politische Doktrinen, die den tief verwurzelten oder möglicherweise sogar anthropologisch verankerten Momenten unseres verkörperten Selbstgefühls entgegenstehen (vielleicht liefert Pol Pots Regime in Kambodscha dafür ein historisches Beispiel), auf lange Sicht höchstwahrscheinlich zum Scheitern verurteilt. Sie lassen sich nur unter Einsatz von (körperlicher) Gewalt aufrechterhalten, was notwendigerweise kulturelle Pathologien und vermutlich politischen Terror (von Seiten des Staatsapparates und/oder als Reaktion entfremdeter Subjekte) erzeugt. Auf diese Weise ist es nicht unwahrscheinlich, dass unsere verkörperten Normen und Selbstbilder dem politischen und kulturellen Spielraum für mögliche und legitimierbare Selbstbilder Grenzen setzen. Als sicher gelten kann zumindest, dass die auf der Ebene D verkörperten Selbstbilder – sosehr sie auch ihrerseits sozialem und kulturellem Wandel unterliegen und durch die Ebenen B und C geprägt werden – sich nur inkrementell und darüber hinaus sehr langsam verändern.[213] Wenn es tatsächlich anthropologisch

212 Taylor, *Hegel and Modern Society*, S. 90 f.; vgl. auch S. 118 (Übers. H. R.).

213 Als verblüffendes Beispiel für einen relativ raschen Wandel mag allerdings die Tatsache dienen, dass Reisende im frühen 19. Jahrhundert nach der Einführung der Dampfeisenbahn in recht kurzer Zeit lernten, ihre physischen Barrieren gegen schnelle Fortbewegung – immerhin waren die Reisekrankheiten so ausge-

festgelegte Elemente unseres verkörperten Selbstverständnisses D geben sollte, dann setzen diese der Varianz kulturell langfristig möglicher und erfolgreicher Selbstinterpretationen der Ebenen A bis C ultimative substantielle Grenzen. Dies wiederum könnte einen Ausgangspunkt dafür liefern, die Selbstinterpretationen auch radikal unterschiedlicher kultureller Formationen (A-D) wechselseitig kommensurabel zu machen.[214]

III. Die Modellierung normativer Positionen

Interessanterweise lassen sich nun die Unterschiede zwischen den derzeit wichtigsten normativen Positionen in der Sozialphilosophie durch ihre Verortung in dem hier vorgeschlagenen Modell der sozialkonstitutiven Selbstinterpretation rekonstruieren. Bevor ich die theoretischen Implikationen dieses Modells weiter expliziere, möchte ich daher in einem kurzen und sehr holzschnittartigen Exkurs darlegen, wie eine solche Rekonstruktion normativer Optionen aussehen könnte.

Die zeitgenössische Sozialphilosophie wird derzeit weitgehend bestimmt von vier normativen Ansätzen, die als *Essentialismus*, *Liberalismus*, *Kommunitarismus* und *Poststrukturalismus* bezeichnet werden können. Versucht man nun diese Ansätze und ihre jeweiligen Zeitdiagnosen in dem Vier-Ebenen-Modell der Selbstinterpretation zu verorten, so zeigt sich, dass sie schlicht unterschiedliche Ausgangspunkte darin wählen und infolgedessen unterschiedliche Divergenzphänomene in den Blick nehmen (vgl. oben *Abb. 2*).

Essentialisten wie etwa Martha Nussbaum nehmen beispielsweise an, dass einige hoch relevante Elemente unseres verkörperten

prägt, dass Medizin und Wissenschaft glaubten, unwiderlegbare Beweise dafür zu haben, dass menschliche Körper Geschwindigkeiten jenseits von etwa 25 bis 30 Kilometern pro Stunde nicht unbeschadet auszuhalten vermögen – durch habituelle Neueinübungen (insbesondere durch das kulturelle Erlernen eines ›panoramatischen Blicks‹ aus dem Waggonfenster) zu überwinden. Heute fühlen viele Eisenbahnreisende bei Geschwindigkeiten um die 30 Stundenkilometer Übelkeit, weil es ihnen viel zu langsam vorangeht: ein schlagender Beweis für die kulturelle Überformung des Habitus (vgl. W. Schivelbusch, *Geschichte der Eisenbahnreise. Zur Industrialisierung von Raum und Zeit im 19. Jahrhundert*, Frankfurt/M. 2000).

214 Vgl. zu diesem Problem ausführlich Kapitel 1 in diesem Band.

Selbstgefühls (Ebene D) auf anthropologische Konstanten zurückgehen. Infolgedessen können Widersprüche zwischen diesen Elementen und den Selbstinterpretationen, die sich auf den anderen drei Ebenen herausgebildet haben, als tendenziell pathologisch kritisiert werden, wobei es aus dieser normativen Perspektive offensichtlich ist, dass die Letzteren so verändert werden müssen, dass sie mit jenen anthropologischen Momenten wieder vereinbar sind.

Liberale wie John Rawls und Jürgen Habermas gehen dagegen nicht von anthropologischen Essenzen aus, sondern wählen die reflexiven Selbstverständnisse, Überzeugungen und Lebenspläne der sozialen Akteure zu ihrem Ausgangspunkt und fragen danach, wie sie in einer pluralistischen Gesellschaft nebeneinander bestehen können. Für sie hat daher die Ebene C der Selbstinterpretation einen normativen Vorrang. Rawls schlägt dann in seiner bahnbrechenden *Theorie der Gerechtigkeit* eine aus dem modernen westlichen Selbstverständnis hervorgegangene, spezifisch liberale Selbstinterpretation für die Ebenen A und B als *gerecht* vor, weil sie den Individuen auf der Ebene C maximale Freiheit gewährt. Habermas und die Vertreter der Diskurstheorie befassen sich dagegen nicht oder kaum mit der *Substanz* individueller oder kollektiver Selbstinterpretationen, sondern richten ihre Aufmerksamkeit vielmehr auf die *Prozesse* der Anpassung, Aushandlung und Vermittlung zwischen individuellen und kollektiven Selbstinterpretationen sowie darauf, wie sich diese Selbstinterpretationen dann in den Institutionen ›materialisieren‹. Die Diskursethik kann daher als ein Ansatz verstanden werden, dem es darum geht, den reflexiven individuellen Selbstdeutungen größtmögliche Freiheit einzuräumen und die Möglichkeit zu eröffnen, auf dem Wege der Kommunikation und der Verständigung diese mit den übrigen drei Ebenen der Selbstinterpretation in Übereinstimmung zu bringen. Sie geht davon aus, dass die Spannungen und die Anpassungsprozesse transparent gemacht und kommunikativ gesteuert werden können. Daher identifiziert sie Pathologien vor allem dort, wo diese Prozesse gestört sind oder Anpassungen einseitig erzwungen werden (insbesondere im Blick auf die durch die Pfeile (1) und (2) symbolisierten Beziehungen).

Damit ist es aber offensichtlich, dass diese liberalen Ansätze den reflexiven bzw. expliziten Ebenen der Selbstinterpretation (das heißt der oberen Hälfte des Modells) methodische und normative Priorität einräumen – die untere Hälfte gerät ihnen oft aus dem Blick. Auf ähnliche Weise gehen auch präferenzorientierte Utilitaristen von den aggregierten expliziten Selbstinterpretationen der Ebene C aus und ›messen‹ die normative Qualität der Ebenen A und B an ihrer Übereinstimmung damit, während sie für die Möglichkeit einer Divergenz von C und D gar kein Sensorium zu haben scheinen.

Kommunitaristen dagegen glauben, dass sich soziale Pathologien nicht einfach dadurch ausräumen lassen, dass die reflexiven individuellen Selbstentwürfe absolute normative Priorität erhalten, denn diese können dennoch (oder gerade deshalb) in Widerspruch zu den kollektiven Leitbildern und Selbstverständnissen und vor allem zu den in den Institutionen und Praktiken verankerten Normen und Akteursbildern geraten, wodurch Legitimations- und/oder Entfremdungskrisen von durchaus beängstigenden Ausmaßen hervorgerufen werden können.[215] Aus ihrer Perspektive vernachlässigen Liberale und Utilitaristen gleichermaßen und zu Unrecht die Abhängigkeit der individuellen Selbstentwürfe (C) vom Zustand des Gemeinwesens, das heißt von den kollektiven Ebenen A und B: Individuelle Selbstinterpretationen gehen den gesellschaftlichen Diskursen und den sozialen Institutionen *nicht voraus*, sondern eher *aus ihnen hervor*, indem sie sich auf der Basis der Normen, Werte und Selbstbilder, die im sozialen Leben verkörpert sind, herausbilden.

Ein pathologiefreier Zustand ist daher nach kommunitaristischer Auffassung erst und nur dann möglich, wenn zwischen den vier Ebenen (A-D) eine substantielle Übereinstimmung herrscht; keinesfalls reicht es aus, einfach maximale Freiheit für die Ebene C zu fordern. Der erfolgversprechendste Weg, eine solche Übereinstimmung zu erreichen, liegt aus kommunitaristischer Perspektive darin, von der kulturhistorisch gewachsenen Substanz der Ebene A auszugehen und diese als eine Art ›regulativer Idee‹ für den Blick auf B und C einzusetzen. Deshalb neigen Kommunitaristen wie Walzer oder Taylor dazu, zunächst die historische und kulturelle Selbstinterpretation einer Gesellschaft zu rekonstruieren und mögliche Pathologien dann auf der Basis dieser Rekonstruktion zu identifizieren.

Noch einmal anders setzen dagegen *Poststrukturalisten* wie Michel Foucault an, die von den Deutungen und Normen ausgehen,

215 B. Barber, *Strong Democracy. Participatory Politics for a New Age*, Berkeley 1984; Taylor, »Interpretation and the Sciences of Man«, S. 50.

die implizit und oft nahezu ›unsichtbar‹ hinter den Institutionen und Praktiken der Gesellschaft verborgen sind (Ebene B). Sie erheben diese allerdings nicht zu einem gültigen normativen Maßstab, sondern versuchen aufzudecken, wie sehr unsere reflexiven Selbstentwürfe und sogar unser Habitus durch sie geprägt und geformt werden, auch wenn wir dies meist nicht wahrnehmen. Poststrukturalisten räumen der Ebene B also keine normative Priorität ein, es geht ihnen vielmehr darum, ein Bewusstsein für die Abhängigkeit unserer expliziten individuellen wie kollektiven Selbstinterpretationen von den institutionalisierten und performativ reifizierten ›Power/Knowledge‹-Systemen zu schaffen. Deshalb sind sie auch weniger mit der Identifikation von Pathologien beschäftigt; ihr Interesse gilt eher der Entlarvung von ›Ideologien‹, welche in der einen oder anderen Form die Unabhängigkeit oder Autonomie unserer reflexiven Selbstverständigung postulieren. Nichtsdestotrotz scheinen insbesondere Foucaults Schriften oft eine implizite Kritik am verborgenen Druck auf unser präreflexives Selbst, auf unsere Körper und Körperpraktiken zu üben, so als handele es sich bei dieser Prägung um eine Art ungerechtfertigter struktureller Gewalt. Dies legt nahe, dass auch die Poststrukturalisten – in überraschender Übereinstimmung mit den Essentialisten – im Grunde der Ebene D einen gewissen normativen Vorrang einräumen, obwohl die beiden Ansätze im Blick auf die Frage des *Kulturrelativismus* am weitesten auseinanderliegen.

Das Relativismusproblem, dessen Kern in der Frage besteht, ob bestimmte Formen oder Formationen der Selbstinterpretation gegenüber anderen als besser, angemessener oder ›richtiger‹ identifiziert werden können, kann, wie ich meine, auf der Basis des hier vorgeschlagenen Modells vielleicht sogar prinzipiell gelöst werden. Zunächst ist es offensichtlich, dass beispielsweise eine Selbstinterpretation auf der Ebene C nicht einfach genauso gut oder schlecht ist wie jede andere reflexive individuelle Selbstdeutung, denn ihre Qualität kann an der Vereinbarkeit mit der auf den Ebenen A, B und D manifestierten sozialen Wirklichkeit objektiv ›gemessen‹ werden. Ein individuelles Selbstbild, das im Widerspruch steht zu den vorherrschenden gesellschaftlichen Diskursen und Überzeugungen, zu den Institutionen und Praktiken, an denen das Subjekt partizipiert, und schließlich auch zum verkörperten, vorreflexiven Selbstgefühl, ist insofern tendenziell pathologisch, als es unvermeidlicherweise einen Leidensdruck erzeugt, und dasselbe gilt für jede andere Selbstinterpretation auf jeder anderen Ebene: Sie kann stets beurteilt und gemessen werden an ihrer Vereinbarkeit mit den anderen drei Ebenen der sozialkonstitutiven Selbstinterpretation.

Allerdings erlaubt und erfordert es das Modell auch, zwischen individuellen und kollektiven (oder zwischen mikro- und makrosozialen) Spannungen zu unterscheiden. So wird es gewiss häufig der Fall sein, dass eine Divergenz der Selbstinterpretationen auf den Ebenen C und D ausschließlich oder überwiegend individualbiographische Ursachen hat, und auch eine problematische Diskrepanz zwischen der linken und der rechten Seite – also zwischen einer individuellen und der vorherrschenden kollektiven Selbstinterpretation – kann Ursachen haben, die sich nicht als Krise der gesellschaftlichen (kollektiven) Selbstinterpretation deuten lassen. Eine solche Diskrepanz kann beispielsweise infolge der Migration in einen anderen Kulturkreis auftreten, in dem die vorherrschenden diskursiven und institutionalisierten Selbstinterpretationen A und B signifikant von den tradierten und habitualisierten Selbstverständnissen des Migranten (C und D) abweichen. Dies wird einen beträchtlichen Problemdruck für die betroffenen Individuen erzeugen, muss aber nicht notwendig eine generelle gesellschaftliche Krise signalisieren. Allerdings berühren solche Rechts/links-Divergenzen jenen Problemkontext, der unter dem Stichwort des ›Multikulturalismus‹ verhandelt wird und auf dieser Ebene durchaus gesamtgesellschaftliche Relevanz besitzt.

Nichtsdestotrotz legt das hier vorgeschlagene Modell der sozialkonstitutiven Selbstinterpretation drei bedeutsame Zugeständnisse gegenüber der Position des Kulturrelativismus nahe:

(1) Weil nach dem hier entwickelten Verständnis jede der vier Ebenen der Selbstinterpretation bei aller Interdependenz stets auch eine Eigendynamik und eine Teilautonomie, das heißt gewisse unabhängige Bewegungsspielräume, besitzt, wird keine Ebene durch die anderen drei einfach determiniert; stets sind unterschiedliche, ja sogar widersprüchliche Selbstdeutungen auf einer Ebene mit einem gegebenen Zustand der anderen drei Ebenen vereinbar. Das Modell erlaubt es dabei nicht, normative Urteile über das Verhältnis zwischen diesen zu fällen; Selbstinterpretationen bleiben daher im Zusammenspiel stets unterdeterminiert.

(2) Natürlich sind darüber hinaus die Selbstinterpretationen aller Ebenen auch veränderbar. Daher kann beispielsweise eine neue Selbstinterpretation der Ebene A (eine neue gesellschaftliche Theorie oder Doktrin), die zunächst im Widerspruch steht zu den realisierten Selbstdeutungen der Ebenen B bis D, allmählich die Institutionen und Praktiken (Ebene B) transformieren und dabei und dadurch auch die reflexiven Selbstbilder und schließlich den Habitus der Akteure verändern. Selbstinterpretationen können also im historischen Prozess adäquat (gemacht) *werden*, selbst wenn sie zunächst ›pathologisch‹ inadäquat erscheinen. Weil allerdings die expliziten oder reflexiven Selbstinterpretationen die verborgenen und in Praktiken, Emotionen und Habitus verankerten Bedeutungselemente der impliziten Ebenen niemals vollständig zu erfassen und zu artikulieren vermögen und weil darüber hinaus die aus Spannungen und Interaktionen zwischen den Ebenen entstehenden ›Bedeutungsmutationen‹ niemals kontrollier- und prognostizierbar sind, lässt sich eine solche Transformation der gesellschaftlichen Gesamtformation (A-D) kaum intentional oder planmäßig herbeiführen. Es ist daher in der Tat eine der großen Herausforderungen für eine interpretative Sozialwissenschaft und Sozialphilosophie, die hier zur Geltung kommenden Adaptations- und Transformationsgesetze zu identifizieren und zu analysieren.[216]

(3) Schließlich – und dies ist vielleicht der gewichtigste Punkt – kann die durch die Ebenen A bis D bestimmte gesellschaftliche Gesamtformation in unterschiedlichen historischen oder kulturellen Kontexten natürlich substantiell – oder wenn man so will: essentiell – unterschiedliche Formen annehmen. Das präsentierte Modell enthält keine ›externen‹ Kriterien dafür, *zwischen* solchen kulturell unterschiedlichen ›Selbstinterpretationssystemen‹ Werturteile zu fällen. Interkulturelle Urteile sind allenfalls im Blick auf den Grad des Auftretens oder Nichtauftretens von pathologischen Divergenzen zwischen den Selbstinterpretationsebenen (zu einem bestimmten historischen Zeitpunkt) möglich. Diese Form des Kulturrelativismus (die nicht mit einem normativen Subjektivismus verwechselt werden darf) scheint daher unvermeidlich zu sein, je-

216 U. Oevermann, »Genetischer Strukturalismus und das sozialwissenschaftliche Problem der Erklärung der Entstehung des Neuen«, in: S. Müller-Doohm (Hg.), *Jenseits der Utopie. Theoriekritik der Gegenwart*, Frankfurt/M. 1991, S. 267-336.

denfalls dann, wenn man keine starken anthropologischen Limitationen für den Spielraum der möglichen Selbstinterpretationen auf der körperlichen Ebene (D) annimmt.[217]

Allerdings wäre es falsch zu glauben, dass der hier vertretene Ansatz deshalb im Namen der Kohärenz einfach den jeweiligen soziokulturellen Status quo rechtfertigt oder begünstigt. Denn wo immer Unterdrückung oder Ungerechtigkeit *empfunden* wird, haben wir es bereits mit einer Manifestation der Inkohärenz bzw. der Divergenz zu tun, die etwa darin bestehen kann, dass bestimmte soziale Gruppen daran gehindert werden, ihren konstitutiven Selbstdeutungen (C/D) gemäß zu leben oder das ihnen gemäß der ›offiziellen Doktrinen‹ (A) Zustehende zu erhalten. Kohärenz kann daher nicht einfach politisch oder gar mit Gewalt erzwungen werden; vielmehr mag ein revolutionärer Umsturz des (institutionellen und/oder ideologischen) Status quo oftmals die einzige Möglichkeit sein, ein Equilibrium wieder herzustellen.

Im Ergebnis bedeutet dies allerdings, dass der zentrale normative Maßstab dieses integrativen Ansatzes in der Idee der *Kohärenz* bzw. des *Equilibriums* liegt.[218] Dies gilt unbeschadet des Umstands, dass – wie ich bereits dargelegt habe – bestimmte Formen und Grade der Inkohärenz und Divergenz zu jedem Zeitpunkt vorkommen und nicht nur unvermeidlich sind, sondern sich sogar als eine kreative, produktive und oft befreiende Kraft individueller und kollektiver Entwicklungsgeschichten erweisen. Aufgabe der Gesellschaftskritik ist es daher, solche Divergenzen zu identifizieren und zu lokalisieren, die über längere Zeiträume hinweg persistent zu inkompatiblen Handlungsimpulsen führen und dabei destruktive und lähmende Folgen für die Akteure zeitigen, indem sie die dau-

217 Das schließt allerdings die Möglichkeit eines interkulturellen Dialogs und des wechselseitigen Lernens nicht aus. Ich habe andernorts versucht, die Potentiale und Grenzen eines solchen Dialogs mit Hilfe des Konzepts einer ›dimensionalen Kommensurabilität‹ zu explizieren (vgl. oben, Kapitel 1). Darüber hinaus können selbst jene, welche an der Idee und Relevanz ›externer‹, universalistischer Kriterien festhalten wollen, das hier vorgeschlagene Modell (bzw. die präsentierte Heuristik) dazu benutzen, um kulturinterne Widersprüche und Hindernisse für die Verwirklichung der (vermeintlich) universal gültigen Werte zu identifizieren. Der Ansatz erweist sich daher nicht so sehr als antiuniversalistisch denn vielmehr als ›neutral‹ in der Universalismusfrage.

218 Vgl. dazu auch A. Ferrara, *Reflective Authenticity. Rethinking the Project of Modernity*, London, New York 1998.

erhafte Repression oder Verleugnung eines bestimmten Spektrums von Selbstdeutungen und Wertvorstellungen erzwingen, anstatt eine progressive wechselseitige Anpassung und eine wenigstens temporäre Reintegration oder Versöhnung zu ermöglichen. Obwohl ich hier einige Vorschläge dafür zu machen versucht habe, wie sich der Punkt bestimmen lässt, an dem Inkohärenz sozial kritisch oder sogar pathologisch wird, kann kein Zweifel daran bestehen, dass dieses Forschungsfeld noch weitgehend unbearbeitet ist.

IV. Erweiterungen des Modells

Versucht man nun, das dargelegte heuristische Grundmodell tatsächlich für die empirische Analyse einer gegebenen gesellschaftlichen Wirklichkeit einzusetzen, so stellt man rasch fest, dass es sich bei ihm um eine sträflich grobe Vereinfachung handelt. Denn weder gibt es eine kohärente, singuläre, eindeutig bestimmbare gesellschaftliche Selbstinterpretation auf der Ebene der explizit-reflexiven Selbstbeschreibungen oder Leitbilder (A), noch gibt es *das* gesellschaftliche Selbstverständnis auf der Ebene der Institutionen und Praktiken (B). Stattdessen findet man ganz heterogene institutionelle Kontexte oder Praxisfelder wie *Wirtschaft, Religion, Recht, Politik, Kunst* oder *Wissenschaft*, die je spezifische Selbstverständnisse und Wertvorstellungen implizieren (das heißt auch: *voraussetzen* und *befördern*), und ebenso findet man korrespondierende Theorien, Diskurse oder Selbstbeschreibungen, die sich gravierend voneinander unterscheiden und nicht selten sogar partiell inkompatibel sind. Obwohl ich hier nur einen sehr vorläufigen, tentativen Vorschlag dafür unterbreiten kann, wie dieses Problem theoretisch (und empirisch) gelöst werden könnte, scheint mir die Vermutung naheliegend zu sein, dass sich die identifizierbaren Diskurse und ebenso die Praktiken zueinander verhalten wie die Ebenen des Grundmodells, das heißt, dass sie in einer von Elastizität, Interdependenz und Teilautonomie geprägten Wechselbeziehung stehen (vgl. unten *Abb. 3*). Wie im Grundmodell sind in dem erweiterten Modell für die Ebenen A und B Widersprüche, Spannungen und Anpassungsbewegungen, aber auch gelegentliche Revolutionierungen weit eher die Regel als die Ausnahme. Ich werde mich im Folgenden auf die Präzisierung der linken, das heißt der kollektiven

Seite des Grundmodells beschränken, obwohl für den konkreten empirisch-methodischen Einsatz der Heuristik natürlich eine ähnliche Erweiterung auch für die rechte, individuelle Seite erforderlich wäre.

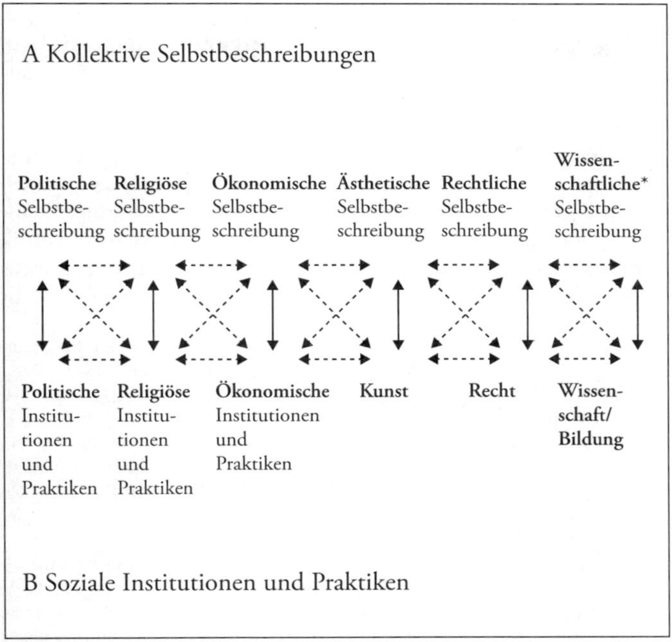

Abbildung 3: Erweitertes Modell – Interpendenzen zwischen Ebene A und B (Mesostruktur)

* einschließlich philosophischer Entwürfe, die als Metaselbstbeschreibungen verstanden werden können, insofern sie alle gesellschaftlichen Felder zu deuten und zu integrieren versuchen.

——————→ Primärbeziehungen

- - - - - - - - → Sekundärbeziehungen, die zwischen allen Elementen ohne Primärbeziehung vorherrschen

Das relative Gewicht, die Ausdehnung und der Einfluss eines sozialen Feldes verändern sich im historischen Prozess immer wieder. So mag zu einer bestimmten Zeit etwa ein wirtschaftliches Selbstverständnis wie das des *homo oeconomicus* auch die politische, rechtliche und vielleicht sogar die religiöse Sphäre beherrschen (oder ›kolonialisieren‹), während zu anderen Zeiten vielleicht ein *staatsbürgerlich-politisches* Selbstbild oder das Selbstverständnis eines *Gläubigen* sich in andere Felder ausdehnen, wo sie dann möglicherweise Spannungen mit den dort zuvor vorherrschenden, tradierten Selbstinterpretationen hervorrufen.[219] Solche Migrationsbewegungen von Selbstinterpretationen können ihren Ausgang sowohl von der Ebene A nehmen – wenn beispielsweise politische Prozesse plötzlich in der Sprache und der Diskurslogik der Ökonomie konzeptualisiert werden und einflussreiche ›ökonomische‹ Theorien der Politik formuliert werden, die dann auch einen transformativen Einfluss auf die politischen Institutionen und Praktiken gewinnen[220] – als

219 Daniel Bells Diagnose der *kulturellen Widersprüche des Kapitalismus* mag ein interessantes Beispiel für Spannungen dieser Art sein (D. Bell, *The Cultural Contradictions of Capitalism*, New York 1976, S. 65 ff., 80 ff.). Diese bestehen nach Bell in der vermuteten Unvereinbarkeit zwischen dem hedonistischen Selbstkonzept, das in der modernen Konsumsphäre vorherrscht, und dem eher asketisch ausgerichteten, ›protestantischen‹ Arbeitsethos, das in der kapitalistischen Produktionssphäre benötigt wird. Ein weiteres, ebenso aufschlussreiches Beispiel stellen die von Charles Percy Snow identifizierten unvereinbaren ›zwei Kulturen‹ der modernen Gesellschaft dar (C. P. Snow, *The Two Cultures*, Cambridge 1993).

220 Solche Wanderungsbewegungen von Sprachen bzw. ›Paradigmen‹ aus einer sozialen Sphäre in eine (oder mehrere) andere sind ein zentrales Thema in J. G. A. Pococks Analysen der Entwicklung politischer Sprachen in der Frühmoderne und ebenso in seinen metatheoretischen Überlegungen. »Es gehört zum pluralen Charakter moderner Gesellschaften, dass ihre Kommunikationsnetzwerke niemals vollständig geschlossen werden können, so dass eine Sprache, die auf einer bestimmten Abstraktionsebene angebracht ist, immer auch von anderen Ebenen aufgenommen und verarbeitet werden kann, oder dass Paradigmen von einem Kontext, indem sie entwickelt wurden, um bestimmte Funktionen zu erfüllen, in andere Bereiche einwandern, in denen sie dann auf andere Weise fungieren sollen«, schreibt Pocock (Pocock, *Politics, Language, and Time*, S. 21; Übers. H. R.) und fügt hinzu, dass die Sprachen, in denen die Sphäre des Politischen theoretisch und praktisch konzeptualisiert wird, und daher die entsprechenden Akteurs- und Selbstbilder zwischen den Kulturen erheblich divergieren: »Das westliche politische Denken entwickelte sich weitgehend im Vokabular des Rechts, das konfuzianisch-chinesische dagegen in rituellen Begriffen. Andere Denktraditionen resultieren aus anderen sozialen Prozes-

auch von der Ebene B. Letzteres ist beispielsweise der Fall, wenn Marktpraktiken und entsprechende Handlungslogiken beginnen, sich nachhaltig auf dem Feld der Politik auszubreiten, was dann auch die politisch-theoretischen Selbstbeschreibungen nach und nach zwingt, auf die Veränderungen der politisch-institutionellen Wirklichkeit zu reagieren.[221] Wenn allerdings nach solchen feldspezifischen ›Mutationen‹ die entsprechenden theoretischen und/oder praktischen Anpassungsbewegungen ausbleiben oder blockiert sind und die Elastizitätsgrenzen überschritten werden, kommt es zu institutionellen und/oder ideologischen Krisen in dem im Grundmodell beschriebenen Sinne.

Weil darüber hinaus soziale Gruppen in ganz unterschiedlichem Maße mit den jeweiligen sozialen Feldern oder Praxissphären verknüpft sind, unterscheiden auch sie sich in der jeweiligen Art ihrer

sen, die Einfluss auf die Politik gewonnen haben: Theologie [...], Grundbesitz [...], Technologie« (Pocock, »The History of Political Thought«, S. 195; Übers. H. R.).

221 Hierbei darf nicht übersehen werden, dass auch Praktiken und Institutionen stets schon ein bestimmtes Vokabular und eine je spezifische Sprache benötigen, ja dass es ohne diese Sprache gar nicht möglich ist, an ihnen zu partizipieren bzw. in ihnen zu handeln. »Wir haben es hier mit einer Situation zu tun, in der das Vokabular einer gegebenen sozialen Dimension durch die Form der sozialen Praxis in dieser Dimension begründet ist; das heißt, das Vokabular wäre nicht sinnvoll, könnte nicht sinnvoll verwendet werden, wo diese Skala von Praktiken nicht vorherrschen würde. Und doch könnte diese Skala von Praktiken nicht ohne das Vorhandensein dieses oder eines verwandten Vokabulars existieren. Hier besteht keine einfache, einseitige Abhängigkeit. Wir können meinetwegen von wechselseitiger Abhängigkeit sprechen, aber eigentlich geht es hier um den künstlichen Charakter der Unterscheidung zwischen Realität und der Sprache der Beschreibung dieser sozialen Realität. Die Sprache ist konstitutiver Bestandteil der Realität, ist wesentlich Voraussetzung dafür, daß die Realität so ist, wie sie ist. Trennt man die beiden und unterscheidet sie, wie wir mit vollem Recht den [physikalischen, H. R.] Himmel von unseren Theorien über ihn unterscheiden, so wird man stets den eigentlichen Sachverhalt verfehlen« (C. Taylor, »Interpretation und die Wissenschaften vom Menschen«, S. 182 f., S. 33 f.). Sprache ist also nicht nur ein Element der Ebene A, sondern stets auch ein konstitutives Moment der Ebene B. Wenn jedoch das relative Gewicht und die Reichweite der Sprache (oder des Vokabulars) eines bestimmten sozialen Feldes wachsen, steigt auch die Tendenz, abstraktere oder theoretischere Beschreibungssprachen für diesen Bereich zu entwickeln, die dann eine zunehmende Bedeutung auf der Ebene der Doktrinen und expliziten Selbstbeobachtungen (Ebene A) gewinnen (vgl. Pocock, »The History of Political Thought«).

Selbstinterpretation. Deshalb ist soziale Mobilität – gleichgültig, ob sie freiwillig oder erzwungenermaßen erfolgt – eine weitere Ursache für die Migration paradigmatischer Selbstinterpretationen und für die damit einhergehenden Reibungen. Solche Mobilität lässt sich beispielsweise beobachten, wenn plötzlich eine große Gruppe von Juristen die strategischen Schlüsselpositionen der Politik erobert (oder umgekehrt) oder wenn Künstler und Wissenschaftler ihre Positionen tauschen.

Im Blick auf die individuelle Seite der Selbstinterpretation (Ebenen C und D) müsste ein erweitertes Modell (das ich hier nicht ausführen kann) der Tatsache Rechnung tragen, dass auch individuelle Identitäten nicht einfach durch kohärente, geschlossene reflexive und präreflexive Selbstverständnisse gebildet werden, sondern ebenfalls aus einer Vielzahl von durchaus unterschiedlichen, kontextabhängigen und in den jeweiligen Praktiken geformten Selbstbildern bestehen, die der Vielfalt an Kontexten entsprechen, welche in *Abbildung 3* repräsentiert sind.[222]

Indessen ist für konkrete soziologische oder politische Feldanalysen selbst dieses erweiterte Modell der sozialen Mesostruktur noch nicht präzise genug. Denn unbezweifelbar sind selbst die kontext- oder feldspezifischen Praktiken und Selbstbeschreibungen in ihrer Bedeutung häufig noch ambivalent und umstritten. So gibt es weder *die* politische (oder religiöse oder ökonomische) Selbstbeschreibung der Gesellschaft, noch sind soziale Rollen und Praktiken eindeutig definiert. Stattdessen finden sich stets mikrostrukturelle Variationen in den dominanten Selbstverständnissen und Leitbildern *zwischen* den verschiedenen politischen (bzw. religiösen oder ökonomischen) Institutionen und ebenso zwischen den entsprechenden Bereichstheorien, und darüber hinaus interpretieren unterschiedliche soziale Akteure oder Gruppen selbst die *gleichen* Institutionen oder Doktrinen auch jeweils unterschiedlich, so dass soziale Praktiken ebenso wie soziale Selbstbeschreibungen, auch wenn sie kontextbezogen sind, auf der mikrostrukturellen Ebene stets umkämpft (›contested‹) sind (vgl. unten *Abb. 4*). Wie im Modell der Mesostruktur (vgl. oben *Abb. 3*) ist auch hier davon

222 Natürlich müsste eine erweitere Modellierung der Ebenen C und D darüber hinaus der Tatsache Rechnung tragen, dass zwischen den reflexiven ebenso wie zwischen den impliziten Selbstkonzepten unterschiedlicher sozialer Gruppen oder Schichten erhebliche Differenzen bestehen.

auszugehen, dass das relative Gewicht und die Bedeutung einer (in diesem Fall:) politischen Subsphäre und ihrer Selbstbeschreibung sich im Laufe der Zeit verändern. Versucht man daher die politische Selbstinterpretation einer bestimmten Gesellschaft zu einem bestimmten Zeitpunkt zu rekonstruieren, so muss man die Dynamik der je aktuellen Diskurse, institutionellen Entwicklungen und praktischen Kämpfe im politischen Leben dieser Gesellschaft genau untersuchen.

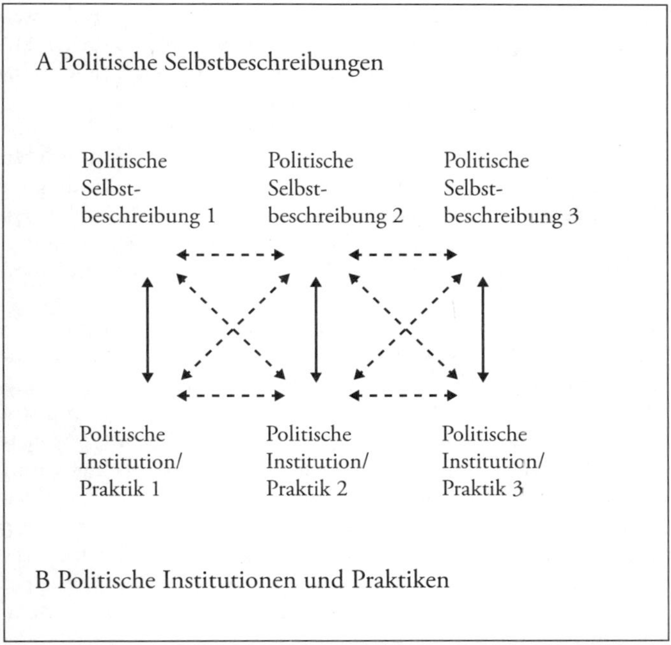

Abbildung 4: Politische Selbstbeschreibungen und Praktiken. Beispiel einer Mikrostruktur der Ebenen A und B.

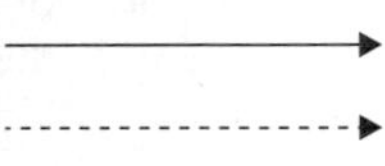

Primärbeziehungen

Sekundärbeziehungen, die zwischen allen Elementen ohne Primärbeziehung vorherrschen

Wie eine solche Rekonstruktion aussehen könnte, versucht *Abbildung 4* zu verdeutlichen. Bei den drei politischen Selbstbeschreibungen könnte es sich beispielsweise um parlamentarische, verfassungsrechtliche und öffentliche politische Selbstbeschreibungen (oder Theorien) handeln, denen die parlamentarische, die verfassungsgerichtliche und die demokratische Praxis (Ebene B) gegenüberstehen. Aber ebenso lassen sich im Blick auf Ebene A etwa konservative, liberale und sozialdemokratische Selbstbeschreibungen identifizieren und kontrastieren, deren relatives Gewicht sich im historischen Verlauf ebenfalls verändert. In diesem Fall lassen sich keine korrespondierenden Institutionen oder Praxisfelder zuordnen, stattdessen handelt es sich um drei unterschiedliche Interpretationen *derselben* Institutionen und Praktiken. Für das Verständnis der gegenwärtigen Situation westlicher Gesellschaften ist es dabei aufschlussreich zu beobachten, wie die einst signifikanten Kontraste zwischen diesen drei politischen Positionen in jüngster Zeit geradezu zu kollabieren scheinen, was meines Erachtens ein deutlicher Hinweis auf die andauernde progressive Immunisierung bestimmter Institutionenordnungen (Ebene B) ist, wie ich im Schlussabschnitt dieses Beitrags zeigen möchte.

Um nun das Ergebnis dieser ausführlichen Untersuchung zusammenzufassen, lässt sich festhalten, dass es sich bei der sozialkonstitutiven Selbstinterpretation einer Gesellschaft um ein komplexes, vielschichtiges System handelt, das aus einer Vielzahl von interdependenten und eng miteinander verzahnten Selbstdeutungen besteht, die in einem andauernden Prozess wechselseitiger Reibung, Anpassung und Transformation begriffen sind. Unglücklicherweise ähnelt der Versuch, eine vollständige Rekonstruktion dieser Selbstinterpretation (etwa einer modernen westlichen Gesellschaft) zu liefern, der gewaltigen Aufgabe der Entschlüsselung des Humangenoms – einer Aufgabe immerhin, die trotz ihrer Komplexität in interdisziplinärer Zusammenarbeit vieler Wissenschaftler gelöst wurde. Doch erfreulicherweise bedarf die konkrete interpretative Sozialanalyse gar nicht der vollständigen Rekonstruktion der Makro-, Meso- und Mikrostrukturen der Selbstinterpretationsformation. Wie extensiv und tiefenscharf eine konkrete empirische Analyse sein muss, hängt von der jeweiligen Fragestellung ab. So bedarf etwa die Beantwortung der Frage, ob eine bestimmte politische Doktrin mit einer konkreten politischen Praxis oder Institution übereinstimmt, normalerweise keiner Rekonstruktion der religiösen oder ästhetischen Meso- oder Mikrostrukturen und auch nicht einer genauen Analyse der Ebenen C und D. Umgekehrt ist es für die Analyse eines möglicherweise problematischen Verhältnisses zwischen dem verkörperten Habitus (Ebene D) sozialer Akteure und den institutionellen oder disziplinären Praktiken etwa des Militärs, des Schulunterrichts oder der Industriearbeit (Ebene B) nicht nötig, eine komplexe Analyse der kollektiven gesellschaftlichen Leitbilder (Ebene A) vorzunehmen.

Allerdings ist es bei jeder solchen sozialhermeneutischen Analyse hilfreich und wichtig, den Umstand im Blick zu behalten, dass zwischen allen Ebenen, Schichten und Sphären der Selbstinterpretation komplexe Wechselwirkungen bestehen, die im fortwährenden dynamischen Transformations- und Anpassungsgeschehen an vielen Stellen ganz unerwartete Konsequenzen zeitigen können.

V. Ausblick: Konsequenzen für Gesellschaftsanalyse und Zeitdiagnose

Wie ich bereits angedeutet habe, vertrete ich die Auffassung, dass sozialer Wandel als eine Folge der unvermeidlichen Spannungen und Diskrepanzen zwischen den vier Ebenen der Selbstinterpretation entsteht. Er kann seinen Ausgang von jeder Ebene nehmen und dann zu Veränderungen in Form von Anpassungsbewegungen entlang allen Einflussrichtungen führen (vgl. die Pfeile (1) bis (6) im Grundmodell, oben *Abb. 2*). Der hier vorgeschlagene Ansatz enthält deshalb keine generalisierte Theorie des sozialen Wandels jener Form, welche die Antriebsquelle der sozialen Evolution auf nur einer Ebene verortet (wie das idealistische, materialistische, holistische oder individualistische Ansätze tun, vgl. oben *Abb. 1*). Das bedeutet indessen nicht, dass es sich hier um einen ausschließlich metatheoretischen Entwurf ohne eigenständige normative oder explanatorische Kraft handelte.

Zunächst einmal kann das vorgeschlagene Modell als eine *heuristische Matrix* für die Gesellschaftskritik dienen, um die Identifikation von sozialen Störungen und potentiellen Pathologien zu erleichtern und Lösungsmöglichkeiten für deren Überwindung zu entdecken. Angewendet auf konkrete historische Problemlagen, ermöglicht es die Analyse bestehender Spannungsverhältnisse, der beobachtbaren und möglichen Anpassungsprozesse und schließlich der resultierenden problematischen (oder sogar pathologischen) Folgen des Transformationsgeschehens. So lässt sich mit Hilfe des Modells beispielsweise eine überzeugende Erklärung für den Zusammenbruch der realsozialistischen Staaten am Ende des 20. Jahrhunderts finden: Ohne dies hier im Detail ausführen zu können, scheint es mir doch offensichtlich zu sein, dass sich in der Endphase des Realsozialismus die offiziellen, kollektiven Leitbilder des marxistisch-leninistischen Gesellschaftsverständnisses und die Selbstverständnisse und Wirklichkeitsvorstellungen der Bürger spürbar auseinanderentwickelt hatten (*Legitimationskrise*), während darüber hinaus auch die Diskrepanzen zwischen den offiziellen Doktrinen und Selbstbeschreibungen auf der einen und den tatsächlichen Performanzen in den politischen, ökonomischen und sozialen Institutionen auf der anderen Seite signifikant angewachsen waren (*institutionelle* bzw. *ideologische Krise*). Gewiss spielte die ökonomische Leistungsfähigkeit dabei eine zentrale Rolle, aber sie erlangte diese nur über die Divergenzen in der Selbstinterpretation, insbesondere zwischen der ökonomischen Praxis und den Wohlstandserwartungen der Bürger. Infolgedessen stieg, ganz wie es das Modell nahelegt, in den betroffenen Gesellschaften die innere Unruhe oder Transformationsenergie, was zur Suche nach einer adaptiven Überwindung der Spannungszustände führte. Der dann gefundene Weg bestand interessanterweise in einer verknüpften Revolutionierung der institutionellen Ebene B ebenso wie der ideologischen Ebene A, mithin also in einer ideologisch-institutionellen Doppelrevolution.[223]

Festzuhalten bleibt, dass es zwei ganz verschiedene Wege gibt, auf denen soziale Formationen oder kulturelle Wirklichkeiten pathologisch werden können: *Zum Ersten* können die konkreten Inhalte oder ›Substanzen‹ der Selbstdeutungen auf den vier Ebenen sozialer Wirklichkeit so zueinander in Widerspruch geraten, dass die jeweiligen Normen, Selbstbilder und Wertvorstellungen

223 Dazu ausführlich H. Rosa, S. Schmidt, »Which Challenge, Whose Response? Ein Vier-Felder-Modell der Challenge-Response-Analyse sozialen Wandels«, in: D. de Nève, M. Reiser, K. U. Schnapp (Hg.), *Herausforderung – Akteur – Reaktion. Diskontinuierlicher sozialer Wandel aus theoretischer und empirischer Perspektive*, Baden-Baden 2007, S. 53-72.

sich unversöhnlich gegenüberstehen und dauerhaft konfligierende Handlungsimpulse erzeugen, die massiven Leidensdruck hervorrufen. Hier sollte es der methodisch kontrollierten Gesellschaftskritik nicht darum gehen, die inhaltliche Substanz der einen oder anderen Selbstinterpretation per se zu kritisieren, sondern nur darum, die handlungsrelevanten Unvereinbarkeiten in der Selbstinterpretationsformation, welche die soziale Wirklichkeit konstituiert, herauszuarbeiten. Welche Anpassungs- und Korrekturbewegungen dann vollzogen werden sollten, lässt sich nicht theoretisch entscheiden. Gangbare und akzeptable Reinterpretationen zu finden ist eine kollektive Herausforderung für die betroffene Gesellschaft. Indessen scheint es offensichtlich zu sein, dass sich Institutionen schneller, zuverlässiger und schmerzloser verändern lassen als individuelle Selbstverständnisse und Selbstverhältnisse, wenngleich sich die Letzteren im Deliberationsprozess durchaus ebenfalls wandeln mögen.

Die *zweite Form* pathologischer Störung betrifft den *Prozess* der wechselseitigen Anpassung zwischen den Ebenen. Wie ich dargelegt habe, gewinnen die Selbstinterpretationen auf allen vier Ebenen stets eine gewisse Eigendynamik; sie entwickeln sich nach ihren je eigenen Antriebslogiken, Pfadabhängigkeiten und Herausforderungen in verschiedenen Richtungen. Nun kann aber der Prozess der fortwährenden wechselseitigen Adaptation auf verschiedene Weisen gestört oder sogar blockiert sein, beispielsweise dadurch, dass sich die vier Ebenen desynchronisieren und zugleich in ihrer Eigendynamik so beschleunigen, dass sie nicht mehr reintegriert werden können, oder aber durch die Immunisierung einer Ebene gegenüber den Veränderungen der anderen Ebenen, wodurch entweder ganz einseitige Anpassungsbewegungen erzwungen werden oder aber schwerwiegende Pathologien entstehen.

Beide dieser Störungen lassen sich nach meiner Auffassung an gegenwärtigen westlichen Gesellschaften beobachten.[224] So scheint es, dass einige soziale Institutionen, insbesondere im Bereich der (kapitalistischen) Ökonomie und der Technik, als objektivierte und sedimentierte Selbstinterpretationen der Ebene B eine so

224 Vgl. H. Rosa, »Social Acceleration. Ethical and Political Consequences of a Desynchronized High-Speed Society; with comments by W. Scheuerman, B. Adam and C. Leccardi«, in: *Constellations. An International Journal of Critical and Democratic Theory* 10 (2003), S. 3-52.

starke Eigendynamik entwickelt und sich darüber so sehr verselbständigt haben, dass sie sich gegenüber den expliziten individuellen und kollektiven Selbstdeutungen fast vollständig immunisiert haben. Diese Verselbständigung nimmt dann die Form ökonomischer oder technischer Sachzwänge an, die uns scheinbar keine andere Wahl lassen als die, uns in erster Linie als Konsumenten und als Produzenten zu verstehen (vgl. unten, Kapitel 4 in diesem Band). Die Individuen ebenso wie die reflexiven gesellschaftlichen Selbstbeschreibungen sind dann gezwungen, diese Verselbständigung zu akzeptieren und sich den Entwicklungen auf der Ebene D anzupassen oder die Gefahr von Entfremdungs-, Devianz- und ideologischen Krisen einzugehen, die dann früher oder später auch Legitimationskrisen hervorbringen können.[225] Nun scheint es aber offensichtlich zu sein, dass diese Immunisierung und Verselbständigung unvereinbar ist mit der Selbstbeschreibung westlicher Gesellschaften als ›demokratische Gesellschaften‹ (Ebene A), die im Modus reflexiver politischer Selbsteinwirkung ihr Schicksal und ihre kollektive Lebensform selbst gestalten. Das stellt diese Gesellschaften meines Erachtens vor die schwierige Wahl, entweder die gegenwärtigen ökonomisch-institutionellen Rahmenbedingungen zu revolutionieren oder aber das Selbstbild der Gesellschaft als eines *demokratischen*, auf Autonomie zielenden *Projekts*, in dem das Versprechen von Aufklärung und Moderne begründet liegt, preiszugeben. Tatsächlich sind mittlerweile ja eine ganze Reihe neuer gesellschaftlicher Selbstbeobachtungen wie Luhmanns Systemtheorie oder poststrukturalistische Ansätze entstanden, welche die letztere Option nahelegen, indem sie behaupten, dass die Vorstellung einer politisch verstehbaren und demokratisch gestaltbaren Gesellschaft, also der Anspruch auf politische Selbstbestimmung, schon immer

225 Weil die herrschende soziopolitische Selbstauslegung westlicher Gesellschaften auf der Annahme basiert, dass die gesellschaftlichen Rahmenbedingungen bzw. die Kerninstitutionen der Gesellschaft durch den politischen Willen der Bürger kontrolliert werden und diesem gegenüber verantwortlich sind, und weil diese Annahme dadurch unterlaufen wird, dass die Kerninstitutionen und Rahmenbedingungen sich gegenüber der demokratischen Kontrolle bis an den Rand der ›Unregierbarkeit‹ immunisiert haben, scheint eine Legitimationskrise nahezu unvermeidlich; sie deutet sich vielleicht in der verbreiteten Politikverdrossenheit der Bürger schon an. Tatsächlich ist es wahrscheinlich, dass nach und nach Spannungen und Diskrepanzen zwischen allen vier Ebenen entstehen, wenn eine von ihnen den Prozess wechselseitiger Anpassung blockiert.

illusorisch und unrealistisch gewesen sei.[226] Nichtsdestotrotz bin ich davon überzeugt, dass die damit verknüpften ›postmodernen‹ Konzeptionen des Selbst, welche dieses als fragmentarisch-offen und inkohärent oder als ›psychisches System‹ verstehen, nicht zu der für die Ebene C maßgebenden, das reflexive Selbstverständnis der Akteure bestimmenden Selbstinterpretation avancieren können. Denn Individuen, die sich tatsächlich als (autopoietische) ›psychische Systeme‹ im Sinne Luhmanns oder als passive Schnittpunkte im Sprach- oder Diskursnetz verstünden, wären nicht in der Lage, eine feste Orientierung der Welt gegenüber zu gewinnen und verlässliche Handlungsorientierungen auszubilden. Deshalb scheinen mir zumindest Legitimations-, aber auch Entfremdungskrisen unter spätmodernen Lebensbedingungen unausweichlich – eben hier liegt aber die zentrale Herausforderung für die zeitgenössische Sozialphilosophie.

226 In dieser Entwicklung ist vielleicht auch ein Hinweis darauf zu sehen, dass sich die dominante Selbstinterpretation westlicher Gesellschaften derzeit verändert, indem das Leitbild eines aktiv-politischen (›staatsbürgerlichen‹) sozialen Akteurs durch eine eher passiv-zynische oder ironisch-spielerische Konzeption ersetzt wird (vgl. oben Anmerkung 205).

II. Die Analyse der modernen Gesellschaft

4. Kapitalismus und Lebensführung
Perspektiven einer ethischen Kritik der liberalen Marktwirtschaft

I. Der Liberalismus und das Ende der Politik

Vor etwa einhundert Jahren stellte Max Weber an zentraler Stelle – in der Vorbemerkung zu seinen gesammelten Aufsätzen zur Religionssoziologie, also im Kontext seiner Untersuchungen über die protestantische Ethik – fest, dass der Kapitalismus die »schicksalsvollste Macht unseres modernen Lebens« sei.[227] Es kann kein Zweifel daran bestehen, dass er mit dem ›modernen Leben‹ auch und vor allem die Art und Weise der individuellen und kollektiven *Lebensführung* meinte, der ja in der Tat sein Hauptaugenmerk galt,[228] mithin also das, was heute etwa in der diskursethischen Terminologie (in Abgrenzung vom [deontologischen] Bereich der Moral) als *Ethik* bezeichnet wird. Der Kapitalismus als zunächst spezifische Form des Wirtschaftens beeinflusst massiv Art, Form und Ausrichtung unserer Lebensführung; niemand hat dies schärfer gesehen und leidenschaftlicher analysiert als Weber. Der Einfluss des okzidentalen Kapitalismus und der sich mit ihm entfaltenden Bürokratisierung auf die Art und Weise, wie Menschen in modernen Gesellschaften ihr Leben *führen*, war sein großes Thema, und seine Prognose war bekanntlich ziemlich pessimistisch: Immer wieder redet er von der *Unentrinnbarkeit*, von dem *stahlharten Gehäuse*, dem *ungeheuren Kosmos* aus Kapitalismus und Bürokratie, aus dem *der Geist entwichen* sei, der uns jedoch eine ihm entsprechende Lebensweise aufzwinge und uns, in der Tendenz wenigstens, in ›Genussmenschen ohne Herz und Fachmenschen ohne Geist‹ zu verwandeln drohe, wie er in jenem bekannten, an Nietzsche angelehnten Zitat formuliert.[229] »Der heutige [...] Kapitalismus [...] erzieht und schafft sich [...] die Wirtschaftssubjekte [...], deren

227 M. Weber, »Vorbemerkung«, in: *Die protestantische Ethik*, S. 12.

228 Vgl. etwa W. Hennis, *Max Webers Fragestellung. Studien zur Biographie des Werks*, Tübingen 1987.

229 Weber, *Die protestantische Ethik*, S. 189.

er bedarf«, schreibt Weber,[230] er erzwinge geradezu im Sinne einer ›Abrichtung‹ die ihm dienliche spezifische Art der Lebensführung und Berufsauffassung und – so müsste man im Zeitalter des Spätkapitalismus hinzufügen – des *Konsumverhaltens*, die einerseits, welthistorisch betrachtet, so außerordentlich unwahrscheinlich ist und andererseits doch eine absolut notwendige Bedingung für die Entstehung und Fortexistenz jener Wirtschaftsform darstellt.

Bedauerlicherweise ist dieser enge, fundamentale, ja nahezu determinierende Zusammenhang zwischen Kapitalismus und Lebensführung in der zeitgenössischen sozialkritischen und vor allem sozialphilosophischen Diskussion weitgehend in Vergessenheit geraten, obwohl die kapitalistische Durchdringung aller Lebensbereiche und die von Weber angedeutete ›mechanisierte‹ Verselbständigung und Versteinerung des Systems, das uns in ›Sachzwängen‹ und ›Standortproblemen‹ als geradezu *naturalisiert* erscheint, ohne alle Zweifel gegenüber seiner Zeit noch in gewaltigem und für ihn vielleicht unvorstellbarem Ausmaß zugenommen haben. Man kritisierte und kritisiert den Kapitalismus als *ökonomisch* potentiell selbstzerstörerisch, als *ökologisch* höchstwahrscheinlich desaströs, als *moralisch* ungerecht vor allen Dingen allenfalls auch noch aus einer *kulturkritischen* Position, aber aus einer genuin *ethischen* Perspektive wird er nur selten und wenn, dann nur sehr rudimentär und bruchstückhaft in den Blick genommen.[231]

Der Grund für dieses Versäumnis scheint nun vor allem in der Vorherrschaft jener liberalen politisch-philosophischen Doktrinen zu suchen zu sein, welche die Idee einer individuellen ethischen Autonomie in den Mittelpunkt ihrer Betrachtungen rücken.[232] Dieser politische Liberalismus geht davon aus, dass es, innerhalb bestimmter Grenzen jedenfalls, ausschließlich eine Angelegenheit der Individuen selbst ist, Form und Inhalt eines *guten Lebens* zu be-

230 Weber, *Die protestantische Ethik*, S. 45.

231 Einen der wenigen diesbezüglichen Versuche in jüngerer Zeit unternimmt F. Pasquale, »Market and Culture. The Naiveté of Neutrality«, in: *Contemporary Political Studies* II (1998), S. 507-515.

232 Diese Einschätzung teilt auch Pasquale, der dem Mainstream des politischen Liberalismus, wie er etwa von Rawls oder Dworkin vertreten wird, vorwirft, in seiner Konzentration auf die Neutralität des *Staates* gegenüber unterschiedlichen Auffassungen des guten Lebens zu übersehen, dass das *Wirtschaftssystem* keineswegs dieselbe Neutralität aufweist, sondern massiv unsere Konzeptionen gelingenden Lebens beeinflusst (Pasquale, »Market and Culture«).

stimmen und für sich festzulegen. Dies impliziert, dass die Antwort auf jene zentrale Frage, die nicht nur im Zentrum des Denkens von Tolstoi und Weber, sondern etwa auch Kants stand, nämlich: »Wie sollen wir aber leben?«, einzig und allein den Individuen vorbehalten bleiben muss. Sie sollten dabei so autonom und authentisch wie möglich herausfinden und entscheiden, was, in den Worten Herders, ihr *je eigenes Maß* oder ihre je eigene Lebensweise ist, die so nur für sie Gültigkeit hat oder zumindest: über deren Gültigkeit nur sie allein und nur für sich selbst befinden können, und was ihren Fähigkeiten, Anlagen und Bedürfnissen am meisten entgegenkommt oder entspricht. Dass sie dies natürlich nur im Dialog und im Austausch mit anderen Subjekten leisten können, dass sie nur in der Interaktion mit anderen eine Identität und eine eigene Konzeption des guten Lebens entwickeln können, steht der Idee der individuellen ethischen Autonomie dabei keineswegs entgegen, wie etwa Maeve Cooke zu zeigen versucht hat.[233] Die Gesellschaft als solche und als Ganzes sollte den Individuen einen möglichst breiten und uneingeschränkten Raum an Optionen und Lebensmöglichkeiten zur Verfügung stellen und dabei individuelle Entscheidungen nicht präjudizieren, so die liberale Überzeugung. »Handle stets so, dass die Anzahl der Wahlmöglichkeiten größer wird«, lässt sich daher mit Heinz von Foerster der ethisch-politische ›kategorische Imperativ‹ der liberalen Gesellschaft formulieren.[234]

In dieser Perspektive vermag die gegenwärtig zu beobachtende Schrumpfung oder gar das Verschwinden der politischen Sphäre, das heißt des genuin politischen Handlungsspielraums, kaum zu überraschen; sie scheinen im Gegenteil in gewisser Hinsicht geradezu in ihrer Konsequenz zu liegen: Zahlreiche soziale Probleme oder Phänomene werden heute durch die Strategien der *Privatisierung*, der politisch-ökonomischen *Deregulierung* und der *Verrechtlichung* zunehmend aus dem Bereich der Politik in andere Gesellschaftssphären verlagert. Ethische Fragen, also solche, die sich auf die Definition des Guten und des guten Lebens beziehen, werden aus den genannten Gründen *privatisiert*, sie können (nach liberaler

233 M. Cooke, »Authenticity and Autonomy: Taylor, Habermas, and the Politics of Recognition«, in: *Political Theory* 25 (1997), S. 258-288.

234 Vgl. G. Gamm, »Das metaphorische Selbst. Über Subjektivität in der modernen Gesellschaft«, in: J. Georg-Lauer (Hg.), *Postmoderne und Politik*, Tübingen 1992, S. 76-96, hier S. 80.

Überzeugung) nicht politisch beantwortet werden. Damit nun aber ein jeder die Chance hat, möglichst ungehindert die ihm ureigene, authentische Lebensform zu finden, muss andererseits ein formaler Rahmen, der die vom Liberalismus verfochtenen Rechte und Freiheiten definiert und garantiert und sich gegenüber den unterschiedlichen Konzeptionen des Guten und des guten Lebens möglichst neutral verhält,[235] das nötige Maß an Chancengleichheit und Freiheit sicherstellen. Auch die *Verrechtlichung* sozialer und politischer Beziehungen ist deshalb eine Erscheinung, die in der Konsequenz liberalen Denkens liegt und gegen die aus dieser Perspektive nichts einzuwenden ist. Und da schließlich individuelle Freiheit in der Definition und Verfolgung eines je eigenen Lebensplanes auch ökonomische Freiheit einzuschließen scheint und diese zugleich aufgrund der Effizienz der freien Marktwirtschaft die ökonomischen Voraussetzungen für eine möglichst hohe Optionenvielfalt im Hinblick auf die Wahl einer Lebensform zu bieten scheint, ist die Doktrin des politischen Liberalismus auch nicht völlig losgelöst von dem gegenwärtigen Trend zur politisch-ökonomischen *Deregulierung*, welcher immer mehr soziale Bereiche dem Spiel des freien Marktes überlässt. Als – wie sich zeigen wird *falsche* – grundlegende Annahme wird dabei unterstellt, dass *Märkte* sich gegenüber Konzeptionen des guten Lebens ebenfalls neutral verhalten, weil sie sowohl qualitativ als auch quantitativ nur diejenigen Güter und Dienstleistungen bereitstellen, welche die individuellen Marktteilnehmer (aufgrund ihrer Präferenzen) wünschen. Sie erscheinen aus dieser Perspektive als ›exogen‹ gesteuert. Zusammengenommen führt dies dazu, dass der Spielraum des Politischen enger wird und das ›Ende der Politik‹ heraufzudämmern scheint.[236]

Im Folgenden möchte ich nun einige Argumente dafür entwickeln, dass diese liberale Sicht der individuellen Verantwortung für die (pluralen) Definitionen des guten Lebens, die dem politischen Diskurs entzogen sind, im Verbund mit der sozioökonomischen Wirklichkeit liberalkapitalistischer Gesellschaften der Gegenwart letztlich nur dazu führt, jenes steinerne, mechanisierte Gehäuse Webers, aus dem ›aller Geist entwichen‹ ist, unsichtbar und unausweichlich zugleich zu machen. Dabei droht uns in der *Spätmoderne*

235 Sofern diese natürlich nicht gegen ebendiesen Rahmen selbst gerichtet sind.

236 Vgl. W. Welsch, *Wege aus der Moderne. Schlüsseltexte der Postmoderne-Diskussion*, Berlin 1994, Einleitung, S. 21.

Lebenden durchaus die Gefahr, am *Ende der Geschichte* in jenes ›verhausschweinte‹ Nichts verwandelt zu werden, das sich einbildet, »eine nie vorher erreichte Stufe des Menschentums erstiegen zu haben«,[237] während wir tatsächlich vielleicht nur die endgültige Preisgabe des Versprechens der Aufklärung und des ›Projekts‹ der Moderne sowie letztlich des Liberalismus selbst erleben, dass nämlich die Menschen dazu befähigt werden sollten, ihre Welt und ihre Lebensform so weit wie möglich selbstbestimmt und demokratisch zu entwerfen und zu gestalten.

II. Die liberale Ethik und der Geist des Kapitalismus

Meine Ausgangsüberlegung ist dabei eine einfache Frage, die in gewisser Weise ein von Daniel Bell in den späten 1960er Jahren formuliertes Problem umdreht und verdoppelt. Bell sorgte sich, dass jene spezifische Konzeption des guten Lebens, die den Kapitalismus (nach Weber) hervorgebracht und angetrieben hat – die asketische protestantische Arbeitsethik und das durch diese motivierte *Produktionsethos* –, möglicherweise durch den Kapitalismus selbst (der den reinen *Hedonismus* der unmittelbaren Bedürfnisbefriedigung zu begünstigen scheint) unterhöhlt und zerstört werden könnte.[238] Dadurch, so befürchtete Bell, könnte der Kapitalismus seine eigenen Grundlagen untergraben. Meine einfache Gegenfrage lautet nun: Wieso geschieht dies (gut dreißig Jahre später) offenbar immer noch nicht? Woher kommt es, dass unsere individuellen Konzeptionen des guten Lebens (die ja nach der liberalen Doktrin so frei und plural wie möglich gewählt sein sollten) uns nach wie vor nicht nur danach streben lassen, ›gute Produzenten‹ (in dem von Bell gemeinten Sinne) zu sein, das heißt, dem Erreichen einer möglichst hohen Stufe in der Rangordnung der Produzenten bzw. der professionellen Karriere einen zentralen Platz in unseren Leben einzuräumen, sondern umgekehrt auch der Abnahme der so von uns produzierten Güter, also einem beständig wachsenden, immer schrankenloseren Konsum – dem *Konsumentenethos* –, oberste Priorität zuweisen? Wieso passen unsere individuellen, ›authentischen‹

237 Weber, *Die protestantische Ethik*, S. 189.

238 Vgl. etwa Bell, *The Cultural Contradictions of Capitalism*, bes. S. 65 ff. und S. 80 ff.

Entwürfe des je für uns guten Lebens so nahtlos mit den systemischen Erfordernissen der wachstumsorientierten kapitalistischen Wirtschaft zusammen, die darauf angewiesen ist, dass wir immer schneller immer mehr produzieren und konsumieren?[239] Nicht ohne eine gewisse Verwunderung bemerkt hierzu Gerhard Gamm: »Die psychischen und physischen Anpassungs- und Koordinationsleistungen der Menschen an die Vorgaben des Systems werden als selbstverständlich vorausgesetzt [...]. Gesellschaften spätmodernen Zuschnitts sind vor allem an einer *systemnotwendigen* Erschließung neuer Ressourcen interessiert, die, was Produktion und Konsumtion betrifft, auf die Wandlungs- und Steigerungsfähigkeit menschlichen Verhaltens angelegt sind.«[240] Dies erinnert durchaus an Webers bereits zitierte Feststellung, der Kapitalismus schaffe sich offenbar die Wirtschaftssubjekte, die er brauche, selbst.

Für eine wachstumsorientierte kapitalistische Gesellschaft ist es unabdingbar, dass ihre Mitglieder nicht (von den legal zugelassenen) *irgendeine* Konzeption des guten Lebens wählen, sondern eine sehr spezifische, nämlich die ›comprehensive doctrine‹ des Konsumenten/Produzenten-Paradigmas, welche dafür sorgt, dass sie ihre Aufmerksamkeit und ihre Energien in die entsprechende Richtung fließen lassen und sie nicht etwa auf Kontemplation, Meditation, militärische Askese, kreative Entfaltung oder Ähnliches richten. Größere Veränderungen in diesem Orientierungsmuster würden unweigerlich zum wirtschaftlichen und sozialen Niedergang einer solchen Gesellschaft führen.[241] Trotzdem ist es weder

239 Ich kann nicht erkennen, wie eine Differenzierung zwischen qualitativem und quantitativem Wachstum hier einen signifikanten Unterschied machen könnte – der Kapitalismus ist darauf angewiesen, dass beständig mehr produziert und mehr konsumiert wird (Pareto-Optimum), unabhängig davon, wie dieses Mehr genau bestimmt ist. Es stellt auch keine wirkliche Lösung für dieses Problem dar, dass sinkender Inlandsverbrauch theoretisch durch wachsende Exportraten ausgeglichen werden kann, wodurch Konsumverzicht und Wachstumsgesellschaft kompatibel zu werden scheinen. Denn Letzteres setzt entsprechende wachstums- bzw. konsumorientierte Konzeptionen des guten Lebens *in anderen* (das heißt den Abnehmer-)*Gesellschaften* voraus.

240 Gamm, »Das metaphorische Selbst«, S. 80.

241 Die jüngst unter den wohlhabenderen Schichten der USA entstandene Bewegung für eine einfachere Lebensform, welche den ›Teufelskreis‹ von mehr Arbeit, höherem Einkommen und mehr Konsum durch *Konsumverzicht* gezielt zu durchbrechen sucht (*Voluntary Simplicity Movement*), ist momentan noch verschwindend klein und daher kulturell und volkswirtschaftlich unbedeutend. Es

das einzig mögliche noch das offensichtlich vernünftigste oder gar ›natürliche‹ Orientierungsmuster, wie Weber selbst ja zu betonen nicht müde wurde. Die dem Kapitalismus zugrunde liegende Definition des guten Lebens verdankt sich in ihrer Entstehung einer hochspezifischen, unintendierten und ganz und gar einzigartigen Konstellation unterschiedlichster kultureller Faktoren – etwa einer weltablehnenden Religion, die zugleich auf aktives Engagement in der Welt setzte und auf spezifische politische, rechtliche und wirtschaftliche Grundlagen bereits zurückgreifen konnte. Hartmann Tyrell schreibt hierzu:

> Der Geist des Kapitalismus, also der Geist der rechenhaft-methodisch betriebenen Pleonexie, widerstrebt aller herkömmlichen Sozialmoral (und Moralökonomie) und zeigt sich als schlechterdings befremdlicher, anstößiger, irrationaler und »sinn«-loser Verhaltenskomplex, sofern man ihn nur in das Licht *anderer* (ethischer, religiös-metaphysischer, ästhetischer oder »aristokratisch-vornehmer«) Wertstandpunkte rückt.[242]

Trotzdem scheint dieser Geist, wenngleich die ihn ursprünglich motivierende und gleichsam ›beseelende‹ religiöse Weltanschauung fast vollständig verschwunden ist und sich teilweise in ihr Gegenteil verkehrt hat, zumindest in sedimentierter Form unvermindert fortzuleben. Er ist dabei insofern noch unwahrscheinlicher geworden, als sich sein *Sinn* nicht mehr einholen lässt: Subjekte spätkapitalistischer Gesellschaften zeigen sich von ihm ›getrieben‹ und einem produktivistisch-konsumistischen Selbstzwang unterworfen, dem sie im markanten Unterschied zu einem calvinistischen Protestanten letztlich keine konsistente Bedeutung mehr zu geben vermögen.

Ein interessanter Untersuchungsaspekt in diesem Zusammenhang liegt in der Frage, wie genau sich unser Selbstverständnis als Produzenten zu dem als Konsumenten verhält; hier scheinen sich gegenwärtig einige Wandlungen zu vollziehen, denen ich allerdings

wird jedoch interessant sein zu beobachten, was passiert, wenn Prognosen tatsächlich zutreffen, dass diese Bewegung in den sogenannten entwickelten Ländern in den nächsten Jahren von derzeit weniger als 2 Prozent der Bevölkerung auf ca. 15 Prozent anwachsen wird (*Quelle*: CNN-Impact, 14.04.1997), zutreffen.

242 H. Tyrell, »Worum geht es in der ›Protestantischen Ethik‹? Ein Versuch zum besseren Verständnis Max Webers«, in: *Saeculum* 41 (1990), S. 130-177, hier S. 131.

an dieser Stelle nicht im Detail nachgehen kann. Einerseits galt und gilt zum Teil auch weiterhin, dass unsere Stellung in der Produktionshierarchie unser Konsumverhalten wesentlich mitbestimmt. Andererseits scheint es, dass diese Verknüpfung im Zeitalter des ›Lifestyle-Shopping‹[243] dabei ist, sich zu lockern.[244] So mag jemand beispielsweise an seiner professionellen Karriere nur insoweit interessiert sein, als sie über die Bedingungen bzw. das Maß seiner Konsummöglichkeiten entscheidet, während für einen anderen das Vorankommen auf der Karriereleiter bzw. die professionelle Tätigkeit einen *Selbstzweck* darstellen mag, wogegen er der Entwicklung seiner Konsummöglichkeiten (das heißt seines Einkommens und Vermögens) keine oder nur geringe Beachtung schenkt.[245] Wichtig scheint mir indessen zu sein, dass sich in der Entfaltung des Kapitalismus eine zunehmende Akzentverschiebung von der Produktionsseite hin zur Konsumtionsseite feststellen lässt, die sich einerseits als systemisch-technisches Erfordernis erweist, andererseits aber leicht auf der Seite der davon scheinbar unabhängigen ethischen Selbstverständnisse der Subjekte nachweisen lässt.[246] Während für den Kapitalismus und den Kapitalisten, wie Weber sie im Blick hatte, das Produzentenethos und die Rationalisierung der Lebensführung zugunsten der Produktion im Mittelpunkt standen – Konsumtion erschien in diesem Kontext eher als Gefahr und Luxus –, besteht im Zeitalter der spätkapitalistischen, hochtechnisier-

243 R. Shields, *Lifestyle Shopping. The Subject of Consumption*, London, New York 1992.

244 Interessanterweise sieht Bell in der Differenz zwischen dem Selbstverständnis des Produzenten und dem des Konsumenten sogar einen der grundlegenden kulturellen Widersprüche des Kapitalismus (Bell, *The Cultural Contradictions of Capitalism*, S. 71 f.).

245 In diesem Zusammenhang scheint vor allem auch die Beobachtung von Bedeutung zu sein, dass sich spätmoderne Lebensstilmuster zunehmend von ihrer Bestimmung durch sozialstrukturelle Determinanten lösen; vgl. etwa K. H. Hörning, D. Ahrens, A. Gerhard, *Zeitpraktiken. Experimentierfelder der Spätmoderne*, Frankfurt/M. 1997.

246 Signifikant ist in diesem Zusammenhang das immer weitere Überhandnehmen der *Shopping Malls*, welche kulturelle Angebote (Theater, Musikkonzerte, Kinos), Sporteinrichtungen und sogar Büros und Bibliotheken an einem Ort zusammenbringen, wodurch es zu einer örtlichen *Entdifferenzierung* der gesellschaftlichen Wertsphären unter dem Banner eines ›Konsumtempels‹ kommt, der dabei alle Aktivitäten zu einer theatralischen Inszenierung von Gütern und Kommoditäten werden lässt, wie etwa Rob Shields (*Lifestyle Shopping*, S. 3) feststellt.

ten Massenproduktion, in der vielfach Maschinen das Produzieren übernommen haben, eine wachsende systemische Notwendigkeit zu *konsumieren*.

Tatsächlich scheint eine Reihe von sehr verschiedenen Studien (erinnert sei hier beispielsweise an George Ritzers *McDonaldisierung der Gesellschaft* oder Gert Günter Voß' Untersuchung zur zeitgenössischen Form der protestantischen Ethik[247]) zu belegen, dass sich die Rationalisierung der Lebensführung heute zunehmend auf die Konsumtionsseite hin verlagert oder ausdehnt: Wir setzen uns unter Leistungs- und Bewährungszwang im Hinblick auf Freizeit, Identitätsfindung, Gestaltung sozialer Kontakte sowie Zeit- und Familienplanung etc., die zunehmend dem kalkulierenden Berechnen des kapitalistischen Unternehmers folgen und dabei die bekannten Phänomene des Freizeit- und Konsumstresses auslösen. Zugleich verlagern sich nach aktuellen soziologischen Diagnosen auch die zentralen gesellschaftlichen Differenzierungsmuster vom *produktionszentrierten Klassenparadigma* hin zu einer durch Konsumentscheidungen und -möglichkeiten bestimmten *Lifestyle-Orientierung*.[248] Was Bell als eine Gefahr für den Kapitalismus diagnostizierte, scheint daher tatsächlich geradezu ein systemisches Erfordernis für dessen weiteres Expandieren zu sein. »Aus diesem Grunde ist das Verhältnis von Freizeit, Lebensstil und Konsumtion eine politische Angelegenheit«,[249] schreibt dazu Alan Tomlinson. »Wenn die Religion, wie Tawney es einflussreich formuliert hat, unverzichtbar für die Entstehung des Kapitalismus war, dann ist der Konsum unverzichtbar geworden für sein Fortbestehen und seine Ausbreitung.«

Daraus ergibt sich nun aber der folgende, für die zeitgenössischen Gesellschaften westlichen Zuschnitts konstitutive Grundwiderspruch: Auf der einen Seite steht das Ideal des politischen Liberalismus, das in einem pluralistischen und individualistischen Bild der unterschiedlichsten und heterogensten Konzeptionen des guten Lebens besteht, und auf der anderen Seite findet sich das

247 G. Ritzer, *Die McDonaldisierung der Gesellschaft*, Frankfurt/M. 1995; G.G. Voß, »Wertewandel. Eine Modernisierung der protestantischen Ethik?«, in: *Zeitschrift für Personalforschung* 3 (1990), S. 263-275.

248 Vgl. A. Tomlinson, *Consumption, Identity, and Style. Marketing, Meanings, and the Packaging of Pleasure*, London 1990, Einleitung, S. 21 ff.

249 Ebd., S. 6 (Übers. H. R.).

unabweisbare Erfordernis kapitalistischer Systeme, dass alle oder doch die überwältigende Mehrzahl der Menschen Identitäten entwickeln, die der Produktion bzw. der beruflichen Karriere wie auch dem Konsum oberste Priorität einräumen. Darüber hinaus müssen sie bereit sein, sich den physischen und psychischen Ansprüchen eines kapitalistischen Systems, dessen Essenz in einer permanenten und sich beschleunigenden Revolutionierung aller Lebensbereiche liegt (wie Marx und Engels bereits im *Kommunistischen Manifest* formulierten), nicht nur anzupassen, sondern sie als Bestandteile des guten Lebens anzuerkennen. Eine Konzeption des guten Lebens etwa, die grundsätzlich auf Kontinuität und Dauerhaftigkeit der Lebensumstände baute, müsste durch die äußeren Verhältnisse moderner Gesellschaften zwangsläufig und permanent frustriert werden.[250] Daher ist es ganz sicher falsch, in einer kapitalistischen Wirtschaftsform eine sichere und neutrale Grundlage zu sehen, auf der sich alle Arten von Leben führen lassen. Zugleich sind die Subjekte der Spätmoderne auch auf der kollektiven Seite nicht frei, die *gute Gesellschaft* so zu definieren, wie sie dies wünschen mögen. Auch hier müssen sie der Steigerung des Konsumtions- und vor allem des Produktionsniveaus die oberste Priorität einräumen, und ebendies tun sie auch in immer weniger eingeschränkter Weise, was sich etwa daran ablesen lässt, dass sich die politische Diskussion in den meisten Industrieländern immer stärker auf die ›Standortfrage‹ zu reduzieren scheint – die *gute Gesellschaft* ist dabei einfach dadurch gekennzeichnet, dass sie im Wettbewerb der Produzenten einen vorderen Platz einnimmt.

> Jedes Versäumnis in der Sicherung jener Eigenschaften, die eine hohe Produktivität garantieren – und das schließt sicherlich bestimmte Arbeitseinstellungen und bestimmte Investititonsmuster mit ein –, führt unweigerlich dazu, dass die weniger wettbewerbsfähige Volkswirtschaft von Deindustrialisierung und damit von steigender Arbeitslosigkeit, sinkenden Wachstumsraten, relativer Verarmung und all den damit einhergehenden Begleiterscheinungen bedroht ist. Gegenwartsgesellschaften können es sich nicht leisten, die Produktion zu vernachlässigen [...].[251]

Die Frage, die sich an dieser Stelle nun unmittelbar aufdrängt, ist diese: Wie lässt sich erklären, dass unsere individuellen wie kol-

250 Ebendies versucht Richard Sennett in seinem Buch *Der flexible Mensch. Die Kultur des neuen Kapitalismus* (Berlin 1998) meines Erachtens herauszuarbeiten.

251 Taylor, »Alternative Futures«, S. 65 (Übers. H. R.).

lektiven Definitionen des guten Lebens so bruch- und zwanglos mit den systemischen Erfordernissen des Kapitalismus übereinstimmen, dass wir ganz authentisch gute Produzenten sein wollen, die zugleich immer mehr konsumieren? Weber hat nicht nur darauf hingewiesen, dass der Kapitalismus die ihm gemäßen Subjekte selbst *schafft*, sondern er hat zugleich die Notwendigkeit betont, diesen ›Abrichtungs-‹ oder ›Ausleseprozess‹ – wenigstens in seiner Entstehung – durch seine *innere Motivierung* zu erklären; es handelt sich ja dabei nicht, oder wenigstens nicht vordringlich, um äußeren Zwang. Diese innere Motivierung wird dann auch bei Weber mittels der zur Zeit der Entstehung des Kapitalismus vorherrschenden Auffassungen des guten Lebens analysiert. Es war die spezifische Form der protestantischen Ethik, welche die Kompatibilität individueller Definitionen des guten Lebens mit den systemischen Bedürfnissen des sich entwickelnden Kapitalismus gewährleistete, so Webers These. Was aber, so lautet die meines Erachtens ebenso naheliegende wie spannende, aber kaum bearbeitete Frage, liegt heute, nach dem Absterben wenigstens des religiösen Teils jener Ethik, an der Wurzel der aufgezeigten wundersamen Übereinstimmung?

Eine erste und noch oberflächliche Antwort darauf, die einem leicht in den Sinn kommt, kann durch den Verweis darauf gefunden werden, dass wir immer mehr Bereiche des öffentlichen Lebens überfluten lassen von den Produkten, Zeichen und Ansprüchen einer Werbeindustrie, die nichts anderes als das Konsumentenideal zum Modell des guten Lebens schlechthin erhebt.[252] *Konsumieren*

252 Kein Spielfilm, keine Sportübertragung und kein Prominenteninterview ohne Werbung, keine kulturelle Großveranstaltung ohne werbenden Sponsor; Werbeflächen, sobald wir aus dem Haus treten: Busse und Bahnen etwa sind nicht mehr nur außen, sondern auch im Inneren damit ausgestattet – elektronische Werbebahnen halten den Blick während der Fahrt gefesselt. Aus Skandinavien erreicht uns eine neue Werbeidee: Ferngespräche sollen gebührenfrei führbar sein, wenn die Telefonierenden vor und während des Gesprächs Werbebreaks akzeptieren. Ferner ist kein Produkt zu erwerben, das nicht gleichzeitig Werbung für sich selbst machte. Inzwischen passen wir unsere Produkte und Aktivitäten sogar den Bedürfnissen der Werbeindustrie an, wie nicht nur das Telefon-Beispiel verdeutlicht: Fußball sei nicht mehr kostendeckend zu vermarkten, so kündigte der Programmdirektor eines branchenführenden Fernsehsenders vor einiger Zeit an, wenn die Spielform nicht dahingehend geändert werde, dass sie mehr Werbeunterbrechungen zulasse. Und dies, obwohl etwa die Werbezeit

macht glücklich, lautet die gleichbleibende, einfache und generelle Botschaft, die zweifellos viel effektiver ist als die *spezifische Botschaft*, mit der der Konsum eines bestimmten Produktes nahegelegt wird.[253] Hierin liegt sicherlich eine Facette für die Beantwortung der oben gestellten Frage, warum Subjekte in der Spätmoderne das gute Leben überwiegend so kapitalismusfreundlich definieren: Weil die Werbung eine entsprechende Definition in uns buchstäblich ›hineinhämmert‹. 350 000 Werbespots soll ein durchschnittlicher amerikanischer Teenager bereits gesehen haben, wenn er volljährig (18) wird.[254] Es wird wohl niemand ernsthaft bestreiten wollen, dass sich diese Bilderflut in irgendeiner Form auf die individuellen Konzeptionen des guten Lebens und auf die dispositionale Struktur unseres Bewusstseins auswirken *muss*, wenngleich das genaue Ausmaß und die Wirkungs*weise* umstritten sein mögen. (Die Beeinflussung durch die Werbung mag dabei durchaus unterschwellig bleiben: Sie bestimmt nicht unsere *intentionalen* Bewusstseinsgehalte, aber sie formt die *dispositionale Struktur* des Bewusstseins. *Ich* kaufe doch nicht diese oder jene Zahnpastasorte, nur weil der Werbetrailer witzig ist – nein, aber die mir verfügbaren Konzeptionen dessen, was es heißt, ein gutes Leben zu führen, dessen, worauf es ankommt im Leben, werden durch jene Bilder mitbestimmt. Theorien eines ›falschen Bewusstseins‹, sofern sie sich heute überhaupt noch vertreten lassen, könnten hier ihren Ausgangspunkt nehmen.) Die Annahme jedenfalls, wir entschieden weitgehend autonom über unsere

in der zentralen wöchentlichen Berichterstattung über die deutsche Bundesliga inzwischen die Zeit der tatsächlichen Berichterstattung nahezu eingeholt hat. Unser Lebensrhythmus und unsere Aktivitäten werden daher zunehmend darauf abgestimmt, dass die Methoden, Bedürfnisse zu induzieren, wirksamer werden können. Der neueste Bereich, der den Begierden der Werbeindustrie geopfert werden soll, sind jetzt die Schulen: Was für Millionen von Kindern an US-Schulen bereits Realität ist – dass ihnen nämlich regelmäßig Nachrichten und Informationen mit speziell auf sie zugeschnittenen Werbeblöcken per TV im Klassenzimmer präsentiert werden –, hält jetzt offenbar auch in Deutschland Einzug. In immer mehr Bundesländern wird entschieden die Öffnung der Schulen für kommerzielle Werber betrieben, um damit die finanzielle Ausstattung der Bildungseinrichtungen zu verbessern.

253 Dass es zunehmend schwieriger werden mag, wirkungsvolle Marketingstrategien für den Erfolg eines einzelnen Produktes zu erarbeiten oder Trends vorherzusagen, steht der hier formulierten These daher nicht entgegen.

254 *Connoisseur*, September 1989; zit. im Anhang zu D. Coupland, *Generation X. Tales for an Accelerated Culture*, New York 1991, S. 182.

Handlungen und Optionen, weil wir Herr der intentionalen Bewusstseinsgehalte sind, hat die zeitgenössische Sozialphilosophie und -psychologie längst als Fehlschluss enttarnt.[255]

Das Expansionsbedürfnis des Kapitalismus hat dabei in gewisser Weise bereits eine historisch einmalige und unvergleichliche Situation geschaffen: Die kapitalistische Gesellschaft ist dadurch gekennzeichnet, dass sie nahezu ebenso viele und in vielen Bereichen sogar noch mehr Ressourcen dafür aufwendet, Bedürfnisse zu *wecken*, zu *erzeugen* oder zu *konstruieren*, als sie zu *befriedigen*.[256] Zugleich fehlt es aber auch zunehmend an den öffentlichen Mitteln, *vorhandenen* Grundbedürfnissen – etwa bei der Armutsbekämpfung, im Bildungswesen, bei der Gesundheitsfürsorge oder im Umweltschutz – wirkungsvoll zu begegnen.

255 So deutet vieles darauf hin, dass das, was am Bewusstsein eines Subjekts kulturell und sozial geformt ist, nicht der repräsentationale *Inhalt* dieses Bewusstseins, sondern eher dessen dispositionale Struktur ist: Der kulturelle Aspekt des Selbst, der als ›mores and manners‹ etwa schon von Montesquieu hervorgehoben wurde, ist nicht Inhalt des Gedachten und Gefühlten, sondern geht diesem voraus und ermöglicht es erst. Im Anschluss an Durkheim schreibt deshalb Vincent Descombes: »Die Wirkmächtigkeit des Sozialen lässt sich am besten als eine habituelle Gegenwart vorstellen: Es handelt sich nicht um einen ›Bewusstseinszustand‹, sondern eher um das, was in den Individuen im Blick auf ihre zukünftigen Reaktionen auf bestimmte Situationen schon festgelegt ist.« Mit Rom Harré gibt Descombes dem dann eine ›linguistische Wende‹ im Sinne Taylors: »Es gibt nichts im Bewusstsein, was nicht zuvor im Gespräch gewesen wäre« (V. Descombes, »Is There an Objective Spirit?«, in: J. Tully [Hg.], *Philosophy in an Age of Pluralism. The Philosophy of Charles Taylor in Question*, Cambridge 1994, S. 96-118, hier S. 105; Übers. H. R.).

256 In die Schlagzeilen geraten sind in diesem Zusammenhang die weltweit führenden Sportschuhhersteller, die zweistellige Millionbeträge in Werbeverträge mit Formel-1-, Fußball- und NBA-Stars investieren, während sie den Frauen und Kindern, die im asiatischen Raum die Schuhe tatsächlich produzieren, Löhne von angeblich umgerechnet nur 25 Euro im Monat bezahlen.
Zur Bedürfniserzeugung gehören dabei natürlich neben der direkten Werbung auch all jene Kosten, die durch Tätigkeiten entstehen wie: Schaufenstergestaltung zur Kundenanlockung, attraktive Verpackung der Waren und ihre Präsentation in einer sogar mit kaufanreizenden *Gerüchen* stimulierten Umgebung, architektonische Gestaltung von Geschäften in einer konsumfreundlichen Weise, die Herstellung von Produkten oder Dienstleistungen, die zu weiterem Konsum anreizen (z. B. sind die Hersteller von Tonerzeugern mit den Herstellern von Tonträgern in der Weise verknüpft, dass die Erfindung neuer [›besserer‹] Abspielgeräte die massenhafte Neuanschaffung von ›alten‹ Tonträgern in der neuen technischen Form nahelegt).

Mehr noch: Wie etwa Albert O. Hirschman dargelegt hat, beruht der Erfolg des Kapitalismus nicht nur darauf, dass er es vermag, permanent Bedürfnisse zu wecken, sondern auch darauf, dass er diese Bedürfnisse fortwährend enttäuscht. So glaubten wir vielleicht, mit dem Kauf eines neuen Autos würden unsere kühnsten Träume und Wünsche endlich Wirklichkeit, aber bald nach dem Erwerb des Wagens stellten sich Desillusionierung und Enttäuschung ein. Die Enttäuschung darf aber nicht so sein, dass wir fortan unser Glück nicht mehr in der Konsumtion suchen, sondern sie muss uns umgekehrt zu noch gesteigerter Konsumtion antreiben.[257] Nur auf der dadurch geschaffenen Grundlage der permanenten und immer weiter beschleunigten Umwälzung des gerade erst Erreichten bleibt ein (spät-)kapitalistisches System lebensfähig, wie Gerhard Gamm treffend bemerkt:

> Das System ist dem paradoxen Zwang ausgesetzt, das, was an neuen Produkten und Lebensstilen, Techniken und Ideologien eben erst erfunden wurde, als revolutionär und epochemachend vor unseren Augen entrollt wurde, gleich wieder entwerten zu müssen, weil der leere und ziellose Zwang zu Neuem immer alles gleichsam von vorn beginnen lassen muß.[258]

Die pauschale Behauptung, die Gesellschaftsform der liberalkapitalistischen Industriestaaten sei die (zumindest bisher) ›rationalste‹ oder ›vernünftigste‹ denkbare Gesellschaftsform, scheint allein durch dieses Faktum stark in Zweifel gezogen zu werden.

Eine derartige Kritik an der Werbeindustrie und der Konsumgesellschaft ist nun sicherlich weder neu noch spektakulär. Allerdings wird sie durch die Tatsache, dass sie nicht neu ist, sondern schon von verschiedenen Autoren (etwa von Marcuse)[259] zu verschiedenen Zeiten und in verschiedenen Zusammenhängen formuliert wurde, auch nicht einfach irrelevant gemacht oder gar widerlegt. Erstaunlich ist vielmehr, dass sie gerade in einer Zeit, in der die von ihr beschriebene und beklagte ›Implosion des Kapitalismus‹

257 »Die kapitalistische Wirtschaft gedeiht nur dann, wenn wir von unseren Einkäufen enttäuscht sind, sobald wir sie getätigt haben« (L. Hudson, »Undermine Yourself«, in: *Times Literary Supplement* 4860 [1996], S. 35, in einer Rezension zu Hirschman; Übers. H. R.).

258 Gamm, »Das metaphorische Selbst«, S. 81.

259 H. Marcuse, *One-Dimensional Man. Studies in the Ideology of Advanced Industrial Society*, Boston 1964; dt. 1968.

(Robert Heilbronner) ihren Höhepunkt erreicht – immer mehr Lebensbereiche werden gemäß den Prinzipien des kapitalistischen Warenmarkts kommerzialisiert oder kommodifiziert: ›Rent a friend, buy a religion‹ sind die sprechenden Slogans –, zu erlahmen und verstummen scheint.[260] Eine zentrale und vordringliche Aufgabe zeitgenössischer kritischer Sozialtheorie besteht daher meines Erachtens darin, jener Kritik ein solides theoretisches Fundament zu verschaffen, ohne in fragwürdige teleologische und paternalistische Argumentationsweisen zurückzufallen.

III. Wirkungsweisen des ›Marktpaternalismus‹

Die bisher gefundene Antwort, dass es der Kapitalismus selbst sei, der sich die ihm förderlichen Definitionen des guten Lebens beschaffe, kann keinesfalls die ganze Wahrheit sein. Ebenso gut ließe sich ja auch die umgekehrte Position vertreten, nach der wir heute deshalb in einem kapitalistischen Gesellschaftssystem leben, weil wir unsere Identität und unsere Vorstellungen vom guten Leben auf eine entsprechende Weise bestimmen. Folglich müssen die kulturellen Mechanismen, welche unsere individuellen und kollektiven Vorstellungen vom guten Leben mit den sozioökonomischen systemischen Imperativen verknüpfen, tiefer liegen und einen inneren Motivationszusammenhang bilden. Ich möchte daher auf den folgenden Seiten dieses Kapitels versuchen, drei Bereiche oder Wirkungszusammenhänge zu identifizieren und zu skizzieren, vermittels deren die Harmonisierung zwischen individuellen Selbstverständnissen sowie Lebenszielen und sozioökonomischen Systemimperativen hergestellt wird. Allerdings gilt es dabei im Voraus festzuhalten, dass in diesem Feld noch ein enormer Forschungsbedarf besteht. Wie etwa Taylor bemerkt, »müssen [wir] zugeben, dass wir noch nicht einmal *begonnen* haben, die Hintergründe unserer unersättlichen Konsumbereitschaft zu verstehen«.[261] Gesichert

260 Eine ähnliche Feststellung in Bezug auf das Verschwinden des ›Kapitalismus‹ aus dem öffentlichen Sprachgebrauch trifft auch Gamm, »Das metaphorische Selbst«, S. 80 f.

261 C. Taylor, »The Agony of Economic Man«, in: L. Lapierre u. a. (Hg.), *Essays on the Left. Essays in Honour of T. C. Douglas*, Toronto 1971, S. 221-235, wieder

scheint nur zu sein, dass, wie schon und gerade Weber überaus scharf herausgearbeitet hat, *anthropologische Faktoren* (etwa die Annahme einer angeborenen Neigung zur Pleonexie) allein, das heißt ohne die Berücksichtigung spezifisch *kultureller* Entwicklungen, zur Erklärung untauglich sind. Dies gilt umso mehr in einer Welt, in der die am heißesten begehrten Objekte nicht mehr um ihres Gebrauchs- oder Nutzwertes willen begehrt werden, sondern ihrer symbolischen und kulturellen Bedeutung wegen, die sie zeichenhaft tragen und die zur Definition von *Lifestyles* und Identitäten dient. Wiederum mögen hier Turnschuhe zur Illustration dienen: Sie werden gewiss nicht deshalb gekauft, weil sich mit ihnen gut turnen lässt (das geht barfuß nicht selten weit besser). Ihr Materialwert – im Gegensatz zu ihrem Verkaufswert von 100 Dollar und mehr – liegt oftmals unter 2 Dollar; sie werden gekauft, weil etwa die drei *adidas*-Streifen für viele jugendliche ›Tribes‹ zum unverzichtbaren Identitätsmerkmal geworden sind.

1. Personale Identität und Hintergrundskultur

Ein erster Erklärungsversuch ergibt sich aus jenen in jüngster Zeit vor allem im Zusammenhang mit der ›Multikulturalismus-Diskussion‹ entstandenen sozialphilosophischen Arbeiten, die sich der Frage nach dem Zusammenhang zwischen der individuellen Identität und der umgebenden sozialen Praxis oder der ›Kultur‹ widmen.[262] Sie stimmen in der Regel darin überein, dass Kulturen – ›Lebenswelten‹ – die je individuelle Identität und die damit verknüpfte Konzeption des Guten und des guten Lebens auf mindestens dreierlei Weise prägen und prädeterminieren: Zum Ersten eröffnen und definieren sie einen Raum von für sinnvoll empfundenen Lebens- und Handlungsoptionen im Hinblick auf Fragen wie: Was kann ich werden, was kann ich wollen, was kann ich tun?[263] Zum Zweiten eröffnen und definieren sie Form und Gestalt sozialer und persönlicher Beziehungs- und Interaktionsmuster, und zum Dritten schließlich stellen Kulturen den Individuen eine

abgedruckt in: H. D. Forbes, *Canadian Political Thought*, Toronto 1985, S. 406-416, hier S. 412; Übers. und Hervorh. H. R.

262 Zu nennen wären hier Arbeiten von Charles Taylor, Joseph Raz oder Will Kymlicka; vgl. auch Rosa, *Identität und kulturelle Praxis*.

263 Vgl. J. Raz, »Multiculturalism« (Übers. H. R.).

Reihe von (narrativ verfassten) Identitätsmustern als Angebote zur Verfügung.

Ich bin der ich bin, aber ich bin auch, der ich werden kann oder hätte werden können. Um eine Person zu verstehen, müssen wir wissen, wie sie das geworden ist, was sie ist, das heißt, wir müssen verstehen, was sie hätte werden können und warum sie einige Dinge realisiert hat, andere aber nicht. Auf diese Weise erzeugt die Kultur die Identität.[264]

In allen drei Hinsichten, so stünde nun zu vermuten, begünstigt und befördert die Kultur moderner Industriegesellschaften die Erfordernisse des Kapitalismus. Der dominierende Optionenraum verengt sich in liberalkapitalistischen Gesellschaften zunehmend auf zwei Dimensionen, nämlich die Felder der Produzenten- und Konsumentenoptionen, und unsere sozialen Beziehungsmuster werden beherrscht durch die Verhaltensweisen von Produzenten und Konsumenten. Wir sind dabei, selbst die Religion, die Ehe und den Sportverein konsumförmig wahrzunehmen, und wir instrumentalisieren bzw. funktionalisieren weite Bereiche, in denen alltägliche Interaktion stattfindet. (In ausdifferenzierten Gesellschaften ist die Begegnung am Bankschalter, auf dem Sozialamt, an der Universität, im Krankenhaus, im Bahnhof, vielleicht sogar in der Parteiversammlung keine ›persönliche‹ Begegnung mehr, in der sich Individuen *als* Individuen gegenüberstehen, sondern sie erschöpft sich in funktional-instrumentellen Interaktionen.) Dass Beziehungsmuster in zeitgenössischen westlichen Gesellschaften oftmals auch unmittelbar gemäß den Funktionsprinzipien des Marktes umgestaltet werden, wurde bereits deutlich: ›Rent-a-friend‹-Agenturen und Prostitution sind hierfür anschauliche Beispiele.

An dieser Stelle ist auch noch einmal an die bereits erörterte Beobachtung zu erinnern, dass wir über den Produktionsbereich hinaus unsere gesamte Lebensführung immer mehr nach der Logik von Produktion und Konsumtion zu rationalisieren scheinen: Zeitmanagement, langfristig angelegte und kunstvoll geplante Netze von Sozialbeziehungen, die unterhalten werden müssen und im Sinne sozialen Kapitals zu pflegen und expansiv zu erweitern

264 Ebd., S. 71 f.; ganz ähnlich argumentiert auch W. Kymlicka, *Multicultural Citizenship. A Liberal Theory of Minority Rights*, Oxford 1996.

sind, die vollständige Verplanung von Freizeit und Urlaub – sie alle gewährleisten, dass wir durch die Übertragung des ursprünglich *produktionsbezogenen* Leistungsethos auf alle Bereiche unseres Lebens optimal unsere Konsummöglichkeiten ausschöpfen.[265] Legen schließlich im Hinblick auf die dritte der genannten Dimensionen, die Identitätsmuster, *Lebensläufe* ein beredtes Zeugnis ab für die Vorherrschaft des ›produktivistischen‹ Identitätsmusters, bietet die ›postmoderne‹ Medienkultur, wie sie exemplarisch etwa vom amerikanischen Musik- und Werbekanal MTV repräsentiert wird (der weltweit von mehr als einer Milliarde Menschen empfangen wird), ein anschauliches Beispiel für das warenförmige Angebot *konsumorientierter* Identitätsmuster.

2. Die Theorie des ›objektiven Geistes‹

Ein zweiter Erklärungsansatz lässt sich im Anschluss an jene Positionen gewinnen, die darauf insistieren, dass die vorherrschenden Institutionen und sozialen Handlungsweisen einer jeden Gesellschaft immer schon ein bestimmtes *Selbstverständnis* – oder eine bestimmte, konstitutive *Selbstinterpretation* – zum Ausdruck bringen und diese unmittelbar ›verkörpern‹, so dass sie in gewissem Sinne den ›objektiven Geist‹ dieser Gesellschaft materialisieren. Ein spezifisches (wenngleich oftmals komplexes und teilweise widersprüchliches) Bild dessen, was es heißt, ein Mensch zu sein, was es bedeutet, in einer Gesellschaft zu leben, worauf es im Leben und im Bezug zur Natur, zur Geschichte, zu Zeit und Ewigkeit etc. ankommt, ist so im öffentlichen Raum immer schon vorhanden und wird durch Sozialisation internalisiert; es leitet die individuel-

265 Hochentwickelte elektronische Haushaltsgeräte und Kommunikationstechnologien spielen eine herausragende Rolle in diesem Rationalisierungsprozess: Videorekorder, Mikrowelle und Internet versprechen gleichermaßen Zeitgewinne und damit gesteigerte Konsummöglichkeiten. Fastfood- Restaurants oder standardisierte Möbel- und Heimwerkermärkte wie IKEA oder OBI dienen dem gleichen Zweck. Interessant ist dabei am Rande, dass uns die dabei gewonnene *Zeit* ebenso wenig zum freien Gebrauch zur Verfügung zu stehen scheint wie die erwirtschafteten Gewinne dem kapitalistischen Unternehmer: Beide müssen reinvestiert werden in der Hoffnung, möglichst hohe Zinsen zu tragen. Systematisch untersucht hat dies Staffan B. Linder in seiner anregenden Studie *Warum wir keine Zeit mehr haben. Das Linder-Axiom*, Frankfurt/M. 1973; vgl. ferner auch Voß, »Wertewandel«.

len und sozialen Handlungen, Rollenausfüllungen und Entscheidungen und liegt daher auch den individuellen Definitionen eines guten Lebens zugrunde.[266]

Entscheidend ist dabei, dass den Individuen die so erzeugte ›objektive‹ gesellschaftliche Wirklichkeit in unabweisbarer Faktizität gegenübertritt – sie ist in gewisser Weise immer schon ›verdinglicht‹[267] und verfestigt und erscheint nicht als soziales Konstrukt, sondern als Ausdruck der Welt schlechthin. Zugleich internalisieren die Subjekte das in der gesellschaftlichen Wirklichkeit objektivierte Selbstverständnis, indem sie in die sozialen Praktiken einbezogen werden, sich die mit ihnen verknüpfte Sprache (oder Sprachen) aneignen und die legitimierende symbolische Ordnung begreifen lernen. Akteure übernehmen dabei in ihrer Partizipation an gemeinsamen Praktiken das in den sozialen Handlungen (und Rollen) angelegte Selbstverständnis:

> Das hat wichtige Konsequenzen für die Selbsterfahrung. Im Verlauf der Handlung findet eine Identifikation des Selbst mit dem objektiven Sinn der Handlung statt. Die vor sich gehende Handlung bestimmt für den Augenblick ihres Vollzugs die Selbstauffassung des Handelnden, und zwar in ebendem objektiven Sinn, der ihr von der Gesellschaft zugeschrieben wird […]. Mit anderen Worten: ein Teil des Selbst wird im Sinne der gesellschaftlich erreichbaren Typisierungen objektiviert.[268]

Auch in diesem Zusammenhang scheint nun wiederum das Argument nicht unplausibel, dass der ›objektive Geist‹ liberalkapitalistischer Gesellschaften, wie er in der Gestaltung des öffentlichen Raumes, einschließlich etwa der Architektur der Innenstädte (die mit Rob Shields selbst als diskursive Äußerung verstanden werden kann[269]), in den öffentlichen Rollen, den öffentlichen Diskurssystemen, den politischen Agenden etc. verkörpert ist, ein Selbstbild enthält, das eine den Erfordernissen des Kapitalismus dienliche

266 Taylor, »Hegel's Sittlichkeit and the Crisis of Representative Institutions«, S. 139 f.; siehe dazu auch oben den »Das Grundmodell« betitelten Abschnitt von Kapitel 3.

267 Zur soziologischen Anknüpfung an Marx' *Verdinglichungsbegriff* vgl. etwa P. L. Berger, T. Luckmann, *Die gesellschaftliche Konstruktion der Wirklichkeit. Eine Theorie der Wissenssoziologie*, Frankfurt/M. 1969, S. 94 ff.

268 Taylor, »Hegel's Sittlichkeit and the Crisis of Representative Institutions«, S. 77.

269 Shields, *Lifestyle Shopping*.

Definition des guten Lebens zugleich voraussetzt und befördert. Parteien, Fernsehsender, Kaufhäuser (man denke etwa an den Gang durch die vollen Regale eines Supermarkts), Sportvereine, Kirchen oder Sekten sprechen uns an und appellieren an uns als Produzenten und Konsumenten und vor allem als ›autonom wählende Subjekte‹ (*subjects of choice*): *Wählen Sie Ihre Partei, Ihr Produkt, Ihre Religion, Ihren Lebenspartner, Ihren Urlaubsort, Ihren Sportverein* oder, im Extremfall, sogar *Ihr Geschlecht*. Die wenig überraschende Folge hiervon ist, dass wir als *Handelnde* das entsprechende Selbstbild ontologisieren oder zumindest anthropologisieren und darin bestärkt werden durch soziologische, politikwissenschaftliche oder wirtschaftswissenschaftliche Ansätze wie *Rational-* oder *Public/Social-Choice-Theorien*, die sich damit in höchstem Maße der *Verdinglichung* (oder Naturalisierung) ursprünglich sozialer Konstruktionen schuldig machen.

3. Die Korrelation von Identität und Anerkennung

Ein dritter Mechanismus schließlich, mit dessen Hilfe individuelle Identitäten und Konzeptionen des Guten mit kollektiven gesellschaftlichen ›Bedürfnissen‹ oder systemischen Erfordernissen gekoppelt werden, ist ebenfalls im Zusammenhang mit der Multikulturalismusdiskussion und den verschiedenen Ausprägungen der ›Identitätspolitik‹ ins Zentrum der sozialpsychologischen und -philosophischen Diskussion gerückt: die Art und Weise nämlich, in der die Ausbildung tragfähiger personaler Identitäten mit der Existenz stabiler Anerkennungsbeziehungen verknüpft ist. Wir definieren unsere Vorstellung vom guten Leben nicht autonom, so lautet die dabei zutage geförderte Erkenntnis, sondern in Abhängigkeit davon, *dass* wir anerkannt werden wollen und *wofür wir anerkannt werden*. Da Individuen die für die Ausbildung einer Identität unverzichtbare Anerkennung nur erfahren können, wenn sie sich die Wertmaßstäbe der Gesellschaft – wenigstens zu einem gewissen Grad – produktiv und kreativ aneignen, und da sie zugleich (wie Hegel in seiner berühmten *Herr-Knecht-Dialektik* zeigt) jene wertschätzen müssen, von denen sie anerkannt werden wollen, müssen sie auch die Werte und die Identität der Gemeinschaft anerkennen, in der sie anerkannt werden wollen. Auf diese Weise scheint die kulturelle Perpetuierung kollektiver Vorstellungen des guten Lebens und entsprechender Identitätsmuster weitgehend störungsfrei gewährleistet zu sein.

Die Dialektik der Anerkennung verhindert oder limitiert so eine tatsächliche gesellschaftliche Pluralisierung der Konzeptionen des guten Lebens, die nach der Vorstellung des politischen Liberalismus ja längst Realität sein müsste. Vielleicht kann dies dazu beitragen zu erklären, wieso die Moderne nicht nur von einem Trend zur *Differenzierung*, sondern ebenso sehr und trotz aller individualistischer Doktrinen auch von einer gegenläufigen Tendenz zur *Uniformierung* gekennzeichnet ist. Jedenfalls liegt hierin ein entscheidender Faktor für unsere Selbstdefinition als *Produzenten*: Zwar können wir unter Umständen auch Anerkennung gewinnen durch exzentrische Konsumgewohnheiten (das Tragen eines Pelzmantels, das Fahren eines Ferraris, die sichere Beherrschung der Modetrends, neuerdings aber vor allem durch eine professionalisierte Wahl unseres *Lifestyles*); in erster Linie jedoch erfahren wir soziale Wertschätzung, wenn wir auf der beruflichen Karriereleiter nach oben gelangen und in der Produktionshierarchie Spitzenplätze einnehmen. Wir definieren und qualifizieren uns (individuell und kollektiv) über *Leistung*, die sich auch darin zeigt, dass wir uns auf der Konsumseite ›mehr leisten‹ können. *Leistung muss sich wieder lohnen*: Dieser Slogan fasst die spätmoderne Selbstdefinition als Produzent und Konsument wie die beiden Kehrseiten einer Medaille trefflich in einem Bild zusammen und spiegelt die in unserer Gesellschaft vorherrschenden Anerkennungsmuster wider. Erfolg als Konsument und Produzent verschafft identitätskonstituierende Anerkennung, Selbstwertgefühl und Bestätigung. Die *comprehensive doctrine* (Rawls) des Konsumenten/Produzenten-Paradigmas erfährt so höchste gesellschaftliche Wertschätzung und sticht alle anderen daneben und parallel existierenden *comprehensive doctrines* bei weitem aus. Mit anderen Worten: Die Gesellschaft vermittelt uns in so vielen Kontexten und Zusammenhängen, dass unsere entsprechenden (kapitalismuskompatiblen) Konzeptionen des guten Lebens höchst wertvoll sind, dass wir auch dann noch an ihnen festhalten, wenn unsere individuelle Erfolgskurve, das heißt unsere Annäherung an dieses Gute, nach unten zeigt, wenn wir also als Produzenten und Konsumenten versagen.

Interessanterweise ist dabei die Idee, dass das Bedürfnis nach Anerkennung die Triebfeder des Kapitalismus sei, keineswegs neu.

Sie wurde bereits von niemand anderem als dem (wenngleich nicht ganz zu Recht) auch als Vater des Manchesterkapitalismus geltenden Adam Smith formuliert. Da die leiblichen Bedürfnisse höchst begrenzt seien, so Smith,

> geschieht es hauptsächlich im Hinblick auf die Gefühle der Menschheit, daß wir nach Reichtum streben und Armut zu vermeiden suchen. Denn welchem Zweck dient all die Mühe und Geschäftigkeit dieser Welt? Was ist das Ziel von Habgier und Ehrgeiz, von Streben nach Reichtum, von Macht und Ansehen? [...] Woher [...] der Wetteifer, der die verschiedenen Stände ergreift, und welche Vorteile haben wir im Auge, wenn wir als wichtigstes Ziel menschlichen Lebens die Verbesserung unserer Lage nennen? *Beachtet zu werden, versorgt zu werden, mit Sympathie und Anerkennung bedacht zu werden: Nur das sind Vorteile, die wir damit zu gewinnen suchen. Eitelkeit, nicht jedoch Annehmlichkeiten oder Freude, interessiert uns.*[270]

Damit geht für Smith das Streben nach ökonomischem Vorteil funktional aus dem (übergeordneten) Streben nach Anerkennung hervor – das ökonomische Handeln wird so auf nichtökonomische Ursachen zurückgeführt.

IV. Naturalismus, Kapitalismus und der postmoderne Paternalismus

Führt man nun die Überlegungen aus diesen drei Feldern zusammen, so ergibt sich daraus als zentrales Argument, dass der Grund dafür, warum wir uns bei unserer Definition des guten Lebens auf so weitreichende Weise nach den exzessiven kapitalistischen Systemimperativen richten, in der vorherrschenden Selbstinterpretation oder dem objektiven Geist spätkapitalistischer Industriegesellschaften zu suchen ist, der die Identitäts-, Beziehungs-, Options- und Anerkennungsmuster, die uns definieren, konstituiert und unser Selbstverständnis prädeterminiert. Daher drängt sich an dieser Stelle mit Macht die Frage nach einer genaueren Identifizierung und Charakterisierung dieses postulierten spezifischen Selbstverständnisses der liberalkapitalistischen Gesellschaftsordnung auf, welches unsere je individuellen Konzeptionen des guten

270 A. Smith, *The Theory of Moral Sentiments*, Bd. 1, London [9]1801, S. 98 f.; zitiert nach A. O. Hirschman, *Leidenschaften und Interessen*, Frankfurt/M. 1987, S. 117; Hervorh. H. R.

Lebens speist. Dies stellt eine außerordentlich umfassende Aufgabe dar, die ich an dieser Stelle nicht einlösen kann, doch bleibt mir der Hinweis darauf, dass die Erforschung ebendieses konstitutiven neuzeitlichen Selbstverständnisses ein zentrales Ziel der monumentalen Moderne-Diagnosen Charles Taylors darstellt, deren Ergebnisse für den gegebenen Zusammenhang ich abschließend in der gebotenen Kürze skizzieren möchte.

Im Anschluss an Taylors Arbeiten kann das *naturalistische Selbstbild*[271] als der zentrale Grundbaustein verstanden werden, welcher eine kapitalismuskompatible Selbstdefinition der Individuen in modernen westlichen Gesellschaften sicherstellt. Im Kern beruht es auf den *Hypergütern* der desengagierten Identität, der radikalen Autonomie und der instrumentellen Vernunft und Naturbeherrschung, welche Hand in Hand gehen mit der Affirmation des Alltagslebens, das heißt der lebenspraktischen Bejahung der Sphäre von Produktion und Reproduktion. Das prototypische Selbstbild des Naturalismus ist John Lockes ›punctual self‹, das schließlich noch sich selbst zu objektivieren versucht. Darin vorausgesetzt und zugleich bestärkt wird das Ideal des ungebundenen, rationalen und konsumzentrierten Subjekts in einer Wachstumsgesellschaft, das nicht nur in zahllosen politischen, ökonomischen, rechtlichen und wissenschaftlichen Praktiken, Institutionen und Diskursen unserer Zeit implizit enthalten ist, sondern natürlich auch in den Produktionen der Werbe- wie der Unterhaltungsindustrie permanent reproduziert wird, die ihrerseits wiederum eng miteinander verknüpft sind. Im Gefolge dieses Ideals nahm die *Produktion* zunächst die Rolle eines reinen Mittels zum Zweck der instrumentellen Naturbeherrschung ein, doch hat sich dies inzwischen so verselbständigt, dass sie zu einem Selbstzweck geworden ist. Der Erwerb von *Konsumgütern* wiederum kann dabei als sichtbares Symbol für die Naturbeherrschung auf Seiten der Individuen gedeutet werden. Auf diese Weise sind Produktion und Konsumtion im dominanten Selbstbild unseres Zeitalters inhärent verknüpft.

Daher ist es unrealistisch, die Infrastruktur der technologisierten Gesellschaft als ein Instrument zu betrachten, mit dessen Hilfe wir unsere frei

271 Vgl. die Einleitung zu C. Taylor, *Philosophical Papers*, (2 Bde., Cambridge 1985), oder Taylor, *Quellen des Selbst*, S. 155, bes. Anm. 47.; dazu ausführlich Rosa, *Identität und kulturelle Praxis*, Kap. VI.3.

und unabhängig gesetzten Ziele verfolgen können. Im Gegenteil, solange die technologisierte Gesellschaft durch das ökonomische Selbstbild legitimiert und integriert wird, wird sie dazu tendieren, an ihren gegenwärtigen Zielen festzuhalten, nämlich dem ewigen Wachstum der Produktion und der stets größer werdenden Glücksquelle des Konsums,[272]

schreibt Taylor hierzu und bestätigt damit einmal mehr die Vermutung, dass die liberale Konzeption individueller ethischer Autonomie in einer kapitalistischen Gesellschaft ideologische Züge trägt.

Der ›objektive Geist‹ der liberalkapitalistischen Gesellschaft enthält jedoch auch die Elemente eines zweiten, alternativen Selbstbildes oder Paradigmas, das in ihrer Sprache, ihren Institutionen und Handlungsweisen ebenfalls angelegt und verkörpert ist und das mit Taylor als ›romantisch-expressivistisch‹ bezeichnet werden kann. Darunter versteht er ein Netzwerk aus Ideen und Idealen, die in der Gefolgschaft von Herder und den Romantikern um die Hypergüter der Kreativität und Authentizität sowie vor allem der expressiven Erfüllung und Einheit oder Ganzheit zentriert sind. Dieses Paradigma strebt vordringlich nach Überwindung des naturalistischen Desengagements und der damit einhergehenden Dualismen von Leib und Seele, Vernunft und Gefühl, Geist und Natur, Individuum und Gemeinschaft, Mensch und Natur etc., die aufgehoben werden sollen in einer ›expressiven organischen Einheit‹ des menschlichen Lebens, das dabei in Analogie zum Kunstwerk begriffen wird. Dieses zweite Paradigma liegt an der Wurzel fast aller politischen, ästhetischen oder spirituellen Protestströmungen gegen den Kapitalismus und die Konsumgesellschaft; es motivierte den jungen Marx ebenso wie etwa die *68er-Bewegung*, die *Ökologie-Bewegung* oder sogar die *New-Age-Welle*.[273]

Entscheidend aber für den anhaltenden Erfolg der kapitalistischen Ethik ist nun aus meiner Sicht, dass in den zentralen Belangen der Alltagswelt das romantisch-expressivistische Selbstverständnis inzwischen vom naturalistischen Selbstbild nahezu vollständig überlagert bzw. geradezu *kolonialisiert* wurde. Dies wird insbesondere dann ersichtlich, wenn wir die aktuellen Formen der individuellen Selbstverhältnisse untersuchen. Das zeitgenössische Leitideal

272 Taylor, »Agony of Economic Man«, S. 414 (Übers. H. R.).

273 Vgl. etwa C. Taylor, *Hegel*, Frankfurt/M. 1975, S. 705 ff., oder Taylor, *Quellen des Selbst*, S. 862 ff.; dazu Rosa, *Identität und kulturelle Praxis*, Kap. VI.4 und VIII.1.

der *Selbstverwirklichung* und *Authentizität* etwa weist zwar eindeutig romantisch-expressivistische Wurzeln auf, tritt jedoch zumeist in Verbindung mit der Forderung nach radikaler Autonomie und mit einem instrumentalistischen Verständnis von Natur und Gemeinschaft sowie einem atomistischen Identitätsbegriff auf, welche unzweifelhaft Ausflüsse des naturalistisch-instrumentalistischen Selbstverständnisses sind. *Ästhetisierung*, *Selbstinszenierung* und *experimentelle Selbstverhältnisse* sind daher zeitgenössische, ›postmoderne‹ Identitätsformen, deren romantisch-expressivistischer Impetus eine vollkommene Symbiose mit dem naturalistischen Selbstbild und den kapitalistischen Systemimperativen eingeht. Ganz ähnlich bemerkt daher auch Gerhard Gamm im Hinblick auf den Zusammenhang von Kapitalismus und postmodernen Selbstkonzeptionen:

[D]er Kapitalismus lebt seiner ganzen Anlage nach davon, den Möglichkeitshorizont des Handelns ins Unabsehbare auszuweiten. In seiner postindustriellen Phase setzt er Kettenreaktionen in Gang, welche die Möglichkeiten nach allen Seiten hin explodieren lassen [...]. In seinen Wirbeln geraten auch die Gestalten der Selbstverhältnisse in Bewegung. Die Techniken der Selbsterweiterung und Selbstdramatisierung expandieren in gleicher Weise wie die Produktion der Konsumgüterindustrie. Verhalten und Gefühle der Menschen werden in den beschleunigten gesellschaftlichen Wandel einbezogen, ihre substantielle Natur erscheint gleichsam verflüssigt.[274]

Gegenüber der naturalistischen liberalkapitalistischen ›Tiefenidentität‹ des postindustriellen Zeitalters, die die romantisch-expressivistischen Aspekte gleichsam kolonialisiert hat, ist die Pluralität und Heterogenität der fragmentarischen, experimentellen, stets wandelbaren, aus (käuflichen) ›Images‹ generierten Identitäten der Postmoderne nur ein *Oberflächenphänomen*. Hier offenbart sich der instrumentelle Nutzen des kolonialisierten romantischen Ästhetizismus für den Kapitalismus/Naturalismus. Jene (postmodernen) Identitätskonzeptionen werden nämlich erst möglich auf der Grundlage eines tiefer liegenden, vorgängigen Selbstbildes im Sinne des naturalistischen, ›punktförmigen‹ Selbsts, das willens und in der Lage ist, sich (Oberflächen-)Identitäten *zu wählen* und *zu kaufen*. Die postmoderne Ideologie erweist sich in diesem Zusammenhang als perfekter Zuspieler für die ›Bedürfnisse‹ des kapi-

274 Gamm, »Das metaphorische Selbst«, S. 81.

talistischen Marktes: »Du verschiebst ständig deinen Standort, du unterteilst dein Leben in separate Bereiche und in Differenzen, du konstruierst deinen Lebensstil auf eine mobile Art. Du triffst bewusst Entscheidungen darüber, wie du im Moment aussiehst, wie du dich selbst repräsentierst«,[275] so beschreibt etwa Iain Chambers die Generierung postmoderner Identität.

Auf diese Weise ist die Ideologie und vor allem die *Lebensform* der Postmoderne wie geschaffen dafür, dem kapitalistischen System die Ausbeutung romantisch-expressivistischer Aspirationen zu ermöglichen, ohne dadurch in Widersprüche oder unter Legitimationsdruck zu geraten. Im Zeitalter der Postmoderne verliert daher das romantisch-expressivistische Paradigma seinen Oppositionscharakter und sein Widerstandspotential gegen die naturalistischen bzw. kapitalistischen Systemimperative. Das der dominanten Kultur dieses Zeitalters zugrunde liegende Bild des guten Lebens bringt die Zielvorstellungen der beiden ursprünglich entgegengesetzten Paradigmen auf eine spezifische Weise zur Deckung und macht die Konzeption und Verfolgung alternativer Vorstellungen nahezu unmöglich.

Dabei gibt es noch zwei weitere Aspekte, unter denen die Identitätskonzeptionen der Postmoderne – verstanden nicht nur als philosophisches, sondern auch als soziologisch identifizierbares Phänomen[276] – den kapitalistischen Systemimperativen entgegenkommen. Zum Ersten privilegieren nämlich permanente Selbstveränderung und fragmentarische Identitäten die *kurzfristige* und unmittelbare Bedürfnisbefriedigung gegenüber auf Langfristigkeit angelegten Güterkonzeptionen, die oft nichtmaterieller und nicht kommodifizierbarer und daher der kapitalistischen Wirtschaft nicht zuträglicher Art sind. Denn langfristige Ziele anzustreben bedarf der Einbettung in umfassende narrative Konstruktionen, die allein den Sinn einer andauernden Anstrengung und Verzichtshaltung plausibel zu machen vermögen und daher die notwendige langfristige Motivationsenergie dafür liefern, ein Gut anzustreben, dessen voller

275 Zitiert nach P. Kemper, »Weltfernsehen MTV: Ein Clip zielt ins Herz, nicht ins Hirn«, in: *Frankfurter Allgemeine Magazin*, Heft 823, 49. Woche (8.12.1995), S. 18-24, hier S. 24. Vgl. Gamm, »Das metaphorische Selbst«, S. 84f.

276 Vgl. dazu etwa P. Wagner, *Soziologie der Moderne. Freiheit und Disziplin*, Frankfurt/M., New York 1995, oder M. Featherstone, *Undoing Culture. Globalization, Postmodernism and Identity*, London 1995.

Wert vielleicht von der je aktuellen Warte aus gar nicht oder nur unvollkommen erkannt werden kann. Solche plausiblen Narrationen stehen aber im ›MTV-Zeitalter‹, das nicht auf Narration, sondern auf ein Kaleidoskop an Images setzt, nicht mehr zur Verfügung bzw. sind unglaubwürdig geworden. Infolgedessen stechen kurzfristig zu erwerbende, das heißt vor allem *zu kaufende* Güter, deren Wert sich unmittelbar und ohne Vorleistung enthüllt, immaterielle, langfristige und nur intern in ihrer Werthaftigkeit zu erkennende Güter aus.[277] Dem tragen unsere je individuellen Konzeptionen des Guten und des guten Lebens unvermeidlich Rechnung.

Zum Zweiten macht es die Doktrin der (post-)modernen, das heißt stets offenen, wandelbaren, experimentellen und fragmentarischen Identität schlichtweg irrational, auf unmittelbar oder kurzfristig sich anbietende Güter zugunsten von auf *Langfristigkeit angelegten Konzeptionen des Guten*, wie sie fast allen nichtkonsumzentrierten Definitionen des guten Lebens zugrunde liegen, zu verzichten: Da ich nicht wissen kann, ob meine heutigen Ziele und Konzeptionen des Guten auch morgen noch die meinen sein werden, sondern nach der postmodernen Identitätskonzeption eher das Gegenteil annehmen muss, wäre es unvernünftig, mich überhaupt noch auf nur langfristig sich auszahlende Güter einzulassen.

Damit ist nun die Basis des Selbstverständnisses beschrieben, auf dessen Grundlage allein die permanenten Veränderungen und Umwälzungen der kapitalistischen Lebenswelt für die Individuen erträglich werden, ohne dass sie immer wieder in tiefe Identitätskrisen stürzen, die in einem spätkapitalistischen System für alle anderen Konzeptionen des guten Lebens eine nahezu unvermeidliche Folge wären.

V. Drei Arten des Paternalismus: Zusammenfassung und Ausblick

Im Mittelpunkt dieses Kapitels stand der Versuch, die strukturelle Beschränkung der Bandbreite individueller Definitionen des guten Lebens herauszuarbeiten, die von kapitalistischen Systemimperati-

277 Eine umfassende und systematische Begründung für diese Thesen habe ich im dritten Teil meines Buches *Identität und kulturelle Praxis* (vor allem S. 542 ff.), zu geben versucht.

ven ausgeht und dabei dem liberalen Ideal der freien, autonomen und individuellen Wahl oder gar Konstruktion dieses guten Lebens eindeutig entgegensteht. Ziel war es dabei, einige der Mechanismen, verborgenen Einflüsse und Zusammenhänge aufzudecken, über die das kapitalistische Gesellschaftssystem seine Reproduktion gewährleistet, indem es die entsprechenden Identitätsmuster erzeugt und durchsetzt. Was damit durchaus noch *nicht* geleistet ist, ist eine Kritik der entsprechenden Konzeptionen des Guten oder des guten Lebens als einseitige, unzureichende, unbefriedigende oder auf Selbsttäuschung beruhende. In der Ideengeschichte finden sich hierzu eine Reihe von Ansätzen, die zumeist in der einen oder anderen Form an den frühen Marx anknüpfen und ebendies zu erweisen versuchen, wobei sie ihre Kritik zumeist mit Hilfe der Kategorien der *Entfremdung*, der *Fetischisierung*, der *Verdinglichung* oder der *Kommodifizierung* formulieren. Sofern sie dabei jedoch auf Theorien eines ›falschen Bewusstseins‹ oder ›falscher Bedürfnisse‹ rekurrieren, stehen sie vor dem nahezu unlösbaren Problem, den für die eigene Position in Anspruch genommenen privilegierten Erkenntnisanspruch systematisch auszuweisen. Eine weitere Form dieser Kritik lässt sich darüber hinaus auch auf dem Argument aufbauen, dass die permanente *Vermehrung von Optionen* als liberalkapitalistischer *kategorischer Imperativ* der Konsumgesellschaft letztlich dazu führt, dass *alle* Optionen sinn- und bedeutungsleer werden. Solche Argumentationen werden gegenwärtig – vor allem im Hinblick auf die Kritik der Konsumgesellschaft – wieder verstärkt in den Blick genommen; sie lassen sich aber auch mit der bereits von Weber antizipierten Gefahr eines Sinn- und Freiheitsverlustes in der kapitalistischen Moderne in Zusammenhang bringen.

An anderer Stelle habe ich darüber hinaus versucht aufzuzeigen, dass eine kapitalistische Gesellschaft bestimmte Arten von Gütern systematisch privilegiert und andere als realistisch zu verfolgende Optionen ausschließt.[278] Es sind dies zum einen individualistische Güter, die zu Ungunsten von geteilten Gütern privilegiert werden; und zum anderen werden grundsätzlich jene Güter begünstigt, deren Werthaftigkeit sich ›extern‹ erkennen lässt, das heißt, die von allen möglichen Standpunkten und Güterkonzeptionen aus *als Güter* wahrgenommen werden können, während eine alternative Gruppe

278 Rosa, *Identität und kulturelle Praxis*, S. 442 ff. und 542 ff.

von Gütern, deren Wert sich nur ›intern‹ erschließen lässt, das heißt durch die möglicherweise langfristige Teilnahme an den entsprechenden Praktiken und Traditionen, nicht mehr sinnvoll verfolgt werden kann bzw. allmählich unsichtbar wird. Dieses Argument bezüglich der Privilegierung extern erkennbarer Güter gegenüber nur intern erschließbaren Werten findet möglicherweise eine parallele Entsprechung in der Unterscheidung von ›Begehrungen‹ und (genuinen) ›Bedürfnissen‹, welche sich der gleichen Problematik aus dem umgekehrten Blickwinkel, also nicht über die Güter, sondern über die auf sie gerichteten Energien oder Kräfte nähert.

Das Begehren nach Popcorn etwa mag keine Entsprechung in meiner grundlegenden Bedürfnisstruktur haben, während umgekehrt fundamentale Bedürfnisse (vielleicht nach einem sinnerfüllten Leben oder auch nach Gesundheit) unter Umständen keinen Ausdruck in meinen unmittelbaren Begehrungen finden (können). Der Kapitalismus, so würde hier das Argument lauten, zielt nach dem marktwirtschaftlichen Code von *Zahlen und Nichtzahlen* auf die Produktion und Befriedigung von Begehrungen, missachtet aber solche Bedürfnisse, die sich nicht in jene übersetzen lassen. Letztere fänden, sofern sich diese Unterscheidung als stichhaltig erweisen ließe, gar keinen Raum mehr in der dispositionalen Struktur unseres Bewusstseins, die von der auf den Begehrensmodus abzielenden Optionenvielfalt der kapitalistischen Warenwelt bestimmt wäre. Zu bedenken ist hierbei, dass die Unterscheidung von *Begehrungen* und ›wirklichen‹ Bedürfnissen zwar zu Recht dem Teleologie- und Paternalismusverdacht ausgesetzt werden muss, wo es darum geht, vorhandene Begehrungen – beispielsweise nach Pornographischem – als unfundiert in der wirklichen Bedürfnisstruktur zu ›entlarven‹, dass aber das umgekehrte Argument – dass wir nämlich (möglicherweise) fundamentale Bedürfnisse in uns tragen (die ihren Ursprung durchaus historisch-kulturell *kontingenten* Entwicklungen verdanken mögen, wie das Beispiel romantisch-expressivistischer Aspirationen verdeutlicht), die keine Entsprechung in unserer unmittelbaren Begehrensstruktur haben – sich von diesem Verdacht potentiell freimachen kann.

All dies wirft natürlich sogleich die Frage nach denkbaren Alternativen zur liberalkapitalistischen Gesellschaft auf. Wenngleich uns die Sachzwänge und die Logik der sozialen Welt als unhintergehbare, objektive Wirklichkeit erscheinen, sind sie nichtsdestotrotz das

Produkt einer historisch entwickelten und sedimentierten, kollektiven Selbstdeutung. Darauf haben vor mehr als drei Jahrzehnten bereits nachdrücklich Peter Berger und Thomas Luckmann hingewiesen, wenn sie von dem Paradoxon reden,

> daß der Mensch fähig ist, eine Welt zu produzieren, die er dann anders denn als ein menschliches Produkt erlebt [...]. [Es] ist zu betonen, daß die Beziehung zwischen dem Menschen als dem Hervorbringer und der gesellschaftlichen Welt als seiner Hervorbringung dialektisch ist und bleibt. Das bedeutet: Der Mensch – freilich nicht isoliert, sondern inmitten seiner Kollektivgebilde – und seine gesellschaftliche Welt stehen miteinander in Wechselwirkung. Das Produkt wirkt zurück auf seinen Produzenten. Externalisierung und Objektivation – Entäußerung und Vergegenständlichung – sind Bestandteile in einem dialektischen Prozeß [...]. *Gesellschaft ist ein menschliches Produkt. Gesellschaft ist eine objektive Wirklichkeit. Der Mensch ist ein gesellschaftliches Produkt.* Daß eine Analyse der gesellschaftlichen Wirklichkeit, welche irgendeines dieser drei Elemente außer acht ließe, verzerrt wäre, dürfte [...] deutlich [...] sein.[279]

Berger und Luckmann weisen Ende der 1960er Jahre darauf hin, dass die amerikanische Soziologie ihrer Zeit das erste Element vernachlässige. Den hier angestellten Überlegungen zufolge ist es jedoch noch viel verhängnisvoller, dass nicht nur die politische Theorie, sondern gerade auch und vor allem die zeitgenössische, dem Paradigma des politischen Liberalismus folgende *Politik* das erste *und das dritte* dieser Elemente sträflich ignoriert: Sie hält das Individuum für frei und autonom, wenn es in seiner unmittelbaren Optionenvielfalt nicht durch Gesetze und materiale Zwänge eingeschränkt wird, und sie verhält sich gegenüber den ›objektiven Sachzwängen‹, die sich aus der sedimentierten gesellschaftlichen Wirklichkeit der materialisierten, sich unkontrolliert verselbständigenden naturalistisch-kapitalistischen Selbst- und Weltauffassung ergeben, wie gegenüber unhintergehbaren Naturtatsachen.

> Die Gegenständlichkeit der gesellschaftlichen Welt bedeutet, daß diese Welt dem Menschen als etwas, das außer seiner selbst ist, gegenübersteht. *Die entscheidende Frage ist, ob er sich noch bewußt bleibt, daß die gesellschaftliche Welt*, wie auch immer objektiviert, *von Menschen gemacht ist – und deshalb neu von ihnen gemacht werden kann.*[280]

279 Berger, Luckmann, *Die gesellschaftliche Konstruktion der Wirklichkeit*, S. 65.

280 Berger, Luckmann, *Die gesellschaftliche Konstruktion der Wirklichkeit*, S. 95; Hervorh. H. R.

Wie aber könnte eine Alternative aussehen? Wenn man etwa die Idee der nur intern erschließbaren Güter akzeptierte, öffnete man damit, so scheint es, zugleich einem potentiell schrankenlosen *autoritär-konservativen* Paternalismus das Tor, weil auch noch die unerwünschtesten Praktiken und Traditionen gegen Kritik immunisiert werden könnten mit dem Argument, ihr Wert enthülle sich nur demjenigen, der über lange Jahre hinweg an ihnen partizipiert habe. Auf der anderen Seite scheinen aber jene hier erörterten unreflektierten Mechanismen, welche autonom, frei und ungebunden ihre Konzeptionen des Guten und des guten Lebens wählende Individuen dazu bringen, diese Konzeptionen so zu wählen, dass sie den (expandierenden) Erfordernissen des kapitalistischen Warenmarktes entgegenkommen, es zu rechtfertigen, von einer ›paternalistischen‹ Wirkung des Marktes bzw. der Marktgesellschaft zu sprechen. Sie belegt eindrucksvoll, dass die Präferenzen der Individuen nicht exogen gebildet, sondern stets innerhalb eines bestimmten sozialen Settings erzeugt werden, das einen erheblichen Einfluss auf die Entscheidungen der Individuen ausübt. Da dieses soziale Setting der Ausbildung einer Konzeption des Guten und des guten Lebens auf Seiten der Individuen stets und notwendig vorausgeht, bedeutet der Verzicht auf jegliche gemeinsame, partizipatorisch-deliberative politische Steuerung, Regulierung und Gestaltung dieses Settings – das nicht nur den politischen, sondern den gesamten gesellschaftlichen und insbesondere auch den wirtschaftlichen Raum umfasst – nicht etwa ein Mehr an individueller Freiheit, sondern ein Weniger an demokratischer Selbstbestimmung.[281]

Daher scheint die tatsächliche ethisch-politische Herausforderung der Gegenwart darin zu liegen, eine Strategie gegen beide Gefahren gleichermaßen zu entwickeln, nämlich gegen die des autoritär-konservativen Paternalismus ebenso wie gegen die des versteckten ›Marktpaternalismus‹ der kapitalistischen Gesellschaft, dessen Funktionsweise ich hier zu erhellen versucht habe. Die einzige Perspektive, die uns in dieser Hinsicht gegenwärtig zur Verfügung zu stehen scheint, ist die eines *demokratisch-deliberativen Autopaternalismus* in der Form einer radikalen diskursiven oder demokratisch-partizipatorischen Repolitisierung der Frage des Gu-

281 Zu einem ganz ähnlichen Ergebnis kommt auch Michael Sandel in seinem Buch *Democracy's Discontent. America in Search of a Public Philosophy*, Cambridge/Mass. 1996.

ten und des guten Lebens im Sinne republikanischer oder deliberativer Demokratiemodelle. Denn nur dadurch, dass Konzeptionen des guten Lebens und der guten Gesellschaft öffentlich-politisch artikuliert, diskutiert und kritisiert werden, können unreflektierte ideologische Verzerrungen und Einseitigkeiten aufgedeckt und durch demokratische Selbstbindung korrigiert werden. *Die Alternative besteht nicht zwischen einer autoritären demokratisch-paternalistischen Politik und einer freien Marktgesellschaft, sondern zwischen einem politisch ohnmächtigen Marktpaternalismus und genuiner demokratischer Selbstbestimmung als Ergebnis eines kontrollierten demokratisch-deliberativen Autopaternalismus.* Die politische Institutionalisierung eines solchen Konzepts auszuarbeiten wäre jedoch eine andere Arbeit und ein anderes Thema, an dieser Stelle ging es nur darum, die Diskussion um die ethischen Implikationen und Konsequenzen des Kapitalismus neu zu eröffnen, die insbesondere nach dem Verschwinden des real existierenden Sozialismus beendet schien, obwohl sie sich in vielerlei Hinsicht gerade im Zeitalter der Globalisierung mit Macht aufdrängt.

Abschließend möchte ich nun die Grundzüge der hier entwickelten Perspektive einer ethisch fundierten Kapitalismuskritik in sieben Punkten noch einmal zusammenfassen.

(1) Die hier verfolgte Argumentation legt kein teleologisches Konzept des Menschen oder des Lebens zugrunde und nimmt daher auch in keiner Weise in Anspruch, a priori ›wahre‹ und ›falsche‹ Bedürfnisse unterscheiden zu können.

(2) Sie folgt mithin keiner paternalistischen Perspektive in dem Sinne, dass ein ›besseres‹ oder vollständigeres Konzept des *guten Lebens* die konkreten oder gegebenen Vorstellungen der Bürger in kapitalistischen Gesellschaften korrigieren soll.

(3) Die von den Individuen (implizit und explizit) verfolgten Konzeptionen des Guten und des guten Lebens werden unbestreitbar beeinflusst und vorgeformt durch die Kultur, die Institutionen und Praktiken, welche die geteilte Infrastruktur ihres Alltagslebens bilden. Diese Rahmenstruktur eröffnet und definiert die Optionen, Identitätsmuster und Lebensformen, welche den Individuen für die Bestimmung des für sie guten Lebens offenstehen.

(4) Trotz der in den Punkten (1) und (2) formulierten Selbstbeschränkung bleibt deshalb die Möglichkeit offen, dass eine sorgfältige philosophische bzw. demokratisch-deliberative Ana-

lyse Bedingungen identifizieren kann, unter denen die innerhalb einer gegebenen kulturellen Infrastruktur autonom gewählten individuellen Definitionen des guten Lebens von unreflektierten ›endogenen‹ soziokulturellen Einflüssen (z. B. Marktkräften) gleichsam hinter dem Rücken der Akteure auf eine hochselektive Weise prädeterminiert werden. Der Ansatz plädiert daher für einen deliberativ-demokratischen *Autopaternalismus* mit dem Argument, dass der Verzicht auf eine diskursiv-partizipatorische Reflexion ethisch-politischer Fragen und auf eine entsprechende kollektive Selbstbindung nicht etwa die individuelle Freiheit vergrößert, sondern einen blinden *Marktpaternalismus* begünstigt, der in liberalkapitalistischen Gesellschaften unreflektiert die vorherrschenden Konzeptionen des guten Lebens beeinflusst oder gar steuert.

(5) Die hier vorgelegte kritische Analyse zeigt ferner, dass die Heterogenität und Pluralität (post-)moderner kapitalistischer Lebensformen ein *Oberflächenphänomen* und insoweit illusionär ist, als ihnen eine einheitlich *Tiefenstruktur* zugrunde liegt.

(6) Weiterhin macht sie einige Schritte in Richtung auf die Identifizierung der *Einseitigkeit* der durch den Kapitalismus beförderten Güter oder Bedürfnisse und der Exklusion alternativer Güter oder Werte.

(7) Während (5) und (6) allein indes noch keine dezidierte *Kritik* begründen, sondern nur aufzeigen, dass die spätkapitalistische Kultur – ebenso wie jede andere Kultur auch – *bestimmte* Güter begünstigt und andere (vornehmlich dadurch, dass sie sie unsichtbar macht) ausschließt, gewinnt die Argumentation ihren kritischen Impetus aus der Identifikation der einzigartigen Art und Weise, *wie* diese Kultur ihre privilegierten Güter anstrebt und verteidigt. Traditionelle Kulturen beruhen darauf, dass sie ihren Mitgliedern eine mehr oder minder klare Definition des Guten vor Augen stellen und das Streben danach als das *gute Leben* definieren. Der Erfolg des Kapitalismus und der mit ihm verknüpften Protodefinition des guten Lebens beruht dagegen gerade darauf, dass die entsprechenden Güter *nicht* artikuliert werden, sondern hinter den liberalen Ideen von Freiheit und Pluralismus und der Neutralität des Staates gegenüber Konzeptionen des Guten verborgen und geradezu versteckt bleiben. Der *Kapitalismus* lebt hier vom politischen Liberalismus als einer legitimatorischen Basis, welche die Triftigkeit von (4), (5) und (6) leugnet und in Abrede stellt. Der *Liberalismus* erweist

sich in diesem Sinne als eine Ideologie, welche eine falsche Artikulation der kapitalistischen Konzeption des guten Lebens und der entsprechenden moralischen Landkarte[282] darstellt und den Individuen vorspiegelt, im liberalkapitalistischen System autonom unter den unterschiedlichsten Konzeptionen des guten Lebens wählen zu können. Während (5) und (6) also nicht nachzuweisen vermögen, dass die liberalkapitalistische Protokonzeption des guten Lebens in irgendeinem unmittelbaren Sinne defizitär ist, können sie doch zeigen, dass die fundierende Ideologie des Liberalismus defizitär und geradezu falsch ist, und dieses letztere Faktum wiederum liefert eine Basis dafür, die Kultur liberalkapitalistischer Gesellschaften aus einer ethischen Perspektive als defizient zu kritisieren. Denn sie lässt es zu, dass ihre fundierenden Güter sich kritiklos und unreflektiert verselbständigen und so unbemerkt jenes ›stahlharte Gehäuse‹ erzeugen, auf das Weber so nachdrücklich hinwies. Darüber hinaus erweist sie sich als die einzige Kultur, welche ein *gutes Leben* nicht definieren kann (und will), obwohl sie den in ihr lebenden Subjekten eine ›sedimentierte‹ Definition notgedrungen aufzwingt. Zugleich liefert der hier formulierte Ansatz einige Hinweise darauf, dass wir, wenn wir diese implizite Definition ausformulieren und damit offen für Kritik machen würden, sie in der gegenwärtig kulturwirksamen Form nicht akzeptieren könnten, weil sie eine radikale Vereinseitigung und eine blinde Verselbständigung höchst spezifischer (naturalistischer) Ideale darstellt, welche beispielsweise unsere (historisch-kulturell verankerten) romantisch-expressivistischen Aspirationen notgedrungen frustrieren. In der Eigenschaft, sich jeder reflexiven Artikulation und Diskussion zu entziehen und zu verweigern, ist die kapitalistische Kultur in der Tat einzigartig, und dies ist zweifellos der Punkt, an dem die Kritik an ihr anzusetzen hat.

282 Vgl. Rosa, *Identität und kulturelle Praxis*, S. 110-118 und 326 ff.

5. Modernisierung als soziale Beschleunigung

Kontinuierliche Steigerungsdynamik und kulturelle Diskontinuität

I. Modernisierung und Beschleunigung

Klassische Modernisierungstheorien, wie sie im Anschluss an die »Klassiker« Weber, Durkheim, Marx und Simmel entstanden sind und dann etwa im Gefolge Talcott Parsons' präzisiert wurden, verstehen die Moderne als prozesshafte Entwicklung, die sich in struktureller Perspektive als (funktionale) Differenzierung, in kultureller Hinsicht als Rationalisierung, im Hinblick auf das Naturverhältnis als Instrumentalisierung, Kommodifizierung oder auch Domestizierung und hinsichtlich der Veränderung des vorherrschenden Persönlichkeitstypus als Individualisierung beschreiben lässt.[283] Die mit ihnen verknüpften Bestimmungen der Moderne sehen sich heute vor allem zwei fundamentalen Einwänden ausgesetzt.[284] Der erste Einwand lautet, dass sie den Prozess der Modernisierung als eine unilineare, kontinuierliche und stetige Entwicklung interpretieren und damit den Diskontinuitäten, Heterogenitäten, Brüchen und Umschwüngen in der Geschichte selbst der westlich-abendländischen Moderne gar nicht oder nur ungenügend Rechnung tragen. Der zweite Einwand dagegen kritisiert den latenten Ethno- oder Eurozentrismus der Modernisierungstheorien und wirft ihnen vor, kulturspezifische Erscheinungen der westlichen Gesellschaften als universale Entwicklungsziele misszuverstehen. Es sei keineswegs ausgemacht, dass Modernisierung etwa in Lateinamerika, in Afrika oder in Südostasien in das gleiche oder auch nur ein ähnliches strukturelles und kulturelles Muster münden werde, wie wir es aus Europa oder Nordamerika kennen. In beiden Fällen also zielt die Kritik darauf ab, dass modernisierungstheoretische Bestimmungen der Moderne die Möglichkeit einer (historischen und/oder geographischen) Pluralität an *Modernen* a priori negiere. Allerdings ist

283 Vgl. etwa H. van der Loo, W. van Reijen, *Modernisierung. Projekt und Paradox*, München 1997, sowie Rosa, Strecker, Kottmann, *Soziologische Theorien.*

284 Vgl. etwa H, Joas, W. Knöbl, *Sozialtheorie. Zwanzig einführende Vorlesungen*, Frankfurt/M. 2004, S. 430 ff.

nicht zu übersehen, dass die sich im Aufwind befindenden »postmodernen« Verkündigungen der pluralen oder multiplen Modernen oftmals eine spiegelbildliche Leerstelle hinterlassen, insofern sie zwar mit guten Gründen die Widersprüche, Differenzen und Umschwünge innerhalb der westlichen Moderne und die Heterogenität und Hybridität des Modernen in unterschiedlichen Weltregionen herausarbeiten, dabei aber in keiner Weise mehr angeben können, was denn nun das verbindende »Moderne« hinter der Multiplizität der Erscheinungen sei, worin die Einheit hinter der Vielheit bestehe. Eine Auflösung der Idee von Modernität in die Idee von (konflikthafter) Pluralität nullifiziert den Begriff der Moderne geradezu: Die Rede von ›multiple modernities‹ wird dann gleichbedeutend mit der Feststellung, dass es vielfältige Lebensformen und Gesellschaftsarrangements gibt, die miteinander in Konflikt geraten können. Diesen Pfad zu beschreiten würde für die zeitgenössische Soziologie bedeuten, den Versuch aufzugeben, das Spezifische der modernen Lebensform und der kulturellen Erfahrung von Modernisierung in ihren vielfältigen Erscheinungsformen und Konsequenzen zu bestimmen.

Die zentrale Herausforderung für die aktuelle soziologische Theorie besteht daher darin, die Moderne bzw. – sofern man die Überzeugung teilt, dass es sich bei ihr um eine prozesshafte Entwicklung handelt – den Vorgang der Modernisierung so zu beschreiben, dass diese Bestimmung jene Umbrüche in der Geschichte des neuzeitlichen Abendlandes ebenso wie die kulturelle Vielfalt zeitgenössischer »Modernen« in sich aufnehmen kann.

Die These, die ich im Folgenden entfalten möchte, lautet nun, dass die Bestimmung des Modernisierungsprozesses als Vorgang der fortgesetzten und gleichsam »dreidimensionalen« sozialen Beschleunigung ebendies zu leisten imstande ist: Sie *erlaubt* nicht nur massive substantielle Umbrüche in der institutionellen und kulturellen Ausprägung der Moderne im Verlauf ihrer Geschichte, sondern sie vermag jene Umschwünge sogar noch *ursächlich zu erklären* und die kritischen Umschlagpunkte *präzise zu definieren*; und sie ist problemlos vereinbar mit der Idee persistenter kultureller und institutioneller Differenzen und in diesem Sinne »multipler« Modernen, ohne dafür die Vorstellung eines einheitlichen Modernisierungsprinzips aufgeben zu müssen. Das abstrakte Prinzip der sozialen Akzeleration, das sehr unterschiedliche Formen der Rationalisierung, Differenzierung, Individualisierung und Instrumentalisierung erlaubt und sogar mit ihrer partiellen oder vollständigen Rücknahme vereinbar ist, zur Grundlage der Modernebestimmung zu machen bedeutet, einen Schlüssel dafür zu besitzen, die (abstrakt-strukturelle) Homogenität und die (substantielle) Heterogenität der Moderne und der Modernisierung in ihren unterschiedlichen Phasen und Regionen *zugleich* in den Blick nehmen zu können.

Die These, die ich damit vertreten möchte, lautet, dass die Erfahrung von Modernität und Modernisierung in all ihren Phasen und an all ihren Erscheinungsorten stets die Erfahrung einer Dynamisierung und Beschleunigung der Geschichte, der Gesellschaft, der Kultur, des Lebens und/oder sogar der Zeit selbst war und ist. Ebendiese Erfahrung – die in den theoretischen Entwürfen der »Klassiker«, etwa in Simmels Bestimmung des Großstadtlebens, in Webers Analyse der protestantischen Zeitdisziplin, in Marx' und Engels' Beobachtung, die kapitalistische Moderne tendiere dazu, alles Ständische und Stehende »verdampfen« zu lassen, oder in Durkheims Furcht vor der Anomie als Folge zu raschen sozialen Wandels, durchaus präsent war[285] – wird in den dominanten sozialwissenschaftlichen Modernisierungstheorien ebenso wie in den aktuellen (kultur-)philosophischen Bestimmungen der Moderne[286] unglücklicherweise fast vollständig ignoriert. Das ist umso überraschender, als die Beschleunigungs- und Dynamisierungserfahrung in den kulturellen Selbstzeugnissen und -beobachtungen der Moderne geradezu omnipräsent zu sein scheint. Wir finden sie vielleicht erstmalig in *Hamlets* Klage, nicht nur sein Zeitalter, sondern *die Zeit selbst* sei aus den Fugen geraten; und seit der von Reinhart Koselleck und anderen als »Sattelzeit« bestimmten Epoche zwischen 1750 und 1830 bildet sie ein dominantes Motiv – und einen Gegenstand unaufhörlicher Beunruhigung und Klage – im Repertoire der kulturellen Selbstverständigung der Moderne. Es begegnet uns etwa in Rousseaus Beobachtung des ›tourbillon social‹ in *Emile*, in Friedrich Ancillons verwunderter Feststellung, »die Liebe zur Bewegung an sich, auch ohne Zweck und ohne ein

285 Vgl. dazu ausführlich Rosa, *Beschleunigung*, Kapitel II.2.1.

286 Ich denke hier an so unterschiedliche Entwürfe wie die Moderneanalysen von Jürgen Habermas, Charles Taylor oder Michel Foucault.

bestimmtes Ziel«, habe sich »aus den Bewegungen der Zeit ergeben und entwickelt. In ihr, und in ihr allein, sucht man das wahre Leben«,[287] in Goethes Klage über den »veloziferischen« Charakter der Neuzeit,[288] in Nietzsches Sorge, unsere Zivilisation laufe »aus Mangel an Ruhe [...] in eine neue Barbarei aus«,[289] in Baudelaires (später von Benjamin aufgegriffener) Definition der Moderne als des *Transitorischen* und *Flüchtigen*, in den von Henry Adams und Werner Siemens am Übergang vom 19. zum 20. Jahrhundert unabhängig voneinander postulierten historischen *Beschleunigungsgesetzen* usw. Und auch am Übergang zum 21. Jahrhundert gehört die Beschleunigungsdiagnose unvermindert zum Repertoire der dominanten Gegenwartsbestimmungen, wie etwa Douglas Couplands *Generation X: Geschichten für eine immer schneller werdende Kultur* oder James Gleicks Bestseller *Faster! The Acceleration of Just about Everything* deutlich machen mögen.[290] All dies bringt den Kulturhistoriker Peter Conrad dazu, sein Mammutwerk *Modern Times, Modern Places* mit der Feststellung beginnen zu lassen: »Modernity is about the acceleration of time.«[291]

Die folgenschwere und nach meiner Einschätzung verhängnisvolle Vernachlässigung des Beschleunigungsaspekts in der soziologischen Theoriebildung und Modernebestimmung hat indessen dazu geführt, dass selbst in seriösen und ansonsten analytisch präzisen soziologischen Abhandlungen sich immer wieder die lapidare

287 Zitiert in R. Koselleck, *Vergangene Zukunft. Zur Semantik geschichtlicher Zeiten*, Frankfurt/M. 1989, S. 328.

288 Vgl. M. Osten, *Alles veloziferisch oder Goethes Entdeckung der Langsamkeit. Zur Modernität eines Klassikers im 21. Jahrhundert*, Frankfurt/M. 2003.

289 F. Nietzsche, »Menschliches, Allzumenschliches I und II«, in: G. Colli, M. Montinari (Hg.), *Sämtliche Werke, Kritische Studienausgabe in 15 Einzelbänden*, Bd. 2, München, Berlin, New York 1988 (I, 5 [»Anzeichen höherer und niederer Kultur«] §§ 282 und 285), S. 231 f.

290 Coupland, *Generation X*, und J. Gleick, *Faster: The Acceleration of Just About Everything*, New York 1999. Selbst die Bundesregierung setzt Beschleunigung an die erste Stelle ihrer Identifikation der Haupttrends der Zukunftsgesellschaft (vgl. die Anzeige »Den Wandel gestalten«, unterzeichnet von Joschka Fischer und Gerhard Schröder, in *Spiegel*, Heft 3, 17. 1. 2000, S. 47-49).

291 P. Conrad, *Modern Times, Modern Places. How Life and Art Were Transformed in a Century of Revolution, Innovation, and Radical Change*, New York 1999, S. 9; noch pointierter formulierte kürzlich Thomas H. Eriksen: »Modernity *is* speed« (T. H. Eriksen, *Tyranny of the Moment. Fast and Slow Time in the Information Age*, London 2001, S. 159, Hervorh. i. O.).

Behauptung findet, in der Moderne beschleunige sich mehr oder minder »alles«.[292] Daher tut eine Neubestimmung der Moderne in der von mir vorgeschlagenen Perspektive not, und zwar als eine exakte kategoriale Definition des Beschleunigungsprozesses, das heißt jener sozialen Felder, auf denen sich materialiter eine Dynamisierung beobachten lässt, sowie der Zusammenhänge zwischen ihnen. Diesen gilt es sodann jene Phänomenbereiche systematisch gegenüberzustellen, die sich nicht beschleunigen (lassen) oder sogar verlangsamen. Nur wenn sich zeigen lässt, dass die Beschleunigungskräfte die Beharrungs- bzw. Verlangsamungstendenzen in der Moderne systematisch und gleichsam kategorial überwiegen, lässt sich die Behauptung, Modernisierung *sei* Beschleunigung, aufrechterhalten. Ebendiesen Nachweis möchte ich im Folgenden führen, indem ich zunächst die analytische Unterscheidung dreier Dimensionen oder Felder der sozialen Akzeleration vorschlage und ihnen sodann fünf Formen der »Entschleunigung« gegenüberstelle. Im dritten Abschnitt möchte ich in sehr knapper Form den Ursachen des neuzeitlichen Beschleunigungsprozesses nachgehen und seinen selbstantreibenden, gleichsam *autodynamischen* Charakter aufzeigen, ehe ich dann im vierten Abschnitt darlegen werde, wie der neuzeitliche Dynamisierungsprozess an zwei kritischen, geschwindigkeitsdefinierten »Umschlagpunkten« zu substantiellen Umbrüchen in der Selbst- und Geschichtswahrnehmung der Moderne und folglich in ihren Subjekt- und Politikformen geführt hat. Damit hoffe ich zeigen zu können, dass massive kulturelle und institutionelle Veränderungen im Modernisierungsprozess nicht nur kompatibel sind mit der These, Modernisierung sei gleichbedeutend mit sozialer Beschleunigung, sondern dass ihr Auftreten in dieser These geradezu impliziert ist.

Wenngleich mir das empirische Belegmaterial fehlt, um den Nachweis führen zu können, dass Modernisierung in allen Teilen der Erde, in Indien ebenso wie in Brasilien oder in Afrika, mit der Erfahrung sozialer Beschleunigung einhergeht, werde ich am Ende dieses Aufsatzes in sehr knapper Form doch versuchen, die

292 Vgl. stellvertretend etwa E. Altvater, »Kapitalismus – Zur Bestimmung, Abgrenzung und Dynamik einer geschichtlichen Formation«, in: *Erwägen, Wissen, Ethik* (vormals *Ethik und Sozialwissenschaften*) 3 (2002), S. 281-292, hier S. 285; M. Garhammer, *Wie Europäer ihre Zeit nutzen. Zeitstrukturen und Zeitkulturen im Zeichen der Globalisierung*, Berlin 1999, S. 114.

Universalität der Akzelerationshypothese auch in dieser Hinsicht auszuloten.

II. Modernisierung als Beschleunigung: Das kategoriale Grundgerüst

Die im voranstehenden Abschnitt zitierten kulturellen Selbstbeobachtungen erweisen sich bei näherem Hinsehen als auf drei ganz unterschiedliche Phänomenbereiche bezogen. Die Rede vom hohen Tempo der je modernen (das heißt der je zeitgenössischen) Gesellschaft kann sich nämlich zum Ersten auf die sich steigernde Geschwindigkeit *technischer* Prozesse (etwa der Fortbewegung, der Kommunikation oder der Herstellung von Gütern) beziehen, zum Zweiten die hohen sozialen *Veränderungsraten* (etwa das Tempo, in dem sich Modewellen, Lebensabschnittspartner oder Regierungen ablösen) meinen oder zum Dritten sich auf das Gefühl der *knappen Zeit* richten, das dadurch entsteht, dass man mehr Dinge in weniger Zeit tun möchte oder tun muss und daher das je eigene Lebens- oder Handlungstempo erhöht.

Ich möchte daher den konzeptuellen Vorschlag machen, bei der systematischen Untersuchung der sozialen Beschleunigung und ihrer konstitutiven Rolle in der Moderne drei analytisch getrennte, das heißt logisch nicht aufeinander reduzierbare und empirisch auf komplexe und teilweise paradoxe Weise miteinander verknüpfte Phänomenbereiche kategorial zu unterscheiden. Die drei damit bezeichneten Beschleunigungsformen sind die *technische Beschleunigung*, die *Beschleunigung des sozialen Wandels* und die *Beschleunigung des Lebenstempos*. Im Folgenden sollen nun zunächst diese drei Formen oder Dimension der Beschleunigung begrifflich präzise bestimmt und gegeneinander abgegrenzt werden.

(1) *Technische Beschleunigung* lässt sich definieren als die intentionale Steigerung der Geschwindigkeit zielgerichteter Prozesse; sie bezeichnet damit in erster Linie die technische und technologische (also maschinelle) Erhöhung des Tempos, mit dem sich Transport-, Kommunikations- und Produktionsprozesse realisieren lassen. Die industrielle Revolution, aber auch die »digitale Revolution« der Gegenwart lassen sich aus dieser Perspektive mit Paul Virilio in der Tat als Teil einer umfassenden »dromokratischen« Revolu-

tion, einer anhaltenden Beschleunigungsrevolution der Moderne, interpretieren.[293] Diese Form der Beschleunigung hat unsere Wahrnehmung von Zeit und Raum nachhaltig verändert. Insbesondere die Steigerung der Fortbewegungsgeschwindigkeiten führte und führt etwa zu der kulturellen Wahrnehmung einer progressiven »Raumschrumpfung«, weil unser Gefühl für die Ausdehnung eines Raums in hohem Maße eine Funktion der Zeit und Mühe ist, deren es bedarf, ihn zu durchqueren oder zu überwinden. Die Fähigkeit (und die in einem wachstumsabhängigen kapitalistischen Wirtschaftssystem unvermeidbare Notwendigkeit), die materialen Strukturen unserer Umwelt in immer kürzeren Zeitabständen vollständig zu reproduzieren bzw. auszutauschen, verändert dagegen unser Verhältnis zu der uns umgebenden »Dingwelt« ebenso, wie die synchronen und asynchronen Formen gleichsam »ortloser« Kommunikation Einfluss auf unsere Sozialverhältnisse nehmen. All dies hat natürlich auch Konsequenzen für die Formen der individuellen und kollektiven Selbstverhältnisse oder der Identität, die sich zunehmend von geographischen und sozialen Orten und Räumen ablösen und, wie noch genauer zu zeigen sein wird, auch neue Zeitstrukturen implizieren.

(2) Die *Beschleunigung des sozialen Wandels* ist logisch und analytisch strikt von der technischen Beschleunigung zu unterscheiden, wenngleich sie natürlich historisch und empirisch oftmals in enger Verknüpfung mit jener auftritt. Sie bezieht sich auf das Tempo, mit dem sich Praxisformen und Handlungsorientierungen einerseits und Assoziationsstrukturen und Beziehungsmuster andererseits verändern. Postuliert wird dabei, dass sich die *Veränderungsraten selbst verändern*, das heißt beschleunigen.

Die Ersetzung einer frühkapitalistischen Arbeitsorganisation durch ein tayloristisches Arbeitsregime stellt so etwa eine Form des sozialen Wandels und ein Phänomen technischer Beschleunigung zugleich dar, bildet für sich allein genommen aber keinesfalls ein Beispiel für die *Beschleunigung* des sozialen Wandels. Erst eine in immer kürzeren Zeiträumen auftretende Reorganisation des Arbeitsprozesses ließe sich als Manifestation der Letzteren verstehen. Umgekehrt stellt etwa die Ersetzung von Parteiprogammen mit

293 Vgl. etwa P. Virilio, *Geschwindigkeit und Politik. Ein Essay zur Dromologie*, Berlin 1980.

vierjähriger Gültigkeit durch Parteiprogramme mit zweijähriger Laufdauer ein Beispiel für beschleunigten sozialen Wandel dar, der keine technische Beschleunigungskomponente enthält. Eindrucksvoll illustrieren lässt sich diese Differenz auch am Beispiel der Geschichte der Innovationsdiffusion: Von der Erfindung des Rundfunkgerätes am Ende des 19. Jahrhunderts bis zu seiner Verbreitung auf 50 Millionen Empfänger dauerte es 38 Jahre; das ein gutes Vierteljahrhundert später eingeführte Fernsehen erreichte denselben Verbreitungsgrad nach nur 13 Jahren, während es vom ersten bis zum fünfzigmillionsten Internetanschluss gar nur noch 4 Jahre dauerte. » Hat immer noch jemand Zweifel daran, dass der historische Wandel im 20. Jahrhundert schneller wurde?«, fragt angesichts dieses Befundes Thomas H. Eriksen rhetorisch.[294]

Entgegen der allenthalben getroffenen Behauptung, die heutige Gesellschaft verändere sich mit historisch beispielloser Geschwindigkeit,[295] lässt sich Eriksens rhetorisch gemeinte Frage deshalb nicht so schnell vom Tisch wischen, wie dieser meint, weil in der soziologischen Diskussion keinerlei Einigkeit darüber besteht, wodurch (endogener) *sozialer Wandel* als solcher präzise bestimmt werden kann, welches seine Indikatoren sind und welche Innovationen jeweils als Basisinnovationen zu gelten haben – folglich steht auch jede Behauptung seiner Beschleunigung auf unsicheren Füßen.

Angesichts dieser Situation möchte ich den Vorschlag machen, die postulierte Beschleunigung des sozialen Wandels zunächst mit Hilfe des von Hermann Lübbe eingeführten, aber auch in Niklas Luhmanns Systemtheorie nahegelegten abstrakten theoretischen Konzepts der *Gegenwartsschrumpfung* zu definieren. Mit Lübbe lässt sich *Gegenwart* definieren als ein Zeitraum der Dauer bzw. Stabilität, für welchen – in den Begriffen Reinhart Kosellecks – Erfahrungsraum und Erwartungshorizont unverändert und damit deckungsgleich sind. Nur innerhalb solcher stabilen Zeiträume lassen sich aus gemachten Erfahrungen Schlüsse für die Gegenwart und Zukunft ziehen, und nur für sie haben Erfahrungen und Lernpro-

294 T. H. Eriksen (2002), *Die Tyrannei des Augenblicks. Die Balance finden zwischen Schnelligkeit und Langsamkeit*, Freiburg im Breisgau, Basel, Wien: Herder, S. 140.

295 Als nur ein Beispiel unter vielen vgl. J. Robinson, G. Godbey, *Time for Life. The Surprising Ways Americans Use their Time*, University Park 1999, S. 46.

zesse eine handlungsorientierende Kraft, weil ein bestimmtes Maß an Erwartungssicherheit besteht. *Vergangenheit* bezeichnet aus dieser Perspektive dann all das, *was nicht mehr gilt*, Zukunft dagegen umfasst dasjenige, *was noch nicht gilt*.[296]

Diese Definition erlaubt eine Ausdifferenzierung bzw. Pluralisierung der Gegenwart in verschiedene Wert-, Funktions- und Handlungsbereiche und damit die Einführung der Idee der *Ungleichzeitigkeit des Gleichzeitigen*: Was in einem geographischen oder sozialen Raum noch gilt, hat in einem anderen bereits seine Gültigkeit verloren, was hier schon realisiert ist, steht dort noch im Horizont der Zukunft. Von entscheidender Bedeutung ist dabei nun die von Lübbe formulierte Vermutung, dass moderne Gesellschaften im Sinne dieser Definition eine fortwährende *endogene*, das heißt systematisch aus sich selbst heraus erzeugte Gegenwartsschrumpfung infolge einer zunehmenden sozialen und kulturellen »Veraltensgeschwindigkeit« bzw. einer wachsenden soziokulturellen »Innovationsverdichtung« erfahren. Diese Vermutung findet ihre Bestärkung in der von Koselleck gemachten Beobachtung, dass jene Form der Gegenwartsschrumpfung als historische Beschleunigungserfahrung die Neuzeit in den Zeugnissen der jeweiligen Zeitgenossen von Anfang an geradezu zu definieren scheint.[297]

Beschleunigung des sozialen Wandels lässt sich damit definieren als die Steigerung der Verfallsraten von handlungsorientierenden Erfahrungen und Erwartungen und als die Verkürzung der für die jeweiligen Funktions-, Wert- und Handlungssphären als Gegenwart zu bestimmenden Zeiträume. Der so gewonnene Maßstab für Stabiliät und Wandel kann daher auf soziale und kulturelle Institutionen und Praktiken aller Art angewandt werden: Die These einer allgemeinen Beschleunigung des sozialen Wandels besagt dann zunächst, dass die »Gegenwart« in der Politik ebenso wie in der Wirtschaft, der Wissenschaft und der Kunst, in Beschäftigungsverhältnissen ebenso wie in Familienarrangements und in moralischen

296 Vgl. H. Lübbe, »Gegenwartsschrumpfung«, in: K. Backhaus, H. Bonus (Hg.), *Die Beschleunigungsfalle oder der Triumph der Schildkröte*, Stuttgart 1998, S. 129-164; ebendiese Bestimmung legt auch Niklas Luhmann nahe (N. Luhmann, *Die Gesellschaft der Gesellschaft*, Frankfurt/M. 1997, S. 1073).

297 Lübbe, »Gegenwartsschrumpfung«, S. 263 f.; Koselleck, *Vergangene Zukunft*, S. 328 ff. und 367, oder R. Koselleck, *Zeitschichten. Studien zur Historik*, Frankfurt/M. 2000, S. 150 ff.

ebenso wie in alltagspraktischen Orientierungen und damit in kultureller wie in struktureller Perspektive schrumpft. Wo das der Fall ist, kann mit Recht von einer Beschleunigung *der* Gesellschaft selbst gesprochen werden, während die in der ersten Beschleunigungskategorie erfassten Phänomene technischer Geschwindigkeitssteigerung eher als Beschleunigungen *in der* Gesellschaft zu verstehen sind. Denkbar ist dabei aber natürlich auch, dass dieser Schrumpfungsprozess sich in den verschiedenen Sphären mit unterschiedlicher Geschwindigkeit vollzieht und dass es in einzelnen Gesellschaftsbereichen zu einem Stillstand oder umgekehrt sogar zur »Gegenwartsdehnung« kommt, was zu Phänomenen gesteigerter sozialer Desynchronisation führen kann. Eine beschleunigungstheoretische Zeitdiagnose kommt daher nicht umhin, die untersuchte Gesellschaft auch sorgfältig nach Anzeichen für diese letztgenannten Entwicklungen zu befragen; ich werde sogleich das dafür benötigte kategoriale Rüstzeug zu entwickeln versuchen.

(3) Die *Beschleunigung des individuellen Lebenstempos*, die ich als *Steigerung der Zahl an Handlungs- oder Erlebnisepisoden pro Zeiteinheit infolge einer Verknappung von Zeitressourcen* definieren möchte, ist angesichts der technischen Beschleunigung, die das *Einsparen* von Zeitressourcen bewirkt und daher das Lebenstempo *entschleunigen* müsste, eine paradoxe Erscheinung. Sie lässt sich in eine objektive und eine subjektive Komponente zerlegen. »Objektiv« lässt sich die Beschleunigung des Lebenstempos durch eine unmittelbare Erhöhung der Handlungsgeschwindigkeit (*schneller kauen oder beten*), aber auch durch eine Verringerung von Pausen und Leerzeiten zwischen den Aktivitäten erreichen, was auch als »Verdichtung« von Handlungsepisoden bezeichnet wird.[298] Eine solche Verdichtung und damit Steigerung der Handlungsepisoden pro Zeiteinheit lässt sich über deren unmittelbare Beschleunigung hinaus aber auch durch ihre Überlagerung, das heißt durch die simultane Ausführung mehrerer Tätigkeiten (»Multitasking«), erzielen. Bilden solche temporalen Veränderungen ein konsistentes Muster, so führen sie in der Summe notwendig zu einer Steigerung der Dichte von Handlungs- oder auch Erlebnisepisoden pro Zeiteinheit, die mit Methoden der empirischen Sozialforschung, etwa

298 Garhammer, *Wie Europäer ihre Zeit nutzen*, S. 470 ff.; Robinson, Godbey, *Time for Life*, S. 24 ff.

in Zeitbudgetstudien, zumindest im Prinzip ›objektiv‹ überprüfbar ist.[299]

»Subjektiv« schlägt sich die *Erhöhung* des Tempos des Lebens (*nicht* die Geschwindigkeit per se!) in einer Zunahme der Empfindung von Zeitdruck, Zeitnot und stressförmigem Beschleunigungszwang sowie in der Angst nieder, ›nicht mehr mitzukommen‹, die in der Literatur zumindest für die hochindustrialisierten Gesellschaften recht gut belegt sind.[300] Die Wahrnehmung sich verknappender Zeitressourcen, welche die Moderne in all ihren Phasen zu prägen scheint, ist indessen, wie ich bereits bemerkt habe, angesichts der gewaltigen Einsparung bzw. Freisetzung von Zeitressourcen durch die technische Beschleunigung höchst erklärungsbedürftig. Tatsächlich lässt sie sich nur so deuten,[301] dass den Beschleunigungsprozessen ganz offensichtlich korrespondierende quantitative Mengensteigerungsprozesse gegenüberstehen, deren Wachstumsraten höher sind als die Akzelerationsraten: Zeit wird beispielsweise knapp, wenn die Menge der zurückzulegenden Wegstrecken, der zu produzierenden Güter oder der zu tätigenden Kommunikationen um das Dreifache steigt, während sich die »Erledigungsgeschwindigkeit« nur verdoppelt. Wer also heute beispielsweise viermal so viele E-Mail-Nachrichten schreibt, wie er zuvor Briefe geschrieben hat, obwohl ihn eine solche Nachricht halb so viel Zeit kostet wie ein herkömmlicher Brief, verbraucht doppelt so viel Zeit für die tägliche Korrespondenz wie vor der Etablierung des E-Mail-Systems und darf sich nicht wundern, wenn ihm die Zeit für andere Dinge knapp wird.

Auf den internen Zusammenhang zwischen den drei Beschleunigungsdimensionen und auf die Motoren dieses Steigerungszusammenhangs werde ich im nächsten Abschnitt zurückkommen; zunächst gilt es jedoch, den Nachweis zu führen, dass den identifizierten Beschleunigungsprozessen keine gleichwertigen Verlangsamungstendenzen entgegenstehen. Für eine exakte Bestimmung der

299 Vgl. insbesondere ebd., S. 38 ff.; zu den Schwierigkeiten eines solchen Nachweises siehe ausführlich Rosa, *Beschleunigung*, Kapitel VI.1.

300 Vgl. etwa K. A. Geißler, *Vom Tempo der Welt. Am Ende der Uhrzeit*, Freiburg im Breisgau 1999, S. 92; Garhammer, *Wie Europäer ihre Zeit nutzen*, S. 448 ff.; R. Levine, *Eine Landkarte der Zeit. Wie Kulturen mit Zeit umgehen*, München 1999, S. 196 f.

301 Zur Begründung siehe ausführlich Rosa, *Beschleunigung*, Kapitel III.1.

Formen, der Funktion und des Status jener Prozesse und Phänomene, die sich einer Dynamisierung entziehen oder sich ihr sogar aktiv widersetzen, indem sie entweder nicht beschleunigbar sind oder aber Tendenzen zur Verlangsamung aufweisen, lassen sich fünf verschiedene Kategorien der Entschleunigung[302] oder Beharrung unterscheiden, die zu den drei identifizierten Dimensionen der Beschleunigung gleichsam »querzuliegen« scheinen.

(1) Zunächst gibt es anthropologische und *natürliche Geschwindigkeitsgrenzen* bzw. Prozesse, die in ihrer Dauer und Geschwindigkeit gar nicht oder nur um den Preis einer massiven qualitativen Veränderung des zu beschleunigenden Vorgangs manipuliert werden können. Hierzu gehören etwa Geschwindigkeitsgrenzen des Gehirns und des Körpers oder das Reproduktionstempo für natürliche Rohstoffe. (2) Sodann finden sich natürlich sowohl territorial als auch im Hinblick auf bestimmte Handlungs- und Praxiszusammenhänge immer wieder Nischen oder *Entschleunigungsoasen*, die von den akzelerierenden Modernisierungsprozessen bisher ganz oder teilweise ausgenommen sind – an diesen Orten (oder in diesen Gruppen, z. B. in bestimmten Sekten, oder Praxisformen) scheint dann ›die Zeit stehen geblieben‹ zu sein; die Uhren gehen dort ›wie vor hundert Jahren‹, um in der Sprache der Redewendungen zu bleiben. Solche ›Entschleunigungsoasen‹ geraten in der Spätmoderne verstärkt unter Erosionsdruck, weil der zeitliche Abstand zu ihren beschleunigungsfähigen und -willigen Umwelten immer größer und damit kostspieliger wird und zugleich ihre »Bremswirkung« an den Schnittstellen zu der akzelerierten Sozialwelt steigt. Ausgenommen von dieser Erosion sind natürlich bewusst als Entschleunigungsinseln geschaffene oder erhaltene Orte und Praxisformen (etwa die »Wellnessoasen«), die damit unter die vierte der hier identifizierten Entschleunigungskategorien fallen. (3) Des Weiteren tritt *Verlangsamung* in vielen Zusammenhängen als *unbeabsichtigte Nebenfolge* von Akzelerationsprozessen auf, was mitunter dysfunktionale Entschleunigungsphänomene (das bekannteste Beispiel hierfür ist zweifellos der *Stau*) und auch pathologische Formen der Verlangsamung beinhaltet (so deuten neuere Forschungen etwa

302 Zu dem von Fritz Reheis popularisierten neologistischen Begriff der Entschleunigung vgl. das entsprechende Stichwort im *Hand-Wörterbuch Umweltbildung* (F. Reheis, »Stichwort ›Entschleunigung‹«, in: O. Brilling [Hg.], *Hand-Wörterbuch Umweltbildung*, Hohengehren 1999, S. 53 f.).

darauf hin, dass *Depressionserkrankungen* als pathologische Ausstiegsreaktion auf den Beschleunigungsdruck auftreten können).[303] Hierzu gehört aber auch der strukturelle Ausschluss von Arbeitnehmern aus dem Erwerbsleben, und in einem ähnlichen Sinne können auch wirtschaftliche Rezessionen selbst gedeutet werden. (4) Davon zu unterscheiden sind *intentionale Bemühungen* und oft *ideologisch begründete Bewegungen* zur bewussten Entschleunigung und Verlangsamung, die in der Geschichte der Moderne bisher noch jeden Beschleunigungsschub begleitet haben. Diese lassen sich wiederum unterteilen in Verlangsamungsbestrebungen, die zum Ziel haben, die (individuelle und soziale) Funktions- und Akzelerationsfähigkeit aufrechtzuerhalten – hierzu zählen heute etwa kurze Einkehraufenthalte in Klöstern oder Meditationskurse, die dem Zweck dienen sollen, das schnelle Berufs- und Alltagsleben danach umso erfolgreicher, das heißt schneller zu bewältigen, oder Versuche, durch bewusste Verlangsamung einzelner Lernprozesse sich mehr Lernstoff in kürzerer Zeit anzueignen oder durch Pausen die Innovationsfähigkeit zu erhöhen[304] –, und genuine Entschleunigungsbewegungen, die nicht selten als Fundamentalopposition mit dezidiert antimodernen Zügen auftreten,[305] was angesichts der Tatsache, dass die Geschichte der Moderne mehr als alles andere eine *Beschleunigungsgeschichte* darstellt, nicht verwunderlich ist. Die Tatsache, dass der Ruf nach Verlangsamung aus diesen *beiden* Quellen gespeist sein kann, macht deutlich, dass Peter Glotz es sich zu einfach macht, wenn er *Entschleunigung* einfach als neue Ideologie der Modernisierungsverlierer brandmarkt: Er übersieht dabei, dass die unerhörten Beschleunigungserfolge der Moderne in zentralen Bereichen just darauf beruhen, dass maßgebende Institutionen der Gesellschaft (etwa das *Recht*, die politischen Steuerungsmechanis-

303 Vgl. hierzu etwa A. Ehrenberg, »Die Müdigkeit, man selbst zu sein«, in: C. Hegemann (Hg.), *Endstation. Sehnsucht*, Berlin 2000, S. 103-139; Levine, *Eine Landkarte der Zeit*, S. 69 ff., oder L. Baier, *Keine Zeit. 18 Versuche über die Beschleunigung*, München 2000, S. 147 ff.

304 Zu solchen akzelerierenden Verlangsamungsstrategien vgl. etwa L. Seiwert, *Wenn Du es eilig hast, gehe langsam. Das neue Zeitmanagement in einer beschleunigten Welt. Sieben Schritte zur Zeitsouveränität und Effektivität*, Frankfurt/M., New York 2000.

305 Vgl. insbesondere P. Glotz, »Kritik der Entschleunigung«, in: K. Backhaus, H. Bonus (Hg.), *Die Beschleunigungsfalle oder der Triumph der Schildkröte*, Stuttgart 1998, S. 75-89, oder Levine, *Eine Landkarte der Zeit*, S. 111 ff.

men, das stabile Arbeitszeit- ebenso wie das ›Lebenslaufregime‹[306], und leitende kulturelle Orientierungen vom Wandel selbst ausgenommen waren und daher Erwartungssicherheiten, Planungsstabilitäten und Berechenbarkeiten schufen, die als Grundlage der wirtschaftlichen, technischen, wissenschaftlichen und politisch-gestalterischen Beschleunigung betrachtet werden müssen. Die Erosion jener Institutionen und Orientierungen infolge weiterer Akzeleration könnte daher deren eigene Voraussetzungen untergraben und damit das Beschleunigungsprojekt der Moderne stärker gefährden als jede antimoderne Entschleunigungsbewegung. Entschleunigung zumindest in Teilbereichen könnte in diesem Sinne zu einem funktionalen Erfordernis der zeitgenössischen Beschleunigungsgesellschaft werden. (5) Für eine systematische Theorie der sozialen Beschleunigung ist es schließlich unerlässlich, nach der Bedeutung *kultureller und struktureller Erstarrungs- oder Kristallisationsprozesse* als letzter Form der Verlangsamung oder Beharrung zu fragen. Sie lassen sich paradoxerweise in enger Verknüpfung mit den sozialen Akzelerationserscheinungen beobachten und haben zu Theorien wie denjenigen vom ›Ende der Geschichte‹, von der ›Erschöpfung utopischer Energien‹, der ›kulturellen Kristallisation‹ und der ›Utopie der Null-Option‹ geführt,[307] die komplementär zur Diagnose der Beschleunigung sozialen Wandels einen lähmenden Stillstand in der inneren Entwicklung moderner Gesellschaften postulieren. Hier lässt sich indessen zeigen, dass diese komplementären Prozesse der sozialen Hyperakzeleration und der gesellschaftlichen Erstarrung, die ihren sprechendsten Ausdruck in Paul Virilios Metapher des ›rasenden Stillstandes‹[308] finden, nicht

306 Vgl. etwa M. Kohli, »Gesellschaftszeit und Lebenszeit. Der Lebenslauf im Strukturwandel der Moderne«, in: J. Berger (Hg.), *Die Moderne – Kontinuitäten und Zäsuren*, Göttingen 1986, S. 183-207.

307 F. Fukuyama, *The End of History and the Last Man*, New York 1992; J. Habermas, »Die Krise des Wohlfahrtstaates und die Erschöpfung utopischer Energien«, in: J. Habermas, *Die neue Unübersichtlichkeit*, Frankfurt/M. 1985, S. 141-163; A. Gehlen, »Über kulturelle Kristallisation«, in: W. Welsch (Hg.), *Wege aus der Moderne. Schlüsseltexte der Postmoderne-Diskussion*, Berlin 1994, S. 133-143, und C. Offe, »Die Utopie der Null-Option. Modernität und Modernisierung als politische Gütekriterien«, in: J. Berger (Hg.), *Die Moderne – Kontinuitäten und Zäsuren*, Göttingen 1986, S. 97-116.

308 So der deutsche Titel von P. Virilio, *L'inertie polaire. Essai*, Paris 1990; zum Zusammenfallen der Antinomien der Bewegung und der Beharrung infolge

nur kontingenterweise, sondern systematisch miteinander verknüpft sind. Einen Hinweis auf die Art dieser Verknüpfung wird die Erörterung der spätmodernen Temporalstrukturen im vierten Abschnitt dieses Aufsatzes geben.

Nach dieser Bestimmung der Formen sozialer Be- und Entschleunigung sind wir nun in der Lage, ihr Verhältnis zueinander zu präzisieren und damit die Stichhaltigkeit der Behauptung, Modernisierung bedeute soziale Beschleunigung, zu prüfen. Dabei sind grundsätzlich zwei Möglichkeiten denkbar: Die erste besteht darin, dass sich die Kräfte der Beharrung und der Bewegung – oder die Prozesse der sozialen Be- und Entschleunigung – im Großen und Ganzen und über längere Zeiträume hinweg betrachtet die Waage halten; das heißt, wir finden sowohl Be- als auch Entschleunigungsvorgänge in den Temporalstrukturen der Gesellschaft, ohne dass sich eine längerfristige Dominanzrichtung erkennen ließe. Die zweite Möglichkeit dagegen liegt darin, dass sich das Gleichgewicht tatsächlich in Richtung Bewegung und Beschleunigung, das heißt zugunsten progressiver Dynamisierung, verschiebt. Eine solche Diagnose wäre dann (und nur dann) gerechtfertigt, wenn sich die auffindbaren (nichtfunktionalen) Elemente der Verlangsamung und der Beharrung gegenüber den Akzelerationskräften als entweder *residual* oder *reaktiv* erweisen würden.

Die These, die ich vertreten möchte, besteht nun in der Behauptung, dass diese Bedingung in der modernen Gesellschaft in der Tat erfüllt ist. Sie beruht auf den beiden Annahmen, dass, zum Ersten, die aufgeführten Kategorien der Beharrung für alle relevanten Phänomene erschöpfend sind und, zum Zweiten, keine davon einen strukturell und/oder kulturell gleichrangigen Gegentrend gegen die Akzelerationsdynamik der Moderne darstellt. Die Begründung hierfür lautet folgendermaßen: Die unter die Kategorien (1) und (2) gefassten Phänomene bezeichnen die (zurückweichenden) bisherigen *Grenzen* sozialer Beschleunigung; sie repräsentieren in keiner Weise eine Gegenkraft. Die Verlangsamungen der dritten Kategorie stellen dagegen *Folgewirkungen* der Beschleunigung dar und sind als solche von ihr ableitbar und ihr gegenüber damit sekundär. Die unter (4) klassifizierten Prozesse funktional- oder strategisch-intentionaler Entschleunigung sind von fundamentaler

rasanter Beschleunigung vgl. auch F. Jameson, *The Cultural Turn: Selected Writings on the Postmodern 1983-1998*, London, New York 1998, S. 50 ff.

Bedeutung für den Akzelerationsprozess selbst, indem sie entweder als Elemente desselben erscheinen oder aber zumindest unter dessen Ermöglichungs- und/oder Fortbestandsbedingungen gerechnet werden müssen. In jedem Falle aber stellen auch sie keine Gegentendenz dar. Die Bestrebungen des oppositionell-intentionalen Widerstandes gegen die soziale Akzeleration und die Entschleunigungsideologie wiederum bilden ohne Zweifel *Reaktionen* auf den Beschleunigungsdruck und seine Folgewirkungen. Sie begleiten jede Beschleunigungswelle der Moderne von Neuem, und wenngleich es keine Garantie dafür gibt, dass dies auch in der Zukunft der Fall sein wird, haben sie sich doch bisher stets als eher kurzlebig und letztlich äußerst erfolglos erwiesen. Lediglich die in der fünften Kategorie erfassten Prozesse der kulturellen und strukturellen Erstarrung lassen sich nicht auf diese Weise als sekundäre, reaktive oder residuale Phänomene erklären; sie scheinen vielmehr ein inhärentes und konstitutives Element des Beschleunigungsprozesses selbst darzustellen und gehören ebenso unauflösbar zur Moderne wie jener selbst. Bei ihnen handelt es sich um die (akzelerationsspezifische) Kehrseite des Modernisierungsprozesses, und es steht zu vermuten, dass sie mit den Kräften der Akzeleration selbst wachsen oder schwinden. Sie bilden damit gleichsam ein »Epiphänomen« sozialer Beschleunigung und keinen eigenständigen oder gar gleichrangigen Gegentrend.

III. Der Beschleunigungszirkel: Autodynamisierung und weitere Motoren der Akzeleration

Was aber setzt und hält die Dynamik sozialer Beschleunigung in der Moderne in Gang? Wenn die hier vertretene Behauptung aufrechterhalten werden soll, dass es sich bei der Beschleunigung um eine strukturbildende und kulturprägende Qualität oder Grundtendenz der Moderne *sui generis* handelt, die nicht auf andere Fundamentalprozesse der Modernisierung wie *Rationalisierung*, *Individualisierung*, *Ökonomisierung* oder auch *Differenzierung* zu reduzieren ist, sondern umgekehrt jenen auch und gerade in ihrer Widersprüchlichkeit und Heterogenität noch zugrunde liegt, so muss sich der Gesamtprozess der Beschleunigung als in gewissem Sinne ›selbstantreibend‹, das heißt unabhängig von externen

Antriebskräften, verstehen lassen. Und in der Tat scheint sich ein gleichsam autodynamischer ›Feedbackzirkel‹ zwischen den drei (logisch und analytisch unabhängigen) Bereichen der Beschleunigung empirisch nachweisen zu lassen. Geht man zunächst von dem unabweisbaren Faktum *technischer Beschleunigung* aus, so erweist es sich rasch, dass technische Innovationen aufgrund ihrer das je etablierte Raum-Zeit-Regime transformierenden Qualitäten immer auch mit einer Veränderung von Alltags- und Handlungspraktiken einhergehen und oftmals neue Wahrnehmungs- und Verhaltensformen zur Konsequenz haben, mithin also den *sozialen Wandel* beschleunigen. Als Beispiele hierfür mögen etwa die Einführung der Eisenbahn, des Automobils oder des Internet dienen, welche stets gänzlich neue Berufs- und Beziehungs-, Siedlungs- und Bewegungs-, Assoziations- und Kommunikationsmuster sowie neue Alltags- und Freizeitpraktiken etablierten. Dadurch wiederum eröffnen sich den Individuen einerseits neue Möglichkeiten und Chancen, andererseits entstehen jedoch auch Anpassungszwänge und der Druck, mit den Veränderungen Schritt halten zu müssen. *Technische Beschleunigung erweist sich daher als eine mächtige Triebfeder des sozialen Wandels* (vgl. *Abb. 5*, Pfeil (1)). Das Phänomen der ›Gegenwartsschrumpfung‹ infolge beschleunigten sozialen Wandels in vielen Lebensbereichen erzeugt dann wiederum auf Seiten der Individuen nahezu zwangsläufig das, was ich mit dem Begriff des *Slippery-Slope-Phänomens* bezeichnen möchte: Das Gefühl nämlich, gleichsam überall auf nicht nur abschüssigem, sondern auf gleichsam (in verschiedenen Geschwindigkeiten) *abrutschendem* Terrain (oder *auf Rolltreppen nach unten*) zu stehen. Die Gefahr, in den verschiedenen Bereichen des sozialen Lebens *abgehängt zu werden* und damit Anschlussmöglichkeiten zu verlieren (in den Fähigkeiten und Kenntnissen, den Moden, den Ansichten, ja der Sprache), erzeugt einen gewaltigen Druck, das individuelle Lebenstempo zu erhöhen, *sich auf dem Laufenden zu halten*, um ein Abrutschen (und damit den Verlust von Anschluss- und Handlungschancen) zu vermeiden. Beschleunigter sozialer Wandel wirkt daher unvermeidlich als eine mächtige Triebfeder zur Erhöhung des Lebenstempos (*Abb. 5*, Pfeil (2)), und erst auf diesem ›Umweg‹ lässt sich nun auch ein nichtparadoxer Zusammenhang zwischen technischer und individueller Beschleunigung konstruieren: Das verbreitete, aber angesichts der zeitsparenden Wirkung technologischer Beschleunigung zunächst unplausible Vorurteil, diese sei »schuld« an der ubiquitären Zeitknappheit, findet auf diesem Wege eine indirekte Bestätigung. Der damit skizzierte Akzelerationszirkel schließt sich dann dort vollends, wo Individuen und Organisationen auf die so verursachte Verknappung ihrer Zeitressourcen mit dem Ruf nach technischer Beschleunigung reagieren: *Weil ihnen die Zeit knapp wird, verlangen sie nach schnelleren Transportverbindungen und Computern, kürzeren Service- und Wartezeiten etc.* Die Verknappung der Zeitressourcen, die der Erhöhung des Lebenstempos zugrunde liegt, wirkt auf diese Weise als eine starke Triebfeder für die technische Beschleunigung (*Abb.* 5, Pfeil (3)). Diese stellt eine rationale Antwortstrategie auf jene Verknappung dar, sie führt jedoch auf dem Weg des Beschleunigungszirkels zu einer nichtintendierten Verschärfung ebenjenes Problems und treibt so den Akzelerationsprozess unaufhörlich voran. Damit aber ist die soziale Beschleunigung in der Moderne zu einem autodynamischen Prozess geworden, der die drei Beschleunigungsbereiche in ein wechselseitiges Steigerungsverhältnis setzt, das sich auf dem Weg politischer oder sozialer Intervention kaum mehr durchbrechen lässt.

Die konstitutive Verknüpfung von Steigerungs- und Akzelerationslogik, welche die Zeitknappheit dadurch stetig verschärft, dass in vielen Bereichen ein quasi-exponentielles Mengenwachstum (an Optionen, Produktionen und Veränderungen) einer »nur« linearen Verarbeitungsbeschleunigung gegenübersteht, hat ihre Wurzeln indessen auch in drei weiteren neuzeitlichen Grundprinzipien, die als gleichsam ›externe‹, das heißt logisch unabhängige ›Motoren‹ jenen Beschleunigungszirkel zusätzlich antreiben und ihn zu Beginn des Modernisierungsprozesses in Gang setz(t)en. Dabei handelt es sich um den *ökonomischen Motor* einer kapitalistischen Wirtschaftsform, deren Operationsprinzip konstitutiv auf dem Erarbeiten und Ausnützen von Zeitvorsprüngen als Wettbewerbsvorteilen beruht, um den *strukturellen Motor* der funktionalen Differenzierung, die über die Prinzipien der Externalisierung und der Temporalisierung von Komplexität zu einer Steigerung der Produktions- und Verarbeitungsgeschwindigkeit in allen ausdifferenzierten Teilsystemen führt, und um den *kulturellen Motor* eines Ethos der Moderne, dem Zeitverschwendung zur Todsünde und Beschleunigung gleichsam zu einem *Ewigkeitsersatz* und zu einer Strategie der Angleichung von Weltzeit und Lebenszeit geworden ist: *Wer doppelt so schnell lebt, kann gleichsam zwei Lebenspensen (an realisierten Weltmöglichkeiten) in einer irdischen Lebensspanne unterbringen, und wer gleichsam unendlich schnell wird, braucht den Tod als Optionenvernichter nicht mehr zu fürchten.* In jedem dieser Motoren treiben sich Wachstum und Beschleunigung auf je spezifische Weise wechselseitig voran (vgl. *Abb. 5*).

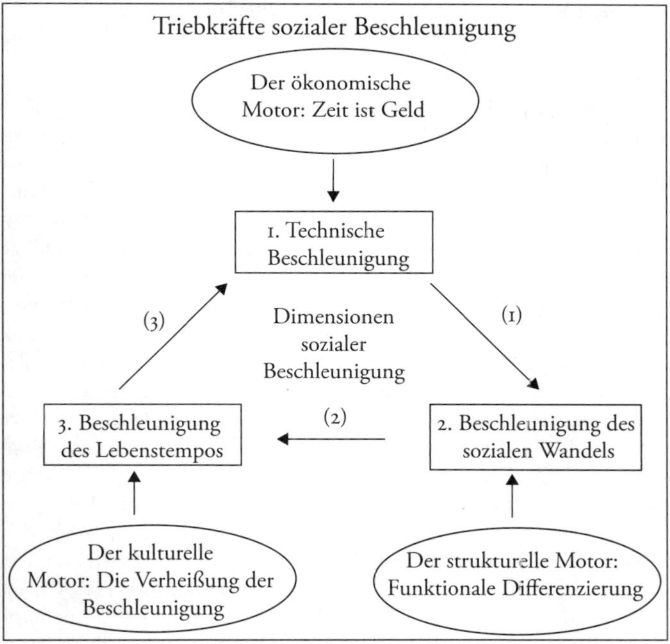

Abbildung 5: Akzelerationszirkel und externe Triebkräfte der Beschleunigung

Ich möchte mich an dieser Stelle mit dem bloßen Hinweis auf diese drei ›externen‹ Antriebsmotoren begnügen, ohne sie im Einzelnen systematisch und empirisch-historisch zu begründen,[309] um mich

309 Ich habe diese Begründung im dritten Teil meines Buches *Beschleunigung* zu liefern versucht. Dort diskutiere ich auch die ›maieutische‹ Rolle des Territorialstaates und des Militärwesens für die Ingangsetzung des neuzeitlichen Akzelerationsprozesses.

stattdessen nun der Frage zuzuwenden, inwiefern die progressive Entfaltung der so bestimmten Beschleunigungslogik der Moderne zu qualitativen Umbrüchen in ihrer kulturellen und institutionellen Verfassung und mithin zur Ausprägung einer Pluralität an *Modernen* geführt hat.

IV. Kulturelle Diskontinuität *als Folge* kontinuierlicher Dynamisierung

Akzeptiert man die Hypothese, dass das Tempo des sozialen Wandels im Fortgang der Moderne zunimmt, dass sich also Assoziationsmuster und Praxisformen beschleunigt verändern, so liegt die Vermutung nahe, dass es in diesem Prozess beim Erreichen kritischer Schwellenwerte zu qualitativen Umschlägen in der Wahrnehmung der sozialen Wirklichkeit kommt und dass diese Umschläge mit Veränderungen des je wirkmächtigen Raum-Zeit-Regimes, der Subjektivitätsformen und der politischen Selbstverhältnisse verknüpft sind. Autoren wie Jan Assmann oder Reinhart Koselleck haben gezeigt, dass das kommunikative soziale Gedächtnis und damit das kommunikativ geteilte Bewusstsein von Vergangenheit und Gegenwart in seiner zeitlichen Ausdehnung auf ca. 80 bis 100 Jahre limitiert ist.[310] Das bedeutet, dass jenes für die Moderne charakteristische Phänomen des Auseinandertretens von Erfahrungsraum und Erwartungshorizont und damit die Erfahrung einer ›Gegenwartsschrumpfung‹ kulturwirksam erst auftreten kann, wenn sich einschneidende Wandlungsprozesse *innerhalb der Lebenszeit von drei bis vier Generationen, die Zeitgenossen füreinander sein können,* vollziehen. Erreicht der soziale Wandel, das heißt die Transformation struktureller und kultureller Gewissheiten, dagegen ein höheres Tempo als die *einfache Generationenfolge*, so steht zu vermuten, dass sich daraus gravierende Folgen nicht nur für das Generationenverhältnis ergeben, wie schon Karl Mannheim annahm,[311] sondern dass die Erosion lebensweltlicher Gewissheit eine neue Qualität

310 J. Assmann, *Das kulturelle Gedächtnis. Schrift, Erinnerung und politische Identität in frühen Hochkulturen*, München 1992; Koselleck, *Vergangene Zukunft*, S. 328 ff. und 366 ff.

311 K. Mannheim, »Das Problem der Generationen«, in: K. Mannheim, *Wissenssoziologie. Auswahl aus dem Werk*, Berlin 1964, S. 509-565.

erreicht, welche die kulturelle Reproduktion ebenso wie die Identitätsformen der Subjekte nicht unberührt lassen kann. Jenseits eines sehr hohen, wohl kaum eindeutig bestimmbaren Schwellenwertes schließlich wird Veränderung nicht mehr als Wandel fester Strukturen, sondern als fundamentale und potentiell chaotische *Unbestimmtheit* wahrgenommen. Die Attraktivität postmoderner Ideen in der heutigen Zeit könnte daher durchaus das Erreichen eines solchen Schwellenwertes signalisieren, jenseits dessen sich Formen narrativer, kumulativer und linearer Welterschließung vielleicht nicht mehr aufrechterhalten lassen.

Die These einer fortschreitenden *Beschleunigung* des sozialen Wandels im Verlauf des Modernisierungsprozesses lässt sich nun zugespitzt so formulieren, dass das Tempo dieses Wandels sich von einer *intergenerationalen* Veränderungsgeschwindigkeit in der Frühmoderne über eine Phase annähernder Synchronisation mit der Generationenfolge in der ›klassischen Moderne‹ zu einem in der Spätmoderne tendenziell *intragenerational* gewordenen Tempo gesteigert hat.

Trotz aller Schwierigkeiten, einen solchen Tempowandel empirisch zu messen, möchte ich im Folgenden zunächst den Versuch unternehmen, diese These anhand der strukturellen Veränderungsdynamik jener Basisinstitutionen der Gesellschaft, welche die grundlegenden Prozesse der Produktion und der Reproduktion organisieren, zumindest zu plausibilisieren. Für westliche Gesellschaften sind dies seit der Frühmoderne unverändert die Institutionen der Familie und des (kapitalistischen) Beschäftigungssystems, weshalb Analysen des sozialen Wandels sich sehr häufig auch auf ebendiese Bereiche konzentrieren.

Ungeachtet aller Widersprüchlichkeiten und Unklarheiten in den empirischen Befunden zu diesen beiden Sozialdimensionen lässt sich für beide Bereiche just eine solche Veränderungsbeschleunigung von einem *inter*generationalen über ein *generationales* hin zu einem potentiell *intra*generationalen Tempo postulieren, wenn man dabei nur die gesellschaftsendogenen, also die selbsterzeugten Veränderungsursachen, auf die es hier allein ankommt (nicht aber exogene Ereignisse wie feindliche Überfälle, Naturkatastrophen etc.), berücksichtigt. So waren, was etwa die Lebenszyklen von Familien als ökonomischen Einheiten bzw. als ›Haushalten‹ anbelangt, die idealtypischen Familienstrukturen in agrarischen

Gesellschaften tendenziell über eine lange Kette von Generationen hinweg stabil: Der Generationenwechsel ließ die Grundstrukturen unberührt und tauschte gleichsam nur die individuellen Positionsinhaber aus.

> Nicht der individuelle Johannes Hoos, geboren in diesem und gestorben in jenem Jahr, war jeweils das Entscheidende. Wichtig war vielmehr, daß stets ein Nachkomme namens Johannes Hoos als Rollenträger bereitstand, um die Geschicke des Hofes während seiner physisch besten und sozial am stärksten integrierten Jahre zu lenken. Auf diese Weise war der Hof nicht bloß zehn oder zwanzig oder dreißig Jahre im Besitz von Johannes Hoos, sondern kontinuierlich während viereinhalb Jahrhunderten. Wahrlich eine erstaunliche Stabilität trotz unsicherer Lebensspannen,

beschreibt etwa Arthur Imhof diese familienstrukturelle Stabilitätserhaltung über Generationen hinweg.[312] Dass es vielen Gesellschaftsmitgliedern – etwa Knechten und Mägden – dabei verwehrt war, eigene Familien zu gründen, widerspricht diesem Befund keineswegs: Ihre gesellschaftliche Stellung war durch die Beziehung zu jenen tragenden Familienstrukturen definiert, sie waren teilweise einfach Bestandteil des familialen Haushaltes. Die strukturell (und kulturell) maßgebenden Familienstrukturen waren daher (zumindest der Anlage nach) auf Dauer gerichtet. In der klassischen Moderne ersetzt dann idealtypischerweise die auf *eine Generation* hin angelegte, um ein Ehepaar zentrierte Kernfamilie, deren Struktur mit dem Tod des Paares zerfällt, die Großfamilie und damit den übergenerationalen Familienverband und die entsprechende auf langfristige Stabilität gerichtete Struktur. Es wird geradezu zur identitätskonstituierenden und autonomiesichernden Aufgabe des modernen bürgerlichen (zunehmend aber auch ›proletarischen‹) Individuums, eine *eigene Familie zu gründen*, die als ökonomische Einheit der Idee nach mit dem Tod der beiden Ehepartner zu existieren aufhört. In der *Spätmoderne* weisen Familienzyklen dann schließlich eine unübersehbare Tendenz auf, eine intragenerationale Lebensdauer anzunehmen, wofür steigende Scheidungs- und Wiederverheiratungsraten sowie Haushaltsneu-

312 A. E. Imhof, »Von der sicheren zur unsicheren Lebenszeit. Ein folgenschwerer Wandel im Verlaufe der Neuzeit«, in: *Vierteljahreszeitschrift für Sozial- und Wirtschaftsgeschichte* 71 (1984), S. 175-198, hier S. 188.

ordnungen oder -auflösungen der deutlichste Beleg sind.[313] Der Lebensabschnittspartner ersetzt heute tendenziell den Lebenspartner – dieses Argument postuliert keineswegs den Verfall des *Ideals* der bürgerlichen Familie per se, im Gegenteil: Es ist problemlos vereinbar mit dem empirischen Befund, dass diese Lebensform in sogar wieder wachsendem Maße als soziales Wunschbild gilt und dass Individuen heute ungebrochen dazu neigen, (neue) Familienbindungen einzugehen und -arrangements zu treffen. Die lebenslange Monogamie wird dabei aber immer öfter durch eine neue Form der »seriellen Monogamie«, das »Liebespaar auf Zeit«, ersetzt.[314]

Bei allen naheliegenden empirischen Bedenken gegenüber einer solchen simplifizierenden und schematisierten Form der Darstellung des Wandels von Familienstrukturen lässt sich in jedem Fall kaum leugnen, dass das *Kontingenzbewusstsein* im Hinblick auf Familienbindungen steigt, und zwar auch bei denen, die sich dafür entscheiden, ein Leben lang zusammenzubleiben. Das Bewusstsein dafür, dass es *auch anders sein könnte*, und zwar sowohl durch eigene wie durch fremde Entscheidung, und die daraus resultierenden *Unsicherheiten* sowie der Rechtfertigungszwang für das Festhalten an Gegebenem nehmen unweigerlich zu. »Dies stiftet eine symbolische Realität, hinter die der einzelne nicht zurückkann. Schon dies verändert die Gesellschaft, unabhängig davon, ob denn nun tatsächlich alles anders geworden ist als in Zeiten, in denen sie noch aus wenigen Großgruppen bestand [...]«, bemerkt Sighard Neckel hierzu treffend.[315] Und im Gegensatz zu den ›exogenen‹ Kontingenzen und Wechselfällen wie Krankheiten, Naturkatastrophen, Auswirkungen gewaltförmiger Herrschaftsverhältnisse etc., welche vormoderne Familienstrukturen sehr oft instabil und zerfallsbedroht werden ließen, sind die Kontingenzen spätmoderner Familienstrukturen selbsterzeugter, familienendogener und individualisierter Natur.

313 Vgl. etwa U. Beck, E. Beck-Gernsheim, *Riskante Freiheiten. Individualisierung in modernen Gesellschaften*, Frankfurt/M. 1994.

314 G. Burkart, B. Fietze und M. Kohli, *Liebe, Ehe, Elternschaft. Eine qualitative Untersuchung über den Bedeutungswandel von Paarbeziehungen und seine demographischen Konsequenzen*, Wiesbaden 1989, S. 244 ff.

315 S. Neckel, »Identität als Ware. Die Marktwirtschaft im Sozialen«, in: S. Neckel, *Die Macht der Unterscheidung. Essays zur Kultursoziologie der modernen Gesellschaft*, Frankfurt/M., New York 2000, S. 37-47, hier S. 40.

Dieser Dynamisierungsbefund gilt nun auch und in sogar noch verstärktem Maße für die Entwicklung der Beschäftigungsverhältnisse. Auch hier lässt sich in typisierender Zuspitzung argumentieren, dass Berufe in der Vor- und Frühmoderne tendenziell von den Vätern an die Söhne weitergegeben wurden, so dass Berufs- und Beschäftigungsstrukturen eine gleichsam übergenerationale Stabilität aufwiesen. Die freie, aber in der Regel einmalige Wahl eines *eigenen*, lebenslangen und identitätsstiftenden Berufes wurde dann zu einem geradezu konstitutiven Merkmal der klassischen Moderne, in der Berufsstrukturen gewissermaßen eine ›generationale‹ Stabilität zeigten.[316] *Finde deinen Beruf!* wurde neben *Gründe eine eigene Familie!* zum zweiten identitätskonstituierenden Auftrag zunächst an die jungen Männer, dann zunehmend auch an die jungen Frauen in den sich modernisierenden Gesellschaften. In der Spätmoderne dagegen scheinen Berufe und Beschäftigungsverhältnisse immer seltener über ein ganzes Erwerbsleben hinweg Bestand zu haben: Mehrfacher Berufs- und/oder Beschäftigungswechsel *innerhalb* eines Erwerbslebens (oftmals begleitet von längeren oder kürzeren Phasen der Beschäftigungslosigkeit) scheint sich nach der überwältigenden Mehrheit der empirischen Befunde *tendenziell* von der Ausnahme zur Regel zu entwickeln. »Heute muss ein junger Amerikaner mit mindestens zweijährigem Studium damit rechnen, in vierzig Arbeitsjahren wenigstens elfmal die Stelle zu wechseln und dabei seine Kenntnisbasis wenigstens dreimal auszutauschen«, befindet etwa Richard Sennett in seiner einschlägigen Untersuchung zum *flexiblen Menschen* des Turbokapitalismus. »Wer immer eine Karriere bei Microsoft beginnt, kann nicht im Geringsten vorhersagen, wo sie einmal enden wird. Wer dagegen einst bei Ford oder Renault seinen Berufsweg begann, konnte mehr oder weniger sicher sein, dass er auch dort zu Ende gehen würde«, fasst Daniel Cohen diese Veränderung zusammen.[317]

316 Vgl. etwa Z. Bauman, *Liquid Modernity*, Cambridge 2000, S. 116.

317 Sennett, *Der flexible Mensch*, S. 25; Cohen zitiert nach Bauman, *Liquid Modernity*, S. 116. Zu den empirischen Befunden siehe auch M. Grotheer und M. Struck, »Beschäftigungsstabilität: Entwicklung und Arbeitszufriedenheit. Ergebnisse aus der IAB-Beschäftigtenstichprobe 1975-1997 und der BIBB/IAB-Erhebung«, in: *Mitteilungen aus der Arbeitsmarkt- und Berufsforschung* 36 (2003), Heft 3, S. 300-328; C. Köhler, O. Struck u. a. (Hg.), *Offene und geschlossene Beschäftigungssysteme*, Wiesbaden 2008.

Hinzu kommt, dass die Deregulierung der Arbeitsverhältnisse neue Formen der Beschäftigung, etwa die Zeitarbeit und verschiedene Formen der Teilzeitarbeit, erzeugt, während vor allem die Informationstechnologien ganz neue Berufszweige hervorbringen, die mit dem Verschwinden zahlreicher traditioneller Berufe Hand in Hand gehen. Wiederum gilt auch hier, dass die Veränderungsdynamik gesellschafts*endogener* Natur ist, dass Veränderungen durch eigene *oder* fremde Entscheidungen herbeigeführt werden können und dass das Kontingenzbewusstsein, das heißt die Unsicherheit über die kurz-, mittel- und langfristige Beschäftigungssituation, auch dort steigt, wo Berufe und Beschäftigungsverhältnisse *nicht* gewechselt werden.

Die Beschleunigung des sozialen Wandels lässt sich daher, so mein Argument, insgesamt deutlich ablesen am Verhältnis der Generationen zueinander: Von einer vormodernen Situation, in der strukturelle und kulturelle Bestände über viele Generationen hinweg ganz überwiegend einfach tradiert wurden, führte er in eine Moderne, in der, wie Ansgar Weymann feststellt, »Generationen [...] als kollektive Akteure strukturbildend und innovativ« wirkten,[318] Veränderungen also am Generationenwandel abgelesen werden konnten, und schließlich in eine Spätmoderne, in der sich die Verhältnisse innerhalb der einer Generation zugemessenen Zeitspanne selbst grundlegend verändern.

Definiert man Gegenwartsschrumpfung als die *generelle Abnahme der Zeitdauer, für die Erwartungssicherheit hinsichtlich der Stabilität von Handlungsbedingungen herrscht*, so wird daher unmittelbar ersichtlich, inwiefern jene Formen der beruflichen und familialen Instabilität als Symptome der Beschleunigung des sozialen Wandels gedeutet werden können. Von entscheidender Bedeutung für meine Argumentation ist nun die Vermutung, dass diese Dynamisierung der gesellschaftlichen Verhältnisse zu einem doppelten Umbruch in der individuellen und kollektiven Zeit- und Geschichtserfahrung führt, der mit den oben identifizierten generationalen Geschwindigkeitsgrenzen korreliert ist.

Nach allem, was wir über die Vor- und Frühmoderne wissen, scheint es wahrscheinlich, dass in ihr (trotz der christlichen Er-

318 A. Weymann, »Sozialer Wandel. Generationsverhältnisse und Technikgenerationen«, in: M. Kohli, M. Szydlik (Hg.), *Generationen in Familie und Gesellschaft*, Opladen 2000, S. 36-58, hier S. 44.

wartung eines heranrückenden Weltendes) die geschichtliche Zeit – wie sich auch und gerade in der von Koselleck untersuchten *Geschichtsschreibung* zeigt – ganz überwiegend als ein gleichsam statischer Zeit-Raum erfahren wurde, in dem sich mannigfache *Geschichten* zutrugen, die sich oftmals wiederholten, so dass die Historie im Sinne des alten Topos von der Geschichte als *Lehrmeisterin des Lebens* den je Gegenwärtigen dazu dienen konnte, aus den Fehlern vergangener Geschlechter zu lernen. Erfahrungsraum und Erwartungshorizont waren dabei weitgehend deckungsgleich, so dass die in den Naturprozessen dominanten zyklischen Zeitmuster auch in der sozialen und geschichtlichen Zeitwahrnehmung eine zentrale Rolle spielen konnten. Koselleck fasst diese Form der geschichtlichen Zeiterfahrung folgendermaßen zusammen:

> Die Zeit als formale Allgemeinbestimmung für mögliche Ereignisse blieb neutral gegen epochale Schübe oder historiographische Perioden. [...]. *Es ist eine gleichsam statische Zeiterfahrung, der die additive Geschichtsschreibung entspricht, die von Ereignis zu Ereignis das jeweils anfallende Neue registriert.* [...] *Welt bleibt Welt, darümb bleiben auch gleiche hendel in der welt, ob schon die personen absterben*, wie Melanchthon unter Berufung auf Thukydides und gut lutherisch feststellte. [...] Diese Sicht aber setzte voraus, daß sich alle Geschichten einander ähneln oder strukturell gleichen: Nur so kann in Zukunft aus ihnen gelernt werden.[319]

Demgegenüber bricht sich in der von Koselleck und den Herausgebern der *Geschichtlichen Grundbegriffe* herausgestellten Epoche der Sattelzeit in der zweiten Hälfte des 18. Jahrhunderts mit aller Macht eine neue Zeiterfahrung Bahn, in welcher die Geschichte zum »Kollektivsingular« wird, indem sie selbst nicht mehr als statisch, sondern als bewegt erlebt wird. Den Kern dieser neuen Wahrnehmung von Geschichte identifiziert Koselleck im Auseinandertreten von Erfahrungsraum und Erwartungshorizont.[320] *Die Zukunft wird strukturell anders sein als die Vergangenheit*, so lautet nun das Credo, und es gründet unzweifelhaft in der Erfahrung einer fundamentalen Veränderung der Qualität von Gegenwart: Wie ich zu zeigen versucht habe, ist dieses Auseinandertreten der Zeithorizonte eine erwartbare, ja geradezu unvermeidliche Folge der

319 Koselleck, *Vergangene Zukunft*, S. 312 f. (mittlere Hervorh. H. R.); vgl. ebd., S. 38 ff.

320 Ebd., S. 349 ff.; Koselleck, *Zeitschichten*, S. 331 ff.

Steigerung des Tempos des die kulturelle Erfahrung bestimmenden sozialen Wandels über die kritische Wahrnehmungsschwelle der drei (oder maximal vier) in einem historischen Zeitabschnitt zusammenlebenden Generationen hinaus. Die Erfahrung geschichtlicher Bewegung wird so gleichsam zu einer Begleiterscheinung des allmählichen Übergangs von einem *intragenerationalen* zu einem *intragenerationalen* Tempo des Wandels. Und folgerichtig konstatiert auch Koselleck, dass der Verzeitlichung der Geschichte in der Sattelzeit und damit dem Auseinandertreten der Zeithorizonte von *Erfahrung* und *Erwartung* die Wahrnehmung geschichtlicher Beschleunigung und des Überschreitens einer epochalen Schwelle zugrunde liegt, wenngleich er hinsichtlich der Interpretation der Kausalursachen dieser Wahrnehmung ambivalent bleibt.[321]

Auf der Grundlage seiner historischen Befunde interpretiert Koselleck dann *Beschleunigung* als die entscheidende und kategorial neue geschichtliche Grunderfahrung und die schnelle Durchsetzung des Begriffs der Neuzeit als »Indikator eines beschleunigten geschichtlichen Erfahrungswandels und seiner erhöhten bewusstseinsmäßigen Verarbeitung«.[322] Sie bewirken, dass Geschichte nun nicht länger ein statischer Raum oder eine neutrale Folie bleibt, vor

321 In seinen beiden neueren Aufsätzen zu dieser Frage, »Gibt es eine Beschleunigung der Geschichte?« (*Zeitschichten*, S. 150-176) und »Zeitverkürzung und Beschleunigung. Eine Studie zur Säkularisation« (*Zeitschichten*, S. 177-202), scheint er stärker als in seinen früheren Arbeiten dazu zu tendieren, *geschichtliche Beschleunigung* zunächst als eine säkularisierte Kategorie der nunmehr politisch gewendeten *Erwartung* zu deuten, die erst im Zuge der industriellen Revolution wirklich *erfahrungsgesättigt* geworden sei. Seine These lautet, »daß Beschleunigung als geschichtliche Erwartungskategorie alt ist, daß ihr seit dem 16. Jahrhundert neue Erwartungsgehalte zuwachsen, daß sie aber erst seit der industriellen Revolution zu einem gesättigten Erfahrungsbegriff werden konnte« (ebd., S. 153). Die Beschleunigungs*erfahrung* des 18. Jahrhunderts sei empirisch allenfalls in der raschen Folge politischer Erschütterungen fundiert gewesen. Dieser Befund bleibt unbefriedigend, weil er letztlich zirkulär ist: Die Umstellung des Zeithorizontes der Politik scheint dabei zum Explanans und Explanandum zugleich zu werden. Meines Erachtens wurzelt Kosellecks Erklärungsnot darin, dass er für seinen eindeutigen Befund der Grundwahrnehmung geschichtlicher Beschleunigung in der Sattelzeit nach empirischen Gründen nur in Form *technischer Beschleunigung* sucht (vgl. ebd., S. 167), die davon zu unterscheidenden Möglichkeiten einer Beschleunigung des Lebenstempos und des sozialen Wandels aber übersieht.

322 R. Koselleck, *Vergangene Zukunft*, S. 320.

deren Hintergrund sich wechselnde *Geschichten* zutragen, sondern gleichsam selbst *verzeitlicht* wird. Die Zeit

> gewinnt selber eine geschichtliche Qualität. Nicht mehr in der Zeit, sondern durch die Zeit vollzieht sich dann die Geschichte. Die Zeit wird dynamisiert zu einer Kraft der Geschichte selber. Diese neue Erfahrungsformel setzt freilich einen ebenso neuen Begriff von Geschichte voraus, nämlich den Kollektivsingular der Geschichte, die seit rund 1780 ohne ein ihr zugeordnetes Objekt oder vorgeordnetes Subjekt – als Geschichte an und für sich – gedacht werden konnte.[323]

Was Koselleck als Historiker indessen nicht mehr in den Blick nimmt, ist die Tatsache, dass die von ihm herausgestellte Form der neuzeitlichen Zeit- und Geschichtserfahrung ihrerseits in den letzten Dekaden des 20. Jahrhunderts, in denen die Dynamisierung der sozialen Verhältnisse nun die Grenze zu einem *intragenerationalen* Wandlungstempo überschreitet, zu Ende zu gehen und einer neuerlichen *Entzeitlichung der Geschichte* Platz zu machen scheint. In der Spätmoderne wird Geschichte nicht länger als ein gerichteter, politisch beschleunigbarer (oder auch zu verzögernder), dynamischer Prozess erfahren, sondern sie nimmt wieder die Form eines nahezu ›statischen‹ Raumes von nach- und nebeneinander sich abspielenden *Geschichten* an. Sofern Lübbes Beobachtung zutrifft, dass der Entwurf von *als in der Zeit realisierbar* gedachten Utopien die Wahrnehmung des eigenen geschichtlichen Zustandes als *in gerichteter Wandlung befindlich* voraussetzt,[324] handelt es sich deshalb bei der von Habermas diagnostizierten Erschöpfung utopischer Energien nicht nur um eine Krise der an die Arbeitsgesellschaft geknüpften wohlfahrtsstaatlichen Entwicklungsperspektiven, sondern um eine Krise der geschichtsmächtigen politischen Gestaltungsenergien überhaupt: Ihre von Koselleck und Lübbe identifizierten Entstehungsbedingungen sind nicht länger gegeben. Fredric Jamesons Verwunderung darüber, dass die spätmoderne Gesellschaft sich eher das *Ende der Welt* als ein *Ende des liberalkapi-*

323 Ebd., S. 321.

324 »Die Temporalisierung der Utopie durch Umsetzung der literarisch realisierten Vollkommenheit vom fernen Raum in die ferne Zeit setzt […] voraus, daß der gesellschaftliche Zustand, in welchem man sich gegenwärtig befindet, zugleich als ein in gerichteter Wandlung befindlicher Zustand wahrgenommen wird« (H. Lübbe, »Gegenwartsschrumpfung«, S. 277).

talistischen politischen Systems vorstellen kann,[325] lässt sich auf diese Weise beschleunigungstheoretisch aufklären.

An die Stelle der klassisch-modernen *verzeitlichten Geschichte* tritt daher in der Spätmoderne eine historische Zeit, die insofern selbst ›verzeitlicht‹ und zugleich *zeitlos* ist, als über die Reihenfolge, das Tempo und die Dauer von Ereignissen und Prozessen *in der Zeit selbst* entschieden wird; es gibt keine erwartbaren historischen Ablaufprogramme und Sequenzmuster mehr. Diese Art der Verzeitlichung politisch-historischer Zeit zeigt sich aber auch darin, dass die in der Sattelzeit sich herausbildenden politischen Bewegungsbegriffe in der Spätmoderne keine Bewegung mehr indizieren, sondern einen statischen Raum alternativer Politikformen aufspannen: Die politischen *Ismen* (Republikanismus, Sozialismus, Liberalismus, Konservatismus etc.) haben ihre dynamische Kraft eingebüßt und postulieren keine irreversiblen Entwicklungen mehr, sondern zeigen nur noch *reversible Alternativen* an, die in der ›zeitlosen Zeit‹ der Spätmoderne zugleich als *zeitlos* und als *gleichzeitig* erfahren werden. Daher steht zu prognostizieren, dass sich mit den sogenannten *Neuen Sozialen Bewegungen* als den letzten Ausläufern der klassischen Moderne auch der charakteristische *Bewegungscharakter* moderner Politik erschöpft haben wird. Was als jeweils Nächstes kommt, lässt sich nicht mehr fortschrittstheoretisch oder geschichtsphilosophisch vorhersagen, sondern entscheidet sich nun wieder *in der Zeit*, das heißt im historischen Vollzug selbst.

Diese neue Form der dominanten Zeiterfahrung der ›Zeitlosigkeit‹ stellt dabei zweifellos *keine* Rückkehr zur zyklischen Zeit der Vormoderne dar: Die verschiedenen Weltzustände kehren nicht in einem gleichsam natürlichen Rhythmus immer wieder (wie etwa die Verfassungsformen im Kreislaufmodell des Polybios), sondern sie existieren nebeneinander und zugleich, und welche Formen an einem Ort wann, in welcher Reihenfolge und mit welcher Dauer aktualisiert werden, entscheidet sich nach nicht vorhersagbaren, gesellschafts*endogenen* Entwicklungen *in der Zeit* selbst.

Damit ist nun aber erklärbar, wie es möglich ist, dass in der hochdynamischen Gesellschaft der Gegenwart die Wahrnehmung der totalen Kontingenz, der völligen Offenheit der geschichtlichen

325 Jameson, *The Cultural Turn*, S. 50.

Entwicklung, und die Erfahrung des Stillstandes, des *Endes* jeglicher Entwicklung, zugleich dominant werden. Der rasche Wandel wird in Abwesenheit einer Ziel- oder Richtungsbestimmung als *rasender Stillstand* erfahren. Die Verhältnisse verändern sich rasch, aber die Ereignisepisoden ordnen sich nicht mehr zu einem Entwicklungsganzen, sie folgen keiner Entfaltungslogik. Diese Erfahrung mündet als kollektive Form der Geschichtswahrnehmung konsequenterweise in die Paralyseerfahrung des *Posthistoire*.[326]

Die Erfahrung von Geschichte im Sinne des Kollektivsingulars scheint damit nur innerhalb eines bestimmten ›Geschwindigkeitsfensters‹ des sozialen Wandels möglich. In der Sattelzeit wurde offensichtlich sein unteres Limit überschritten, in der Spätmoderne könnte nun seine obere Grenze erreicht sein.[327]

Jenseits dieser Tempogrenze nehmen die politischen Ereignisse wieder den situativen Charakter von Episoden an. Weil sie dabei ihren Status als Elemente einer bedeutungsvollen historischen Entwicklungskette verlieren und nicht mehr in *genuine geschichtliche Erfahrung* transformiert werden können, scheinen sie, wie zahllose (auch pop-)kulturelle Zeugnisse der Gegenwart bestätigen, damit aber ihre (›tiefere‹) Bedeutsamkeit überhaupt zu verlieren. Ganz im Sinne von Marx' Diktum, dass die Geschichte sich nur als Farce wiederhole, beobachten diese Dokumente der Gegenwartskultur den Fortgang mitunter sogar sehr turbulenter geschichtlicher Ereignisse unter dem Aspekt des eigentümlichen Verblassens ihrer subjektiven und kollektiven Bedeutsamkeit. »Die Zeitsemantik entwickelt sich von der Jahrhundertwende [gemeint ist die Wende zum 20. Jahrhundert, H. R.] bis heute von einem Feld, auf dem noch Siege zu erringen sind, zu einem Areal, auf dem alle Schlachten bereits geschlagen sind und *nichts mehr geschehen kann*«, fasst Armin Nassehi diese Empfindung des *Endes der Geschichte* zusam-

326 Vgl. dazu auch L. Niethammer, *Posthistoire. Ist die Geschichte zu Ende?*, Reinbek 1989.

327 Ebendies ist die Diagnose Jean Baudrillards, der nicht nur das Erlöschen der Geschichte im Rasen der Ereignisse und unter dem Gewicht ihrer Masse postuliert, sondern dabei in Übereinstimmung mit den hier entwickelten Überlegungen bemerkt, »eine gewisse Langsamkeit (das heißt eine bestimmte Geschwindigkeit, doch nicht zu hoch) […] [ist] notwendig, damit sich jene eigentümliche Kondensation und Kristallisation von Ereignissen herstellt, die wir Geschichte nennen« (J. Baudrillard, *Das Jahr 2000 findet nicht statt*, Berlin 1990, S. 8).

men und wird darin von Imre Kertész, dem ungarischen Literatur-Nobelpreisträger des Jahres 2002, bestätigt: »Alles geht weiter, nur irgendwie matter, wenn auch unverblümter.«[328] Dieser bemerkt zugleich, dass die Gewaltanwendung und Exzesse motivierenden Ideologien zwar noch vorhanden sind, aber nicht mehr den Anspruch auf historische Konsequenz erheben, sondern den Anschein schierer Kontingenz annehmen: Alle historischen Formen, Elemente und Konflikte der Neuzeit kehren in ungeordneter Folge wieder in einem Raum gleichsam neostatischer Gleichzeitigkeit.

Diese geschwindigkeitsabhängige *Verzeitlichung* und *Entzeitlichung* der kulturellen Zeit- und Geschichtserfahrung hat nun aber gleichermaßen entscheidende Folgen für die Konzeptionen der Politik und ihrer Rolle in der Zeit und in der Geschichte wie für die individuelle Lebensperspektive und Identitätsform und damit gleichsam für die institutionelle und kulturelle *Substanz* der Gesellschaft (vgl. die Übersicht unten in *Tab. 1*). Die in der Neuzeit dominant werdende Vorstellung individueller und kollektiver Autonomie, das heißt der Selbstbestimmung der eigenen Lebensform, die ein Grundversprechen der Moderne darstellt, konnte sich nur in dem sich seit der Sattelzeit eröffnenden »mittleren Geschwindigkeitsfenster« des sozialen Wandels entwickeln. Die Vorstellung davon, was Rolle, Aufgabe und Möglichkeiten politischer Gestaltung in Geschichte und Gesellschaft sind, ändert sich notwendig mit der kulturellen Wahrnehmung geschichtlicher Zeit: In Zeiten eines sehr langsamen, intergenerationalen Tempos des sozialen Wandels, in denen die erwartete Zukunft im Wesentlichen mit der erfahre-

328 A. Nassehi, *Die Zeit der Gesellschaft. Auf dem Weg zu einer soziologischen Theorie der Zeit*, Opladen 1993, S. 364 f.; I. Kertész, *Ich – ein anderer. Roman*, Reinbek 2002, S. 70. Ganz in diesem Sinne definiert auch Baudrillard (*Das Jahr 2000 findet nicht statt*, S. 13) das Ende der Geschichte: »[W]ir [sind] bereits am Punkt, wo politische und soziale Ereignisse von sich aus keine Kraft mehr besitzen, um uns noch zu erschüttern, sondern sich abspulen wie ein Stummfilm, für den wir weder individuell noch kollektiv verantwortlich sind. Hier nimmt die Geschichte ein Ende, und zwar auf folgende Weise: nicht weil es zu wenig Persönlichkeiten oder Gewalt gibt (Gewalt wird es immer geben, doch Gewalt ist nicht mit Geschichte zu verwechseln), noch weil es zu wenig Ereignisse gibt (Ereignisse wird es immer geben – Medien und Information sei Dank!), sondern weil sie sich verlangsamt, in Indifferenz und Betäubung erstarrt. [...] Sie verpufft in ihrer unmittelbaren Wirkung, sie erschöpft sich im Schaueffekt, sie fällt auf sich selbst zurück und implodiert in Aktualität.«

nen Vergangenheit übereinstimmt, ist die Ausbildung der Vorstellung, dass die Gesellschaft als solche *politisch zu gestalten sei*, sehr unwahrscheinlich. Vielmehr gilt es, die bestehenden, als ontologisch oder kosmologisch vorgegeben erfahrenen Verhältnisse intakt zu halten. Erst mit dem Überschreiten der ersten kritischen Dynamisierungsschwelle und damit der Schwelle des kulturell wahrnehmbaren und auf Dauer gestellten endogenen sozialen Wandels konnte die Auffassung der Gesellschaft als eines *in der Zeit politisch zu gestaltenden Projekts* plausibel werden und Durchsetzungskraft gewinnen. Der Anspruch auf demokratisch-politische Gesellschafts- und damit Zukunftsgestaltung ist daher ein unmittelbares Korrelat zur *Verzeitlichung der Geschichte* in der Sattelzeit. Dabei kommt es zur Formulierung der neuzeitlichen *Geschichtsphilosophien*, welche die Richtung und das Ziel der wahrgenommenen Bewegung von Geschichte zu bestimmen versuchen und hierbei konstitutiv mit der Idee *politischer Bewegung* verknüpft sind: Gesellschaft wird zu einem gemäß den Prinzipien der Geschichtsentwicklung zu gestaltenden politischen Projekt. Den Schlüsselbegriff für diese Erwartung zielgerichteter geschichtlicher Entwicklung bildet die Kategorie des sozialen und politischen *Fortschritts* als der ›ersten genuin geschichtlichen Zeitkategorie‹,[329] die ihre kulturelle Triebkraft nicht zuletzt in der neuzeitlichen *Verzeitlichung der Utopien* findet: Politische Konzeptionen einer alternativen, besseren Gesellschaft werden nun nicht mehr in einen imaginären u-topischen Raum, sondern in die Zukunft projiziert und damit in den Raum der Geschichte und der praktischen Politik hereingeholt. Politik wird auf diese Weise zum *Schrittmacher* der gesellschaftlichen Entwicklung; sie erhält einen gleichsam unabweisbaren Gestaltungsauftrag.

In ganz ähnlicher Weise wird nun aber in ebendieser Periode auch das je eigene Leben und mithin die Struktur der personalen Identität verzeitlicht. In der Vormoderne, das heißt unter Bedingungen intergenerationalen Wandels, finden Subjekte auch die Identitätsstrukturen gleichsam überzeitlich festgelegt oder vorgegeben. *Wer jemand ist*, erfährt er oder sie durch den Blick auf bestehende Verhältnisse: auf die gegebene ontologische Ordnung, die Ständeverhältnisse etc. Substantielle Identitäten (›Beruf‹, Religion, Wohnort, ›politische Orientierung‹ etc.) sind gleichsam *a*

329 Koselleck, *Zeitschichten*, S. 163.

priori vorgegeben, sie müssen nicht gesucht oder gewählt werden. Da die geschichtliche Zeit hier noch als gleichsam statisch-erratisch erfahren wird, ist die aktive *Lebensführung*, sofern überhaupt von ihr gesprochen werden kann, situativ auf die (unberechenbaren) Zu- und Wechselfälle des Lebens gerichtet. Mit der Dynamisierung der sozialen Verhältnisse über die postulierte untere generationale Schwelle hinaus, das heißt mit dem Auseinandertreten von Erfahrungsraum und Erwartungshorizont, ändert sich dann jedoch auch die zeitliche Struktur der Identität: Das Leben wird zu einem planbaren Langzeitprojekt, bei dem das Subjekt zunächst vor der Aufgabe steht, seinen Platz in der Welt zu finden, also etwa einen *Beruf* zu erlernen und eine *Familie* zu gründen. Solange das Tempo des sozialen Wandels dabei nicht die zweite (intragenerationale) Schwelle überschreitet, wird personale Identität dabei aber gleichsam *a posteriori* stabilisiert: Geradezu im Sinne des Bildungs- und Entwicklungsromans gilt es, einen als feststehend gedachten Identitätskern im Lebenslauf und im Sinne eines *Lebensplans* zu entfalten. Dem entspricht auf der institutionellen Ebene der Moderne das, was Martin Kohli als »Lebenslaufregime« identifiziert hat: Das Leben vollzieht sich entlang prästabilierter beruflicher und familialer Entwicklungsbahnen und wird narrativ als Entwicklungsgeschichte gedeutet.

Unter den Bedingungen eines intragenerationalen Tempos des sozialen Wandels verlieren indessen sowohl die Politik als auch die Subjektivitätsformen wieder ihren Gestaltungs- und Entwicklungsanspruch; sie nehmen unter dem Eindruck der ›verzeitlichten Zeit‹, in der über die Sequenz, die Dauer und das Tempo von (Lebens- und politischen) Ereignissen nicht mehr nach festgelegten Plänen und Mustern, sondern nur noch im Vollzug selbst entschieden wird, erneut einen ›situativen Charakter‹ an. *Situative Politik* bedeutet dabei, dass demokratische Politik, weil sie kaum beschleunigungsfähig ist – vielmehr tendieren demokratische Willensbildungs- und Entscheidungsfindungsprozesse unter den hochdynamischen Bedingungen der globalisierten Moderne sogar zu einer Verlangsamung –,[330] ihre Schrittmacherrolle hinsichtlich der gesellschaftlichen Entwicklung verliert und gezwungen ist, sich auf eine Strategie des ›*muddling through*‹ angesichts der anfallenden Ereignisse und auf

330 Zur Begründung vgl. ausführlich Rosa, *Beschleunigung*, Kapitel XII.3.

Anpassungsprogramme zu beschränken. *Progressive Politik*, sofern von ihr überhaupt noch geredet werden kann, zielt heute nicht mehr auf die *Beschleunigung des sozialen Wandels* im Sinne einer Fortschrittsidee, sondern eher auf dessen *Entschleunigung* zur Aufrechterhaltung eines politischen Steuerungsanspruchs, während *konservative* Politik in gerader Umkehrung der klassisch-modernen Verhältnisse als dadurch gekennzeichnet erscheint, dass sie die durch jenen Steuerungsanspruch entstehenden Beschleunigungshemmnisse zu beseitigen gewillt ist. Staatliche Bürokratien (und demokratische Entscheidungen) als Steuerungsinstrumente gelten heute nicht mehr als Inbegriffe der Effizienz, sondern als paradigmatische Beispiele sklerotischer Verzögerung. Das Zeitalter der modernen demokratischen Politik, so scheint es, ist abgelaufen; inzwischen ist von *Postdemokratie* und *Output-Legitimation* die Rede.

Situative Identität dagegen bezeichnet das der *verzeitlichten Zeit* der Spätmoderne entsprechende Selbstverhältnis: Das je eigene Leben wird unter den Bedingungen eines intragenerationalen Tempos des sozialen Wandels nicht mehr als ein sich progressiv entfaltendes (und planbares) Projekt erfahren, sondern als offenes »Spiel« oder als »Drift«,[331] in der alle Identitätsprädikate eines zeitlichen Index bedürfen – man ist *im Moment* mit X verheiratet, man ›ist‹ *derzeit* Graphiker, man hat *das letzte Mal* Grün gewählt etc. *Situativität* bedeutet dann einerseits, dass der Anspruch auf (diachrone) Kontinuität und (synchrone) Kohärenz und damit auf eine langfristige Lebensplanung aufgegeben wird, andererseits aber auch, dass die teils selbstgewählten, teils von außen aufgezwungenen Veränderungen trotz oder gerade wegen ihres hohen Tempos nicht mehr als *gerichtet* erfahren werden; sie stehen in keinem erkennbaren Zusammenhang. Politisch wie lebenspraktisch erzeugt diese spätmoderne Form der *verzeitlichten Zeit*, die durch hohe, kaum planbare und nur in geringem Maße kontrollierbare Veränderungsraten gekennzeichnet ist, den Eindruck des *rasenden Stillstandes*: Die Dinge ändern sich, aber sie entwickeln sich nicht; es gibt unerschöpfliche Optionenräume, aber da sie beständig ihre Gestalt verändern, keine langfristigen Strategien, sie kumulativ zu nutzen. Die Bewegung wird ziellos und kontingent, ja erratisch; sie verliert ihren temporalen, sachlichen und politischen Richtungsindex.

331 Zu Ersterem vgl. Hörning, Ahrens, Gerhard, *Zeitpraktiken*, zu Letzterer Sennett, *Der flexible Mensch*.

Diese Veränderung wirkt sich längst auch auf das institutionelle Arrangement der modernen Gesellschaften aus: Der Nationalstaat und seine Bürokratien, die Institutionen des Wohlfahrtsstaates, die Arbeits- und Beschäftigungsverhältnisse und das mit ihnen verknüpfte ›Lebenslaufregime‹, ja selbst die Institution der strikten räumlichen und zeitlichen Trennung von Freizeit- und Arbeitssphären und damit auch des *Öffentlichen* und des *Privaten*: Sie alle geraten unter den Bedingungen der Globalisierung unter tempobedingten Erosionsdruck; und ihr Umbau beschleunigt wiederum seinerseits den sozialen Wandel, die Erzeugung von Unsicherheit und die Erosion der klassisch-modernen Entwicklungsbahnen.

	Vor- und Frühmoderne	**»Klassische« Moderne**	**Spätmoderne**
Tempo des endogenen sozialen Wandels	Struktur- und Kulturwandel unterhalb des Tempos des Generationenwechsels (*intergenerational*)	Struktur- und Kulturwandel nähern sich dem ›intragenerationalen‹ Wandlungstempo an	Tempo des Struktur- und Kulturwandels höher als die Geschwindigkeit der Generationenfolge (*intragenerational*)
<u>Indikator:</u> Berufs- und Familienstrukturen	Berufs- und Familienstrukturen (Familie i. S. einer ökonomischen Einheit) intergenerational stabil	Familienstrukturen und Berufe wandeln sich im Tempo der Generationenfolge: ›Familie gründen‹ und ›Beruf wählen‹ als individuelle, identitätskonstituierende Akte; Generationen als Innovationsträger	Berufs- und Familienstrukturen wandeln sich in höherem Tempo als die Generationenfolge: Aus dem Beruf wird eine Folge von Tätigkeiten (Jobs); den Lebenspartner ersetzt eine Folge von ›Lebensabschnittspartnern‹
Zeitperspektive	Deckungsgleichheit von Erfahrungsraum und Erwartungshorizont (zyklische Zeit)	Auseinandertreten der Zeithorizonte von Vergangenheit und Zukunft (lineare Zeit)	›Zeitlose Zeit‹ und ›*Verzeitlichung der Zeit*‹: Über Rhythmus, Dauer, Sequenz und Zeitpunkt von Handlungen und Ereignissen wird im Vollzug entschieden
Geschichtsperspektive	Statische Geschichtsperspektive; Historische Zeit als ›Raum der Geschicht*en*‹	*Verzeitlichung der Geschichte*: Geschichte als versteh- und gestaltbarer, gerichteter Prozess (Fortschrittsidee); temporaler Richtungsindex der Politik (progressiv/konservativ); Politik als historischer ›Schrittmacher‹	Das ›Ende der Geschichte‹ i. S. der Fortschrittsidee und Geschichtsphilosophie; Verlust des politischen Richtungsindexes bei hohem Wandlungstempo (situative Politik): ›*Entzeitlichung der Geschichte*‹

	Vor- und Frühmoderne	»Klassische« Moderne	Spätmoderne
Lebensperspektive	›Situative‹ Lebensperspektive: Bewältigung von (exogen bestimmten) Tagesproblemen auf der Grundlage ›substantieller Identität a priori‹; Wechselfälle des Lebens einerseits exogen, andererseits metaphysisch und kulturell eingebettet	*Verzeitlichung des Lebens:* Perspektive des planbaren und narrativ als Entwicklungsgeschichte angelegten *Lebenslaufs* auf der Grundlage *stabiler, selbstbestimmter Identität* ›a posteriori‹ und institutioneller Absicherung (Lebenslaufregime)	Deinstitutionalisierung des Lebenslaufs; Preisgabe stabiler Identität im Sinne eines ›Lebensprojekts‹; ›situative‹ Identität und Lebensführung: *›Entzeitlichung des Lebens‹*

Tabelle 1: Die beschleunigungsbedingte Dialektik von Verzeitlichung und Entzeitlichung im Überblick.

V. Schluss: Universalität und Pluralität, Heterogenität und Homogenität der Moderne

Der Bruch zwischen der klassischen Moderne und der Spätmoderne lässt sich damit temporalstrukturell sehr genau bestimmen als jener Moment in der ›Beschleunigungsgeschichte‹, an dem die Akzelerationskräfte die Gestaltungs- und Integrationsfähigkeit von Subjekten und Gesellschaften so weit übersteigen, dass die *Verzeitlichung der Geschichte und des Lebens* als dominante Form der Zeiterfahrung durch die *Verzeitlichung der Zeit selbst* verdrängt wird, und an dem daher das auf zeitresistente Autonomie hin angelegte *kulturelle Projekt* der ›klassischen Moderne‹ und der *strukturelle Prozess* der Modernisierung in unaufhebbaren Widerspruch geraten. Dieser Moment, so die These, ist eng verknüpft mit dem Überschreiten der generationalen Schwelle in der Geschwindigkeit des sozialen Wandels in Richtung auf ein *intra*generationales Veränderungstempo, welches die Kontinuitäts- und Kohärenzbedingungen stabiler personaler Identitäten erodiert und daher die Ausbildung zeitresistenter Präferenzen massiv erschwert.

Interessant ist nun die Frage, ob diese Bestimmung von Modernisierung die ethnozentrischen und funktionalistischen Vereinseitigungen der herkömmlichen Modernisierungstheorie wirklich zu vermeiden vermag und daher ›universalgeschichtliche Geltung‹ beanspruchen darf. In der Tat möchte ich die These vertreten, dass Modernisierung in allen ihren Erscheinungsformen und überall durch den herausgearbeiteten dreidimensionalen Beschleunigungsprozess gekennzeichnet ist, das heißt mit Phänomenen der *technischen Beschleunigung*, mit einer Beschleunigung des *endogenen sozialen Wandels* (selbst wenn Modernisierung in manchen Fällen zu einer Stabilisierung von konflikthaften oder gewaltförmigen Verhältnissen führen mag) und mit der *Erhöhung des Lebenstempos* einhergeht.[332] Auch die Logik des Beschleunigungszirkels beansprucht natürlich universale Geltung. Das trifft jedoch nicht a priori für die drei identifizierten externen Antriebsmotoren zu: Wo die Produktionsverhältnisse kapitalistisch organisiert werden und Prozesse der funktionalen Differenzierung auftreten, werden sie zwar unvermeidlich eine Dynamisierungswirkung entfalten, aber es gibt keinen Grund, Kapitalismus und funktionale Differenzierung zu den unhintergehbaren Bestandsbedingungen der Moderne zu rechnen. Dies gilt erst recht für den kulturellen Motor: Die protestantische Ethik und die kulturelle Aufladung der Beschleunigung als Strategie zur Angleichung von Lebenszeit und Weltzeit scheinen in der Tat kulturspezifische, ›westliche‹ Phänomene zu sein. Die Autodynamik des Akzelerationsprozesses könnte den Beschleunigungszirkel jedoch auch dort in Gang halten, wo einer, zwei oder sogar alle der externen Antriebsmotoren ausfallen; darüber hinaus ist es natürlich ebenso denkbar, dass *andere* Antriebskräfte (etwa andere kulturelle oder ethische Systeme) an deren Stelle treten könnten. Der postulierte Zusammenhang zwischen dem Tempo des sozialen Wandels und der Zeit- und Geschichtserfahrung dagegen könnte sich in der Tat – wenngleich zweifellos mit einer Bandbreite an

332 Die von Robert Levine und seinem Forscherteam (Levine, *Eine Landkarte der Zeit*) vorgelegten empirischen Befunde zur Messung des Lebenstempos in 31 Ländern scheinen – bei aller Fragwürdigkeit des methodischen Designs jener Studie – zumindest die letztere Vermutung eindeutig zu bestätigen.

kulturell bestimmten Variationen – als anthropologisch fundiert und in diesem Sinne in seiner Grundstruktur als kulturinvariant erweisen.

In jedem Falle scheint aber durch die Bestimmung von Modernisierung als sozialer Beschleunigung ein Abstraktionsgewinn erreicht zu sein, der es erlaubt, eine einheitliche Entwicklungslogik der Moderne *hinter* der kulturellen, historischen und geographischen Vielfalt und Heterogenität ihrer Phasen und Erscheinungsformen zu erkennen. Die These, dass Modernisierung invariant Dynamisierung bedeutet, ist nicht nur vereinbar mit der Beobachtung, dass sie in unterschiedlichen kulturellen Kontexten ganz unterschiedliche und in vielen Fällen sogar *divergierende* Konsequenzen hat, die nahezu alle institutionellen Ebenen der Gesellschaft, ihre Assoziationsformen und Handlungspraktiken, Produktionsweisen und Wissensformen betreffen, sondern sie lässt es sogar zu, dass sich bestehende Differenzen unter dem Dynamisierungsdruck noch verschärfen können. Zugleich scheint der postulierte Zusammenhang zwischen dem Tempo des sozialen Wandels und der kulturellen Wahrnehmung sozialer Zeit uns einen Schlüssel an die Hand zu geben, mit dem sich die kulturellen und institutionellen Umbrüche innerhalb der (westlichen) Moderne präzise bestimmen und sogar ursächlich erklären lassen. Schließlich wird aus beschleunigungstheoretischer Sicht auch das eigentümliche Phänomen verständlich, dass in der Diskussion um die Globalisierung die Vertreter der kulturellen *Homogenisierungs-* oder *Konvergenz*diagnose ebenso plausible Argumente zu besitzen scheinen wie die Anhänger der *Pluralisierungs*these: Es ist eine Frage des struktur- oder substanzorientierten Blickwinkels, ob die globalisierten Gesellschaften als konvergierend oder divergierend und darüber hinaus als dynamisch oder statisch erfahren werden: In ihren materialen Strukturen und kulturellen Überzeugungen mögen sich (spät-)moderne Gesellschaften einerseits dramatisch unterscheiden und andererseits rasch ändern – in ihrer strukturellen Entwicklungslogik folgen sie dagegen invariant und geradezu statisch der Entfaltungslogik des Beschleunigungsdiktats, das sich als das Kernprinzip des etwa schon von Weber beklagten »stahlharten Gehäuses« der Moderne erweisen könnte.

6. Situative Identität

Zwischen Selbstthematisierungszwang und Artikulationsnot? Situative Identität als Fluchtpunkt von Individualisierung und Beschleunigung

I. Einleitung

In neueren sozialwissenschaftlichen Publikationen zur Frage nach der Form personaler Identitäten in spätmodernen Gesellschaften wird meist schon in der Einleitung darauf hingewiesen, dass gesellschaftliche bzw. sozialstrukturelle Modernisierungsprozesse nicht ohne Entsprechung in der Konstruktion subjektiver Selbstverhältnisse bleiben können.[333] Identitätswandel und Sozialstrukturwandel durch Modernisierung, so die naheliegende Vermutung, gehen notwendig Hand in Hand. Unter die relevanten Modernisierungsprozesse werden dabei zumeist Individualisierung, Pluralisierung, Rationalisierung und Differenzierung und manchmal auch anhaltende Globalisierung und Ökonomisierung im ›schrankenlosen Kapitalismus‹ gezählt. Ich teile diesen Befund der gleichsam ›strukturellen Kopplung‹ von sozialem Wandel und Veränderung der Selbstverhältnisse oder Identitätsmuster, doch möchte ich in diesem Beitrag insbesondere auf einen weiteren, meines Erachtens ganz und gar fundamentalen, bisher aber weitestgehend vernachlässigten Modernisierungsfaktor und -prozess hinweisen, nämlich denjenigen der sozialen *Beschleunigung* und hier insbesondere der Beschleunigung des *sozialen Wandels*.[334] Selbstverhältnisse oder Identitäten haben unaufhebbar eine zeitliche Struktur, in

333 Vgl. etwa H. Willems, A. Hahn, *Identität und Moderne*, Frankfurt/M. 1999, oder H. Keupp u. a., *Identitätskonstruktionen. Das Patchwork der Identitäten in der Spätmoderne*, Reinbek 1999.

334 Eine der wenigen neueren soziologischen Untersuchungen, die sich bei der Analyse der aktuellen Selbstverhältnisse ausführlich mit dem Zeitaspekt befassen, stellt Richard Sennetts Essay zur Veränderung der Persönlichkeitsstruktur in einer durch Kurzfristigkeit und Wandel geprägten (kapitalistischen) Gesellschaft dar; Sennett, *Der flexible Mensch*; dazu kritisch auch J. Straub, »Zur Psychologie des ›flexiblen Menschen‹. Ein Leitbild für jüngere Generationen?«, in: F. Lehner (Hg.), *Erbfall Zukunft. Vordenken für und mit Nachkommen*, München 2001, S. 357-368.

der Vergangenheit, Gegenwart und Zukunft eines Subjekts verknüpft sind.[335] *Wer man ist*, bestimmt sich immer auch dadurch, wie man es geworden ist, *was man war* und *hätte sein können* und *was man sein wird* und *sein möchte*. In jeder identitätsstiftenden, narrativ konstruierten Lebensgeschichte eines Subjekts wird nicht nur die Vergangenheit rekonstruiert, sondern damit zugleich die Gegenwart gedeutet und eine mögliche Zukunft entworfen. Zugleich werden in der ›alltäglichen Identitätsarbeit‹ von Subjekten stets mehrere Zeithorizonte unterschiedlicher Reichweite miteinander verknüpft und einander angeglichen: Die Zeit- und Identitätsmuster der jeweiligen Situation, der je gegebenen Alltagspraxis, der übergreifenden Perspektive auf das eigene Leben und schließlich der historischen Epoche müssen stets aufs Neue miteinander in Einklang gebracht werden.[336] Veränderungen in den Temporalstrukturen und -horizonten der Gesellschaft wirken sich daher unvermeidlich auch auf die Temporalstrukturen der Identitätsbildung und -erhaltung aus, und – so meine These – hier mehr als irgendwo sonst lässt sich ein Bruch zwischen der ›klassischen‹ Moderne und dem ausmachen, was man als *Spät-* oder (je nach Perspektive) auch *Postmoderne* bezeichnen könnte.

Ich möchte nun im Folgenden zunächst diesen sich andeutenden Bruch in den Bedingungen der Identitätsbildung anhand der Auswirkungen zweier ineinandergreifender, fundamentaler Modernisierungsprozesse, nämlich Individualisierung und Beschleunigung, in Umrissen darstellen, um daran anschließend zwei bzw. drei potentiell problematische und miteinander verknüpfte Folgen für spätmoderne Selbstverhältnisse herauszuarbeiten, nämlich einerseits einen gesteigerten *Selbstthematisierungszwang* bei simultan wachsender Artikulationsnot und *Ausdrucksarmut*, die in der Kultur

335 Vgl. auch J. Straub, »Zeit, Erzählung, Interpretation. Zur Konstruktion und Analyse von Erzähltexten in der narrativen Biographieforschung«, in: H. Röcklein (Hg.), *Möglichkeiten und Grenzen der psychohistorischen Biographieforschung*, Tübingen 1993, S. 143-183, und J. Straub, *Erzählung, Identität und historisches Bewußtsein. Die psychologische Konstruktion von Zeit und Geschichte*, Frankfurt/M. 1998.

336 Vgl. F. Straus, R. Höfer, »Entwicklungslinien alltäglicher Identitätsarbeit«, in: H. Keupp, R. Höfer (Hg.), *Identitätsarbeit heute. Klassische und aktuelle Perspektiven der Identitätsforschung*, Frankfurt/M. 1997, S. 270-303, und P. Alheit, »Alltagszeit und Lebenszeit«, in: R. Zoll (Hg.), *Zerstörung und Wiederaneignung von Zeit*, Frankfurt/M. 1988, S. 371-386.

der Spätmoderne paradoxerweise Hand in Hand gehen, und andererseits eine bemerkenswerte ›Entzeitlichung‹ des Lebens zugunsten situativer Zeit- und Selbstpraktiken, die als eine Folge der spätmodernen ›Verzeitlichung der Zeit‹ verstanden werden können und tendenziell eine neue Form *situativer Identitäten* hervorbringen.

II. Individualisierung und Beschleunigung

Natürlich sind weder Individualisierungs- noch Beschleunigungsprozesse etwas Neues, das erst in der Spätmoderne auftritt, und auch die sie begleitenden Individualisierungs- und Beschleunigungsdiskurse sind nicht erst Produkte des 20. Jahrhunderts. Seit der Zeit der ›Klassiker‹ haben soziologische Diagnosen die moderne Gesellschaft in Absetzung von vormodernen traditionalen Gemeinschaften stets auch unter dem Aspekt der Individualisierung beschrieben und dabei hervorgehoben, dass die Bindekraft von Traditionen ab- und das Ausmaß zunimmt, in dem Individuen über ihre Lebensform selbst entscheiden können. Ebenso begleitet die nicht immer, aber oft mit Besorgnis gemachte Beobachtung der fortwährenden Dynamisierung und Beschleunigung des sozialen Lebens und des gesellschaftlichen Wandels die Moderne in all ihren Phasen; sie setzte ein, lange bevor die umfassende Technisierung des Lebens- und Arbeitsalltags begann, und dauert bis heute fort. Schon 1828 formulierte etwa Friedrich Ancillon in einer zugleich an das *Kommunistische Manifest* wie an die Spätmoderne erinnernden Wendung:

> Alles ist beweglich geworden, oder wird beweglich gemacht, und in der Absicht, oder unter dem Vorwand, alles zu vervollkommnen, wird alles in Frage gezogen, bezweifelt und geht einer allgemeinen Umwandlung entgegen. Die Liebe zur Bewegung an sich, auch ohne Zweck und ohne ein bestimmtes Ziel, hat sich aus den Bewegungen der Zeit ergeben und entwickelt. In ihr, und in ihr allein, sucht man das wahre Leben.[337]

Die hier thematisierte allmähliche Verschiebung der Balance zwischen den Elementen der Bewegung und denen der Beharrung zugunsten der Dynamisierung scheint mir dabei grundlegend für

337 Hier zitiert nach Koselleck, *Vergangene Zukunft*, S. 328.

die Diagnose des Beschleunigungsprozesses. Sie ist von zentraler Bedeutung für Prozesse der Identitätsfindung und -wahrung, weil in diesen stets Kontinuität und Kohärenz gegen Wandel und Flexibilität balanciert werden müssen.[338]

Individualisierung wie Beschleunigung sind somit Modernisierungsprozesse, die sich durch die gesamte Geschichte der Neuzeit hindurchziehen. Allerdings verlaufen sie beide nicht einfach kontinuierlich bzw. linear-gleichförmig, sondern sie entfalten sich gleichsam schubweise, wobei sie immer wieder auch auf Widerstände und Gegentendenzen stoßen, welche vorübergehende Umkehrungen der Entwicklungsrichtung, das heißt einerseits zeitweiligen Stillstand und Verlangsamung, andererseits Rekollektivierungen und gesellschaftliche Organisierung in formierten Gruppen, hervorrufen.[339] Darüber hinaus ist natürlich zu berücksichtigen, dass die gesteigerte *Wahrnehmung* von Dynamisierungs- und Individualisierungsprozessen, das heißt das Auftreten von Beschleunigungs- und Individualisierungsdiskursen, durchaus phasenverschoben gegenüber material beobachtbaren Akzelerations- und Individualisierungsprozessen sein kann; ja dass eine solche Verschiebung und partielle Verselbständigung geradezu zu erwarten steht. Die entsprechenden Diskurse, so ist zu vermuten, entwickeln sich in der Folge der materialen Prozesse, wirken aber natürlich auch auf jene zurück, bisweilen bis zur Ununterscheidbarkeit von Diskurs und Realphänomen.

Zugleich ist schließlich anzunehmen, dass Prozesse der Beschleunigung wie der Individualisierung in ihren strukturbildenden und kulturprägenden Auswirkungen nicht einfach durch *quantitative* Steigerung zu beschreiben sind, sondern dass es im Gefolge massiver Schübe auch zu *qualitativen* Umschlägen kommt, welche in den betroffenen Gesellschaften nicht vorhersehbare strukturelle

338 Vgl. etwa L. Krappmann, »Die Identitätsproblematik nach Erikson aus einer interaktionistischen Sicht«, in: H. Keupp, R. Höfer (Hg.), *Identitätsarbeit heute. Klassische und aktuelle Perspektiven der Identitätsforschung*, Frankfurt/M. 1997, S. 66-92, und J. Straub, »Personale und kollektive Identität. Zur Analyse eines theoretischen Begriffs«, in: A. Assmann, H. Friese (Hg.), *Identitäten. Erinnerung, Geschichte, Identität*, Frankfurt/M. 1998, S. 73-104.

339 Vgl. zu Ersterem etwa J. Radkau, *Das Zeitalter der Nervosität. Deutschland zwischen Bismarck und Hitler*, München 1998, bes. S. 25; zu Letzterem Wagner, *Soziologie der Moderne.*

und kulturelle Brüche und Umschwünge zur Folge haben können.[340]

Und in der Tat nun lassen sich zahlreiche Indizien dafür finden, dass die gegenwärtige postindustrielle Gesellschaft – verstärkt durch die politische Revolution von 1989, die digitale Revolution der Computertechnologie und der neuen Medien sowie die damit einhergehenden Phänomene der Globalisierung – sowohl einen neuen Beschleunigungs- als auch einen gewaltigen Individualisierungsschub erlebt, die auch umgehend den Ruf nach *Entschleunigung* und *Wiedervergemeinschaftung* (etwa in Form des Kommunitarismus) laut werden lassen. Worin aber besteht die neue Qualität der spätmodernen Individualisierung und Beschleunigung? Da es natürlich eine breit angelegte Debatte und Diskussion um die Individualisierung, aber so gut wie keine systematisch angelegte Beschleunigungsdiagnose gibt, möchte ich auf Erstere nur kurz, auf die Letztere dagegen etwas ausführlicher eingehen.

1. Aspekte der Individualisierung

Der prominent etwa in Ulrich Becks *Risikogesellschaft*[341] diagnostizierte neue, zweite Individualisierungsschub, für den Ursachen wie höhere Durchschnittseinkommen, welche tendenziell den Übergang von der ›Knappheits-‹ zur ›Überflussgesellschaft‹ bewirken, die Bildungsexpansion, soziale Aufwärtsmobilität, der liberalisierende Einfluss der Massenmedien und ein Verblassen traditioneller Normvorstellungen genannt werden, führt in noch einmal verschärfter Form zu

> individualisierte[n] Existenzformen und Existenzlagen, die die Menschen dazu zwingen, sich selbst – um des eigenen materiellen Überlebens willen – zum Zentrum ihrer eigenen Lebensplanung und Lebensführung zu machen. Individualisierung läuft in diesem Sinne auf eine Aufhebung der

340 Vgl. dazu H. Rosa, »Temporalstrukturen in der Spätmoderne: Vom Wunsch nach Beschleunigung und der Sehnsucht nach Langsamkeit. Ein Literaturüberblick in gesellschaftstheoretischer Absicht«, in: *Handlung, Kultur, Interpretation* 10 (2001), S. 335-381.

341 U. Beck, *Risikogesellschaft. Auf dem Weg in eine andere Moderne*, Frankfurt/M. 1986.

lebensweltlichen Grundlagen eines Denkens in traditionalen Kategorien von Großgruppengesellschaften hinaus [...].[342]

Der damit einhergehende Zwang zur Selbstthematisierung ist eine Folge der gegenüber der klassischen Moderne noch einmal gesteigerten Wählbarkeit bzw. Kontingenz zentraler wie peripherer Lebensdimensionen. Dass die Wahlmöglichkeiten und Differenzierungsweisen nicht nur im Hinblick auf zentrale Lebens- und Identitätsdimensionen wie Beruf, Familie, Religion, Wohnort, tendenziell aber auch Nationalität, Sexualität und Geschlecht, sondern gerade auch im Hinblick auf periphere, aber den Alltag mitprägende Lebensbereiche wie Telefon- und Versicherungsgesellschaften, Energiegesellschaften, Vereine, Rentenversicherungsformen, Fernsehanstalten etc. zugenommen hat, scheint mir dabei nicht unerheblich. Selbst dort, wo alte Muster tradiert werden und von den neuen Wahl- und Wechselmöglichkeiten kein Gebrauch gemacht wird, ist das *Kontingenzbewusstsein* (überall könnte die eigene Entscheidung auch anders ausfallen oder die durch äußere Zwänge geschaffene Situation sich verändern) unvermeidlich gestiegen. Neu ist in der Spätmoderne (neben noch einmal gesteigerten Wahlmöglichkeiten) die sehr weitgehende *Revidierbarkeit* – Familien, Berufe, religiöse Zugehörigkeiten, Parteipräferenzen, Telefongesellschaften sind keine Fixpunkte der Lebensführung mehr, die nach der (einmaligen) Wahl ein Leben lang Bestand haben, sondern sie können jederzeit durch eigene Wahl oder die Entscheidung anderer revidiert werden – und die zunehmend freie *Kombinierbarkeit* der Identitätsbausteine: Infolge der sich allmählich abzeichnenden progressiven Auflösung identitätsprägender sozialer Klassen und starrer Milieus ist es eben nicht mehr so, dass etwa eine bestimmte Ausbildung zwangsläufig zu einem bestimmten Beruf führt, dass ein bestimmter Beruf mit hoher Wahrscheinlichkeit mit einer bestimmten politischen Präferenz einhergeht und dass beide zusammen mit bestimmten religiösen Orientierungen und Freizeitaktivitäten koinzidieren; und ebenso wenig sind bestimmte Aktivitäten und Orientierungen notwendig mit bestimmten Altersphasen kombiniert. Denn immer häufiger finden sich etwa Ausbildungsphasen, die traditionell mit dem Jugendalter korreliert sind, auch im reiferen Alter und *nach* Abschnitten längerer Berufstätigkeit.

342 Ebd., S. 116 f.

Ähnlich verhält es sich mit biographischen Phasen des Sich-Verliebens und Heiratens, während umgekehrt beispielsweise dauerhafte unfreiwillige Exklusionen vom Erwerbsleben auch schon im Jugendalter erfahren werden können.[343] Tendenziell lösen sich somit gewissermaßen die ›Cluster‹ an Identitätsmerkmalen auf, die mit relativ hoher Wahrscheinlichkeit zusammen auftreten; es kommt zu einer Ausdifferenzierung individueller Lebenslagen.

Hilfreich scheint mir im Zusammenhang des Individualisierungsdiskurses der Vorschlag Axel Honneths zu sein,[344] drei verschiedene Ebenen oder Aspekte von Individualisierung zu unterscheiden, die in ihren Ausprägungen durchaus unabhängig voneinander sein können, in der Debatte aber oft vermischt werden, nämlich:

(1) *Individualisierung* im eigentlichen Sinne, die besagt, dass individuelle Lebenslagen heute nicht mehr aus schicht- oder milieuspezifischen Mustern ableitbar sind, sondern aufgrund wachsender Optionenvielfalt (und auch nichtgewählter Kontingenzen) in zentralen und peripheren Lebensdimensionen individuell ›ausdifferenziert‹ sind.

(2) *Privatisierung* als eine mögliche, aber keine notwendige Folge der Individualisierung. Gemeint ist damit die Auflösung von Gemeinschaften in dem Sinne, dass zentrale (und periphere) Lebensentscheidungen für die Einzelnen zur individuellen ›Privatsache‹ werden, weil sie infolge zunehmender ›Vereinzelung‹ aus konstitutiven, identitätsbildenden Gemeinschaftsbindungen herausgefallen sind bzw. sich daraus gelöst haben.

(3) *Autonomisierung* dagegen besagt, dass die unübersehbar gewachsene Optionsvielfalt und die Kontingenzspielräume von den Individuen in einer Weise genutzt werden können, die sie zu größerer, selbstbewusster, reflektierter und im Lichte der je eigenen Lebensgeschichte und Identität ›vernünftiger‹ Selbstbestimmung befähigt.

343 Martin Kohli diagnostiziert daher eine allmählich Deinstitutionalisierung und Destandardisierung des Lebenslaufes; vgl. M. Kohli, »Lebenslauf und Lebensalter als gesellschaftliche Konstruktionen: Elemente zu einem interkulturellen Vergleich«, in: G. Elwert, M. Kohli, H. K. Müller (Hg.), *Im Lauf der Zeit. Ethnographische Studien zur gesellschaftlichen Konstruktion von Lebensaltern*, Saarbrücken 1990, S. 11-32.

344 A. Honneth, »Aspekte der Individualisierung«, in: A. Honneth, *Desintegration. Bruchstücke einer soziologischen Zeitdiagnose*, Frankfurt/M. 1994, S. 20-29.

Selbst wenn sich dabei ausreichende empirische Belege für eine wachsende spätmoderne Individualisierung im eigentlichen Sinne finden lassen, ist die *Privatisierungsthese* in der Soziologie durchaus umstritten, weil neue Assoziationsformen (*Peergroups*, soziale Bewegungen, Selbsthilfegruppen etc.) die traditionellen Gemeinschaftsformen zumindest teilweise ersetzen, wenngleich die Mitgliedschaft in ihnen ebenfalls kontingent und revidierbar ist; die *Autonomisierungsthese* dagegen wird insbesondere von ›kulturkritischer‹ Seite ernsthaft in Frage gestellt. Fest steht auf jeden Fall, dass wachsende Kontingenz nicht notwendig mit wachsender Autonomie einhergehen muss: Dass vieles auch anders sein könnte, heißt noch lange nicht, dass die handelnden Subjekte es gestalten oder auch nur in signifikantem Maße beeinflussen können – möglicherweise nehmen die unvorhersehbaren und daher gerade nicht gestaltbaren ›Wechselfälle des Lebens‹ (Verlust des Arbeitsplatzes, des Ehepartners etc.) ebenso zu, wie die Bestimmungsgründe für eine autonome Gestaltung des eigenen Lebens abnehmen; auf diesen Aspekt werde ich weiter unten zurückkommen.

Festhalten lässt sich somit, dass in spätmodernen Gesellschaften das eigene Leben kurz-, mittel- und langfristig in viel stärkerem Maße als zuvor geplant und aktiv geführt werden muss, wenn der Anspruch auf Autonomie aufrechterhalten werden soll, weil die Orientierung an vorgegebenen ›Normalbiographien‹ und standardisierten ›Lebenslaufregimen‹ erodiert und die inhaltliche und zeitliche Struktur eines Lebens sich öffnet. Gerade die langfristige Planung und Orientierung wird aber durch den zweiten zentralen Modernisierungstrend, die soziale Dynamisierung oder Beschleunigung, massiv erschwert und teilweise sogar wieder obsolet gemacht. Daraus ergibt sich für spätmoderne Subjekte und Selbstverhältnisse eine gleichsam paradoxale Situation, in der es »immer notwendiger [wird], Nichtplanbares, Nichtvorhersehbares, Nichtentscheidbares bereits einzuplanen und zu entscheiden. Mit anderen Worten: Vergangenes wie Zukünftiges kann immer weniger, muss aber immer häufiger *jetzt* formuliert werden«.[345]

345 Hörning, Ahrens, Gerhard, *Zeitpraktiken*, S. 180.

2. Aspekte der Beschleunigung

Die zeitgenössische, globalisierte Gesellschaft ist gekennzeichnet durch die Schnelllebigkeit und Kurzfristigkeit von Entwicklungen, Trends und Bindungen und lässt sich so treffend auch als ›Beschleunigungsgesellschaft‹ beschreiben. So beobachtet etwa der US-Autor James Gleick in seinem Buch *Faster. The Acceleration of Just About Everything* die Beschleunigung unseres Alltags von der Arbeit über die Freizeit bis zum Liebesleben,[346] während die Bundesregierung *Beschleunigung* an erster Stelle unter den zentralen Trends der Zukunftsgesellschaft anführt und Bill Gates für die Jahre nach 2000 die Dekade der *Geschwindigkeit* ausrief.[347] Komplementär dazu finden sowohl Lebenshilfen zum verbesserten ›Zeitmanagement‹ wie auch Bücher, in denen der Ruf nach Entschleunigung erschallt (gleichsam als neue Ideologie der Modernisierungsverlierer, wie Peter Glotz argwöhnte[348]), reißenden Absatz.

Auch *Beschleunigung* lässt sich unter drei getrennten Aspekten erfassen:[349]

(1) *Technische Beschleunigung* im Sinne der Steigerung des Tempos, mit dem sich Transport-, Kommunikations- und Produktionsprozesse realisieren lassen. Diese Form der Beschleunigung hat nachhaltig unsere Wahrnehmung von Zeit und Raum verändert, indem sie beispielsweise den anthropologisch begründeten Vorrang der Raumwahrnehmung in einen (erlernten) Vorrang der Zeitwahrnehmung umwandelte, weil im Zeitalter der Globalisierung viele Prozesse und Ereignisse gleichsam ›ortlos‹ geworden sind. Dies hat natürlich Konsequenzen für die Formen der Selbstverhältnisse oder Identität, die sich zunehmend von geographischen und sozialen Orten und Räumen ablösen und, wie noch genauer zu zeigen sein wird, auch neue Zeitstrukturen implizieren.

(2) Die *Beschleunigung des sozialen Wandels* ist von der techni-

346 Gleick, *Faster.*

347 Gates zitiert nach G. Freyermuth, »Digitales Tempo. Computer und Internet revolutionieren das Zeitempfinden«, in: *c't*, Heft 14 (2000), S. 74-81, hier S. 76; für die Bundesesregierung vgl. die Anzeige »Den Wandel gestalten«, unterzeichnet von Joschka Fischer und Gerhard Schröder, in *Spiegel*, Heft 3, 17. 1. 2000, S. 47-49.

348 Glotz, »Kritik der Entschleunigung«.

349 Vgl. hierzu und zum Folgenden ausführlich Rosa, »Temporalstrukturen in der Spätmoderne«.

schen Beschleunigung nur zum Teil abhängig. Sie beinhaltet, dass soziale Praktiken, Konstellationen und Strukturen instabiler werden. Verlässliche Traditionen und Gemeinschaften, Moden, Werte, Orientierungen, Wissensbestände und Handlungsmuster wandeln und verändern sich immer schneller (auch hiervon sind nicht nur zentrale, sondern ebenso sehr und vielleicht in noch höherem Maße periphere Lebensbereiche betroffen: die Praxis des Telefonierens, die Arten der Altersvorsorge, die Verfassung des Bildungssystems, die Berufslandschaft, die Kleidermoden, sogar die Nachbarn: Sie alle wechseln bzw. ändern sich immer rascher). Damit nehmen Gewissheiten und Verlässlichkeiten ab und Unsicherheiten zu, und die *Halbwertszeit unseres* (nicht nur wissenschaftlichen, sondern auch alltagspraktischen) *Wissens*, definiert als die Zeitdauer, in der die Hälfte dessen, was wir zu einem bestimmten Zeitpunkt wissen, irrelevant oder ungültig geworden ist, nimmt rasant ab: Was zu einem früheren Zeitpunkt (in technischer, politischer, lebenspraktischer Hinsicht) galt, gilt heute nicht mehr, und was heute gilt, wird morgen nicht mehr gelten. Ebendies hat Hermann Lübbe als ›Gegenwartsschrumpfung‹ beschrieben, womit er zum Ausdruck bringt, dass die Zeiträume, für die davon ausgegangen werden kann, dass die Lebens- und Handlungsbedingungen einigermaßen stabil bleiben, für die also eine gewisse Erwartungssicherheit besteht, in den verschiedenen Handlungsfeldern immer kürzer werden.[350] Nur innerhalb solcher Zeiträume, in denen gleichsam Erfahrungsraum und Erwartungshorizont zusammenfallen, kann man aber aus Erfahrungen lernen und aus Vergangenem Schlüsse für die Zukunft ziehen; nur in ihnen haben Erfahrungen einen Wert. Im Anschluss an Lübbe steht hier zu vermuten, dass die kulturelle Innovationsverdichtung in einer Weise zugenommen hat, die das, was als sozialer Wandel manifest wird, sich nicht mehr über Generationen hinweg vollziehen, sondern gleichsam intragenerational werden lässt. So werden etwa *Berufe* heute nicht mehr von einer Generation zur nächsten weitergegeben wie in der Vormoderne, und sie bleiben auch nicht mehr ohne weiteres über ein Arbeitsleben hinweg stabil, wie in der klassischen Moderne, sondern werden in der Spätmoderne tendenziell *innerhalb* eines Erwerbslebens mehrfach gewechselt.[351] Dieselbe Tendenz einer Beschleuni-

350 Lübbe, »Gegenwartsschrumpfung«.

351 Vgl. Garhammer, *Wie Europäer ihre Zeit nutzen.*

gung des sozialen Wandels von intergenerationalen zu intragenerationalen Veränderungen lässt sich ansatzweise (bei aller Vorsicht, zu der die empirische Forschung hier zu Recht mahnt) auch im Hinblick auf die Entwicklung von (idealtypischen) Familienstrukturen beobachten: Ersetzte mit Anbruch der Moderne die auf eine Generation hin angelegte Kernfamilie die Großfamilie und damit den übergenerationalen Familienverband und die entsprechend auf Dauer angelegte Struktur, so ersetzt im Zeitalter der Spätmoderne der ›Lebensabschnittspartner‹ tendenziell den ›Lebenspartner‹ – Familienstrukturen und identitätskonstituierende Partnerschaften halten nicht mehr über ein ganzes Leben hinweg. Wenngleich gegenüber einer solchen schematisierten Form der Darstellung des Wandels von Familienstrukturen durchaus Zweifel angebracht sind, lässt sich doch kaum leugnen, dass das *Kontingenzbewusstsein* steigt, und zwar auch bei denen, die de facto ein Leben lang zusammenbleiben. Und im Gegensatz zu den exogenen Kontingenzen und Wechselfällen wie Krankheiten, Naturkatastrophen, gewaltförmige Herrschaftsverhältnisse etc., welche vormoderne Familienstrukturen sehr oft instabil und zerfallsbedroht werden ließen, sind die Kontingenzen spätmoderner Familienstrukturen selbsterzeugter, familienendogener Natur. All das bedeutet, dass Erfahrungen und Wissen permanent entwertet werden. Die Folge hiervon ist, dass wir in zentralen wie in peripheren Lebensdimensionen nicht mehr sicher sein können, wie lange sie in ihrer Gestalt (abhängig oder unabhängig von unserem Willen) noch Bestand haben: Familie, Beruf, Wohnort, religiöse und politische Orientierungen, aber auch Geldanlage, Krankenversicherung und Telefongesellschaft etc. geraten gleichermaßen unter Kontingenzverdacht. Hieraus wird nun ersichtlich, wie sehr Individualisierung und Beschleunigung miteinander verknüpft sind und wieso die Idee einer Identität im Sinne einer stabilen Verwurzelung in einer (gewählten oder traditionell gegebenen) Lebensform zunehmend anachronistisch zu werden scheint. Viele Individualisierungs- und Pluralisierungsprozesse lassen sich dabei als Folgewirkung zunehmender sozialer Dynamisierung und einer Desynchronisierung der Zeitmuster und -horizonte sozialer Subsysteme erklären.

(3) Die *Beschleunigung des individuellen Lebenstempos* ist angesichts der technischen Beschleunigung (1), die das Einsparen von Zeitressourcen bewirkt und daher das Lebenstempo *entschleunigen*

müsste, eine paradoxe Erscheinung. Sie lässt sich nach einer objektiven und einer subjektiven Komponente unterscheiden: Zum einen nämlich lassen sich etwa mittels Zeitbudgetstudien Verkürzungen bzw. Beschleunigungen von Handlungsepisoden (etwa die Verkürzung der Essens- oder Schlafensdauer oder der durchschnittlichen Kommunikationszeiten in der Familie) und zugleich eine Steigerung der Dichte von Handlungs- oder auch Erlebnisepisoden pro Zeiteinheit (wir tun mehr Dinge in kürzerer Zeit) ›objektiv‹ feststellen.[352] Zum anderen schlägt sich die *Erhöhung* des Tempos des Lebens (nicht die Geschwindigkeit per se!) subjektiv in einer Zunahme der Empfindung von Zeitdruck, Zeitnot und stressförmigem Beschleunigungszwang sowie in der Angst, ›nicht mehr mitzukommen‹, nieder, die in der Literatur für die hochindustrialisierten Gesellschaften recht gut belegt sind.[353] Dies lässt sich zum Teil als Reaktion auf den beschleunigten sozialen Wandel (2) verstehen: Wer mit den Veränderungen nicht Schritt hält, sich nicht mitverändert, verliert rasch den Anschluss an neue Techniken, Praktiken, Moden, Gemeinschaften etc. Das führt zu einem Lebensgefühl, das ich anderswo als das *Slippery-Slope-Phänomen* zu definieren versucht habe: Das Gefühl nämlich, gleichsam überall auf abschüssigem Terrain (oder auf Rolltreppen nach unten) zu stehen. Die Gefahr, in den verschiedenen Bereichen des sozialen Lebens ›abgehängt‹ zu werden, den Anschluss zu verpassen, nicht mehr auf dem Laufenden zu sein und damit Anschlussmöglichkeiten zu verlieren, erzeugt einen gewaltigen Druck, das individuelle Lebenstempo zu erhöhen, *sich auf dem Laufenden zu halten*, um ein Abrutschen (und damit den Verlust von Anschluss- und Handlungschancen) zu vermeiden. Auf diese Weise erzwingt eine hochdynamische Gesellschaft wie die spätmoderne eine Entsprechung in den Selbstverhältnissen und Identitätsmustern in Form einer Prämierung von Flexibilität und Wandlungsbereitschaft gegenüber Beharrung und Kontinuität: Subjekte müssen sich entweder von

352 Die Forschungslage ist hier allerdings noch erstaunlich unsicher; für einige Belege in dieser Richtung vgl. etwa Garhammer, *Wie Europäer ihre Zeit nutzen*, oder F. Benthaus-Apel, *Zwischen Zeitbindung und Zeitautonomie. Eine empirische Analyse der Zeitverwendung und Zeitstruktur der Werktags- und Wochenendfreizeit*, Wiesbaden 1995.

353 Vgl. Geißler, *Vom Tempo der Welt*, S. 92; Garhammer, *Wie Europäer ihre Zeit nutzen*, S. 448 ff.; Levine, *Eine Landkarte der Zeit*, S. 196 f.

vornherein als offen, flexibel und veränderungsfreudig konzipieren, oder sie laufen Gefahr, permanente Frustration zu erleiden, wenn ihre auf Stabilität ausgerichteten Identitätsentwürfe an einer sich schnell verändernden Umwelt zu scheitern drohen. Zum Teil scheint die Temposteigerung aber auch eine subjektive Reaktion auf die Tatsache darzustellen, dass jede *realisierte* Option angesichts einer wachsenden Flut an *realisierbaren* Optionen auch eine wachsende Anzahl *nichtrealisierter* Optionen impliziert – mit jeder Entscheidung *für* etwas entscheiden sich Menschen auch *gegen* andere Möglichkeiten, die sie dann verpassen, und Letztere nehmen schneller zu, als durch Beschleunigung an Optionenausschöpfung wettgemacht werden kann.

Folgt man neueren Analysen der spätmodernen Temporalstrukturen, wie sie etwa Hörning, Ahrens und Gerhard oder auch Richard Sennett vorgelegt haben, dann könnte die soziale Beschleunigung zu Beginn des 21. Jahrhunderts möglicherweise ein Maß erreichen, mit dem die Steuerungs- und Integrationsfähigkeit klassisch-moderner Identitätsstrategien gesprengt wird.[354] Konzeptionen fragmentarischer, pluralisierter, experimentell-offener Selbstverhältnisse könnten dann mindestens ebenso sehr eine Konsequenz des Wandels von Temporalstrukturen sein wie eine Folge von Individualisierungstendenzen oder gar des philosophisch-praktischen Ethos des Postmodernismus. Letzterem scheint aus dieser Perspektive eher die Funktion einer begleitenden oder nachträglichen Legitimierung jenes funktional unabweisbaren Identitätswandels zuzukommen.

Als Ursachen der diagnostizierten Dynamisierung lassen sich dabei *kulturhistorische* (Beschleunigung als säkularer Ewigkeitsersatz und Strategie zur Angleichung von Weltzeit und Lebenszeit), *ökonomische* (Zeit ist Geld im kapitalistischen Wirtschaftssystem) und *sozialstrukturelle* (funktionale Differenzierung erzwingt eine Temporalisierung von Komplexität) Gründe ausmachen, doch soll uns die Frage nach den Ursachen hier nicht weiter beschäftigen.[355]

354 Vgl. dazu meinen ausführlichen Literaturbericht »Temporalstrukturen in der Spätmoderne«.

355 Sie werden in Rosa, *Beschleunigung*, S. 243-310, ausführlich diskutiert; vgl. auch oben, Kapitel 5, Abschnitt III.

3. Identität unter den Bedingungen von Individualisierung und Beschleunigung

Was lässt sich nun angesichts dieser Entwicklungstrends über die zeitgenössischen Prozesse der Identitätsfindung sagen? Definiert man Identität als die – teilweise reflektierte, teilweise in Handlungsvollzügen, in den Präferenzen und Distinktionen des Habitus einfach gelebte – Antwort auf die Frage danach, *wer man ist*, dann scheint es nach dem Gesagten offensichtlich zu sein, dass es im Vergleich zu traditionalen Gesellschaften nicht einen, sondern zwei große Brüche in den Mustern der Identitätsbildung gegeben hat.

Ich möchte das gleichsam idealtypisch kurz skizzieren:

(1) In traditionalen Gesellschaften finden Menschen die Antwort auf die Frage nach ihrer Identität (sofern sich ihnen diese Frage lebenspraktisch überhaupt stellt) durch einen ›Blick nach außen‹: Tradition, Gemeinschaft und/oder Religion definieren, wer sie sind, wie sie in der Gemeinschaft stehen und was sie zu tun haben. Ihre ›Identitätsparameter‹ wie Beruf/Tätigkeit, Religion, Familienform, Wohnort, ›politische Orientierung‹ etc. sind weitestgehend vordefiniert. In einer solchen Gesellschaft gibt es einerseits wenig Anlass zur Selbstthematisierung, und andererseits stellen mehr oder weniger alle Handlungskontexte Foren zur expressiven Realisierung und Widerspiegelung der jeweiligen Identität dar. Hier haben Subjekte sozusagen eine *substantielle personale Identität ›a priori‹*.

(2) In der klassisch-modernen Gesellschaft dagegen wird Identität teilweise individualisiert bzw. ›wählbar‹, aber entlang fester Parameter: Wer man ist, entscheidet sich daran, welchen Beruf und welchen Ehepartner man wählt, welcher Religion man angehört und welche politische Orientierung und Nationalität man hat. Gewählt wird vor allem in den ersten beiden Dimensionen, zum Teil auch in den nächsten beiden (wobei etwa Beruf und politische Orientierung intern verknüpft sind), aber in der Regel nur *einmal*, das heißt die gewählte Identität ist überwiegend stabil und auf einen dauerhaften ›Lebensplan‹ hin angelegt; die Identitätsbausteine sind nur eingeschränkt kombinierbar und nicht ohne weiteres revidierbar. Daher entwickeln Subjekte eine *dauer- und lebensprojekthafte substantielle Identität gewissermaßen ›a posteriori‹*.

(3) In der spätmodernen Gesellschaft radikalisiert sich der Individualisierungstrend, und er gerät zusätzlich in den ›Beschleuni-

gungssog‹: Die Parameter der Identitätsfindung werden unscharf und fließend – es wird unklar, was Identität *im Prinzip* konstituiert: Nicht nur ist nicht mehr ausgemacht, ob und wie der *Beruf*, die *Familie*, die *Religion*, die *politische Orientierung* und/oder die *Nationalität* die Identität im Wesentlichen (und in einem stabilen und kohärenten Wechselverhältnis) definieren können, sondern es gibt im individuellen Identifikationsmuster tendenziell gar nicht mehr *den* Beruf, *die* Familie, *die* politische oder religiöse Orientierung, sondern temporäre Jobs, Lebensabschnittsbegleiter und wechselnde, experimenthafte politische und religiöse Orientierung*en*; und mehr noch: Diese Identitätsdimensionen werden in ihrer Bedeutung überlagert von (wechselnden) Konsumstilen, Freizeitorientierungen etc. Dies hat bekanntlich einige Soziologen dazu veranlasst, das Konzept *stabiler* personaler Identität (sicherlich etwas voreilig) zu verabschieden und es durch die Vorstellung offener, fragmentarischer, in sich pluralisierter und spielerisch-experimenteller Identitäten in der Form wechselnder ›Images‹ zu ersetzen. So formuliert etwa Douglas Kellner: »Identität ist heute zu einem frei wählbaren Spiel geworden [...], zu einer theatralischen Darstellung des Selbst, in der man sich in einer Vielzahl von Rollen, Bildern und Aktivitäten präsentieren kann, ohne sich über Brüche, Verschiebungen und sogar dramatische Veränderungen Gedanken machen zu müssen.«[356] Wenngleich gegen eine derart hypostasierte Deutung spätmoderner Selbstverhältnisse berechtigte empirische Zweifel geäußert werden können,[357] zeichnet sich doch ab, dass in der sich entfaltenden Spätmoderne *substantielle Identitäten* nicht mehr als dauerhafte angelegt sind, sondern zunehmend den Charakter *situativer Identität* annehmen. Definiert man Identität als dasjenige, was einem Subjekt über wechselnde Kontexte hinweg Kohärenz und Kontinuität verleiht, dann wird der Begriff der *situativen Identität*

356 D. Kellner, »Popular Culture and the Construction of Postmodern Identities«, in: S. Lash, J. Friedman (Hg.), *Modernity and Identity*, Oxford 1992, S. 141-177, hier 157 f.; Übers. H. R.; ähnlich auch Iain Chambers: »Du verschiebst ständig deinen Standort, du unterteilst dein Leben in separate Bereiche und in Differenzen, du konstruierst deinen Lebensstil auf eine mobile Art. Du triffst bewußt Entscheidungen darüber, wie du im Moment aussiehst, wie du dich selbst repräsentierst« (zitiert nach Kemper, »Weltfernsehen MTV«, S. 24).

357 J. Straub, »Personale und kollektive Identität«, sowie ders., »Zur Psychologie des ›flexiblen Menschen‹«.

gewissermaßen zu einer *contradictio in adjecto*. Versteht man Identität dagegen als einen Orientierungs- und Handlungsfähigkeit verleihenden Sinn dafür, *wer man ist*, dann sind situative Identitäten gleichsam als logischer Fluchtpunkt gesteigerter Individualisierung und Beschleunigung durchaus vorstellbar: Jener Sinn wandelt sich in seiner Substanz von Kontext zu Kontext und von Situation zu Situation; die Einheit des Selbst dagegen wird vor allem durch ein gleichsam prädikatsloses *Identitätsgefühl* gewährleistet, das möglicherweise auf ein vorsoziales ›core-self‹ zurückgeführt werden kann. Ich werde weiter unten noch einmal auf die Frage zurückkommen, wie sich das auf die Einheit des Selbst verweisende Identitätsgefühl und die Vorstellung substantiell situativer Identitäten vereinbaren lassen.

Als Zwischenergebnis lässt sich an dieser Stelle festhalten, dass *Individualisierung* und *Beschleunigung* als zwei mächtige soziale Entwicklungstrends wirken, welche die Ausbildung stabiler Identitäten in der Spätmoderne prekär werden lassen und neue Formen von Selbstverhältnissen wahrscheinlich machen. Sie lassen *erstens* immer mehr zentrale wie periphere Lebensdimensionen kontingent (das heißt einerseits wählbar und andererseits unerwartetem Wandel unterworfen) werden. Sie machen es *zweitens* immer schwerer, zwischen zentralen und peripheren Dimensionen zu unterscheiden, das heißt, sie lassen die Parameter der Identitätsfindung unklar werden (was *könnte im Prinzip* definieren, wer ich bin?) und unterwerfen sowohl die dimensionale Hierarchie als auch die inhaltliche Füllung der Parameter immer rascherem Wandel. Sie erodieren *drittens* die Grundlagen und Orientierungen, von denen aus identitätskonstituierende Entscheidungen überhaupt getroffen werden können (wie wählt man, wenn *nichts* absolut feststeht?). Dies könnte, *viertens*, paradoxerweise (wie schon Beck vermutete) den Grad individueller Selbstbestimmung (im Sinne der oben definierten *Autonomisierung*) wieder senken und Individuen manipulativen Zwängen aller Art gegenüber anfällig werden lassen.

Eine solche ›Krisendiagnose‹, die stärker die Gefährdungen als die Chancen spätmoderner Selbstverhältnisse betont, bedarf jedoch einer genaueren Fundierung, welche die hier postulierten Probleme oder Entwicklungen in der Struktur dieser Selbstverhältnisse selbst aufzuweisen vermag. Ich möchte daher im Folgenden im Anschluss an eher sozialphilosophische als soziologische Überlegungen im engeren Sinne versuchen, drei miteinander verknüpfte, potentiell problematische Aspekte spätmoderner Identität herauszuarbeiten.

III. Selbstthematisierungszwang, Artikulationsnot und situative Identität

1. Der Zwang zur Selbstthematisierung

Subjekte sind in der spätmodernen Gesellschaft aus den genannten Gründen gezwungen, sich selbst fortwährend zum Thema zu machen, sich in jeder Hinsicht zu definieren und zu bestimmen, sich auszuloten und nach ihren Zielen und Bedürfnissen zu befragen, aber sie tun dies, so möchte ich argumentieren, notgedrungen auf eine einseitige Weise.

Die Idee eines Selbstverhältnisses impliziert ja offensichtlich, dass sich etwas zu etwas verhält, was bedeutet, dass Subjekte immer durch Selbstverhältnisse konstituiert werden, in denen sie sich gleichsam als Subjekt und als Objekt gegeben sind: *Ich verhalte mich zu mir, ich bestimme mich*, das bedeutet: Ich bin sowohl Subjekt dieses Bestimmungsprozesses (das ›Wer‹ der Selbstbestimmung) als auch Objekt (im ›Was‹ dieser Bestimmung oder Thematisierung).[358] Die eingangs formulierte Vermutung, dass die Form der Selbstverhältnisse sich mit der Gesellschaftsstruktur wandelt, beinhaltet daher, dass Subjekte auf historisch-kulturell kontingente Weise jeweils zum Subjekt und Objekt eines Selbstverhältnisses werden und diese Beziehung in, wie Foucault dies bezeichnet, unterschiedlichen *Subjektivierungspraktiken* entfalten.[359] Diese Bipolarität des Selbstverhältnisses findet in gewisser Weise

358 Vgl. dazu etwa Paul Ricœurs Unterscheidung zwischen *ipse- und idem*-Identität (P. Ricœur, *Oneself as Another*, Chicago, London 1992, S. 1 ff. und 165 ff.) oder H. G. Mead, *Sozialpsychologie* (Darmstadt 1969, S. 263 ff.).

359 Vgl. M. Foucault, »Recht der Souveränität/Mechanismus der Disziplin«, in: M. Foucault, *Dispositive der Macht. Über Sexualität, Wissen und Wahrheit*, Berlin 1978, S. 75-95; ders., *Der Gebrauch der Lüste* (*Sexualität und Wahrheit*, Band 2), Frankfurt/M. 1989, vor allem S. 9-45; sowie ders., *Technologien des Selbst*, hg. von L. H. Martin u. a., Frankfurt/M. 1993; und schließlich ders., »Warum ich Macht untersuche: Die Frage des Subjekts«, Nachwort zu: H. Dreyfus und P. Rabinow (Hg.), *Michel Foucault. Jenseits von Strukturalismus und Hermeneutik*, Weinheim 1994, S. 243-261.

eine Ergänzung in einer zweiten Bipolarität, die darin besteht, dass die Identität und das Selbstbild eines Menschen nur zum Teil in reflexiver Weise zugänglich bzw. in Form von expliziten Überzeugungen und Annahmen repräsentiert sind. Der grundlegende Sinn dafür, *wer wir sind*, was die Welt ist und wie wir zu ihr und zur Gesellschaft stehen, das heißt das fundamentale Identitätsgefühl, entwickelt sich *implizit* in unseren Praktiken und durch die Teilhabe an Institutionen, es ist verkörpert in unserem Habitus, in unserem Körper, unseren Gesten, Ausdrucksweisen und unserem Geschmack, und dieses implizite Selbstbild ist, wie etwa Charles Taylor gezeigt hat,[360] gegenüber dem reflexiv-expliziten immer vorgängig. Unsere expliziten Theorien über uns selbst sind stets abgeleitet und sekundär, was nicht ausschließt, dass die implizite und die explizite Ebene unseres Selbstbildes oder unserer Identität in einem wechselseitig interdependenten und zugleich teilautonomen Verhältnis stehen. Unsere Überzeugungen und Deutungen und unsere Praktiken und Empfindungen beeinflussen und verändern sich gegenseitig, sie können sich aber über eine gewisse Zeit hinweg und in einem gewissen Rahmen auch auseinanderentwickeln.[361]

Das Verhältnis zwischen diesen beiden Ebenen oder, besser: Polen der Identität ist dabei durchaus ebenfalls historisch und kulturell variabel; insbesondere sind Art und Ausmaß der Entwicklung eines explizit-reflexiven Selbstverständnisses historisch kontingent. Man kann auch dieses ›Selbstverhältnis‹ in Anlehnung an Foucault formulieren, indem man sagt, dass sich das Selbst oder das *Subjekt* auf eine historisch kontingente Weise zum *Objekt* bzw. zum Gegenstand der Reflexion macht; es problematisiert sich auf eine je kulturell bestimmte Weise und ›arbeitet‹ an sich, wobei, und das ist der entscheidende Punkt der Interdependenz, es sich nicht nur als *Objekt* formt, sondern sich zugleich als *Subjekt*, als (implizit bleibender) ›Selbstarbeiter‹ konstituiert. Dass auch dieser nur scheinbar prädikatslos bleibende Selbstarbeiter ein höchst identitätsprägender und kulturell bestimmter Anteil unseres Selbst ist, haben Foucault und dann etwa auch Autoren wie Alois Hahn oder Herbert Willems deutlich gemacht, indem sie aufzeigen, wie beispielsweise in der religiösen Praxis der Beichte, in der Psychoanalyse oder der Gruppentherapie und den dadurch geprägten ›psychologischen

360 Taylor, »To Follow a Rule«, S. 170.

361 Vgl. dazu ausführlich oben, Kapitel 3.

Kulturen‹ Subjekte sich nicht nur auf je spezifische Weise zum Objekt machen, sondern auch als Selbstarbeiter konstituieren.[362] Subjekt- und Objekt-Selbst sind also auch in dieser Sichtweise interdependent.

Die Gründe dafür, wieso sich spätmoderne Subjekte in gesteigerter und gleichsam ›multidimensionaler‹ Weise immer wieder von Neuem zum Objekt einer reflexiven Selbstbestimmung machen müssen, liegen nach dem Gesagten auf der Hand. Infolge wachsender Enttraditionalisierung, Entkonventionalisierung und Flexibilisierung, die den Bereich des Kontingenten beständig ausdehnen und den Subjekten zugleich die Verantwortung für ihre Lebensführung aufbürden, und infolge der Idee, dass wir nicht durch den Blick nach ›außen‹, in die Bibel, die Natur, die Geschichte oder auch die ›Produktionsverhältnisse‹, herausfinden, wer wir sind, werden Individuen in der Spätmoderne gezwungen, immerzu nach ›innen‹ zu blicken, sich selbst zu befragen nach ihren Fähigkeiten, Neigungen, Verpflichtungen, Bedürfnissen, Wünschen etc. Subjekte müssen sich auf diese Weise notwendig und permanent zum Thema machen, sie unterliegen einem gleichsam exzessiven *Autonomiegebot* und damit zugleich jenem Selbstthematisierungszwang, welcher bei Foucault ja nicht zu Unrecht auch als perfider *Authentizitätszwang* gekennzeichnet ist,[363] der in durchaus gewaltförmigen Disziplinierungsprozessen und -institutionen erzeugt wurde und sich in Praktiken wie der Beichte und der Selbsterforschung in Tagebüchern sowie in der zeitgenössischen Form der Psychotherapie niederschlug bzw. -schlägt. Die (spät-)moderne Weise der Subjektivierung ist daher diejenige der exzessiven Selbstthematisierung als zeitgenössisches Ethos. Das Selbst konstituiert sich dabei aber, wohlgemerkt, nicht nur als *Objekt*, indem es sich durch Wahl bestimmt im Hinblick auf alle möglichen Identitätsdimensionen (Beruf, Religion, Familie, Wohnort, Hobbys etc.), sondern eben auch

362 Vgl. etwa A. Hahn, H. Willems, »Schuld und Bekenntnis in Beichte und Therapie«, in: *Kölner Zeitschrift für Soziologie und Sozialpsychologie,* Sonderheft 33 (1993), S. 309-331, und Willems, Hahn, *Identität und Moderne.*

363 *Bestimme dich selbst, und zwar in allen Identitätsdimensionen,* lautet der kategorische Imperativ des Autonomiegebotes im Sinne einer ›Selbstgesetzgebung‹. Der Authentizitätszwang dagegen verlangt, diese Selbstbestimmung an den ›ureigenen‹, ›tiefsten‹, ›wirklichen‹ Bedürfnissen, Neigungen, Fähigkeiten und Wünschen auszurichten.

als nichtthematisiertes und unvermerkt *anthropologisiertes* oder *ontologisiertes Subjekt*, das als Akteur des Selbstbestimmungsprozesses, als ›subject of choice‹ und ›Selbstarbeiter‹ jenem vorangeht und vorausliegt. Es bildet in gewisser Weise eine historisch verfestigte ›Tiefenidentität‹, die die Wahl einer ›Oberflächenidentität‹ im Sinne der postmodernen Images und Masken erst zu einem sinnvollen, praktikablen und identitätsstiftenden Unterfangen machen kann, indem das nur scheinbar prädikatslose ›subject of choice‹ situativ das Objekt-Selbst bestimmt.[364]

Interessanterweise zeitigt nun aber die radikalisierte Form solcher spätmoderner Selbstverhältnisse paradoxe Konsequenzen, die langfristig die Bildung gelingender Identitäten verunmöglichen und darüber hinaus die Voraussetzungen wechselseitiger Anerkennung erodieren könnten.

2. Ausdrucksarmut und Artikulationsnot in der (Spät-)Moderne

Die zentrale Paradoxie-These besteht in der Behauptung, dass im selben Maße, in dem der Zwang zur Selbstthematisierung wächst, sich zugleich – und nicht nur kontingenter-, sondern sogar notwendigerweise – die Fähigkeit des Selbst zur Artikulation und zur expressiven Entfaltung der eigenen Identität vermindert, dass also der Selbstthematisierungszwang der Spätmoderne seine spiegelbildliche Entsprechung in der Artikulationsnot oder Ausdrucksarmut unserer Kultur findet. Diese These findet sich mit Nachdruck formuliert etwa in den Schriften Charles Taylors;[365] sie wurde jedoch bereits deutlich früher auch von Georg Simmel expliziert, der sie in seinem Gedanken der tragisch-uneinholbaren und wachsenden Überlegenheit der ›objektiven‹ über die ›subjektive Kultur‹ zum Ausdruck bringt,[366] wobei Simmels Moderne-Diagnose interessan-

364 Vgl. dazu ausführlich Rosa, *Identität und kulturelle Praxis*, S. 382 ff.

365 Vgl. z. B. folgende Passage aus Taylors großem *Hegel*-Buch: »Was von der modernen Gesellschaft gefesselt, von der modernen Konformität eingeschränkt, von der Nützlichkeitsmaschine ausgemerzt und vom ›System‹ unterdrückt wird, ist [...] das kreative Potential, das Ausdruckspotential des Menschen« (Taylor, *Hegel*, S. 716).

366 Vgl. insbesondere G. Simmel, »Der Begriff und die Tragödie der Kultur«, in: *Hauptprobleme der Philosophie. Philosophische Kultur*, Frankfurt/M. 1918/1996, S. 385-416.

terweise in Übereinstimmung mit den hier entwickelten Überlegungen nicht nur auf den Aspekt der *Individualisierung* fokussiert ist, sondern immer wieder auch die Phänomene der Tempósteigerung und Beschleunigung der modernen Lebensverhältnisse thematisiert.[367] An dieser Diagnose einer modernen Ausdrucksarmut lassen sich mindestens zwei Aspekte unterscheiden, nämlich einerseits der Verlust eines Expressionsforums und andererseits *das Verschwinden artikulierbarer moralischer Horizonte.*

(1) Zunächst bedarf jede Identität zu ihrer Entwicklung und Entfaltung der unmittelbaren ›Betätigung‹, das heißt der Bewährung und Bestärkung in der *Praxis*; sie bedarf eines (alltagspraktischen und nicht nur gleichsam ›folkloristischen‹) Expressionsraums und zugleich der aktiven *Wiedererkennung* in den Strukturen des Alltags. Die Institutionen und Praktiken der Lebenswelt bilden das Forum für die expressive Entwicklung und Erkundung der Identität. Die Strukturen der funktional ausdifferenzierten (post-)industriellen Gesellschaft lassen indessen keine Reflexion unserer je individuellen Identitäten mehr zu; die durch sie konstituierten Handlungszusammenhänge sind systemisch bestimmt und fordern gerade nicht unsere Partizipation als ›ganze Personen‹, sondern nur als Träger bestimmter Eigenschaften. Daraus resultiert gleichsam eine ›expressive Fragmentierung‹, weil die Subjekte in ihren Lebensäußerungen nur jeweils das von ihrer Persönlichkeit zum Ausdruck bringen können, was der jeweils aktuellen Funktionssphäre entspricht – das gilt inzwischen nahezu als soziologische Selbstverständlichkeit.[368] Simmel bringt dies etwa dort eindringlich zum Ausdruck, wo er exemplarisch die maximale Differenz zwischen der (dem Charakter der Vormoderne entsprechenden) Hervorbringung eines Kunstwerkes und arbeitsteiligen Produktionsprozessen herausstellt:

367 So etwa in Simmels einflussreichem Aufsatz »Die Großstädte und das Geistesleben« (in: G. Simmel, *Aufsätze und Abhandlungen: 1901-1908*, Bd. 1, Frankfurt/M. 1903/1995, S. 116-131), ferner G. Simmel, »Die Bedeutung des Geldes für das Tempo des Lebens«, in: *Soziologie. Untersuchungen über die Formen der Vergesellschaftung*, Frankfurt/M. 1897/1992, S. 215-234, und G. Simmel, *Philosophie des Geldes*, Frankfurt/M. 1900/1989, S. 696 ff.

368 Vgl. etwa die Beiträge in dem von Willems und Hahn herausgegebenen Sammelband *Identität und Moderne*.

> [Die] Geschlossenheit des Kunstwerks [...] bedeutet, daß eine subjektive Seeleneinheit in ihm zum Ausdruck kommt; das Kunstwerk fordert nur *einen* Menschen, diesen aber ganz und seiner zentralsten Innerlichkeit nach: es vergilt dies dadurch, daß seine Form ihm der reinste Spiegel und Ausdruck des Subjekts zu sein gestattet [...]. Umgekehrt, wo jene [die Arbeitsteilung] herrscht, bewirkt sie eine Inkommensurabilität der Leistung mit dem Leistenden, dieser erblickt sich nicht mehr in seinem Tun, das eine allem Persönlich-Seelischen so unähnliche Form darbietet und nur als eine ganz einseitig ausgebildete Partialität unseres Wesens erscheint, gleichgültig gegen die einheitliche Ganzheit des Selben.[369]

Simmel stellt dabei zugleich fest, dass die korrespondierenden Konsumtionsprozesse jene Fragmentierung und Objektivierung der expressiven Entäußerung nicht nur nicht zu kompensieren vermögen, sondern sie vielmehr noch verstärken:

> Im Ganzen entspricht jener Spezialisierung der Produktion eine Verbreiterung der Konsumtion: wie selbst der in seinem Geistesleben spezialisierteste, fachmäßige Mensch der Gegenwart eben doch seine Zeitung liest, und damit eine so umfassende geistige Konsumtion übt, wie sie vor hundert Jahren auch dem in seiner geistigen Aktivität vielseitigsten und weitestausgreifenden Menschen nicht möglich war. Die Erweiterung der Konsumtion aber hängt an dem Wachsen der *objektiven* Kultur, denn je sachlicher, unpersönlicher ein Produkt ist, für desto mehr Menschen ist es geeignet. Damit der Konsum des Einzelnen ein so breites Material finden könne, muß dieses sehr vielen Individuen zugängig und anziehend gemacht, kann nicht auf subjektive Differenziertheiten des Begehrens angelegt sein [sic!], während andererseits nur die äußerste Differenzierung der Produktion imstande ist, die Objekte so billig und massenhaft herzustellen, wie es der Umfang des Konsums fordert. So ist der letztere wiederum ein Band, das die Objektivität der Kultur mit ihrer Arbeitsteilung zusammenhängen läßt. [...] *Das Ware-Werden der Arbeit ist also auch nur eine Seite des weitausgreifenden Differenzierungsprozesses, der aus der Persönlichkeit ihre einzelnen Inhalte herauslöst, um sie ihr als Objekte, mit selbständiger Bestimmtheit und Bewegung, gegenüberzustellen.*[370]

369 Simmel, *Philosophie des Geldes*, S. 630.

370 Ebd., S. 630 ff. [lange Hervorh. H. R.]. Dass diese vor gut einem Jahrhundert gemachten Beobachtungen Simmels bezüglich des Konsumtionsprozesses heute keineswegs überholt sind, zeigt die Diskussion um die ›globale Kultur‹, deren Produkte – Spielfilme, Popsongs, Markenkleider, Fastfood-Ketten etc. – nicht nur gegenüber der ›subjektiven‹ Kultur der je Einzelnen ›gleichgültig‹ sein müssen, sondern auch gegenüber den jeweiligen Lokal- oder National-

Verstärkt wird das ›Nicht-angesprochen-Werden‹ der Subjekte in ihrer Identität durch den expliziten Anspruch der Politik, des Rechtes und des Marktes, ›neutral‹ zu sein gegenüber den vielfältigen Lebensstilen und Konzeptionen des *guten Lebens*, die doch unsere Identität in ganz entscheidendem Maße erst bestimmen. Die Institutionen, Praxiszusammenhänge und Strukturen der Gesellschaft und des öffentlichen Lebens spiegeln so nirgendwo die individuelle Identität ihrer Mitglieder, und sie bieten ihnen auch keine Chance zur expressiven Entfaltung und Erkundung derselben.[371] Ihre formale und funktionale Organisation zeichnet sich gerade dadurch aus, dass sie von individuellen Identitäten abstrahiert. Im *Supermarkt*, beim *Arzt*, im *Kino*, an der *Universität*, beim *Hören von Nachrichten*, selbst auf dem *Tennisplatz* und sogar in der *Familie* werden Subjekte nicht in ihrer individuellen Identität angesprochen oder gefordert; Versuche zur Artikulation derselben wirken in aller Regel allenfalls peinlich und störend. Denn das in den korrespondierenden Praktiken implizierte Akteurs-Selbstbild ist ein anderes, ein neutrales gegenüber demjenigen Selbstentwurf, der Thema der reflexiven Selbstthematisierung der Subjekte ist

> Die Pracht und die Größe der modernen Kultur zeigt so einige Analogie mit jenem strahlenden Ideenreiche Platos, in dem der objektive Geist der Dinge in makelloser Vollendung wirklich ist, dem aber die Werte der eigentlichen, nicht in Sachlichkeiten auflösbaren Persönlichkeit fehlen – ein Mangel, den alles Bewußtsein des fragmentarischen, irrationalen, ephemeren Charakters der letzteren nicht unfühlbar machen kann,[372]

schreibt daher Simmel in einer durchaus an den Sprachgebrauch der Postmoderne gemahnenden Wendung, und an anderer Stelle formuliert er:

kulturen. Gleichwohl bleibt die Frage offen, inwiefern der aktuelle Wandel in einigen Produktionszweigen von der Massenproduktion hin zu einer flexiblen, kundenorientierten Spezialproduktion die von Simmel beschriebene Tendenz möglicherweise zu relativieren imstande ist.

371 »Zum ersten Mal in der Geschichte der Menschheit leben wir in einer selbstgemachten Umwelt, die gar nichts mehr zum Ausdruck bringt außer unserem Mangel an geteilten Bedeutungen«, beklagte Taylor schon 1970 in seinem in Vergessenheit geratenen Buch *The Pattern of Politics* (C. Taylor, *The Pattern of Politics*, Toronto, Montreal 1970; Übers. H. R.); zu Taylors ausdrucksanthropologischer Moderne-Diagnose insgesamt vgl. Rosa, *Identität und kulturelle Praxis*, bes. S. 145 ff. und 195 ff.

372 Simmel, »Die Bedeutung des Geldes für das Tempo des Lebens«, S. 649.

Dem Überwuchern der objektiven Kultur ist das Individuum weniger und weniger gewachsen. Vielleicht weniger bewußt, als in der Praxis und in den dunklen Gesamtgefühlen, die ihr entstammen, ist es zu einer *quantité négligeable* herabgedrückt, zu einem Staubkorn gegenüber einer ungeheuren Organisation von Dingen und Mächten, die ihm alle Fortschritte, Geistigkeiten, Werte allmählich aus der Hand spielen und sie aus der Form des subjektiven in die eines rein objektiven Lebens überführen.[373]

Als ganze Person, als die sich empfinden muss, wer in irgendeinem verstehbaren Sinne weiterhin an der Idee von Identität festhalten will, wird, wie Luhmann nahelegt, ein Subjekt selbst in Liebesbeziehungen nicht [mehr] involviert – die beinahe einzigen sozialen Institutionen, die unsere Gesellschaft für deren expressive Erkundung und Thematisierung zur Verfügung stellt, scheinen daher in der Tat die ›Biographiegeneratoren‹ der Psychoanalyse und der Gruppentherapie (ergänzt möglicherweise durch spätmoderne Phänomene wie die TV-Talkshows) zu sein, was nicht nur Taylor und postmarxistische Autoren, sondern durchaus auch solche in der systemtheoretischen Tradition wie Herbert Willems oder Armin Nassehi dazu veranlasst, wachsende *Entfremdungserfahrungen* als notwendiges Korrelat gesteigerter funktionaler Ausdifferenzierung auf der einen Seite und zunehmender ›Verinnerlichung‹ und Privatisierung der Identitätsfrage auf der anderen Seite zu postulieren.[374]

Als Konsequenz hieraus ergibt sich, dass der Selbstentwurf eines Subjekts entgegen jeden Selbstthematisierungs- und Authentizitätszwang in den Strukturen der (spät-)modernen Gesellschaft nicht mehr als *wahrhaftig* oder *authentisch* erfahren und bestätigt werden kann. Dadurch entsteht ein unmittelbares Gefühl des Mangels, der Fremdheit und der Leere. In einer von Karl H. Hörning, Daniela Ahrens und Anette Gerhard zur Frage spätmoderner Lebensstile durchgeführten Studie kommt dieses Gefühl der Ausdrucksarmut der Moderne in der folgenden, hier abschließend wiedergegebenen Äußerung eines Interviewpartners auf anschauliche Weise unmittelbar zum Ausdruck: »Alles, was sich ganz speziell an uns richtet,

373 Simmel, »Die Großstädte und das Geistesleben«, S. 129 f.

374 Vgl. Taylor, *Hegel and Modern Society*, S. 90 f. und 118 ff.; H. Willems, »Institutionelle Selbstthematisierungen und Identitätsbildungen im Modernisierungsprozess«, in: H. Willems, A. Hahn (Hg.), *Identität und Moderne*, Frankfurt/M. 1999, S. 61-101, und Nassehi, *Die Zeit der Gesellschaft*, S. 355 ff.

das wird immer wichtiger. Ich glaube, daß das Ego zu wenig kriegt in unserer heutigen Gesellschaft, um das mal so zu sagen. Die Leute gieren nach allem, was sie ganz persönlich angeht.«[375]

(2) Die Artikulationsnot der Spätmoderne hat indessen auch noch eine zweite, stärker auf die explizite, sprachliche Artikulation des Selbstentwurfes gerichtete Seite. Der Selbstthematisierungszwang, so habe ich zu zeigen versucht, ist eine Folge gewachsenen Kontingenzbewusstseins und damit gestiegener Wahlmöglichkeiten. Dem korrespondiert aber unmittelbar der Verlust einer Sprache ›starker Wertungen‹,[376] die den Dingen, das heißt den identitätsstiftenden Objekten oder personalen Eigenschaften, einen intrinsischen oder ›quasi-ontologischen‹ Wert (unabhängig von unseren Begehrungen und Willensäußerungen) zuschreiben. Wenn immer mehr Bereiche oder Aspekte des je eigenen Daseins, der Identität, nicht mehr als schlechthin gegeben und auch nicht mehr als in einer äußeren Ordnung vorgezeichnet gelten können, sondern als kontingent und/oder erwählt zu verstehen sind, dann hat das unmittelbare Konsequenzen bis in die Sprachwahl hinein: So tendieren Subjekte in der Spätmoderne dazu, nicht mehr zu sagen ›ich bin Bäcker‹, sondern: ›ich arbeite im Moment als Bäcker‹, nicht mehr: ›ich bin Christ‹, sondern: ›im Moment bevorzuge ich den Zen-Buddhismus‹ oder, als ins Extreme gesteigerter gedanklicher Fluchtpunkt, nicht einmal mehr: ›ich bin Frau‹, sondern: ›im Moment habe ich den Körper einer Frau‹. Das je gegebene Beziehungsgeflecht definiert dabei ein Subjekt nicht mehr, es ist kontingent, durch eigenen oder fremden Willen ersetzbar geworden. Das Selbst zieht sich aus ihm deshalb (notgedrungen) so weit zurück, dass es wenigstens der Möglichkeit nach unabhängig davon existiert. Dieser Rückzug aus konstitutiven Bindungen gilt möglicherweise auch ganz unmittelbar bis in den Alltag und die lebensweltlich umgebenden Gegenstände hinein: Wir sind kaum mehr mit dem Ort, an dem wir leben, verwurzelt, unser Selbst erstreckt sich nicht mehr in ihn hinein; und wir bauen auch keine tieferen Beziehungen mehr zu unseren Alltagsutensilien auf. In markantem Gegensatz zu einer noch vor wenigen Jahrzehnten verbreiteten Praxis fassen wir heute etwa das Auto selbst meist kaum mehr an und

375 Hörning, Ahrens, Gerhard, *Zeitpraktiken*, S. 112.

376 Zu dem von Taylor eingeführten Konzept starker Wertungen siehe ausführlich Rosa, *Identität und kulturelle Praxis*, S. 98 ff.; vgl. auch oben, Kapitel 2.

ersetzen es, wenn es rostig wird, durch ein neues. Gleiches gilt für das Radio oder die Stereoanlage, ja sogar für den Kochlöffel und für Hose und Socken (wer stopft diese noch?): Nichts von uns haftet mehr an diesen Gegenständen, nichts geht in sie ein, und umgekehrt, nichts von ihnen definiert, wer wir sind, geht in uns ein. Auch diesen Gedanken hat Georg Simmel, der in vielen Aspekten seines Denkens sich nachfolgend radikalisierende Problemstellungen der Spätmoderne vorwegnahm,[377] bereits hellsichtig formuliert und mit seiner These des Überhandnehmens der objektiven über die subjektive Kultur und der Beschleunigung der Lebensverhältnisse verknüpft:

> Der Objektivierungsprozeß der Kulturinhalte, der, von der Spezialisation dieser getragen, zwischen dem Subjekt und seinen Geschöpfen eine immer wachsende Fremdheit stiftet, steigt nun endlich in die Intimitäten des täglichen Lebens hinunter. Die Wohnungseinrichtungen, die Gegenstände, die uns [...] umgeben, waren noch in den ersten Jahrzehnten des 19. Jahrhunderts [...] von relativ großer Einfachheit und Dauerhaftigkeit. Hierdurch entsteht jenes ›Verwachsen‹ der Persönlichkeit mit den Gegenständen ihrer Umgebung, das schon der mittleren Generation heute als eine Wunderlichkeit der Großeltern erscheint.[378]

Diese gleichsam identitäre Verknüpfung von Umwelt und Subjekt löse sich in der Moderne aus drei miteinander verbundenen Gründen progressiv auf. Den ersten Grund sieht Simmel in der rein *quantitativen Steigerung* der Dinge, mit denen moderne Subjekte sich umgeben. Diese habe eine wachsende Distanzierung zwischen den Subjekten und ihren Objekten bewirkt, die bisweilen in ein Gefühl der Abhängigkeit und sodann in Hass und Ablehnung umschlage:

> Zu jenem Gefühl der Unfreiheit den Objekten gegenüber kam es [früher trotz *de facto* größerer Abhängigkeit, H. R.] nicht, weil sie der Persönlichkeit enger verbunden waren. Die wenigeren, undifferenzierteren Gegenstände konnten diese eher mit sich durchdringen, sie setzten ihr nicht die Selbständigkeit entgegen wie ein Haufe spezialisierter Dinge. Diese erst, wenn wir ihnen dienen sollen, empfinden wir als feindliche Macht. Wie Freiheit nichts Negatives ist, sondern die positive Erstreckung des Ich über ihm nachgebende Objekte, so ist umgekehrt Objekt für uns nur dasjenige,

377 Vgl. M. Kaern, B. S. Philips, R. S. Cohen, *Georg Simmel and Contemporary Sociology*, Dordrecht 1990.

378 Simmel, *Philosophie des Geldes*, S. 637.

woran unsere Freiheit erlahmt, das heißt wozu wir in Beziehung stehen, ohne es doch unserem Ich assimilieren zu können. Das Gefühl, von den Äußerlichkeiten erdrückt zu werden, mit denen das moderne Leben uns umgibt, ist nicht nur die Folge, sondern auch die Ursache davon, daß sie uns als autonome Objekte gegenübertreten. Das Peinliche ist, daß diese vielfachen, umdrängenden Dinge uns im Grunde eben gleichgültig sind, und zwar aus den spezifisch geldwirtschaftlichen Gründen der unpersönlichen Genesis und der leichten Ersetzbarkeit. [...] Materielle wie geistige Objekte bewegen sich jetzt eben selbständig, ohne personalen Träger oder Transporteur. Dinge und Menschen sind auseinandergetreten.[379]

Als zweiten Grund für diese Dissoziation nennt Simmel bezeichnenderweise das (in einer Wachstumsgesellschaft unverzichtbare) zunehmende *Tempo* des Austauschs von Moden und Alltagsutensilien, das einige Jahrzehnte später in der ›Wegwerfgesellschaft‹ kulminierte.

Nun lässt sich gegenüber dieser Argumentation natürlich einwenden, dass Subjekte auch noch in der Spätmoderne durchaus enge Beziehungen zu *bestimmten* Objekten aufbauen und gewiss nicht alle Dinge in der Form von Wegwerfgegenständen erscheinen. Oftmals sind es gerade ›geliebte (Marken-)Objekte‹, die in einer sich rasch wandelnden Umwelt Dauer, Tradition und Kontinuität symbolisieren.[380] Allein, solche Objekte werden identitätsrelevant nicht durch einen (zugeschriebenen) Eigenwert oder durch ihre Fraglosigkeit, sondern durch bewusste Wahlentscheidungen der Subjekte, die sie aus dem Meer warenförmiger Kontingenz per Willensentschluss herausheben. Sie stellen so gleichsam ›Übergangsobjekte‹ dar, die, wie Tilmann Habermas in seiner umfassenden Studie zum Zusammenhang zwischen *geliebten Objekten* und Identität gezeigt hat, Kontinuität und Kohärenz gerade dann repräsentieren und symbolisieren, wenn Identitäten und Beziehungen sich wandeln. In diesem Sinne werden persönliche Gegenstände in der Spätmoderne möglicherweise zu ›Platzhaltern‹ für zeitsta-

379 Ebd., S. 638 f.

380 So erklärt der Geschäftsführer der *Montblanc International GmbH*, Norbert A. Platt, die Attraktivität von Luxusmarken just damit, dass sie in einer »Zeit des rasenden Wandels [...] wiederkehrende Werte wie Tradition und Beständigkeit, Nachdenklichkeit und Langsamkeit« verkörperten (N. A. Platt, »Faszination Beständigkeit«, in: K. Backhaus, H. Bonus [Hg.], *Die Beschleunigungsfalle oder der Triumph der Schildkröte*, Stuttgart 1998, S. 179-194, hier S. 179).

bile substantielle Identität; sie stiften vorübergehende Kontinuität in Zeiten der Reorganisation der eigenen Person.[381] Dass die von Habermas untersuchten geliebten Objekte von Interviewten im Durchschnitt weniger als fünf Jahre alt waren,[382] mag dabei durchaus etwas über das Tempo der Veränderung sogar in diesem Bereich aussagen.

Der dritte von Simmel angeführte Grund für die wachsende Distanz zwischen Subjekten und den sie umgebenden Dingen und Beziehungen führt über die Objektwelt hinaus und behauptet eine wachsende *Dissoziation zwischen Subjekten* und *ihrem eigenen* (möglicherweise wechselnden) *Lebensstil.* Die Ursache auch dieser Distanzierung sieht er in der zunehmenden Kontingenz von Lebensstilen:

> Menschen eines ganz einheitlichen, ihr ganzes Leben umschließenden Stils [werden] denselben auch in fragloser Einheit mit den *Inhalten* desselben vorstellen. Da sich alles, was sie bilden oder anschauen, ganz selbstverständlich in ihm ausdrückt, so liegt gar keine psychologische Veranlassung [vor], ihn von den Stoffen dieses Bildens und Anschauens gedanklich zu trennen und als ein Gebilde eigener Provenienz dem Ich gegenüberzustellen. Erst eine Mehrheit der gebotenen Stile wird den einzelnen von seinem Inhalt lösen, derart, daß seiner Selbständigkeit und von uns unabhängigen Bedeutsamkeit unsere Freiheit, ihn oder einen anderen zu wählen, gegenübersteht. Durch die Differenzierung der Stile wird jeder einzelne und damit der Stil überhaupt zu etwas Objektivem, dessen Gültigkeit vom Subjekt und dessen Interessen [...] unabhängig ist. Daß die sämtlichen Anschauungsinhalte unseres Kulturlebens in eine Vielheit von Stilen auseinandergegangen sind, löst jenes ursprüngliche Verhältnis zu ihnen, in dem Subjekt und Objekt noch gleichsam ungeschieden ruhen, und stellt uns einer Welt nach eigenen Normen entwickelter Ausdrucksmöglichkeiten, der Formen, das Leben überhaupt auszudrücken, gegenüber, so daß ebendiese Formen einerseits und unser Subjekt andererseits wie zwei Parteien sind, zwischen denen ein rein zufälliges Verhältnis von Berührungen, Harmonien und Disharmonien herrscht.[383]

381 So zitiert Habermas etwa einen jungen Medizinstudenten, der von seinem geliebten Fahrrad sagt, es stehe für »die letzte Weltanschauung, die ich noch habe« (T. Habermas, *Geliebte Objekte: Symbole und Instrumente der Identitätsbildung*, Frankfurt/M. 1999, S. 431, vgl. S. 506).

382 Ebd., S. 457.

383 Simmel, *Philosophie des Geldes*, S. 642 f.

Im Ergebnis dieses Dissoziationsprozesses schrumpft das Selbst dabei der Tendenz nach zu einem Punkt, von dem aus alles andere zum Objekt der Gestaltung wird und damit kontingent, wählbar ist und instrumentalisiert werden kann: der Beruf, die Frau, die Religion, die Nationalität usw.[384] Ansatzweise gilt dies inzwischen sogar für den eigenen Körper: Ist die Hüfte kaputt, können wir uns eine künstliche einsetzen lassen, ist das Herz krank, können wir auf einen Spender hoffen, und vielleicht erhalten unsere Gehirne bald künstliche Biochips als Zusatzspeicher: Wir *sind* also nicht einmal mehr unser Leib oder Körper, sondern wir *haben* einen Körper, der selbst zu einem Objekt für unsere Gestaltung, für die Befriedigung unserer Wünsche, Bedürfnisse und Ziele geworden ist. Diese Wünsche und Ziele müssen daher unabhängig von unseren Beziehungen und sogar so weit wie möglich unabhängig von unserem Körper definiert werden. Ebendies ist ein funktionales Erfordernis einer ›Beschleunigungsgesellschaft‹, in der Bezugsgruppen, Kommunikationspartner, Gegenstände, Ideen, Jobs etc. so schnell wechseln, dass ihre *Inhalte* zunehmend gleichgültig und austauschbar werden. Umgekehrt heißt dies: Je gleichgültiger Subjekte gegenüber *Inhalten* werden, umso besser können sie sich den Beschleunigungs- und Flexibilitätserfordernissen anpassen. Stefan Breuer hat dies im Anschluss an Paul Virilio einmal so formuliert, dass Subjekt und Objekt in der Beschleunigungsgesellschaft nur noch »occasionell« (oder punktuell) in Verbindung treten, so dass die Welt »unaufhörlich mit der Gewalt eines Unfalls« hereinbreche.[385] Dem entspricht, dass die permanente Revolutionierung

384 Ebendiese Form der Distanzierung vom eigenen, prädikativ bestimmten Selbst beobachtet auch Werner Helsper in seinen Überlegungen zur möglichen Form eines postmodernen Selbstes (W. Helsper, »Das ›postmoderne Selbst‹ – ein neuer Subjekt- und Jugend-Mythos?«, in: H. Keupp, R. Höfer [Hg.], *Identitätsarbeit heute. Klassische und aktuelle Perspektiven der Identitätsforschung*, Frankfurt/M. 1997, S. 174-216, hier S. 177): »Das moderne Selbst ist [...] *besonders reflexiv*, besser: selbstreferentiell, weil die Pluralität der Lebensformen, Weltdeutungen, der kulturellen Stile und Lebensführungsmöglichkeiten und die immer wieder zu treffenden Entscheidungen angesichts wachsender Optionen das Selbst in ein distanziertes Verhältnis zur sozialen und subjektiven Welt setzen [...]. Reflexiver Selbst- und Weltbezug bringt das Selbst in Distanz zu sich und zur Welt.«

385 S. Breuer, »Der Nihilismus der Geschwindigkeit. Zum Werk Paul Virilios«, in: *Leviathan. Zeitschrift für Sozialwissenschaft* 16 (1988), S. 309-330, hier, S. 323.

und damit Entwertung von Moden, Stilen, Inhalten und Gegenständen in der kapitalistischen Gesellschaft zu einer notwendigen Akzentverschiebung führen muss: Die Annahme, dass dem Inhalt bzw. Gegenstand einer Erfahrung oder Beziehung per se ein (dauerhafter, ›tiefer‹, identitätsstiftender) Wert zukomme, wird permanent frustriert und schließlich, so steht zu vermuten, nicht oder kaum mehr ausgebildet. Erfahrungen oder Erlebnisse laufen dann ›leer‹ und werden selbstreflexiv, sie beziehen sich nur noch auf sich selbst.[386] Das Selbst schrumpft auf diese Weise zu dem von Taylor im Anschluss an Locke postulierten ›punktuellen Selbst‹, das sich eine Identität wählt, aber nie etwas schlechthin *ist*, sondern gleichsam prädikatslos bleibt.[387]

In der oben entwickelten Terminologie bedeutet dies, dass das Selbst sich in seinem *Objektbereich*, als Gegenstand der Selbstthematisierung, immer mehr ausdehnt, aber in seinem *Subjektbereich* zum ›punktförmigen‹ Selbst schrumpft, dem fortschreitend die Bestimmungs*gründe* ausgehen. Im Hinblick auf die Definition des *guten Lebens* und die Wahl eines Lebensstiles besteht so zwar eine historisch einzigartige, nahezu maximale Freiheit auf der ›Objekt-Seite‹, der Seite der Selbstthematisierungen, weil der moralische ›Code‹ (im Sinne eines expliziten Verhaltenscodes) spätmoderner Gesellschaften minimal und wenig repressiv ist. Aber *gerade die Beinahe-Abwesenheit eines solchen Codes erzwingt auf der anderen Seite, auf der ›Wer-Seite‹ der Selbstbestimmung, eine ganz bestimmte Subjekt-Gestalt: die des punktförmigen Selbst.* Dieses repräsentiert sich auf der Objekt-Ebene, auf der ›Was-Seite‹, natürlich durchaus nicht als punktförmig; daher erklären sich meines Erachtens zu einem guten Teil die Proteste und Unplausibilitätsvorwürfe gegen die Behauptung, postmoderne Subjekte seien punktförmig.

Je mehr Aspekte der Identität kontingent und wählbar werden, umso mehr Selbstthematisierungsbedarf und -möglichkeiten

386 Augenfällig wird dies etwa am Beispiel der *Love Parade*, die eine beispiellose Selbstinszenierung gleichsam ohne materialen Inhalt darstellt. Hätte sie sich irgendeiner Idee, einer politischen oder religiösen Bewegung oder Ähnlichem verschrieben, wäre sie innerhalb weniger Monate veraltet, wenn sie überhaupt Zuspruch gefunden hätte. Konsequenterweise machte sie, wie die unzähligen alljährlichen Fernsehinterviews zeigten, ihre Anhänger allerdings völlig sprachlos, wenn sie artikulieren sollten, was an dieser Veranstaltung so attraktiv erschien.

387 Taylor, *Quellen des Selbst*, S. 288 ff.

eröffnen sich, aber in umso weniger Bereichen kann das Subjekt existentiell betroffen werden. Wenn es seine Familie, den Beruf, das Geschlecht wechseln kann und gegebenenfalls auch wechselt, betrifft ihr Verlust nicht mehr das, was es existentiell ist; die entsprechenden Praxisbereiche artikulieren dann auch nicht mehr seine Identität – hier liegt die offensichtliche Verbindung zum ersten Aspekt der Ausdrucksarmut.[388]

Je mehr es daher an uns, in unsrer Wahlfreiheit liegt, ob wir das eine oder das andere wählen, umso mehr verlieren wir die Möglichkeit, unsere Wahl und damit unsere Identität zu begründen oder zu rechtfertigen und sie als wertvoll zu erfahren, und damit stehen wir potentiell auch in der Gefahr, unsere *Autonomiefähigkeit* zu verlieren, weil diese stets einer (zumindest rudimentären) narrativen Begründung im Sinne einer intersubjektiven Nachvollziehbarkeit von Entscheidungen (also keineswegs einer Form objektivierbarer Rechtfertigung oder gar Letztbegründung) bedarf. Solange ein Subjekt von der von ihm unabhängigen Werthaftigkeit einer Religion, eines Volkes, einer Idee, der Natur oder der Geschichte ausgehen kann, sie also zu ontologisieren vermag, kann es seine Wahl und damit seine Identität zwar begründen, doch hat es dann in diesem (identitätskonstituierenden) Punkt keine genuine Wahl*freiheit*: Es gibt gute und schlechte Entscheidungen schlechthin und unabhängig von seinem Willen, und es kann seine Identität dann im Hinblick auf dieses Konstitutivum und in seiner Beziehung zu diesem thematisieren und artikulieren. Letzteres vollzieht sich dabei zumeist entlang biographisch-narrativer Muster wie: *ich und der Sozialismus*, *ich und die Bibel*, *ich und die Natur* etc.

Die *Nach-innen-Wendung* sozusagen als ›Grundpraxis‹ der Selbstbestimmung geht infolgedessen nur so lange gut, wie sie nicht

388 Simmel formuliert hierbei den interessanten Gedanken, dass dieses Verschwinden gleichsam existentiellen Betroffenseins nicht nur eine *Folge* der modernen Beschleunigung der Lebensverhältnisse ist, sondern umgekehrt auch als eine *Ursache* der Letzteren wirkt (Simmel, *Philosophie des Geldes*, S. 675): »Der Mangel an Definitivem im Zentrum der Seele treibt dazu, in immer neuen Anregungen, Sensationen, äußeren Aktivitäten eine momentane Befriedigung zu suchen; so verstrickt uns dieser erst seinerseits in die wirre Halt- und Rastlosigkeit, die sich bald als Tumult der Großstadt, bald als Reisemanie, bald als die wilde Jagd nach Konkurrenz, bald als die spezifisch moderne Treulosigkeit auf den Gebieten des Geschmacks, der Stile, der Gesinnungen, der Beziehungen offenbart.«

total oder vollständig ist. Solange ein Subjekt irgendeine Teilidentität seiner selbst zu ontologisieren vermag (sie also gleichsam eher *entdeckt* als *wählt*) und sie dann gegen alle Widerstände verteidigt, lässt sich eine hochindividuierte Identität entfalten, erhalten und artikulieren. Es setzt dann sein Christsein oder sein Frausein oder sein Transsexuellsein gegen alle Widerstände durch und erkundet und entfaltet in der Auseinandersetzung mit diesen die Bedeutung, die jene Bestimmung für es hat.[389] Dies entspricht, wie Gerhard Schulze herausgearbeitet hat, dem Identitäts- und Handlungstypus des *Einwirkens* auf die Welt: Identität und Welt werden in wechselseitiger Auseinandersetzung um- und fortgebildet. Indem aber sukzessive alle Identitätskategorien dem Kontingenzverdacht unterworfen werden, wird dieser Typus durch den des *Wählens* ersetzt; das Kontingenzproblem wird dabei zu einem nahezu unüberwindlichen Hindernis bei der Wendung nach innen, bei der reflexiven Selbstbestimmung.[390] Ebendiese Vermutung formuliert auch Werner Helsper:

> Wie aus der Pluralisierung der Welt die tendenzielle ›Fremdheit‹ sozialer Organisationen resultiert und das Subjekt Halt in seinem Selbst sucht, so wird dieser Halt angesichts der Selbstbefragung im Rahmen sozial aufgenötigter pluraler Optionsmöglichkeiten immer wieder prekär [...]. Das Dilemma der Selbstbezüglichkeit des modernen Selbst besteht somit darin, daß es dieser Selbstbezüglichkeit bedarf, um angesichts der offenen Optionshorizonte handlungsfähig zu bleiben. Wird die geforderte Selbstbezüglichkeit unterschritten, wird das Selbst zum Spielball sozialer Fernzwänge. Wird die Selbstbezüglichkeit angesichts der unabschließbaren Entscheidungsmöglichkeiten gesteigert, dann führt dies zur lebenspraktischen Entscheidungs- und Handlungsunfähigkeit, wodurch das Selbst ebenfalls letztlich von außen bestimmt wird. Das reflexive Selbst expandiert auf Kosten eines lebenspraktischen, sinnlichen Erlebens, mit dem Ergebnis der Gefühle von Leere und sinnlicher Öde.[391]

Das für die Form gelingender Selbstverhältnisse Problematische

389 Ein eindrückliches Beispiel dafür ist der preisgekrönte Kinofilm *Billy Elliot: I Will Dance*, in dem ein englischer Bergarbeiterjunge gegen alle Widerstände an seinem Wunsch, Balletttänzer zu werden, festhält und in seiner Abarbeitung an diesen Widerständen eine eigenständige Identität entwickelt.

390 G. Schulze, *Die Erlebnisgesellschaft. Kultursoziologie der Gegenwart*, Frankfurt/M. 2005.

391 Helsper, Das ›postmoderne Selbst‹«, S. 177 f.

an der (Spät-)Moderne wird daher nicht durch den kulturkonservativen Vorwurf getroffen, diese vereitle oder gefährde gelingende Identität deshalb, weil sie auf alle wesentlichen Fragen (nach Gott, Tod, Sinn des Lebens etc.) keine eindeutigen Antworten anbiete. Tatsächlich treten ja auch in einem theistischen Staat oder in einer Gesellschaft, welche die Nation oder etwa den Sozialismus ›ontologisiert‹, für die Individuen existentielle Fragen auf, die *nicht* vorentschieden sind, etwa: *Ist dieses Gebot wirklich Gottes Wille?* Oder auch: *Gibt es Gott wirklich? Muss ich wirklich meine Nation oder mein Volk mehr lieben als meine Familie?* Oder auch: *Wollten wir diesen Sozialismus?* Solche *Fragen* – und nicht erst die Antworten – artikulieren jedoch bereits einen moralischen Horizont; sie selbst wirken identitätsstiftend, weil sie eine Orientierung im moralischen Raum durch die Auszeichnung ›dessen, worauf es ankommt‹, ermöglichen. Eine wirkliche Identitätskrise tritt jedoch dann ein, wenn sich keine dieser oder ähnlicher Fragen mehr sinnvollerweise stellen lässt, weil infolge einer radikalisierten Selbstbezüglichkeit keine intrinsischen oder ontologisierten Werte mehr anerkannt oder erfahren werden können, weil mit anderen Worten die Optionalität total geworden ist. Nicht, wenn ich an Gott, Volk, Sozialismus oder auch der geschlechtlichen Identität zweifle, habe ich die moralische Orientierung verloren, sondern erst dann, wenn mir alle potentiellen Kandidaten für ›starke Wertungen‹ als narratives Konstrukt und soziale Willkür erscheinen, die sich gleichsam genealogisch dekonstruieren lassen, so dass der moralische Raum (zumindest in seiner reflexiven Repräsentation) völlig in sich zusammenbricht. Eine ›radikal-postmoderne‹ Identität erwiese sich deshalb als unartikulierbar und daher als existentielle Unmöglichkeit.[392]

392 Vgl. M. Löw-Beer, »Living a Life and the Problem of Existential Impossibility«. Dies lässt sich einmal mehr an *Billy Elliot* illustrieren: Er gewinnt seine Identität eben dadurch, dass er an seiner Vision gegen alle Vorstellungen von Klasse und Geschlecht festhält, aber es sind auch diese Widerstände und die durch sie aufgeworfenen existentiellen Fragen, die ihm die Findung und Entfaltung dieser Identität ermöglichten, die ja auch den Triumph und die Großartigkeit des modernen Individualismus, solange er noch nicht total war, symbolisiert. In der Spätmoderne dagegen leiden Jugendliche tendenziell (und nur tendenziell) nicht mehr darunter, dass man sie nicht Tänzer werden lässt, sondern daran, dass es in den Augen der Umwelt und daher ihrer selbst moralisch-ethisch zunehmend gleichgültig ist, was sie sind: »Ich finde das Problem ist, dass man

Die in der Spätmoderne kulminierende Gefährdung der Moderne besteht somit im Verlust der Fähigkeit, ihren Horizont und ihre moralischen Quellen zu *artikulieren* und mit der vorherrschenden Epistemologie zu versöhnen. Wo aber Identitäten auf nicht artikulierten und möglicherweise *nicht artikulierbaren* Grundlagen gebildet sind, wächst die Gefahr ihrer Manipulierbarkeit und Fremdbestimmung, das heißt ihrer reflexiv nicht hinterfragbaren ›externen‹ Konstituierung oder Steuerung. Und es wächst darüber hinaus die Gefahr wachsender Frustration im identitätsnotwendigen Kampf um Anerkennung.[393] Denn angesichts der scheinbaren Beliebigkeit der individuellen Entwürfe des Guten und der Nichtreflexion der eigenen Identität in der Umwelt wird es für die Subjekte immer schwieriger, sich und andere als *wertvoll*, als *in ihrer Werthaftigkeit anerkannt* zu erfahren – die Unfähigkeit der Moderne, aus ihrem Horizont heraus intrinsische Werte zu artikulieren und anzuerkennen, droht schließlich auf die Subjekte selbst zurückzufallen. Die von Taylor diagnostizierte ›Krise der Bejahung‹ erzeugt die Gefahr, dass Individuen weder sich selbst noch einander mehr als *wertvoll* anerkennen können, und soweit Identität und Anerkennung korrelativ sind, wird diese Unfähigkeit unmittelbar identitätsbedrohend.[394]

3. Das Konzept der situativen Identität

Allerdings scheinen diese Probleme und Gefährdungen spätmoderner Identität durchaus nicht notwendig in einen unmittelbaren Selbstverlust zu führen. Was unter den Zwängen der Beschleunigungsgesellschaft preisgegeben wird, so steht zu vermuten, ist die Idee eines auf Dauer oder Langfristigkeit angelegten Identitätsprojektes, die Vorstellung einer Autonomie, welche Subjekten das kontextübergreifende und zeitstabile Verfolgen von selbstdefinierten

einfach alles sein kann: links oder rechts, schwarz oder weiß, schwul, hetero, oder bisexuell, Raver, Rapper oder Punker: Es macht alles keinen Unterschied mehr«, sagte mir vor kurzem ein Erstsemester-Student. Artikulationsfähigkeit, so möchte ich behaupten, hängt daher essentiell auch von *Widerständen* ab, davon, dass es etwas gibt, *worauf es* (zeitstabil) *ankommt.*

393 A. Honneth, *Kampf um Anerkennung. Zur moralischen Grammatik sozialer Konflikte*, Frankfurt/M. 1993.

394 Taylor, *Quellen des Selbst*, S. 777; vgl. dazu Rosa, *Identät und kulturelle Praxis*, S. 361 f.

Werten und Zielen ermöglicht. Wie ich bereits angedeutet habe, hindert sie diese Preisgabe indessen durchaus nicht daran, gleichsam ›situative‹ Identitäten auszubilden, mittels deren sie sich in jeweils konkreten Kontexten und Praxiszusammenhängen immer wieder neu orientieren und entscheiden und so Handlungsfähigkeit gewinnen.

Die Vorstellung derartiger situativer Identitäten besagt dabei natürlich nicht, dass alle Identitätsmerkmale von Situation zu Situation verändert würden. Vielmehr steht zu vermuten, dass einige, ganz im Gegenteil, über eine Vielzahl von Situationen und Kontexten hinweg synchron und diachron erhalten bleiben, so dass diese Identitäten zwar nicht mehr definitorisch bestimmt werden können, wohl aber noch durch ›Familienähnlichkeiten‹ im Wittgensteinschen Sinne verbunden sind. Allerdings sind dabei durchaus auch radikale Umschwünge möglich. Der Begriff deutet somit an, dass keine Identitätsbestimmung mehr per se zeitstabil ist und dass die Gewichtung, Relationierung und Ausdeutung von Identitätsmerkmalen (z. B. des *Frau-* oder *Mannseins*) sich von Situation zu Situation ändern. Eine rudimentäre übersituationale Einheit und Kontinuität des Selbst, welche die Verwendung des Identitätsbegriffes erst rechtfertigt, wird dabei meines Erachtens durch die folgenden vier Faktoren gewährleistet: (1) Zunächst erlaubt auch eine situative Identität die zumindest minimale narrative Verknüpfung von Vergangenheit, Gegenwart und Zukunft und der verschiedenen Sinn- und Funktionsprovinzen des je eigenen Lebens; jedoch folgt diese Verknüpfung narrativen Mustern, die selbst dem je gegebenen situativen Kontext entstammen.[395] (2) Sodann ist anzunehmen, dass Subjekte durch eine gleichsam *habitualisierte* Kontinuität geprägt sind, die eine relative Zeitfestigkeit aufweist. Denn jenseits unserer reflexiven Selbstbestimmung entsteht und bewahrt sich unser Identitätsgefühl in hohem Maße auch durch das, was mit Bourdieu als *Habitus* bezeichnet werden kann: durch unsere verkörperten Vorlieben und Abneigungen, unsere Gesten und expressiven Eigenheiten, durch Geschmacksprägungen etc. Dieser Habitus ist durchaus nicht dem Wandel entzogen und auch nicht kontextinvariant – unsere Vorlieben und Verhaltensweisen werden immer auch situativ mitbestimmt –, doch verändert er sich in sei-

395 Vgl. dazu W. T. Anderson, *The Future of the Self. Inventing the Postmodern Person*, New York 1997.

nen Grundmustern vermutlich nur inkrementalistisch und nur selten intentionalistisch. Das in unseren Praktiken und unserem Leibverhältnis verkörperte Selbstgefühl vermag daher auch dort Kontinuität zu stiften, wo sie hinter einem situativen Wandel der reflexiven Identität und des Lebensstils verloren scheint.

(3) *Geliebte Objekte* in dem oben angeführten Sinn vermögen als Übergangsobjekte möglicherweise auch dort eine symbolische Form von Kontinuität zu gewährleisten, wo Persönlichkeiten massive Reorganisationen erfahren. Sie tragen damit zu einem bruchlosen Übergang zwischen Kontexten und Situationen bei.

(4) Wie bereits angeführt, verfügen Subjekte, wie jüngere sozialpsychologische Untersuchungen (gegen die Vermutungen etwa des symbolischen Interaktionismus) nahelegen, hinter und jenseits derartiger Stabilisatoren möglicherweise über ein gleichsam ›angeborenes‹, prädikatsloses ›Kernselbst‹, das ihnen die Aufrechterhaltung eines Identitätsgefühles unter Umständen sogar bei vollständiger situativer Diskontinuität erlaubt.

Während nun in den bisher ausgeführten Überlegungen die Vorstellung einer situativen Identität lediglich als gedankliche Steigerung oder als logischer Fluchtpunkt der noch einmal verstärkten Individualisierungs- und Beschleunigungsprozesse der Spätmoderne entwickelt wurde, finden sich interessanterweise in neueren soziologischen Untersuchungen auch deutliche empirische Hinweise auf die Veränderung spätmoderner Identitäten in der dadurch bezeichneten Richtung. Denn in ebendieser Diagnose einer ›situativen Identität‹ konvergieren eine ganze Reihe von zum Teil sehr heterogenen, empirisch gesättigten Zeitdiagnosen, die sich mit der Frage der Veränderung von spätmodernen Temporalstrukturen befassen. Der Verzicht der Subjekte auf einen langfristigen oder gar ›Lebens-‹Plan als notwendige Reaktion auf mannigfaltige, sich schnell wandelnde Kontingenzen ist eine Beobachtung, in der in überraschender Übereinstimmung, wenngleich in unterschiedlicher Form, die Perspektiven von Autoren wie Manfred Garhammer, Richard Sennett, Karlheinz Geißler sowie Hörning, Ahrens und Gerhard zusammentreffen. Sennett fasst dies, deutlich pessimistisch, in seine zentrale, von Walter Lippmann übernommene Metapher der *Drift* als ›erratischer Lebenserfahrung‹ des ›ziellosen inneren Dahintreibens‹, die in scharfem Gegensatz zu dem Gefühl und dem Anspruch einer ›Beherrschung der Lebensereignisse‹ durch das eigene Handeln stehe.[396] Ganz ähnlich macht Garhammer eine neue Grundtendenz zum ›Fatalismus‹ aus, die nicht nur den Verzicht auf den Anspruch aktiver Gestaltung des eigenen Lebens signalisiert, sondern zugleich deutlich macht, dass es eben nicht zwangsläufig dort, wo Kontingenzen einziehen, zu Autonomiegewinnen kommen muss – ganz im Gegenteil.[397] Bezeichnet Sennetts Drift »eine Erfahrung, die von Ort zu Ort und von Tätigkeit zu Tätigkeit driftet«,[398] so kennzeichnet ebendiese Weise der Erfahrung und des entsprechenden Entscheidens die Verhaltensweise der von Hörning, Ahrens und Gerhard identifizierten spätmodernen Lebensstilfigur des ›zeitjonglierenden Spielers‹, der nach Auffassung der Autoren als Einziger noch in der Lage ist, die davonlaufenden Zeithorizonte und -strukturen mittels einer ›hochsituativen Zeitpraxis‹ zu bewältigen – freilich ebenfalls unter Preisgabe des für die Moderne zentralen Anspruchs auf eine reflexiv kontrollierte, aktive Lebens*führung* und unter Verzicht auf die Suche nach Authentizität oder Eigentlichkeit. Der ›Spieler‹ überwindet die lineare, verrechnende und verplanende Zeitorientierung der Moderne und ersetzt sie durch eine (in gewisser Weise prämodern anmutende, nun aber reflexiv gewordene) situationsoffene und ›ereignisorientierte Zeitpraxis‹; mit einem anderen Begriff der Autoren, er ›verzeitlicht‹ die Zeit, indem er über Tempo und Dauer von Ereignissen und über Anschlusshandlungen nicht im Rahmen eines Gesamtplanes oder eines abstrakt-linearen Zeitkonzeptes entscheidet, sondern flexibel und situationsabhängig, gleichsam aus der Eigenzeit und dem Zeithorizont des je aktuellen Ereignisses heraus. Damit gelingt es ihm, so die Autoren,

> Gegebenes ständig unter Variationsgesichtspunkte zu setzen und somit den ›Wechselfällen‹ des spätmodernen Alltags gerecht zu werden. Indem er ›Spiel‹ zum Beginnen, Unterbrechen, Dehnen, Beenden ›hat‹, entwickelt er die besondere Qualität einer *ereignisorientierten Zeitpraxis*, die seine eigenen Parts im ›Spiel der Spiele‹ möglichst flexibel zu halten sucht.[399]

Auf diese Weise lernt der ›Spieler‹ durch ›Entlinearisierung‹ und ›Verzeitlichung‹ der Zeit das, was Sennett als spätmoderne Be-

396 Sennett, *Der flexible Mensch*, S. 160 und S. 181.

397 Vgl. Garhammer, *Wie Europäer ihre Zeit nutzen*, S. 482.

398 Sennett, *Der flexible Mensch*, S. 31.

399 Hörning, Ahrens, Gerhard, *Zeitpraktiken*, S. 16.

drohung des Charakters versteht, nämlich »Störungen wie zeitliche Unsicherheiten, Ungleichzeitigkeiten, Unabgestimmtheiten, Aufeinanderstoßen unterschiedlicher Zeitkulturen, das Auftreten von Brüchen« etc. gerade *nicht* »als Anomalie zu sehen, sondern als Normalität in die gängige, hochsituativ ausgerichtete Zeitpraxis einzubeziehen«.[400] Damit erscheint ihm die für die Lebensstilfiguren und Identitätstypen der klassischen Moderne unbewältigbare Hyperakzeleration der Spätmoderne nicht mehr als Bedrohung, sondern er affirmiert sie geradezu lustvoll als Möglichkeitsgenerator, mit dem »eine immer raschere ›Verzeitlichung von Zeit‹ möglich wird«.[401] Der Spieler

> entledigt sich [...] vorgegebener Zeitzwänge, Zeitbindungen und Zeitimperative [...]. Er moderiert und moduliert seine eigenen hochsituativen Eigenzeiten. Mithin reflektiert der ›Spieler‹ in seiner Orientierung die wachsende Dynamik und Komplexität einer Gesellschaft, die in der Flut von Ereignissen ihre eigene Identität zunehmend nur noch in momenthaften Situationsbeschreibungen einfangen kann.[402]

Diese Zeit- und Lebenspraxis der momenthaft-situativen Entscheidungen oder der ›Verzeitlichung der Zeit‹ stellt zugleich eine *Entzeitlichung des Lebens* dar. Wie etwa Martin Kohli in mehreren Arbeiten gezeigt hat, war »die Entwicklung zur Moderne [...] ein Prozeß der *Verzeitlichung* des Lebens«,[403] welche die ›situative Lebensform‹ der Vormoderne ersetzte, in der das Leben den unberechenbaren (*exogen induzierten*) Wechselfällen des Weltlaufes ausgesetzt war. Diese Verzeitlichung manifestierte sich etwa in dem, was Kohli das ›Lebenslaufregime‹ nennt, das nicht nur durch eine äußere institutionelle Ordnung gestützt wurde, sondern auch ein identitätskonstituierendes ›biographisches Orientierungsschema‹ bereitstellte, welches (auch langfristige) zeitliche Planung und Gestaltung des eigenen Lebens in einer berechenbaren Umwelt erlaubte. »Der Modernisierungsprozeß ist ein Übergang von einem Muster der relativen Zufälligkeiten der Lebensereignisse zu einem

400 Ebd., S. 178.
401 Ebd., S. 179.
402 Ebd., S. 174.
403 Kohli, »Gesellschaftszeit und Lebenszeit«, S. 184; vgl. Kohli, »Lebenslauf und Lebensalter als gesellschaftliche Konstruktionen«.

des vorhersehbaren Lebenslaufs«,[404] in dem die Identität fast im Sinne des *Bildungs- und Entwicklungsromans* nach und nach als zeitliches Projekt entfaltet wurde. Mit der inzwischen auch von Kohli diagnostizierten progressiven Auflösung dieses Lebenslaufregimes, in dem *Verzeitlichung des Lebens* und moderne *Individualisierung* unauflösbar verknüpft waren, findet nun eine Rückkehr zu ›hochsituativen Lebenspraktiken‹[405] bzw. ›ein Rückfall in eine situative Lebensform‹[406] statt, wenngleich die Zu- und Wechselfälle des Lebens heute anderer, nämlich gesellschafts*endogener*, reflexiver Natur sind. Die den Alltag und den Lebenslauf bestimmenden ›Ereignisse‹ der *Vormoderne* waren in ein weitgehend stabiles, statisches Gefüge aus Natur und sozialen Institutionen gebettet; sie waren erwartbar und dem Beschleunigungs- und Veränderungsdruck entzogen, ihre Relevanzen waren in Routinen und durch Tradition festgelegt. In der *Spätmoderne* dagegen sind die möglichen Ereignisse oft unvorhersehbar, und sie unterliegen selbst einem raschen Wechsel in einem nicht mehr durch Routine und Tradition bestimmten, sondern ins Unabsehbare gesteigerten Möglichkeitshorizont, in dem Relevanzen nicht mehr erkennbar sind, sondern selbst gesetzt werden müssen.

Das Setzen von Prioritäten und Relevanzen ist eine unabdingbare Voraussetzung zeitlicher Planung und Gestaltung; es ist jedoch nur dort möglich, wo *einige* Rahmenbedingungen und Grundorientierungen dem Spiel der Kontingenzen entzogen sind und damit als Ordnungsfaktoren dienen können. Ebendies erweist sich als das Problem des ›Spielers‹, wie Hörning, Ahrens und Gerhard bemerken:

Sein situationsspezifisches Reagieren wird mit Innovationspotentialen assoziiert und zu Fähigkeiten hochstilisiert, denen in diesen Zeiten hohe Akzeptanz zukommt. Dabei ahnt der ›Spieler‹ selbst, daß diese weitgetriebene Form der Verzeitlichung, in der von Moment zu Moment alles anders sein kann, dazu führen kann, sich in den selbstgeknüpften Verweisungsnetzen zu verstricken […]. Die hochdynamische Form der Kommunikation des ›Spielers‹, die darauf abzielt, immer neue Sinnwelten zu erschließen, kann dazu führen, sich im faszinierenden Spiel der Kommunikationen zu verlieren. Man geht den sich immer wieder bietenden, endlosen Verweisungen nach und hat – weil ja eben nahezu alles möglich ist – enorme Schwierig-

404 Kohli, »Gesellschaftszeit und Lebenszeit«, S. 185.
405 Hörning, Ahrens, Gerhard, *Zeitpraktiken.*
406 Garhammer, *Wie Europäer ihre Zeit nutzen*, S. 476.

keiten, noch Relevanzen zu erkennen, Bedeutsamkeiten im Auge zu behalten. Des ›Spielers‹ Probleme sind: sich selbstbezüglich Grenzen zu setzen, Sachen auch wieder loszulassen, eigene Stoppregeln zu entwickeln, etwas als beendet auszuweisen.[407]

Die im Charakter der situativen Identität angelegte Unfähigkeit, zeitstabile Relevanzen zu setzen und entsprechende Handlungsprioritäten im Sinne einer ›Aufgabe‹ zu entwickeln, führt, wie mehrere Autoren unabhängig voneinander beobachten, zu einem paradoxen Umschlag, in dem aus der Erfahrung der ›verzeitlichten‹ und zugleich beschleunigten oder ›rasenden‹ Zeit plötzlich die Erfahrung der *Entzeitlichung*, des zeitlichen *Stillstandes* entsteht.

Wer sich in ›vernünftigem‹ Maße einer Aufgabe widmet, der erlebt die Zeit als eigenständige Dimension gar nicht. Nur wer sich überfordert, erfährt sie als Zwang und Druck – und, am anderen Extrem: wer sich für keinen Sachbezug und keine Idee und keinen anderen Menschen zu entäußern weiß, wer also ganz ›bei sich‹ bleibt, auch wenn er noch so in oberflächliche Aktivitäten verstrickt sein mag, der empfindet eine Art Zeit-Stillstand, eine Zähigkeit, die ihm wie die Wiederholung des Gleichen erscheint, wenngleich durchaus etwas passiert,

schreibt der Philosoph Klaus-Michael Kodalle.[408]

Von sozialtheoretischer Bedeutung ist hierbei auch die Beobachtung, dass die ›Verzeitlichung der Zeit‹ sich nicht nur auf der Ebene der Individuen und ihrer Lebensführung konstatieren lässt, sondern ebenso im makrosozialen Bereich aufzufinden ist,[409] wo sie als eine ›Entzeitlichung‹ von Politik und Gesellschaft im Sinne einer hohen *politischen* Situativität erscheint, in der politische Akteure nur noch *re*agieren können und (langfristige) Steuerungspotentiale und Gestaltungschancen zunehmend erodieren. Diese Sichtweise konvergiert mit der systemtheoretisch begründeten Einschätzung Armin Nassehis, nach der

407 Hörning, Ahrens, Gerhard, *Zeitpraktiken*, S. 164 f.

408 K.-M. Kodalle, *Zeit-Verschwendung. Ein Symposion*, Würzburg 1999, S. 12; vgl. Garhammer, *Wie Europäer ihre Zeit nutzen*, S. 482; Sennett, *Der flexible Mensch*, S. 121; ausführlich dazu auch H. Rosa, »Am Ende der Geschichte: Die Generation X zwischen Globalisierung und Desintegration«, in: K. Fischer (Hg.), *Neustart des Weltlaufs? Fiktion und Faszination der Zeitenwende*, Frankfurt/M. 1999, S. 246-263.

409 Vgl. dazu auch oben, Kapitel 5.

die Gegenwart [...] ihren gestaltenden Charakter [verliert]. Sie ist als Handlungsgegenwart stets zukunftsorientiert, und sie kann die Zukunft aufgrund der Dynamik, Risikohaftigkeit und vor allem wegen des ungeheuren Potentials an Gleichzeitigem, worauf die gegenwärtige Handlungssituation keinen Zugriff hat, nicht präformieren. *Nachdem die Frühmoderne angetreten ist, Welt und Zeit gestaltbar zu machen und durch historische Legitimation zukünftigen Fortschritt zu initiieren, ist es in der entwickelteren Moderne die Zeit selbst, die Gestaltungsmöglichkeiten, Steuerungspotentiale und Einflußmöglichkeiten weder sachlich noch sozial zuläßt.*[410]

Das identitätsstiftende moderne Prinzip der Bewegung, welches die Beharrungskräfte der vormodernen Gesellschaften in vielen Bereichen überwand, war in der klassischen Moderne ein Prinzip der *gerichteten*, *geplanten* Bewegung im Sinne des ›Fortschritts‹ – im Hinblick auf die subjektive Lebensführung ebenso sehr wie hinsichtlich gesamtgesellschaftlicher Gestaltung entlang einer temporalen und sachlichen Bewegungsrichtung, die im politischen Richtungsindex von ›progressiv‹ und ›konservativ‹ bzw. ›links‹ und ›rechts‹ abgebildet war. In der Spätmoderne wird dieser Richtungsindex tendenziell bedeutungslos: Die Bewegung wird infolge des Beschleunigungsimperativs in eine ziellose, kontingente Veränderung überführt, die ohne Visionen oder Utopien auskommen muss, welche ihr eine Richtung verleihen könnten. Dies führt zu dem verbreiteten Eindruck eines ›rasenden Stillstandes‹, in dem das ›Rasen der Ereignisse‹ den Stillstand der zielgerichteten Entwicklung im Leben der Gesellschaften wie der Individuen nur notdürftig zu überdecken vermag und das Identitätsgefühl prägt.[411] In dieser Hinsicht lässt sich daher ein deutlicher, fundamentaler Bruch zwischen klassischer Moderne und Spätmoderne ausmachen: Die Idee eines identitätsstiftenden, kohärenten und gestaltbaren individuellen Lebensprojektes scheint heute ebenso an ihr mögliches Ende gelangt zu sein wie die (zeitaufwendige) politisch-demokratische Gestaltung des Gemeinwesens als konstitutives *politisches Projekt* der Moderne; an ein Ende mithin, das nicht etwa durch die Durchsetzung neuer, ›postmoderner‹ Prinzipien herbeigeführt wurde, sondern das als Konsequenz der Steigerung der urmodernen

410 Nassehi, *Die Zeit der Gesellschaft*, S. 375, Hervorh. H. R.

411 Vgl. dazu ausführlich H. Rosa, »Rasender Stillstand? Individuum und Gesellschaft im Zeitalter der Beschleunigung«, in: J. Manemann, G. Grunden (Hg.), *Befristete Zeit*, Münster 1999, S. 151-176.

Prinzipien der Beschleunigung und Individualisierung über den kritischen Punkt der individuellen wie gesellschaftlichen Integrations- und Steuerungsfähigkeit hinaus erfolgte. An ihre Stelle treten neue Formen, die sich mit den Schlagworten *situativer Identität* und *situativer Politik* charakterisieren lassen. Die Formmerkmale und Gefährdungen der Ersteren herauszuarbeiten war das Ziel dieses Kapitels.

III. Eine Kritische Theorie der sozialen Beschleunigung

7. Umrisse einer Kritischen Theorie der Geschwindigkeit

I. Die Tradition der Kritischen Theorie und die Potentiale einer Zeitkritik

1. Die Grundprinzipien einer Kritischen Theorie

Versucht man tatsächlich so etwas wie eine *Kritische Theorie der sozialen Beschleunigung* zu formulieren, kommt man nicht umhin, sich zunächst vor Augen zu führen, welchen Bedingungen eine zeitgenössische Version Kritischer Theorie genügen muss, um einerseits die Gegenwartsprobleme adäquat erfassen, andererseits aber auch den Anspruch auf Fortsetzung dieser Theorietradition aufrechterhalten zu können. Ich möchte dieser Frage im Folgenden zunächst nachgehen, ehe ich dann die Umrisse einer solchen Kritischen Theorie zu zeichnen versuche.

Aus meiner Sicht sollte eine zeitgenössische Version Kritischer Theorie versuchen, den ursprünglichen kritischen Intuitionen der ›Gründerväter‹ dieser Traditionslinie – von Marx zu Horkheimer, Adorno und Marcuse aber auch zu Vertretern wie Walter Benjamin oder Erich Fromm, und schließlich auch zu Habermas und Honneth – treu zu bleiben, ohne sich unnötig und im Übermaß fesseln und im theoretischen Horizont beschränken zu lassen von methodologisch-konzeptuellen Überlegungen und Prinzipien, die auf der einen Seite ohnehin unter den Vertretern der Kritischen Theorie stets umstritten waren und auf der anderen Seite den Problemlagen spätmoderner Gesellschaften vielleicht gar nicht mehr angemessen sind. Tatsächlich gehört es ja zu den Grundüberzeugungen dieser Theorierichtung, dass Methodologien und Wahrheitsansprüche stets historisch begründet und beschränkt sind, dass es also keine transhistorischen epistemischen Wahrheiten gibt und dass alle Formen der theoretischen Arbeit an die sich verändernden Bedingungen der sozialen Praxis immer wieder angepasst werden müssen – eine Überzeugung, die von fundamentaler Bedeutung für die Kritische Theorie ist.[412] Daraus ergibt sich aber zwingend, dass neue Entwürfe oder Ansätze Kritischer Theorie den methodischen und theoretischen Vorgaben der ›Klassiker‹ dieser Denktradition nicht einfach blind oder sklavisch folgen können, sondern sich der konzeptuellen Mittel zur Verfolgung jener Intuitionen (und Intentionen) immer wieder neu vergewissern müssen.

Was aber sind die Grundintuitionen der Kritischen Theorie? Ich möchte mich in dieser Frage zunächst mit Nachdruck Axel Honneths Auffassung anschließen, dass die Identifikation *sozialer Pathologien* ein zentrales Ziel nicht nur der Kritischen Theorie als solcher, sondern der Sozialphilosophie überhaupt ist.[413] Kritische Theoretikerinnen können solche Pathologien aber nicht einfach als Funktionsstörungen oder als dysfunktionale Operationsweisen der Gesellschaft im Sinne einer Gefährdung ihrer materiellen und/oder symbolischen Reproduktion identifizieren, denn ein solches Pathologieverständnis würde die Möglichkeit eines nichtpathologischen, ja geradezu entpathologisierenden revolutionären Bruchs in der gesellschaftlichen Reproduktion unterlaufen. Deshalb haben die Vertreter dieser Denktradition stets auch auf substantielle normative Maßstäbe der einen oder anderen Art zurückgegriffen. Die Wertmaßstäbe, die an soziale Institutionen oder Strukturen angelegt werden können, lassen sich (nach meiner Auffassung zumindest) allerdings nicht von einem ahistorischen, gleichsam übersozialen Standpunkt ableiten. Deshalb scheint mir das *reale menschliche Leiden* nicht nur der theoretisch angemessene, sondern auch der de facto die Kritik motivierende normative Ausgangspunkt der Kritischen Theorie zu sein. Folgt man dieser Idee, muss die normative Basis der Kritik stets in der Alltags- und Lebenserfahrung der sozialen Akteure verankert sein. Allerdings bedeutet *Leiden* nicht zwangsläufig *bewusste Opposition.* Deshalb ist es stets möglich, dass soziale Akteure an Institutionen oder Strukturen leiden, ohne sich dessen (deutlich) bewusst zu sein; dies ist der Ort, an dem *Theorien falschen Bewusstseins* und die *Ideologiekritik* ihre Plausibilität und Attraktivität gewinnen. Weiter unten wird deutlich werden, inwie-

412 Für eine ausführlichere Rekonstruktion der Grundprinzipien Kritischer Theorie vgl. L. Gertenbach, H. Rosa, »Kritische Theorie«, in: L. Gertenbach, H. Kahlert, S. Kaufmann, H. Rosa (Hg.), *Soziologische Theorien*, Paderborn 2009, S. 175-254.

413 Honneth, »Pathologien des Sozialen«.

fern ich mit der Wiedereinführung eines reformulierten Entfremdungsbegriffes an dieses (zu Unrecht weitgehend in Vergessenheit geratene) ideologiekritische Moment der Theorietradition anzuschließen gedenke. Dennoch kann nach den Debatten der letzten drei Jahrzehnte kein Zweifel daran bestehen, dass *Leiden* und *Entfremdung* nicht unabhängig von den tatsächlichen Erfahrungen der Betroffenen über den Bezug auf eine (›wahre‹) menschlichen Natur oder Essenz bestimmt werden können. Solche Begriffe lassen sich im 21. Jahrhundert nur in Anschlag bringen, wenn sich ihre Spuren in den (widersprüchlichen) Gefühlen, Überzeugungen und Handlungen der Akteure selbst nachweisen lassen.

Wie ich andernorts dargelegt habe,[414] scheint mir der aussichtsreichste Weg zu einer zeitgenössischen Variante Kritischer Theorie in einer kritisch-vergleichenden Gegenüberstellung der von den Akteuren (bewusst und/oder implizit) verfolgten Konzeptionen gelingenden Lebens und der von ihnen tatsächlich ausgeübten sozialen Praktiken zu liegen. Dabei ist es meine (vor allem in der Auseinandersetzung mit den Arbeiten Charles Taylors gewonnene[415]) Überzeugung, dass menschliche Subjekte in ihren Handlungen und Entscheidungen stets auf eine – bewusste und reflexive oder implizite und unartikulierte – Vorstellung des *gelingenden Lebens* zurückgreifen, von der her sie Orientierung gewinnen. Denn Menschen benötigen unaufhebbar einen Sinn dafür, wohin sie sich bewegen wollen (oder sollen) und worin ein erfülltes Leben bestehen könnte, um handlungsfähig zu sein. Eine Kritische Theorie, die nicht auf Vorstellungen einer ›wahren‹ menschlichen Natur oder Essenz zurückgreifen will, sondern von den realen, sozial verursachten Leidenserfahrungen der Akteure ausgehen möchte, findet deshalb einen plausiblen Ansatzpunkt in dem kritischen Vergleich zwischen jenen Konzeptionen des Guten und den Operations- und Wirkungsweisen der tatsächlich dominierenden sozialen Praktiken und Institutionen. Auf diese Weise bieten etwa soziale Verhältnisse, welche Subjekte strukturell dazu motivieren, Konzeptionen des gelingenden Lebens zu verfolgen, die sie unter ebendiesen Bedingungen notwendig verfehlen, einen privilegierten und überaus wich-

414 H. Rosa, »Kritik der Zeitverhältnisse. Beschleunigung und Entfremdung als Schlüsselbegriffe der Sozialkritik«, in: R. Jaeggi/T. Wesche (Hg.), *Was ist Kritik?*, Frankfurt/M.: Suhrkamp, 2009, S. 23-54.

415 Vgl. Rosa, *Identität und kulturelle Praxis*; siehe aber auch oben, Kapitel 3.

tigen Angriffspunkt für die Gesellschaftskritik. Deshalb müssen die Ideale der (individuellen und kollektiven) Selbstbestimmung im Hinblick auf die gewählte Lebensform und der Kampf für die Emanzipation von politischen, strukturellen und institutionellen Hindernissen für die Verwirklichung jener Autonomie, welche seit jeher von zentraler Bedeutung für die Theorietradition der Frankfurter Schule sind, durchaus nicht über universalistische Normen begründet werden: Das Autonomie- und Freiheitsversprechen, die Überzeugung, dass die Individuen das Recht und die Chance haben sollten, ein Leben zu finden, das (›authentisch‹) zu ihren Fähigkeiten, Bedürfnissen und Hoffnungen passt, und die Vorstellung, dass aus ebendiesem Grund die politische Gemeinschaft demokratisch verfasst sein sollte, um die kollektiven Rahmenbedingungen entsprechend zu gestalten, sind der Kern und das Zentrum der Moderne; sie bilden sozusagen das ›schlagende Herz‹ dessen, was Jürgen Habermas das ›Projekt der Moderne‹ genannt hat. Infolgedessen können und sollten soziale Verhältnisse, welche unsere Fähigkeit zur Selbstbestimmung untergraben und unsere Potentiale und Spielräume zur Ausübung genuiner individueller und kollektiver Autonomie erodieren, identifiziert und kritisiert werden, weil sie die Subjekte (der Gegenwartsgesellschaft) systematisch daran hindern, ihre Vorstellungen eines gelingenden Lebens zu verwirklichen.[416]

In der Verfolgung einer solchen Strategie versucht der hier vorgeschlagene Ansatz zwei weiteren traditionellen Ansprüchen Kritischer Theorie gerecht zu werden: Zum Ersten erfüllt er das Kriterium einer ›innerweltlichen Transzendenz‹, wie es etwa Axel

416 Dass indessen die moderne Autonomie-Konzeption des gelingenden Lebens in sich selbst problematisch, ja widersprüchlich sein könnte, weil sie zur expansiven Steigerungslogik moderner Institutionen beiträgt, die sich nur noch dynamisch zu stabilisieren vermögen (die also stetig auf Wachstum und Beschleunigung angewiesen sind, um ihre Struktur zu erhalten), ist ein Problem, dem ich mich in meinem in diesem Band erst angedeuteten Projekt einer ›Soziologie der Weltbeziehung‹ widmen möchte. Aus diesem Projekt soll eine andere, stärkere und eigenständigere Fassung *Kritischer Theorie* hervorgehen, welche über den Gegensatz von *Resonanz* und *Entfremdung* einen neuen kritischen Maßstab zu gewinnen versucht, der in der Lage ist, noch die (reflexiven) Konzeptionen des gelingenden Lebens der Akteure zu hinterfragen. In diesem Kapitel kann ich jenen Maßstab indessen noch nicht entwickeln, doch betrachte ich die im fünften Abschnitt folgende Entfremdungskritik als eine erste, noch etwas unsystematische und bisweilen essayistische Vorübung dafür.

Honneth[417] formuliert hat. Es erfordert, dass die sozialen Akteure selbst (und nicht nur der Kritiker) einen Sinn dafür haben müssen, worin ein besseres Leben oder eine bessere Gesellschaft bestehen könnten, und dass sie darüber hinaus in ihren Alltagspraktiken eine Sensibilität für jene Pathologien zum Ausdruck bringen, welche die Kritische Theorie zu identifizieren versucht, und bestimmte Vorstellungen davon entwickeln, wie diese Pathologien zu überwinden sein könnten. Dieses Kriterium ist bei der von mir favorisierten Vorgehensweise deshalb erfüllt, weil die Konzeptionen des Guten und die Alltagspraktiken der Akteure nicht auf Dauer vollständig voneinander getrennt werden können – es sei denn, sie lebten unter einem absoluten Terrorregime.[418] Vielmehr werden soziale Institutionen und Praktiken in aller Regel ja gerade durch die von den Akteuren vertretenen Auffassungen des Guten legitimiert und gerechtfertigt; ohne diesen Zusammenhang sind sie auf Dauer nicht reproduktionsfähig. Ebendeshalb (und dies ist der zweite Punkt) bewahrt ›meine‹ Version Kritischer Theorie auch den Anspruch, Gesellschaft als eine Totalität im Sinne einer Gesamtformation des sozialen Lebens zu begreifen. Im Gegensatz nicht nur zu neoliberalen Positionen, sondern auch zu poststrukturalistischen oder dekonstruktivistischen Ansätzen der jüngsten Zeit, welche – ganz im Sinne des Diktums von Margaret Thatcher, ›that there is no such thing as society‹ (sondern höchstens eine Vielzahl höchst unterschiedlicher und gegensätzlicher Individuen und Familien) – die Möglichkeit bestreiten, Gesellschaft als ein integrales Ganzes zu begreifen, das von einheitlichen Strukturgesetzen bestimmt wird, hat die Kritische Theorie immer darauf bestanden, dass die sozialen Strukturen, Institutionen und Handlungsweisen einer Gesellschaft als eine soziale Formation verstanden werden können und müssen. In der Analyse und Kritik der Gesetzmäßigkeiten und Entwicklungsdynamiken, welche einer solchen Formation zugrunde liegen, besteht nach dem Selbstverständnis der Kritischen Theorie dann die Kernaufgabe der Gesellschaftskritik. Daher liegt nach meiner Auffassung der Vorzug einer Kritischen Theorie sozialer Beschleunigung just darin, dass sie es erlaubt, die Transformationen der Produktions- und Konsumtionsregime der Moderne (von

417 A. Honneth, *Pathologien der Vernunft. Geschichte und Gegenwart der Kritischen Theorie*, Frankfurt/M. 2007.

418 Vgl. dazu und zum Folgenden ausführlich die Überlegungen oben, Kapitel 3.

der Frühmoderne über die klassische, fordistische Moderne bis zur globalisierten Spätmoderne) und ebenso der Identitätsmuster und der politischen Kultur als die nahezu unvermeidlichen Konsequenzen eines immer weiter fortschreitenden Prozesses der sozialen Beschleunigung zu erklären. Denn – wie ich in Kapitel 5 oben darzulegen versucht habe – die Geschichte der Modernisierung (in einem weiten Sinne) lässt sich konsistent als die Geschichte der sozialen Beschleunigung rekonstruieren, welche als Triebkraft der Moderne die Gesellschaft in einem progressiven Prozess über mehrere Entwicklungsebenen (oder ›Geschwindigkeitsstufen‹) hinweg transformiert.

Diese Behauptung mag den mit den gegenwärtigen Debatten in der Kritischen Theorie vertrauten Lesern zunächst als recht exotisch erscheinen, denn die beiden aktuell am meisten diskutierten Versionen Kritischer Theorie (die Kommunikationstheorie von Jürgen Habermas und die Anerkennungstheorie von Axel Honneth) schlagen zwei ganz andere Momente oder Prinzipien für die Identifikation der grundbegrifflichen Einheit oder Totalität einer Gesellschaft vor: Nach Habermas liegt die Einheit (Synthesis) einer Gesellschaft in den Verständigungsverhältnissen und in der kommunikativ konstruierten Lebenswelt begründet, während für Honneth die Anerkennungsverhältnisse die Grundlage einer Gesellschaft bilden. Deshalb möchte ich im Folgenden zunächst kurz auf die Beziehung zwischen diesen beiden Ansätzen und meiner eigenen Beschleunigungstheorie eingehen. Weil Beschleunigung keine Substanz, sondern ein Prozess ist, behaupte ich nicht, dass Beschleunigung die Basis oder die grundbegriffliche Einheit (Synthesis) der modernen Gesellschaft bilde – vielmehr erhebe ich den Anspruch, dass sie die *dynamis*, die Entwicklungs- und Veränderungslogik der Moderne, definiere und dass die Moderne ohne ein adäquates Verständnis dieses Dynamisierungsprinzips nicht zu begreifen ist. Ich will also gar nicht in Frage stellen, dass die Interaktionsbedingungen (die Verständigungs- ebenso wie Anerkennungsbeziehungen umfassen, die aber in einer noch zu schreibenden Arbeit zugleich auch als ›Resonanzverhältnisse‹ rekonstruiert und in eine ›Soziologie der Weltbeziehung‹ zu integrieren wären) als die Basis einer Gesellschaft verstanden werden können, doch behaupte ich in der Tat, dass beide nicht angemessen analysiert und verstanden werden können, wenn die dynamische Dimension der

Moderne, die transformative Kraft der sozialen Beschleunigung, nicht angemessen berücksichtigt wird.

2. Beschleunigung und die Kritik der Verständigungsverhältnisse

Nach Jürgen Habermas' in der *Theorie des kommunikativen Handelns* (1981) entwickelter, höchst einflussreicher Konzeption entstehen soziale Pathologien aus der systematischen Verzerrung der Kommunikationsbedingungen. Deshalb ist es seiner Auffassung nach Ziel und Aufgabe der Kritischen Theorie, die strukturellen Ursachen solcher Verzerrungen zu identifizieren. Obwohl seine Theorie und ihre soziologischen, metalinguistischen und philosophischen Rechtfertigungen ebenso komplex wie (zumindest in den Detailfragen) umstritten sind, scheint mir Habermas' Grundidee ebenso bestechend einfach wie überzeugend zu sein: Herrschafts- und Wissensansprüche und ebenso Wert- und Wahrheitsansprüche sind erst dann gerechtfertigt, wenn sie als Ergebnisse eines herrschaftsfreien Diskurses rekonstruiert werden können; das heißt, wenn sie aus einem Diskurs hervorgegangen sind oder wenigstens sein könnten, zu dem alle Positionen und Argumente freien Zugang haben und in dem der Deliberationsprozess auf der Basis des ›zwanglosen Zwangs des besseren Arguments‹ erfolgt.

Folgt man dieser Grundintuition, ist es nun aber nahezu selbstevident, dass die Formulierung, das Filtern und das kollektive Deliberieren und Abwägen der Argumente ein zeitaufwendiger Prozess ist. Das trifft sogar auf die (an sich zeitentlastete) Sphäre der Wissenschaft zu, für die man mit guten Gründen die Behauptung aufstellen könnte, dass Geschwindigkeit und Folge nationaler und internationaler Tagungen und Konferenzen so hoch und dicht, die Antragslogik so atemlos und die Veröffentlichungsflut so überwältigend seien, dass diejenigen, die sich mit Wort- und Redebeiträgen an der Diskussion beteiligen, selbst kaum Zeit finden, ihre Argumente sauber zu entwickeln, während die Hörer und Leser ihrer Botschaften in der Fülle an halbgaren und darüber hinaus häufig (in unterschiedlichen Versatzstücken) repetitiven Präsentationen den Überblick verlieren. Deshalb bin ich davon überzeugt, dass – jedenfalls in den Geistes- und Sozialwissenschaften – der akademische Diskurs derzeit nur selten der Logik des besseren Arguments und der Prüfung von Geltungsansprüchen folgt, ja dass es kaum zu einer kollektiven Deliberation kommt, weil das Geschehen von einem unkontrollierbaren, ja geradezu entfesselten Streben nach mehr Publikationen, Tagungen und Forschungsgeldern beherrscht wird, bei dem der Erfolg nicht oder kaum von der Kraft der Argumente, sondern vielmehr von der Breite und Tiefe der Netzwerkstrukturen bestimmt wird.

Noch gravierender, weil folgenreicher scheint die Lage jedoch im Bereich der Politik zu sein. Wie Habermas und die ihm folgenden Verfechter der Konzeption einer deliberativen Demokratie überzeugend dargelegt haben, lässt sich politischer Zwang in der Moderne letztlich nur rechtfertigen, wenn er aus einem vielschichtigen demokratischen Prozess hervorgeht, der einer Vielzahl von Arenen und Filtern für die Formulierung und Prüfung von Argumenten und Geltungsansprüchen bedarf. Nicht nur alle sozialen Gruppen, sondern im Prinzip sogar alle Individuen sollten eine Chance haben, Ansprüche und Ideen zu formulieren und zu Gehör zu bringen, die dann im politischen Prozess auf dem Wege der Deliberation und der Repräsentation allmählich gefiltert und kanalisiert werden, bis sie in kollektiv bindende Entscheidungen und Gesetze gefasst werden können. Aber selbst wenn man dieses Konzept von Demokratie für überzogen oder zu ehrgeizig hält, kann es keinen Zweifel daran geben, dass der demokratische Willensbildungs- und Entscheidungsfindungsprozess per se zeitaufwendig ist. Er setzt die Identifikation und die Organisation je betroffener sozialer Gruppen voraus, er bedarf der Entwicklung und Formulierung von Argumenten und (kollektiven) Programmen und der deliberativen Prüfung und Gewichtung von Positionen und Ansprüchen sowie schließlich der Herstellung und rechtsstaatlich-institutionellen Implementierung kollektiv bindender Entscheidungen und Zielsetzungen. Schlimmer noch, unter den spätmodernen Bedingungen eines postkonventionellen Pluralismus und des Anwachsens globaler Abhängigkeiten wird dieser Prozess tendenziell immer zeitaufwendiger: Mehr Menschen und Gruppen sind betroffen, immer weniger Dinge können einfach als fraglos gegeben vorausgesetzt werden, und immer vielfältigere Sichtweisen und Bedürfnisse müssen berücksichtigt werden.[419]

419 Vgl. unten, Kapitel 9.

Verschärft wird das Problem darüber hinaus aber noch dadurch, dass die Komplexität der Hintergrundbedingungen und Folgewirkungen von Entscheidungen anwächst, was die Plan- und Berechenbarkeit von Alternativen erschwert. Im Gegensatz dazu steigen im Zuge des Beschleunigungsprozesses die für Entscheidungen zur Verfügung stehenden Zeitressourcen nicht etwa an, sondern sie nehmen ab: Aufgrund der hohen technologischen Innovationsrate, der Geschwindigkeit ökonomischer Transaktionen und des Tempos soziokultureller Veränderungen müssen in kürzerer Zeit mehr Entscheidungen getroffen werden, was die Politik zwingt, ihr Deliberations- und Entscheidungstempo zu erhöhen. Ereignisse wie die Finanzkrise und die darauf reagierenden politischen Maßnahmen, etwa der Euro-Rettungsschirm oder die Libyen-Intervention 2011, sind dafür nur die augenfälligsten Beispiele.[420] Das aber bedeutet, dass sich die Zeithorizonte und Zeitmuster der demokratisch-deliberativen Willensbildung auf der einen und der technischen, wirtschaftlichen, wissenschaftlichen und kulturellen Entwicklung auf der anderen Seite dramatisch auseinanderbewegen. Als Konsequenz daraus droht spätmodernen Demokratien ein Zustand, in dem nicht (mehr) die Kraft des besseren Argumentes über den politischen Kurs bestimmt, sondern der Einfluss von Ressentiments, mehr oder minder irrationalen und oft flüchtigen Bauchgefühlen, suggestiven Metaphern und manipulativen Bildern. Bilder sind in ihrer Wirkung und Überzeugungskraft ohne Zweifel schneller als Worte oder gar Argumente; sie haben instantane und oft gar nicht das reflexive Bewusstsein durchlaufende Effekte. Das bessere Argument wird angesichts der hochdynamischen, netz- und mediengestützten politischen Empörungs- und Aktivierungswellen rasch machtlos. Die politischen Ereignisse um das Bahnhofsprojekt Stuttgart 21, die Anti-Atomwelle in Deutschland nach dem Reaktorunglück in Fukushima oder die nordafrikanisch-arabischen Revolutionen im Frühjahr 2011 belegen eindrucksvoll, wie sich politische Landschaften innerhalb weniger Tage, manchmal sogar innerhalb von Stunden verändern können. Vor diesem Hintergrund

420 Vgl. Rosa, *Beschleunigung*; W. Scheuerman, *Liberal Democracy and the Social Acceleration of Time*, Baltimore, London 2004; H. Rosa, W. Scheuerman, *High-speed Society. Social Acceleration, Power, and Modernity*, Pennsylvania 2009; H. Laux, H. Rosa, »Die beschleunigte Demokratie – Überlegungen zur Weltwirtschaftskrise«, in: *WSI-Mitteilungen* 62 (2009), S. 547-553.

ist es dann auch nicht überraschend, dass Medienstars wie Arnold Schwarzenegger, Nicolas Sarkozy oder Silvio Berlusconi politische Ämter erringen und sich so etwas wie eine ›ästhetische Wende‹ in der Politik beobachten lässt. Es ist eher die ›Coolness‹ oder ›Hippness‹ von Politikern und Bewegungen, die sie erfolgreich macht, als durchdachte Konzepte, kohärente Programme oder komplexe Argumentationen. Dabei ist auch die Wählervolatilität in den letzten Jahren rasant angestiegen: Mehrheiten werden durch das Ausnutzen und Beeinflussen (›spinning‹) von Ereignissen und Bewegungen (wenn nicht gar durch ihre Erzeugung) gewonnen, nicht durch Argumente. Natürlich lässt sich auf eine gewisse Weise auch die Demokratie beschleunigen: Mit Hilfe von Internet-, Radio- und Fernsehumfragen lassen sich fast in Sekundenschnelle Mehrheiten erheben und Meinungsbilder erstellen. Aber diese reflektieren keinerlei Deliberationsprozess, in dem Argumente formuliert, ausprobiert, erwogen und weiterentwickelt würden. Vielmehr stellen solche ›Polls‹ Bauchreaktionen dar, die weitgehend und manchmal auch vollständig immun sind gegenüber besseren Argumenten. Im Ergebnis aber heißt dies: Es sieht ganz danach aus, als ob Worte – und erst recht Argumente –, vielleicht sogar das Medium ›Sinn‹, wie Myerson[421] spekuliert, angesichts der Ereignisgeschwindigkeiten der spätmodernen Welt zu langsam geworden sind. Dies lässt sich etwa auch daran ablesen, dass die durch die Kapitalströme erzeugten ökonomischen Verteilungsmuster mehr oder minder immun geworden sind gegenüber Gerechtigkeitserwägungen. Während es sich als überaus schwierig erwiesen hat, Argumente für oder gegen bestimmte Verteilungsmuster in ihren ökonomischen, politischen und ethischen Konsequenzen zu prüfen und zu rechtfertigen, werden die tatsächlichen Verteilungen in atemberaubender Geschwindigkeit durch die unkontrollierbaren ökonomischen Transaktionsströme einfach hergestellt und fortwährend verändert. Ohne hier in die Tiefe der Habermasschen Kommunikationstheorie gehen zu können, scheint es mir doch offensichtlich zu sein, dass eine Kritische Theorie, welche die Verständigungsverhältnisse zu ihrem Ausgangspunkt macht, auf Dauer nicht umhinkann, den sich verändernden Zeitmustern der Kommunikation Rechnung zu tragen.

421 G. Myerson, *Heidegger, Habermas and the Mobile Phone*, Cambridge 2001; Rosa, *Beschleunigung*, S. 249 f.

3. Beschleunigung und die Kritik der Anerkennungsverhältnisse

Anders als die kommunikationstheoretische Konzeption einer gerechten (und rationalen) Gesellschaft von Jürgen Habermas hat Axel Honneths Entwurf einer Gesellschaft, die auf gerechtfertigten Mustern wechselseitiger Anerkennungsbeziehungen basiert, keine inhärenten Geschwindigkeitsgrenzen: Während Kommunikation unvermeidlich zeitaufwendig ist, gilt dies für Anerkennung und Wertschätzung nicht – jedenfalls nicht in gleichem Maße. Nichtsdestotrotz scheint es mir unabweisbar, dass auch eine Kritische Theorie der Anerkennung auf lange Sicht nicht ohne eine systematische Berücksichtigung der Ursachen und vor allem der Konsequenzen sozialer Beschleunigung auskommt. Vielmehr glaube ich, dass diese Theorierichtung so lange blind für die gegenwärtig sich vollziehenden Veränderungen in den Anerkennungsverhältnissen und -bedingungen der spätmodernen Gesellschaft – und für die sich daraus ergebenden problematischen Nebenwirkungen für die Subjekte – bleibt, wie sie die aus der Beschleunigungslogik resultierende Dynamik ignoriert.

Weil *Geschwindigkeit* als die dominante soziale Norm moderner Gesellschaften im gesellschaftlichen Diskurs nahezu vollständig ›naturalisiert‹ wird – Zeitstrukturen erscheinen stets als schlechthin ›gegeben‹, niemals aber als sozial konstruiert und politisch verhandelbar –, dient sie dazu, die Verteilung von Anerkennung und Missachtung zu legitimieren: Der Schnellere gewinnt und profitiert, der Langsamere verliert und fällt zurück. Mehr noch: anders als Honneth glaubt, wenn er annimmt dass strukturell verursachte Missachtung Empörung und Auflehnung hervorruft, fühlen sich diejenigen, die im sozialen Wettrennen verlieren, nur selten *ungerecht* behandelt. Weil das Wettbewerbsprinzip mit der Beschleunigungslogik im Begriff der ›Leistung‹ (als Arbeit *pro Zeiteinheit*) intrinsisch verknüpft ist und weil die Konkurrenz (auch von Honneth selbst) als legitimer Verteilungsmaßstab nicht nur im Bereich der Wirtschaft, sondern weit darüber hinaus betrachtet wird, werden diejenigen, die im Wettrennen zurückbleiben, die Schuld für ihre Missachtungserfahrungen in erster Linie bei sich selbst suchen. Dabei ist die durch die Logik von Wettbewerb und Leistung erzeugte (Anerkennungs-)Dynamik ein zentraler Antriebsmechanismus der sozialen Beschleunigung (siehe dazu unten, Kapitel 8). Ebendeshalb ist der Kampf um Anerkennung in der modernen Gesellschaft (und erst und nur in ihr!) selbst zu einem Wettrennen geworden: Weil soziale Wertschätzung nach dem Wettbewerbsprinzip vergeben wird, ist Geschwindigkeit zu einem entscheidenden Bestimmungsfaktor in der Landkarte der Anerkennung. Die Subjekte müssen schnell und flexibel sein, um soziale Wertschätzung zu gewinnen und zu bewahren, zugleich aber treibt ihr Kampf um Anerkennung die Antriebsräder der Beschleunigung unaufhörlich an.

Diese Zeitlichkeit der Anerkennungsmuster wird augenfällig, wenn man die zeitgenössische Form der Suche nach Anerkennung und der Furcht vor Missachtung derjenigen eines vormodernen Zeitalters gegenüberstellt. In einer ständischen Gesellschaft (beispielsweise einer mittelalterlichen) sind die Allokations- und Anerkennungsmuster gleichsam a priori festgelegt, das heißt, sie sind dem Alltagshandeln weitgehend enthoben. Die Positionen und Privilegien, der Status und die Anerkennung, die einer Person zukommen, stehen mehr oder minder schon bei der Geburt fest. König, Graf, Mönch, Soldat oder Bauer: Sie alle hatten ihren prädeterminierten Anteil an Status, Rechten, Pflichten und Privilegien auf einer Verteilungslandkarte, die als gleichsam ›ontologisch‹ strukturiert erschien. Deshalb konnte man daran leiden, von bestimmten Gütern oder Privilegien systematisch *ausgeschlossen zu sein*, aber diese Exklusion hatte ihre erfahrbare Ursache in der ›Natur der Welt‹ als solcher. Ein Kampf um Anerkennung jenseits der mikrosozialen Sphäre war deshalb nur *gegen* die bestehenden sozialen Strukturen möglich, nicht aber *in* ihnen, weshalb er auch kaum Bestandteil des Alltagshandelns sein konnte. Die Position, die jemand in der modernen Welt einnimmt, ist dagegen nicht – oder jedenfalls nicht in der gleichen Weise – vorbestimmt. Die Landkarten der Verteilung und der Anerkennung werden immer wieder neu gezeichnet in Abhängigkeit von den Positionen, welche die Subjekte besetzen oder erobern. Welcher Status, welcher Reichtum, welche Privilegien und Positionen einem Subjekt zustehen, hängt wesentlich davon ab, wie erfolgreich es sich im sozialen Wettbewerb bewegt. Die ›Weltpositionen‹ sind nicht mehr ontologisch vorgezeichnet, sondern werden (jedenfalls im Prinzip) nach der Konkurrenzlogik vergeben. Das aber setzt bereits die ›Dynamisierung‹ der Welt voraus: Berufe und Familienstrukturen, aber auch religiöse und politische Welthaltungen werden nicht mehr einfach von den Vorfahren übernommen; die jeweils jungen Generationen werden als Innovationsträger betrachtet, die sich immer wieder neu ›positionieren‹. Die Söhne (und später auch die Töchter) werden zugleich befreit und gezwungen, ihren je eigenen Beruf zu finden, ihre eigene Familie zu gründen, ihre politischen und religiösen Standpunkte zu definieren usw. Infolgedessen wird nun auch soziale Anerkennung sozusagen ›a posteriori‹, also im Interaktionsgeschehen selbst verteilt; sie ergibt sich aus der ›Positionslandkarte‹, die sich im Konkurrenzkampf bildet. Furcht vor Missachtung stellt sich daher vor allem als Angst vor dem Versagen im Positionskampf ein: Sie ist das Ergebnis des Unvermögens, die erstrebte berufliche Position, den standesgemäßen Ehepartner, die erfolgreichen Kinder, das große Haus oder das schnelle Auto zu erlangen. Der Kampf um Anerkennung nimmt hier vor allem die Form des Kampfes um bessere Positionen an, tritt aber auch auf als Konflikt um die angemessene Bestimmung des relativen Wertes einer Position.

Indem jedoch der Beschleunigungsprozess im weiteren Fortgang der Moderne die Schwelle zu einem intragenerationalen Tempo des sozialen Wandels überschreitet (und damit von der klassischen Moderne zur Spätmoderne übergeht; vgl. dazu oben, Kapitel 5), verändert der Kampf um Anerkennung seine Erscheinungsform ein weiteres Mal. Im 21. Jahrhundert reicht es nicht mehr aus, im Konkurrenzkampf eine bestimmte, vordefinierte Position anzustreben und zu erreichen. Beschäftigungs- und Familienverhältnisse ebenso wie politische oder religiöse Orientierungen sind nicht mehr auf (lebenslange) Stabilität hin angelegt. Deshalb reicht es nicht mehr aus, ein Manager, Chefredakteur oder Professor (am oberen Ende der Sozialschichtung) oder auch eine Reinigungskraft, ein Wachmann oder ein Pförtner (am anderen Ende des Spektrums) *zu sein*: Anerkennung, Reichtum, Sicherheit und die entsprechenden Privilegien werden nun in Abhängigkeit von der jeweiligen *Performanz* verteilt. Ein Manager, der schlechte Vierteljahresbilanzen vorweist, ein Redakteur, dessen Quoten fallen, oder ein Professor, dessen Publikations-, Promotions- und Drittmittelquoten zu niedrig sind, sind immer schon im Abstieg begriffen; sie fallen zurück im nun auf Dauer gestellten Konkurrenzkampf und sind früher oder später gefährdet, ihre Position zu verlieren.

Und sogar Reinigungskräfte und Sicherheitspersonal oder Pförtner werden inzwischen auf der Basis befristeter Beschäftigungsverhältnisse eingestellt und in Abhängigkeit von ihrer jeweiligen Performanz weiterbeschäftigt. Auf diese Weise geht der Kampf um Anerkennung von einem Positionskampf in einen Kampf um Performanzen über; Anerkennung ist nicht mehr in erster Linie das Ergebnis eines Lebenslaufes, sondern auch und in zunehmendem Maße Spiegel des täglichen Konkurrenzkampfes. Die Triumphe und Erfolge von heute zählen schon morgen wenig oder gar nichts mehr. Anerkennung und Status sind daher keine kumulativen Größen mehr, sondern sie stehen ständig in der Gefahr, in kurzer Zeit durch den permanenten Fluss der Ereignisse und die sich dynamisch verschiebenden sozialen Landkarten entwertet zu werden. Natürlich sind die Positionen, die jemand vertritt oder einnimmt, auch weiterhin bedeutsam für die Chance, soziale Wertschätzung zu gewinnen oder zu bewahren, doch kann man sich ihrer nie sicher sein – denn einerseits kann man sie morgen schon verlieren, und andererseits können sie morgen auch schon entwertet sein. Eine bemerkenswerte Konsequenz dieses exzessiv dynamisierten Anerkennungskampfes ist es, dass es für die Individuen auch nicht mehr rational oder ratsam ist, sich im Feld der geistigen und intellektuellen Sphäre, im Bereich der Werte und Ideen fest oder gar endgültig zu positionieren. Wie sich in empirischen Untersuchungen zur politischen Kultur und zur Wahlpräferenz zeigt, nimmt die politische Volatilität ständig zu: Wähler *sind* heute nicht mehr konservativ, liberal oder sozialdemokratisch, sondern sie *wählen* in Abhängigkeit von der jeweiligen Performanz der Parteien und Politiker, wobei sie sich selbst dann die Wechseloption explizit offenhalten, wenn sie de facto am Ende doch stets die gleiche Partei präferieren. Ähnliche Entwicklungstrends lassen sich auch im Bereich der Religion beobachten: Die Bereitschaft, die religiöse Affiliation in Abhängigkeit von der Performanz der jeweiligen religiösen Institutionen zu verändern, steigt beträchtlich – obwohl sich umgekehrt auch ein Gegentrend zeigt, der darin besteht, dass Gläubige auf die unablässige Dynamisierung der materiellen, sozialen und geistigen Welt mit einer Fundamentalisierung ihres Glaubens reagieren, um auf diese Weise einen verlässlichen, dauerhaften Standpunkt – eine feste ›Position‹ – in und gegenüber der Welt zu gewinnen.

Wenn Autoren wie Alain Ehrenberg[422] oder Axel Honneth[423] daher eine wachsende ›Erschöpfung‹ des spätmodernen Subjekts diagnostizieren – eine Erschöpfung, die ihren empirisch messbaren Ausdruck im Anstieg der Zahl klinisch Depressiver und der Burnout-Patienten findet –, dann ist dies meines Erachtens ganz wesentlich, vielleicht sogar ausschließlich die Folge eines Kampfes um Anerkennung, der, metaphorisch gesprochen, jeden Tag von Neuem beginnt und in dem es keine sicheren Nischen oder Plateaus mehr gibt.

Unter den spätmodernen Bedingungen eines intragenerationalen Tempos des sozialen Wandels erweist sich der im Alltag ausgetragene Anerkennungskampf daher als deutlich verschärft. Indem er seine Form von einem ›positionalen‹ zu einem ›performativen‹ Wettbewerb wechselt, erzeugt er für die Subjekte ein hohes Maß an Unsicherheit sowie das Gefühl der Vergeblichkeit der Bemühungen und der Zufälligkeit der Ergebnisse. Missachtungserfahrungen sind nun die Konsequenz des Zurückfallens, des Nicht-mehr-auf-dem-Laufenden-Seins; deshalb fürchten die Subjekte nichts so sehr wie die Erfahrung des ›Abgehängt-Werdens‹: Wie die Kinderärzte zu berichten wissen, gibt es, sobald ein Baby geboren wird, für die Eltern keine größere Angst als die, es könne in der einen oder anderen Weise ›zurückgeblieben‹ sein.

Kurz: Während der Kampf um Anerkennung in einer Wettbewerbsgesellschaft zweifellos ein wesentlicher Antriebsmotor der sozialen Beschleunigung ist, wechselt er mit der zunehmenden Geschwindigkeit des sozialen Wandels zugleich seine Erscheinungsform auf ganz entscheidende Weise. Solange diese zeitliche Dimension nicht hinreichend berücksichtigt wird, lässt sich die Logik des Anerkennungskampfes nicht angemessen begreifen. Daher ist eine Kritische Theorie der Anerkennungsverhältnisse mit einer Kritischen Theorie der Zeitverhältnisse auf eine komplementäre Weise eng und intrinsisch verknüpft.

422 A. Ehrenberg, *La fatigue d'être soi: dépression et société*, Paris 1999.

423 A. Honneth, »Organisierte Selbstverwirklichung. Paradoxien der Individualisierung«, in: A. Honneth (Hg.), *Befreiung aus der Mündigkeit. Paradoxien des gegenwärtigen Kapitalismus*, Frankfurt/M., New York 2003, S. 141-158.

4. Beschleunigung als eine neue Form des Totalitarismus

Eine Kritische Theorie der Zeitverhältnisse, wie ich sie hier zu skizzieren versuche, basiert auf der Beobachtung, dass die Logik der sozialen Beschleunigung und die mit ihr verbundenen Zwänge beginnen, die Merkmale einer totalitären Herrschaft in der – und über die – moderne Gesellschaft anzunehmen. Wie jede Form totalitärer Herrschaft stellt sie daher ein nicht nur legitimes, sondern unbedingte Aufmerksamkeit erforderndes Ziel der Gesellschaftskritik dar. Natürlich bezieht sich der Begriff ›totalitär‹ hier nicht auf einen politischen Diktator oder die von einer sozialen Gruppe oder politischen Bewegung ausgehende Form ideologisch-gewaltförmiger, polizeistaatlich oder paramilitärisch organisierter Herrschaft. Die totalitäre – und totalisierende – Kraft bündelt sich vielmehr in einem abstrakten, mobilisierenden Transformationsprinzip, das in der spätmodernen Gesellschaft gleichwohl alle Subjekte unter seinen Herrschaftseinfluss zwingt. Zur Plausibilisierung dieser Behauptung möchte ich zunächst den pragmatischen Vorschlag machen, eine soziale Gewalt dann als ›totalitär‹ zu bezeichnen, wenn sie (a) Druck auf die Willensbildung und die Handlungen der Subjekte ausübt, wenn es (b) unmöglich ist, ihr auszuweichen, so dass in der einen oder anderen Form alle Subjekte von ihr betroffen sind, wenn sie (c) alle Lebensbereiche durchdringt und (d) wenn es schwierig oder nahezu unmöglich ist, sie mit ›politischen‹ Mitteln zu kritisieren und zu bekämpfen.

So würden wir gewiss geneigt sein, ein Regime als totalitär zu bezeichnen, wenn es die ihm Unterworfenen systematisch dazu bringt, des Nachts schweißgebadet und von entsetzlicher Angst gepeinigt, mit einem unerträglichen Druck auf der Brust aufzuwachen in der Erwartung oder gar der Überzeugung, dass es um sie bereits geschehen sei, dass ihr sozialer Tod (oder zumindest ihr tiefer Fall) mehr oder minder unvermeidlich sei. Wir können aber ziemlich sicher sein, dass Nacht für Nacht mehr Menschen unter ebensolchen Bedingungen in der sogenannten ›freien‹, entwickelten westlichen Welt aufwachen (oder schlaflos liegen), als das beispielsweise in Saddam Husseins Irak oder sogar im zeitgenössischen Nordkorea der Fall sein mag. Politische Diktaturen, und seien sie noch so brutal, erfüllen die Bedingungen (b), (c) und (d) kaum jemals vollständig. Es ist immer möglich, sich auf die eine oder andere Weise zu widersetzen, Widerstand zu leisten oder zumindest sich zu entziehen. Die Geheimdienste der Tyrannen sind weder allsehend noch allgegenwärtig; es gelingt ihnen nicht – oder nur unzureichend –, alle Lebenssphären unter ihre Kontrolle zu bringen.

Anders verhält es sich dagegen mit der Zwangskraft der sozialen Beschleunigung: Wie ich in meiner ausführlichen Analyse der sozialen Beschleunigung zu zeigen versucht habe,[424] gibt es praktisch keine Lebens- oder Gesellschaftssphäre, die nicht vom Diktat der Geschwindigkeit betroffen oder sogar transformiert würde. Schon dadurch, dass sich mit dem Voranschreiten der Beschleunigung das Raum-Zeit-Regime der Gesellschaft immer wieder verändert, erweist sich diese Dynamik als durchdringend und umfassend. Sie übt ihren Druck auf die Subjekte zunächst dadurch aus, dass diese in ständiger Furcht davor leben, auf den (im Zuge wachsender Ausdifferenzierung immer zahlreicher werdenden) ›rutschenden Abhängen‹ des Lebens nicht mehr in der Lage zu sein, *auf dem Laufenden* zu bleiben und damit ihren Platz zu halten; dass sie zurückfallen, nicht mehr mitkommen oder ›abgehängt‹ werden, dass sie ihre stetig wachsenden ›To-do-Listen‹ nicht mehr abarbeiten können und daher aus dem Hamsterrad exkludiert werden, weil sie zu langsam sind oder eine Pause brauchen. Noch härter trifft sie jene, die etwa durch Krankheit oder Arbeitslosigkeit bereits zurückgefallen und dadurch aus dem Rennen ausgeschlossen sind. Wenn diejenigen, die von privilegierten Positionen aus, das heißt mit einer guten Ausstattung an ökonomischem, sozialem und kulturellem Kapital, das Rennen aufnehmen, bereits laufen müssen, so schnell sie nur können; wenn die Oberschichten gleichsam mit der Geburt (oder, in manchen Formen der Frühförderung: schon vor der Geburt) alle verfügbaren Ressourcen und Energien investieren müssen, um wettbewerbsfähig zu werden oder zu bleiben – dann hat es für jene, die bereits mit einem deutlichen Rückstand (an Ressourcen) ins Rennen gehen, überhaupt keinen Sinn, den Kampf aufzunehmen. Wenn Soziologen gegenwärtig die Entstehung einer neuen Unterschicht (›Prekariat‹) beobachten, die sich dadurch von ihren Vorgängern unterscheidet, dass sie gar keinen Ehrgeiz mehr entwickelt, keine Energie investiert, sich im Wettrennen um Bildungstitel und Berufspositionen zu verausgaben, die also, mit an-

424 Rosa, *Beschleunigung.*

deren Worten, gar nicht mehr *losläuft*, so beobachten sie damit nur eine völlig rationale Verhaltensweise als Reaktion auf die spätmoderne Verschärfung des sozialen Wettrennens. Bei diesen sozialen Gruppen handelt es sich gleichsam um ›Zwangsentschleunigte‹ als sichtbarste Opfer des Beschleunigungsregimes.

Der entscheidende Punkt, auf den es mir in meinem Entwurf einer Kritischen Theorie ankommt, ist indessen die Tatsache, dass dieses Zwangsregime in aller Regel nicht als eine soziale Gewalt wahrgenommen wird. Das Beschleunigungsdiktat tritt uns nicht in Form ethisch oder politisch kodierter oder auch nur formulierter Normen oder Regeln entgegen, denn die Zeit wird noch immer als eine Naturtatsache erfahren, und Geschwindigkeitszwänge werden daher als objektive Sachzwänge erlebt. Während ethische, religiöse oder politische Forderungen, Gebote und Regeln stets sowohl bestritten und bekämpft als auch ignoriert und überschritten werden können (ja, sie fordern zu Widerstand und Transgression gerade deshalb auf, weil sie explizit als normative Vorgaben formuliert sind), wird um die Geschwindigkeitsdiktate nicht einmal eine politische Diskussion geführt. Ebendadurch erfüllt das Beschleunigungsregime das vierte der oben genannten Totalitarismusmerkmale (d). Die Subjekte machen sich selbst und ihr schlechtes Zeitmanagement, ihre temporale Kurzsichtigkeit und Planungsunfähigkeit, ihre Trägheit, ihre Langsamkeit oder ihre Undiszipliniertheit verantwortlich für die erfahrenen Zeitzwänge. Die Zeit ist und bleibt damit (jedenfalls in ihrer fundamentalen modernen Erscheinungsform der Beschleunigung) jenseits des Bereichs der politisch verhandelbaren und umkämpften Materien – was dazu führt, dass sich moderne Gesellschaften als politisch und ethisch beispiellos frei und liberal beschreiben können und das zugleich erfahrene Zwangsregime als ›Sachzwangzusammenhang‹ hinnehmen.

Deshalb möchte ich im Folgenden eine ›Ideologiekritik‹ des ethisch-politischen, aber auch des ›zeitlichen‹ Selbstverständnisses moderner Gesellschaften skizzieren, welche alle verfügbaren Mittel der Gesellschaftskritik und der Kritischen Theorie einsetzt, um die Neutralisierung des Beschleunigungsregimes zu durchbrechen und die soziopolitische Natur ebenso wie die dysfunktionalen und pathologischen Wirkungen dieser Steigerungslogik zu dechiffrieren.

II. Drei Wege einer Kritik der Zeitverhältnisse

Die Idee, Gesellschaftskritik auf einer Analyse der zeitlichen Verfasstheit sozialer Ordnung zu fundieren, gewinnt ihre Plausibilität aus der Tatsache, dass es sich bei der Zeit um ein sozial konstruiertes und zugleich allgegenwärtiges Element des sozialen Lebens handelt. Tatsächlich haftet allen sozialen Institutionen, Strukturen und Interaktionen ein prozessualer Charakter an; sie alle werden zeitlich konstituiert und strukturiert. Somit ist die Zeit nicht einfach *ein* spezifisches Element der sozialen Wirklichkeit, sondern ein Konstitutivum aller ihrer Elemente oder Felder. Sich der Gesellschaftskritik über die zeitliche Dimension zu nähern stellt daher gleichsam einen analytischen ›Trick‹ dar, der es erlaubt, für die heterogenen Felder sozialen Handelns einen einheitlichen Analysefokus zu definieren. Das bedeutet indessen natürlich nicht, dass das, was in dieser Analyse dann zutage tritt, auf zeitliche Verhältnisse (im Unterschied etwa zu sachlichen oder sozialen) beschränkt bleiben muss. Vielmehr möchte ich zu zeigen versuchen, dass die den (kapitalistischen) Modernisierungsprozess dominierenden temporalstrukturellen Veränderungstendenzen fundamentale Auswirkungen auf die sozialen ebenso wie die materiellen Verhältnisse der Gesellschaft hatten und haben. Dabei vertrete ich dezidiert die in Kapitel 5 ausführlich entwickelte und begründete These, dass *Beschleunigung* das Kernelement jeglicher Modernisierung darstellt. Eine moderne Gesellschaftskritik muss sich deshalb zuerst und vor allem auf sie und ihre Konsequenzen fokussieren.

Ganz allgemein gesprochen kann man zwei beziehungsweise drei Grundformen gesellschaftlicher Kritik ausmachen. Zunächst gibt es eine Vielzahl an *funktionalistischen* Kritiken sozialer Institutionen und Praktiken. Der späte Marx und viele seiner Nachfolger argumentieren beispielsweise, dass der Kapitalismus von einem inhärenten (Klassen-)Widerspruch durchdrungen sei, der zwangsläufig auf schwerwiegende gesellschaftliche Krisen hinauslaufe und höchstwahrscheinlich früher oder später zu einem Zusammenbruch gesellschaftlicher Reproduktionsverhältnisse führen werde. Im Kern prophezeit die funktionalistische Kritik auf lange Sicht das Scheitern eines sozialen Gefüges oder einer sozialen Praxis, zumindest aber deren unlösbare Funktionsstörungen und Krisentendenzen. In diesem Punkt unterscheidet sich die funktionalistische Kritik signifikant von einer zweiten Form der Kritik, der normativen.

Natürlich ist auch eine Kombination beider Verfahren denkbar, analytisch sind sie jedoch zu differenzieren. Eine *normative Kritik* beruht auf der Behauptung, dass eine soziale Ordnung (oder Praxis) im Lichte legitimer bzw. geltender sozialer Normen und Werte nicht vertretbar sei. Um eine solche Kritik zu formulieren, bedarf es logischerweise zunächst einer von der Kritikoperation unabhängigen Definition und Rechtfertigung der ins Spiel gebrachten Werte und Normen. Bekanntermaßen gibt es dabei zwei Ausrichtungen einer solchen normativen Kritik: Die erste kann als *moralisch*, die zweite als *ethisch* bezeichnet werden. Die – in der Regel auf der Idee sozialer Gerechtigkeit fußende – moralische Kritik argumentiert, dass eine bestimmte soziale Institution, Ordnung oder Praxis zu einer ungerechten (und damit in der Regel sozial ungleichen) Verteilung an Gütern, Rechten, Status und/oder Privilegien führe. Hierbei richtet sich der Fokus zumeist auf soziale Relationen innerhalb eines sozialen Gefüges, das heißt auf die relativen Positionen von bestimmten sozialen Gruppen im Vergleich zu anderen.

Im Gegensatz dazu ist die ethische Kritik in einem Konzept des *guten* oder *gelingenden Lebens* fundiert (oder negativ formuliert: in der Analyse von Bedingungen, die die Realisierung eines solchen Konzepts verhindern; Zustände oder Verhältnisse sozialer *Entfremdung* mögen hierfür ein Beispiel sein). Bei dieser Art von Kritik geht es weniger um soziale Gerechtigkeit als vielmehr um die Bedingungen der Möglichkeit von Glück. Kritik nimmt hier die Form der Identifizierung von sozialen Strukturen und Praktiken an, die Individuen systematisch an der Realisierung eines guten Lebens hindern, und dabei kann es gut sein, dass alle sozialen Gruppen gleichermaßen betroffen sind (indem sie etwa bestimmten Entfremdungserfahrungen unterworfen sind). Natürlich ist es für eine solche ethische Kritik noch weitaus komplizierter, allgemeingültige Normen und Werte oder eben auch ein Konzept des guten Lebens zu definieren, die als Ausgangsbasis dienen können. Während zeitgenössische Versionen *moralischer* Sozialkritik (insbesondere liberale, aber auch die in der Tradition der Diskursanalyse stehenden Ansätze) versuchen, universelle Konzeptionen von Gerechtigkeit als analytischen Ausgangspunkt zu formulieren, orientiert sich ein *ethisches* Kritikverständnis eher an bereits in moderne

Diskurse und Praktiken inkorporierte Konzeptionen des guten Lebens; es beschränkt somit seine normative Grundlage bzw. seinen Geltungsanspruch auf eine bestimmte Zeit und eine spezielle Gesellschaft (hierfür können die kommunitaristischen Ansätze von Charles Taylor oder Alasdair MacIntyre als Beispiele gelten). Ein solches Verständnis von Kritik resultiert aus dem Umstand, dass die moderne Sozialphilosophie die Idee einer invariablen menschlichen ›Natur‹ oder ›Essenz‹ fast vollständig aufgegeben hat. In jedem Falle aber müssen normative Kritiken ihre die Analyse fundierenden normativen Grundlagen explizit rechtfertigen. Im Folgenden möchte ich nun zeigen, wie eine *Kritische Theorie der Beschleunigung* diese drei Formen von Sozialkritik zu integrieren imstande ist und damit die Tradition älterer Versionen der Kritischen Theorie fortzusetzen vermag, welche seit jeher versuchte, eine von Marx inspirierte funktionale Kritik der unüberwindbaren (Klassen-)Gegensätze bzw. Widersprüche der kapitalistischen Gesellschaft mit einer moralischen Kritik der fundamentalen (Verteilungs-)Ungleichheit und einer ethischen Kritik des *entfremdeten Lebens* sowie *falscher Bedürfnisse* zu verbinden.[425]

Ich werde zunächst mit einer funktionalistisch orientierten Analyse von potentiellen Fehlentwicklungen beginnen, die aus Bedingungen prozessualer Desynchronisierung resultieren. Danach gehe ich über zu einer normativen (und ideologischen) Kritik unsichtbarer ›Zeit-‹Normen, um schließlich aus einer zeitanalytischen Perspektive ein reformuliertes Konzept der Entfremdung zu skizzieren.

III. Die funktionalistische Kritik: Pathologien der Desynchronisierung

Auch wenn wir oft der Annahme begegnen, in der modernen Gesellschaft seien soziale Prozesse einer *allgemeinen* Beschleunigung ausgesetzt,[426] ist diese Prämisse zweifellos falsch. Selbstverständlich

425 Natürlich sind auch die letzteren beiden Kritikvarianten bereits explizit in Marx' Werk angelegt; in gewisser Weise könnte man auf ihrer Basis den frühen, ethisch inspirierten Marx der *Frühschriften* vom mittleren, politisch-moralisch argumentierenden Marx und vom funktionalistisch kritisierenden Marx des *Kapitals* unterscheiden.

426 Vgl. Gleick, *Faster*.

gibt es auch in der sozialen Welt Phänomene, die sich (a) nicht beschleunigen lassen (wie z. B. viele Prozesse in den und zwischen menschlichen Körpern), die sich (b) noch nicht beschleunigt haben, obwohl sie prinzipiell beschleunigbar sind (manche Verwaltungsvorgänge scheinen dazuzugehören), oder bei denen (c) sogar Tendenzen der Entschleunigung oder Verlangsamung zu verzeichnen sind (etwa der Prozess der [Aus-]Bildung Heranwachsender). Letztere ergeben sich häufig als eine (meist nicht intendierte) *Folge* von Beschleunigungsprozessen – der Verkehrsstau ist dafür nur das bekannteste Beispiel.[427] Des Weiteren erweist es sich bei näherem Hinsehen rasch, dass soziale Phänomenbereiche *in unterschiedlichem Maße* beschleunigungsfähig sind. Daraus resultieren unausweichlich folgenreiche Spannungen *an der Grenzlinie* – oder an den ›Schnittstellen‹ – von schnellen und langsameren sozialen Institutionen, Prozessen und Praktiken. Sobald sich zwei Prozesse verzahnen, das heißt synchronisieren, setzt das schnellere Element das andere unter Zeitdruck – solange das langsame Element sich nicht ebenso beschleunigt, wird es als ärgerliches Hindernis bzw. Funktionshemmnis wahrgenommen. Dies lässt sich leicht am Beispiel eines Zugfahrplans vor Augen führen. Angenommen, es dauert etwa drei Stunden, um mit dem Zug von Hamburg nach Frankfurt, und weitere 30 Minuten, um tiefer ins hessische Bergland zu reisen. Wenn nun der Zug Hamburg-Frankfurt schneller fährt und damit 20 Minuten eher in Frankfurt eintrifft, muss der Reisende entweder 20 Minuten länger auf seinen Anschlusszug warten, was als üble Zeitverschwendung wahrgenommen würde, oder dieser Anschlusszug muss nun seinerseits den Bahnhof Frankfurt 20 Minuten eher verlassen. Ähnlich verhält es sich, wenn man in Eile eine Zeitschrift bei einem Händler kaufen möchte, der gerade seinen früheren Job gekündigt hat, um ein entschleunigtes Leben zu genießen. Beide Interaktionspartner erfahren hier eine tendenziell schmerzhafte Desynchronisierung: Während der Käufer eine unnötige Zeitverzögerung wahrnimmt, fühlt sich der Verkäufer furchtbar gehetzt etc.

Systematisch gesprochen treten solche Desynchronisierungen sowohl zwischen der sozialen und der außersozialen Welt als auch zwischen verschiedenen Geschwindigkeitsmustern *innerhalb* der

427 Vgl. dazu ausführlich: Rosa, *Beschleunigung*, Kapitel III.3.

Gesellschaft auf. Wie bereits Fritz Reheis[428] gezeigt hat, überlastet die soziale Beschleunigung systematisch die Zeitrahmen der umgebenden Natur. Aus diesem Grund verbrauchen wir natürliche Ressourcen wie Rohöl oder fruchtbaren Ackerboden schneller, als es ihre Reproduktionsrate zuließe. Außerdem produzieren wir mehr Gift- und Abfallstoffe, als die Natur abbauen kann. Im Grunde ist selbst die globale Klimaerwärmung Resultat des sozialen Beschleunigungsprogramms und selbst gewissermaßen ein Beschleunigungseffekt im Sinne einer klimatologischen Resynchronisierung: Durch den gesteigerten Konsum gespeicherter Energie in Öl und Gas beschleunigen wir buchstäblich die Bewegung atmosphärischer Moleküle, indem wir sie erhitzen, denn Hitze ist die Ursache und Wirkung rapider molekularer Bewegung. Ebenso erscheint es folgerichtig, dass sowohl der menschliche Körper als auch die Psyche durch gesellschaftliche Beschleunigungsprozesse überfordert werden können. Alain Ehrenberg[429] und Lothar Baier[430] deuten beispielsweise die erhöhte Diagnosehäufigkeit von *Depressionen* und *Burnout* als Reaktion auf zeitliche Überbelastung und einen erhöhten Stresslevel, die die moderne Gesellschaft mit sich bringe. Stress kann so als unmittelbares Symptom einer tendenziellen Desynchronisation zwischen Individuum und sozialer Umgebung gedeutet werden. Jene, die depressive Zustände erleben, erfahren dabei häufig eine dramatische Veränderung ihrer Zeitwahrnehmung, indem sie aus einem Zustand hektischer Zeitbewegung in eine gleichsam ›stillstehende‹ Zeit fallen, die sich in eine *zähe Masse* verändert zu haben scheint. Jede bedeutsame Verbindung zwischen Vergangenheit, Gegenwart und Zukunft scheint dabei verlorenzugehen.

Nichtsdestotrotz sollte man vorsichtig sein mit Annahmen über festgesetzte zeitliche Grenzen des menschlichen Körpers.[431] Aktuelle empirische Befunde weisen darauf hin, dass die Gehirne von Jugendlichen Multitasking-Fähigkeiten ausbilden, zu welchen frühere Generationen noch nicht fähig waren. Solche und ähnliche

428 F. Reheis, *Die Kreativität der Langsamkeit. Neuer Wohlstand durch Entschleunigung*, Darmstadt 1996.

429 Ehrenberg, *La fatigue d'être soi.*

430 L. Baier, *Keine Zeit.*

431 Zu einem Beispiel aus der Frühzeit der Eisenbahn vgl. Schivelbusch, *Geschichte der Eisenbahnreise*, oben, Anmerkung 213.

Beobachtungen lassen darauf schließen, dass menschliche Körper in hohem Maße dazu geeignet sind, Synchronisationsfähigkeit aktiv und adaptiv herzustellen.

Die vermutlich gravierenderen Synchronisationsprobleme lassen sich daher im intergesellschaftlichen Bereich beobachten. Hier sind unterschiedliche Beschleunigungsstufen in verschiedenen gesellschaftlichen Sphären unbestreitbar. So kam es beispielsweise in den letzten beiden Dekaden im Zuge des Zusammenbruchs des Realsozialismus und der ›digitalen‹ Revolutionen zu einer markanten Beschleunigung in den Bereichen der ökonomischen Transaktionen, der wissenschaftlichen Erkenntnisse und der technologischen Innovationen, während im Bereich der Politik (trotz der revolutionären Umbrüche in Mittel- und Osteuropa) keine und in dem der kulturellen Reproduktion kaum eine Beschleunigungstendenz zu bemerken war. Die moderne westliche Welt hängt in ihrem Selbstverständnis implizit der (im Grunde kruden) Idee an, die Politik bestimme das Tempo der sozialen und kulturellen Entwicklung. Das Konzept einer sich demokratisch selbst steuernden oder zumindest kontrollierenden Gesellschaft weist der Politik die Rolle zu, die Entwicklungsrahmen zu bestimmen, in denen sowohl Wissenschaft als auch Wirtschaft und Technologie operieren. Diese Idee wurzelt jedoch in der Annahme einer stabilen Verankerung der Politik in der Zeit, das heißt, es wird vorausgesetzt, dass die (demokratische) politische Entscheidungsfindung mit der sozioökonomischen und soziokulturellen Entwicklung synchronisiert oder zumindest synchronisierbar ist. Wie ich jedoch andernorts zu zeigen versucht habe, sind demokratische Willensbildung und Entscheidungsfindung ebenso komplexe wie zeitintensive Prozesse, die sich nicht beliebig beschleunigen lassen.[432] So müssen die Öffentlichkeit zunächst organisiert, Interessengruppen identifiziert, Argumente und kollektive Positionen formuliert und ausgehandelt und Entscheidungen auf der Basis weitreichender Konsensbildung getroffen werden. Darüber hinaus ist, zumindest in nichttotalitären, rechtsstaatlichen Gesellschaften, auch die rechtliche und politische Implementierung von Entscheidungen zeitaufwendig. Weil dagegen unter den Bedingungen kapitalistischen Wirtschaftens das Erarbeiten und Ausnutzen von Zeitvorsprüngen konstitutiv und

432 H. Rosa, »The Speed of Global Flows and the Pace of Democratic Politics«, in: *New Political Science* 27, 4 (2005), S. 445-459.

überlebensnotwendig ist, kurz: weil im Bereich der Wirtschaft die Gleichung von Zeit und Geld weithin Gültigkeit hat und Zeit daher notorisch knapp und Beschleunigungsimperative allgegenwärtig sind, sind fortwährende Synchronisationsprobleme zwischen Politik und Wirtschaft, um nur diese beiden Kernbereiche des sozialen Lebens zu nennen, strukturell vorprogrammiert.

Unter spätmodernen Vorzeichen verschärft sich dieses Problem jedoch noch, weil sich die genannten politischen Prozesse nicht nur nicht beschleunigen lassen, sondern umgekehrt noch einmal deutlich verlangsamen, wenn und sofern die Gesellschaft sich entkonventionalisiert, dynamisiert und pluralisiert. Der Prozess der Willensbildung und Entscheidungsfindung wird umso langsamer, je pluraler und instabiler die beteiligten (Interessen-)Gruppen sind, je variabler die Randbedingungen des Handelns werden und je unkalkulierbarer und/oder langfristiger die Planungshorizonte sind. Das aber bedeutet, dass just jene Prozesse einer sozialen, kulturellen und wirtschaftlichen Dynamisierung, welche die Beschleunigungstendenz der Moderne charakterisieren, auch eine progressive Verlangsamung demokratischer Willensbildung und Entscheidungsfindung bewirken – jedenfalls solange der Anspruch auf soziale und sachliche Rationalität nicht preisgegeben wird –, was letztlich zu einer Desynchronisation zwischen Politik und der sozioökonomischen Sphäre führen muss. Ebendeshalb wird die Politik in der Spätmoderne nicht mehr als Schrittmacher sozialen Wandels wahrgenommen. Eher scheint das Gegenteil der Fall zu sein: Die alltägliche Politik agiert als reaktiver Feuerlöscher in einem Modus des ›Sich-Durchwurstelns‹, und *progressive* Politik (falls dieser Terminus im Jahre 2010 überhaupt noch eine kohärente Bestimmung zulässt) wird charakterisiert durch den Anspruch, technologische und ökonomische Vorgänge zeitlich zu ›zähmen‹, um eine gewisse politische Kontrolle über die Auswirkungen des sozialen Wandels zu behalten oder wiederzugewinnen (beispielsweise mittels Instrumenten wie der Tobinsteuer). Im markanten Gegensatz dazu stehen liberal-*konservative* Kräfte, die sich für eine Beschleunigung sozioökonomischer Prozesse und technologischer Innovationsraten bei gleichzeitiger Abnahme politischer Kontrolle einsetzen. Diese Inversion der zeitlichen Indikatoren fortschrittlicher und konservativer Politik lässt sich als Indikator für eine tiefgreifende Desynchronisation zwischen der Sphäre der Politik und der technologisch-ökonomischen Welt deuten.[433] Diese zeigt sich zugleich auch darin, dass die Idee politischer Steuerung von einem Instrument sozialer Dynamisierung, als welches sie in der Früh- und Hochmoderne verstanden wurde, unter spätmodernen Bedingungen zu einem Hindernis weiterer sozialer Beschleunigung geworden ist. Als Konsequenz verfolgte die neoliberale Politik der beiden Jahrzehnte um das Jahr 2000 tatsächlich das Ziel der Beschleunigung gesellschaftlicher Bereiche (vor allem des Kapital- und Warenflusses), während gleichzeitig die Instrumente politischer Gestaltung durch Privatisierung, Deregulierung und Verrechtlichung reduziert wurden.

Potentiell dysfunktionale Formen der Desynchronisierung treten allerdings nicht nur zwischen der Ökonomie und anderen Sphären des gesellschaftlichen Lebens auf. Zu problematischen Effekten kommt es auch *innerhalb* der wirtschaftlichen Welt selbst: Die nach der politischen und digitalen Revolution von 1989 entstandene drastische Beschleunigung der Finanzmärkte führte zu einem markanten Bruch zwischen der hohen Transaktionsgeschwindigkeit im Bereich der Kapitalströme und Finanzinvestitionen und dem schleppenden Tempo der »Realökonomie«, das heißt der Sphäre materieller Produktion und Konsumtion. Wie wir alle wissen, kulminierte diese Desynchronisierung letztlich im Jahre 2008 in der folgenreichsten Finanzkrise seit 1930. Während ökonomische und finanzielle Transaktionen nahezu unendlich beschleunigt werden können, verhält es sich mit der Produktion und Konsumtion (von Gütern) anders: Während man durch den Kauf oder Verkauf von Aktien Profite in Sekundenschnelle erwirtschaften kann, gibt es innerhalb der Produktionssphäre kein zeitliches Äquivalent. Und ebenso kann man Güter und Dienstleistungen zwar innerhalb weniger Sekunden *kaufen*, doch kann man sie nicht in ebenso kurzer Zeit *konsumieren*. Dadurch scheint sich eine zeitliche Kluft zwischen Kaufakt und Konsumtion immer weiter zu öffnen: Sie zeigt sich etwa in der Differenz zwischen der Zeit, die man benötigt, um ein Buch zu *kaufen*, und derjenigen, die man aufwenden muss, um dasselbe Buch zu *lesen*; und mit dem Kauf und der tatsächlichen Verwendung eines Teleskops, um nur ein weiteres Beispiel zu nennen, verhält es sich ähnlich. Wie ich später noch weiter aus-

433 Vgl. dazu ausführlich: Rosa, *Beschleunigung*, Kapitel XII, und Rosa, »The Speed of Global Flows and the Pace of Democratic Politics«.

führen möchte, liefert diese Form kultureller Desynchronisierung einen fruchtbaren Ausgangspunkt dafür, das Konzept des *falschen Bewusstseins* in die zeitgenössische Kritische Theorie wiedereinzuführen.

Es existieren jedoch noch weitere Formen dysfunktionaler Desynchronisierung im zeitlichen Gewebe der Spätmoderne. Wie Autoren wie Blumenberg[434] und Lübbe[435] gezeigt haben, ist auch der Prozess der kulturellen Reproduktion, das heißt der Stabilität und Kontinuität stiftenden Weitergabe kultureller Normen und kulturellen Wissens von einer Generation zur nächsten, ein zeitaufwendiger und nur begrenzt beschleunigungsfähiger Vorgang. Wenn sich die Lebenswelt in einer Weise dynamisiert hat, die in den Wissens- und Praxisformen sowie in den Assoziationsmustern nur noch wenig intergenerationale Kontinuität zulässt, dann leben die einzelnen Generationen tatsächlich in »verschiedenen Welten«, was die symbolische Reproduktion der Gesellschaft zu gefährden droht. Darüber hinaus ist es nicht unwahrscheinlich, dass eine Gesellschaft ihr kreatives Potential zur innovativen Beantwortung exogener Herausforderungen bzw. sich ändernder Bedingungen nur erhalten kann, wenn sie Zeit-Räume für kulturelle Umwege, Spielereien, Langeweile und Müßiggang bereitstellt. Das könnte bedeuten, dass die unaufhörlich nach Innovation und Dynamisierung verlangende spätmoderne Gesellschaft letztlich ihr eigenes Potential für essentielle Innovationen und kreative Adaptationen an sich ändernde gesellschaftliche Rahmenbedingungen untergräbt. In diesem Sinne schimmern durch die hyperdynamische Oberfläche der spätmodernen Gesellschaft die Anzeichen des Stillstandes und der gesellschaftlichen Erstarrung hindurch.

Zusammenfassend lässt sich somit festhalten, dass eine funktionalistische Kritik der Beschleunigung über die Analyse von Prozessen und Pathologien der Desynchronisierung reichlich Anhaltspunkte für ihre Arbeit auf allen Ebenen des gesellschaftlichen Lebens finden kann.

434 H. Blumenberg, *Lebenszeit und Weltzeit*, Frankfurt/M. 1986.

435 Lübbe, »Gegenwartsschrumpfung«.

IV. Die normative Kritik: Eine ideologiekritische Entlarvung sozialer Normen der Zeitlichkeit

Bereits die Gründerväter der Soziologie, Weber, Simmel und Durkheim, zeigten sich fasziniert von einem scheinbar paradoxen Merkmal moderner Gesellschaften, das auch neuere ›Klassiker‹ wie Foucault oder Elias noch intensiv beschäftigt: Einerseits sind diese Gesellschaften durch ein unglaubliches Anwachsen an zeitlich und räumlich weit ausgedehnten, interdependenten Beziehungen charakterisiert; soziale Handlungen sind vielfältig verwoben mit komplexen Netzwerken, wodurch die Ketten von daraus entstehenden anonymen Interaktionen und Interdependenzen stetig anwachsen. Daraus resultiert unvermeidlich ein hoher Bedarf an sozialer Koordination, Regulation und Synchronisation. Um derart weit gespannte, meist auf anonymer Basis sich vollziehende Prozessketten zu meistern, sind de facto ein Regulationsmaß und eine Koordinationsgenauigkeit erforderlich, die alles aus traditionalistischen Gesellschaftsformen Bekannte bei weitem übertreffen. Dies legt die Vermutung nahe, dass das soziale Leben durch strenge, das individuelle Verhalten auf feinkörnige Weise lenkende soziale und ethische Normen reguliert wird, welche jene Interdependenzketten schließen und eine stets bruchlose Fortsetzung der Interaktionsprozesse ermöglichen. Überraschenderweise ist jedoch das Gegenteil der Fall: Moderne Gesellschaften erscheinen im Blick auf ihre ethische Regulierung bekanntlich als einzigartig liberal und individualistisch; sie basieren auf einem nur minimalen Konsens bezüglich ethischer Codes, der eine Vielzahl an Lebensweisen zulässt. Anders ausgedrückt handelt es sich bei den Prozessen der Individualisierung, Liberalisierung und Pluralisierung um normative Prozesse, die mit der Verlängerung und Verdichtung der Interdependenz- und Interaktionsketten unmittelbar einhergehen und zugleich einen markanten *Rückgang* ethischer oder auch moralischer sozialer Regulierung anzeigen. Infolgedessen fühlen sich die Individuen in modernen Gesellschaften in einem bisher ungekannten Ausmaß moralisch und ethisch befreit: Niemand schreibt ihnen vor, was zu tun ist, woran zu glauben ist, wie zu leben, denken oder lieben ist noch wo oder mit wem sie leben sollen. Sowohl aus der Perspektive der modernen liberalen Ideologie als auch in der individuellen Selbstwahrnehmung scheinen bindende soziale, religiöse oder kulturelle Normen kaum mehr zu existieren. Stattdessen sehen sich die Individuen einer enormen Pluralität von Konzeptionen des *guten Lebens* sowie einer weitreichenden Optionenvielfalt in allen erdenklichen Sphären des Lebens gegenüber. Im Vergleich zu den uns bekannten vormodernen Gesellschaften erscheinen moderne Gesellschaften (zumindest in ihrer Selbstbeobachtung) daher als geradezu ›exzessiv frei‹.

Wie aber kann eine solche Wahrnehmung entstehen? Wie können Akteure zugleich ›exzessiv befreit‹ und trotzdem völlig koordiniert, reguliert und synchronisiert sein?

Im Grunde bedarf es keines größeren analytischen Aufwands, dieses scheinbare Paradoxon zu lösen. Denn hinter der dominanten liberalen Selbstwahrnehmung von individueller Freiheit verbirgt sich eine weitere überwältigende Selbsterkenntnis, die eine gegenteilige Stoßrichtung aufweist. Während sich Individuen nämlich einerseits als politisch und kulturell frei wahrnehmen, fühlen sie sich andererseits umso stärker beherrscht von einer stetig zunehmenden Liste von sozialen Anforderungen. In Übereinstimmung mit dem beschriebenen Bedarf an enger sozialer Regulierung fühlen sich Akteure in modernen Gesellschaften ebenso heterogenen wie unkontrollierbaren Belastungen und sozialen Imperativen unterworfen. Ich wage zu behaupten, dass nirgendwo außerhalb der westlichen Gesellschaften Alltagspraktiken so konsistent durch den Rückgriff auf eine »Rhetorik des Müssens« strukturiert sind, die der Idee einer selbstbestimmten Lebensführung diametral entgegengesetzt zu sein scheinen. Soziale Akteure rechtfertigen ihre Handlungen vor anderen, aber auch vor sich selbst konsequent durch den Bezug auf externe Forderungen: *»Ich muss nun wirklich arbeiten. Ich muss die Steuererklärung einreichen. Ich muss etwas für meine Fitness tun. Ich muss eine weitere Fremdsprache erlernen. Ich muss meine Hard- und Software aktualisieren. Ich muss die Nachrichten sehen«* – die Liste erscheint endlos, und zuletzt »müssen wir wirklich etwas unternehmen, um uns zu entspannen, zu entschleunigen, ein wenig zu erholen«, sonst drohen Herzinfarkt, Depression oder Burnout. »Das tägliche Leben ist zu einem Meer von Forderungen geworden, das uns überflutet, und es ist kein Land in Sicht«, bemerkt Kenneth

Gergen,[436] und auch Robinson und Godbey[437] bestätigen auf der Basis ihrer Daten, dass wir *jedes Jahr schneller rennen müssen, nur um mithalten zu können.*

Nun kann wenig Zweifel daran bestehen, dass diese Befunde eine logische Konsequenz des wettbewerbsorientierten »Beschleunigungsspiels« sind, welches die Subjekte in einem immer schneller rotierenden Hamsterrad gefangen hält. Diese Konsequenz erklärt letztlich auch, wie moderne Gesellschaften ihren Bedarf an Koordinierung, Regulierung und Synchronisierung erfüllen: Zeitliche Normen werden implementiert durch die Einführung von Fristen, Deadlines, Ablaufplänen, Geschwindigkeitsprämien etc. Diese Normen zeitigen (ebenso wie die moralischen Normen anderer Gesellschaften und Kulturen auch) den hochwirksamen Effekt des ›schuldigen Subjekts‹: Letztlich werden die Akteure immer wieder von Neuem schuldig, weil sie die (sozialen) Erwartungen nicht erfüllt haben. Sie sind schlicht niemals in der Lage, ihre To-do-Listen vollständig abzuarbeiten; ganz im Gegenteil: Der Abstand zum Boden scheint von Jahr zu Jahr (oder Woche zu Woche) größer zu werden. Ebendeshalb sind die Lebensberater und Zeitmanager inzwischen dazu übergegangen, ihren Klienten beizubringen, dass der Überhang an Aufgaben und Optionen gegenüber den Kapazitäten keinen Missstand oder Defizit anzeigt, sondern als ein Zeichen von Normalität und ›gesunder‹ Entwicklung gedeutet werden sollte: Wer am Ende des Tages die Tischplatte sieht, hat eher Grund zur Beunruhigung als derjenige, dessen E-Mail-Postfach niemals gänzlich gelesen und beantwortet wird und dessen Auftragsbücher (gleich welcher Art) mehr ausweisen, als realistischerweise erledigt werden kann. Nichtsdestotrotz ähneln die dabei erzeugten Schuldkomplexe jenen, welche Psychologen an Menschen mit einer strengen religiösen Erziehung beobachten. Die Kirchen werden bekanntlich seit Jahrzehnten (und oft zu Recht) beschuldigt, Gläubigen intensive Schuld- und Schamgefühle einzuimpfen (»mea culpa, mea maxima culpa«). Allerdings stellten sie auch Mechanismen zur Schuldentlastung bereit und versprachen sogar Hoffnung auf Erlösung. Denn einerseits erklärten sie das Schuldigwerden und

436 K. Gergen, *Das übersättigte Selbst. Identitätsprobleme im heutigen Leben*, Heidelberg 1996, S. 134.

437 J. P. Robinson, G. Godbey, »The Great American Slowdown«, in: *American Demographics* 18, 6 (1996) S. 42-48.

die Schwäche zu anthropologischen Grundtatsachen und milderten so das Moment des persönlichen Versagens. Und andererseits stellt für die Christen der Tod Jesu eine Sühne für die menschliche Schuld dar, so dass es auch für die Sünder Hoffnung gibt. Darüber hinaus erinnert uns Max Weber daran, dass die katholische Kirche im System der Beichte und der Vergebung Instrumente zur Befreiung von Schuldgefühlen anbot. In der modernen Gesellschaft gibt es keine solche Entlastung: Sie produziert schuldige Subjekte ohne jegliche Aussicht auf Nachsicht oder Vergebung. Wir alle müssen den Preis für unsere Unzulänglichkeiten und Defizite selbst zahlen, und die wachsende Zahl jener, die etwa durch Arbeitslosigkeit aus dem Beschleunigungsspiel um die Allokation von Gütern und Lebenschancen, Privilegien und Positionen, Status und Anerkennung exkludiert wurden, erinnert uns stets daran, wie hoch dieser Preis sein kann.

Zeitliche Normen sind, wie ich darzulegen versucht habe, zu den dominierenden Normen der modernen Gesellschaft geworden. Man beobachte nur den Erziehungs- und ›Abrichtungs-‹Prozess in der Schule, bei dem die Habitualisierung und Inkorporierung zeitlicher Muster an erster Stelle steht: So lernen die Schüler etwa, Belohnungen aufzuschieben, sich an Stundenpläne und bestimmte Tagesrhythmen zu gewöhnen, physische Bedürfnisse (nach Bewegung, Nahrung, Ausscheidung, Schlaf) so lange zu vernachlässigen, bis der richtige Zeitpunkt für ihre Befriedigung gekommen ist, etc. Vor allem aber wird ihnen beigebracht, sich zu beeilen! Über zeitliche Normen laufen die zentralen Koordinations-, Regulations- und Synchronisationsprozesse. Indessen unterscheiden sie sich in einem entscheidenden Punkt grundlegend von allen bisherigen moralischen, politischen oder religiösen Normen: Obwohl sie zweifellos sozial konstruiert sind, gibt es weder ein Ethos, in das sie eingekleidet sind, noch erscheinen sie überhaupt als politisch, theologisch oder philosophisch verhandelbare oder auch nur gerechtfertigte Normen. Stattdessen fungieren sie als unerschütterliche, gleichsam naturgegebene, unbestreitbare Tatsachen. Sie scheinen schlichtweg als objektive Sachzwänge »da draußen« zu existieren, wobei es den Individuen aus ethischer Sicht ganz freisteht, sie zu erfüllen oder nicht. Weil und solange die Macht von Deadlines und Fristen und die Imperative der Geschwindigkeit außerhalb jeglicher politischer Debatten stehen, ja für diese gar nicht erst in Betracht kommen, ist es der modernen Gesellschaft möglich, sich selbst als eine ›freie‹, ethisch nur minimal restriktive Gesellschaft wahrzunehmen. Die »stumme Sprache der Zeit«[438] erweist sich als höchst effizient, indem sie einerseits den immensen Bedarf an sozialer Regulation deckt, andererseits aber zugleich unartikuliert und unbemerkt, ideologisch individualisiert und naturalisiert bleibt. Ebendeshalb gewinnen die Zeitnormen der modernen Gesellschaft nach und nach einen geradezu *totalitären Charakter* in dem oben definierten Sinne insofern, als sie (a) gewaltigen Druck sowohl auf den Willen als auch auf die Handlungen der Subjekte ausüben, (b) auf alle Subjekte nahezu gleichermaßen – und gleichermaßen unausweichlich – wirken, (c) sich nicht auf einzelne Teilbereiche der Gesellschaft beschränken, sondern die Gesellschaft in ihrer Gänze durchdringen und schließlich (d) es zugleich fast unmöglich machen, sie zum Objekt von Kritik, Rechtfertigung und Diskussion werden zu lassen. Eine (›moralische‹) Kritik der verborgenen zeitlichen Normen muss deshalb genau an diesem Punkt ansetzen: an der Tatsache, dass die ebenso strikten wie unsichtbaren Zeitnormen der Gegenwartsgesellschaften die moderne Verheißung von Reflexivität und Autonomie unterlaufen und *daher normativ nicht zu rechtfertigen sind.*

V. Die ethische Kritik: Eine Neubestimmung von Entfremdung

Obwohl die alles bestimmenden Zeitnormen der Gesellschaft als ›objektive Sachzwänge‹ ethisch neutralisiert und unsichtbar gemacht sind, heißt das nicht, dass die Moderne ohne ethisches Projekt und ethische Rechtfertigung auskäme. Tatsächlich scheint es mir unbezweifelbar, dass diese soziale Formation einerseits, wie ich dazulegen versucht habe, von einem sich weitgehend *hinter dem Rücken der Akteure* vollziehenden Prozess der Beschleunigung vorangetrieben wird, andererseits in ihren Rechtfertigungsmustern jedoch zugleich von einem *normativen und politischen Projekt* bestimmt wird. Dieses von Autoren wie Jürgen Habermas,[439] Charles

438 E. T. Hall, *The Silent Language. An Anthropologist Reveals How We Communicate by Our Manners and Behavior*, Garden City/NY 1973.

439 J. Habermas, *Der philosophische Diskurs der Moderne. Zwölf Vorlesungen*, Frankfurt/M. 1988.

Taylor[440] oder auch Jóhann P. Árnason[441] rekonstruierte Projekt ist letztlich fundiert und zentriert in der seit der Aufklärung kulturell ungemein wirkmächtigen Verheißung individueller und kollektiver *Selbstbestimmung* oder *Autonomie*.[442] Lange Zeit über, so lautet ein Kernargument meiner Beschleunigungstheorie, haben sich dabei dieses Projekt der Moderne und jener Prozess der Modernisierung wechselseitig unterstützt, ergänzt und vorangetrieben: Während der Autonomieanspruch die zahlreichen Umstrukturierungen, die für die Herausbildung des Beschleunigungsregimes erforderlich waren, legitimierte, eröffnete die Dynamisierung der Gesellschaft im Sinne einer Verflüssigung der sozialen Ordnung, der gewaltigen Steigerung der ökonomischen Effizienz und der Verdichtung wissenschaftlicher und technischer Innovationen sowohl individuelle als auch politische Gestaltungsspielräume, insbesondere deshalb, weil sie die materiellen und kulturellen *Ressourcen* für eine selbstbestimmte Lebensführung und für politische Gestaltung (nach ethischen, ästhetischen, gerechtigkeitsorientierten, ökologischen etc. Kriterien) bereitstellte. Im 21. Jahrhundert ist diese Konjunktion indessen zerbrochen: Die Beschleunigungsimperative drohen die Gestaltungsspielräume der Politik wie die Freiheitspotentiale individueller Lebensführung radikal zu erodieren.[443] Für die Subjekte ist es zur zentralen Aufgabe geworden, ihr Leben so zu führen und zu gestalten, dass sie in der Lage sind, ›im Rennen zu bleiben‹, ihre Konkurrenzfähigkeit sicherzustellen und nicht aus dem Hamsterrad zu fallen. Alltags- und lebenspraktisch orientieren sie sich an den je sich stellenden kurzfristigen Aufgaben und Optionen. Die Geschwindigkeit sozialer Veränderungen und die Instabilität von Hintergrundbedingungen machen es absolut gefährlich, einen ›Lebensplan‹ zu entwickeln und ihm zu folgen. Autonomie im Sinne eines zeitresistenten Festhaltens an individuellen Vorstellungen und

440 Taylor, *Quellen des Selbst.*

441 J. P. Árnason, »Autonomy and Axiality«, in: J. P. Árnason, P. Murphy (Hg.), *Agon, Logos, Polis. The Greek Achievement and its Aftermath*, Stuttgart 2001, S. 155-206.

442 Vgl. hierzu ausführlich: H. Rosa, »Autonomieerwartung und Authentizitätsanspruch. Das Versprechen der Aufklärung und die Orientierungskrise der Gegenwart«, in: O. Breidbach, H. Rosa (Hg.), *Laboratorium Aufklärung*, München 2010, S. 199-216.

443 Vgl. hierzu auch die Beiträge in K. Dörre, S. Lessenich, H. Rosa (Hg.), *Soziologie – Kapitalismus – Kritik. Eine Debatte*, Frankfurt/M. 2009.

Zielen auch gegen die Umstände oder die Erwartungen anderer ist geradezu anachronistisch geworden, wie Kenneth Gergen bemerkt. In einem treffend »Außer Kontrolle« betitelten Kapitel beschreibt er auf subtile Weise den Wandel von der klassisch-modernen Idee der Autonomie zum spätmodernen Konzept des erfolgreichen *Wellenreitens oder Surfens*:

> Ständig muss ich gegen meine modernistische, antrainierte Neigung ankämpfen, mich verbessern, steigern, entwickeln oder vorankommen zu wollen. Nur langsam entdecke ich die Genugtuung, die sich einstellt, wenn man darauf verzichtet, alles kontrollieren zu wollen, was einen umgibt. *Das ist die Differenz zwischen einer Haltung die darauf abzielt, konsequent einen bestimmten Punkt im Ozean anzusteuern und dabei die Wellen zielstrebig zu beherrschen, und einer Seinsweise, bei der man sich harmonisch von dem unvorhersehbaren Spiel der Wellen tragen lässt.*[444]

Das heißt natürlich nicht, dass Menschen in der Spätmoderne per se zur Passivität neigen: *Im Rennen zu bleiben* erfordert die Fähigkeit›, die großen Wellen (im Sinne sich eröffnender Optionen und Gelegenheiten) zu erkennen, ihre Geschwindigkeit richtig zu berechnen und in der Lage zu sein, rechtzeitig ›zu springen‹. Dazu bedarf es der Urteilskraft und der Flexibilität. Wer dazu nicht in der Lage ist, wird zum ›Drifter‹ anstatt zum ›Surfer‹: Während Ersterer von Wind und Wellen hin- und hergeworfen wird, ist Letzterer in der Lage, die unkontrollierbaren und unvorhersehbaren Wellenkämme erfolgreich zu ›reiten‹. Dennoch dienen auch dem Surfer Kreativität, Subjektivität und Leidenschaft nicht länger der autonomen Selbstbestimmung im Sinne eines Lebensplans im klassisch-modernen Sinne; sie dienen nun vielmehr der Steigerung der individuellen *Konkurrenzfähigkeit*. Auf der kollektiv-politischen Ebene wurde inzwischen deutlich, dass Armut und Mangel durch eine effiziente kapitalistische Ökonomie nicht überwunden werden können. Den politischen Reformen (westlicher Staaten) des 21. Jahrhunderts wohnt letztlich gar nicht mehr die Intention inne, eine grundlegende Verbesserung der sozialen Bedingungen oder die Gestaltung des Gemeinwesens nach demokratisch bestimmten kulturellen oder sozialen Zielen zu erreichen. Stattdessen ist es das beinahe einzige Ziel politischer Gestaltung geworden, die Konkurrenzfähigkeit des (lokalen, nationalen oder regionalen) Standorts

444 Gergen, *The Saturated Self*. Einleitung zur Neuausgabe (Hervorh. H. R.).

zu sichern oder zu verbessern, das heißt, seine Beschleunigungsfähigkeiten aufrechtzuerhalten. Folglich werden Reformen als ›notwendige *Anpassungen*‹ an strukturelle Sachzwänge gerechtfertigt. Politischer Wandel wird verteidigt durch die Drohung, dass andernfalls – *falls die Steuern nicht verringert werden oder Genmanipulation nicht erlaubt wird* – der Standort erst zurückfallen und dann abgehängt werden wird, zurückgeworfen in einen Zustand von äußerster Armut und Mangel. Das klassisch-moderne Versprechen individueller und politischer Autonomie, Gesellschaft und Leben *jenseits ökonomischer Notwendigkeit* im Sinne einer ›pazifizierten Existenz‹[445] zu gestalten erscheint unter diesen Rahmenbedingungen nur noch als eine blasse Erinnerung. Diese Inversion ist eine unvermeidliche Konsequenz der simplen Tatsache, dass die Konkurrenz- und Beschleunigungslogik keine inneren Grenzen hat: Sie mobilisiert immense individuelle und soziale Energien, saugt diese am Ende jedoch vollständig wieder ein. Infolgedessen ist es der logische Endpunkt dieser Entwicklung, dass alle individuellen und politischen Energien der Beschleunigungsmaschine, dem Hamsterrad sozioökonomischen Wettbewerbs, gewidmet werden. Dies aber ist gleichbedeutend mit *absoluter Fremdbestimmung*, vollkommener Heteronomie, mithin mit der völligen Negation des *Versprechens der Moderne*.

Wie aber ließe sich diese Behauptung einer wachsenden Kluft zwischen dem nach wie vor die kulturellen Rechtfertigungsmuster und die normativen Leitideen der Subjekte bestimmenden *Projekt der Moderne* und der spätmodernen Phase sozialer Beschleunigung belegen oder wenigstens plausibel machen? Nach meiner Überzeugung führen soziale Bedingungen, in denen soziale Akteure ethischen Vorstellungen verpflichtet sind und zu folgen versuchen, welche von den strukturellen Bedingungen ihres Handelns systematisch unterlaufen werden, notwendigerweise zu einem Zustand sozialer Entfremdung.

Entfremdung kann dabei zunächst pragmatisch als ein Zustand definiert werden, in welchem Subjekte Ziele verfolgen oder Praktiken ausüben, die ihnen *einerseits* nicht von anderen Akteuren oder äußeren Faktoren aufgezwungen wurden – sie verfügen durchaus über praktikable alternative Handlungsmöglichkeiten –, welche

445 H. Marcuse, *Der eindimensionale Mensch*, Neuwied, Berlin 1968.

sie aber *andererseits* nicht ›wirklich‹ wollen oder unterstützen. Just in diesem Sinne mögen wir uns etwa entfremdet fühlen, wenn wir den ganzen Tag bis Mitternacht arbeiten, ohne dass uns dies jemand vorschreibt – und obwohl wir wirklich früh nach Hause gehen ›wollten‹ (und wir vielleicht unserer Familie versprochen haben, dies zu tun). Gleichermaßen mag es als ›Entfremdung‹ erfahren werden, wenn wir neue Bildungs- oder Wirtschaftsreformen oder Management-Richtlinien erlassen, die wir nicht ›wirklich‹ gutheißen, oder wenn wir Mitarbeitern kündigen, um größere Profite oder gesteigerte Konkurrenzfähigkeit zu erreichen: Wir zweifeln sehr an den Zielen und an den Praktiken, und wir hätten im Prinzip auch anders handeln können, und doch haben wir zugleich aus freien Stücken *und* gezwungenermaßen so gehandelt. In ähnlicher Weise entsteht politische Entfremdung etwa dort, wo wir in einen Krieg ziehen, den wir für nicht wirklich gerechtfertigt halten, oder politische Programme unterstützen, welche die Absatzzahlen der Automobilindustrie gegen jede ökologische Vernunft ankurbeln sollen: Jedes Mal handeln wir zugleich ›freiwillig‹ und *gegen* unseren ›eigentlichen‹ Willen. Wenn ein solcher Zustand andauert, werden wir früher oder später (individuell wie kollektiv) ›vergessen‹, was unsere ›eigentlichen‹ Ziele und Absichten waren – und doch bleibt ein vages Gefühl *der Fremdbestimmung ohne Unterdrücker*. Ich möchte nun einige abschließende Überlegungen dazu entwickeln, wie sich ein solches (zugegebenermaßen noch ebenso rudimentäres wie defizitäres) Konzept zu einer Kritischen Theorie und Phänomenologie spätmoderner Entfremdung ausarbeiten ließe. Dabei möchte ich strikt phänomenologisch, was hier meint: an den Lebenserfahrungen der Subjekte orientiert, vorgehen.

Bekanntlich hat schon Marx die Auffassung vertreten, der kapitalistische Produktionsprozess führe notwendig zu einer fünffachen Entfremdung der Subjekte von ihrer Arbeit, von ihren Produkten, von der Natur, von anderen Menschen und schließlich von sich selbst. Wenngleich ich mir bewusst bin, dass das Entfremdungskonzept seither auf vielfältige Weise gebraucht und missbraucht worden ist und schließlich sowohl von den Neomarxisten als auch in der Kritischen Theorie weitgehend verworfen wurde, weil es entweder einer essentialistischen Fundierung in einer postulierten ›wahren Natur‹ des Menschen zu bedürfen oder als ›Leerformel‹ für alle Formen des Missbehagens zu dienen schien,[446] möchte ich hier eine ganz ähnliche Konzeption verfolgen. Das Kernargument wird sein, dass der wesentlich kapitalgetriebene Beschleunigungsprozess in seiner spätmodernen Phase die ›Weltbeziehung‹ der Subjekte als solche, das heißt die Art und Weise, wie sie zur subjektiven, objektiven und sozialen Welt in Beziehung treten, problematisch werden lässt.[447] Diese Behauptung will ich nun aus einer temporalanalytischen Perspektive Schritt für Schritt untersuchen, indem ich der Frage nachgehe, auf welche Weise und in welchen Dimensionen soziale Beschleunigung Entfremdung verursachen kann.

1. Entfremdung vom Raum

Wenn der Ausgangspunkt der Überlegungen die Art und Weise ist, in der Subjekte ›in die Welt gestellt‹ sind, liegt es nahe, mit einer Untersuchung ihrer Beziehung zur räumlichen Umgebung zu beginnen. Denn Menschen sind notwendigerweise körperhafte Wesen, die die Welt als räumlich ausgedehnt und sich selbst als räumlich ›situiert‹ erfahren. Die Wirkung der Schwerkraft stattet sie mit einem ›natürlichen‹ Sinn für *oben* und *unten* aus, während die Anordnung der Sinnesorgane dafür sorgt, dass sie *vorne* und *hinten* unterscheiden. Spätestens im Zeitalter digitaler Globalisierung löst sich die menschliche ›Situierung‹ in der Welt jedoch in hohem Maße von der unmittelbaren räumlichen Umgebung:[448] Physische und soziale Nähe stehen in keiner unmittelbaren Beziehung mehr; Menschen, Dinge oder Vorgänge in unmittelbarer physischer Nähe können für Bewusstsein und Lebensführung der Subjekte völlig irrelevant sein, während soziale Nähe nicht mehr durch physische Distanz verhindert werden kann. Daher ist die räumliche Verortung für eine wachsende Anzahl sozialer Vorgänge irrelevant und oftmals unbestimmbar geworden; Raum und Zeit werden, in Giddens'[449] Terminologie, ›entbettet‹. Dies verur-

446 Schacht, *Alienation*.

447 In ganz ähnlicher und höchst inspirierender Weise hat Rahel Jaeggi (Jaeggi, *Entfremdung*) jüngst das Entfremdungskonzept als Störung in der Weltaneignung zu reformulieren versucht.

448 P. Virilio, *Open Sky*, London, New York 1997; P. Virilio, »Polar Inertia«, in: J. Der Derian (Hg.), *The Virilio Reader*, Oxford 1998, S. 117-133.

449 A. Giddens, *The Consequences of Modernity*, Cambridge 1994.

sacht per se noch keine Entfremdung von Raum und/oder Ort, es schafft jedoch die Bedingungen für eine solche Entfremdung. Als Indikator dafür mag der Umstand dienen, dass Hotelmanager von einer wachsenden Anzahl von Gästen berichten, welche nachts oder morgens verwirrt die Rezeption anrufen und um Auskunft darüber bitten, *wo* sie sich gerade befinden: Ihre soziale Existenz ist (vorübergehend) disloziert. Wenn das Gegenteil von Entfremdung die ›Anverwandlung‹ (eines Objektes, eines Menschen, einer Handlungsweise etc.) ist, dann ist es offensichtlich, dass wir uns in einer räumlichen Umgebung erst ›zu Hause‹ fühlen können, wenn wir eine gewachsene Intimitätsbeziehung zu ihr aufgebaut haben. Ebendas bringt meines Erachtens der Begriff der ›Heimat‹ zum Ausdruck, indem er die Vertrautheit mit einer räumlichen Welt auch in jenen Segmenten meint, die wir nicht benutzen. Der Prozess einer solchen Anverwandlung ist indessen unvermeidlich zeit- und kraftaufwendig: Nach wiederholten Umzügen schwindet die Bereitschaft, sich auf einen geophysikalischen Raum als solchen einzulassen. Die räumliche Weltbeziehung nimmt dann eine instrumentelle Form an: Man muss wissen, wo der Bäcker, der nächste Supermarkt, die Schule, das Kino und das Fitnesscenter sind; die Zwischenräume werden irrelevant und bleiben unbekannt; sie werden aufgrund ausbleibender Anverwandlung zu ›Nicht-Orten‹ im Sinne Augés,[450] das heißt, sie erzählen keine ›Geschichten‹, tragen keine Erinnerungen und berühren unsere Identität nicht, sie bleiben uns tatsächlich ›fremd‹. Diese Form der Entfremdung kann sich auch auf die räumliche Umgebung in einem viel engeren Sinne ausdehnen: Wenn wir die Möbel, Tapeten, Kücheneinrichtungen und Bäder alle paar Jahre auswechseln, mögen und können wir sie uns nicht ›anverwandeln‹, wir haben keine identitätsberührende, sondern nur eine instrumentelle Beziehung zu ihnen. Man muss wissen, wie die Dinge funktionieren und wie man sie wieder loswird, aber sie ›sprechen‹ nicht zu uns in der Art und Weise, wie das ein Kühlschrank oder ein Herd tun können, die wir uns in jahrzehntelangem Gebrauch ›anverwandelt‹ haben. Beschleunigung ermöglicht also eine erhöhte räumliche Mobilität und Flexibilität, sie erzeugt jedoch auch eine wachsende Distanz gegenüber unserer räumlichen und materiellen Umgebung.

450 M. Augé, *Orte und Nicht-Orte. Vorüberlegungen zu einer Ethnologie der Einsamkeit*, Frankfurt/M. 1994.

2. Entfremdung von der Dingwelt

Damit haben wir uns bereits auf das Feld der Dinge begeben. Die Dingwelt enthält wenigstens zwei Arten von Objekten: Dinge, die wir produzieren, und Dinge, die wir konsumieren. Wie etwa Tilmann Habermas[451] gezeigt hat, sind Menschen stets wenigstens mit einigen wenigen Objekten auf eine intime, konstitutive Weise verbunden. Tatsächlich, so meine ich, sind die Dinge, mit denen wir leben und arbeiten, immer auch bedeutsam für unsere individuelle Identität. Nichtsdestotrotz, so möchte ich zeigen, verändert sich die Art und Weise, wie wir zur Dingwelt in Beziehung treten, mit der Geschwindigkeit ihrer Austauschrate. Solange wir davon ausgehen, dass wir unsere Kleider, unsere Autos, unsere Tonträger und Abspielgeräte so lange tragen, benutzen und behalten, bis sie kaputtgehen oder endgültig verschlissen sind, solange wir sie reparieren, pflegen und manipulieren, ist es nicht unwahrscheinlich, dass ein Teil von uns (buchstäblich) in die Dinge eingeht, und umgekehrt, dass die Dinge ein Teil von uns werden. Ein Auto, das wir zehnmal repariert haben, oder Socken, die wir zehnmal gestopft haben, haben wir uns sinnlich und körperlich anverwandelt, sie sind uns unverwechselbar geworden. Und sie tragen die individualisierten Merkmale unserer Behandlung ebenso an sich, sie sind zu einem Teil unserer Identität und Geschichte geworden. In diesem Sinne dehnt sich, wie schon Simmel[452] beobachtet hat, das Selbst in die Dingwelt hinein aus, und die Dinge werden gleichsam zu ›Bewohnern‹ des Selbst. In der jüngst von Charles Taylor[453] vorgeschlagenen Terminologie könnte man sagen, dass das Selbst gegenüber den Dingen ›porös‹ ist: Sie wegzuwerfen bedeutet, in gewisser Weise seinen Charakter zu ändern.

In der spätmodernen Beschleunigungsgesellschaft werden die Dinge indessen nicht mehr repariert: Weil die Produktion von Gütern in gewaltigem Maße beschleunigt wurde, während sich ihre Reparatur nur in geringem Maße und oft gar nicht beschleunigen lässt, wird die Letztere im Vergleich zur Ersteren immer teurer – was mit ökonomischer Notwendigkeit eine ›Wegwerfgesellschaft‹ hervorbringt. Hinzu kommt, dass viele, vor allem die technischen

451 Habermas, *Geliebte Objekte.*

452 Simmel, *Philosophie des Geldes*, S. 637 f.

453 Taylor, *A Secular Age.*

Objekte so komplex geworden sind, dass wir und sogar die Fachhändler die praktische Fähigkeit verlieren, mit ihnen umzugehen. Die Funktionsweise von Handys, Fotokameras, Autoradios, Klimaanlagen, Mikrowellen etc. bleibt nicht nur uns, sondern mehr oder minder allen außer den Herstellern *fremd*. Und schließlich bringt es das wachsende Tempo des sozialen Wandels mit sich, dass das, was Marx auf dem Feld der Produktionsmittel ›moralische Konsumtion‹ genannt hat, den physischen Verschleiß in fast allen Fällen bei weitem übersteigt: Wir trennen uns von Kleidern, Autos, Radios, Kühlschränken, Öfen etc., lange bevor sie ihren Geist aufgegeben haben. Aber Autos, deren Reifen wir nicht einmal mehr selbst wechseln, Socken, die wir nur zwei- oder dreimal getragen haben, oder Radiorecorder, deren eingebaute Uhr wir niemals richtig eingestellt haben, werden gewiss nicht zu einem Teil unserer selbst, wir wollen und können sie uns nicht anverwandeln. Auch dies muss nicht per se Entfremdung bedeuten – es führt aber zu einer Form der Entfremdung, wenn es der dominante oder sogar der einzige Modus wird, in dem wir zur Dingwelt in Beziehung treten.

Es ist nun aber meine Behauptung, dass aufgrund der hohen Austauschraten ebendieser Modus der Dingbeziehung dominant geworden ist. Am deutlichsten wird das vielleicht noch immer am Beispiel unserer Arbeitsgeräte. Meinem ersten PC habe ich beispielsweise noch einen Namen gegeben. Ich war mir dessen damals nicht bewusst, aber die Namengebung ist ohne Zweifel Ausdruck eines Versuchs der Aneignung und Anverwandlung. Ich ging davon aus, dass *Aristoteles* nun für lange Zeit mein Werkzeug, Begleiter und Intimus sein würde. Als ich ihn schließlich wegwarf (obwohl er natürlich noch funktionierte), habe ich mich erbärmlich gefühlt. Heute habe ich keine Ahnung mehr davon, was für einen Computertypus ich gerade benutze, wenn ich nicht gerade daran arbeite, kann ich kaum sagen, wie er aussieht, geschweige denn, wie er klingt oder riecht. Es ist mir egal, wie lange er hier stehen bleiben wird, obwohl ich die ›Transaktionskosten‹ fürchte, die ein neues Gerät mit sich bringen wird. Ganz ebenso ergeht es mir mit meinem Mobiltelefon oder meiner Fotokamera. Dass sie mir wesensmäßig zutiefst fremd bleiben, liegt aber an noch etwas anderem: Während mein Telefon, meine Radiorecorder (oder mein iPod oder was auch immer) und mein PC (oder Laptop oder Netbook oder was auch immer) ganz offensichtlich immer komplexer, besser und schneller werden und immer mehr ›können‹, hinken meine Kenntnisse in ihrer Bedienung immer weiter hinterher. Ich kenne höchstens zehn Prozent ihrer Möglichkeiten, und ich nutze wahrscheinlich nur zwei Prozent davon. Bei meinem alten Radiorecorder wusste ich, wie man die Uhr richtig einstellt, bei meinem neuen weiß ich das nicht, weil ich mir nie die Zeit nehme, es herauszufinden. Im Zeitalter der Musikkassette wusste ich genau, wie man eine Rundfunksendung aufnehmen konnte, heute weiß ich das nicht mehr, obwohl es sicher in tausenderlei Varianten geht. Während die Dinge sich also immer weiterentwickeln, werde ich im Bezug und Verhältnis zu ihnen immer unfähiger. Tatsächlich verliere ich allmählich meine kulturellen und praktischen Kompetenzen, weil sie in immer schnellerer Folge durch Innovationen entwertet werden. Dies führt dazu, dass wir den Dingen gegenüber ein schlechtes Gewissen entwickeln, weil wir sie nicht richtig zu behandeln wissen. Wir gehen mit ihnen wie Barbaren um. Wir hindern sie geradezu daran, ihren Wert und ihre Potentiale zu entfalten. Diese fortwährende kulturelle Analphabetisierung lässt sich insbesondere im Bereich der Software beobachten: Wenn Sie sich noch so perfekt mit der *Windows-XP*-Oberfläche auskannten, stehen sie vor den *Vista*-Oberflächen dennoch wieder wie ein Anfänger da. Sie wissen nicht mehr, wie die Shortcuts funktionieren, wo die Menüoptionen versteckt sind, wie man die Fenster wechselt etc. Und es lohnt sich auch kaum, sich mit all den Feinheiten vertraut zu machen und sich die Programme anzuverwandeln, denn ehe Sie das geschafft haben, werden die neuen Versionen installiert. Ebendieses Dingverhältnis wiederholt sich auch in Beziehung zur neuen Stereoanlage, zum Mikrowellengerät, zum Fotoapparat usw.

Natürlich versuchen spätmoderne Subjekte, diese ohne Zweifel entfremdende Art der Dingbeziehung dadurch auszugleichen oder zu kompensieren, dass sie einige ganz exklusive, auf langfristigen Besitz hin angelegte Objekte erwerben, etwa eine teure Vase, ein Klavier, ein großes Teleskop oder auch eine Armbanduhr, deren Hersteller es explizit darauf anlegen, übergenerationale Bestandsdauer zu suggerieren. In aller Regel stellt sich jedoch auch hier die ersehnte ›Porosität‹ in der Dingbeziehung nicht ein; stattdessen wächst das Schuldbewusstsein bzw. das schlechte Gewissen den Objekten gegenüber exponentiell an: Sie sind so wertvoll und so teuer, und wir haben so wenig Zeit und Aufmerksamkeit für sie übrig. Wir benutzen den Flügel kaum und das Teleskop nie. Infolgedessen leben und bewegen wir uns in Umgebungen, die uns äußerlich und fremd bleiben, zu denen wir keine konstitutive Beziehung aufzubauen vermögen.

3. Entfremdung gegenüber den eigenen Handlungen

Eine naheliegende Konsequenz des bisher Ausgeführten ist es nun, dass wir uns auch gegenüber unserem eigenen Handeln entfremdet zu fühlen beginnen. Wenn das Gegenteil von Entfremdung bedeutet, sich bei einer Sache, in einer Umgebung oder einer Gemeinschaft ›zu Hause‹ zu fühlen, dann lässt sich durchaus sagen, dass spätmoderne Subjekte sich häufig in ihrem eigenen Tun nicht (mehr) wohl bzw. ›zu Hause‹ fühlen. Dies hängt zum einen mit der gerade diskutierten Entfremdung gegenüber den Arbeitswerkzeugen zusammen. Im spätmodernen Berufs- und Alltagsleben sind wir ständig mit Vorgängen konfrontiert, die wir nicht völlig durchschauen und denen gegenüber wir keine Routinen ausgebildet haben; kurz: die wir uns nicht angeeignet haben. Während ich diesen Text auf meinem neuen Netbook schreibe, passiert es aus mir absolut unverständlich Gründen beispielsweise ständig, dass der Cursor wild in der Gegend herumspringt, mitten während des Tippens. Das führt dazu, dass mich sogar bei einer jener seltenen Aktivitäten, bei denen ich das Gefühl habe, ›ganz bei mir selbst zu sein‹ – beim selbstbestimmten Schreiben –, ein Gefühl des Misstrauens gegenüber dem, was ich gerade tue, beschleicht. Jeder von uns kennt dieses Gefühl nur zu gut: Während wir etwa Formulare ausfüllen oder Berichte schreiben, Internetbestellungen aufgeben oder ein spezielles Flugticket erwerben, haben wir häufig ein nagendes Gefühl der Unsicherheit, weil wir im Grunde fast nie ausreichend informiert sind über das, was wir da tun, und keine Sicherheit und keine Routinen im Umgang damit ausgebildet haben. Jedes Handbuch, das wir konsultieren, jede Gebrauchsanweisung und jeder Internetvertrag, den wir unterzeichnen, beginnt mit der Warnung, auf jeden Fall den gesamten Text ausführlich zu lesen, bevor wir irgendetwas tun oder unterschreiben. Dabei ist es selbstverständlich, dass wir *niemals* das ganze Handbuch, die Gebrauchsanweisung oder den 60-Seiten-Vertrag lesen werden. Deshalb ist das Überangebot an bereitstehenden Informationen, die man ›eigentlich‹ erworben haben sollte, eine nicht unwesentliche Quelle der Entfremdung in der modernen Welt. Das gilt nicht nur für die kleinen technischen Dinge, sondern erst recht für die großen Lebensentscheidungen. Wenn ein junger Mensch nach der Schule vor dem Problem steht, das richtige Studienfach zu finden, so wird ihm jeder Ratgeber drei Schritte empfehlen:

- *Finde zunächst heraus, was genau du tun willst und wo deine Fähigkeiten und Stärken liegen.*
- *Sodann ermittle sorgfältig, welche Universitäten Studiengänge in deiner Fachrichtung anbieten, und*
- *informiere dich umfassend über Studienbedingungen und Anforderungen sowie die damit verbundenen Berufschancen. Entscheide dich auf dieser Basis für das Angebot, das am besten zu dir passt.*

So weit die Theorie. In der Praxis aber wissen die allermeisten Abiturienten *eben nicht*, was genau sie tun wollen und wo ihre Neigungen liegen. Aber selbst wenn sie sich für eine Fachrichtung entschieden haben, ist es so gut wie unmöglich, sämtliche relevanten Studienangebote einem Vergleichstest zu unterziehen. Die Zahl der Studiengänge und Kombinationsmöglichkeiten und zugleich der Informationsquellen über diese ist derart explodiert und darüber hinaus so sehr in Bewegung, dass sich vermutlich die Hälfte der Studienbedingungen schon wieder geändert hätten, bis der Kandidat alle Informationen studiert und verglichen hätte. Natürlich wird er daher früher oder später das Unvermeidliche tun und sich einfach für etwas entscheiden, entweder aus einem Bauchgefühl heraus oder, was meistens der Fall ist, auf der Basis persönlicher Empfehlungen. Es bleibt aber oftmals ein latentes schlechtes Gewissen, weil man natürlich nicht so gut informiert ist, wie man sein könnte und sollte.

Das Fehlen einer rationalen Basis für unsere Entscheidungen mag uns in einer Welt, die nicht mehr auf feste Positionierungen ausgerichtet ist, sondern alle Lebensbereiche einer ›Performanzüberwachung‹ unterzieht, selbst in Fragen der Religion oder der Intimpartnerschaften beunruhigen. Zu einer Quelle der unterschwelligen Dauerbeunruhigung kann sie jedoch in all jenen Bereichen werden, die eine grundlegende Bedeutung für die Sicherung unserer zukünftigen Ressourcen haben und deren Optionenvielfalt in den letzten Dekaden explodiert ist: Wer weiß schon, ob er wirklich den richtigen Krankenversicherungsvertrag, das beste Mobilfunkangebot, die richtige Geldanlage, einen günstigen Stromtarif, eine optimale Altersversorgung hat? Oder die richtige Schule für die Kinder, ein gut abgestimmtes Pflegeangebot für die Eltern? Die Zahl der Optionen ist derart gravierend gewachsen und so volatil, dass selbst die professionellen Experten sie in ihren jeweiligen Gebieten nicht mehr überblicken.[454] Und der traditionelle Weg, sich die Welt anzueignen: die Ausbildung von Routinen, ist uns dabei in aller Regel dadurch verwehrt, dass sich die Optionspalette ununterbrochen verändert. Wir können nicht mehr das Duschgel kaufen, das wir seit einem Jahr benutzen, weil es jetzt neue Sorten gibt; wir können nicht den Telefontarif nehmen, den unser Arbeitskollege gewählt hat, weil es ihn nicht mehr gibt; und unsere Tochter kann nicht studieren, was ihre Cousine empfiehlt, weil neue Studiengänge eingeführt wurden. Natürlich haben wir gelernt, damit irgendwie zu leben – aber man arrangiert sich um den Preis, nicht mehr ganz heimisch zu sein in dieser Welt.

Nun mag man einwenden, dass solche Alltagswidrigkeiten zwar ein Problem sein können, aber nicht wirklich als Entfremdung von unseren Handlungen interpretiert werden dürfen. Doch gibt es einen weiteren, tiefer liegenden Grund für die Behauptung einer solchen schleichenden Entfremdung. Ich habe Entfremdung als einen Zustand definiert, in dem wir das, was wir tun, *nicht wirklich wollen*, obwohl wir aus freien Stücken handeln. Nun möchte ich behaupten, dass fast jeder Leser genau dieses Gefühl hat, wenn er in einer (geplanten oder ungeplanten) Arbeitspause mehr oder minder planlos durch das Internet surft oder zu Hause durch das Fernsehprogramm zappt. Vergegenwärtigen wir uns einen ganz alltäglichen Bürovorgang: Wir schalten beispielsweise den Computer ein, um einen Text zu schreiben, den wir ›wirklich‹ schreiben wollen. Doch während das Programm noch hochfährt, beginnen wir vermutlich damit, schnell bei ein paar Internetseiten vorbeizusurfen, auf denen wir Stammgast sind. Es ist schwer zu sagen, ob wir in dieser Situation ›eigentlich‹ schreiben oder surfen wollen. Auf jeden Fall entsteht ein Gefühl des Ungenügens in der Regel dadurch, dass wir uns beim Surfen unter Zeitdruck fühlen (wir sollten ja eigentlich

454 So haben Ökonomen berechnet, dass die Produktvielfalt im Bereich der Konsumgüter in den USA zwischen 1980 und 1998 um 565 Prozent gestiegen ist (M. Binswanger, *Die Tretmühlen des Glücks. Wir haben immer mehr und werden nicht glücklicher. Was können wir tun?*, Freiburg/Br. 2008, S. 87).

schreiben) und nicht zuletzt deshalb kaum eine der angeklickten Seiten zu Ende lesen. Natürlich könnte man das einfach als ein persönliches Problem der Willensschwäche abtun, das nichts mit entfremdenden Sozialstrukturen zu tun hat (und liberale Philosophen werden genau das tun), doch bezweifle ich, dass ein Problem bzw. eine Erfahrung, die Millionen von Internetnutzern machen, auf eine persönliche Schwäche reduziert werden kann. Aber das ist hier nicht entscheidend. Denn im nächsten Schritt verschärft sich das Problem noch: Bevor wir mit dem Schreiben des Textes beginnen, werden wir einen kurzen Blick in unser E-Mail-Postfach (und/oder unseren Facebook-Account) werfen wollen: Diese Handlungsweise ist nicht nur mehr oder minder routinisiert, sie entspricht auch den sozialen Erwartungsstrukturen (und befriedigt unser Verlangen nach Zeichen sozialer Anerkennung). Das aber wird in aller Regel der ›Sündenfall‹ gewesen sein: Die nächsten eineinhalb Stunden sind wir vermutlich damit beschäftigt, Dokumente zu suchen und zu verschicken, Zusammenfassungen zu schreiben, Informationen zu liefern und uns mit Problemen und Fragen zu beschäftigen, mit denen wir uns definitiv *nicht* beschäftigen wollten, jedenfalls jetzt nicht. Diese Phase erfüllt also das genannte Kriterium der Entfremdung: Wir tun etwas, was wir nicht tun wollen. Ein Gefühl emotionaler Entfremdung mag sich dabei aber nicht nur deshalb ausbreiten, weil wir ja ›eigentlich‹ den Text schreiben wollten, sondern auch deshalb, weil es unmöglich ist, sich auf die in rascher Folge wechselnden Nachrichten, die ganz unterschiedliche Lebensbereiche berühren und ganz unterschiedliche emotionale Bereiche in uns ansprechen, in so kurzer Zeit emotional ›einzuschwingen‹: Wir sind geradezu gezwungen, auf emotionale Reaktionen zu verzichten, während wir kognitive Salti beispielsweise von der Geschäftseinladung nach Singapur nächsten Sommer zur Absage einer Kinoverabredung nächste Woche wegen des Todes eines ehemaligen Schulfreundes vollziehen.[455] Am Ende haben wir dann nur noch eine halbe Stunde für den Text übrig, was sich als zu wenig erweist, um in der Aufgabe wirklich ›heimisch zu werden‹. Das Gefühl, einfach nicht zu dem zu kommen, was man

455 Schon Georg Simmel vermutete, dass der Verstand sich viel rascher auf wechselnde Eindrücke einstellen könne als das Gefühlsleben, weshalb er das hochverdichtete Großstadtleben für verstandesdominiert hielt (Simmel, »Die Großstädte und das Geistesleben«).

›eigentlich‹ tun wollte oder sollte, entsteht aber nicht nur in technisierten Umgebungen. Tatsächlich berichten Arbeitssoziologen in erstaunlich großer Übereinstimmung aus mehr oder minder allen Professionen, dass die Beschäftigten darüber klagen, nicht mehr zu ihren Kernaufgaben zu kommen, weil sie durch Verwaltungsakte und Ähnliches abgehalten werden: Lehrer haben zu wenig Zeit für ihre Schüler, Ärzte und Pfleger für ihre Patienten, Wissenschaftler kommen nicht mehr zum Forschen, weil sie Anträge, Gutachten, Referenzen, Berichte usw. schreiben müssen, Politiker sind nicht in der Lage, sich Gesetzesmaterien anzueignen, bevor sie abstimmen müssen etc. Dies hängt offensichtlich mit dem Anwachsen der To-do-Listen zusammen: Die bereits beobachtete Allgegenwart der *Rhetorik des Müssens* (bevor wir das tun können, was wir ›eigentlich wollen‹, müssen wir eine endlose Liste abarbeiten) bringt letztlich das daraus entstehende Entfremdungsgefühl sehr treffend zum Ausdruck. Alle Handlungen, die wir (vor uns selbst) so rechtfertigen, *erfahren* wir offensichtlich zumindest teilweise als heteronom, als fremdbestimmt, ob sie es sind oder nicht. So überrascht es denn auch nicht mehr, dass Menschen in mehr oder minder allen entwickelten Ländern in empirischen Zeitstudien in überwältigendem Maße der Aussage zustimmen, dass sie *fast nie die Zeit finden, das zu tun, was sie wirklich tun wollen.*[456] Dass dieses Gefühl sogar unter denjenigen Personen vorherrscht, die tatsächlich drei oder mehr Stunden pro Tag fernsehen (oder auch im Internet surfen), lässt sich dabei auf zwei Weisen erklären: Entweder tun sie, wenn sie fernsehen, etwas, was sie *nicht wirklich* tun wollen (was meiner Definition eines Zustands der Entfremdung entspricht), oder sie *wollen* ›in Wahrheit‹ lieber fernsehen, als das tun, was sie angeblich wirklich wollen (z. B. Fußball oder Geige spielen, wandern, Wagner hören, Pilze suchen, Sterne beobachten). Interessanterweise gibt es Hinweise darauf, dass die erstere Interpretation die richtige ist: Studien über das Empfinden und die Befriedigungswerte während verschiedener Aktivitäten haben ergeben, dass die Menschen sich tatsächlich besser fühlen und eine weit höhere Befriedigung erzielen, wenn sie das tun, von dem sie angeben, dass sie es ›eigentlich‹ tun wollen. Fernsehen schneidet dagegen notorisch schlecht ab: Die Probanden geben an, sich während des Fernsehens so ähnlich zu

456 Für statistische Evidenzen siehe Rosa, *Beschleunigung*, S. 213-235.

fühlen wie beim Ausfüllen der Steuererklärung, und hinterher geht es ihnen noch schlechter.[457] Wie immer man dieses Ergebnis auch interpretieren mag, es liefert auf jeden Fall einen weiteren Hinweis darauf, dass Menschen in der Spätmoderne häufig das Gefühl haben, nicht das zu tun, was sie ›eigentlich‹ tun wollen.

Diese recht neue Form der Entfremdung gegenüber den eigenen Handlungen hängt meines Erachtens auf zwei weitere Arten mit den Wettbewerbs- und Beschleunigungsimperativen der Moderne zusammen: Zum Ersten wird es in einer überaus schnelllebigen Zeit rational, kurzfristig zu realisierende Befriedigungen zu suchen (wie sie das Fernsehen liefert), statt auf nur langfristig sich erfüllende Befriedigungen zu setzen (die wir nach drei Jahren des Übens aus der Geige ziehen mögen). Zum Zweiten aber führt der Zeitdruck dazu, dass wir auf Potenzen und Optionen statt auf reale Befriedigungen setzen, ja, dass wir Befriedigung eher aus der Erweiterung von Möglichkeiten als aus ihrer Realisierung ziehen. Tatsächlich möchte ich, wie ich schon angedeutet habe, behaupten, dass wir aus diesem Grunde den ›Realkonsum‹ durch immer neue Kaufakte ersetzen: Das Konsumieren der *Brüder Karamasow* bedeutet das Lesen von 1200 Seiten. Weil uns dazu die Zeit fehlt, verzichten wir auf diesen Konsum und kaufen stattdessen auch noch den *Idioten*. Auch der Konsum des *Parzival* erfordert ein paar Stunden – Zeit, die wir jetzt nicht haben, also kompensieren wir den entgangenen Genuss damit, dass wir uns auch noch die Neueinspielung des *Rings* leisten. Und weil wir es nicht schaffen, das Teleskop unter einen sternenklaren Himmel zu schleppen und damit umgehen zu lernen, kaufen wir uns auch noch einen Kameraadapter, damit wir (theoretisch) auch noch Astrofotografie betreiben *könnten*. Kurz, ich behaupte, dass wir entgangenen Realkonsum durch gesteigertes *Shoppen* kompensieren, denn der Konsum von Kulturgütern ist unaufhebbar zeitaufwendig, der Kaufakt aber nahezu beliebig beschleunigbar. Weil diese Form der Kompensation aber nur funktioniert, solange wir den Glauben daran aufrechterhalten, dass wir all die kulturellen Praktiken, für die jene Güter gedacht sind, eines Tages auch wirklich ausüben werden, und weil der Zweifel daran wächst, gerät diese Kompensationsspirale möglicherweise selbst

457 R. W. Kubey, M. Csikszentmihalyi, *Television and the Quality of Life. How Viewing Shapes Everyday Experience*, Hillsdale, New Jersey 1990; Rosa, *Beschleunigung*, S. 222 ff.

unter Beschleunigungsdruck. Dies stellt meines Erachtens einen idealen Ausgangspunkt für eine analytische Wiederbelebung nicht nur des Konzepts der Entfremdung, sondern auch des Begriffs *falscher Bedürfnisse* dar.

Im Ergebnis tendieren Subjekte in der Spätmoderne dann dazu zu ›vergessen‹, *was* sie *eigentlich tun* und *wer* sie *sein wollten*: Wir alle sind so sehr mit dem Abarbeiten der To-do-Listen und mit deren Kompensation durch ›Instant-gratification‹-Konsumaktivitäten (wie Fernsehen) beschäftigt, dass wir kaum mehr etwas ausbilden, das den Anspruch auf ›Authentizität‹ handlungspraktisch aufrechterhalten könnte. *Eigentlich bin ich ganz anders, nur komme ich so selten dazu:* Dieses Diktum Ödön von Horvaths bringt die dadurch entstehende Form der Selbstentfremdung und der Entfremdung von der Zeit zum Ausdruck, die ich nun abschließend behandeln möchte.

4. Entfremdung von der Zeit

Wie wir alle wissen, ist nur die Uhrzeit exakt und objektiv messbar, während die Zeit*erfahrung*, die ›innere Dauer‹ eines Vorgangs, ebenso subjektiv wie schwankend ist. Je nach den Handlungen oder Umständen, in die wir verstrickt sind, kann eine halbe Stunde unglaublich kurz oder ewig lang sein. Nichtsdestotrotz hat die empirische Erforschung des Zeiterlebens ebenso konsistente wie interessante Ergebnisse erzielt. Dazu zählt insbesondere das sogenannte ›subjektive Zeitparadoxon‹, das wir alle aus eigener Erfahrung und Erinnerung kennen.

Es besagt, dass sich erlebte und erinnerte Zeit gleichsam umgekehrt proportional zueinander verhalten. Wenn wir etwas tun, das wir genießen und bei dem wir vielfältige und stimulierende Eindrücke erleben – beispielsweise auf einer Reise –, dann vergeht die Zeit in aller Regel rasch. Aber wenn wir am Ende eines auf diese Weise verbrachten Tages zurückblicken, kommt es uns vor, als sei der Tag sehr lang gewesen, als sei es schon zwei oder drei Tage her, seit wir zur Reise aufbrachen. Ein rasch vergehendes, kurzweiliges Zeit*erleben* ruft also eine ›lange‹ Zeit der Erinnerung hervor. Es gilt jedoch auch das Umgekehrte: Wenn wir einen überaus langweiligen Tag verbringen, den wir überwiegend mit leerem Warten, beispielsweise in einer Wartehalle oder beim Arzt, vertun, scheint uns die Zeit im Erleben unendlich lang zu werden. Am Ende des Tages kommt es uns aber dennoch (oder besser: deshalb) so vor, als seien wir gerade erst aufgestanden, als sei der Tag ›wie nichts‹ vergangen: Wir haben nur eine ganz kurze ›Erinnerungsspur‹. Langeweile bzw. eine lange Erlebniszeit hat also eine *kurze* Zeit der Erinnerung zur Folge.[458] So weit, so gut, so unspektakulär. Doch inzwischen gibt es Hinweise darauf, dass sich im Zeitalter digitaler Medien eine neue Form der Zeiterfahrung herausbildet, die dem eben dargelegten ›Kurz/lang‹- bzw. ›Lang/kurz‹-Muster im Verhältnis von Zeiterleben und Zeiterinnerung zuwiderläuft, indem sie ein ›Kurz/kurz‹-Muster erzeugt: Wenn wir beispielsweise nach Hause kommen und nur kurz durch das Fernsehprogramm zappen wollen, kann es leicht passieren, dass wir ein paar Stunden davon ›gefangen‹ werden; vielleicht sehen wir ja auch einen spannenden Krimi. Dabei vergeht die Zeit genau wie auf der Reise: rasch. Sie ist erfüllt mit vielfältigen, heterogenen Stimuli. Wenn wir jedoch endlich den Ausschaltknopf gefunden haben (den zu bedienen erstaunlicherweise viel mehr psychische Energie kostet als das Drücken der Programmwahltasten), beginnt die Zeit sich in der Rückschau nicht auszudehnen (wie nach der Reise), sondern sie scheint auf geheimnisvolle Weise ›zusammenzuschnurren‹, bis fast nichts übrig bleibt. Am Ende des Tages wird von dieser Fernsehepisode in der Zeiterinnerung nicht viel übrig sein. Damit haben wir es hier also mit einer Zeiterfahrung zu tun, bei der die Zeit im Erleben rasch vergeht, aber in der Erinnerung schrumpft. Bliebe dieses ›Fernsehparadoxon‹ eines Kurz/kurz-Musters der Zeiterfahrung auf das Fernsehen beschränkt, wäre dies vielleicht nicht weiter bemerkenswert. Ich möchte jedoch behaupten, dass das Kurz/kurz-Muster dabei ist, die Zeiterfahrung der Spätmoderne insgesamt zu kolonialisieren. Es entsteht beispielsweise auch beim Computerspielen oder beim Internetsurfen; vielleicht sogar beim Einkaufen in einem Shoppingcenter. Um zu verstehen, was hier vor sich geht, ist es wichtig, sich die Differenz im (Zeit-)Erleben zwischen der Reise und dem Fernsehen zu vergegenwärtigen. Meines Erachtens gibt es zwei zentrale Unterschiede: Zum Ersten ist die Fernseherfahrung gleichsam ›entsinnlicht‹. Während die Reiseaktivitäten alle Sinne involvieren und eine körperliche Erfahrung in jeder Hinsicht darstellen, sind

458 M. G. Flaherty, *A Watched Pot: How We Experience Time*, New York, London 1999.

wir beim Fernsehen auf einen schmalen Bildausschnitt fixiert und haben keinerlei dem Gesehenen korrespondierende körperlichen Eindrücke. Zum Zweiten aber sind die Geschichten, die wir am Bildschirm (handle es sich um einen Fernseher oder einen Computer) verfolgen, gegenüber unserem eigenen Leben in aller Regel ›dekontextualisiert‹. Sie stehen in keinerlei Resonanzbeziehung zu unserem inneren Befinden oder mit unserem tatsächlichen sozialen Leben. Sie ›antworten‹ auch dann nicht auf uns, wenn es sich um interaktive Spiele handelt, wenngleich es bei Computerspielen natürlich Kausalbeziehungen zwischen unseren Entscheidungen und der Spielentwicklung gibt. Infolgedessen handelt es sich bei solchen Aktivitäten um gegenüber dem Rest unseres Lebens *isolierte* Handlungs- bzw. Erlebnisepisoden. Sie hinterlassen keine Erinnerungsspuren im Gehirn: Insofern sie für unsere Identität und unser Leben als solches nicht relevant sind und insofern sie nicht dazu geeignet sind, zu eigenen, identitätsstiftenden *Erfahrungen* zu werden, können wir sie sogleich wieder vergessen (was wir auch tun). Die Fähigkeit, irrelevante Erinnerungsspuren auszulöschen (oder gar nicht erst anzulegen), ist geradezu eine lebensnotwendige Fähigkeit in der spätmodernen Beschleunigungsgesellschaft, in der Erfahrungen ohnehin ständig entwertet werden. Es scheint jedoch die Existenz oder Nichtexistenz von nachhaltigen Erinnerungsspuren zu sein, welche die Länge der Erinnerungszeit bestimmt.

Wenn dies richtig ist, dann könnte der Übergang zu einem generalisierten Kurz/kurz-Muster der Zeiterfahrung darin begründet sein, dass sich im spätmodernen Leben die Handlungsepisoden immer mehr gegeneinander isolieren, ja dass das Zeiterleben zu einer episodalen Fragmentierung tendiert. Büro, Shoppingcenter, Fitnessstudio, Flughafen, Kino, Wellnessoase, Fernsehen: die mit solchen Orten verbundenen Aktivitäten konstituieren lauter isolierte Handlungsepisoden, die aus sich heraus nicht nur nicht auf eine Integration im erlebenden Subjekt hin angelegt sind, sondern sich geradezu dagegen zu sperren scheinen. Das führt dazu, dass wir uns häufig kaum mehr an sie erinnern können. Walter Benjamin hat diese Tendenz schon vor einem Jahrhundert vorhergesehen und das moderne Leben als *erlebnisreich*, aber *erfahrungsarm* charakterisiert: Erlebnisse können, so Benjamin, erst dann zu Erfahrungen werden, wenn sie sich mit unserer Biographie verbinden und mit unserer Identität berühren; wenn sie, mit anderen Worten, einen Einfluss auf das haben, wer und was wir sind. Erfahrungen sind in diesem Sinne in Erinnerungen verwandelte, anverwandelte, angeeignete Erlebnisse. Weil ihnen diese Aneignung häufig nicht mehr gelingt, benötigen moderne Reisende Souvenirs und Fotos als gleichsam *externe Erinnerungsspuren*.[459] Was Benjamin indessen noch nicht vorhersehen konnte, ist der Umstand, dass selbst solche externen Speicher für uns nur funktionieren, wenn es in uns einige Reste angelegter emotionaler Erinnerungsspuren gibt. Sie lassen sich beispielsweise aktivieren durch die Fotos und Souvenirs von unserer ersten selbständigen Reise ins Ausland oder von unserer ersten Liebe. Dagegen besitzen wir in der Regel zahllose Souvenirs und Fotos, die keine emotionale Resonanz mehr hervorzurufen in der Lage sind, sie lassen uns buchstäblich ›kalt‹: Sie erzählen von Reisen und Handlungen, die reine Episoden geblieben sind. Wir können sie daher ebenso gut entsorgen.

Das Ergebnis dieser Entwicklung ist eine Zeiterfahrung, bei der die Zeit gleichsam ›an beiden Enden‹ zu rasen scheint: Sie vergeht schnell im atemlosen Erleben, und sie schrumpft oder verschwindet in der Erinnerung. In der Tat mag hier die Wurzel der zeitgenössischen Erfahrung der dahinrasenden Zeit liegen. Und wie bei den anderen postulierten Formen der Entfremdung liegt das Problem auch hier in der fehlenden *Anverwandlung*: So, wie wir uns die Räume und Dinge nicht mehr aneignen, eignen wir uns auch unsere eigenen Erlebnisse, unsere erlebte Zeit nicht mehr an. Werden wir aber dergestalt unserer *gelebten Zeit* gegenüber entfremdet, so scheint es unvermeidlich, dass auch Formen der *Selbstentfremdung* auftreten.

5. Soziale Entfremdung und Selbstentfremdung

Die *Desintegration* unserer Weltbeziehungen scheint nach dem bisher Dargelegten eine tendenziell unvermeidliche Folge sozialer Beschleunigung und zugleich eine Quelle von Entfremdungserfahrungen zu sein. Zwischen den handelnden Subjekten und den Räumen, Zeiten, Episoden, Werkzeugen und Produkten ihres Handelns scheint sich eine Kluft aufzutun, die als Störung des *Aneignungs-*

459 Vgl. etwa W. Benjamin, »Charles Baudelaire. Ein Lyriker im Zeitalter des Hochkapitalismus«, in: W. Benjamin, *Gesammelte Schriften*, Bd. 1, Frankfurt/M. 1974, S. 509-690.

prozesses beschrieben werden kann. Vor diesem Hintergrund kann es nicht überraschen, dass dieses Problem auch im Verhältnis zur Sozialwelt, das heißt in den zwischenmenschlichen Beziehungen, auftritt. Eine genaue Analyse von Entfremdungserfahrungen in Interaktionsverhältnissen würde sicherlich eine eigene Abhandlung verlangen, ich muss mich daher hier damit begnügen, einige vage Hinweise zu geben, wie sie aussehen könnte. Die Unfähigkeit, resonante Sozialbeziehungen herzustellen, hat der Sozialpsychologe Kenneth Gergen mit dem Konzept der ›Übersättigung‹ zu fassen versucht. Danach haben Menschen in der spätmodernen Gesellschaft (ob sie wollen oder nicht) in ihrem Alltag so viele soziale Kontakte (im Verkehr und am Telefon, über E-Mail und am Arbeitsplatz etc.), dass es ihnen schwerfällt, sie sich anzuverwandeln.

In der Gesellschaft des unmittelbaren Kontakts blieb die Besetzung der anderen relativ stabil. Es gab Veränderungen aufgrund von Geburten oder Todesfällen, aber von einer Stadt in eine andere umzuziehen – oder gar in einen anderen Staat oder ein anderes Land – war schwierig. Die Anzahl der Beziehungen, die in der Welt von heute aufrechterhalten werden, steht in völligem Kontrast dazu. Wenn man die eigene Familie rechnet, die Morgennachrichten im Fernsehen, das Autorradio, die Kollegen im Zug und die Lokalzeitung, ist der normale Berufspendler (in Form von Ansichten oder Bildern) in den ersten zwei Stunden eines Tages mit so vielen verschiedenen Personen konfrontiert, wie sein Vorfahre es in seiner Heimatgemeinde in einem ganzen Monat war.[460]

Durch die Technologien dieses Jahrhunderts, durch Menge und Vielfalt der Beziehungen, in die wir einbezogen sind, nehmen mögliche Häufigkeit der Kontakte, Intensität der Beziehungen sowie ihre Dauerhaftigkeit ständig zu. Wenn diese Zunahme ins Extreme führt, erreichen wir ein Stadium sozialer Sättigung.[461]

Dies macht es strukturell unwahrscheinlich, dass Interaktionsbeziehungen konstitutiv werden. Auch unter Zeitdruck ist es möglich, Informationen auszutauschen und sachbezogen zu kooperieren, aber die Aneignung der Lebensgeschichte des anderen und das Eingehen einer genuinen Resonanzbeziehung ist nicht nur aufreibend und zeitaufwendig, sondern auch genuin riskant, da die Auflösung solcher Beziehungen schmerzhaft ist. Sozialbeziehungen, selbst

460 Gergen, *Das übersättigte Selbst*, S. 114 f.
461 Ebd., S. 114, vgl. S. 95 ff.

Freundschaften werden heute in aller Regel nicht mehr ›aufgelöst‹, sondern je nach Kontext und Bedarf aktiviert oder deaktiviert. Dies ist jedoch nur so lange möglich, wie diese Beziehungen nicht identitätskonstituierend sind. Deshalb gehen wir nach der Arbeit gerne mit unseren Kollegen *einen trinken*, aber wir verzichten dabei darauf, uns unsere Lebensgeschichten zu erzählen.

Wenn meine Beobachtungen zu den Gefahren einer wachsenden Entfremdung in den Weltbeziehungen der Subjekte zutreffend sind, dann ist es nur folgerichtig, dass daraus auch gravierende Formen der *Selbstentfremdung* resultieren. Wenn wir tatsächlich von der Zeit, vom Raum, von den Werkzeugen, Handlungen, Erfahrungen und Interaktionspartnern unseres Lebens entfremdet sein sollten, dann können wir auch uns selbst nicht kennen. Denn wie Charles Taylor, Harry Frankfurt, Bernard Williams und viele andere in der sogenannten Kommunitarismusdebatte überzeugend dargelegt haben,[462] entsteht ein Selbstgefühl und eine Identität just aus ebendiesen Beziehungen; Subjekte sind geradezu über ihre Handlungen, Erlebnisse, Interaktionspartner und über die Art und Weise, wie sie sich in Raum und Zeit und in der Objektwelt ›verorten‹, definiert. Wir stricken daraus die konstitutiven ›Erzählungen‹ unseres Lebens. Wenn wir uns all diese Dinge jedoch nicht mehr richtig anverwandeln, dann ist keine der möglichen Geschichten, die sich daraus formen lassen, mehr verbindlich oder über den je aktuellen Kontext hinweg überzeugend (was mit ein Grund dafür ist, dass wir uns anderer Leute Lebensgeschichten nicht mehr anhören wollen). Dies aber könnte geradezu zu jener Subjektform führen, die Alain Ehrenberg[463] als das »erschöpfte Selbst« bezeichnet und die eine fatale Tendenz zur Depression und zum Burnout aufzuweisen scheint. Unser Problem besteht nicht nur darin, dass wir nicht in der Lage sind, uns immer wieder ›neu zu erfinden‹, sondern auch in dem Umstand, dass uns das je aktualisierte Selbst ›fremd‹ erscheint. Wenn unsere Identität geformt wird über *die Dinge, die uns wichtig sind*,[464] dann wird die Unsicherheit über das, was uns wichtig ist, die aus den hier diskutierten Formen der Entfremdung resultiert, notwendig zu einer Gefährdung oder Störung

462 Vgl. ausführlich Rosa, *Identität und kulturelle Praxis.*

463 Ehrenberg, *La fatigue d'être soi.*

464 H. G. Frankfurt, *The Importance of What We Care About. Philosophical Essays*, Cambridge 1988.

unserer Selbstbeziehung führen. Denn Selbstentfremdung und Weltentfremdung bezeichnen nicht zwei unterschiedliche Pathologien, sondern sind ein und dasselbe. Sie resultieren aus einem ›Verstummen‹ der Resonanzachsen zwischen Selbst und Welt.

VI. Fazit

Es ist offensichtlich, dass dieser Essay eine einseitige und tendenziöse Darstellung spätmoderner Entfremdungserfahrungen ohne Berücksichtigung aller Gegentendenzen und -evidenzen präsentiert hat. Gewichtiger noch, das Konzept der Entfremdung ist noch immer unscharf und in seiner Verwendungsweise analytisch ungenau geblieben. Doch war es auch nicht meine Absicht, hier bereits eine ausgereifte neue Version Kritischer Theorie vorzustellen. Vielmehr ging es mir darum, die Leser davon zu überzeugen, dass erstens die Analyse der Zeitstrukturen ein geeigneter Ansatzpunkt für eine kritische Diagnose der Gegenwartsgesellschaft liefert und zweitens der Begriff der Entfremdung es wert ist, wieder in die Diskussion eingeführt zu werden. Diese Wiedereinführung kann nach meiner Überzeugung (und in Übereinstimmung mit Rahel Jaeggis Vorschlag[465]) ganz ohne den Rückgriff auf essentialistische Konzepte einer *wahren Natur* des Menschen auskommen. Nach meiner Analyse sind wir nicht von unserem wahren inneren Wesen entfremdet, sondern von unserer Fähigkeit, uns die Welt in ihren räumlichen, zeitlichen, sozialen, handlungspraktischen und dinglichen Dimensionen ›anzuverwandeln‹. Wenn es beispielsweise zutrifft, dass die Subjekte spätmoderner Gesellschaften dazu tendieren, misslingende Aneignungsversuche durch eine Steigerung des Kaufverhaltens zu kompensieren und dabei Kaufen mit Konsumieren verwechseln, dann liegt hierin ein überaus fruchtbarer Ausgangspunkt für eine nicht paternalistische und nicht perfektionistische Kritik der Entfremdung und ›falscher Bedürfnisse‹. Es ist weder möglich noch nötig, dass der Sozialkritiker die ›wahren Bedürfnisse‹ der Menschen kennt oder definiert; stattdessen identifiziert und analysiert er Phänomene, die auf Enttäuschung der handelnden Subjekte im Lichte ihrer eigenen Erwartungen und auf entsprechende Kom-

465 Jaeggi, *Entfremdung.*

pensationsbemühungen schließen lassen. Auch geht der hier vorgeschlagene Ansatz nicht davon aus, dass ein Leben in vollständiger Selbstübereinstimmung jemals möglich sei oder auch nur einen sinnvollen Zielhorizont der Kritik darstellte.

Natürlich sind menschliche Subjekte dadurch gekennzeichnet, dass sie von widerstreitenden und oft auch unversöhnlichen Wünschen und Wertvorstellungen zugleich angetrieben werden. Dennoch erscheint ein gesellschaftlicher Zustand als kritikwürdig, wenn die in ihm vorherrschenden Handlungsmuster und Erfahrungsweisen letztlich gar nicht mehr durch subjektive Wertvorstellungen oder Wünsche, sondern durch Zeit- und Wettbewerbszwänge bestimmt werden, die erstens politisch ›unsichtbar‹ und der Diskussion entzogen sind und zweitens (gerade auch deswegen) den handelnden Subjekten als etwas Fremdes, Äußerliches gegenübertreten. Ebendeshalb erscheint mir eine Kritik der Entfremdung verursachenden Konsequenzen des (spät-)modernen Beschleunigungsregimes derzeit als die aussichtsreichste Möglichkeit, eine Neubegründung der Kritischen Theorie zu versuchen. Soweit der Eindruck zutrifft, dass unter dem Druck der Digitalisierungs- und Globalisierungsprozesse die Welt zu komplex, zu instabil und zu schnell geworden ist für eine systematische sozialwissenschaftliche Analyse, bietet sie vielleicht sogar die einzig verbleibende rationale Möglichkeit des analytischen Zugangs. Denn dass die Welt sich mehr und mehr nicht nur dem gestaltenden und planenden Zugriff der Politik, sondern auch der rationalen Rekonstruktion und der erkenntnistheoretischen Aneignung zu entziehen scheint, ist weniger die Ursache als vielmehr die Folge einer tiefgreifenden Störung in der Weltbeziehung der Spätmoderne, die sich als beschleunigungsinduzierte Entfremdungserfahrung rekonstruieren lässt.

8. Wettbewerb als Interaktionsmodus
Kulturelle und sozialstrukturelle Konsequenzen der Konkurrenzgesellschaft

I. Einleitung

Die fundamentale, strukturbildende und kulturprägende Umstellung der Art und Weise, wie in der Gesellschaft Ressourcen, Güter und Positionen verteilt werden, wird in den verschiedenen modernisierungstheoretischen Ansätzen zur Beschreibung des Übergangs von der traditionalen zur modernen Gesellschaft unter ganz verschiedenen Stichworten abgehandelt: So ist, je nach Ansatz, etwa von Ökonomisierung, Rationalisierung, Differenzierung, Individualisierung oder auch von Bürokratisierung, Verrechtlichung oder ›Vermarktlichung‹ die Rede. Dass dabei die Ausweitung und Generalisierung der Institution des Marktes in der bürgerlichen Gesellschaft eine zentrale Rolle spielt, wird von kaum jemandem bestritten. Die Metapher des Marktes, in der ja noch immer das bunte Treiben auf dem *Marktplatz* anklingt, lenkt den Blick jedoch vornehmlich auf die Auswahl an Gütern, das heißt vor allem auf die Produkte und auf deren Käufer. Auf Seiten der Produzenten und Anbieter korreliert der Markt dabei mit dem Prinzip des *Wettbewerbs*. Die moderne Gesellschaft ist, so die These, die ich im Folgenden explizieren möchte, deshalb zuerst und vor allem eine *Wettbewerbsgesellschaft*, weil sie nahezu alle zentralen Sozialsphären wettbewerbsförmig organisiert und daher die Herstellung oder Aufrechterhaltung von *Wettbewerbsfähigkeit* als dominantes Handlungsziel individueller und kollektiver Akteure festschreibt.[466]

466 Dabei spielt es zunächst keine Rolle, ob diese *Wettbewerbsfähigkeit* darin besteht, eine bestimmte, objektiv messbare und sozial geforderte *Leistung* zu erbringen (*Leistungswettbewerb*), oder darin, sich *erfolgreich gegen andere durchzusetzen* (agonaler Wettbewerb). Ich stimme aber der Diagnose von Nullmeier (F. Nullmeier, *Politische Theorie des Sozialstaats*, Frankfurt/M., New York 2000) und Neckel (S. Neckel, »›Leistung‹ und ›Erfolg‹. Die symbolische Ordnung der Marktgesellschaft«, in: E. Barlösius, H. P. Müller, S. Sigmund [Hg.], *Gesellschaftsbilder im Umbruch. Soziologische Perspektiven in Deutschland*, Opladen 2001, S. 245-265), die für die Gegenwartsgesellschaft eine Verschiebung vom Leistungswettbewerb zum agonalen Konkurrenzkampf ausmachen, durchaus

Erstaunlicherweise blieb dieser Aspekt in der Modernisierungsdiskussion gegenüber den anderen genannten Prinzipien bisher stark unterbelichtet; er ist erst in allerjüngster Zeit von Autoren wie Sighard Neckel und Frank Nullmeier wieder in das Zentrum aktueller Gesellschaftsanalyse gerückt worden.[467] Die Konsequenzen der wettbewerbsförmigen Organisation sozialer Funktionssphären für die Möglichkeiten sozialer Zielerreichung, für die gesellschaftlichen Modi der Interaktion und für die Identitätsmuster und Handlungsstrategien der Subjekte sind bis dahin kaum je systematisch untersucht worden, sieht man einmal von den einschlägigen Überlegungen Georg Simmels hierzu ab.[468] Ich möchte in diesem Beitrag versuchen, einen Anstoß dazu zu geben, diesen Aspekt des Modernisierungsprozesses neu zu durchdenken.

II. Wettbewerb als Interaktionsmodus

Sich mit anderen zu vergleichen und dabei zu hoffen, in diesem Vergleich besser als jene abzuschneiden, könnte durchaus zu den anthropologischen Grundeigenschaften des Menschen gehören.[469] Der Wettbewerb »um ein Drittes«,[470] bei dem es nicht darum geht, sich um ein Gut oder ein Privileg direkt mit einem Konkurrenten zu streiten, sondern sich in seinen Leistungen und Errungenschaften mit einem anderen gleichsam ›indirekt‹ zu messen, scheint dabei eine spezifisch menschliche Eigenschaft zu sein, die im Tier-

zu. Ich werde im Zuge der Entfaltung meines Arguments versuchen, unter dem Stichwort der »Endogenisierung des Wettbewerbs« einen in der modernen *Wettbewerbslogik selbst* liegenden Grund für diese progressive Verschiebung zu identifizieren.

467 Vgl. dazu die vorhergehende Anmerkung. Nullmeier liefert dabei eine ebenso umfangreiche wie verdienstvolle Studie zur Sichtung und Systematisierung der verstreuten Überlegungen und Argumente der Ideengeschichte zur Frage wettbewerblicher und agonaler Einstellungen, die er zu einer aufschlussreichen eigenen Theorie des *sozialvergleichenden Handelns* verknüpft. Bei Neckel stehen dagegen vor allem die kulturellen Konsequenzen einer zunehmend konkurrenzlogischen Erfolgsorientierung im Mittelpunkt der Analyse.

468 G. Simmel, »Soziologie der Konkurrenz«, in: Aufsätze und Abhandlungen 1901-1908 (GA Bd. 7), hg. von R. Kramme, A. Rammstedt und O. Rammstedt, Frankfurt/M. 1995, S. 221-246.

469 Dazu ausführlich: Nullmeier, *Politische Theorie des Sozialstaats*, S. 19 ff.

470 Vgl. Simmel, »Soziologie der Konkurrenz«, S. 228 f.

reich keine Parallele kennt.[471] Aber das Ausmaß und die Aspekte ebenso wie die Konsequenzen dieses Vergleichens sind ohne Zweifel historisch und kulturell sehr variabel: Gesellschaften können so eingerichtet sein, dass der kompetitive Drang der Menschen im Sinne eines ›Wetteiferns‹ sozial entschärft wird;[472] sie können aber auch versuchen, ihn im Sinne des genuinen sozialen ›Wettbewerbs‹ zu einem konstitutiven Antriebsmoment gesellschaftlicher Produktion und Reproduktion zu machen. Dabei wird das Bestreben, eine menschliche Praxis oder Tätigkeit (um ihrer selbst und um des Vergleichs willen) möglichst gut auszuüben (ihren eingeschriebenen *standard of excellence* zu erfüllen[473]), transformiert in das Anliegen, *besser zu sein* – oder notfalls: *besser zu scheinen* – als die Konkurrenten, weil darüber soziale Positionen, Achtung, materielle Güter und daher *Lebenschancen* verteilt werden.

Wie nun aber etwa Talcott Parsons in seiner Konzeption der sich verändernden gesellschaftlichen ›pattern variables‹ herausstellt, ist der Übergang von der traditionalen zur modernen Gesellschaft durch einen fundamentalen Wandel in den sozialen Allokationsmustern vom Prinzip der autoritativen ›Zuschreibung‹ (*ascription*) zur Idee der ›Leistung‹ (*achievement*) gekennzeichnet: Positionen, Ressourcen (Einkommen), Ansehen und damit auch viele Handlungs- und Lebensoptionen werden nicht mehr nach Tradition, Stand oder nach den Maßgaben autoritativer Entscheidung verteilt, sondern nach der jeweiligen individuellen Leistung in einem – der Idee nach – fairen und freien Wettbewerb.[474]

Damit wird im Prozess der Modernisierung die freie, weil allen Mitgliedern offenstehende, und zugleich geregelte Konkurrenz in immer stärkerem Maße zum dominanten Interaktionsmodus westlicher Gesellschaften; das Wettbewerbsprinzip verdrängt in seiner handlungskoordinierenden und vergesellschaftenden Funktion die alternativen Modi der traditionalistisch-ständischen Zuteilung, der

471 So wird sie auch von Adam Smith in seiner *Theory of Moral Sentiments* als quasi-anthropologische Gegebenheit behandelt, während etwa Rousseau unterstellt, sie (im Sinne der *amour propre*) habe erst mit der frühen ›Vergesellschaftung‹ des Menschen begonnen und stelle daher so etwas wie die menschliche Ursünde dar.

472 Vgl. Simmel, »Soziologie der Konkurrenz«, S. 232 f.

473 Vgl. dazu etwa A. MacInytre, *Der Verlust der Tugend. Zur moralischen Krise der Gegenwart*, Frankfurt/M. 1987, S. 175.

474 T. Parsons, *The Social System*, Glencoe 1951.

assoziativen Kooperation, der autoritär-hierarchischen Regelung oder des ungeregelten (antagonistischen) Konflikts um Rollen, Ressourcen und Privilegien auf immer mehr Feldern des sozialen Lebens.[475]

Von der genuin wettbewerbsförmigen Organisation einer Sozialsphäre kann dabei erst dort die Rede sein, wo die Setzung materialer Handlungsziele selbst zu einem entscheidenden Wettbewerbsmoment wird. So lassen sich etwa wirtschaftliche Produktionsziele (z. B. eine Autobahn, einhundert Panzer, zwölftausend Paar Schuhe) politisch vorgeben und dann wettbewerbsförmig realisieren: Den Auftrag erhält, wer das Produktionsziel am effizientesten erreichen kann, wer also den effektivsten *Mitteleinsatz* erreicht. Die Zielsetzung selbst erfolgt hier nicht im Interaktionsmodus des Wettbewerbs. Dagegen ist die Privatwirtschaft moderner Industriestaaten so organisiert, dass die Produzenten selbst darüber bestimmen, welche Produktionsziele sie sich setzen; und sie folgen dabei nicht einfach einer vorgegebenen Nachfrage, sondern spekulieren auf deren aktive Erzeugung. Wettbewerbsfähiger ist hier nicht, wer ein materiales Ziel effizienter realisiert; die Zielsetzung wird selbst zu einem Instrument im Kampf um Wettbewerbsfähigkeit.[476] Ähnliches gilt für die Wissenschaft oder die Kunst: Das Prinzip der funktionalen Ausdifferenzierung, nach dem wissenschaftliche Forschungsziele oder künstlerische Maßstäbe nicht extern (etwa politisch oder religiös) vorgegeben werden, sondern aus der wissenschaftlichen und künstlerischen Praxis selbst hervorgehen, erweist sich zugleich als ein entscheidendes Antriebsmoment für die Totalisierung der wettbewerbsförmigen Organisation dieser Sozialsphären: Die Definition wissenschaftlicher und künstlerischer Problemstellungen ist selbst ein entscheidendes Element des Konkurrenzkampfes. Interessanterweise erweist sich der Sport, in dem das Wettbewerbsprinzip auf den ersten Blick in seiner reinsten Form

475 Zu den alternativen Modi gesellschaftlicher Interaktion vgl. etwa D. Held, A. McGrew, D. Goldblatt, *Global Transformations. Politics, Economics and Culture*, Cambridge 1999, S. 19 f. und 435.

476 Nullmeier zeigt dabei, dass der Prozess der Verschiebung in den Unternehmensstrategien von einer Konzentration auf die *Mittel* (zur Realisierung hergebrachter Produktionsziele) zur aggressiven Neubestimmung von Produktions*zielen* auch in der zeitgenössischen Ökonomie noch andauert (Nullmeier, *Politische Theorie im Sozialstaat*, S. 213 ff.).

verwirklicht scheint, hier als nur eingeschränkt bzw. sekundär wettbewerbsförmig organsiert: Die Setzung der Spielregeln und damit die Definition der Handlungsziele erfolgt nach externen Gesichtspunkten, die allenfalls den Regeln des *ökonomischen* Wettbewerbs gehorchen.

Nach und nach eroberte der Wettbewerbsgedanke (in diesen beiden Formen) und das damit aufs Engste verknüpfte Leistungsprinzip im Prozess der Modernisierung ideell und dann auch institutionell die Sphären der Wirtschaft, der Wissenschaft, des Sports, der Politik (in Form des *Parteienwettbewerbs*), der Medien und der Unterhaltungsangebote, der Liebe (in der freien *Partnerwahl*), der Kunst (in ihrer marktförmigen Organisation ebenso wie in der Vergabe von Stipendien und Fördermitteln) und in gewisser Weise sogar der Religion: In pluralistischen Gesellschaften kämpfen Kirchen und Religionsgruppen darum, sich durch das überzeugendere Sinnangebot und die ›bessere‹ Lebensform gegenüber den Konkurrenten auszuzeichnen und damit die Gläubigen an sich zu binden. Historisch von entscheidender Bedeutung ist dabei der Umstand, dass in Europa, der unbestreitbaren Wiege dieser Organisationform in ihrer modernen Gestalt, seit der Herausbildung des Westfälischen Staatensystems im 17. Jahrhundert auch die zwischenstaatlichen Beziehungen konkurrenzförmig gestaltet waren, wenngleich vorübergehend auch immer wieder der Interaktionsmodus des direkten (bewaffneten) Konflikts zur Vorherrschaft gelangte: Die europäischen Nationalstaaten konkurrierten um Territorien und Ressourcen und daher um militärische und politische Vorherrschaft. Deshalb wetteiferten sie unablässig um die Vorherrschaft in der wissenschaftlichen, technischen, ökonomischen, infrastrukturellen, kulturellen und militärischen Entwicklung.[477]

Das Wettbewerbsprinzip reicht daher in seiner Bedeutung weit über die ökonomische Sphäre hinaus, es beherrscht die Struktur- und Institutionenbildung der modernen Gesellschaft insgesamt. Individuelle und kollektive Akteure in modernen und a fortiori in spätmodernen Gesellschaften, in denen die alternativen Allokationsmuster weitgehend erodiert sind, begegnen sich daher auf nahezu allen Handlungsfeldern latent oder manifest, individuell und kollektiv als (potentielle) Konkurrenten.

477 Vgl. dazu Rosa, *Beschleunigung*, Kapitel IX.

In der spätmodernen Gesellschaft entwickelt das Wettbewerbsprinzip zumindest in der vorherrschenden Ideologie geradezu einen Totalanspruch: Alle noch nicht wettbewerbsförmig organisierten Sozialsphären (gesetzliche Krankenkassen, Universitäten als Bildungseinrichtungen, Wasserwerke und neuerdings sogar Gefängnisse und Sicherheitskräfte) geraten unter massiven Druck und gelten als chronisch ineffizient und hoffnungslos anachronistisch. Das Diktum, dass der Wettbewerb ›in Zukunft‹ *noch viel härter werde* und noch viel härter werden *müsse*, ist geradezu zum unhinterfragten Allgemeinplatz und zu einem Synonym für ›Globalisierung‹ geworden: Das alle Sozialsphären beherrschende Konkurrenzprinzip[478] überwindet die nationalstaatlichen Barrieren, die ihm bisher gesetzt waren, und zwingt den einzelstaatlichen Regierungen unerbittlich die Wettbewerbsidee (im Sinne der Standortkonkurrenz) als kategorischen Imperativ des politischen Handelns auf. Im Unterschied zum Westfälischen Staatensystem sind es nun nicht mehr die Nationalstaaten als Kollektivakteure, die miteinander im Wettbewerb stehen, sondern die gesellschaftlichen Akteure konkurrieren in allen Sozialsphären (von der Wirtschaft über die Bildung, die Kunst und die Wissenschaft bis zum Heiratsmarkt) direkt miteinander. Daher kommt es für die Nationalstaaten nun nicht mehr (nur) darauf an, im Konfliktfall militärisch stärker zu sein als die anderen Staaten, sondern es wird zur überragenden politischen Aufgabe, alle Sozialsphären ›international konkurrenzfähig‹ zu machen.

Welche Konsequenzen ergeben sich aus diesem Faktum für die Form des gesellschaftlichen Zusammenlebens und die Gestaltung der institutionellen Ordnung? Drei Punkte scheinen mir hier zunächst hervorhebenswert. Zum Ersten ist es offensichtlich, dass die wettbewerbsförmige Organisation des sozialen Lebens zu einer großen und beständigen *Überschussproduktion* an sozialen Energien

478 Eine Ausnahme stellt allerdings (noch) der Bereich des *Rechts* dar, wenngleich sich auch hier Elemente konkurrierender Rechtswege und eines verschärften zwischenstaatlichen Wettbewerbs um effizientere Rechtssysteme beobachten lassen; vgl. dazu etwa K. Günther, »Rechtspluralismus und universaler Code der Legalität: Globalisierung als rechtstheoretisches Problem«, in: L. Wingert, K. Günther (Hg.), *Die Öffentlichkeit der Vernunft und die Vernunft der Öffentlichkeit* (Festschrift für Jürgen Habermas), Frankfurt/M. 2001, S. 539-567.

und kreativen Ideen führt.[479] Akteure sind beständig zu Anstrengungen aufgerufen, die sich in einer großen oder sogar überwiegenden Zahl von Fällen als nicht zielführend erweisen: Von fünfzig Bewerbern um eine Arbeitsstelle erhält sie nur einer, von hundert Erfindungen setzt sich nur eine auf dem Markt durch, von zweihundert Künstlern kann sich allenfalls einer einen Namen machen usw. Der Wettbewerb stellt daher eine außerordentlich verschwenderische Form sozialer Organisation dar. Im Unterschied zur Form des direkten, ungeregelten bzw. antagonistischen Konflikts kommt es jedoch nicht zur unmittelbaren wechselseitigen Vernichtung sozialer Kräfte: Während in der antagonistischen Konfrontation zwei Willen diametral gegeneinander stehen und die resultierende (sozial wirksame) Handlungsenergie sich gleichsam aus der Subtraktion der Kraft des Unterlegenen von der Kraft des Siegers ergibt,[480] gehen die Energien des Wettbewerbsverlierers – jedenfalls dort, wo es sich um die ›Konkurrenz um ein Drittes‹ handelt[481] – nicht unbedingt gesellschaftlich verloren: Fähigkeiten oder Ideen, die sich in einer Konkurrenzsituation nicht durchsetzen konnten, stehen in anderen Sozialsphären oder in Wiederholungssituationen erneut zur Verfügung, und die Kräfte des Siegers verringern sich durch die Anstrengungen der Konkurrenten kaum oder gar nicht. Zugleich folgt aus der diagnostizierten Verschwendung sozialer und kreativer Energien natürlich nicht, dass die transformative oder innovative soziale oder ›kinetische‹ Energie[482] der Gesellschaft gering bleibt oder auch nur geringer ist als bei irgendeinem der alternativen sozialen Interaktionsmodi: Das Wettbewerbsprinzip erweist sich, wie ich im nächsten Abschnitt zeigen möchte, als derart effektiv im Hinblick auf die Mobilisierung kreativer sozialer Energien, dass die

479 Wie Nullmeier (Nullmeier, *Politische Theorie des Sozialstaats*, S. 150 ff.) verdeutlicht, kann die Vorstellung, dass die agonale Organisation einer Sozialsphäre (also etwa der Wettstreit der Künstler, der Philosophen oder der Produzenten) die Kreativität und Produktivität dieser Sphäre dramatisch erhöht und die Gesellschaft gleichsam »energetisch auflädt«, in der Ideengeschichte geradezu als Gemeinplatz gelten; sie findet sich bei Simmel ebenso wie etwa bei Jacob Burckhardt (ebd., S. 154) oder bei Nietzsche (ebd., S. 158 f., S. 186 f.) und schließlich in Joseph Schumpeters Gedanken der »schöpferischen Zerstörung« (ebd., S. 196 ff.).

480 Vgl. Simmel, »Soziologie der Konkurrenz«, S. 224.

481 Siehe dazu auch Nullmeier, *Politische Theorie des Sozialstaats*, S. 194.

482 Den Begriff der »kinetischen Energie« einer Gesellschaft entlehne ich P. Sloterdijks *Eurotaoismus. Zur Kritik der politischen Kinetik*, Frankfurt/M. 1989.

transformative Dynamik der modernen Gesellschaft diejenige aller anderen uns bekannten Gesellschaftsformationen um ein Vielfaches übersteigt (siehe *Abb. 6*).

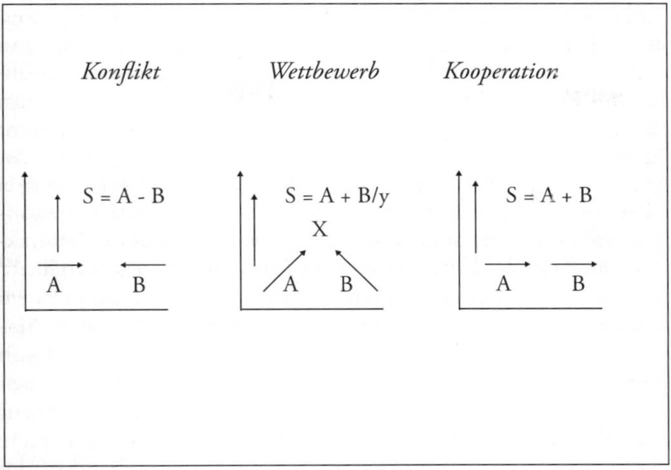

Abbildung 6: Interaktionsmodus und sozialkinetische Energie.

A, B: Interaktionsbeteiligte
S: sozialkinetische Energie als Interaktionsresultat

Konflikt: Die sozialen Energien sind gegeneinander gerichtet und löschen sich (als gerichtete Energien) gegenseitig aus.
Wettbewerb: Konkurrenz um ein Drittes (X) – die Energie des Wettbewerbssiegers wird vollständig, die des Verlierers teilweise in sozialkinetische Energie ransformiert, beide werden in gewaltigem Umfang mobilisiert.
Kooperation: Die sozialen Energien addieren sich gegenseitig, ihre Entwicklung wird jedoch kaum (bzw. nur unter hochspezifischen Bedingungen) stimuliert.

Die zweite fundamentale Konsequenz des kompetitiven Interaktionsmodus ergibt sich nun eben daraus: Die Umstellung des

Allokationsmodus von Zuschreibung auf Leistung bewirkt jene die Gesellschaft in ihrer kulturellen und strukturellen Gesamtheit durchdringende *Dynamisierung* der Sozialordnung, die von Marx als Folge der Kapitalisierung, von Weber als die immanent-revolutionäre Kraft der Rationalisierung und von Simmel als Ergebnis des Individualisierungsprozesses identifiziert wurde. Die sich aus dem Wettbewerbsprinzip ergebende soziale Transformationskraft bezieht sich auf die Ergebnisse der sozialen Produktion, auf die Akteure und auf die Prozessstrukturen gleichermaßen: Jenes setzt einerseits beständig Anreize, noch bessere Leistungen als die bisher erreichten zu erzielen, so dass es auf keinem sozialen Gebiet mehr zu einer Festigung oder Kristallisierung des Status quo kommt: Rekorde im Sport sind dazu da, gebrochen zu werden; wissenschaftliche Entdeckungen sind, wie schon Weber hervorhebt, dazu gedacht, umgehend überboten zu werden;[483] politische Amtsinhaber werden beständig von der Opposition herausgefordert; wirtschaftliche Produktionsweisen und Produktionsziele müssen bei Strafe des ökonomischen Untergangs fortwährend verbessert werden; Künstler stehen unter gleichsam apriorischem Innovationszwang, weil das Nachahmungsprinzip jeglichen künstlerischen Geltungsanspruch eingebüßt hat, etc. Damit geraten individuelle wie kollektive Akteure selbst unter den Druck, ihre *Wettbewerbsfähigkeit* aufrechtzuerhalten bzw. zu verbessern, das heißt, ihre Kenntnisse, Fähigkeiten und Ressourcenlage auszubauen, um im Konkurrenzkampf bestehen zu können. Sie können sich in keiner Sozialsphäre ihrer Position sicher sein: Ressourcen, Privilegien, Positionen und soziale Achtung werden leistungsabhängig immer wieder neu verteilt, die Sozialordnung wird dynamisiert, zeitstabile Zustände statischen Gleichgewichts pendeln sich kaum mehr ein. Dieser Umstand legt es den Akteuren andererseits nahe, ihre in der Konkurrenzsituation kultivierten, aber zunächst nicht erfolgreichen Energien und Fähigkeiten auf neue Ziele und in neue Bahnen zu lenken. Möglicherweise wird die ›kreative Unruhe‹ moderner Gesellschaften mehr noch durch die im Wettbewerb zunächst unterlegenen Akteure als durch die Sieger befördert, weil Erstere unter erhöhten Innovationsdruck geraten. Der abgewiesene Wissenschaftler, der

483 M. Weber, »Wissenschaft als Beruf«, in: *Gesammelte Aufsätze zur Wissenschaftslehre*, hg. von Johannes Winckelmann, 7. Aufl. [1922], Tübingen 1988, S. 582-613.

unterlegene Politiker, der kaum beachtete Künstler ist gezwungen, *sich etwas Neues* einfallen zu lassen. Kreative und innovative Potentiale werden dabei natürlich insbesondere dort systematisch erzeugt und abgerufen, wo die materiale Zielsetzung selbst (im Sinne der oben definierten *genuin wettbewerbsförmigen* Organisation einer Sozialsphäre) zu einem Element des Konkurrenzkampfes wird.

Zum Dritten und Letzten schließlich hat es den Anschein, als ob die wettbewerbsförmige Organisation einer Sozialsphäre diese gleichsam ›naturwüchsig‹ ethisch neutralisiere bzw. gegenüber exogenen Erwägungen immunisiere:[484] Da die in der freien Konkurrenz erbrachten Leistungen im Ausleseprozess objektiv und ›fair‹ belohnt werden und das Bessere sich dort, wo der Wettbewerb funktioniert, quasi-automatisch durchsetzt – dies ist eine konstitutive Idee des Wettbewerbsprinzips –, scheinen konkurrenz-externe ethische, ästhetische oder moralische Erwägungen über das *Ergebnis* des Konkurrenzkampfes überflüssig, wenn nicht gar systemschädigend zu sein, weil sie mit der Grundidee des freien Wettbewerbs unvereinbar sind. Wettbewerbssysteme funktionieren genau dann effizient, wenn sie von inhaltlichen Zielvorgaben entlastet sind: Erst der Verzicht darauf, der Wissenschaft, der Wirtschaft oder der Kunst vorzuschreiben, was sie zu forschen oder zu produzieren haben, welche Wertgesichtspunkte zu verfolgen sind und wer im Wettbewerb zu begünstigen sei, hat deren gewaltige Effizienzsteigerung in der Moderne ermöglicht. Der Gedanke der Neutralität des Wettbewerbs bezieht sich dabei nicht nur auf die sachlichen, sondern auch auf die sozialen Ergebnisse: Wer im Wettbewerb unterliegt (sei es im Sport, in der Wissenschaft, in der Kunst oder in der Politik), hat es gleichsam ›verdient‹, von den entsprechenden Privilegien, Ressourcen oder Positionen ferngehalten zu werden, weil er objektiv schwächer war als die Konkurrenz – darin liegt der Gerechtigkeitsanspruch des fairen und freien Wettbewerbs. Wettbewerbe sind ihrer logischen Konstitution nach zwar *geregelt*, aber nicht *gesteuert*. Die Abwesenheit von Regeln transformiert Wettkämpfe in Konflikte, der Anspruch auf Steuerung dagegen unterminiert das Konkurrenzprinzip: Die Steuerungsprinzipien selbst müssen in einem anderen Interaktionsmodus festgelegt werden.

484 Vgl. dazu etwa W. Schluchter, »Ethik und Kapitalismus. Zwei Thesen Max Webers«, in: *Berliner Journal für Soziologie*, Heft 3 (1995), S. 335-347, vor allem S. 340 ff., sowie Simmel, »Soziologie der Konkurrenz«, S. 186 ff.

Dies jedoch wirft bereits die Frage danach auf, welche Art sozialer Ergebnisse durch das Wettbewerbsprinzip erzeugt bzw. verhindert werden. Dieser Frage möchte ich mich im Folgenden zuwenden.

III. Der Wettbewerb als soziales Instrument

Die Entwicklung der modernen Gesellschaft lässt wenig Zweifel daran, dass die dargelegte ›Entfesselung‹ des Wettbewerbs in allen oder fast allen Sozialsphären zu ungeahnten qualitativen wie quantitativen Effizienzsteigerungen, ja geradezu zu einer Leistungsexplosion geführt hat: Die europäische Staatenkonkurrenz hat der wirtschaftlichen, wissenschaftlichen und politischen Entwicklung ebendieser Staaten gewaltigen Auftrieb verliehen. Die wirtschaftliche Leistungsfähigkeit, das heißt die Produktiv*kräfte* wie die Produktions*leistungen*, sind in historisch unvergleichbarem Maße angestiegen, der Prozess der verstetigten technischen Innovation wurde durch das Konkurrenzprinzip überhaupt erst in Gang gesetzt; befördert und begünstigt wurde er durch die bahnbrechenden Erkenntnisse, welche der wissenschaftliche Wettbewerb zutage förderte. In der Politik ermöglichte der demokratische Parteienwettbewerb gegenüber allen anderen Regierungsformen ein weit schnelleres und sensibleres Reagieren auf die wechselnden sozialen Bedürfnisse. Auch hierin zeigt sich der aus der Wirtschaftssphäre bekannte große Vorzug des Konkurrenzprinzips, Bedarf und Angebot bzw. Produktion und Konsumtion sowohl qualitativ als auch quantitativ, wie von ›unsichtbarer Hand‹ geleitet, schnell und effizient zu koordinieren. Während die bis heute andauernden Leistungssteigerungen im Sport sich in Form der immer wieder aufs Neue gebrochenen Rekorde objektivieren, ermangelt die Sphäre der Kunst objektiver Kriterien für die Beurteilung einer qualitativen Leistungssteigerung infolge der Durchsetzung des Wettbewerbsgedankens, doch lässt sich zumindest quantitativ ein deutlicher Anstieg der Einrichtungen, Veranstaltungen und Produktionen der Hochkultur (der Opernhäuser und Theater, Galerien und Museen etc.) konstatieren, und es gilt als unbestritten, dass die technischen Fertigkeiten professioneller Künstler (etwa Musiker) heute weit über denen ihrer Vorgängergenerationen etwa im 18. Jahrhundert liegen. Auch die Lebensmöglichkeiten und die

Lebensweisen haben sich auf dem ›Markt der Lebensformen‹ diversifiziert und vervielfältigt. Amerikanische Religionssoziologen vertreten inzwischen sogar die überraschende These, dass sich Kirchen bzw. religiöse Vereinigungen dort am vitalsten und ›erfolgreichsten‹ zeigen, wo es zwischen ihnen zu einem direkten Wettbewerb um die Gläubigen kommt.[485]

Zugleich liegt es auf der Hand, dass die Tatsache, dass Subjekte in der Moderne etwa um Arbeits- und Ausbildungsplätze, Lebenspartner und Freunde konkurrieren müssen, ihnen gewaltige Kultivierungs- und Zivilisierungsleistungen abverlangt und daher zugleich die Kultivierung und Zivilisierung der Sitten in einzigartiger Weise befördert: Die Individuen sind gezwungen, als liebens- und vertrauenswürdig, als kenntnisreich, kultiviert und leistungsbereit (oder kurz: als wettbewerbsfähig) zu *erscheinen*, und wie etwa Baurmann und Kliemt zu zeigen versucht haben, sind sie darin genau dann am erfolgreichsten, wenn sie all dies tatsächlich *sind*, das heißt, wenn sie jene Eigenschaften in der Tat habitualisiert haben.[486] Denn langfristig werden sich auf allen ›Märkten‹ diejenigen Bewerber durchsetzen, denen weitere Leistungssteigerungen bei Einhaltung der Wettbewerbsregeln *zugetraut* werden. Wer auf einem ›Beziehungsmarkt‹ (wie weit dieser in der Spätmoderne gediehen ist, verrät etwa ein Blick in die Beziehungsannoncen der Zeitschriften und Zeitungen) einen Lebenspartner ›erobern‹ muss, ist in ganz anderer Weise gezwungen, sich als kultivierte, liebenswürdige, kenntnisreiche Person zu präsentieren, als etwa derjenige, dem traditionelle Autoritäten (z. B. die Eltern) einen Lebenspartner zuweisen. Für die Berufswelt und den ›Arbeitsmarkt‹ ist dieses Kultivierungs- und Bildungsprinzip natürlich schon lange bekannt und erforscht – die Alphabetisierungsrate etwa mag Auskunft über den Anstieg des Bildungsstandes in modernen Gesellschaften geben.[487]

485 Vgl. etwa R. Finke, R. Stark, *The Churching of America, 1776-1990: Winners and Losers in Our Religious Economy*, New Brunswick, NJ 1992.

486 M. Baurmann, H. Kliemt, »Zur Ökonomie der Tugend«, in: *Ökonomie und Gesellschaft, Jahrbuch 11: Markt, Norm und Moral*, Frankfurt/M. 1995, S. 13-44.

487 Unbeschadet der für Deutschland niederschmetternden Ergebnisse der Pisa-Studie zeigen vergleichende Studien, dass die kognitiven Fähigkeiten von Schülern gleicher Altersstufen sich auch in den letzten Jahrzehnten weiter verbessert haben; ebenso macht ein Blick in die Universitätsarchive rasch deutlich, dass heutige Magister- oder Diplomarbeiten nicht nur quantitativ, sondern oft auch

Die oben diskutierte ethische Neutralität des Wettbewerbs widerspricht also keineswegs dem Gedanken einer zivilisierenden Kraft der ›douce compétition‹, die auch bewirkt, dass die Subjekte sich hinsichtlich der Einhaltung der Wettbewerbsregeln weitgehend moralisch verhalten, weil derjenige, der gegen sie verstößt, den Verlust seiner zukünftigen Wettbewerbsfähigkeit riskiert. Dabei tut es offenbar nichts zur Sache, dass das Wettbewerbsprinzip bei weitem nicht immer und überall reibungslos funktioniert und stets korrumpierbar ist, denn auch hier wirkt die ›zivilisierende Kraft der Heuchelei‹, wie Jon Elster das einst nannte:[488] Wer offensichtlich nicht in der Lage ist, im Wettbewerb zu bestehen, wird sich langfristig auch unter Bedingungen der Korruption nicht durchsetzen können.

Als Instrument zur Realisierung substantieller gesellschaftlicher Ziele – wirtschaftlicher Wohlstand, wissenschaftliche Erkenntnisse, technische Innovationen, kulturelle und sportliche Höchstleistungen etc. – zeigt sich der Interaktionsmodus des Wettbewerbs damit nahezu unbestreitbar als allen anderen Organisationsformen, einschließlich der kooperativen, bei weitem überlegen.

Darüber hinaus erweist sich das Wettbewerbsprinzip jedoch nicht nur hinsichtlich solcher materialer Wertverwirklichungsgesichtspunkte als äußerst effizient, sondern es kann zusätzlich für sich in Anspruch nehmen, unbestechlich und unparteiisch für Verteilungs*gerechtigkeit* überall dort zu sorgen, wo der *Leistungsmaßstab* als Gerechtigkeitsprinzip anerkannt ist. Und insoweit die moderne Gesellschaft ihre Allokationsmuster über die meisten Sozialsphären hinweg ideell im Sinne Parsons' von Askription auf Leistung umgestellt hat, erfüllt der Wettbewerb damit die Gerechtigkeitsansprüche dieser Gesellschaft: Es ist *gerecht*, dass der Beste im Sport den Siegerpreis erhält, dass die im Wettbewerb erfolgreiche Partei regieren darf, dass der in Forschung und Lehre beste Bewerber die Professorenstelle erhält, dass das beste Kunstwerk prämiert wird und dass die Eheschließung zwischen jenen Partnern vollzogen wird, die sich im ›freien Wettbewerb‹ wechselseitig den Vorzug geben. *Ungerechtigkeit* herrscht dagegen überall dort, wo die Wettbewerbsregeln gebeugt, verzerrt oder verletzt werden.

qualitativ das Niveau von Dissertationen der 1950er oder 1960er Jahre erreichen.

488 J. Elster, »Constitution-Making in Eastern Europe: Rebuilding the Boat in Open Sea«, in: *Public Administration* 71 (1993), S. 169-217, hier S. 183.

Ungerechtigkeit herrscht jedoch auch in jenen sozialen Sphären, in denen Ressourcen oder Privilegien nach Leistungsfähigkeit verteilt werden, obwohl andere Gerechtigkeitsmaßstäbe Gültigkeit beanspruchen dürfen: Ärztliche Fürsorge etwa sollte nach den Gerechtigkeitsvorstellungen der modernen Gesellschaft nicht nach Maßgabe der (wirtschaftlichen) Leistungsfähigkeit, sondern nach Bedürftigkeit verteilt werden, und politische Rechte oder Bildungschancen sollten jedem gleichermaßen zukommen, also *gleich* verteilt werden.[489] Diese alternativen Gerechtigkeitsmaßstäbe sind dem Wettbewerbsgedanken nur scheinbar entgegengesetzt: Ihre Einhaltung sichert die Qualität des Wettbewerbs, weil sie sicherstellt, dass möglichst viele Konkurrenten unter fairen, gleichen und freien Bedingungen miteinander konkurrieren können. Dennoch tun sich Gesellschaften, in denen das Wettbewerbsprinzip zur totalen Dominanz gelangt, naturgemäß schwer damit, jene anderen Gerechtigkeitsprinzipien zu realisieren, da sie dem dominanten Interaktionsmodus und den damit verknüpften Ideen, Institutionen und Praktiken nicht nur exogen sind, sondern tendenziell sogar zuwiderlaufen. Die Rahmenbedingungen des Wettbewerbs können nicht durch den Wettbewerb selbst garantiert werden.

Dass wir indessen dazu neigen, die Allokation von Ressourcen und Positionen nach dem Leistungs- (oder Erfolgs-[490])Prinzip in den meisten Sozialsphären für gerecht zu halten, gilt nur so lange, wie wir dabei auf das materiale soziale Ergebnis des Wettbewerbsprozesses blicken: Indem wir so verfahren, wie in den obigen Beispielen angeführt, sichern wir die Qualität der gesamtgesellschaftlich bereitgestellten wissenschaftlichen, sportlichen, politischen und kulturellen Leistungen. Dagegen scheint, wie etwa John Rawls dargelegt hat, Leistung als Verteilungsprinzip unserem Gerechtigkeitsempfinden deutlich zuwiderzulaufen, sobald wir den Blick auf die Konsequenzen für die betroffenen Akteure richten: Dass der Langsame, der Ungeschickte, der Schwache geringere Chancen auf ein gutes Leben haben soll als der Schnelle, Begabte oder Starke, lässt sich vielleicht sozialdarwinistisch rechtfertigen, aber nicht als *moralisch gerecht* darstellen.[491] Überall dort, wo sich Wettbewerbs-

489 Vgl. dazu etwa M. Walzer, *Sphären der Gerechtigkeit*, Frankfurt/M. 1992.

490 Vgl. dazu unten, Anmerkung 497.

491 So kommt es, dass politische Maßnahmen, die zu größerer Ungleichheit führen, stets im Hinblick auf die gesamtgesellschaftliche Leistungsfähigkeit ge-

vorteile gleichsam nach dem Kapitalakkumulationsprinzip selbst vermehren – bereits vorhandenes ökonomisches, soziales oder kulturelles Kapital tendiert dazu, sich in steigendem Maße selbst zu multiplizieren –, verstärkt der Wettbewerb darüber hinaus von sich aus die natürlichen oder sozialen Ungleichheiten zwischen den Menschen: Einmal bestehende Bildungs-, Konditions- oder Vermögensunterschiede haben die Eigenschaft, sich unter Wettbewerbsbedingungen zu vergrößern und daher die Chancenungleichheit in jeder neuen Wettbewerbsrunde zu verstärken. Das Prinzip der Chancengleichheit wird daher im materialen Sinne durch den iterativen Konkurrenzprozess selbst unterminiert.

Der Wettbewerb als Interaktionsmodus verwirklicht deshalb natürlich nicht soziale Gerechtigkeit per se, sondern sichert lediglich eine leistungsgerechte Allokation von Ressourcen, Positionen und Privilegien.

Indessen gibt es jedoch auch auf der ›materialen‹ Seite eine ganze Reihe von Gütern, die sich im Interaktionsmodus des Wettbewerbs schwerlich oder gar nicht realisieren lassen: Die wettbewerbsförmige Organisation der sozialen Interaktion erschwert oder verunmöglicht die Verfolgung und Realisierung von Kollektivgütern und kollektiven Handlungsmöglichkeiten. Der Konkurrenzgesellschaft fehlen tendenziell die Institutionen, die sozialen Einstellungen und Praktiken und sogar die politische Sprache,[492] um jene sozialen Güter zu produzieren, die nicht als das Ergebnis eines sozialen Kräftemessens gedacht und realisiert werden können, sondern sich nur als kooperative Anstrengung, die in gleichem Maße allen zugutekommt, verwirklichen lassen. Dazu gehören der Klimaschutz ebenso wie die saubere Luft, möglicherweise aber auch Güter wie Freundschaft, Gerechtigkeit in einem umfassenden Sinn und genuine Gemeinschaft. Gesellschaften, in denen der Interaktionsmodus der assoziativen Kooperation vorherrscht, scheinen auf die Produktion solcher Güter und die Verwirklichung kollektiver Handlungsziele geradewegs zugeschnitten zu sein, während ihre Effizienz in der Bereitstellung kompetitiv realisierbarer Güter chronisch schwach bleibt. Das von der *Rational-Choice-Theorie* ausgemachte notorische Kollektivgutproblem bezeichnet daher weniger

rechtfertigt werden, während Forderungen nach mehr Gleichheit unter Bezug auf die Nachteile der ›Wettbewerbsverlierer‹ begründet werden.

492 Vgl. hierzu etwa Taylor, »Aneinander vorbei«.

ein anthropologisches Faktum als vielmehr eine spezifisch konkurrenzgesellschaftliche Schwierigkeit.

Als Instrument zur gesellschaftlichen Zielrealisierung ist der Wettbewerbsmodus somit den alternativen Interaktionsformen in vielen, aber keineswegs in allen Hinsichten überlegen. Dass der Wettbewerb der sozialen Hegung und der Ergänzung durch andere Interaktionsmodi bedarf, wird deshalb sowohl in der politischen als auch in der sozialwissenschaftlichen Diskussion kaum je ernsthaft in Frage gestellt. Jene Hegung erweist sich inzwischen jedoch überall dort als problematisch, wo die Nichtsteuerbarkeit des genuinen Wettbewerbs dazu geführt hat, dass er sich von einem hocheffizienten Instrument zur Realisierung exogen gesetzter sozialer Ziele oder zumindest traditionalistisch festgelegter Wertgesichtspunkte, die einen vorhersehbaren Bedarf definieren – Wohlstand, Bildung, Kulturgüter etc. –, zum institutionell und strukturell verfestigten Selbstzweck gewandelt hat. Diese Transformation des Wettbewerbs vom Mittel zum Selbstzweck ist eine Folge der ethischen Neutralität des Wettbewerbs einerseits und seiner Relationalität andererseits: In einer Wettbewerbssituation geht es letztlich nicht darum, ein bestimmtes absolutes Ziel zu verwirklichen, sondern darum, besser, schneller, profitabler, schöner etc. als die Konkurrenz zu sein. Die dadurch ermöglichte Verstetigung der Konkurrenz ist zwar eine Voraussetzung für die genuin wettbewerbsförmige Organisation einer Sozialsphäre, doch hat sie zugleich dazu geführt, dass das Bestehen im Wettbewerb und die Erfüllung der Wettbewerbszwänge zu einem ebenso unerbittlichen wie dominanten *Endzweck* individuellen wie kollektiven Handelns geworden ist. Was *schnell geht*, muss *noch schneller gehen*, was schon *wächst*, muss *noch schneller wachsen* etc. So haben die Wachstums- und Beschleunigungserfordernisse der modernen Gesellschaften längst den Charakter eines Steigerungszwangs angenommen,[493] der dem ursprünglichen sozialen Ziel der konkurrenzförmigen Organisation der gesellschaftlichen Produktion: der Erlangung und Sicherung individueller und kollektiver Autonomie, diametral entgegenwirkt. Der Wettbewerb lässt sich nicht mehr stillstellen oder anhalten; er erzeugt einen permanenten, grenzenlosen Zugzwang und produziert damit soziale

493 Das ist das zentrale Thema der jüngsten Arbeiten von Gerhard Schulze; vgl. G. Schulze, *Die Beste aller Welten. Wohin bewegt sich die Gesellschaft im 21. Jahrhundert?*, München, Wien 2003.

Erscheinungen, die an keiner exogenen Wertvorstellung mehr gemessen werden können.

Das Prinzip des Wirtschaftswachstums beispielsweise hat sich so im Laufe des 20. Jahrhunderts von einem sozialen Versprechen, von der Verheißung erwünschten kollektiven Wohlstands, in einen stahlharten sozioökonomischen Selbstzwang verwandelt: Nicht um ungedeckten Bedarf zu befriedigen, sondern aufgrund der wettbewerbsförmigen Organisation der ökonomischen Sozialsphäre bleiben die Wachstumszwänge bestehen. Die Abwesenheit exogener Ziele bzw. Bedürfnisse, das heißt die Sättigung der Märkte, die Knappheit an Knappheit – mithin also die Verwirklichung des ursprünglichen sozialen Ziels –, ist so zum schlimmsten Schreckgespenst der Ökonomie geworden. Aus der unter Wert- wie Zweckgesichtspunkten rationalsten Organisation einer Sozialsphäre entwickelte sich so im Geschichtsverlauf ein System höchster organisierter Irrationalität: Das Organisationsprinzip selbst bestimmt den Endzweck des sozialen Handelns. Gleiches gilt für die gewaltigen Beschleunigungsleistungen der Moderne: Aus dem Glücks- und Freiheitsversprechen der Akzeleration zahlreicher (zielgerichteter) technischer und sozialer Prozesse ist ein unnachgiebiger Beschleunigungszwang geworden, der Menschen, Gesellschaften und die Natur zu überfordern droht.[494] Ähnlich operieren Wissenschaftler und Forschungsinstitutionen ebenso wie Künstler längst nicht mehr nach den Vorgaben sachlich begründeter, wettbewerbsexogener Erfordernisse, sondern nach der endogenen Logik der sich verselbständigenden Konkurrenz: Wer viel publiziert hat, muss noch mehr publizieren, wer viele Fördermittel eingeworben hat, sollte noch mehr beantragen etc.

Auf eine kurze Formel gebracht, bedeutet dies: Die wettbewerbsförmige Organisation einer Sozialsphäre erweist sich als hocheffizient zur Verfolgung und Verwirklichung exogen gesetzter Ziele, doch tendiert das Konkurrenzprinzip dabei unaufhebbar zur Verselbständigung und Verfestigung und damit zur Immunisierung gegenüber exogenen Vorgaben, so dass die Realisierung gesamtgesellschaftlicher Zielvorstellungen jenseits eines gewissen Entwicklungsstadiums untergraben statt befördert wird. Das ökonomische Wettbewerbsprinzip scheint im Zeitalter der neoliberalen Globa-

494 So die These von Fritz Reheis in: *Die Kreativität der Langsamkeit.*

lisierung nicht mehr den gesicherten Wohlstand der breiten Massen zu garantieren, sondern, umgekehrt, ebenjene in einen immer härteren Kampf ums ökonomische Überleben zu zwingen; die dadurch bedingte Unsicherheit in allen Sozialsphären untergräbt das ursprüngliche Versprechen wachsender individueller und kollektiver Autonomie. Während die Ahnherren der wettbewerbsförmigen Organisation der ökonomischen Sphäre von Adam Smith bis zu Ludwig Erhard davon ausgingen, dass die Effizienz der Marktwirtschaft die Subjekte von den Zwängen der Ökonomie in wachsendem Maße entlaste und befreie, so dass diese sich zunehmend anderen Sozialsphären (der Kunst, der Philosophie, der Freundschaft etc.) zuwenden könnten und wollten,[495] lässt sich de facto das genaue Gegenteil beobachten: Weil der relational bestimmte (›agonale‹) Wettbewerb sich gleichsam ›naturwüchsig‹ immer weiter verschärft, indem er immer neue Höchstleistungen erfordert, wird die Erlangung und Aufrechterhaltung der *Wettbewerbsfähigkeit* individuell wie kollektiv zur alles überragenden sozialen Sorge und zum dominanten Zweck individuellen wie kollektiven Handelns.[496]

Die Konsequenz dieser Verselbständigung des relationalen Wettbewerbsprinzips ist ein erzwungener Opportunismus hinsichtlich der individuellen wie der kollektiven sozialen Wertrealisierung. Was produziert wird, was erforscht wird, ist letztlich gleichgültig, solange es die *Wettbewerbsfähigkeit* steigert und Wachstums- oder Beschleunigungspotentiale verspricht. Diese »Endogenisierung des Wettbewerbs« findet ihren Niederschlag auch in der zunehmenden Schwierigkeit, in den verschiedenen Sozialsphären zwischen *Leistung* und *Erfolg* zu unterscheiden, und daher in der beobachteten Verschiebung vom *Leistungswettbewerb* zum agonalen oder relationalen, auf Konkurrenzerfolg zielenden Wettbewerb:[497] Werden

495 Vgl. dazu ausführlich H. Rosa, »Wider die Unsichtbarmachung einer ›Schicksalsmacht‹. Plädoyer für die Erneuerung der Kapitalismuskritik«, in: *Berliner Debatte Initial* 15 (2004), S. 81-90.

496 Interessanterweise wird in der Ideengeschichte ebendiese soziale Verselbständigung des Konkurrenzprinzips im Anschluss an Hesiods Unterscheidung zwischen einem ›guten‹ und einem ›bösen‹ Streit (*Eris*) etwa von Jaspers oder Huizinga zur Bestimmung des Umschlagpunktes zwischen einem sozial vorteilhaften und einem gesellschaftlich schädlichen Wettbewerb benutzt (vgl. Nullmeier, *Politische Theorie des Sozialstaats*, S. 148 ff., 162 und 168).

497 Vgl. dazu erhellend und umfassend: Sighard Neckel, »›Leistung‹ und ›Erfolg‹«. Neckel arbeitet überzeugend heraus, dass die Idee der Leistung eher der ideo-

soziale Ziele, Leistungen und Wertmaßstäbe nicht mehr wettbewerbsexogen definiert, so ist der beste Sänger einfach derjenige, der die meisten Tonträger verkauft, die beste Wissenschaftlerin diejenige, welche die ausgeschriebene Stelle kriegt, und der beste Politiker derjenige, der die meisten Stimmen auf sich vereinigt. Entsprechend identifiziert etwa auch Niklas Luhmann die »Institutionalisierung opportunistischer Wertverfolgung« unter dem modernen Beschleunigungsprimat und spricht von der Durchsetzung einer »zielvariablen Tempoideologie«,[498] während Wilhelm Hennis die progressive Erosion weltanschaulicher Gegensätze im politischen Parteienwettbewerb beklagt:[499] In Zeiten der globalen Standortkonkurrenz tendieren politische Programme dazu, sich nur noch in der Frage zu unterscheiden, *mit welchen Maßnahmen* die kollektive Wettbewerbsfähigkeit zu steigern sei. Der Wettbewerb steht nicht mehr im Dienst der Verwirklichung (exogener) politischer Programme, sondern diese stehen umgekehrt im Dienst der ökonomischen und politischen Wettbewerbszwänge. Darin bündelt sich das Dilemma der Immunisierung und Endogenisierung wettbewerbsförmig organisierter Sozialsphären wie in einem Brennglas. In ganz ähnlicher Weise sind die Subjekte in spätmodernen Gesellschaften dazu gezwungen, ihre Wettbewerbsfähigkeit in allen Sozialsphären zu steigern oder zumindest zu erhalten, wollen sie ihre Position im sozialen Gefüge nicht verlieren, und dies erfordert in einer hochdynamischen Gesellschaft (deren Dynamik just durch das Wettbewerbsprinzip

logischen Legitimation von distributiven Differenzen dient, als in der Praxis als entscheidendes Kriterium zu fungieren: Der im Wettbewerb letztlich Erfolgreiche muss keineswegs notwendig die größere Leistung erbracht haben; oftmals fehlen hierfür entweder die Maßstäbe, oder Erfolg und Leistung fallen sogar messbar auseinander. Für die hier interessierende *soziale Logik* des Wettbewerbs scheint mir dieser Umstand indessen nicht entscheidend zu sein: Leistung erscheint hier insofern als äquivalent mit bzw. definiert durch Wettbewerbserfolg, als es der Letztere ist, der Anerkennung sichert und als Leistungsausweis dient. Siehe dazu auch: Neckel, Dröge, »Die Verdienste und ihr Preis«. Zum Dominantwerden eines agonalen »Hyperwettbewerbs« in der zeitgenössischen Ökonomie siehe auch Nullmeier, *Politische Theorie des Sozialstaats*, S. 215 ff.

498 N. Luhmann, »Die Knappheit der Zeit und die Vordringlichkeit des Befristeten«, in: N. Luhmann, *Politische Planung. Aufsätze zur Soziologie von Politik und Verwaltung*, Opladen 1994, S. 143-164, hier S. 155 und 156.

499 W. Hennis, »Alternativen ohne Spielraum? Möglichkeiten und Unmöglichkeiten des politischen Systems«, in: W. Hennis, *Auf dem Weg in den Parteienstaat. Aufsätze aus vier Jahrzehnten*, Stuttgart 1998, S. 57-68, hier besonders S. 66 ff.

stets weiter gesteigert wird) vor allem eine opportunistische Strategie des Offenhaltens von Optionen und Anschlussmöglichkeiten. Auch auf der Ebene der alltäglichen Lebensführung lässt sich daher das Dominantwerden einer ›zielvariablen Wettbewerbsideologie‹ beobachten. Damit sind wir aber bei der Frage nach den Folgen der wettbewerbsförmigen Organisation der verschiedenen Sozialsphären für die Subjekte, der ich mich nun zuwenden möchte.

IV. Der Wettbewerb als Form der Vergesellschaftung

Der sozialwissenschaftliche Versuch, die menschlichen Handlungsziele möglichst metaphysikfrei und so kulturunabhängig wie möglich zu definieren, führt in der Regel zu Annahmen, wie sie etwa Hartmut Esser vorschlägt, das heißt zu der Vorstellung, Subjekte strebten einerseits nach sozialer Wertschätzung (oder Anerkennung) und andererseits nach physischem Wohlbefinden, welches, so wird in der Regel angenommen, mit der Zahl der Handlungsressourcen und damit zumeist mit dem materiellen Wohlstand korreliert zu sein pflegt.[500] Wie immer man sich zu einer derart reduktionistischen Bestimmung menschlicher Handlungsmotivationen stellen mag,[501] *dass* diese beiden Beweggründe in wie auch

500 Vgl. etwa Hartmut Esser, *Soziologie. Allgemeine Grundlagen*, Frankfurt/M., New York 1996, S. 241 ff. Auch Adam Smith formulierte bereits diese beiden Leitideen, wobei er erstaunlicherweise den Kampf um Anerkennung für das wichtigere Handlungsmotiv hält: Da die leiblichen Bedürfnisse höchst begrenzt seien, so Smith, »geschieht es hauptsächlich im Hinblick auf die Gefühle der Menschheit, daß wir nach Reichtum streben und Armut zu vermeiden suchen. Denn welchem Zweck dient all die Mühe und Geschäftigkeit dieser Welt? Was ist das Ziel von Habgier und Ehrgeiz, von Streben nach Reichtum, von Macht und Ansehen? […] Woher […] der Wetteifer, der die verschiedenen Stände ergreift, und welche Vorteile haben wir im Auge, wenn wir als wichtigstes Ziel menschlichen Lebens die Verbesserung unserer Lage nennen? *Beachtet zu werden, versorgt zu werden, mit Sympathie und Anerkennung bedacht zu werden: Nur das sind Vorteile, die wir damit zu gewinnen suchen. Eitelkeit, nicht jedoch Annehmlichkeiten oder Freude, interessiert uns*« (A. Smith, *The Theory of Moral Sentiments*, London 1801, Bd. 1, S. 98 f.; zitiert nach Hirschman, *Leidenschaften und Interessen*, S. 117; Hervorh. H. R.).

501 Für eine tiefsinnige und überzeugende Kritik vgl. etwa C. Taylor, »Was ist menschliches Handeln?«, in: C. Taylor, *Negative Freiheit? Zur Kritik des neuzeitlichen Individualismus*, Frankfurt/M. 1988, S. 9-51.

immer kulturell vermittelter Form eine wichtige Rolle im sozialen Handeln spielen, lässt sich kaum bestreiten. Für den gegebenen Zusammenhang sind sie deshalb von Belang, weil sich an ihnen demonstrieren lässt, dass selbst auf der Grundlage dieser minimalistischen, abstrakten und möglichst kulturneutralen Definition menschlicher Handlungsziele sich ein überragender Einfluss des Wettbewerbsprinzips auf das Selbstverständnis und Selbstverhältnis der Subjekte demonstrieren lässt.

Mit der Umstellung der Allokationsmuster von Zuschreibung auf Leistung im Prozess der Modernisierung geht zunächst auch eine Neubestimmung der gesellschaftlichen Anerkennungsmuster einher. Die soziale Wertschätzung, die ein Subjekt erfährt, ist nicht länger an seinen zugeschriebenen oder vordefinierten Status, etwa an seinen Stand, gebunden und deshalb auch nicht mehr a priori *gegeben*, sondern sie wird nun ebenfalls im sozialen Konkurrenzkampf *erworben*, gesichert und verloren. Individualisierung bedeutet hier vor allem, dass ein Subjekt soziale Wertschätzung dadurch erwerben muss, aber auch kann, dass es erfolgreich bestehen kann in den wettbewerbsförmig organisierten Sozialsphären. Durch Erlangen eines vergleichsweise hohen Bildungsabschlusses, durch Tüchtigkeit im Berufsleben, durch ein erfolgreiches Familienleben – wie sehr der Wettbewerb sich hier auch auf den Schul- und Sozialerfolg *der Kinder* ausgedehnt hat, offenbart nicht nur die notorische Tendenz glücklicher Eltern, das Gespräch auf die besonderen Fähigkeiten und Leistungen ihrer Kinder zu lenken, sondern auch ein Blick in die Familienzeitschriften und -ratgeber –, sodann aber auch durch Erfolge in eher peripheren Sozialbereichen, etwa im Sport oder in der Kommunalpolitik, erwerben Individuen sich soziale Wertschätzung. Was sie von Geburt an oder durch bloße Gruppenzugehörigkeit *sind*, verliert immer mehr seine anerkennungssichernde Qualität.

Die Anerkennungsmuster der Gesellschaft werden daher durch das Dominantwerden des Interaktionsmodus der Konkurrenz in zwei Richtungen verändert. Zum Ersten werden sie *dynamisiert*: Man »besitzt« Anerkennung niemals mehr auf Dauer, sondern steht stets in Gefahr, sie im Konkurrenzkampf wieder zu verlieren. Die *Bewährung durch Leistung* wird mit dem Fortschreiten des Modernisierungsprozesses immer mehr zu einer Daueraufgabe: Die Erfolge von gestern zählen bei der Positionierung im sozialen Wettbewerb in dem Maße immer weniger, in dem der soziale Wandel sich beschleunigt.[502] Der Kampf um Anerkennung erfährt daher durch die Umstellung auf Wettbewerb und Leistung ebenfalls eine historisch beispiellose Dynamisierung. Dadurch ändert, zum Zweiten, auch die Natur der Missachtungserfahrung, das heißt der verlorenen oder verweigerten Anerkennung, ihren Charakter grundlegend. Achtung und Missachtung werden gleichsam *entontologisiert*, das heißt, sie sind nicht mehr einer vorgegebenen sozialen oder kosmischen Ordnung eingeschrieben, an der man leiden kann, wenn man in ihr einen niedrigen Rang einnimmt, sondern sie werden durch eigenes Handeln bzw. eigene Leistung erworben, verfehlt und verloren. Das Leiden an Missachtung und Ungleichheit wird so transformiert von einem Leiden am *apriorischen sozialen Ausschluss* in eine fortwährende Angst vor dem Scheitern bzw. vor dem Unterliegen im Wettbewerb, vor dem *Nicht-mehr-Mitkommen* oder dem *Abgehängtwerden*. Das ›Nicht-gut-genug-Sein‹ als Ausdruck einer enttäuschten Anerkennungshoffnung verändert seinen sozialen Sinn: Subjekte haben sich das Scheitern selbst zuzuschreiben, in jedem Falle wird ihnen ihr sozialer Erfolg bzw. Misserfolg im Konkurrenzkampf sozial zugerechnet.

Weil der Schwache, Langsame, Unkreative, Unattraktive im *freien und fairen* Wettbewerb unterliegt, erfährt er ›gerechte‹ soziale Missachtung und Geringschätzung im Sinne der Leistungsgerechtigkeit des Wettbewerbs. Er scheitert seiner eigenen Sozialerfahrung nach nicht mehr an einem ›grausamen, unerbittlichen Schicksal‹ oder an einer ungerechten sozialen Ordnung, die es ihm erlaubten, sein Leiden an Ungleichheit gleichsam zu ›ontologisieren‹, das heißt, als unvermeidliches Resultat einer (ungerechten oder unverstehbaren) kosmischen Ordnung zu begreifen, sondern er scheitert an seiner eigenen, selbst zu verantwortenden Unzulänglichkeit. Diese und nicht die *Ordnung der Dinge* oder *das Leid der Welt* oder eine andere feindliche, aber *ontologisierte* Macht ist für sein *Zu-kurz-Kommen* verantwortlich, das deshalb moralisch nicht entlastet, sondern noch belastet wird: Es signalisiert persönliches (moralisches) Versagen, wie es am deutlichsten wohl in der von Weber herausgearbeiteten *protestantischen Leistungsethik* zum Ausdruck kommt.

502 Dazu ausführlich Rosa, *Beschleunigung*, Kapitel V und XI.3.

Adorno und Horkheimer exemplifizieren diese Differenz in der *Dialektik der Aufklärung* am Unterschied zwischen der in Mahlers *Lied von der Erde* idealisierten Haltung des resignierten Chinesen und der Selbstwahrnehmung des gescheiterten Amerikaners. Unter dem Stichwort »Zwei Welten« schreiben sie über ihre Erfahrung der subjektiven Konsequenzen eines dominant gewordenen sozioökonomischen Wettbewerbs in den USA:

> Hierzulande gibt es keinen Unterschied zwischen dem wirtschaftlichen Schicksal und den Menschen selbst. Keiner ist etwas anderes als sein Vermögen, sein Einkommen, seine Stellung, seine Chancen. Die wirtschaftliche Charaktermaske und das, was darunter ist, decken sich im Bewußtsein der Menschen, den Betroffenen eingeschlossen, bis aufs kleinste Fältchen. Jeder ist so viel wert, wie er verdient, jeder verdient, so viel er wert ist. Was er ist, erfährt er durch die Wechselfälle seiner wirtschaftlichen Existenz. Er kennt sich nicht als ein anderes. Hatte die materialistische Kritik der Gesellschaft dem Idealismus einst entgegengehalten, daß nicht das Bewußtsein das Sein, sondern das Sein das Bewußtsein bestimme, daß die Wahrheit über die Gesellschaft nicht in ihren idealistischen Vorstellungen von sich selbst, sondern in ihrer Wirtschaft zu finden sei, so hat das zeitgemäße Selbstbewußtsein solchen Idealismus mittlerweile abgeworfen. Sie beurteilen ihr eigenes Selbst nach seinem Marktwert und lernen, was sie sind, aus dem, wie es ihnen in der kapitalistischen Wirtschaft ergeht. Ihr Schicksal, und wäre es das traurigste, ist ihnen nicht äußerlich, sie erkennen es an. Der Chinese, der Abschied nahm, »Sprach mit umflorter Stimme: Du mein Freund / mir war das Glück in dieser Welt nicht hold. / Wohin ich geh? Ich wandere in die Berge, / Ich suche Ruhe für mein einsam Herz.«
>
> I am a failure, sagt der Amerikaner. – And that is that.[503]

Wenngleich das Selbstwertgefühl der Subjekte in der Spätmoderne sich sicherlich nicht ausschließlich am *ökonomischen* Wettbewerbserfolg orientiert, wie Horkheimer und Adorno hier suggerieren, scheint es doch selbstevident zu sein, dass die Wettbewerbsfähigkeit in dem Maße zum Gradmesser des sozialen Prestiges und daher der Selbstwerterfahrung wird, in dem die Sozialsphären genuin wettbewerbsförmig organisiert sind. Als Ausdruck des ›Marktwerts‹ eines Subjekts erscheint dabei eben nicht nur der ökonomische Kurswert, sondern etwa auch der eingenommene Rang im Kampf um Bildungsabschlüsse und attraktive Intimpartner, um den größeren

503 M. Horkheimer, W. Adorno, *Dialektik der Aufklärung. Philosophische Fragmente*, Frankfurt/M. 2003, S. 220.

Bizepsumfang, das hochwertigere Freundesnetz oder den Schulerfolg der Kinder. So raten Psychologen Individuen, die keinen Lebenspartner finden, inzwischen ganz ungeschminkt, sie sollten ihren *Marktwert* nicht überschätzen. Internetseiten, auf denen Männer und Frauen Fotoaufnahmen von sich selbst zur Bewertung nach Maßgabe der körperlichen Attraktivität oder der Ausstrahlung durch alle anderen Betrachter freigeben und sich dadurch in ihrem »Sympathiewert« zwischen *minus eins* und *plus zehn* bestimmen lassen, erfreuen sich nicht nur einer rasant wachsenden Beliebtheit – die Website ›hotornot.com‹ soll etwa *zehn Millionen* Stimmabgaben pro Tag erzielen[504] –, sondern erscheinen auch als ein konsequenter Ausdruck der wettbewerbsförmigen, an Erfolgsraten orientierten Organisation der ›gemeinschaftlich-diffusen‹ Sozialsphäre.

Indessen konkurrieren Subjekte in der Moderne und a fortiori in der Spätmoderne natürlich nicht nur um soziale Wertschätzung, sondern in gleichem Maße um materielle Ressourcen und soziale Positionen, die sie zur Verfolgung ihrer je individuell definierten Konzeptionen gelingenden Lebens benötigen. Auch über die Verteilung der materiellen Lebenschancen wird mithin im Modus des Wettbewerbs entschieden: Der Erfolgreiche kann *prima facie* alle möglichen Konzeptionen gelingenden Lebens verfolgen, während dem Erfolglosen dafür die materiellen Voraussetzungen fehlen; sofern materielle Ressourcen knapp sind, wird der Langsame, Schwache, Unkreative, Unattraktive, kurz: der *Erfolglose ceteris paribus* auch im Hinblick auf das physische Wohlbefinden ein ›schlechteres‹ Leben führen als der Erfolgreiche.

Interessanterweise lässt sich im Zuge der spätmodernen Verschärfung und Totalisierung des Wettbewerbs hinsichtlich der Allokation von Ressourcen und der Verteilung von Anerkennung nun in der sozialen Mikrosphäre der Lebensführung eine ähnlich weitreichende *Endogenisierung* der Zielsetzung beobachten wie in den oben diskutierten gesellschaftlichen Funktionssphären. Im Prozess der fortschreitenden Modernisierung wird der Selbst- und Lebensentwurf der Subjekte nämlich von einem (oft traditionalistisch bestimmten) wettbewerbsexogenen *Ziel*, um dessentwillen sie sich auf Wettbewerbssituationen einlassen, zu einem entschei-

504 Vgl. G. Rivlin, »Facing the World Online, With Egos Fully Exposed«, in: *The New York Times*, Beilage zur *Süddeutschen Zeitung* vom 14. 6. 2004, S. 15.

denden Wettbewerbs*instrument*. Damit aber erringt das Wettbewerbsprinzip – entgegen der Vermutung, dass die freie Konkurrenz die Pluralität und Heterogenität von Lebenskonzeptionen fördere – eine geradezu determinierende Kraft über die gesellschaftlich dominanten Konzeptionen gelingenden Lebens: Wettbewerbserfolg hat nur derjenige, der sich selbst in einer Weise entwirft, die dem erfolgreichen Konkurrieren zuträglich ist. Flexibilität, Schnelligkeit, die Bereitschaft zum psychischen Nachvollzug der funktionalen Differenzierung und zum Erwerb wechselnder Fähigkeiten, der Wille zu permanenter Veränderung und zur beständigen Leistungssteigerung etwa sind Bedingungen für den Erfolg im spätmodernen sozioökonomischen Wettbewerb – abweichende Lebenskonzeptionen (etwa solche des Asketizismus, des Ästhetizismus, der Kontemplation oder des Kollektivismus) werden durch Misserfolg und daher auch mit Missachtung und Exklusion bestraft. Deshalb beeinflusst das Wettbewerbsprinzip entgegen dem angeführten ersten Augenschein nicht nur die Lebenschancen der »Verlierer« in massiver Weise, sondern auch diejenigen der Gewinner: Sie sind gezwungen, sich auf eine Weise zu entwerfen, die ihrer Konkurrenzfähigkeit zuträglich ist. Dies scheint schon Georg Simmel geahnt zu haben, wenn er beklagte, dass trotz der zunehmend bunten Vielfalt und heterogenen Erscheinungsweise moderner ›quantitativer‹ Identität echte, gleichsam ›kauzige‹ Originalität hinter einer gewissen ›Stromlinienförmigkeit‹ moderner Subjekte zu verschwinden drohe.[505]

Der dominant werdende Interaktionsmodus Wettbewerb kultiviert und zivilisiert die Individuen also nicht nur in dem im letzten Abschnitt herausgearbeiteten Sinne, sondern nötigt ihnen insbesondere unter den spätmodernen Bedingungen des zeitlich und sozial ›entgrenzten Wettbewerbs‹, der nicht nur in strategischen Entscheidungssituationen, sondern ununterbrochen ausgefochten wird und in dem sie nicht wissen können, welche Fähigkeiten, Titel, Beziehungen und Erfahrungen sie in einer sich ständig verändernden, vieldimensionalen Konkurrenzsituation als Nächstes brauchen werden, zugleich die Einnahme einer *zielvariablen* Tempo- und Leistungsideologie und die Verfolgung einer *wertopportunistischen* Maximierung von Optionen und Anschlussmöglichkeiten auf.

505 Simmel, *Philosophie des Geldes*, S. 591ff.

(Spät-)moderne Subjekte sind nicht nur Arbeitskraftunternehmer in dem von Gert Günter Voß herausgearbeiteten Sinne,[506] sie sind gleichsam ›Selbstunternehmer‹ in allen Sozialsphären. Überall sind sie gezwungen, sich in einem dynamischen Wettbewerb zu behaupten, wozu ihnen der von Heinz von Foerster formulierte kategorische Imperativ der Moderne – *Handle jederzeit so, dass die Zahl deiner Optionen und Anschlussmöglichkeiten größer wird* – als Richtschnur dienen kann. Der schon von Rousseau beklagte Prestige-, Positions- und Ressourcenkampf aller gegen alle in einer vom ›amour propre‹ getriebenen modernen Gesellschaft ist dieser in der Tat strukturell eingeschrieben. Die Angst, die optimale Leistung zu verfehlen, erstreckt sich dabei interessanterweise auch auf die Empfängerseite der Leistungserbringung: Subjekte werden nicht nur in der Werbung und in den Beratungsdiensten aller Art dazu angehalten, beständig zu prüfen, ob sie auch wirklich das Bestmögliche erhalten. Erbringt *Ihr PC, Ihr Auto, Ihre Versicherung, Ihre Partei, Ihre Frau, Ihre Religion* die für Sie maximale Leistung? Diese Fragen zu stellen ist nicht nur konsequent, sondern im Sinne des wettbewerbsorientierten Handelns geradezu unerlässlich: Nur wer seine Ressourcen optimal einsetzt, darf auf Erhalt oder Steigerung seiner Wettbewerbsfähigkeit in einem sich verschärfenden Konkurrenzkampf hoffen.[507]

Auch als Modus der Vergesellschaftung bzw. Subjektivierung weist damit das Wettbewerbsprinzip jenes eigentümliche Umschlagsmoment auf, das es von einem sozialen Instrument zur Maximierung exogener Zielsetzungen, wie sie in der Steigerung von Lebensoptionen einerseits oder den Ideen der Zivilisierung, Kultivierung oder Individualisierung andererseits zum Ausdruck kommen, zu einem alles überragenden Endzweck werden lässt, der im Erhalt der *Wettbewerbsfähigkeit* (in Fitness und Aussehen, Kenntnissen und Ausstattung, Beziehungen und Erfahrungen) liegt. Ihr gegenüber erhalten alle anderen subjektdefinierenden Eigen-

506 Vgl. etwa G. G. Voß, »Neue Verhältnisse? – Zur wachsenden Bedeutung der Lebensführung von Arbeitskräften für die Betriebe«, in: B. Lutz (Hg.), *Entwicklungsperspektiven von Arbeit*, Ergebnisse aus dem Sonderforschungsbereich 333 der Universität München/DFG, Berlin 2001, S. 31-45.

507 Vgl. zu den sozialen und subjektiven Folgen dieser Situation insgesamt auch die Arbeiten von S. Neckel in: *Die Macht der Unterscheidung. Essays zur Kultursoziologie der modernen Gesellschaft*, Frankfurt/M., New York 2000.

schaften – Berufe und Partnerschaften, Einstellungen und Ideale, Wohnorte und Lebensformen – einen tendenziell transitorischen, temporären und sekundären Charakter. Wer gleichsam ›sesshaft‹ wird und sich der stetigen Neuerfindung seiner selbst verweigert oder die Fähigkeit dazu einbüßt, riskiert nicht nur gravierende Wettbewerbsnachteile, sondern kann geradezu als Modernisierungsverlierer gelten: Er verliert soziale Wertschätzung und materiale Lebenschancen gleichermaßen.[508]

Der Interaktionsmodus Wettbewerb erlaubt deshalb nur vorübergehend eine Zunahme der Vielfalt bzw. die genuine Individualisierung von Konzeptionen gelingenden Lebens, der Lebenspläne und Selbstentwürfe – langfristig tendiert er dort, wo er ungesteuert bleibt, zu einer immer stärkeren Einschränkung dieser Vielfalt unter dem strategischen Primat der *Wettbewerbsfähigkeit*. Markt und Konkurrenz sind daher mit Sicherheit nicht neutral gegenüber den menschlich möglichen ›letzten Stellungnahmen‹ zur Welt und zum Leben im Sinne Webers, sondern haben erhebliche, ja totalisierende Konsequenzen für die Möglichkeiten der Lebensführung.[509]

V. Politische Schlussfolgerungen

Insgesamt, so machen diese Überlegungen deutlich, hat die Umstellung sozialer Organisation und Interaktion auf den Modus des Wettbewerbs viel weiter reichende soziale und ethische Konse-

508 Vgl. dazu etwa Richard Sennetts anregenden Essay *Der flexible Mensch* und zur Rückkehr und Rache des ›Nomadischen‹ gegenüber dem Sesshaften Zygmunt Bauman, *Liquid Modernity*, S. 13.

509 »American Workers are stressed out, and in an unforgiving economy, they are becoming more so everyday«, berichtet der Stressforscher John Schwartz auf der Titelseite der *New York Times* vom 5. 9. 2004. Er fährt fort: »62 Prozent geben an, dass ihre Arbeitsbelastung in den letzten sechs Monaten gestiegen ist, 53 Prozent sagen, sie fühlen sich nach der Arbeit übermüdet und überwältigt. Sogar zu Hause, auf den Fußballplätzen oder beim Picknick zum 1. Mai fühlen sich die Arbeitnehmer niemals entspannt, sie hängen an ihren Blackberrys, Telefonen und Laptops. Angesichts der hinzutretenden Gefährdung von Arbeitsplätzen, steigender Gesundheitskosten, unsicherer Pensionsaussichten und der Angst vor einem finanziellen Rückschlag, der die Rückzahlung von Kreditraten verunmöglicht, verwandelt sich das Büro für viele in eine Schreckenskammer der Angst« (Übers. H. R.). Vgl. zur ›marktpaternalistischen‹ Prädeterminierung von spätmodernen Lebensentwürfen auch oben, Kapitel 4.

quenzen, als dies den Verteidigern seiner effizienzsteigernden Eigenschaften bewusst zu sein scheint.

Diese Konsequenzen, so hat sich gezeigt, lassen sich auf drei Ebenen des sozialen Lebens identifizieren: Zum Ersten beeinflussen sie Struktur und Qualität der sozialen Beziehungen in der Gesellschaft überhaupt, das heißt die Art und Weise, wie Menschen sich begegnen, sich wahrnehmen, sich assoziieren und wie sie individuell und kollektiv handeln. Zum Zweiten hat der sozial herrschende Interaktionsmodus gravierende Folgen für die Qualität und die Quantität der gesellschaftlich realisierten bzw. produzierten Werte. Eine konkurrenzförmige Organisation der Wirtschaft, so habe ich zu zeigen versucht, lässt zwar individuelle Kräfte beständig gegeneinander wirken, doch erzeugt sie dabei einen so gewaltigen energetischen und kreativen Überschuss, dass mehr Bedürfnisse besser und schneller befriedigt (und geweckt) werden können als bei allen uns bekannten kooperationsförmigen Organisationsweisen. Allerdings hat sich dabei zugleich ergeben, dass aufgrund der Tatsache, dass der Wettbewerb als Vergesellschaftungsmuster relationale Beziehungen definiert (x ist schneller/besser als y), aber keine Zielvorgaben enthält, sich die Wettbewerbszwänge nach und nach so verselbständigen, dass sie die Realisierung gesamtgesellschaftlicher Zielvorstellungen jenseits eines gewissen Entwicklungsstadiums unvermeidlich untergraben statt befördern, weil die Erhaltung und Steigerung der Wettbewerbsfähigkeit individuell wie kollektiv zur dominanten Zielvorgabe wird. Zum Dritten ist daher die wettbewerbsförmige Organisation von Gesellschaftssphären von größter Bedeutung auch für die Möglichkeiten und Konzeptionen gelingenden Lebens – oder gelingender Lebensführung – der Individuen. Hier habe ich zu zeigen versucht, dass die moderne Gesellschaft in dem Maße, in dem sie zu einer Totalisierung des Wettbewerbs im Sinne der wettbewerbsförmigen Primärorganisation *aller* Sozialsphären tendiert – wir konkurrieren um Karrieren, Kinder, Kirchenzugehörigkeiten, Kontakte und Körpermaße –, auch einen totalitären Zwang auf die möglichen Formen der Lebensführung ausübt.

Aus alledem ergibt sich nun jedoch zwingend, dass zur Überwindung der sich aus den verschärfenden und totalisierenden Wettbewerbszwängen selbst ergebenden sozialen Probleme und Irrationalitäten die neoliberale Strategie der Wettbewerbsintensivierung eine selbstvernichtende und anachronistische Strategie ist. Sie bezieht ihre Plausibilität aus der klassisch-modernen Sozialerfahrung, dass der Wettbewerb wie kein anderes Instrument dazu geeignet ist, ökonomische Knappheit und soziale Stagnation zu überwinden. Aber Verschärfung und Deregulierung der Konkurrenz wirken nicht mehr problemlösend, sondern problemverschärfend dort, wo die Knappheit an Knappheit, das heißt die Abwesenheit externer Bedarfs- und Zielvorgaben, und das Selbstzweckwerden der Wettbewerbsfähigkeit die eigentlichen Quellen der Schwierigkeiten sind. Die Hoffnung auf eine genuine Reformfähigkeit der modernen Gesellschaften kann daher nur darin liegen, die entscheidenden Sozialsphären – insbesondere Wirtschaft und Wissenschaft – nur noch sekundär wettbewerbsförmig zu organisieren: Über die materialen Ziel*setzungen* sollte zumindest innerhalb bestimmter Grenzen im Modus der demokratischen Deliberation entschieden werden, während die Ziel*realisierung* dann der freien Konkurrenz überlassen bleiben könnte. Das muss durchaus nicht das Ende der funktionalen Differenzierung bedeuten: Die Kriterien, die den Zielsetzungsentscheidungen in den einzelnen Sozialsphären zugrunde gelegt würden, könnten durchaus weiterhin dieser Sphäre selbst entstammen, also relativ ›immun‹ gegenüber extrafunktionalen Argumenten bleiben. Denn die vielfältige Steigerungsdynamik der Moderne und ihre in allen Sozialsphären zu konstatierenden Wachstums- und Beschleunigungszwänge sind nicht eine Konsequenz der funktionalen Ausdifferenzierung der Sozialsphären und der Verfolgung funktionsspezifischer Eigenlogiken per se, sondern ergeben sich erst aus deren wettbewerbsförmiger Organisation. Dennoch ist die Frage nach dem Zusammenhang zwischen dem Prinzip der funktionalen Differenzierung und der wettbewerbsförmigen Organisation der Funktionssphären, wie sich bereits in Abschnitt II oben gezeigt hat, weit komplexer, als es auf den ersten Blick scheinen mag. Das hat nicht nur historische Gründe insofern, als sich diese beiden Prinzipien in der Neuzeit in enger Verzahnung durchsetzten und entwickelten, sondern liegt auch daran, dass es eine Art »Wahlverwandtschaft« zwischen ihnen zu geben scheint: Eine nicht wettbewerbsförmig organisierte, aber funktional ausdifferenzierte Wirtschaftssphäre ist nur schwer vorstellbar, nicht zuletzt weil fraglich würde, wieso externe, also etwa (demokratisch-)politisch begründete Kriterien wirtschaftliche Entscheidungen *nicht* mitbestimmen sollten, wenn der freie Wettbewerb nicht mehr das dominante Organisationsprinzip der Wirtschaft wäre. Dass indessen die Sphäre des Rechts weitgehend autonom oder sogar »autopoietisch« und dennoch *nicht* wettbewerbsförmig organisiert ist, beweist zumindest, dass nicht nur analytisch, sondern auch empirisch eine Trennung möglich ist.

Der Interaktionsmodus Wettbewerb jedenfalls, so lautet die zentrale Einsicht dieses Kapitels, ist ein alternativloses Instrument zur Verwirklichung exogen bestimmter sozialer Zielvorgaben; er entwickelt jedoch individuell und kollektiv selbstzerstörerische Tendenzen, wo jene Zielvorgaben endogenisiert werden, weil dann die Erhaltung der Wettbewerbsfähigkeit unvermeidlich zum wert- und zielopportunistischen Selbstzweck wird, gegenüber dem alle anderen Zielsetzungen ins Hintertreffen geraten. Es ist deshalb an der Zeit, gegen die vorherrschenden Tendenzen der Gegenwart über eine radikal *wettbewerbsbeschränkende* Reform der Sozialorganisation moderner Gesellschaften nachzudenken.

IV. Schlussfolgerungen: Auf dem Weg zu einer Soziologie der Weltbeziehung

9. Politische Weltbeziehungen unter den Bedingungen sozialer Beschleunigung

Die Krise der Demokratie

I. Demokratische Politik als Instrument der Weltaneignung

Die soziale und politische Ordnung, in der sich menschliches Handeln vollzieht, bildet für den modernen Menschen zunächst keine Resonanzsphäre, sondern weit eher einen äußeren, oft genug nur einengenden oder limitierenden Rahmen.[510] Anders als in der Antike oder im Mittelalter erscheint in der Kultur der Moderne diese Ordnung nicht mehr als gottgewollt und geistdurchwirkt; moderne Subjekte erfahren sich nicht als Teil einer sinnhaft integrierten großen (Resonanz-)Ordnung des Daseins (›the great chain of being‹), in der sie sich spiegeln und von der her sie sich definieren können. Die kollektiven Bedingungen, unter denen Akteure handeln, gelten vielmehr als das zumindest teilweise kontingente Ergebnis historischer Konstruktions- und Aushandlungsprozesse, insbesondere auch als das Ergebnis zahlloser Wert- und Interessenkonflikte. Insofern diese Bedingungen die Handlungs- und Freiheitsspielräume der Individuen einengen, werden sie von diesen als etwas ›Äußerliches‹, Vorgefundenes, Fremdbestimmtes erfahren. Indessen kennt die Kultur der Moderne ein mächtiges Instrument der kollektiven Aneignung und Anverwandlung dieser Strukturen: Im Modus der demokratischen Politik eignen sich die Akteure moderner Gesellschaften die kollektiven Strukturen ihrer Lebenswelt als eigene, gewollte und selbstbestimmte an. Politische Gestaltung ist das Instrument, mittels dessen die soziale Welt für sie zu einer Resonanzsphäre werden kann, oder besser: weil es zu den konstitutiven Grundideen und -versprechen der Moderne gehört, dass die Bürger die soziale, politische und ökonomische Ordnung, in

510 Dieses Kapitel verdankt einige wichtige Ideen, Inspirationen und sogar Formulierungen André Stiegler; die Idee der politischen Weltaneignung im Modus der Demokratie und als Instrument zur Überwindung von Entfremdung ist inspiriert auch durch Paul Soerensen, der an meinem Arbeitsbereich zu diesem Themenkomplex promoviert.

der sie leben und handeln, selbst bestimmen und Gesellschaft so (demokratisch) gestalten können, können sie diese Ordnung als eine antwortende und reagierende ›Resonanzsphäre‹ erfahren und sie sich als ihre eigene Ordnung anverwandeln. Darauf hat der Berliner Sozialphilosoph Bernd Ladwig jüngst wieder hingewiesen:

> Moderne Menschen sind vom Gefühl ihrer Bestimmung zur Selbstgesetzgebung erfüllt. Sie wollen daher ihre Welt als von ihnen gemachte und für sie bestehende rational (re-)konstruieren können. Sie wollen die Strukturen, Institutionen und Prozesse der modernen Welt als Verkörperungen ihres reflektierten Wollens verstehen dürfen.[511]

Weil und solange sie sich nicht nur als die Empfänger oder Adressaten der sie bindenden Regeln und Gesetze begreifen müssen, sondern auch als deren Autoren verstehen können, erfahren sie die politisch-administrative Ordnung nicht (nur) als einen fremdbestimmten Bereich, sondern auch als eine Resonanzzone, so Ladwigs an Habermas (und Hegel) angelehnter Gedanke. Der erhebliche – auch emotionale – Widerstand, den die Bürgerinnen und Bürger den ›Brüsseler‹ Regelungen und Vorgaben der EU entgegensetzen, resultiert daher meines Erachtens ganz wesentlich aus dem Umstand, dass sich historisch zwar nationale politische und kulturelle Resonanzräume gebildet haben, aber Europa noch nicht als eine solche Resonanzsphäre wahrgenommen wird – gleichgültig, wie gut oder schlecht jene Regelungen im Einzelnen sein mögen.

Der kulturell und verfassungsrechtlich verankerte ›Primat der Politik‹ über die übrigen Wert- und Funktionssphären der Gesellschaft (wie die Wirtschaft, die Wissenschaft, die Kunst etc.) ist so nicht einfach ein semantisches Überbleibsel ›Alteuropas‹, wie das Systemtheoretiker gerne behaupten, sondern eine gleichsam ›funktional‹ unverzichtbare Voraussetzung dafür, eine konstitutive und unüberwindliche ›Entfremdung‹ zwischen den Subjekten und den Strukturen, Institutionen und Bedingungen ihres Handelns – oder kurz: zwischen den Subjekten und der sozialen Welt – zu vermeiden.[512]

511 B. Ladwig, »Moderne Sittlichkeit. Grundzüge einer ›hegelianischen‹ Gesellschaftstheorie des Politischen«, in: H. Buchstein, R. Schmalz-Bruns (Hg.), *Politik der Integration. Symbole, Repräsentation, Institution*, Baden-Baden 2006, S. 111-135, hier S. 111.

512 Vgl. ebd.; siehe auch B. Ladwig, *Moderne politische Theorie. Fünfzehn Vorlesungen zur Einführung*, Schwalbach/Ts. 2009.

In diesem Kapitel möchte ich indessen zeigen, dass dieser politisch-demokratische Modus der (resonanzsichernden) Weltaneignung an zeitstrukturelle Bedingungen gebunden ist, die unter den Verhältnissen der spätmodernen Gegenwartsgesellschaft als zumindest gefährdet, wenn nicht gar schon verloren erscheinen. So konstatiert denn auch Ladwig:

> Heute ist das Gefühl verbreitet, wir alle seien Gefangene von Interdependenzen, die zwar aus unseren Handlungen hervorgehen, unsere Absichten aber regelmäßig durchkreuzen: Keiner ist für Arbeitslosigkeit, aber die Restriktionen des Handelns lassen andere als die Beschäftigungskrise verschärfende Entscheidungen bei Strafe des ökonomischen Untergangs nicht zu. [513]

An die Stelle des handlungsmächtigen politischen Subjekts tritt daher zunehmend das ohnmächtige Individuum, das sich nicht nur von den ökonomischen, sondern auch von den politischen Verhältnissen entfremdet fühlt: Die soziopolitische Welt ›antwortet‹ nicht mehr, sie diktiert ihre Handlungs- und Strukturvorgaben in Form von Sachzwängen, die sich in TINA-[514] und Basta-Politiken niederschlagen. Im Folgenden möchte ich nun darlegen, dass diese unheilvolle Verwandlung der Politik von einer Resonanzsphäre in ein von Entfremdungserfahrungen geprägtes Feld sich als unmittelbare Konsequenz der modernen Beschleunigungslogik in ihrer spätmodernen Phase ergibt.

II. Soziale Beschleunigung und die temporalen Voraussetzungen der Demokratie

Die Ergebnisse empirischer Erhebungen in modernen westlichen Demokratien bescheinigen seit mindestens zwei Jahrzehnten recht regelmäßig, dass es eher schlecht um die demokratische Kultur bestellt sei.[515] Selbst bei sich verbessernden wirtschaftlichen Rahmenbedingungen sinkt das Vertrauen der Bürger in die Demokratie

513 Ladwig, »Moderne Sittlichkeit«, S. 111.

514 ›There Is No Alternative‹, der britischen Premierministerin Margaret Thatcher zugeschriebene Devise.

515 Vgl. z. B. Infratest dimap 2006, S. 7f.; Statistisches Bundesamt 2006, S. 644-648.

und somit in die Idee, dass Menschen ihre Geschicke selbst in die Hand nehmen und die Gesellschaft, in der sie leben (möchten), aktiv mitgestalten können und sollten. Zu schwach, zu langsam und zu unflexibel scheinen die Mittel, welche demokratischer Politik zur Verwirklichung gemeinschaftlicher Interessen zur Verfügung stehen, und zu übermächtig die Eigenlogik technologischer und ökonomischer Veränderungsprozesse. Wozu demokratische Politik einmal in der Lage schien – nämlich die urgewaltige Eigenlogik kapitalistischer Entwicklung zu bändigen bzw. auf ihre sozialen Folgen hin abzufedern und die Ausbeutung von Mensch und Natur zu beschränken, ohne die Dynamik des Marktes zu lähmen –, dazu scheint sie in einer globalisierten Welt nicht mehr fähig zu sein: In den Augen der Bürger ist die Politik von einem gestaltenden Akteur zu einem reaktiven (und schlecht funktionierenden) Krisenbewältigungsinstrument geworden.

Weil aber die politische Theorie im Allgemeinen und die Demokratietheorie im Besonderen die temporalen Voraussetzungen effizienter demokratischer Politik bislang sträflich vernachlässigt, um nicht zu sagen: völlig ignoriert haben, haben sie große Schwierigkeiten damit, diesen Wandel in der kulturellen und strukturellen ›Verortung‹ der Politik in der modernen Gesellschaft adäquat zu verstehen.[516] Bei dem Versuch, diesen Mangel auszugleichen, gilt es zunächst, zwei sehr unterschiedliche Formen von politischer Temporalität zu unterscheiden, welche als ›Zeit in der Politik‹ respektive ›Politik in der Zeit‹ bezeichnet werden können.

Erstere bezieht sich dabei auf die einem politischen System inhärenten zeitlichen Strukturen und Horizonte, welche beispielsweise durch die Dauer von Legislaturperioden oder das Aufeinanderfolgen von Regierungen bestimmt sind und sowohl die zeitliche Gewaltenteilung[517] als auch all jene Tempo-, Timing-, und Rhythmusstrategien definieren, die Politiker in ihren alltäglichen Machtkämpfen nutzen. Verschleppungstaktiken und die zunehmende Bedeutung des richtigen Zeitpunkts von Wahlen[518] sind hierfür wohl die prominentesten Beispiele. Die zweite Form, Politik in der Zeit,

516 Eine bemerkenswerte Ausnahme bildet William E. Scheuermans Arbeit *Liberal Democracy and the Social Acceleration of Time.*

517 Ebd., S. 27.

518 Vgl. z. B. K. Palonen, »Four Times of Politics«, in: *Alternatives* 28 (2003), S. 177-186.

hebt dagegen auf die engen Verbindungen und Wechselwirkungen der Politik mit den Zeitstrukturen und -mustern *anderer sozialer Sphären*, etwa den ökonomischen, wissenschaftlich-technischen oder kulturellen Entwicklungen, ab.

Infolgedessen setzt die Idee, dass moderne Gesellschaften sich demokratisch selbst verwalten und gestalten können, bestimmte Annahmen über die Synchronisation zwischen der demokratischen Willensbildung und Entscheidungsfindung auf der einen und der Geschwindigkeit, mit welcher sich soziale Entwicklungen und Veränderungen vollziehen, auf der anderen Seite voraus. Sie beruht auf nichtartikulierten Vorstellungen vom zeitlichen Verhältnis zwischen den politischen, ökonomischen, wissenschaftlichen und kulturellen Teilsystemen der Gesellschaft. Ändert sich die gesellschaftliche Zeitstruktur, so hat dies, vermittelt über diese zweite Dimension politischer Zeitlichkeit, direkte Auswirkungen auf die Möglichkeiten und Grenzen demokratischer Politik. Ich möchte im Folgenden zeigen, dass es unter den Bedingungen der Moderne überhaupt erst möglich wurde, diese entscheidenden Voraussetzungen für demokratische Politik zu erfüllen, dass sie aber in der Spätmoderne im Begriff sind, verlorenzugehen. Im Blick auf seine spezifisch spätmoderne Gefährdung hat dieser Zusammenhang bisher in keinem der bedeutenden zeitgenössischen Ansätze der Demokratietheorie[519] Berücksichtigung gefunden. Stattdessen werden die kaum mehr übersehbaren Tendenzen zu einer ›postdemokratischen‹ Form von Politik häufig pauschal auf die Effekte einer multidimensionalen ›Globalisierung‹ zurückgeführt, ohne zu berücksichtigen, dass diese ihrerseits selbst als Manifestation und Ergebnis sozialer Beschleunigung oder Dynamisierung begriffen werden kann.[520]

Ich möchte deshalb nun systematisch die Konsequenzen des modernen Beschleunigungsprozesses für die Möglichkeit, Plausibilität und Legitimität politischer Demokratie nachzeichnen und dabei die These entwickeln, dass die Beschleunigung der Gesellschaft einerseits zwar den im späten 18. Jahrhundert beginnenden Prozess der Demokratisierung überhaupt erst ermöglichte, ihn jedoch andererseits mit dem Überschreiten einer kritischen Geschwindig-

519 Vgl. z. B. D. Held, *Prospects for Democracy. North, South, East, West*, Cambridge 1993, und D. Held, *Models of Democracy*, Cambridge 1996.

520 Rosa, *Beschleunigung*, Kapitel X.

keitsschwelle im 21. Jahrhundert wieder zu unterminieren droht. Die hohe Dynamik sozioökonomischer, kultureller und technologischer Entwicklungen, die Geschwindigkeit des sozialen Wandels und die daraus resultierende Instabilität von Öffentlichkeiten, Handlungs- und Kalkulationsbedingungen erweist sich nun als in hohem Maße dysfunktional für das Funktionieren von Demokratie nach westlichem Muster. Dies bedeutet, dass Demokratie nur so lange als plausibel, robust und funktionsfähig erscheint, wie sich der soziale Wandel innerhalb bestimmter »Geschwindigkeitsgrenzen« vollzieht. Unterhalb einer kritischen Schwelle ist Demokratie als Gestaltungsprojekt äußerst unwahrscheinlich, darüber könnte sie unmöglich werden. Ist diese These richtig, würden wir uns auch in der sogenannten westlichen Welt dem Ende des demokratischen Zeitalters (zumindest in seiner bisherigen Form) nähern, den jüngst wiedererstarkten Demokratiebewegungen in Nordafrika zum Trotz.

Die zunehmende Geschwindigkeit, mit der sich der soziale Wandel vollzieht, und die Beschleunigung, die das soziale Leben im Allgemeinen erfährt, sind bislang eher unbemerkte Randerscheinungen als ein manifester Gegenstand von Modernisierungstheorien gewesen. Sowohl aus kultureller als auch aus philosophischer und politischer Sicht ist die Modernisierung, wie Reinhart Koselleck,[521] Jürgen Habermas,[522] Talcott Parsons[523] und viele andere immer wieder aufgezeigt haben, von Anfang an ein vorrangig politisches Projekt gewesen, das von der Idee getragen wurde, dass Menschen in ihrer Funktion als Bürger sowohl individuell als auch kollektiv über ihr eigenes Schicksal entscheiden sollten, indem sie die Gesellschaft, unabhängig von Bräuchen, Traditionen oder gar der Natur, frei gestalten. Demokratische Selbstbestimmung scheint somit ein zentrales Versprechen der Moderne zu sein und soziale Beschleunigung das entscheidende Mittel zur Überwindung der Trägheit von Traditionen und Bräuchen und zur Beseitigung des materiellen Mangels wie der sozialen Schranken, um auf diese Weise die Voraussetzungen für die Realisierung menschlicher Freiheit zu gewährleisten. Konsequenterweise wurde die Demokratie insofern, als sie eine schnelle und geregelte Abfolge von Regierungen

521 Koselleck, *Vergangene Zukunft.*

522 Habermas, *Der philosophische Diskurs der Moderne.*

523 T. Parsons, *The System of Modern Societies*, Englewood Cliffs/NJ 1971.

erlaubte und darüber ein dynamisches politisches Sensorium für die wechselnden Bedürfnisse der Gesellschaft schuf, gegenüber den vorangegangenen Regierungsformen selbst als ein Element sozialer Beschleunigung begriffen. Nach der Französischen Revolution entwickelte sich die Politik im Kontext der kulturell wirkmächtig werdenden Idee historischen Fortschritts zu einem Schrittmacher und zu einer treibenden Kraft der sozialen Beschleunigung. Die politische Sprache liefert dafür einen akkuraten Indikator: Progressive (linksorientierte) Formen von Politik versuchten den Lauf der Geschichte auf das gewünschte und/oder vorherbestimmte Ende hin zu beschleunigen, während konservative (rechtsorientierte) Politiker und Parteien versuchten, so viel Vergangenheit wie möglich für die Zukunft zu bewahren und den Wandel nach Möglichkeit zu verlangsamen. Wie Reinhart Koselleck[524] anmerkt, dominierte diese zeitliche und zugleich asymmetrische Dichotomisierung in *fortschrittliche* und *bewahrende* (konservative) Politik schnell das gesamte moderne politische Denken, Sprechen und Handeln und wies der Politik zugleich die Verantwortung über die Beschleunigung respektive Verlangsamung von sozialen Veränderungen zu. Die Vorstellung einer (sich tendenziell beschleunigenden) geschichtlichen Dynamik war dabei grundlegend für beide Lager.

Eine solche Konzeption demokratischer Politik (in beiden Ausprägungen) scheint jedoch nur innerhalb bestimmter ›Geschwindigkeitsgrenzen‹ des sozialen Wandels möglich und glaubwürdig zu sein. Denn einerseits muss sich der soziale Wandel schnell genug vollziehen, müssen Gesellschaften dynamisch genug sein, dass es als eine sinnvolle Option erscheint, mittels politischer Projekte und Programme Einfluss auf sie zu nehmen. Dies ist aber erst und nur dort der Fall, wo die Effekte eines andauernden gesellschaftlichen Wandels innerhalb der drei Generationen bemerkbar werden, die zu einem historischen Zeitpunkt zusammenleben; erst dann kann sich die Idee der politischen Gestaltbarkeit von Gesellschaft nachhaltig etablieren. Andererseits muss die Geschwindigkeit dieses Wandels oder der gesellschaftlichen Dynamik im Allgemeinen so langsam sein, dass demokratische und deliberative politische Prozesse der Willensbildung und Entscheidungsfindung auch tatsächlich wirksam werden können und die Politik die sozialen Entwicklungen

524 Koselleck, *Vergangene Zukunft*.

und das Tempo der Veränderungen auch tatsächlich steuern, kontrollieren oder wenigstens wirkungsvoll beeinflussen kann. Jenseits des so bestimmbaren Schwellenwertes wird die gesellschaftliche Dynamik für eine demokratische politische Selbstbestimmung zu stark. Sowohl die kollektive Willensbildung als auch das deliberative Abwägen von Argumenten und das sich anschließende Handeln benötigen einen gewissen Grad an Zentralisierung, öffentlicher Stabilität und politischer Identität, welcher möglicherweise mit den dynamischsten Formen moderner Gesellschaft nicht mehr kompatibel ist.[525]

Wenn meine Diagnose der Moderne – die besagt, dass Modernisierung als ein Prozess zunehmender sozialer Beschleunigung begriffen werden kann – zutrifft, dann ist es daher absehbar, dass der soziale Wandel bzw. die soziale Dynamik früher oder später so schnell oder so stark werden, dass die Politik ihre Schrittmacherrolle verliert oder, wenn man bezweifelt, dass sie diese Rolle je innehatte: dass sie diese Schrittmacherrolle nicht mehr (wie noch im 20. Jahrhundert) glaubwürdig behaupten kann. Es ist schlicht unplausibel anzunehmen, dass alle sozialen Systeme gleichermaßen in der Lage sind, Temposteigerungen mitzuvollziehen. Während soziale Veränderungen, technologische Entwicklungen oder ökonomische und finanzielle Austauschprozesse als nahezu unbegrenzt beschleunigbar erscheinen, sind die Demokratie und die deliberative Willensbildung dazu nicht in der Lage, denn Autonomie und Selbstverwaltung benötigen Zeit (und *bewahren* ebendadurch auch die Kontinuität der sozialen Zeit, wie Sheldon Wolin gezeigt hat).[526] Daher scheint es offensichtlich, dass es an einem kritischen

525 Vgl. Rosa, *Beschleunigung*, Kapitel VII.1.b.

526 Wolin behauptet, dass wir uns bereits jenseits des kritischen Punktes politischer Desynchronisation befinden, und legt überzeugend dar, dass hier weniger das Treffen von Entscheidungen als vielmehr die deliberativen Prozesse der Willensbildung von Bedeutung sind, da diese die kulturelle und historische Einheit und Integrität von Vergangenheit, Gegenwart und Zukunft bewahren: »Drastisch ausgedrückt, hat sich die politische Zeit gegenüber den Temporalitäten, Rhythmen und Geschwindigkeiten der Wirtschaft und der Kultur desynchronisiert. Die politische Zeit erfordert ein Moment der Muße [...]. Dies rührt daher, dass dem politischen Handeln eine Phase der Deliberation vorangehen muss, und Deliberation ist ein zeitaufwendiger Prozess, der dort auftritt, wo sich widersprechende oder widerstreitende Positionen legitimerweise aufeinandertreffen und gegeneinander abgewogen werden müssen. Die politische Zeit

Punkt in der Entwicklung der Moderne zu einer schwerwiegenden Desynchronisation zwischen der Politik und anderen sozialen Funktionssphären, allen voran jenen der Ökonomie, Wissenschaft und Technik, kommen muss.

Die Identifikation von kollektiven Handlungsproblemen, der Austausch von Argumenten, die Gesetzgebungsprozesse, die Verwaltung und die Wahrung der Rechtsstaatlichkeit: All dies sind unweigerlich zeitintensive Vorgänge. Schwerwiegender noch: Bei genauerer Betrachtung erweist es sich darüber hinaus sogar, dass sich im spätmodernen Stadium der ›Hyperakzeleration‹ die Prozesse der demokratischen Willensbildung und Entscheidungsfindung nicht nur *nicht beschleunigen* lassen, sondern dass sie sich sogar noch *verlangsamen*, jedenfalls dann, wenn bestimmte Rationalitätsstandards nicht unterlaufen werden sollen.[527] Die Gründe dafür sind vielfältig (vgl. *Abb. 7*).

Zum Ersten gilt: Je geringer der Grad traditionalistischer Übereinkunft in einer Gesellschaft ist und je unkonventioneller und umkämpfter die Legitimationsverfahren und -prinzipien sind, umso länger dauert es, um zu einer politischen Übereinkunft zu kommen – und moderne Beschleunigungsgesellschaften tendieren dazu, zugleich pluralistischer und postkonventioneller zu werden. Dies macht es ungleich schwieriger, schon im Voraus zu wissen, welche sozialen Gruppen oder Verbände für die Verhandlung eines bestimmten Sachverhaltes zuständig und wichtig sind und wer für wen spricht. Folglich steigt in einer politisch und sozial unbeständigen Welt unvermeidlich der Zeitaufwand für eine effektive Organisation kollektiver Interessen.[528]

wird bestimmt durch das Auftreten von Differenzen und den Versuch, diese auszugleichen. Und die Ergebnissse solcher Ausgleichsversuche, ob sie erfolgreich sind oder nicht, bewahren ihrerseits die Zeit […]. Auf diese Weise wird die Zeit durch die Deliberation zugleich verbraucht und doch bewahrt« (S. Wolin, »What Time Is It?«, in: *Theory & Event* 1 [1997], S. 1-4, hier S. 2; Übers. H. R.).

527 Vgl. Laux, Rosa, »Die beschleunigte Demokratie – Überlegungen zur Weltwirtschaftskrise«.

528 »Wie kann eine Öffentlichkeit organisiert werden, dürfen wir fragen, wenn sie buchstäblich nicht auf der Stelle bleibt? […] Und ohne bleibende Verbundenheiten sind Assoziationen zu veränderlich, zu schwach, um einer Öffentlichkeit ohne weiteres die Lokalisierung und Erkenntnis ihrer selbst zu gestatten«, merkte John Dewey (J. Dewey, *Die Öffentlichkeit und ihre Probleme*, Darmstadt

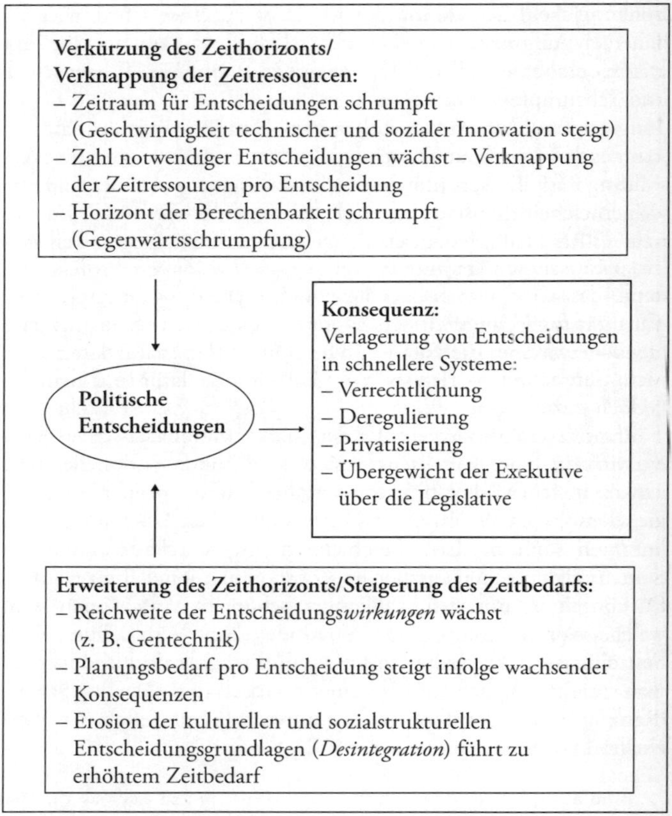

Abbildung 7: Paradoxien politischer Zeit.

Zum Zweiten lässt sich konstatieren: Je größer die (im Zuge des Dynamisierungsprozesses unvermeidlich anwachsende) Unsicherheit über die zukünftigen Kontextbedingungen des Handelns ist, desto länger dauert es, rationale Pläne für die Zukunft

1996, S. 123) bereits 1927 an. Vgl. hierzu auch W. Scheuerman, »Liberal Democracy and the Empire of Speed«, in: *Polity* 34 (2001), S. 41-68, hier S. 60-62.

zu entwickeln und entsprechend kalkulierte Entscheidungen zu fällen.[529] Aufgrund des beschleunigten sozialen Wandels und der damit einhergehenden ›Gegenwartsschrumpfung‹,[530] das heißt des Schrumpfens der Zeitspanne, innerhalb deren soziale Handlungserwartungen und -bedingungen stabil bleiben, wird das Hintergrundwissen in zunehmenden Maße kontingent; anstatt einen Maßstab für Entscheidungen zu liefern, wird es selbst zu einem die Entscheidungsfindung erschwerenden Faktor. Zum Dritten schließlich bleibt festzuhalten: Je länger die zeitliche Reichweite einer Entscheidungswirkung ist, umso länger dauert es, diese rational (das heißt gemäß unabhängig vom Zeitaufwand festgelegten Qualitätsmaßstäben) zu treffen. Die Effekte politischen Entscheidens – etwa über die Nutzung von Atomenergie oder den Einsatz von Gentechnik – tendieren unter spätmodernen Bedingungen jedoch dazu, immer weiter in die Zukunft hinein zu wirken und häufig irreversibel zu sein. Aus demokratietheoretischer Perspektive wirft diese potentielle Irreversibilität von Entscheidungen dabei ein zusätzliches Problem auf, da es zu den konstitutiven Prinzipien der demokratischen Mehrheitsherrschaft gehört, dass die Minderheit von heute darauf hoffen kann, die Mehrheit von morgen zu sein und daher den eingeschlagenen politischen Kurs revidieren zu können. Die Revisionsoffenheit der politisch gestalteten Welt, so lässt sich vielleicht sagen, ist eine Voraussetzung für ihre ›Resonanzfähigkeit‹ im Sinne des in der Einleitung dargelegten Resonanzbegriffs. An diesem Punkt wird die Paradoxie der temporalen Rahmenbedingungen des politischen Handelns in der Gegenwart vielleicht am deutlichsten: Die Effekte bestimmter Grundsatzentscheidungen reichen immer weiter in die Zukunft hinein, und die Zeit, deren es bedarf, diese Entscheidungen vernünftig zu treffen, nimmt zu, während die rational vorhersehbare Zeitspanne ebenso

529 Es erscheint selbst unter stabilen demographischen Bedingungen, also unter Kenntnis des zukünftigen Verhältnisses von Pensionären zu Erwerbstätigen, schwierig, ein nachhaltig tragfähiges Rentensystem zu entwickeln. Nahezu unmöglich wird dies jedoch unter Bedingungen, in denen ungewiss ist, (a) wie lange zukünftige Generationen leben werden, (b) wie lange sie arbeiten werden, (c) wie viel Prozent der Bevölkerung zu welcher Zeit arbeiten werden, (d) ob die Sozialversicherungssysteme weiter privatisiert werden oder (e) die Nationalstaaten in Zukunft überhaupt noch die Macht haben werden, über das Rentensystem zu entscheiden, etc.

530 H. Lübbe, *Im Zug der Zeit. Verkürzter Aufenthalt in der Gegenwart*, Berlin 1992.

schrumpft wie die für den Entscheidungsprozess zur Verfügung stehenden Zeitressourcen.

Dem auf diese dreifache Weise identifizierbaren und kalkulierbaren *Mehrbedarf* an Zeit für die politische Willensbildung und Entscheidungsfindung steht nun aber die Beschleunigung der die Politik umgebenden Systeme – insbesondere des Wirtschaftskreislaufs und der wissenschaftlich-technologischen Entwicklung – gegenüber. Diese verkürzt die Zeit, die der Politik bleibt, um über einen Sachverhalt zu entscheiden, ebenfalls auf eine dreifache Weise. Erstens: Wenn demokratische Politik danach strebt, die grundlegenden Bedingungen der technologischen und wirtschaftlichen Entwicklung zu bestimmen oder wenigstens zu kontrollieren, dann muss sie sich entweder deren zunehmendem Tempo anpassen oder aber ernsthaft gegen die (temporale) Autonomie von Wirtschaft und Technikentwicklung verstoßen und die funktionale Differenzierung zumindest partiell zurücknehmen. Solange sie das eine nicht kann und das andere nicht will, laufen Politiker unvermeidlich Gefahr, immer stärker anachronistische Entscheidungen zu treffen: Wenn sie nach Monaten oder nicht selten sogar Jahren der Beratung und Verhandlung schließlich ein Gesetz erlassen (etwa eines, das bestimmte Formen der Stammzellenforschung oder des Klonens oder bestimmte Formen der Internetbenutzung oder der Börsenspekulation regulieren soll), dann haben der technische Fortschritt und/oder die Veränderung kulturell definierter Praxisregeln diese Regulierung oft lang schon wieder obsolet werden lassen.[531] Insofern scheint eine demokratische Kontrolle vieler sozialer Bereiche des Lebens überhaupt nicht mehr möglich zu sein, es sei denn, man akzeptiert lange Moratorien oder ein von der Politik verhängtes ›Ausbremsen‹ der sozioökonomischen Dynamik und des wissenschaftlichen Fortschritts. Die deutsche, europäische und weltweite Politik der letzten Jahre liefert dafür höchst instruktive Anschauungsbeispiele: Das am 14. November 2006 in Kraft getretene Berliner Ladenöffnungsgesetz schreibt beispielsweise vor, dass CDs und Bücher am Sonntag verkauft werden dürfen, da sie zum

531 Dies war auch das Hauptargument der Befürworter einer Schweizer Gesetzesinitiative, welche als »Beschleunigungsinitiative« bekannt wurde und darauf abzielte, die Frist zwischen der Einreichung einer Initiative und der Abstimmung radikal zu verkürzen, um den Gesetzgebungsprozess zu beschleunigen, die jedoch bei einem Referendum im März 2000 abgelehnt wurde.

Reisebedarf zählen – DVDs und Blue-Ray-Discs dagegen nicht, da sie zu Hause benutzt würden. Dieses Gesetz war in der Tat zum Zeitpunkt des Inkrafttretens bereits anachronistisch, da das Ansehen von Filmen auf Laptops etc. zu einer Hauptbeschäftigung Reisender geworden ist (während das Bücherlesen an Attraktivität verliert). Dramatischer zeigt sich das Problem indessen angesichts der ungeheuer weitgehenden und schwerwiegenden Entscheidungen, welche seit 2008 als Reaktion auf die Finanzkrise etwa zur Rettung der Banken und zur Stabilisierung von Märkten und Währungen oder auch bei der Einführung des ›Euro-Rettungsschirms‹ (Stabilitätspakt) angesichts der Währungskrisen in Griechenland, Spanien und Portugal getroffen wurden: Obwohl insbesondere die letzteren Maßnahmen fundamentale politische Prinzipien berühren, wurden sie unter nahezu völliger Umgehung der Parlamente bzw. der Gesetzgebungsorgane getroffen, weil für den eigentlichen demokratischen Prozess keine Zeit blieb. Dies macht deutlich, dass Politik durchaus beschleunigungsfähig ist – wenn sie auf Demokratie verzichtet. Andere politische Entwicklungen, wie sie sich 2011 etwa im Kontext der *Stuttgart-21*-Debatte, der *Nordafrika-Krise* oder der *Atomkatastrophe in Japan* beobachten lassen, weisen darauf hin, dass sich die (oft netzbasierten) Erregungs-, Empörungs- und Mobilisierungswellen, welche die politische Welt in Windeseile durchlaufen und bisweilen gewaltige Resonanz- und Wirkkraft entfalten, demokratisch nicht (oder nur sehr schwer) hegen und ›einholen‹ lassen und nur schwerlich zu Elementen einer nachhaltigen, auf langfristige Rationalität hin angelegten Politik werden können. Interessanterweise könnte durch sie Politik durchaus wieder zu einem Resonanzraum für die Bürgerinnen und Bürger werden, doch ist derzeit nicht erkennbar, wie sich dieser Resonanzraum auf die gestalteten Ergebnisse des resultierenden politischen Handelns ausdehnen könnte, wie also eine Wiederanverwandlung der Strukturen der sozialen, politischen und ökonomischen Welt auf diese Weise gelingen könnte.

Zweitens: Darüber hinaus führt aber auch die Gegenwartsschrumpfung und die mit ihr verknüpfte Zunahme von Kontingenzen (nicht nur die Geschwindigkeit, mit der sich soziale Probleme entwickeln, die einer politischen Regulation bedürfen, sondern auch deren Anzahl und Reichweite steigen) dazu, dass im Durchschnitt immer weniger Zeit für eine Entscheidung bleibt. Autoren wie Ulrich Beck oder Anthony Giddens[532] heben hervor, dass im Zeitalter der Globalisierung fast jeder Aspekt unseres Soziallebens zum Gegenstand politischer Regulationen wird; von der Ernährung bis zum Geschlechtsverkehr. Während die oft unter dem Stichwort der Globalisierung rubrizierten Entwicklungsprozesse der Spätmoderne daher einerseits also in durchaus hohem Maße auf politische Regulierung angewiesen sind, beschneiden sie auf der anderen Seite doch zugleich die (temporalen) Spielräume und Möglichkeiten kollektiven demokratischen Handelns und Gestaltens. Dieser Umstand kommt in der politischen Theorie ebenso wie in der Praxis insbesondere darin zum Ausdruck, dass das Konzept des demokratischen Regierens (*government*) durch die Idee eines sich teilweise selbst organisierenden Prozesses der politischen Regulierung (*governance*) ersetzt wird. Meine These dazu lautet jedoch, dass selbst dort, wo sich solche Governance-Regime als steuerungseffizient erweisen, die politische Anverwandlung des regulierten sozialen Raumes nicht gelingt und daher die politische Resonanzfähigkeit nicht hergestellt, ja dass sie geradezu verhindert wird.[533]

Drittens: Weil sich die Rahmenbedingungen für politisches Handeln ständig verändern und weil sich der zeitliche Horizont, innerhalb dessen die Auswirkungen politischer Entscheidungen rational geplant und kontrolliert werden können, immer stärker verkürzt, können immer weniger Angelegenheiten dauerhaft und effektiv geregelt werden. Die Politik verliert ihre Schrittmacherrolle für die gesellschaftliche Entwicklung und ist gezwungen, sich angesichts der Ereignisfülle auf eine Strategie des ›Durchwurstelns‹ zu verlegen, die sich an den Vordringlichkeiten des Befristeten orientiert[534] und auf Anpassungsprogramme beschränkt. Diese Strategie hat dann ihrerseits zur Folge, dass die stets nur vorläufig und provisorisch gelösten Probleme schon in naher Zukunft wieder auf der Agenda erscheinen. Und so verwundert es nicht, dass insbesondere Juristen die mangelnde Qualität einer Vielzahl von Gesetzen

532 U. Beck, A. Giddens, S. Lash, *Reflexive Modernisierung. Eine Kontroverse*, Frankfurt/M. 1996.

533 Vgl. dazu auch H. Rosa, A. Kaiser, »The Fine Art of Government. Wilhelm Hennis' Comprehensive Conception of Politics and Practical Insight«, in: *European Journal of Political Theory* 3, 1 (2004), S. 99-107.

534 Luhmann, »Die Knappheit der Zeit und die Vordringlichkeit des Befristeten«, S. 146.

und Regelungen beklagen, welche aus der hohen Quantität der gesetzlichen Regulierungen und dem Zeitdruck resultiert, mit dem sich die Gesetzgebung konfrontiert sieht, aber auch daraus, dass die Gesetzgeber ohnehin von einer nur kurzen Bestandsdauer der Gesetze ausgehen und infolgedessen mit geringer Professionalität agieren.[535]

Die so bestimmte Paradoxie der ›Politik in der Zeit‹ und infolgedessen auch der politischen Zeit hat nun zur Folge, dass die Politik unter den Bedingungen der Spätmoderne nicht mehr als Agens oder gar Schrittmacher des sozialen Wandels in Erscheinung tritt, sondern ganz im Gegenteil die politische Tagesordnung von situationsbezogenen Versuchen eines ›muddling through‹ – das heißt eines oftmals anachronistischen Reagierens auf die vordringlichsten Anforderungen – bestimmt wird. Bezeichnend für diese Situation ist es, dass (wenn die Unterscheidung zwischen ›links‹ und ›rechts‹ gegenwärtig überhaupt noch Trennschärfe besitzt) ›progressive‹ Politik heute ironischerweise dazu tendiert, mit den Befürwortern einer ›Entschleunigung‹ zu sympathisieren (in der Betonung der Regionalität, im Anspruch auf eine politische Kontrolle der Wirtschaft, im Pochen auf demokratische Verfahren, Umweltschutz, Nachhaltigkeit etc.), wohingegen (Liberal-)Konservative zu Verfechtern einer als notwendig erachteten weiteren Beschleunigung (durch das Forcieren neuer Technologien, die Deregulierung von Märkten, die Verschlankung der Verwaltungsstrukturen, den Abbau von Bürokratie etc.) geworden sind. Während progressive Politik nämlich an der Idee der politischen Gestaltbarkeit (und Anverwandlung) von Gesellschaft festhält und deshalb versucht, den ökonomischen und technologischen Wandel auf ein mit den politischen Entscheidungsprozessen vereinbares Maß zu entschleunigen, verteidigt die konservative (neoliberal beeinflusste) Politik die Notwendigkeit und Legitimität von Wachstum, Innovationsverdichtung und Beschleunigung und gibt letztlich zu deren Gunsten die Idee einer politischen (oder auch bürokratischen) Gestaltung von Gesellschaft auf, die ihr im Grunde immer suspekt war.[536] Konser-

535 Scheuerman, »Liberal Democracy and the Empire of Speed«, und Scheuerman, *Liberal Democracy and the Social Acceleration of Time.*

536 Dies bedeutet natürlich nicht, dass Konservative keine Befürworter eines ›starken Staates‹ im Sinne einer mit wirkungsvollen Instrumenten zur Kontrolle und Überwachung ausgerüsteten Autoritätsstruktur mehr sein könnten. Denn

viert wird nun die Beschleunigungslogik, während der Anspruch auf politische Gestaltung nicht mehr durch, sondern nur noch gegen die Geschwindigkeitssteigerung möglich scheint. Geschwindigkeit ist somit zu einem zentralen Thema ideologischer Auseinandersetzungen zwischen neoliberalen und neokonservativen Kräften auf der einen und sozialdemokratischen bzw. linksliberalen auf der anderen Seite geworden. Letztere fordern ausdrücklich eine Verlangsamung des Lebenstempos und des sozialen Wandels, während Erstere ihren politischen Gegnern vorwerfen, eine rückwärtsgewandte, anachronistische und zögerliche Politik zu vertreten, welche gravierende *Wettbewerbsnachteile* und *Wohlstandseinbußen* mit sich bringen werde.[537] Unterdessen aber wird die Richtung des sozialen Wandels immer stärker von anderen, schnelleren sozialen Systemen bestimmt, wodurch die Gestaltungsmacht an die Mechanismen der einzelnen Funktionssphären zurückgegeben wird: an die Wirtschaft im Zuge der ökonomischen Deregulierung, an das Recht im Zuge einer Verrechtlichung sozialer Beziehungen sowie an die Individualbürger im Zuge der Privatisierung ethischer Fragen. Wo die Politik selbst noch Steuerungsansprüche erhebt, gewinnt, wie William Scheuerman[538] nicht müde wird zu betonen, die *Exekutive* die Oberhand über die demokratisch legitimierte *Legislative*, was der eingangs skizzierten Vorstellung der sozialen Welt als einer demokratisch erschlossenen ›Resonanzsphäre‹ unmittelbar zuwiderläuft:

Weil die soziale Beschleunigung es für die Gesetzgeber immer schwieriger macht, stabile und verpflichtende Normen zu setzen, welche das staatliche Handeln sicher in die Zukunft leiten können, entsprechen die Rechtsnormen immer weniger dem klassischen Anspruch liberaler Demokratien, dass ihre Statuten eine klare, vorausblickende, verallgemeinerbare und verlässliche Form haben sollen. Angesichts eines Dauerfeuers an neuen und

diese Instrumente dienen letztlich nur dazu, die Hindernisse für den freien Fluss globaler (Kapital-)Ströme aus dem Weg zu räumen oder zu blockieren, die etwa in Form von Migranten, Terroristen etc. auftreten, nicht jedoch, um diese ersteren Ströme zu kontrollieren bzw. mitzugestalten.

537 Ähnlich argumentierte schon der Sozialdemokrat und Sozialwissenschaftler Peter Glotz (»Kritik der Entschleunigung«), als er nahelegte, dass Entschleunigung zur *neuen Ideologie der Modernisierungsverlierer* avanciere.

538 Scheuerman, *Liberal Democracy and the Social Acceleration of Time*, S. 50 (Übers. H. R.).

unerwarteten sozialen und ökonomischen Entwicklungen sind die Gesetzgeber geneigt, dehnbare und offene Rechtsarrangements zu finden, welche der Exekutive die Möglichkeit eröffnen, flexibel auf die permanenten Veränderungen zu reagieren. Und so wird der Ruf nach Handlungsweisen laut werden, die weit über die üblicherweise zulässige Reichweite des parlamentarischen Handelns hinausgehen. Die herkömmliche Konzeption des Rechtsstaates, der auf ein im Einklang mit klaren, allgemeinen, stabilen und verlässlichen Regeln stehendes staatliches Handeln verpflichtet ist, könnte schon bald als überholt und anachronistisch erscheinen, weil die Rechtsordnung mit einem weitgefassten Arsenal an vagen und offenen Regulierungen zu kämpfen hat, welche der Exekutive einen maximalen Handlungsspielraum einräumen.

Diese lange vor der Finanzkrise formulierte Mahnung erscheint im Horizont der politischen Ereignisse seit 2008 als geradezu prophetisch. Es scheint, als hätte der Beschleunigungsprozess jene (demokratischen) Institutionen, die ihn einstmals mit in Gang gebracht haben, nun überwunden und als entfaltete er inzwischen eine soziale Dynamik, der die Demokratie nicht mehr gewachsen ist. Mein Argumentationsgang kulminiert daher in der Einsicht, dass die Demokratie dabei ist, der Macht der Geschwindigkeit zum Opfer zu fallen.[539] Die zeitlichen Strukturen einer globalisierten Welt scheinen sich unwiderruflich von denen der Demokratie desynchronisiert zu haben. Das enorme Tempo, mit dem sich soziale Entwicklungen vollziehen, und der hohe Grad an Instabilität, der damit einhergeht, haben die obere Grenze des ›Geschwindigkeitsrahmens‹ der Demokratie durchbrochen. Das Resonanzbedürfnis der Menschen aber, so steht zu befürchten, könnte sich unter diesen Bedingungen andere, ebenfalls schnellere, aber undemokratische Formen der kollektiven Erfüllung suchen. Das nun folgende letzte Kapitel des vorliegenden Bandes hat nicht zuletzt deshalb das Ziel, die subjektiven Voraussetzungen gelingender Weltbeziehung zu untersuchen.

539 Vgl. zu dieser düsteren Prognose auch C. Crouch, *Postdemokratie*, Frankfurt/M. 2008.

10. Geworfen oder getragen?
Subjektive Weltbeziehungen und moralische Landkarten

I. Werfen wie ein Mädchen? Die Ausgangsidee

Wer aufgefordert ist, eine Antrittsvorlesung zu halten, fühlt sich tendenziell hineingeworfen in eine ihm unbekannte und auch ein wenig unberechenbare Situation, da man so etwas ja in der Regel nicht üben kann und es auch keine Routinisierung dafür gibt. In der Vorlesung, mit der ich am 11. Januar 2007 als ordentlicher Professor und Hochschullehrer an der Friedrich-Schiller-Universität in Jena antrat und deren Text (in überarbeiteter Form) hier nun folgt, versuchte ich die Frage, *wie wir uns als Subjekte in die Welt gestellt fühlen* oder, präziser, *wie wir uns als moderne Subjekte in die moderne Welt gestellt fühlen* und insbesondere *inwiefern wir uns in dieser Welt getragen oder aber in diese Welt geworfen fühlen*, als ein mit den Mitteln zeitgenössischer Soziologie bearbeitbares Thema zu etablieren – oder wenigstens zu plausibilisieren – und damit den Boden für eine spätere *Soziologie der Weltbeziehung* zu bereiten.

Ich vermute, dass die Leser ebenso wie die damaligen Hörer ein solches Thema erstaunen und vielleicht auch ein wenig beunruhigen wird, weil es zumindest auf den ersten Blick nicht eigentlich soziologisch klingt und darüber hinaus auch – an der Oberfläche besehen – nicht allzu viel mit den Themen gemein hat, die ich selbst bisher als Soziologe, Politikwissenschaftler oder Sozialphilosoph verfolgt habe. Ich hoffe jedoch, im Folgenden deutlich machen zu können, dass die Idee einer Soziologie der Weltbeziehung, wie ich sie hier skizzieren möchte, durchaus ›organisch‹ aus meinen bisherigen Fragestellungen herauswächst.

In jedem Falle scheint mir, dass eine Antrittsvorlesung doch auch der Ort ist – oder sein sollte –, an dem man einmal über den Tellerrand der Alltagsforschung und der Klein- und Drittmittelprojekte hinausschauen darf, um stattdessen, so fasse ich jedenfalls meine damit verbundene Aufgabe auf, wenigstens skizzenhaft die Umrisse dessen nachzuzeichnen, was man als Wissenschaftler in der verbleibenden Arbeitszeit oder Forschungszeit noch versuchen möchte. Deshalb will ich nun ganz ungeschützt danach fragen, wovon man als theoretischer Soziologe träumen, was man zu wissen hoffen darf und woran man sich vielleicht wagen könnte oder sollte. Ich möchte an dieser Stelle nicht verhehlen, dass ich oft unzufrieden bin mit meiner eigenen Forschung, aber auch mit vielem von dem, was heute unter der Flagge der Allgemeinen und Theoretischen Soziologie segelt, die ich ja vertrete, weil es mir zu dürr, zu lebensfremd, zu kleinkariert und in der Fragestellung und Zielsetzung zu limitiert erscheint. Mit meinem Vorgänger auf diesem Lehrstuhl, Hans-Joachim Giegel, teile ich den Eindruck, dass die Klassiker des Fachs wie Marx, Weber, Simmel oder Durkheim, vielleicht auch noch Adorno, in einem philosophischen und lebenspraktischen Sinne viel tiefere, grundsätzlichere Fragen stellten als ihre zeitgenössischen Nachfahren. Vielleicht ist das auch der Grund dafür, warum die Soziologie in ihren aktuellen Diskussionen und erst recht in ihrer Außendarstellung immer wieder zu diesen Denkern zurückkehrt. Ja, ich meine sogar, um diese Diagnose noch zuzuspitzen, dass eine Soziologie, welche es verlernt hat, Fragen zu stellen, die uns Lehrende ebenso wie unsere Studierenden zu berühren und zu elektrisieren, vielleicht sogar zu ergreifen vermögen, auf Dauer ihre Attraktivität und ihre Strahlkraft über die engen Fachgrenzen hinaus verlieren wird.

Anstatt hier also ein weiteres Mal meine Analyse der Beschleunigungsgesellschaft zu präsentieren, möchte ich deshalb nun, vielleicht ein wenig wagemutig, einen Fragehorizont skizzieren, von dem ich überzeugt bin, dass er ein relativ langfristiges und innovatives Forschungsprogramm tragen kann.

Als Ausgangspunkt meiner Überlegungen soll ein Aufsatz der bedauerlicherweise vor kurzem einem Krebsleiden erlegenen US-amerikanischen Sozialphilosophin Iris Marion Young dienen, in dessen Titel es zwar nicht um die Geworfenheit, aber ironischerweise um *das Werfen* geht, der Aufsatz heißt nämlich: »*Werfen wie ein Mädchen*«.[540] Darin geht es um die in der phänomenologisch orientierten Psychologie, aber auch in den Sportwissenschaften wiederholt bestätigte Beobachtung, dass Mädchen, auch schon

540 I. M. Young, »Werfen wie ein Mädchen. Eine Phänomenologie weiblichen Körperverhaltens, weiblicher Motilität und Räumlichkeit«, in: *Deutsche Zeitschrift für Philosophie*, 41 (1993), S. 708-725.

ganz junge Mädchen im Vorschulalter, die Aufforderung, einen Ball zu werfen, in der Regel in sehr anderer Weise umsetzen als Jungen. Young zitiert hier den Psychologen Erwin Straus folgendermaßen:

Das fünfjährige Mädchen nutzt den lateralen Raum überhaupt nicht. Sie streckt ihren Arm nicht seitwärts aus; sie dreht ihren Rumpf nicht; sie bewegt ihre Beine nicht, sie bleiben nebeneinander stehen. Alles, was sie tut, um den Wurf vorzubereiten, ist, den rechten Arm nach vorne in die Horizontale zu heben und den Unterarm nach hinten in eine nach vorne gebeugte Position zu bringen [...]. Der Ball fliegt ohne Kraft, Geschwindigkeit und exakte Zielgebung los. [...] Bereitet ein Junge desselben Alters einen Wurf vor, so streckt er seinen rechten Arm seitwärts und nach hinten aus; nimmt den Unterarm zurück, dreht, wendet und beugt den Rumpf; stellt den rechten Fuß zurück. Aus dieser Position heraus vermag er seinen Wurf mit der Kraft fast des ganzen Körpers zu unterstützen. [...] Der Ball verlässt die Hand mit beachtlicher Beschleunigung; er bewegt sich in einer langen flachen Kurve auf sein Ziel zu.[541]

Diesen Unterschied – und eine ganze Reihe weiterer beobachtbarer Differenzen (etwa, wie Jungen und Mädchen versuchen, ein Schraubglas zu öffnen, oder wie sie über einen Graben springen und sogar wie sie gehen, stehen, dasitzen, tanzen und schlafen) – könnte man vielleicht auf genetische oder hormonelle Differenzen zurückzuführen versuchen, wie das momentan ja gerade Konjunktur hat (ich vermute, dafür ließen sich sofort erkleckliche Summen an Drittmitteln einwerben); oder auch auf physiologische bzw. anatomische Gegebenheiten. Ich stimme aber Young und vielen Feministinnen gegen Straus zu, dass die Zweifel an derartigen biologischen Erklärungen kaum auszuräumen sind; viel aufschlussreicher und erhellender scheint mir dagegen eine soziologische Aufklärung dieser Differenz zu sein, wenngleich ich an dieser Stelle den Beweis für die Überlegenheit dieser Interpretation schuldig bleiben muss. Für die weitere Argumentation ist er aber auch gar nicht erforderlich, denn es geht mir ja nicht um diese Spezialdifferenz, sondern um eine an diese Beobachtung anschließende Grundintuition. Wenn ich hier von *soziologischer Aufklärung* rede, so mei-

541 Ebd., S. 707. Diese Beobachtung haben wir auch bei einem empirischen Experiment mit den Besucherinnen und Besuchern der ›langen Nacht der Wissenschaften‹ an der Friedrich-Schiller-Universität Jena am 16. November 2007 bestätigen und visuell dokumentieren können.

ne ich damit natürlich nicht einfach die Reduktion des Befundes auf einen unmittelbaren Erziehungs- oder Sozialisationseffekt: Die Differenzen rühren ganz sicher nicht daher, dass den Kindern unterschiedliche Wurfstile *beigebracht* werden.

Die Erklärung, die Young sorgfältig entwickelt und die insbesondere an die Phänomenologie Maurice Merleau-Pontys anschließt, lautet, dass Jungen und Mädchen sich auf eine unterschiedliche Weise *in die Welt gestellt* fühlen, ja, dass sie de facto auf verschiedene Weisen in die Welt gestellt *sind* oder, noch konkreter: dass sie verschieden *in den Raum* und *in die Zeit* gestellt sind und dass sie in differenter Weise zu den Dingen, Objekten und Herausforderungen der Welt Stellung nehmen. Ihre Weltbezüge und Weltbeziehungen weisen Unterschiede auf, die ihrerseits die Folge tiefliegender, überwiegend vorsprachlicher und habitualisierter kultureller Muster sind. Diese These basiert auf Youngs Überzeugung, dass die Geschlechter ihr *In-der-Welt-Sein* auch durch und in räumlicher Bewegung entwerfen und zum Ausdruck bringen.[542]

Ich halte diesen Befund und diese Deutung für höchst bemerkenswert, und eine noch bemerkenswertere tendenzielle Bestätigung erfahren sie durch andere empirische Untersuchungen, nach denen es deutliche Hinweise darauf gibt, dass die Unterschiede im abstrakten räumlichen Vorstellungsvermögen zwischen Jungen und Mädchen oder auch zwischen Männern und Frauen soziale bzw. kulturelle Ursachen haben: Offensichtlich verfügen Männer in der Regel über ein besseres abstraktes räumliches Orientierungsvermögen als Frauen, aber – und das ist das Bemerkenswerte – je geringer die soziale Benachteiligung der Frauen in einer Gesellschaft ist und je größer die ihnen zur Verfügung stehenden gesellschaftlichen Freiräume und Bewegungschancen sind, desto geringer fällt diese Geschlechterdifferenz aus.[543]

Wenn diese Befunde sich erhärten lassen, dann kann man sie meines Erachtens nur so deuten, dass es so etwas wie eine fundamentale Art des *In-die-Welt-Gestelltseins* für Subjekte gibt, die räumliche und körperliche, soziale, emotionale und kognitive Aspekte gleichermaßen umfasst und doch zugleich nicht nur kultur- und gesellschaftsabhängig ist, sondern darüber hinaus neben

542 Ebd., S. 708.

543 G. Nunner-Winkler, »Geschlecht und Gesellschaft«, in: H. Joas (Hg.), *Lehrbuch der Soziologie*, Frankfurt/M., New York 2001, S. 265-287, hier S. 268 f.

der Geschlechterdifferenz vielleicht auch Schichten- und Altersdifferenzen aufweist.

Deshalb träume ich als Soziologe nun davon, den Möglichkeiten und den Differenzen des In-die-Welt-Gestelltseins nicht nur zwischen den Geschlechtern, sondern auch zwischen den Generationen, den Schichten, den Kulturen, den Religionen und den (klimatischen wie topographischen) Regionen nachzuspüren. Mein Jenaer Kollege Stephan Lessenich hat mit Frank Nullmeier zusammen jüngst ein sehr aufschlussreiches Buch herausgegeben, in dem Spaltungslinien innerhalb der deutschen Gesellschaft thematisiert werden, wie sie etwa zwischen Armen und Reichen, Ostdeutschen und Westdeutschen, Alten und Jungen, Frauen und Männern, Eltern und Kinderlosen, Gebildeten und Ungebildeten, aber auch zwischen Norddeutschen und Süddeutschen, Mobilen und Immobilen, Flexiblen und Beharrlichen, Stadtbewohnern und Landbewohnern oder zwischen politisch Linken und Rechten verlaufen.[544] Eine Soziologie der Weltbeziehung, wie sie mir vorschwebt, sollte sich der Frage annehmen, ob sich hinter diesen Kategorisierungen Unterschiede in der Art des In-die-Welt-Gestelltseins verbergen, die der ausgeführten Geschlechterdifferenz vergleichbar sind. Öffnen vielleicht die Ostdeutschen die Marmeladengläser auch anders als die Westdeutschen, weil sie auf eine andere Weise an die Gegenstände, Chancen und Möglichkeiten der Welt herangehen und andere Gefährdungslagen und Verteidigungsstrategien wahrnehmen? Werfen politisch links denkende Menschen den Ball auch anders als Rechte? Für beide Spaltungslinien gibt es ja durchaus entsprechende empirische Hinweise, die z. B. eine unterschiedliche Körperwahrnehmung zwischen Ost- und Westdeutschen nahelegen, welche im Hygieneverhalten, im Sport, in der Kleidung und bei den Ernährungsgewohnheiten zum Ausdruck kommt, oder die auf eine grundsätzliche, habitualisierte Selbst- und Weltbilddifferenz zwischen Linken und Rechten deuten.[545] Nicht weniger inter-

544 S. Lessenich, F. Nullmeier (Hg.), *Deutschland – eine gespaltene Gesellschaft*, Frankfurt/M., New York 2006.

545 Zu Ersterem vgl. etwa A. Hessel, M. Geyer, J. Würz, E. Brähler, »Psychische Befindlichkeiten in Ost- und Westdeutschland im siebten Jahr nach der Wende«, in: *Aus Politik und Zeitgeschichte – Beilage zur Wochenzeitung* Das Parlament, B 13/97 (1997), S. 15-24, oder W. Wagner, »Gesellschaftlicher Wandel und Körperideal«, in: A. Hessel, M. Geyer, E. Brähler (Hg.), *Gewinne und Verluste so-*

essant scheinen mir darüber hinaus die Fragen zu sein, ob gläubige Menschen in ihrem Habitus eine kategorial andere Art des In-die-Welt-Gestelltseins zum Ausdruck bringen als ungläubige und ob es für die Art der Weltbeziehung einen Unterschied macht, ob man nördlich oder südlich der Alpen, in den Bergen oder am Meer aufwächst.

II. Selbst- und Weltkonzepte als ›moralische Landkarten‹

Spätestens hier wird indessen auch die Schwierigkeit einer solchen subjektzentrierten Soziologie deutlich: In-die-Welt-Gestelltsein ist zunächst kein soziologisch operationalisierbarer Begriff, er ist viel zu schillernd und vielschichtig, um verlässliche empirische Erhebungen zu erlauben, und darüber hinaus klingt er weit eher (persönlichkeits-)psychologisch und philosophisch als soziologisch.

Doch muss man sich dadurch nicht entmutigen lassen: Dass Fragen quer zu den Disziplinengrenzen verlaufen, kann kein hinreichender Grund sein, sie nicht zu verfolgen (sonst wäre auch mein Beschleunigungsbuch nie erschienen), und dass sie schwer zu beantworten sind, macht sie ja erst reizvoll.

Wie also lässt sich die Idee eines differentiellen In-die-Welt-Gestelltseins soziologisch handhabbar machen? Führen wir uns noch einmal die von der Phänomenologie insbesondere Merleau-Pontys, aber auch von Charles Taylor und ein klein wenig natürlich auch von Martin Heidegger inspirierte Ausgangsidee vor Augen: Einer Soziologie der Weltbeziehung soll es darum gehen, dass wir uns als Menschen immer schon, und immer schon unmittelbar, in eine Welt hineingestellt und auf eine Welt hin ausgerichtet finden, und zwar zunächst physisch hineingestellt und gerichtet auf eine räumliche Welt, die für uns *Bedeutung* hat und die Schwierigkeiten, Herausforderungen und Gefahren bereithält, aber auch Chancen und Möglichkeiten birgt. Die Art, wie wir uns nun auf diese Welt bezogen fühlen, wie wir in ihr agieren wollen und können und was wir von ihr erwarten, befürchten oder hoffen, hängt dann freilich zu-

zialen Wandels. Globalisierung und deutsche Wiedervereinigung aus psychosozialer Sicht, Opladen 1999, S. 101-123. Zu Letzterem siehe G. Lakoff, *Moral Politics. How Liberals and Conservatives Think*, Chicago, London ²2002.

gleich von unserem Selbstbild ab, von unserer habitualisierten und verkörperten Vorstellung davon, wer wir selbst sind und was unsere Aufgaben, Bedürfnisse und Ziele in der Welt sind. Selbstbild und Weltbild sind daher in der Art unseres In-die-Welt-Gestelltseins stets untrennbar aufeinander verwiesen.

Nun scheint es mir, dass sich in dieser Grundbezogenheit auf die Welt zunächst drei bzw. vier wesentliche Dimensionen unterscheiden lassen, nämlich zum Ersten so etwas wie eine *emotionale und existentielle Grundierung* unseres Weltverhältnisses, sodann eine *kognitive* Repräsentation der Welt und schließlich ein *evaluatives Weltkonzept*, das uns angibt, *worauf es in der Welt ankommt*, was erstrebenswert ist und was es zu vermeiden gilt.

Von Charles Taylor möchte ich hierfür den Begriff der *moralischen Landkarte* borgen, um diese Dimensionen unserer Weltbeziehung gleichsam zu modellieren.[546] Taylor hat diesen Begriff nirgendwo systematisch expliziert, er taucht bei ihm eher am Rande auf, und *moralische* Landkarte ist auch insofern etwas irreführend, als es nicht um Moral im engen Sinne geht, sondern vielmehr um so etwas wie ein kognitives und evaluatives Weltkonzept. Korrekterweise müssten wir daher von *kognitiv-evaluativen* Landkarten sprechen, da das aber eher abschreckend klingt, halte ich hier am Begriff der moralischen Landkarte fest. Er soll zum Ausdruck bringen, dass Subjekte gleichsam vom ersten Moment ihres Lebens an damit befasst sind, eine Landkarte der Welt und ihrer eigenen Position darin sowie der ihnen offenstehenden und verschlossenen Wege darauf zu entwickeln. Diese Landkarte enthält zunächst gleichsam einen emotionalen Grundton, gemäß dem die Welt beispielsweise als grundsätzlich gefährlich, zurückweisend und feindlich erscheint oder aber sich als warm, offen, gütig und voller verlockender Möglichkeiten präsentiert. Sodann entwickeln Menschen natürlich schon lange vor dem Erwerb der Sprache die Grundzüge eines kognitives Weltkonzeptes, das diejenigen Dinge enthält und gleichsam in der Landkarte verzeichnet, die in dieser

546 Vgl. Taylor »Understanding and Ethnocentricity«, S. 119 ff., und Taylor »Comparison, History, Truth«; dazu Rosa, *Identiät und kulturelle Praxis*, S. 110-118 und 326 ff., sowie H. Rosa, »Hypergüter der Moderne. Die konfliktreiche moralische Landkarte der Gegenwart« (Literatur-Essay zu Charles Taylor, *Quellen des Selbst*, Frankfurt/M. 1994), in: *Politische Vierteljahresschrift* 36 (1995), S. 505-522; zum Konzept der moralischen Landkarte siehe auch oben, Kapitel 2.

Welt vorkommen und von Bedeutung sind, also zunächst etwa Mama, Hunger und vielleicht Papa, später auch Karrieren, Religionen und Börsenkurse. Alle diese Dinge lernen wir aber in der Regel nicht als abstrakte Konzepte kennen, sondern stets in einer spezifischen Bedeutsamkeit für uns, wie Taylor und Merleau-Ponty betonen, wie aber auch schon Max Weber feststellte, wenn er bemerkt, Menschen zeichneten sich dadurch aus, dass sie gezwungen sind, zu den Dingen der Welt als positiv oder negativ bedeutsam Stellung zu nehmen.[547] Es *gibt* also nicht einfach Religionen und Börsenkurse auf unserer Landkarte, sondern diese sind gleichsam mit Höhenwertangaben versehen: Auf der Landkarte des einen mag die Religion oder eine spezifische Religion ein Viertausender sein, also einen für die Lebensführung zentralen Zielpunkt oder ›Berg‹ anzeigen, die Börse dagegen ein tiefes Tal, das Tal des materialistischen Egoismus, bezeichnen – für den anderen kann es sich dann gerade umgekehrt verhalten. Subjekte orientieren sich also in der Welt mittels einer Landkarte, die ihnen anzeigt, *was es gibt, wie die Dinge zueinander stehen* und *wo die Berge und Täler liegen*. Zugleich verorten sie sich immer auch selbst auf dieser Landkarte und bestimmen ihre Bewegungsrichtung in der biographischen Vor- und Rückschau, auf die sie dann mit dem Versuch der *Lebensführung* reagieren. Bezeichnenderweise liefern Untersuchungen aus der Merleau-Ponty-Schule Hinweise darauf, dass der völlige Verlust der evaluativen Landkarte in diesem Sinne sogar mit Schwierigkeiten der räumlichen Orientierung einhergeht und daher, wie Martin Löw-Beer im Anschluss an Taylor formuliert, so etwas wie eine ›existentielle Unmöglichkeit‹ bezeichnet.[548]

Eine interessante Frage, in der die Verbindung dieser Überlegungen zu meinen Beschleunigungsanalysen liegt, stellt das Problem dar, was eigentlich passiert, wenn diese Berge und Täler selbst mobil werden, wenn also infolge der Dynamisierung der Gesellschaft die ›Weltdinge‹ nicht nur beständig ihren Ort, sondern auch noch ihre Relation und ihre Höhenangaben ändern, wenn die Landkarte also konstitutiv instabil wird. Spätestens dann, wenn die Welt sich schneller verändert, als ein Subjekt sich bewegen kann, wird die Art

547 M. Weber, »Die ›Objektivität‹ sozialwissenschaftlicher und sozialpolitischer Erkenntnis«, in: M. Weber, *Gesammelte Aufsätze zur Wissenschaftslehre*, Tübingen 1988, S. 146-214, hier S. 180 f.

548 Löw-Beer, »Living a Life and the Problem of Existential Impossibility«.

unseres *In-die-Welt-Gestelltseins* potentiell problematisch. Aber das soll hier noch nicht das Thema sein.

Wichtiger scheint mir an dieser Stelle die Beobachtung zu sein, dass die evaluative Dimension unserer Landkarte noch einmal in sich gespalten ist: Wir verfügen zum einen über eine nun in der Tat eher moralische oder ethische *Bewertungs*landkarte der Welt (nach der es beispielsweise wichtig ist, *einen Beruf zu haben*, *eine Familie zu gründen*, *selbstbestimmt zu leben*, *nicht gegen die Natur zu handeln* etc.), zum anderen aber auch über eine dieser Bewertungslandkarte gegenüber erstaunlich widerborstige *Landkarte des Begehrens*: Vielleicht begehren wir nämlich den Nachbarsjungen mehr als unsere Ehefrau, obwohl das ein abgrundtiefes Tal in unserer moralischen Landkarte signalisiert, vielleicht gehen wir sonntagmorgens viel lieber in die Kneipe anstatt in die Kirche, obwohl wir die Religion für ungemein wertvoll, den Alkohol aber für teuflisch halten, und vielleicht schätzen wir auch das Geigespielen viel mehr als das Fernsehen, und dann bleiben wir Tag für Tag doch eher auf der Couch liegen, anstatt zu musizieren, etc. Die Dinge der Welt – und ›Dinge‹ schließt hier natürlich die Menschen und die Handlungsmöglichkeiten mit ein – sind für uns also stets evaluativ *doppelcodiert*, insofern sie mit einem Begehrens- und einem Bewertungsindex versehen sind, und ich bin davon überzeugt, dass sich die Dynamik eines Lebensvollzugs ganz wesentlich als ständiges Oszillieren zwischen diesen beiden Evaluationsdimensionen rekonstruieren lässt. Tatsächlich verhält es sich sogar so, dass wir diesen Widerspruch selbst noch auf unserer Landkarte verzeichnen müssen – jedes Subjekt ist nämlich auch durch die Art und Weise charakterisiert, wie es zwischen diesen beiden Dimensionen vermittelt: durch Verdrängung, durch Askese, durch gelegentliche Exzesse, vielleicht gefolgt von einer Beichte etc. Die Art des *In-die-Welt-Gestelltseins* umfasst auf diese Weise also auch eine Art des *Sich-selbst-Gegenübergestellt-* bzw. *Sich-selbst-Gegebenseins*.

Aus dieser Grundidee lassen sich nun aber, so scheint mir, sechs zentrale Forschungsfragen ableiten:

(1) Welche *Grundtypen* des In-die-Welt-Gestelltseins lassen sich identifizieren?

(2) Welche *Ursachen* haben die Differenzen zwischen ihnen? Hierfür kommen etwa kulturelle, sozialstrukturelle, aber auch fa-

miliäre, institutionelle, geographische oder auch genetische Faktoren in Frage.

(3) Welche *Folgen* haben die identifizierbaren Differenzen für das menschliche Handeln und die Lebensführung? Können adäquat rekonstruierte moralische Landkarten eine Grundlage für die Handlungstheorie liefern, indem sie etwa Rückschlüsse auf die Selbstwirksamkeitsüberzeugungen, Lebensführungsmuster, Krisenbewältigungsstrategien und Zielsetzungen der Akteure erlauben?

(4) Wie korrelieren soziale Strukturen und Institutionen mit den differenten Typen des In-die-Welt-Gestelltseins? Wie unterscheiden sich z. B. ständische und funktional differenzierte Gesellschaften in dieser Hinsicht, wie gemeinschafts- und gesellschaftsförmige Sozialbeziehungen? Welche Konsequenzen hat die Beschleunigung oder Dynamisierung der materiellen, sozialen und geistigen Welt für unsere Weltbezüge?

(5) (Wie) Lassen sich soziale Spaltungs- und Differenzierungslinien (Geschlechter, Generationen, Schichten etc.) als Differenzen der Weltbeziehung modellieren?

(6) Und schließlich: (Wie) Lässt sich Gesellschaft so gestalten, dass wir auf *gelingende Weise* in die Welt gestellt sind? Mit anderen Worten: Lässt sich das Konzept der Weltbeziehung fruchtbar machen für den Versuch, Lebensqualität auf eine neue Weise so zu bestimmen, dass die einseitige westliche Fixierung auf materiellen Wohlstand, Wachstum und Wahlfreiheit als Indikatoren des Wohlergehens überwunden werden kann, und, wenn ja, lassen sich daraus politische Konsequenzen ableiten?

III. Möglichkeiten der Operationalisierung: Vier Grundformen der Weltbeziehung

Eine entscheidende Schwachstelle meines bisherigen Vorschlags, mit Hilfe des Konzepts moralischer – oder kognitiv-evaluativer – Landkarten die Arten des In-die-Welt-Gestelltseins zu modellieren, liegt nun natürlich darin, dass es zunächst genauso wenig operationalisierbar ist wie die Ausgangsidee. Eine Möglichkeit der Umsetzung besteht zweifellos in dem Versuch, die moralischen Landkarten von Subjekten über die Erhebung und Auswertung narrativer biographischer Interviews zu vermessen bzw. zu rekonstruieren.

Ein solches Forschungsprojekt wurde im Jahr 2008 von der DFG im Rahmen des Sonderforschungsbereichs 580 an der Universität Jena unter dem Titel »Sozialmoralische Landkarten engagierter und disengagierter Bürger« bewilligt; die Arbeit an ihm ist noch nicht abgeschlossen. An dieser Stelle möchte ich jedoch einen anderen, noch tastenden Vorschlag dafür machen, das hier entwickelte Konzept forschungspraktisch umzusetzen.

Die ›emotionale Grundierung‹ unserer moralischen Landkarte, so scheint mir, offenbart sich in einem Grundgefühl des In-der-Welt-Seins, das zwischen den Extrempolen der Erfahrung *existentieller Geworfenheit* oder auch des *Ausgesetztseins* in einer fremden, kalten, schweigenden und feindlichen Welt und der ebenso existentiellen Empfindung des *Getragen-* und *Gehaltenseins* in einer tendenziell vertrauten, warmen, gütigen und vor allem: *antwortenden* Welt schwankt.[549] Die erste Frage zur Erforschung unserer moralischen Landkarte, die zunächst jeder an sich selbst stellen kann, lautet daher vielleicht, ob wir uns in der tiefsten existentiellen Erfahrung als *geworfen* oder als *getragen* wahrnehmen. Natürlich könnte man hier zunächst vermuten, dass dies wesentlich von unserem Weltbild abhänge: Kann sich nicht ein, sagen wir: katholischer Christ, der die Welt von einem liebenden Gott durchwaltet ›weiß‹, welcher auch dann noch ›ja‹ zu ihm sagt, wenn ›alles nein sagt‹, wie es in einem eindrucksvollen Gebet heißt, weit eher getragen und gehalten fühlen als ein überzeugter Darwinist, der seinerseits ›weiß‹, dass ›da draußen‹ das erbarmungslose Gesetz des Fressens oder Gefressenwerdens, das Recht des Stärkeren gilt? Gewiss haben solche kognitiven Überzeugungen einen modifizierenden Einfluss auf unser existentielles Daseinsgefühl, doch bilden sie vermutlich nur die ›Spitze des Eisberges‹. Tatsächlich bin ich davon überzeugt, dass es in weit stärkerem Maße einen *umgekehrten Zusammenhang* gibt: Ob wir in einem solchen ›katholischen Sinne‹ ›religiös musikalisch‹ sind, wie Weber formuliert, hängt vermutlich auch davon ab, wie sehr wir uns als getragen wahrnehmen. Der Glaube an eine den Kosmos durchwaltende gütige Kraft ist eher *Ausdruck* als *Ursache* einer bestimmten Welterfahrung; einer religiösen Auffassung, welche die Welt überwiegend als Sündenpfuhl und Jammertal versteht und überall den Teufel am Werk sieht, liegt

549 Vgl. dazu jetzt auch: H. Rosa, »Is There Anybody Out There?«.

dann umgekehrt eher ein Existenzgefühl fundamentaler Geworfenheit zugrunde.

Den reinsten Ausdruck beider existentieller Grunderfahrungen finden wir nun meines Erachtens aber in der Dichtung, insbesondere in der Lyrik. Ich bin der Auffassung, dass uns die Lyrik und auch die Musik deshalb so tief berühren können, weil sie es vermögen, die Weisen des In-die-Welt-Gestelltseins für den Rezipienten nachvollziehbar zu modellieren, zu moderieren und zum Ausdruck zu bringen.

Das Gefühl existentieller Verlassenheit und Geworfenheit lässt sich in der Lyrik oder in der Musik reiner, weil unvermittelter, zum Ausdruck bringen als in jeder Art von Prosa, und das Gleiche gilt für die Welterfahrung des affirmativen Aufgehobenseins.

»Also wird ein Stern hinausgeworfen in den öden Raum und in den eisigen Athem des Alleinseins«, heißt es etwa im halblyrischen *Zarathustra* Nietzsches,[550] und ich werte dies als ein eindrucksvolles Zeugnis existentieller Geworfenheit.[551] Interessanterweise finden wir eine fast gleichlautende Erfahrung auch bei Rainer Maria Rilke in dessen bekanntem Herbstgedicht:

Die Blätter fallen, fallen wie von weit
Als welkten in den Himmeln ferne Gärten
Sie fallen mit verneinender Gebärde.

Und in den Nächten fällt die schwere Erde
Aus allen Sternen in die Einsamkeit.

Wir alle fallen. Diese Hand da fällt
Und sieh dir andre an: es ist in allen.

550 F. Nietzsche, *Also sprach Zarathustra. Ein Buch für alle und keinen*, Leipzig 1894.

551 Vgl. für dieses Existenzgefühl auch Nietzsches ›Herbst-Gedicht‹ »Vereinsamt«: Charakteristisch hierfür ist eine starre, kalte, feindliche Welt auf der einen und ein blasses oder bleiches, beziehungsloses stummes Subjekt auf der anderen Seite: »Die Krähen schrein / und ziehen schwirren flugs zur Stadt [...] Nun stehst Du starr / blickst rückwärts, ach, wie lange schon / Was bist Du Narr vor winters in die Welt entflohn? // Die Welt, ein Tor zu tausend Wüsten / stumm und kalt / wer das verlor, was Du verlorst / macht nirgends halt // Nun stehst du bleich / zur Winterwanderschaft verflucht / dem Rauche gleich / der stets nach kältern Himmeln sucht [...]« (F. Nietzsche, *Gedichte*, Stuttgart 1964).

Zugleich aber gibt Rilke, charakteristisch für seine Dichtung, dann im letzten Vers der Hoffnung – oder im Kontext des Gedichts sogar der Gewissheit – Ausdruck, dass dieses Geworfensein und Fallen sich im tiefsten Grund doch in existentielles Getragensein überführen lässt, das Gedicht endet nämlich:

> Und doch ist einer, welcher dieses Fallen
> Unendlich sanft in seinen Händen hält.

Letztlich scheint mir die Frage, ob unser Existenzgefühl dem des Getragenseins oder dem der Geworfenheit zuneigt, darin zu kulminieren, ob uns dieses Gedicht *mit* oder *ohne* den Schlussvers als ›wahrer‹ erscheint.

Nun lässt sich aber unser Existenzgefühl sicherlich nicht einfach auf diese Dichotomie reduzieren, sondern ist weitaus facettenreicher. In Anlehnung an einen Vorschlag von Michiel Schwarz und Michael Thompson, die damit allerdings Konzeptionen des Gesellschaft-Natur-Verhältnisses modellieren wollten und dazu an das *Grid-Group*-Konzept von Mary Douglas anschließen,[552] möchte ich deshalb nun versuchsweise, gewissermaßen als heuristische Hypothese, vier idealtypische Grundformen des Selbst-Welt-Verhältnisses postulieren und unterscheiden. Sie sind durchaus mit den physikalischen Konzepten des *stabilen*, des *semistabilen*, des *labilen* und des *indifferenten* Gleichgewichts vergleichbar und lassen sich interessanterweise alle schon auf Anhieb in der ›kanonisierten‹ lyrischen Literatur identifizieren oder ›verifizieren‹. In den im Folgenden wiedergegebenen Gedicht- bzw. Prosazeilen handelt es sich stets um den existentiellen und *interaktionslosen* Blick eines Subjekts auf die Welt bzw. auf die ›Dinge‹ der Welt als solchen.

552 M. Schwarz, M. Thompson, *Divided We Stand. Redefining Politics, Technology, and Social Choice*, Philadelphia/PA 1990.

1. Die gütige Welt – Leben im Gleichgewicht: Das Existenzgefühl der Getragenheit

Joseph von Eichendorffs ›Weihnachtsblick‹ auf die Welt:

Markt und Straßen stehn verlassen,
still erleuchtet jedes Haus [...]

Und ich wandre aus den Mauern
bis hinaus ins freie Feld –
hehres Glänzen, heilges Schauern,
wie so weit und still die Welt!

Sterne hoch die Kreise schlingen,
aus des Schnees Einsamkeit
steigts wie wunderbares Singen –
oh du gnadenreiche Zeit.

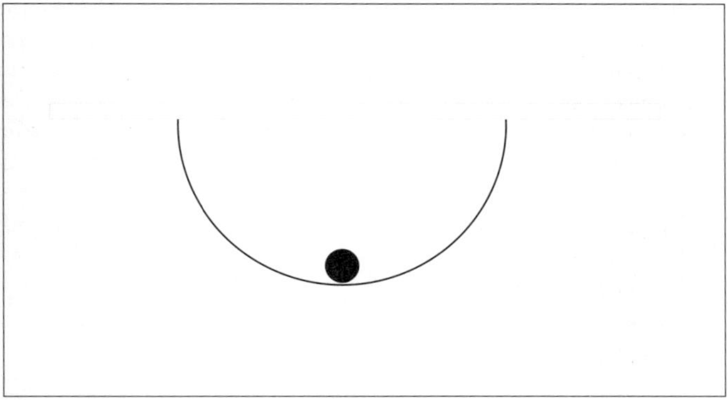

Abbildung 8: Stabiles Gleichgewicht: Was auch geschehen mag, das Subjekt ist sicher geborgen.

Der in diesem Gedicht vor allem in der Schlussstrophe zum Ausdruck gebrachte, weit über die Grenzen der Religion hinaus kulturwirksame Zauber des Weihnachtsgedankens scheint mir gerade in der Vorstellung zu liegen, dass die Welt in all ihrer Ge- und Verworfenheit letzten Endes eben doch aufgefangen ist und bleibt: In Schnee, Kälte, Einsamkeit und Stille wird das Licht geboren, das die Erde gleichsam sphärisch umhüllt und garantiert, dass die Welt ihre Fähigkeit, für das Subjekt ›zu singen‹, niemals verliert.[553]

2. Die apollinische Welt – Sicherheit durch Maßhalten: Das bürgerliche Existenzgefühl

Alfred Huggenbergers ›Dorfblick‹ auf die Welt

Das Dorf hat eine stille Macht,
es gibt auf seine Menschen Acht
Es sorgt und wehrt, es gibt Geheiß
Weil es von allen Alles weiß

Der Kirchturm, der die Stunde spricht,
er ist sein Zeichen und Gesicht,
er schafft, daß in der großen Welt
das Dorf sein Ehrenrecht behält. […]

Der Bauerngärten bunte Pracht
Schenkt ihren Duft der Sommernacht;
die hält das Dorf in lieber Hut,
ihr Trost ist mild, ihr Glück ist gut. […]

Wer heimkehrt, müd, aus fremdem Land,
den nimmt es leise bei der Hand,
den führt es einem Frieden zu,
der heißt in Worten:
   Ich und Du!

553 In Peter Sloterdijks *Sphären*-Trilogie (P. Sloterdijk, *Sphären*, Frankfurt/M. 1998) findet sich eine Unmenge an kulturgeschichtlichen Hinweisen und psychophilosophischen Überlegungen zu der Idee, dass die bejahende, ›sphärische‹ Umhüllung zu den menschlichen Urerfahrungen zu rechnen ist.

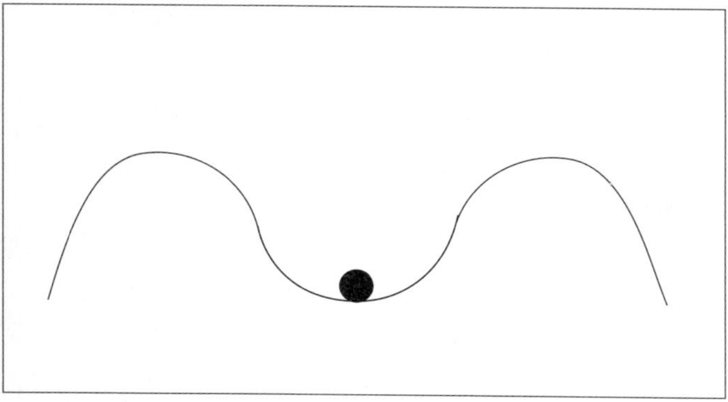

Abbildung 9: Semistabiles Gleichgewicht: Innerhalb bestimmter Grenzen herrscht Geborgenheit, die dahinterliegende Welt erscheint fremd, gefährlich und/oder feindlich.

Die hier formulierte Welthaltung ist die eines *Getragenseins in Grenzen*: Innerhalb eines ›vernünftigen‹, ›maßvollen‹ Rahmens dürfen wir uns getragen und aufgehoben wissen. Das ›Dorf‹ schützt und nährt und sichert unsere Position (oder ›Heimat‹) in der Welt; das verheißene Glück ist ›mild und gut‹, also bar aller dionysischer oder elysischer Exzesse. Verlassen wir diesen eng gesteckten Rahmen aber, drohen Gefahr und Verwerfung: Die Welt dahinter ist die fremde, kalte, tendenziell abgründige, bedrohliche und ›müde machende‹ Welt der Geworfenheit.

3. Die gefährliche/feindliche Welt – Leben am Abgrund: Das Existenzgefühl des Ausgesetztseins

Andreas Gryphius' Blick auf die hinfällige Welt:

Du siehst, wohin du siehst, nur Eitelkeit auf Erden.
Was dieser heute baut, reißt jener morgen ein;
Wo jetzund Städte stehen, wird eine Wiese sein,
Auf der ein Schäferskind wird spielen mit den Herden

Was jetzund prächtig blüht, soll bald zertreten werden;
Was jetzt so pocht und trotzt, ist morgen Asch und Bein;
Nichts ist, das ewig sei, kein Erz, kein Marmorstein.
Jetzt lacht das Glück uns an, bald donnern die Beschwerden

Der hohen Taten Ruhm muß wie ein Traum vergehn.
Soll denn das Spiel der Zeit, der leichte Mensch, bestehn?
Ach, was ist alles dies, was wir für köstlich achten,

Als schlechte Nichtigkeit, als Schatten, Staub und Wind
Als eine Wiesenblume, die man nicht wiederfind't!
Noch will, was ewig ist, kein einzig Mensch betrachten.

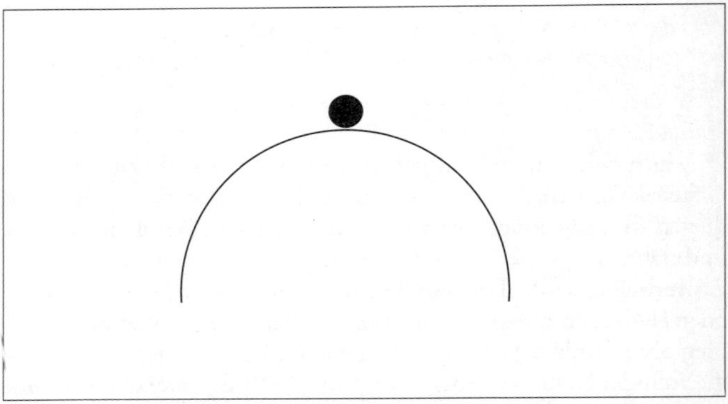

Abbildung 10: Labiles Gleichgewicht: Jeder Fehltritt führt zum Absturz, und das Subjekt ist von allen Seiten bedroht.

In dem von Gryphius zum Ausdruck gebrachten Weltgefühl drohen Verfall und Abgrund auf allen Seiten; es gibt genau eine einzige richtige und tragfähige Existenzweise, die per se weltabgewandt ist. Jeder Schritt aus dem Gleichgewicht ist ein Absturz in die Tiefe. Natürlich lässt sich diese Existenzgefühl auch ohne den Transzendenzbezug (der letzten Zeile) formulieren; es impliziert dann entweder eine völlige Welt- und Lebensverneinung oder die Reduktion auf einen unaufhörlichen Existenzkampf.

4. Die indifferente, kalte Welt – Leben ohne Anker: Das Existenzgefühl der Geworfenheit

Rainer Maria Rilkes Blick des Verstoßenen

Nach jedem Sonnenuntergange
bin ich verwundet und verwaist,
ein Blasser, allem Abgelöster,
und ein Verschmähter jeder Schar,
und alle Dinge stehn wie Klöster,
in denen ich gefangen war.

Rainald Grebes Blick der Indifferenz

In meiner Verzweiflung riss ich die Fenster auf und schrie in die Reihenhaussiedlung:
Wer hat den runden Globus plattgehauen, warum gibt es keine Täler und Tiefseen mehr, wer hat die Alpen entknittert und glattgestrichen, warum sticht auf dieser Erde nichts heraus???
Keine Antwort. Die Reiseziele der ganzen Welt lagen gleichgültig vor mir. Irgendwann tippte ich nur noch blind in das globale Egal. Jetlag. Leg dich nieder, müder Wanderer. [...]
Voll von Nichts legte ich meine Birne auf den Plastikpazifik.

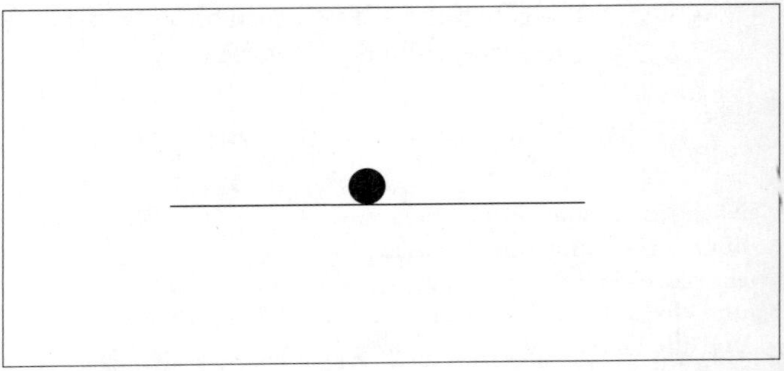

Abbildung 11: Indifferentes Gleichgewicht: Das Subjekt findet keinen ›Platz‹ oder keine Position in der Welt und keine Beziehung zu ihr; Selbst und Welt stehen sich stumm und gleichgültig gegenüber.

Anders als im Fall der gefährlichen und feindlichen Welt steht den von Rilke und Grebe skizzierten Subjekten eine indifferente, gleichgültige Welt gegenüber. Charakteristisch für diese Grunderfahrung ist daher die Beziehungslosigkeit zwischen Selbst und Welt und daher auch die Bedeutungslosigkeit der Letzteren für das Erstere. In den Zeilen aus Rilkes *Stundenbuch* erfährt sich das ›desengagierte‹ Subjekt der Dingwelt gegenüber als ›blass‹ und ›allem abgelöst‹, im Hinblick auf die Sozialwelt als ›verschmäht‹. Wie etwa Rahel Jaeggi gezeigt hat, lässt sich diese ›Beziehung der Beziehungslosigkeit‹ adäquat mit dem Begriff der ›Entfremdung‹ fassen.[554] Stehen dem bedrohten oder gefährdeten Subjekt in *Kampf* und *Abwehr* immerhin noch Möglichkeiten einer aktiven Welthaltung zur Verfügung, verfügt das dergestalt entfremdete und desengagierte Subjekt nur noch über eine ›konturlose‹ Landkarte, welche tendenziell handlungsunfähig macht, wie Rainald Grebe in den Anfangspassagen seines zeitdiagnostischen Romans *Global Fish* deutlich werden lässt: Der Einser-Abiturient Thomas Blume scheitert nach bestandener Reifeprüfung an der Aufgabe, ein Reiseziel für die Sommerferien zu identifizieren, weil ihm die Welt buchstäblich *gleichgültig* geworden ist.[555]

554 Jaeggi, *Entfremdung.*
555 R. Grebe, *Global Fish*, Frankfurt/M. 2006.

IV. Einflussfaktoren: Die soziale Konstruktion der Weltbeziehung

Über die Ursachen der einen oder anderen Ausprägung des Existenzgefühls mag ich hier nicht spekulieren, sie gehören ganz sicher zu einem hohen Maße in den Zuständigkeitsbereich der Psychologie, insofern hier frühkindliche Erfahrungen eine Rolle spielen werden; zugleich sehe ich keinen Grund, die Möglichkeit des Einflusses bestimmter hormoneller Balancen unseres Gehirns a priori auszuschließen. Nichtsdestotrotz vermute ich, dass soziale Kontexte etwa im Sinne von Mannheims *Generationslagerungen* ebenfalls einen Einfluss haben; die Tatsache etwa, dass Gryphius vor dem Hintergrund der Verheerungen des 30-jährigen Krieges schreibt, mag für das von ihm ausgedrückte Existenzgefühl nicht unerheblich sein.

1. Kontextvariablen

Unbestreitbar scheint mir indessen, dass jenseits oder oberhalb der tiefsten emotionalen Grundierung unserer moralischen Landkarte die jeweiligen *alltagspraktischen* Welterfahrungen mit dem sozialen Kontext unseres Handelns variieren, was sich, wie Bourdieu minutiös herausgearbeitet hat,[556] als folgenreich für die Frage der Reproduktion sozialer Ungleichheit erweist: Wer sich allein in einen ihm sozial und der Sache nach fremden sozialen Kontext wagt, zu dem er noch keinerlei soziale oder sachliche Bindungen aufgebaut hat, läuft große Gefahr, die Rilkesche Erfahrung der Klosterwelt zu machen: So kann es beispielsweise schnell geschehen, dass diejenigen Besucher dieser Antrittsvorlesung oder des anschließenden Buffets, die in der Universitätswelt nicht zu Hause sind, hier niemanden kennen und auch mit den Gepflogenheiten nicht vertraut sind, sich fremd, ungewollt, fehl am Platz fühlen, dass ihnen die Dinge »wie Klöster stehn«. Vermutlich ist das die Antwort auf die Bourdieusche Frage, wieso Arbeiter nicht in die Oper (oder an die Universität) und Kultureliten nicht zum Wrestling gehen.

An dieser Stelle möchte ich mir erlauben, über eine in diesem Zusammenhang ebenso verblüffende wie aufschlussreiche per-

556 P. Bourdieu, *Die feinen Unterschiede: Kritik der gesellschaftlichen Urteilskraft*, Frankfurt/M. 1987.

sönliche Sozialbeobachtung zu berichten. Jeden Sommer finden an verschiedenen Orten, beispielsweise in Hilden, Braunschweig oder Rostock, zweieinhalbwöchige Sommerakademien zur Förderung des hochbegabten akademischen Nachwuchses statt, die vom Verein *Bildung und Begabung* mit Mitteln des Bundesministeriums für Bildung, Forschung und Technologie als *Deutsche SchülerAkademie* veranstaltet werden. Die Teilnehmenden sind überwiegend von ihren Schulen ausgewählte Schülerinnen und Schüler der gymnasialen Oberstufe aus der ganzen Bundesrepublik und zum Teil aus dem Ausland. Diese jungen Menschen kommen also in eine ihnen völlig fremde Umgebung – es handelt sich um eine campusartige Internatsschule –, in der sie sich weder in der Stadt noch in der Schule auskennen; sie haben keinen einzigen anderen Schüler oder Lehrer jemals gesehen, und sie wissen ganz und gar nicht, was auf sie zukommt. Sie verfügen für diesen Kontext über keinerlei Handlungsroutinen, doch haben sie aufgrund der ihnen zur Verfügung stehenden Hintergrundinformationen (die Veranstaltung steht unter der *Schirmherrschaft des Bundespräsidenten*, soll *höchsten universitären Maßstäben* gerecht werden und wird auch mit den Mitteln des *Stifterverbandes für die deutsche Wissenschaft gefördert*!) das Gefühl, dass sie unter hohem Erwartungsdruck stehen und sehr viel von ihnen verlangt werden wird. Als regelmäßiger Leiter einer dieser Akademien weiß ich aus unzähligen Berichten, dass die allermeisten der Teilnehmenden unter diesen Bedingungen in der Erwartung ihres sicheren Ungenügens anreisen, weil sie davon ausgehen, dass alle anderen *genial*, sie selbst aber ganz *normal* sind. An ihrem ersten Akademie-Tag machen sie daher nahezu invariant und geradezu paradigmatisch die Erfahrung extremer Geworfenheit bzw. der Entfremdung im ausgeführten Sinne – sie sind buchstäblich in eine fremde Welt geworfen, die sie weder zu überschauen noch zu kontrollieren vermögen. Geworfenheit, so scheint es mir, ist hier eine Folge erstens der Fremdheit, zweitens des Kontrollverlustes und drittens der Beziehungs- und Bindungslosigkeit: Alle Weltoberflächen, die sozialen wie die dinglichen, erscheinen glatt, hart und abweisend. Das Erstaunliche ist nun allerdings, dass am Ende dieser zweieinhalb Wochen, die die SchülerAkademie dauert, sich geradezu spiegelverkehrt das gegenteilige Existenzgefühl eingestellt hat: Durch die hohe, ja fast ausschließliche Konzentration auf das Akademieinnenleben und die Routinisierung des Akademiealltags entwickelt sich unter den Teilnehmenden in größter Regelmäßigkeit und daher nahezu ›mechanisch‹ ein Gefühl starker Getragenheit und positiven Aufgehobenseins, was für die Jugendlichen zu einer einzigartigen und prägenden Erfahrung wird. Die Teilnehmenden beschreiben oft noch nach vielen Jahren diese zweieinhalb Wochen als die schönste und intensivste Zeit ihres Lebens. Sucht man nach den Kontextfaktoren, welche diese Form der Weltbeziehung ermöglichen, so lassen sich (einmal abgesehen von den günstigen materiellen Rahmenbedingungen) die hohe Beziehungs- (oder ›Resonanz‹-)Dichte unter den Jugendlichen und das hohe Maß an gemeinsamen Aktivitäten einerseits und an wechselseitiger Anerkennung andererseits, welche die Erfahrung eines gelingenden Gemeinschaftslebens bewirken, als wesentliche Einflussgrößen für dieses Existenzgefühl der Getragenheit identifizieren. Vielleicht spielt sogar der Umstand eine Rolle, dass die Gruppengröße von etwa 100 Menschen eine soziale Binnenwelt erzeugt, welche der Größe archaischer Stammesgruppen und damit möglicherweise der Sozialkontaktfähigkeit und -erwartung unserer älteren Gehirnstrukturen entspricht: Die Teilnehmenden sind weder durch zu viele Kontaktangebote und damit einhergehende Anonymisierung und Formalisierung von Beziehungen überfordert noch durch zu viel Nähe und Beschränkung eingeengt. In jedem Falle wird die Intensität der Erfahrung, das scheint mir hier offensichtlich, noch gesteigert durch den ›apollinisch-dionysischen‹ Charakter der Veranstaltung: Es ist allen Teilnehmenden bewusst, dass die Akademiewelt von begrenztem Radius und von begrenzter Dauer und zugleich privilegiert ist und dass ›die Welt dahinter‹ anders und durchaus auch voller Widerwärtigkeiten und Unwägbarkeiten ist. Daraus mag sich zumindest teilweise der verblüffendste Aspekt der mehrfachen ›Weltbeziehungsmodulation‹ solcher Akademien erklären, dessen invariantes Auftreten die ausführliche Diskussion der Akademieerfahrung in diesem Beitrag motiviert: Nach der Rückkehr in den Alltag berichtet eine große Zahl von Teilnehmenden Jahr für Jahr von den immer gleichen ›Symptomen‹ (zum Glück vorübergehender) enormer ›Wiedereingliederungsprobleme‹, gleichsam massiver ›Entzugserscheinungen‹ und Entfremdungserfahrungen äußern, die sich in einem Gefühl großer Leere, gekoppelt mit starker Sehnsucht nach Rückkehr in das Akademieleben: In der Psychologie ist dieses Phänomen eines

›Sozialkaters‹ nach Gemeinschaftsveranstaltungen nicht unbekannt, und die Teilnehmenden der DSA werden zum Abschluss der Veranstaltung deshalb vor dem Fall in ein ›Akademieloch‹ gewarnt, das sich bei falscher ›Behandlung‹ (nämlich anhaltendem Rückzug aus dem realen Sozialleben) zu einer handfesten Depression auswachsen kann. Aus meiner Sicht lässt sich dieses Phänomen so interpretieren, dass die Erfahrung gleichsam ›apollinischer‹ Aufgehobenheit (in diesem speziellen Sinne des geschlossenen Campus, der in einigen Hinsichten durchaus dem oben ausgeführten ›Dorfblick‹ auf die Welt entspricht) zu einer verschärften Erfahrung der existentiellen Geworfenheit in der ›Realwelt‹ führt: Nach dem Verlust der dichten und intensiven (auch buchstäblich musikerfüllten) Resonanzsphäre der Akademiewelt stehen den Jugendlichen ›die Dinge wie Klöster‹, sie fühlen sich nach ihrer Rückkehr ganz buchstäblich als ›Verschmähte jeder Schar‹, insbesondere deshalb, weil sie ihre Erfahrungen kaum oder gar nicht adäquat kommunizieren können. Das apollinische Weltkonzept bestätigt sich so gewissermaßen für kurze Zeit in ihrer Welterfahrung: Sie sind über den Rand der Akademiewelt gefallen und in der kalten, stummen Welt außerhalb des ›Dorfs‹ gelandet. Dass diese ›Weltverwandlung‹ oder genauer: doppelte Umkehrung der Weltbeziehung, sich auf diese Weise in so kurzer Zeit und mit solcher kaum glaublichen Radikalität vollziehen kann, macht deutlich, in welch hohem Maße Weltverhältnisse sozial und institutionell konstruiert und entsprechend variabel sind. Dies legt eine gewisse Vorsicht gegenüber einer zu weitgehenden ›Existentialisierung‹ der Weltbeziehung nahe.

2. Selbstwirksamkeitserwartungen und Responsivitätsannahmen

Trotz dieser Einschränkung scheint mir die Annahme plausibel zu sein, dass die existentielle und emotionale Grundierung unserer Weltbeziehung die Art und Weise präjudiziert, wie wir die kognitiven und evaluativen Konturen unserer ›moralischen Landkarte‹ zeichnen, die dann wiederum die Charakteristika unserer Lebensführung und Verhaltensweisen prägen. Mit den folgenden Überlegungen möchte ich beginnen, die Dimensionen auszuloten, entlang deren sich dieser Zusammenhang rekonstruieren lässt.

Die Frage, *wie Subjekte in die Welt gestellt sind*, impliziert die

Vorstellung einer konstitutiven Verbindung zwischen Welt und Subjekt, die keineswegs einfach einen cartesianischen Subjekt-Objekt-Dualismus meint, sondern die ganze Bandbreite möglicher wechselseitiger Konstituierung und Durchdringung zulassen und zugleich der Tatsache Rechnung tragen soll, dass Subjekte als verkörperte Wesen sich *immer schon in* einer Welt finden. Diese Verbindung hat notwendig zwei Seiten, das heißt, sie umfasst eine Konzeption dessen, wie sich *die Welt zum Subjekt verhält* – etwa: freundlich, feindlich, indifferent –, ebenso wie ein Bild davon, wie sich das *Subjekt zur Welt* verhält – etwa: aktiv, passiv, erobernd, entdeckend, anpassend, seinen Platz einnehmend, verteidigend, formend, findend etc. Aus beiden Seiten zusammen entsteht dann eine Vorstellung des *Wechselverhältnisses* zwischen Welt und Subjekt, die beispielsweise nach der Logik von *Aufgabe und Lösung*, von *Rohmaterial und Bearbeitung* oder auch von *Verführung und Überwindung* gestaltet sein kann.

Dies aber ist der Bereich, in dem sich der konstitutive Zusammenhang zwischen den *Selbstwirksamkeitserwartungen* und Kontrollüberzeugungen eines Subjekts und seinem Weltverhältnis offenbart: Die Art und Weise, wie ein Subjekt in die Welt gestellt ist, ist wesentlich bestimmt davon, welche Einfluss- und Kontrollmöglichkeiten es seinem eigenen Handeln zuschreibt, inwiefern es sich für in der Lage hält, seine Position und Stellung in der Welt gezielt zu verändern und die Folgen seiner Handlungen so zu kontrollieren, dass es seine Bewegungsrichtung bestimmen kann; als wie wirksam oder kompetent es sich also im Hinblick auf sein Einwirken auf die Welt erfährt.[557] Es scheint naheliegend, dass ein ›geworfenes‹ Subjekt – insbesondere eines, das sich in der konturlosen Ebene (Welt d) befindet – dazu tendieren wird, geringere Selbstwirksamkeits- und Kontrollüberzeugungen auszubilden als ein ›getragenes‹, das in Welt (a), in der ›gütigen‹ Welt, lebt.

Interessanterweise scheint mit der Selbstwirksamkeitsüberzeugung das Ausmaß an erwarteter oder wahrgenommener ›Responsivität‹ der Welt zu korrelieren: Welthaltungen unterscheiden sich, so scheint mir, auch und vor allem darin, ob wir uns in eine Welt gestellt fühlen, die auf unsere Bedürfnisse, Wünsche und Handlungen *antwortet*, oder in einer Welt leben, die sich diesen gegenüber

557 A. Bandura, *Self-Efficacy. The Exercise of Control*, New York 1997.

kalt oder feindlich verhält. Joseph Eichendorffs »Wünschelrute« bringt eine starke Responsivitätsüberzeugung vielleicht am pointiertesten auf den Punkt: »Schläft ein Lied in allen Dingen, die da träumen fort und fort, und die Welt hebt an zu singen, triffst du nur das Zauberwort.« Rilkes »Klöster« (oder auch die gegenüber dem menschlichen Schicksal vollkommen gleichgültige »wunderschöne Kuppel« der nächtlichen Gestirne, der »reine Himmel mit freundlicher Novembersonne«, der »auf die Todesstelle nieder« schaut, oder »die unermeßlichen Wälder«, die in Adalbert Stifters *Hochwald* »liegen und schweigen wie ehedem«, während sich unter den Menschen die entsetzlichste Tragödie entfaltet[558]) repräsentieren demgegenüber die nichtresponsive, stumme Welt. Das Gefühl der Getragenheit, so meine These, korreliert also mit einer tendenziell höheren Selbstwirksamkeits- und Kontrollüberzeugung und einer höheren Responsivitätsannahme.

In einer responsiven Welt sind dann wiederum die Grenzen zwischen Ich und Welt nicht so hart, scharf und undurchlässig wie in der indifferenten oder gar *repulsiven*, zurückstoßenden Welt, denn die Responsivität lässt sich fast nur als *doppelseitige* denken: Die Welt ›antwortet‹ dann nicht nur auf unsere Bedürfnisse, sondern ihr Wesen und ihre Weisen sind auch von konstitutiver *Bedeutung für uns*: Menschen, die in einer responsiven Welt leben, haben vermutlich eher ein *intrinsisches* als ein *instrumentelles* Interesse an der Welt und an ihren Möglichkeiten. Erstaunlicherweise bestätigen Albert Banduras Befunde diese These insofern, als nach seinen Beobachtungen Menschen mit hoher Selbstwirksamkeitsüberzeugung auch ein höheres Maß und eine größere Bandbreite an intrinsischen Handlungsmotivationen aufweisen als solche mit niedrigen Selbstwirksamkeitserwartungen.[559] Das aber könnte bedeuten: Je höher die Selbstwirksamkeitserwartungen, Responsivitätsannahmen und Kontrollüberzeugungen eines Menschen sind, desto größer sind seine Lust auf, seine Energie für und sein Interesse an den ›Weltdingen‹.

Die Differenz zwischen indifferentem/repulsivem und responsivem Weltkonzept könnte sich dann schließlich auch in einer Differenz im bevorzugten Handlungsmodus niederschlagen, für den wiederum Gerhard Schulze die Unterscheidung von ›Wählen‹ und

558 A. Stifter, *Der Hochwald*, Leipzig 1933, S. 96, 101 und 109.

559 Bandura, *Self-Efficacy*.

›Einwirken‹ vorschlägt:[560] In einer indifferenten Welt mit harten Oberflächen gilt es, durch geschicktes Auswählen von Interaktionspartnern, Gegenständen, Orten und Handlungsweisen die eigene Position auf der Landkarte zu verbessern – das Einwirken auf die Welt im Sinne einer aktiven *Veränderung der Landkarte selbst* ist nur in einer responsiven Welt möglich. Wenn daher die von Schulze, Zygmunt Bauman[561] und anderen gemachte Beobachtung zutrifft, dass die Spätmoderne gegenüber der ›klassischen Moderne‹ insbesondere auch durch eine Verschiebung vom Handlungsmodus des *Einwirkens* zu demjenigen des *Wählens* gekennzeichnet ist, dann könnte dies bedeuten, dass die von uns wahrgenommene Welt an Responsivität einbüßt.

Aus diesen Überlegungen ergibt sich nun schematisch – und nur sehr versuchsweise und vorläufig – die folgende, holzschnittartige Gegenüberstellung zweier Grundmodi der Weltbeziehung (*Tab. 2*).

Weltbeziehung / *Einflussfaktoren*	Getragen	Geworfen
Selbstwirksamkeit	Hoch	Niedrig
Responsivität	Responsive Welt	Repulsive/ indifferente Welt
Weltinteresse	Intrinsisch	Instrumentell
Handlungsmodus	Einwirken	Wählen

Tabelle 2: Schematische Kontrastierung zweier Grundformen der Weltbeziehung.

3. Ich- und Weltverankerung, Weltbejahung und Weltverneinung

Die zuletzt ausgeführte Vermutung – der Rückgang des Responsivitätsgrades der wahrgenommenen Welt und des Handlungsmodus des Einwirkens – gewinnt zusätzliche Bedeutsamkeit vor dem Hintergrund des Umstandes, dass die *Verankerung* des Subjekts in der Welt, oder man könnte auch sagen: seine Bindung an ei-

560 Schulze, *Die Erlebnisgesellschaft*, S. 201, sowie G. Schulze, »Steigerungslogik und Erlebnisgesellschaft«, in: *Politische Bildung* 30, 2 (1997), S. 77-94, hier S. 86 f.

561 Bauman, *Liquid Modernity.*

nen bestimmten ›Ort‹ auf der moralischen Landkarte, schwächer wird. Die fortwährende Dynamisierung der materiellen, sozialen und geistigen Verhältnisse, als welche ich den Beschleunigungsprozess der Moderne zu rekonstruieren versucht habe, bewirkt und bedeutet zuallererst, dass Subjekte ihren ›Platz‹ in der Welt nicht mehr als schlechthin gegeben erfahren, sondern dass sie ihn finden, erkämpfen und verteidigen müssen.[562] Eine zentrale Diagnose meines Beschleunigungsbuches lautet, dass Subjekte in der spätmodernen Beschleunigungsgesellschaft gleichsam immer in einer Welt der ›rutschenden Abhänge‹ leben: Sie können sich nicht in feste Nischen zurückziehen, sondern müssen ständig damit rechnen, dass ausruhen oder stillstehen zurückfallen bedeutet: im Beruf, im Bildungswettbewerb, im sozialen ›Networking‹, in der materiellen und technischen Ausstattung etc.

Aber die Subjekt-Welt-Beziehungen weisen noch eine andere interessante Varianz auf, die Gerhard Schulze im wissenssoziologischen Apparat der Erlebnisgesellschaft thematisiert hat. Schulze unterscheidet dort zwischen *weltverankerten* und *ichverankerten* Ich-Welt-Beziehungen.[563] Der erste Fall (Weltverankerung) beschreibt ein Weltkonzept, in dem die Welt als schlechthin gegeben erfahren wird, während das Ich die Aufgabe hat, sich entsprechend anzupassen, zu beherrschen und zu bilden: Die Maßstäbe des richtigen oder gelingenden Lebens sind in der Welt angelegt und vorgegeben, das Subjekt muss sie erfüllen. In ihrem handlungsorientierenden kognitiven Gehalt sind diese Maßstäbe dann entweder durch die Gesellschaft im Sinne sozialer Erwartungen, durch kulturelle Standards, durch die Dogmen der Religion oder aber auch durch die Natur bestimmt. Im zweiten Fall, dem Konzept der *Ichverankerung*, erfährt sich das Subjekt selbst dagegen als schlechthin gegeben und die Welt als potentiell formbares, zumindest aber *instrumentalisierbares* (Roh-)Material zur Befriedigung innerer Bedürfnisse oder selbstdefinierter Ziele. Ich halte diese Differenzierung für enorm aufschlussreich; jeder kann sie versuchsweise rasch und spontan auf sich selbst übertragen: Erfahren wir uns in diesem Sinne als ich- oder als weltverankert? Als ein Test könnte vielleicht die Antwort auf die Frage dienen, ob wir unsere Aufmerksamkeit und Energie stärker auf die Arbeit an uns selbst richten, also uns

562 Rosa, *Beschleunigung*, vgl. zu letzterem Punkt ausführlich oben, Kapitel 6.

563 Schulze, *Die Erlebnisgesellschaft*, S. 231 ff.

selbst verändern wollen (dann sind wir *weltverankert*), oder ob wir versuchen, die uns umgebende Welt bzw. unsere Position in ihr zu verändern (dann sind wir *ichverankert*). Schulze jedenfalls hat in der bundesrepublikanischen Gesellschaft der 1980er Jahre drei welt- und zwei ichverankerte soziale Milieus ausgemacht, und weil die Trennungslinie dazwischen als eine relativ strikte Altersgrenze erscheint, führt er die Differenz auf gesamtgesellschaftliche Konstellationen zurück: Wer in eine Knappheitsgesellschaft sozialisiert wird, tendiert zur Weltverankerung, wer dagegen in eine Überflussgesellschaft hineingeboren wird, wie sie sich in (West-)Deutschland nach 1945 entwickelte, zur Ichverankerung. Unzweifelhaft erscheint mir, dass sich entlang dieser Untersuchungsdimension von Weltbeziehungen interessante empirische Forschungsmöglichkeiten eröffnen, insbesondere was die Fragen spezifisch *ostdeutscher* Selbst-Welt-Konzeptionen oder gesamtdeutscher Verschiebungen nach 1989 angeht.

Eine letzte Differenzierung existentieller und habitualisierter Welthaltungen, die bereits an der Schnittstelle zwischen existentieller emotionaler Grundierung und kognitiv-evaluativem Weltkonzept steht, so dass sie als ein kultureller Einfluss auf das existentielle Weltverhältnis interpretiert werden kann, lässt sich aus der Religionssoziologie Max Webers gewinnen, die Jürgen Habermas in der *Theorie des kommunikativen Handelns* folgendermaßen systematisiert:[564] Zunächst lässt sich zwischen grundsätzlich *weltbejahenden* und *weltverneinenden* Formen des In-die-Welt-Gestelltseins unterscheiden. Bejahung und Verneinung als evaluative Maßstäbe beziehen sich dabei auf die Natur (also auf die *objektive Welt*), auf die Gesellschaft (die *Sozialwelt*) und/oder auf die eigene *Subjektivität* (die *subjektive Welt*) in ihrer leiblichen und natürlichen Gegebenheit. Weltverneinung, so scheint mir, ist dabei überraschenderweise ganz überwiegend auf diese letzte Dimension zentriert: Sie verbindet sich nach Weber häufig mit dem Asketizismus dessen, der seinen eigenen Begehrungen, Wünschen und Bedürfnissen mit Misstrauen begegnet und sie zu überwinden, zu verleugnen, zu kontrollieren oder gar abzutöten versucht und der bestrebt ist, sich gegenüber den entsprechenden Verlockungen und Verführungen der Welt zu immunisieren. Als paradigmatische Bei-

564 J. Habermas, *Theorie des kommunikativen Handelns*, Bd. 1, *Handlungsrationalität und gesellschaftliche Rationalisierung*, Frankfurt/M. 1981, S. 262-298.

spiele hierfür mögen der protestantische Unternehmer einerseits und der indische Yogi andererseits dienen. Weltverneinung, so lässt sich daraus schlussfolgern, geht mit einer extremen Privilegierung der oben identifizierten kognitiven *Bewertungs*landkarte gegenüber der *Begehrens*landkarte einher. Ein solches negatives Weltkonzept scheint daher tendenziell mit einem ablehnenden Selbstkonzept korreliert zu sein.

Weltbejahung bezieht sich dann wiederum ebenfalls auf beides: Auf die Objekt- und Sozialwelt einerseits und die eigene leibliche und psychische Gegebenheit andererseits. In der Tat scheint mir hier eine ganz fundamentale Dimension unseres In-die-Welt-Gestelltseins berührt zu sein: Betrachten wir die Welt und unsere eigene Leiblichkeit als grundsätzlich gut und bejahenswert oder als primär gefährlich, verführerisch und defizitär, der Zucht, Erziehung und Kontrolle oder gar der Überwindung bedürftig? Eine Korrelation der (kognitiven) Weltbejahung mit der emotionalen Grundierung der Welt (a) und der Weltverneinung mit den Weltkonzepten (c) und (d) scheint auf der Hand zu liegen. Weltverneinung, so hat schon Weber gezeigt, geht dabei in aller Regel mit einer kognitiven *Weltverdoppelung* einher: Hinter die ›schlechte‹ immanente Welt wird eine ›bessere‹, transzendente Welt gesetzt, die nur durch Ablehnung der Ersteren zu gewinnen ist; genau diese Idee bringt ja auch das Gryphius-Gedicht zum Ausdruck (»noch will, was ewig ist, kein einzig Mensch betrachten«). Daraus lässt sich die Schlussfolgerung ziehen, dass reine Weltverneinung tendenziell in eine existentielle Unmöglichkeit führt: Aus ihr lässt sich nur eine ›negative‹ Weltbeziehung gewinnen.

Weber und Habermas kreuztabellieren nun aber diese Grundhaltungen der Bejahung und Verneinung mit einer *aktiven* und *passiven* Welthaltung (die, wie mir scheint, ihrerseits wieder eng mit hohen bzw. niedrigen Selbstwirksamkeitserwartungen korrelieren dürften). Auch diese Differenzierung erschließt meines Erachtens interessante Einsichten in die Varianz unserer Weltbeziehungen: Sind wir so in die Welt gestellt, dass wir auf sie zugehen, in sie eingreifen, uns mit ihr auseinandersetzen, oder stehen wir so in der Welt, dass sie (von selbst) auf uns zukommt, während wir eher mit Abwarten, Ausweichen oder auch Fliehen reagieren? Erfahren wir uns der Welt gegenüber als Opfer oder als Täter? Auch hier scheint es wiederum eine Art ›Wahlverwandtschaft‹ zwischen

Weltbejahung und aktivem Weltverhältnis auf der einen Seite und Weltverneinung und Passivität auf der anderen Seite zu geben. Dass diese Korrelation jedoch nicht unhintergehbar ist, hat nun aber schon Weber gezeigt, indem er die abendländisch-kapitalistische Kultur auf eine überraschende *weltverneinend-aktive* Haltung zurückführt, die sich in der protestantischen Ethik herausgebildet habe: An der Wurzel des kulturprägenden Protestantismus liege ein Weltverständnis, nach welchem die Welt und das fleischliche oder ›empirisch gegebene‹ Selbst als durch und durch sündig und hinfällig erscheinen und von den Subjekten daher harte und systematische Askese verlangt wird, aber nicht in Form eines *Rückzugs aus der Welt* und der Flucht ins Kloster (wie sie der katholische Mönch oder der indische Yogi pflegen), sondern in Gestalt gesteigerter Aktivität im Sinne einer *Bewährung in der Welt.* Wer in der Welt handelt und sich nicht bezwingen lässt, sondern umgekehrt gleichsam die Welt (und die eigenen Begehrungen) bezwingt, führt ein gutes oder richtiges Leben.[565] Hier haben wir es freilich schon mit einer entfalteten *kognitiv-evaluativen* Landkarte zu tun, welche die existentielle oder emotionale ›Grundierung‹ eines subjektiven Weltverhältnisses verstärken, modifizieren oder auch mit ihr in Widerspruch geraten kann. Im Ergebnis gelangt man damit zu vier möglichen Welthaltungen, die sich ansatzweise mit vier Weltkulturen verbinden lassen: Die weltverneinend-aktive Haltung des abendländischen Protestantismus führt zu einer Haltung der tendenziellen *Weltbeherrschung*; die im athenischen Griechentum zu beobachtende weltbejahend-passive Haltung führt zur *Weltbetrachtung*, die weltbejahend-aktive Haltung des Konfuzianismus zur *Weltanpassung* und die weltverneinend-passive Haltung, wie sie die hinduistischen Yogis pflegen, führt tendenziell zur *Weltflucht.*

	Aktives Weltverhältnis	**Passives Weltverhältnis**
Weltbejahung	Weltanpassung	Weltbetrachtung (Kontemplation)
Weltverneinung	Weltbeherrschung	Weltflucht

Tabelle 3: Vier Weisen des In-die-Welt-Gestelltseins (ähnlich Habermas 1981, Bd. 1, S. 293).

565 Weber, *Die protestantische Ethik I.*

Ein überaus interessantes Forschungsprojekt könnte hier der Frage gelten, inwieweit *Weltverneinung* und die daraus resultierende *innerweltliche Askese* wider allen Augenschein des Hedonismus noch immer unsere westliche Kultur bestimmen: Die Tatsache, dass die Bürger westlicher Gesellschaften sich individuell wie kollektiv von Jahr zu Jahr mehr abverlangen müssen, weil moderne Gesellschaften des Wachstums, der Beschleunigung und der Innovationsverdichtung bedürfen, um ihren Status quo zu erhalten, so dass sie permanent ihre Leistungsfähigkeit und Effizienz steigern müssen, um Wirtschaftswachstum zu erzielen und Wettbewerbsfähigkeit zu erhalten, scheint mir für die Fortdauer jener Welthaltung zu sprechen. Denn diese Steigerungszwänge verhindern es geradezu habituell, das Leben einfach zu genießen. Als Indiz für die anhaltende kulturelle Wirksamkeit der selbst- und weltverneinenden Beherrschungskonzeption könnte im Kleinen auch die ungebrochene, ja wachsende Popularität des Marathonlaufes dienen, bei dem sich immer mehr Menschen völlig grundlos und absolut systematisch bis an die absoluten Grenzen des physisch zu Bewältigenden traktieren, während im Großen die Tatsache, dass wir nicht aufhören können, unsere natürlichen Grundlagen durch Raubbau an den Ressourcen und Belastung durch Giftstoffe zu zerstören, mit dieser im Untergrund nicht nur fortwirkenden, sondern sich institutionell und kulturell noch verhärtenden Welthaltung im Zusammenhang stehen könnte.

4. Von der existentiellen Grundierung zur kognitiv-evaluativen Dimension: ›Normale existentielle Problemdefinitionen‹

Wenngleich auch dieser zuletzt diskutierte Zusammenhang deutlich macht, dass nicht alle Elemente unseres Weltverhältnisses in unserer moralischen Landkarte kognitiv repräsentiert sind, ist es doch offensichtlich, dass die kognitiv-evaluative Landkarte in einem konstitutiven Wechselverhältnis mit und einer engen Korrelation zu den emotionalen oder existentiellen Schichten unserer Weltbeziehung steht. Wie ich schon angedeutet habe, heißt das nicht, dass die Kognition einen determinierenden Einfluss auf die existentielle Grundierung ausübt, eher verhält es sich umgekehrt. In diesem Zusammenhang scheint mir der Gedanke ungemein reizvoll, die Fundamentaldifferenz zwischen Luhmanns und Habermas' Gesellschaftskonzeptionen, und entsprechend die Differenz zwischen den Anhängern des einen und den Verehrern des anderen, mit den Unterschieden zwischen Welt (a) und Welt (d) in einen Zusammenhang zu bringen: Systemtheoretiker scheinen eine Affinität zu Welt (d) (der flachen Linie einer Indifferenzwelt) zu haben, in der sich Kommunikation immer so fortspinnt, ein Kommunikationsakt an den nächsten anschließt, ziellos, richtungslos, wertlos, während für Habermas und seine Anhänger Kommunikation einen konsensuellen Gravitationspunkt hat, unser Weltverhältnis also tendenziell immer *wahrer*, *richtiger* und *authentischer* werden lässt. Wenn an dieser Überlegung etwas Richtiges ist, dann hängt die Entscheidung für das eine oder andere Theorieprogramm weniger von der Qualität der jeweils vorgebrachten Argumentationen als vielmehr von der existentiellen Grundierung des jeweiligen Theoretikers (oder auch des Studierenden) ab.

Meine These, dass Subjekte immer schon über eine moralische Landkarte verfügen, welche die Form ihres In-die-Welt-Gestelltseins und In-der-Welt-Handelns bestimmt, besagt, dass sie stets auch so etwas wie eine Landkarte des *guten oder richtigen Lebens* besitzen, wenngleich ihnen diese nicht immer bewusst sein mag, sondern oft nur in Form von instinktiven Ja/Nein-Stellungnahmen zugänglich ist: *Igitt, Wrestling mag ich nicht! Was, ein Praktikumsplatz beim Deutschlandfunk? Den nehm ich sofort an!* Auf solche Weise verfügen sie also implizit über eine Konzeption dessen, *worauf es ankommt im Leben*, was darin und in der Welt *erstrebenswert* ist (das sind sozusagen die *Berge* der Landkarte) und was es zu vermeiden gilt (die Senken und *Täler*), und auch, wie sie auf diese Berge kommen können und welche Niederungen und Gefahren mit den Wegen auf die Berge verbunden sind. Ein Berg kann dabei etwa eine glückliche Familienbeziehung, eine erfolgreiche Karriere als Politiker, die Übereinstimmung mit den Regeln der Natur oder ein Leben nach Gottes Geboten sein. Berge stellen also sowohl Handlungsweisen als auch Zustände, seltener auch Besitztümer dar.

Erst auf der Grundlage solcher Landkarten werden wir als Akteure sowohl im Hinblick auf Alltagsentscheidungen als auch hinsichtlich fundamentaler Lebensentscheidungen handlungs- und entscheidungsfähig, weil sie die vor uns stehenden Alternativen mit Sinn und Bedeutung versehen: Das letztendliche Kriterium für Entscheidungen beider Art ist stets die Frage, wie wir dadurch unsere Position auf unserer Landkarte verändern; erst eine solche Landkarte liefert uns *gute Gründe* für Entscheidungen und tragfähige Handlungsmotivationen. Wenn wir also zum Beispiel *Lehrer werden wollen* oder wenn wir *gerne in die Oper gehen* oder *davon träumen, ein Haus am Waldrand zu bauen* oder sogar *wenn wir es einfach lieben, abends nach der Arbeit einen Sportkanal im Fernsehen einzuschalten*, dann hängt das stets damit zusammen, dass unsere kognitiv-evaluative Landkarte uns nahelegt, dass ein Lehrer der Art von Person entspricht, die wir gerne sein möchten, dass klassische Musik eine essentielle Ressource des guten Lebens ist, dass es wichtig ist, im Einklang und in Verbindung mit der Natur zu leben, oder dass Sport eine wertvolle Freizeitaktivität ist.[566]

Wovon aber hängt es ab, wie unsere kognitiv-evaluative Landkarte geformt ist, welche Berge und Täler sie verzeichnet und infolgedessen welche Verhaltensweisen und Ziele wir anstreben sollen? Die Standard-Antwort unserer Kultur – ›*Das muss jeder selber wissen*‹ –, also die Privatisierung und Individualisierung der Frage nach dem guten Leben und mithin der Landkarten, wird einen Soziologen insofern nicht befriedigen, als sich hier ganz eindeutig Kultur-, Schicht-, Geschlechter- und Generationenunterschiede beobachten lassen. Unzweifelhaft scheint jedenfalls, dass wir unsere Landkarte stets im Kontext sozialer Erfahrungen erwerben; in der *kognitiven* Dimension ist sie natürlich ein Sozialisationsprodukt.

Ein Grundelement einer jeden kognitiv-evaluativen Landkarte ist nun meines Erachtens das, was wir mit Gerhard Schulze als ›normale existentielle Problemdefinition‹ (NEP) bezeichnen können. Ausgangspunkt hierfür ist die Annahme, dass Menschen stets eine Vorstellung von der Art und Beschaffenheit der Aufgaben und Herausforderungen, die ihnen die Welt stellt, entwickeln und dann entsprechend auf die Chancen, Veränderungen und Schwierigkeiten reagieren, denen sie in ihrem Leben und in ihrem Alltag begegnen. Subjekte *erwerben also im Sozialisationsprozess eine Definition der existentiellen Probleme,* mit welchen sie in der Welt konfrontiert sind.[567]

566 Natürlich sind auch diese Ausführungen stark von Charles Taylors Konzeption artikulierter und nichtartikulierter *starker Wertungen* inspiriert, die ich in den ersten drei Beiträgen dieses Buches diskutiert habe.

567 Hier folge ich eng den Überlegungen, die Gerhard Schulze in seinem Buch *Die Erlebnisgesellschaft* entwickelt hat.

Stellen wir uns einmal vor, ein Lehrer betritt morgens den Unterrichtsraum und erklärt seiner Klasse, er suche Freiwillige für ein nicht näher bezeichnetes Experiment. Wie werden die Schülerinnen und Schüler reagieren? Nimmt ein Schüler die Welt in erster Linie als ein Feld von *Bedrohungen* wahr, so wird er ängstlich versuchen, der drohenden Gefahr auszuweichen. Er wird zu Boden blicken, seine Schuhe binden oder in seiner Tasche kramen in der Hoffnung, dass es nicht ihn erwischt. Begreift er dagegen die Welt als ein Feld der *Bewährung*, in dem es gilt, sich durch das Meistern von Herausforderungen auszuzeichnen und voranzubringen, wird er sich sofort und voller Tatendrang melden. Tatsächlich wird jedoch die Gruppe der sich freiwillig Meldenden variieren, wenn die zu erwartende Aufgabe näher spezifiziert wird: Deutet der Lehrer an, dass die Aufgabe intellektuell schwierig ist, dass sie Grips und Kenntnis erfordert, werden sich nur diejenigen melden, die dem Bewährungsmuster als NEP in Reinform folgen. Gibt er hingegen zu verstehen, dass viel *Action* zu erwarten ist, dass es blitzen und knallen und vielleicht laut und nass werden könnte, ja, dass die Teilnahme *ein klein wenig gefährlich* sein mag, dann wird sich eine andere Gruppe von Schülern dafür interessieren, welcher die Welt weniger als Feld der *Bewährung* denn vielmehr als Feld der *Stimulationen* erscheint. Für sie besteht der Reiz nicht darin, Schwieriges zu meistern, sondern es besteht in der zu erwartenden »Nervenreizung«; sie sind eher auf der Suche nach dem »Kick« als auf der Jagd nach der (intellektuellen) Herausforderung. Ihr Kriterium ist nicht die Frage, ob sie sich durch die Teilnahme auszeichnen können, sondern eher, ob die zu erwartende Action »bockt«, um in der dieser Problemdefinition angemessenen Sprache zu bleiben. Ein vierter Typ von Schülern mag dagegen weder die intellektuelle Herausforderung noch den actiondefinierten Kick erstreben, sondern eher auf der Suche nach neuen Mustern und Möglichkeiten der *Selbsterfahrung* sein. Er wird sich für das Experiment dann interessieren, wenn es ihm exotische, fremdartige, vielleicht bewusstseinsverändernde Gefühle verspricht. Ein fünfter und letzter Schülertyp schließlich bringt vielleicht gar keine »intrinsischen« Neigungen zum Ausdruck: Er folgt der existentiellen Problemdefinition der *Anpassung*, weil ihm die Welt als ein Feld erscheint, in dem er ständig mit normativen (sozialen) Erwartungen konfrontiert wird, die es zu erfüllen gilt. Wenn also der Klassenliebling mitmacht, schließt er sich an, wenn dagegen die Meinungsführer gelangweilt abwinken, hält er sich auch zurück. *Bedrohung, Bewährung, Stimulation, Selbsterfahrung und Anpassung* sind also fünf mögliche ›normale existentielle Problemdefinitionen‹, die in ganz hohem Maße bestimmen, wie Jugendliche und später Erwachsene auf die Zu- und Wechselfälle des Lebens reagieren, ob sie neue Chancen suchen und ergreifen oder ihnen ausweichen, ob sie sich Fremdes produktiv anverwandeln oder ob sie es zurückweisen, ob sie Schwierigkeiten offensiv angehen oder so lange wie möglich ignorieren etc.

Es dürfte nicht schwerfallen, diese NEPs mit den in Abschnitt (c) ausgeführten vier existentiellen Grunderfahrungen in Beziehung zu setzen, und es scheint mir ebenso einfach, sie in vielen Alltagssituationen zu identifizieren, vielleicht schon bei der Auswahl aus der Speisekarte und der Entscheidung zwischen Känguruschnitzel, Schnitzel mit Pommes oder dem veganen Menü. Sichtbar werden sie insbesondere in den Reaktionen auf vorgeschlagene Neuerungen und auf unerwartete Ereignisse: *Ist es gefährlich?* ist die erste Frage des Bedrohungstyps; *Ist es schwierig?* die Leitfrage des Bewährungstyps; *Ist es cool* bzw. *Verspricht es Action? Passiert endlich mal etwas?* lautet das Hauptinteresse des Stimulationstyps; *Ist es tief?* bzw. *Eröffnet es einen neuen Erfahrungshorizont?* das des Selbsterfahrungstyps; *Ist es opportun?* lautet schließlich die Sorge des Anpassungstyps.

Von zentraler Bedeutung für die sich herausbildenden Muster der Lebensführung ist die NEP nun deshalb, weil sie ganz wesentlich verantwortlich ist für die Ziele, die sich Menschen in ihrem Leben setzen. So lassen sie sich nahezu mühelos schon in den Berufswünschen von Schülern wiedererkennen: Wer der Problemdefinition der *Bedrohung* folgt, ist vermutlich glücklich, eine Lehrstelle bei seinem Onkel zu erhalten, damit er die gesicherte und bekannte Lebenswelt nicht verlassen muss; wer die Welt als Feld der Herausforderung und *Bewährung* begreift, möchte vielleicht Wissenschaftlerin oder Politikerin werden; wer sie als *Stimulationshorizont* wahrnimmt, strebt womöglich eine Karriere als Bundeswehrpilot, Astronaut oder Rockstar an, wohingegen eine Schülerin, die auf der Suche nach neuen Selbsterfahrungsmöglichkeiten ist, nach der Schule auf jeden Fall erst einmal einen einsamen Trip nach Südostasien, Lateinamerika oder Australien machen möchte. Wer es als seine zentrale Aufgabe begreift, sich erfolgreich anzupassen, wird dagegen eine Karriere als Bankkaufmann oder -frau oder eine gesicherte Beamtenlaufbahn ins Auge fassen.

NEPs sind also ein essentieller Grundbestandteil unserer moralischen Landkarten, auch sie verbinden unsere existentielle Erfahrung des In-die-Welt-Gestelltseins mit unseren kognitiv-evaluativen Überzeugungen und unseren lebenspraktischen Interessen. Damit sind wir aber bei der Beantwortung der Frage, was die Formung unserer kognitiv-evaluativen Landkarte bestimmt, noch nicht wirklich vorangekommen, denn wovon hängt es ab, welcher NEP wir folgen? Ich muss eine klare Antwort auf diese Frage an dieser Stelle schuldig bleiben – schließlich soll dieser Beitrag auch nur dazu dienen, ein Forschungsprogramm zu skizzieren, nicht aber die Ergebnisse jahrelanger Forschung zu präsentieren. Aber neben den Standardantworten auf solche Fragen, nach denen die Ausformung der Problemdefinition von Vorbildern und von der Einübung in entsprechende Praktiken einerseits und von erfahrungsbasierten Selbstverstärkungsprozessen andererseits abhängt, möchte ich drei Einflussfaktoren als meines Erachtens besonders wichtig herausheben:

Subjekte erwerben ihre kognitiv-evaluativen Landkarten, die angeben, was für sie gut, wichtig, richtig und erstrebenswert oder gefährlich, schlecht und unangenehm ist, stets in einem sozialen Feld, in dem der ubiquitäre ›Kampf um Anerkennung‹ tobt.[568] Ich bin davon überzeugt, dass wir das lieben, schätzen und erstreben, für das wir Wertschätzung und Anerkennung erfahren haben, das aber zu vermeiden suchen, was die Gefahr von Missachtungserfahrungen birgt. Wenn ein Schüler also beim Fußballspielen regelmäßig ausgewechselt und womöglich verlacht wird, werden sich ›Fußball‹ und ›Sport‹ und damit verknüpft womöglich ›Action‹ zu einer Senke seiner Landkarte entwickeln. Erfährt er dagegen aufmunternde Anerkennung schon bei seinem ersten Klimpern auf dem Klavier, dürfte sich die Musik alsbald als Gebirge aus seiner moralischen Landkarte heben. Unsere Strategien der Anerkennungssuche und der Missachtungsvermeidung und die diesen Strategien zugrunde liegenden Erfahrungen scheinen mir also in jedem Falle konstitutiv verknüpft mit den Konturen unserer kognitiv-evaluativen Landkarte.

568 Grundlegend dafür immer noch: Honneth, *Kampf um Anerkennung*.

Damit korrespondieren aber, ganz im Sinne Pierre Bourdieus, auch unsere Distinktionsbemühungen. Sie scheinen für die Herausbildung unserer kognitiv-evaluativen Landkarten deshalb zentral, weil wir häufig, bevor wir wissen, *wie wir sein wollen*, eine ziemlich klare Vorstellung davon haben, *wie wir* nicht *sein wollen*. Distinktionsstrategien sind deshalb besonders eng an die Täler unserer Landkarte gekoppelt. Nach Schulze lassen sich insbesondere drei idealtypische Distinktionsstrategien unterscheiden:[569] Die *antibarbarische* Distinktion, nach der alles das, was die rohen, ungebildeten, schwitzenden Massen tun und schätzen (etwa: Rockkonzerte, Bierzelte, Fußballstadien) als *tiefes Tal* der Landkarte, also als das, was es zu vermeiden gilt, erscheint; die *antikonventionelle* Distinktion, für die alles das, was ›die Spießer‹ tun, im tiefen Tal der Langeweile liegt (Grill- und Fernsehabende, gesellige Runden, einfaches Beamtentum, Schrebergärten), und schließlich die *antiexzentrische* Distinktion, nach der die Berge durch den gesunden Menschenverstand und die maßvolle Normalität definiert sind, während sich in den Tälern diejenigen bewegen, welche dieses Niveau unter- (etwa die Punker und Sozialhilfeempfänger) oder überschreiten (die Schwulen, die Intellektuellen, die Reichen usw.). Mit solchen Überlegungen aber zielt die Soziologie der Weltbeziehung auf den Kernbereich der Soziologie, denn hier befinden wir uns uneingeschränkt im Reich der Ungleichheitsforschung: Kognitiv-evaluative Landkarten und die zugehörigen Problemdefinitionen, wie ich sie gerne rekonstruieren möchte, weisen ohne Zweifel milieu-, schicht- und generationsspezifische Konturen auf.

Kognitiv-evaluative Landkarten weisen darüber hinaus aber auch stets Konturen auf, welche eine Gesellschaft oder eine kulturelle Formation als Ganzes kennzeichnen. Die NEPs der westlichen Moderne sind sehr verschieden von denen des christlichen Mittelalters oder vielleicht auch der zeitgenössischen islamischen Welt. Charles Taylor hat in seinem großen Werk *Die Quellen des Selbst* nichts weniger versucht, als die Umrisse der kognitiv-evaluativen Makro-Landkarte der Moderne nachzuzeichnen. Es ist hier nicht der Ort, auf die Ergebnisse seiner Rekonstruktion detailliert einzugehen,[570] doch möchte ich zum Abschluss dieses Beitrags in

569 Schulze, *Erlebnisgesellschaft*, S. 108 ff.

570 Einen ausführlichen Versuch dazu habe ich im zweiten Teil des Buches *Identität und kulturelle Praxis* unternommen.

extremer Kürze seinen Befund dazu nutzen, die Konturen einer auf die spätmoderne Weltbeziehung gerichteten, beschleunigungstheoretischen Problemdiagnose zu skizzieren.

Nach Taylor, aber etwa auch nach Habermas und sogar nach Foucault gibt es zwei zentrale Aspirationen der moralischen Landkarte der Moderne: Zum einen streben moderne Subjekte sowohl individuell, in ihrem je eigenen Leben, als auch kollektiv oder politisch zuerst, zumeist und zunächst nach Selbstbestimmung, nach *Autonomie*. Autonomie bezeichnet ohne Zweifel den höchsten Berg unserer Landkarte überhaupt: Gerade *weil* es sich nicht a priori sagen lässt, was für uns als Einzelne und für unsere Gesellschaft als Ganzes ein gutes Leben ist oder das letzte Handlungsziel sein soll, ist es von überragender Bedeutung, dass wir selbst es wählen, setzen und wollen, dass wir in unserem Handeln und Leben nicht fremdbestimmt werden, soweit möglich noch nicht einmal durch die Zwänge und Vorgaben der Natur. Unser Bestreben richtet sich daher immer weniger auf *bestimmte* ›Berge‹, das heißt konkrete Ziele, und immer stärker darauf, die Ressourcen zu gewinnen, um eine möglichst große Bewegungsreichweite auf unserer moralischen oder kognitiv-evaluativen Landkarte zu sichern. Es geht uns darum, möglichst viele Berge und Täler erreichen zu können, sollten wir dies – irgendwann einmal – wollen.

Zum anderen orientieren sich unsere kognitiv-evaluativen Landkarten allen philosophischen, soziologischen und psychologischen Einwänden zum Trotz noch immer an der Idee der *Authentizität*, die ihren zweiten zentralen Höhenzug bezeichnet: Wichtig ist nicht nur, dass wir selbst bestimmen, was wir tun (Autonomie), sondern auch, dass wir die so bestimmten Ziele ›wirklich‹ wollen, dass sie unserem Wesen und unserer Natur oder zumindest unseren tiefsten Bedürfnissen und Überzeugungen entsprechen. Dieser ›Berg‹ wird überall dort handlungsrelevant, wo Menschen darauf insistieren, dass sie sich selbst ›treu bleiben‹, sich ›nicht verbiegen lassen‹ möchten usw. Fragt uns jemand, was er oder sie angesichts einer essentiellen Lebensentscheidung tun soll, so geben wir deshalb nahezu invariant den Rat, ›in sich hineinzuhören‹, sich selbst zu erforschen, um danach ›authentisch‹ entscheiden und handeln zu können.

Autonomie und Authentizität, so möchte ich deshalb behaupten, bestimmen immer noch zu einem ganz erheblichen Maße die moralischen Landkarten (und damit die Weltbeziehung) moderner Subjekte. Die interessante Frage ist nun aber, ob die Strukturen unserer Gesellschaft ein gelingendes Leben nach dieser Landkarte und den entsprechenden NEPs überhaupt erlauben. Gesellschaftskritik kann also einfach dort ansetzen, wo die moralischen Landkarten der Akteure von sozialen Entwicklungen so unterlaufen werden, dass die Subjekte in ihrem Leben und Handeln strukturell nicht mehr in der Lage sind, ein gelingendes Leben nach den Maßgaben jener Landkarten zu führen.[571] Subjekte erfahren ihr Leben meines Erachtens dann als ein gutes Leben, wenn sie ihren eigenen Lebensvollzug als Bewegung auf ihrer moralischen Landkarte in einer ausgezeichneten Richtung, also hin zu den Bergen, interpretieren können. Das erfordert einerseits die Möglichkeit einer dynamischen Bewegung oder Entwicklung des Subjekts in der Welt und durch die Welt, andererseits aber auch ausreichende Stabilität der wahrgenommenen subjektiven, objektiven und sozialen Welt, damit die Orientierungskraft der moralischen Landkarte ihre Wirkung nicht verliert. Wird die Welt dagegen in einem so hohen Maße dynamisch, dass eine permanente Neuvermessung der Landkarte erforderlich wird, weil nicht nur aus Bergen Täler und aus Tälern Berge werden und weil Wege einfach verschwinden und andernorts neu entstehen – weil sich also die Höhenangaben und Verbindungslinien ändern –, sondern weil überdies auch die Weltoptionen als solche, also die Dinge und Orte, die auf der Landkarte verzeichnet sind, sich ständig ändern, dann wird es auf jeden Fall schwierig, den Kompass nicht zu verlieren, oder genauer gesagt: dann hilft es nichts, über einen Kompass zu verfügen, weil die Richtung unklar wird. Spätestens dann, wenn die Welt sich schneller ändert, als ein Subjekt sich bewegen kann, wird die Art unseres In-die-Welt-Gestelltseins problematisch. Das muss nicht heißen, dass sich unter solchen Bedingungen kein gelingendes Weltverhältnis mehr gewinnen lässt, doch heißt es sehr wohl, dass sich der Charakter menschlicher Weltbeziehungen dann dramatisch ändert. So ist es durchaus denkbar, dass dabei neuartige Landkarten, gewissermaßen *Meta*landkarten entstehen, die nicht mehr Zielzustände als Berge aus-

571 Vgl. dazu oben, Kapitel 7; siehe ferner H. Rosa, »Kritik der Zeitverhältnisse. Beschleunigung und Entfremdung als Schlüsselbegriffe der Sozialkritik«, und zur Diskussion dieses Ansatzes auch Dörre, Lessenich, Rosa, *Soziologie – Kapitalismus – Kritik*.

zeichnen, sondern nur noch *Bewegungsweisen*: Das *Surfen auf den Wellenkämmen* wird dann zur Lebensaufgabe und zur Herausforderung – wo immer ein gangbarer ›Berg‹ in der Nähe entstehen mag, lohnt es sich hinzusegeln; es schadet dabei nichts, wenn wir den nächsten Schritt nicht im Voraus wissen. So beschreiben postmoderne Philosophen, Soziologen und Psychologen den erfolgreichen und glücklichen spätmodernen Spieler, Wellenreiter oder Surfer,[572] und ich habe gegen ihn gar nichts einzuwenden – außer dass er die moralische Landkarte der Moderne dafür preisgeben muss, denn mit unseren alten Autonomie- und Authentizitätsbergen ist ein solches Leben nicht mehr vereinbar. Vor allem aber scheint mir die Frage interessant, ob der ständig ›absturzgefährdete‹ Surfer nicht dazu tendieren wird, sich als *existentiell geworfen* zu erfahren, weil die tragende Welle unter ihm jederzeit wegbrechen kann: Es hängt stets von seinem Glück, dem unberechenbaren Wind, seiner Wachsamkeit und seinen Fähigkeiten ab, ob er stehen bleibt oder untergeht; Wasser ist als tragendes ein sehr trügerisches Element. Diese Friktionslinien zu untersuchen scheint mir ein letztes interessantes Forschungsprojekt, das vorzuschlagen ich mir an dieser Stelle erlauben möchte. Seine Durchführung aber muss einer ausgearbeiteten und systematischen *Soziologie der Weltbeziehung* vorbehalten bleiben, zu der dieser Beitrag und dieses Buch insgesamt nur als bescheidene Prolegomena firmieren wollen.

572 Vgl. etwa Kenneth Gergens Einleitung zur Neuausgabe seines Buches *The Saturated Self*, S. xiii-xxiv.

Danksagung

Das Bücherschreiben ist nur scheinbar eine solipsistische Angelegenheit. Am Zustandekommen dieses Buches haben viele Personen über einen sehr langen Zeitraum und auf ganz unterschiedliche Weise mitgewirkt. Es ist mir unmöglich, hier alle aufzuführen, die mich durch Zustimmung, Widerspruch und viele andere Formen der Inspiration ermutigt, angestachelt oder auch gereizt haben, meine Überlegungen präziser und systematischer zu entwickeln und ihnen geleg entlich eine andere Richtung zu geben. Ihnen allen schulde ich großen Dank. Stellvertretend seien hier ausnahmsweise keine Kollegen, sondern nur die Studierenden meiner Seminare und Vorlesungen und die Teilnehmenden der Deutschen SchülerAkademien genannt, denen ich das Buch widmen möchte.

Kaum zu glauben ist, wieviel Arbeit darin steckt, die Einzelteile und Rohfassungen dann in ein auch formal kohärentes Gesamtprodukt zu gießen. Auch hieran haben viele mitgewirkt. Zu nennen ist zunächst das ebenso freundliche wie hilfreiche und zielstrebige Lektorat des Suhrkamp Verlages, allen voran Eva Gilmer, Elke Habicht und Jan-Erik Strasser. Besonders hervorheben möchte ich sodann Katarina Saalfeld und Katharina Warda, die überaus kompetent bei der Übertragung der Originaltexte aus dem Englischen mitgeholfen haben, Robert Dietrich für sehr hilfreiche Anmerkungen zum Manuskript, die deutliche Verbesserungen bewirkten, vor allem aber André Stiegler, der an vielen Stellen, insbesondere aber bei der Erstellung des Registers (wie immer) phantastische Arbeit geleistet hat, und schließlich und vor allem Sigrid Engelhardt, ohne die ich im universitären Alltag und sogar bei der Verfertigung vieler Gedanken schlicht verloren wäre und die mit großer Ausdauer und unermüdlicher Energie dieses Buchprojekt vorangetrieben hat. Sie hat einen unschätzbaren Anteil an seinem Gelingen.

Jena, im Januar 2012
Hartmut Rosa

Textnachweise

Einleitung: Originalbeitrag

1. Aus: *Handlung, Kultur, Interpretation*, Jg. 8 (1999), Heft 1, S. 10-42.

2. Überarbeiteter und erweiterter Beitrag aus: *Konzeptionen der Gerechtigkeit*, hg. von Herfried Münkler und Marcus Llanque, Baden-Baden 1999, S. 395-423 (das Buch ist vergriffen).

3. Erstmals übersetzte und teils erheblich umgearbeitete Version des Beitrags »Four Levels of Self-Interpretation. A Paradigm for Social Philosophy and Political Criticism«, in: *Philosophy and Social Criticism* 30 (2004), Heft 5/6, S. 691-720.

4. Aus: *Deutsche Zeitschrift für Philosophie* 47 (1999), Heft 5, S. 735-758.

5. Aus: *Kulturen der Moderne. Soziologische Perspektiven der Gegenwart*, hg. von Andreas Reckwitz und Thorsten Bonacker, Frankfurt/M., New York: Campus 2007, S. 140-172.

6. Aus: *Transitorische Identität. Der Prozesscharakter des modernen Selbst*, hg. von Jürgen Straub und Joachim Renn, Frankfurt/M., New York: Campus 2002, S. 267-302.

7. Erheblich überarbeitete und erstmals übersetzte Version der Teile zwei und drei meines Buches *Alienation and Acceleration. Towards a Critical Theory of Late-Modern Temporality*, Malmö, Arhus: NSU Press 2010 (eigene Übersetzung).

8. Aus: *Leviathan, Zeitschrift für Sozialwissenschaft* 34 (2006), S. 82-104.

9. Bisher nicht publizierter, neuer Beitrag. Teile davon basieren auf »The Speed of Global Flows and the Pace of Democratic Politics«, in: *New Political Science* 27 (2005), S. 445-459 (eigene Übersetzung).

10. Bisher nicht publizierter Beitrag; es handelt sich um eine erheblich überarbeitete Version meiner Antrittsvorlesung vom 11. 1. 2007 an der Friedrich-Schiller-Universität Jena.

Literaturverzeichnis

Ackerman, Bruce (1995), »Warum Dialog?«, in: van den Brink, Bert/van Reijen, Willem (Hg.), *Bürgergesellschaft, Recht und Demokratie*, Frankfurt/M.: Suhrkamp, S. 385-410.

Alheit, Peter (1988), »Alltagszeit und Lebenszeit«, in: Zoll, Rainer (Hg.), *Zerstörung und Wiederaneignung von Zeit*, Frankfurt/M.: Suhrkamp, S. 371-386.

Altvater, Elmar (2002), »Kapitalismus – Zur Bestimmung, Abgrenzung und Dynamik einer geschichtlichen Formation«, in: *Erwägen, Wissen, Ethik* (vormals *Ethik und Sozialwissenschaften*) 3, S. 281-292.

Anderson, Walter Truett (1997), *The Future of the Self. Inventing the Postmodern Person*, New York: Jeremy P. Tarcher.

Árnason, Jóhann P. (2001), »Autonomy and Axiality«, in: Árnason, Jóhann P./Murphy, Peter (Hg.), *Agon, Logos, Polis. The Greek Achievement and its Aftermath*, Stuttgart: Steiner, S. 155-206.

Assmann, Jan (1992), *Das kulturelle Gedächtnis. Schrift, Erinnerung und politische Identität in frühen Hochkulturen*, München: Beck.

Augé, Marc (1994), *Orte und Nicht-Orte. Vorüberlegungen zu einer Ethnologie der Einsamkeit*, Frankfurt/M.: Fischer.

Axelrod, Robert (1976), »The Analysis of Cognitive Maps«, in: Axelrod, Robert, *Structure of Decision. The Cognitive Maps of Political Elites*, Princeton, NJ: Princeton University Press, S. 55-73.

Baier, Lothar (2000), *Keine Zeit. 18 Versuche über die Beschleunigung*, München: Kunstmann.

Ball, Terence (1988), *Transforming Political Discourse. Political Theory and Critical Conceptual History*, Oxford: Blackwell.

Bandura, Albert (1997), *Self-Efficacy. The Exercise of Control*, New York, NY: Freeman.

Barber, Benjamin (1984), *Strong Democracy. Participatory Politics for a New Age*, Berkeley: University of California Press.

Barber, Benjamin (1994), *Starke Demokratie. Über die Teilhabe am Politischen*, Hamburg: Rotbuch-Verlag.

Barber, Benjamin (1995), »Die liberale Demokratie und der Preis des Einverständnisses«, in: van den Brink, B./van Reijen, W. (Hg.), *Bürgergesellschaft, Recht und Demokratie*, Frankfurt/M.: Suhrkamp, S. 360-384.

Barry, Brian (1989), *Theories of Justice*, Berkeley: University of California Press.

Baudrillard, Jean (1990), *Das Jahr 2000 findet nicht statt*, Berlin: Merve.

Bauman, Zygmunt (2000), *Liquid Modernity*, Cambridge: Polity Press.

Baurmann, Michael/Kliemt, Hartmut (1995), »Zur Ökonomie der Tugend«, in *Ökonomie und Gesellschaft, Jahrbuch 11, Markt, Norm und Moral*, Frankfurt/New York: Campus, S. 13-44.
Baynes, Kenneth (1995), »Liberale Neutralität, Pluralismus und deliberative Politik«, in: van den Brink, B./van Reijen W. (Hg.), *Bürgergesellschaft, Recht und Demokratie*, Frankfurt/M.: Suhrkamp, S. 432-465.
Beck, Ulrich (1986), *Risikogesellschaft. Auf dem Weg in eine andere Moderne*, Frankfurt/M.: Suhrkamp.
Beck, Ulrich/Beck-Gernsheim, Elisabeth (1994), *Riskante Freiheiten. Individualisierung in modernen Gesellschaften*, Frankfurt/M.: Suhrkamp.
Beck, Ulrich/Giddens, Anthony/Lash, Scott (1996), *Reflexive Modernisierung. Eine Kontroverse*, Frankfurt/M.: Suhrkamp.
Bell, Daniel (1976), *The Cultural Contradictions of Capitalism*, New York: Basic Book.
Bellah, Robert N./Madsen, Richard/Sullivan, William M./Swidler, Anne/Tipton, Steven M. (1992), »Gegen die Tyrannei des Marktes«, in: Zahlmann, Christel (Hg.), *Kommunitarismus in der Diskussion. Eine streitbare Einführung*, Berlin: Rotbuch Verlag, S. 57-73.
Benjamin, Walter (1974), »Charles Baudelaire. Ein Lyriker im Zeitalter des Hochkapitalismus«, in: Benjamin, Walter, *Gesammelte Schriften*, Bd. 1, Frankfurt/M.: Suhrkamp, S. 509-690.
Benthaus-Apel, Friederike (1995), *Zwischen Zeitbindung und Zeitautonomie. Eine empirische Analyse der Zeitverwendung und Zeitstruktur der Werktags- und Wochenendfreizeit*, Wiesbaden: DUV, Deutscher Universitäts-Verlag.
Berger, Peter/Luckmann, Thomas L. (1969), *Die gesellschaftliche Konstruktion der Wirklichkeit. Eine Theorie der Wissenssoziologie*, Frankfurt/M.: Fischer.
Bermúdez, José Luis/Marcel, Anthony J./Eilan, Naomi (1995), *The Body and the Self*, Cambridge, Mass.: MIT Press.
Bernstein, Richard J. (1976), *The Restructuring of Social and Political Theory*, New York: Harcourt Brace Jovanovic.
Binswanger, Mathias (2008), *Die Tretmühlen des Glücks. Wir haben immer mehr und werden nicht glücklicher. Was können wir tun?*, Freiburg im Breisgau: Herder.
Blanning, Timothy C. W. (1996), *The Rise and Fall of the French Revolution*, Chicago: University of Chicago Press.
Blumenberg, Hans (1986), *Lebenszeit und Weltzeit*, Frankfurt/M.: Suhrkamp.
Bordo, Susan (1993), *Unbearable Weight. Feminism, Western Culture, and the Body*, Berkeley: University of California Press.
Bourdieu, Pierre (1987), *Die feinen Unterschiede. Kritik der gesellschaftlichen Urteilskraft*, Frankfurt/M.: Suhrkamp.

Breuer, Stefan (1988), »Der Nihilismus der Geschwindigkeit. Zum Werk Paul Virilios«, in: *Leviathan, Zeitschrift für Sozialwissenschaft* 16, S. 309-330.

Brewer, William F./Nakamura, Glenn V. (1984), »The Nature and Functions of Schemas«, in: Wyer, Robert S./Srull, Thomas. K. (Hg.), *Handbook of Social Cognition*, Bd. 1, Hillsdale, NJ: Erlbaum, S. 119-160.

Buber, Martin (2001), *Das dialogische Prinzip*, Gütersloh: Gütersloher Verlagshaus.

Buchstein, Hubertus/Schmalz-Bruns, Rainer (1994), »Republikanische Demokratie«, in: Barber, Benjamin (Hg.), *Starke Demokratie. Über die Teilhabe am Politischen*, Hamburg: Rotbuch, S. 297-322.

Burkart, Günter/Fietze, Beate/Kohli, Martin (1989), *Liebe, Ehe, Elternschaft. Eine qualitative Untersuchung über den Bedeutungswandel von Paarbeziehungen und seine demographischen Konsequenzen*, Wiesbaden: Bundesinstitut für Bevölkerungsforschung.

Bußhoff, Heinrich (1975), *Systemtheorie als Theorie der Politik. Eine Studie über politische Theorie als Grundlagendisziplin der politischen Wissenschaft*, Pullach bei München: Verlag Dokumentation.

Conrad, Peter (1999), *Modern Times, Modern Places How Life and Art Were Transformed in a Century of Revolution, Innovation, and Radical Change*, New York: Alfred A. Knopf.

Cooke, Maeve (1997), »Authenticity and Autonomy: Taylor, Habermas, and the Politics of Recognition «, in: *Political Theory* 25, Heft 2, S. 258-288.

Coupland, Douglas (1991), *Generation X: Tales for an Accelerated Culture*, New York: St. Martin's Press.

Cribb, Alan (1991), *Values and Comparative Politics. An Introduction to the Philosophy of Political Science*, Aldershot: Avebury.

Crouch, Colin (2008), *Postdemokratie*, Frankfurt/M.: Suhrkamp.

Dennett, Daniel (1988), »Why Everyone Is a Novelist«, in: *Times Literary Supplement* 4, Nr. 459.

Descombes, Vincent (1994), »Is There an Objective Spirit?«, in: Tully, James (Hg.), *Philosophy in an Age of Pluralism. The Philosophy of Charles Taylor in Question*, Cambridge: Cambridge University Press, S. 96-118.

Deutsch, Morton (1975), »Equity, Equality, and Need. What Determines Which Value Will Be Used as the Basis of Distributive Justice«, in: *Journal of Social Issues* 31, Heft 3, S. 137-149.

Dewey, John (1954), *The Public and Its Problems*, Athens: Swallow Press; deutsch: *Die Öffentlichkeit und ihre Probleme*, Darmstadt 1996.

Dörre, Klaus/Lessenich, Stephan/Rosa, Hartmut (2009), *Soziologie – Kapitalismus – Kritik. Eine Debatte*, Frankfurt/M.: Suhrkamp.

Ehrenberg, Alain (1999), *La fatigue d'être soi: dépression et société*, Paris: Odile Jacob.

Ehrenberg, Alain (2000), »Die Müdigkeit, man selbst zu sein«, in: Hegemann, Carl (Hg.), *Endstation. Sehnsucht*, Berlin: Alexander-Verlag, S. 103-139.

Elster, Jon (1987), *Subversion der Rationalität*, Frankfurt/M., New York: Campus.

Elster, Jon (1991), »The Possibility of Rational Politics«, in: Held, David (Hg.), *Political Theory Today*, Stanford, CA: Stanford University Press, S. 115-142.

Elster, Jon (1993), »Constitution-Making in Central and Eastern Europe. Rebuilding the Boat in Open Sea«, in: *Public Administration* 71, S. 169-217.

Eriksen, Thomas Hylland (2001), *Tyranny of the Moment. Fast and Slow Time in the Information Age*, London: Pluto Press; deutsch: *Die Tyrannei des Augenblicks. Die Balance finden zwischen Schnelligkeit und Langsamkeit*, Freiburg im Breisgau, Basel, Wien: Herder 2002.

Esser, Hartmut (1996), *Soziologie. Allgemeine Grundlagen*, Frankfurt/M., New York: Campus.

Falter, Jürgen (1980), »Die Behavioralismus-Kontroverse in der amerikanischen Politikwissenschaft. Ein Beispiel für die Übertragung von Thomas Kuhns Theorie wissenschaftlicher Revolutionen auf sozialwissenschaftliche Entwicklungsvorgänge«, in: Topitsch, Ernst (Hg.), *Logik der Sozialwissenschaften*, Königstein/Ts.: Athenäum Verlag, S. 423-448.

Featherstone, Mike (1995), *Undoing Culture. Globalization, Postmodernism and Identity*, London: Sage.

Ferrara, Alessandro (1994), »Authenticity and the Project of Modernity«, in: *European Journal of Philosophy* 2, S. 241-273.

Ferrara, Alessandro (1998), *Reflective Authenticity. Rethinking the Project of Modernity*, London: Routledge.

Finke, Roger/Stark, Rodney (1992), *The Churching of America, 1776-1990. Winners and Losers in Our Religious Economy*, New Brunswick, NJ: Rutgers University Press.

Flaherty, Michael G. (1999), *A Watched Pot: How We Experience Time*, New York, London: New York University Press.

Flender, Reinhard/Raue, Hermann (1989), *Popmusik. Aspekte ihrer Geschichte, Funktionen, Wirkung und Ästhetik*, Darmstadt: Wissenschaftliche Buchgesellschaft.

Fletcher, George P. (1994), *Loyalität. Über die Moral von Beziehungen*, Frankfurt/M.: Fischer.

Forst, Rainer (1993), »Kommunitarismus und Liberalismus – Stationen einer Debatte«, in: Honneth, Axel (Hg.), *Kommunitarismus. Eine Debatte über die moralischen Grundlagen moderner Gesellschaften*, Frankfurt/M., New York: Campus, S. 181-212.

Forst, Rainer (1994), *Kontexte der Gerechtigkeit. Politische Philosophie jenseits von Liberalismus und Kommunitarismus*, Frankfurt/M.: Suhrkamp.

Foucault, Michel (1965), *Madness and Civilization. A History of Insanity in the Age of Reason*, New York: Pantheon Books; deutsch: *Wahnsinn und Gesellschaft. Eine Geschichte des Wahns im Zeitalter der Vernunft*, Frankfurt /M.: Suhrkamp 1969.

Foucault, Michel (1977), *Discipline and Punish. The Birth of the Prison*, New York: Pantheon Books; deutsch: *Überwachen und Strafen. Die Geburt des Gefängnisses*, Frankfurt/M.: Suhrkamp 1976.

Foucault, Michel (1978), »Recht der Souveränität/Mechanismus der Disziplin«, in: Foucault, Michael, *Dispositive der Macht. Über Sexualität, Wissen und Wahrheit*, Berlin: Merve, S. 75-95.

Foucault, Michel (1989): *Der Gebrauch der Lüste* (*Sexualität und Wahrheit*, Band 2), Frankfurt/M.: Suhrkamp.

Foucault, Michel (1993): *Technologien des Selbst*, hg. von Luther H. Martin u. a., Frankfurt/M.: Fischer.

Foucault, Michel (1994): »Warum ich Macht untersuche: Die Frage des Subjekts«, Nachwort zu: Dreyfus, Hubert L./Rabinow, Paul (Hg.), *Michel Foucault. Jenseits von Strukturalismus und Hermeneutik*, Weinheim: Beltz Athenäum, S. 243-261.

Frankfurt, Harry G. (1976), »Identification and Externality«, in: Rorty, Amélie Oksenberg (Hg.), *The Identities of Persons*, Berkeley, CA: University of California Press, S. 239-251.

Frankfurt, Harry G. (1988), *The Importance of What We Care About. Philosophical Essays*, Cambridge: Cambridge University Press.

Freyermuth, Gundolf S. (2000): »Digitales Tempo. Computer und Internet revolutionieren das Zeitempfinden«, in: *c't. magazin für computer technik*, Heft 14, S. 74-81.

Fukuyama, Francis (1992), *The End of History and the Last Man*, New York: The Free Press.

Gadamer, Hans-Georg (1975), *Wahrheit und Methode. Grundzüge einer philosophischen Hermeneutik*, Tübingen: Mohr.

Gamm, Gerhard (1992), »Das metaphorische Selbst. Über Subjektivität in der modernen Gesellschaft«, in: Georg-Lauer, Jutta (Hg.), *Postmoderne und Politik,* Tübingen: Edition Diskord, S. 76-96.

Garhammer, Manfred (1999), *Wie Europäer ihre Zeit nutzen. Zeitstrukturen und Zeitkulturen im Zeichen der Globalisierung*, Berlin: Sigma.

Gehlen, Arnold (1994), »Über kulturelle Kristallisation «, in: Welsch, Wolfgang (Hg.), *Wege aus der Moderne. Schlüsseltexte der Postmoderne-Diskussion*, Berlin: Akademie-Verlag, S. 133-143.

Geißler, Karlheinz A. (1999), *Vom Tempo der Welt. Am Ende der Uhrzeit*, Freiburg im Breisgau: Herder.

Gergen, Kenneth J. (2000), *The Saturated Self. Dilemmas of Identity in Contemporary Life*, New York: Basic Books; deutsch: *Das übersättigte Selbst. Identitätsprobleme im heutigen Leben*, Heidelberg 1996.

Gertenbach, Lars/Rosa, Hartmut (2009), »Kritische Theorie«, in: Gertenbach, Lars/Kahlert, Heike/Kaufmann, Stefan/Rosa, Hartmut (Hg.), *Soziologische Theorien*, Paderborn: Finke, S. 175-254.

Giddens, Anthony (1977), *Studies in Social and Political Theory*, New York: Basic Books.

Giddens, Anthony (1994), *The Consequences of Modernity*, Cambridge: Polity Press.

Giegel, Hans-Joachim (1999), »Moralische Orientierungen im politischen Prozeß – ein Ankerplatz für die normative Analyse der Demokratie«, in: Greven, Michael Th./Schmalz-Bruns, Rainer (Hg.), *Politische Theorie – heute. Ansätze und Perspektiven*, Baden-Baden: Nomos, S. 177-213.

Gillespie, Michael (1987), »Martin Heidegger«, in: Strauss, Leo/Cropsey, Joseph (Hg.), *History of Political Philosophy*, Chicago, London: University of Chicago Press, S. 888-906.

Gleick, James (1999), *Faster: The Acceleration of Just About Everything*, New York: Pantheon Books.

Glotz, Peter (1998), »Kritik der Entschleunigung«, in: Backhaus, Klaus/Bonus, Holger (Hg.), *Die Beschleunigungsfalle oder der Triumph der Schildkröte*, Stuttgart: Schäffer-Poeschel, S. 75-89.

Gorz, André (1994), »Ökonomische Rationalität und Lebenswelt«, in: Honneth, Axel (Hg.), *Pathologien des Sozialen. Die Aufgaben der Sozialphilosophie*, Frankfurt/M.: Fischer, S. 235-259.

Grebe, Rainald (2006), *Global Fish*, Frankfurt/M.: Fischer.

Grondin, Jean (1991), *Einführung in die philosophische Hermeneutik*, Darmstadt: Wissenschaftliche Buchgesellschaft.

Grotheer, Michael/Struck, Olaf (2003), »Beschäftigungsstabilität: Entwicklung und Arbeitszufriedenheit. Ergebnisse aus der IAB-Beschäftigtenstichprobe 1975-1997 und der BIBB/IAB-Erhebung«, in: *Mitteilungen aus der Arbeitsmarkt- und Berufsforschung* 36 (2003), Heft 3, S. 300-328.

Günther, Klaus (2001), »Rechtspluralismus und universaler Code der Legalität. Globalisierung als rechtstheoretisches Problem«, in: Wingert, Lutz/Günther, Klaus (Hg.), *Die Öffentlichkeit der Vernunft und die Vernunft der Öffentlichkeit*, Festschrift für Jürgen Habermas, Frankfurt/M.: Suhrkamp, S. 539-567.

Gutmann, Amy (1993), »Die kommunitaristischen Kritiker des Liberalismus«, in: Honneth, Axel (Hg.), *Kommunitarismus. Eine Debatte über die moralischen Grundlagen moderner Gesellschaften*, Frankfurt/M., New York: Campus, S. 68-83.

Gutmann, Amy (1995), »Das Problem des Multikulturalismus in der politischen Ethik«, in: *Deutsche Zeitschrift für Philosophie* 43, S. 273-305.

Gutting, Gary (1980), *Paradigms and Revolutions. Appraisals and Applications of Thomas Kuhn's Philosophy of Science*, Notre Dame: University Press.

Habermas, Jürgen (1981), *Theorie des kommunikativen Handelns* (2 Bde.); Band 1: *Handlungsrationalität und gesellschaftliche Rationalisierung*, Band 2: *Zur Kritik der funktionalistischen Vernunft*, Frankfurt/M.: Suhrkamp.

Habermas, Jürgen (1985), »Die Krise des Wohlfahrtstaates und die Erschöpfung utopischer Energien«, in: Habermas, Jürgen, *Die neue Unübersichtlichkeit. Kleine Politische Schriften V*, Frankfurt/M.: Suhrkamp, S. 141-163.

Habermas, Jürgen (1988), *Der philosophische Diskurs der Moderne. Zwölf Vorlesungen*, Frankfurt/M.: Suhrkamp.

Habermas, Jürgen (1990), »Die Moderne – ein unvollendetes Projekt«, in: Habermas, Jürgen, *Die Moderne – ein unvollendetes Projekt. Philosophisch-politische Aufsätze 1977-1990*, Leipzig: Reclam, S. 32-54.

Habermas, Jürgen (1997), *Faktizität und Geltung: Beiträge zur Diskurstheorie des Rechts und des demokratischen Rechtsstaats*, Frankfurt/M.: Suhrkamp.

Habermas, Tilmann (1999), *Geliebte Objekte: Symbole und Instrumente der Identitätsbildung*, Frankfurt/M.: Suhrkamp.

Hahn, Alois/Willems, Herbert (1993), »Schuld und Bekenntnis in Beichte und Therapie«, in: *Kölner Zeitschrift für Soziologie und Sozialpsychologie*, Sonderheft 33, S. 309-331.

Hall, Edward Twitchell (1973), *The Silent Language. An Anthropologist Reveals How we Communicate by our Manners and Behavior*, Garden City/NY: Anchor Press/Doubleday.

Hegel, Georg Wilhelm Friedrich (1955), *Die Vernunft in der Geschichte*, hg. von Johannes Hoffmeister, Hamburg: Meiner.

Held, David (1993), *Prospects for Democracy. North, South, East, West*, Cambridge: Polity Press.

Held, David (1996), *Models of Democracy*, Cambridge: Polity Press.

Held, David/McGrew, Anthony G./Goldblatt, David (1999), *Global Transformations. Politics, Economics and Culture*, Cambridge: Polity Press.

Helsper, Werner (1997), »Das ›postmoderne Selbst‹ – ein neuer Subjekt- und Jugend-Mythos?«, in: Keupp, Heiner/Höfer, Renate (Hg.), *Identitätsarbeit heute. Klassische und aktuelle Perspektiven der Identitätsforschung*, Frankfurt/M.: Suhrkamp, S. 174-216.

Hennis, Wilhelm (1987), *Max Webers Fragestellung. Studien zur Biographie des Werks*, Tübingen: Mohr.

Hennis, Wilhelm (1998), »Alternativen ohne Spielraum? Möglichkeiten und Unmöglichkeiten des politischen Systems«, in: Hennis, Wilhelm, *Auf dem Weg in den Parteienstaat. Aufsätze aus vier Jahrzehnten*, Stuttgart: Reclam, S. 57-68.

Hesse, Mary (1980), *Revolutions and Reconstructions in the Philosophy of Science*, Brighton: Harvester Press.

Hessel, Aike/Geyer, Michael/Würz, Julia/Brähler, Elmar (1997), »Psychische Befindlichkeiten in Ost- und Westdeutschland im siebten Jahr nach der Wende«, in: *Aus Politik und Zeitgeschichte – Beilage zur Wochenzeitung* Das Parlament B 13/97, S. 15-24.

Hiley, David R./Bohman, James/Shusterman, Richard (1991), *The Interpretive Turn. Philosophy, Science, Culture*, Ithaca/NY: Cornell University Press.

Hirschman, Albert O. (1987), *Leidenschaften und Interessen. Politische Begründungen des Kapitalismus vor seinem Sieg*, Frankfurt/M.: Suhrkamp.

Hörning, Karl H./Ahrens, Daniela/Gerhard, Anette (1997), *Zeitpraktiken. Experimentierfelder der Spätmoderne*, Frankfurt/M.: Suhrkamp.

Honneth, Axel (1993), *Kampf um Anerkennung. Zur moralischen Grammatik sozialer Konflikte*, Frankfurt/M.: Suhrkamp.

Honneth, Axel (1994), »Pathologien des Sozialen. Tradition und Aktualität der Sozialphilosophie«, in: Honneth, Axel (Hg.), *Pathologien des Sozialen. Die Aufgaben der Sozialphilosophie*, Frankfurt/M.: Fischer, S. 9-69.

Honneth, Axel (1994), »Aspekte der Individualisierung«, in: Honneth, Axel, *Desintegration. Bruchstücke einer soziologischen Zeitdiagnose*, Frankfurt/M.: Fischer, S. 20-29.

Honneth, Axel (2003), »Organisierte Selbstverwirklichung. Paradoxien der Individualisierung «, in: Honneth, Axel (Hg.), *Befreiung aus der Mündigkeit. Paradoxien des gegenwärtigen Kapitalismus*, Frankfurt/M., New York: Campus, S. 141-158.

Honneth, Axel (2007), *Pathologien der Vernunft. Geschichte und Gegenwart der Kritischen Theorie*, Frankfurt/M.: Suhrkamp.

Horkheimer, Max/Adorno, Theodor W. (2003), *Dialektik der Aufklärung. Philosophische Fragmente*, Frankfurt/M.: Fischer.

Horwich, Paul (1993), *World Changes. Thomas Kuhn and the Nature of Science*, Cambridge, Mass., London: MIT Press.

Hoyningen-Huene, Paul (1989), *Die Wissenschaftsphilosophie Thomas S. Kuhns. Rekonstruktion und Grundlagenprobleme*, Braunschweig, Wiesbaden: Vieweg & Sohn.

Hudson, Liam (1996), »Undermine Yourself«, in: *Times Literary Supplement 4860*.

Huster, Ernst-Ulrich (1993), *Reichtum in Deutschland. Der diskrete Charme der sozialen Distanz*, Frankfurt/M., New York: Campus.

Imhof, Arthur E. (1984), »Von der sicheren zur unsicheren Lebenszeit. Ein folgenschwerer Wandel im Verlaufe der Neuzeit«, in: *Vierteljahreszeitschrift für Sozial- und Wirtschaftsgeschichte* 71, S. 175-198.

Infratest dimap 2006, ARD-DeutschlandTREND November 2006. Umfrage zur politischen Stimmung im Auftrag der ARD-Tagesthemen und acht Tageszeitungen, 〈http://www.infratest-dimap.de/uploads/media/dt0611.pdf〉 (letzter Zugriff Dezember 2011).

Jaeggi, Rahel (2005), *Entfremdung. Zur Aktualität eines sozialphilosophischen Problems*, Frankfurt/M., New York: Campus.

Jameson, Fredric (1998), *The Cultural Turn: Selected Writings on the Postmodern 1983-1998*, London, New York: Verso.

Joas, Hans/Knöbl, Wolfgang (2004), *Sozialtheorie. Zwanzig einführende Vorlesungen*, Frankfurt/M.: Suhrkamp.

Kaern, Michael/Phillips, Bernhard S./Cohen Robert S. (1990), *Georg Simmel and Contemporary Sociology*, Dordrecht: Kluwer.

Kambartel, Friedrich (1986), »Begründungen und Lebensformen. Zur Kritik des ethischen Pluralismus«, in: Kuhlmann, Wolfgang (Hg.), *Moralität und Sittlichkeit. Das Problem Hegels und die Diskursethik*, Frankfurt/M.: Suhrkamp, S. 85-100.

Kamrava, Mehran (1992), *The Political History of Modern Iran. From Tribalism to Theocracy*, Westport, Conn.: Praeger.

Kant, Immanuel (1793), »Über den Gemeinspruch: Das mag in der Theorie richtig sein, taugt aber nicht für die Praxis«, in: Kant, Immanuel, *Gesammelte Schriften*, Bd. 8, Berlin, Leipzig 1923: Meiner, S. 273-313.

Kellner, Douglas (1992), »Popular Culture and the Construction of Postmodern Identities«, in: Lash, Scott/Friedman, Jonathan (Hg.), *Modernity and Identity*, Oxford: Blackwell, S. 141-177.

Kemper, Peter (1995), »Weltfernsehen MTV: Ein Clip zieht ins Herz, nicht ins Hirn«, *Frankfurter Allgemeine Magazin*, Heft 823.

Kertész, Imre (2002), *Ich – ein anderer*, Roman, Reinbek: Rowohlt.

Keupp, Heiner, u. a. (1999), *Identitätskonstruktionen. Das Patchwork der Identitäten in der Spätmoderne*, Reinbek: Rowohlt.

Kodalle, Klaus-Michael (1999), *Zeit-Verschwendung. Ein Symposion*, Würzburg: Königshausen und Neumann.

Koenot, Jan (1997), *Hungry for Heaven. Rockmusik, Kultur und Religion*, Düsseldorf: Patmos.

Köhler,Christoph/Struck, Olaf, u. a. (Hg.) (2008), *Offene und geschlossene Beschäftigungssysteme*, Wiesbaden: VS-Verlag.

Kohli, Martin (1986), »Gesellschaftszeit und Lebenszeit. Der Lebenslauf im Strukturwandel der Moderne«, in: Berger, Johannes (Hg.), *Die Moderne – Kontinuitäten und Zäsuren*, Göttingen: Schwartz, S. 183-207.

Kohli, Martin (1990), »Lebenslauf und Lebensalter als gesellschaftliche Konstruktionen: Elemente zu einem interkulturellen Vergleich«, in: Elwert, Georg/Kohli, Martin/Müller, Harald K. (Hg.), *Im Lauf der Zeit. Ethnographische Studien zur gesellschaftlichen Konstruktion von Lebensaltern*, Saarbrücken: Breitenbach, S. 11-32.

Koselleck, Reinhart (1989), *Vergangene Zukunft. Zur Semantik geschichtlicher Zeiten*, Frankfurt/M.: Suhrkamp.

Koselleck, Reinhart (2000), *Zeitschichten. Studien zur Historik*, Frankfurt/M.: Suhrkamp.

Krappmann, Lothar (1997), »Die Identitätsproblematik nach Erikson aus einer interaktionistischen Sicht«, in: Keupp, Heiner/Höfer, Renate (Hg.), *Identitätsarbeit heute. Klassische und aktuelle Perspektiven der Identitätsforschung*, Frankfurt/M.: Suhrkamp, S. 66-92.

Kubey, Robert William/Csikszentmihalyi, Mihaly (1990), *Television and the Quality of Life. How Viewing Shapes Everyday Experience*, Hillsdale, New Jersey: Lawrence Erlbaum Associates.

Kuhn, Thomas S. (1974), »Neue Überlegungen zum Begriff des Paradigma«, in: Kuhn, Thomas, *Die Entstehung des Neuen. Studien zur Struktur der Wissenschaftsgeschichte*, hg. von Lorenz Krüger, Frankfurt/M.: Suhrkamp, S. 389-420.

Kuhn, Thomas S. (1983), »Commensurability, Comparability, Communicability«, in: Association, Philosophy of Science, Peter D. Asquith und Thomas Nickles (Hg.), *Proceedings of the 1982 Biennial Meeting of the Philosophy of Science Association*, Bd. 2, East Lansing, Mich.: Philosophy of Science Ass., S. 669-688.

Kuhn, Thomas S. (1989), *Die Struktur wissenschaftlicher Revolutionen*, Frankfurt/M: Suhrkamp.

Kuhn, Thomas S. (1993), »Afterwords«, in: Horwich, Paul (Hg.), *World Changes. Thomas Kuhn and the Nature of Science*, Cambridge, Mass.: MIT Press, S. 311-341.

Kymlicka, Will (1992), »Liberal Individualism and Liberal Neutrality«, in: Avineri, Shlomo/De-Shalit, Avner (Hg.), *Communitarianism and Individualism*, Oxford: University Press, S. 165-185.

Kymlicka, Will (1996), *Multicultural Citizenship. A Liberal Theory of Minority Rights*, Oxford: Oxford University Press 1996

Ladwig, Bernd (2006), »Moderne Sittlichkeit. Grundzüge einer ›hegelianischen‹ Gesellschaftstheorie des Politischen«, in: Buchstein, Hubertus/Schmalz-Bruns, Rainer (Hg.), *Politik der Integration. Symbole, Repräsentation, Institution*, Baden-Baden: Nomos, S. 111-135.

Ladwig, Bernd (2009), *Moderne politische Theorie. Fünfzehn Vorlesungen zur Einführung*, Schwalbach/Ts.: Wochenschau-Verlag.

Lakoff, George (2002), *Moral Politics. What Conservatives Know that Liberals Don't*, Chicago, London: University of Chicago Press.

Larmore, Charles E. (1987), *Patterns of Moral Complexity*, Cambridge: Cambridge University Press.

Laux, Henning/Rosa, Hartmut (2009), »Die beschleunigte Demokratie – Überlegungen zur Weltwirtschaftskrise«, in: *WSI-Mitteilungen* 62, S. 547-553.

Lessenich, Stephan/Nullmeier, Frank (2006), *Deutschland – eine gespaltene Gesellschaft*, Frankfurt/M., New York: Campus.

Levine, Robert (1999), *Eine Landkarte der Zeit. Wie Kulturen mit Zeit umgehen*, München: Piper.

Linder, Staffan B. (1973), *Warum wir keine Zeit mehr haben. Das Linder-Axiom*, Frankfurt/M.: Fischer.

Löw-Beer, Martin (1991), »Living a Life and the Problem of Existential Impossibility«, in: *Inquiry* 34, S. 217-236.

Loo, Hans van der/Reijen, Willem van (1997), *Modernisierung. Projekt und Paradox*, München: dtv.

Lübbe, Hermann (1992), *Im Zug der Zeit. Verkürzter Aufenthalt in der Gegenwart*, Berlin: Springer.

Lübbe, Hermann (1998), »Gegenwartsschrumpfung«, in: Backhaus, Klaus/Bonus, Holger (Hg.), *Die Beschleunigungsfalle oder der Triumph der Schildkröte*, Stuttgart: Schäffer-Poeschel, S. 129-164.

Luhmann, Niklas (1994), »Die Knappheit der Zeit und die Vordringlichkeit des Befristeten«, in: Luhmann, Niklas, *Politische Planung. Aufsätze zur Soziologie von Politik und Verwaltung*, Opladen: Westdeutscher Verlag, S. 143-164.

Luhmann, Niklas (1997), *Die Gesellschaft der Gesellschaft*, Frankfurt/M.: Suhrkamp.

Lukes, Steven (1995), »Multikulturalismus und Gerechtigkeit. ›Politik der gleichen Würde‹ und ›Politik der Anerkennung‹. Überlegungen im Anschluß an Charles Taylor«, in: Demmerling, Christoph/Rentsch, Thomas (Hg.), *Die Gegenwart der Gerechtigkeit. Diskurse zwischen Recht, praktischer Philosophie und Politik*, Berlin: Akademie Verlag, S. 99-111.

MacIntyre, Alasdair (1987), *Der Verlust der Tugend. Zur moralischen Krise der Gegenwart*, Frankfurt/M., New York: Campus.

MacIntyre, Alasdair (1998), »Politics, Philosophy and the Common Good«, in: Knight, Kelvin (Hg.), *The MacIntyre Reader*, Cambridge: Polity Press, S. 235-252.

Maeder, Ueli/Streuli, Elisa (2002), *Reichtum in der Schweiz. Porträts, Fakten, Hintergründe*, Zürich: Rotpunktverlag.

Mannheim, Karl (1964), »Das Problem der Generationen«, in: Mannheim, Karl, *Wissenssoziologie. Auswahl aus dem Werk*, Berlin: Luchterhand, S. 509-565.
Marcuse, Herbert (1964), *One-Dimensional Man. Studies in the Ideology of Advanced Industrial Society*, Boston: Beacon Press.
Marcuse, Herbert (1968), *Der eindimensionale Mensch*, Neuwied, Berlin: Luchterhand.
McNally, David (2001), *Bodies of Meaning. Studies on Language, Labor, and Liberation*, Albany: State University of New York Press.
Mead, George Herbert (1969), *Sozialpsychologie*, Darmstadt: Luchterhand.
Michelman, Frank (1994), »Kollektiv, Gemeinschaft und das liberale Denken in Verfassungen«, in: Frankenberg, Günter (Hg.), *Auf der Suche nach der gerechten Gesellschaft*, Frankfurt/M.: Fischer, S. 55-73.
Miller, David (1991), »Distributive Justice. What the People Think«, in: *Ethics* 102, S. 555-593.
Miller, David (1991), »Recent Theories of Social Justice«, in: *British Journal of Political Science* 21, S. 371-391.
Miller, David (1992), »Deliberative Democracy and Social Choice«, in: *Political Studies* 40, Special Issue, hg. von David Held, S. 54-66.
Münkler, Herfried (1991), »Wieviel Tugend braucht die Demokratie? Voraussetzungen der Zivilgesellschaft«, in: *Neue Gesellschaft/Frankfurter Hefte* 38, S. 612-617.
Münkler, Herfried (1992), »Politische Tugend. Bedarf die Demokratie einer sozio-moralischen Grundlegung?«, in: Münkler, Herfried (Hg.), *Die Chancen der Freiheit. Grundprobleme der Demokratie*, München, Zürich: Piper, S. 25-46.
Münkler, Herfried (1994), »Subsidiarität, Zivilgesellschaft und Bürgertugend«, in: Riklin, Alois/Batliner, Gerard (Hg.), *Subsidiarität. Ein interdisziplinäres Symposium*, Vaduz: Liechtensteinische Akademie-Gesellschaft, S. 63-80.
Münkler, Herfried (1995), »Die Visibilität der Macht und die Strategien der Machtvisualisierung«, in: Göhler, Gerhard (Hg.), *Macht der Öffentlichkeit – Öffentlichkeit der Macht*, Baden-Baden: Nomos, S. 213-230.
Myerson, George (2001), *Heidegger, Habermas and the Mobile Phone*, Cambridge: Icon Books.

Nassehi, Armin (1993), *Die Zeit der Gesellschaft. Auf dem Weg zu einer soziologischen Theorie der Zeit*, Opladen: Westdeutscher Verlag.
Neckel, Sighard (2000), *Die Macht der Unterscheidung. Essays zur Kultursoziologie der modernen Gesellschaft*, Frankfurt/M., New York: Campus.
Neckel, Sighard (2000), »Identität als Ware. Die Marktwirtschaft im Sozialen«, in: Neckel, Sighard, *Die Macht der Unterscheidung. Essays zur*

Kultursoziologie der modernen Gesellschaft, Frankfurt/M., New York: Campus, S. 37-47.

Neckel, Sighard (2001), »›Leistung‹ und ›Erfolg‹. Die symbolische Ordnung der Marktgesellschaft«, in: Barlösius, Eva/Müller, Hans-Peter/Sigmund, Steffen (Hg.), *Gesellschaftsbilder im Umbruch. Soziologische Perspektiven in Deutschland*, Opladen: Leske + Budrich, S. 245-265.

Neckel, Sighard/Dröge, Kai (2002), »Die Verdienste und ihr Preis. Leistung in der Marktgesellschaft«, in: Honneth, Axel (Hg.), *Befreiung aus der Mündigkeit. Paradoxien des gegenwärtigen Kapitalismus*, Frankfurt/M., New York: Campus, S. 93-116.

Nève, Dorothe de/Reiser, Marion/Schnapp, Kai-Uwe (Hg.) (2007), *Herausforderung – Akteur – Reaktion. Diskontinuierlicher sozialer Wandel aus theoretischer und empirischer Perspektive*, Baden-Baden: Nomos.

Niethammer, Lutz (1989), *Posthistoire. Ist die Geschichte zu Ende?*, Reinbek: Rowohlt.

Nietzsche, Friedrich (1894), *Also sprach Zarathustra. Ein Buch für alle und keinen*, Leipzig: Naumann.

Nietzsche, Friedrich (1964), *Gedichte*, Stuttgart: Reclam.

Nietzsche, Friedrich Wilhelm (1988), »Menschliches, Allzumenschliches I und II«, in: Colli, Giorgio/Montinari, Mazzino (Hg.), *Sämtliche Werke. Kritische Studienausgabe in 15 Einzelbänden*, Bd. 2, München, Berlin, New York: dtv/de Gruyer.

Nullmeier, Frank (2000), *Politische Theorie des Sozialstaats*, Frankfurt/M., New York: Campus.

Nunner-Winkler, Gertrud (2003), »Geschlecht und Gesellschaft«, in: Joas, Hans (Hg.), *Lehrbuch der Soziologie*, Frankfurt/M., New York: Campus, S. 265-287.

Oevermann, Ulrich (1991), »Genetischer Strukturalismus und das sozialwissenschaftliche Problem der Erklärung der Entstehung des Neuen«, in: Müller-Doohm, Stefan (Hg.), *Jenseits der Utopie. Theoriekritik der Gegenwart*, Frankfurt/M.: Suhrkamp, S. 267-336.

Offe, Claus (1986), »Die Utopie der Null-Option. Modernität und Modernisierung als politische Gütekriterien«, in: Berger, Johannes (Hg.), *Die Moderne – Kontinuitäten und Zäsuren*, Göttingen: Schwartz, S. 97-116.

Osten, Manfred (2003), *Alles veloziferisch oder Goethes Entdeckung der Langsamkeit. Zur Modernität eines Klassikers im 21. Jahrhundert*, Frankfurt/M.: Insel.

Palonen, Kari (2003), »Four Times of Politics«, in: *Alternatives* 28, Heft 1, S. 177-186.

Parsons, Talcott (1951), *The Social System*, Glencoe, Ill.: The Free Press.

Parsons, Talcott (1971), *The System of Modern Societies*, Englewood Cliffs, NJ: Prentice-Hall.

Pasquale, Frank (1998), »Market and Culture. The Naiveté of Neutrality«, in: *Contemporary Political Studies* II, S. 507-515.

Platt, Norbert (1998), »Faszination Beständigkeit«, in: Backhaus, Klaus/Bonus, Holger (Hg.), *Die Beschleunigungsfalle oder der Triumph der Schildkröte*, Stuttgart: Schäffer-Poeschel, S. 179-194.

Pocock, John G. A. (1962), »The History of Political Thought. A Methodological Enquiry«, in: Laslett, Peter/Runciman, Walter Garrison (Hg.), *Philosophy, Politics and Society*, Second Series, Oxford: Blackwell, S. 183-202.

Pocock, John G. A. (1975), *The Machiavellian Moment. Florentine Political Thought and the Atlantic Republican Tradition*, Princeton, NJ: Princeton University Press.

Pocock, John G. A. (1980), »Political Ideas as Historical Events. Political Philosophers as Historical Actors«, in: Richter, Melvin (Hg.), *Political Theory and Political Education*, Princeton, NJ: Princeton University Press, S. 139-158.

Pocock, John G. A. (1989), *Politics, Language, and Time. Essays on Political Thought and History*, Chicago: University of Chicago Press.

Radkau, Joachim (1998), *Das Zeitalter der Nervosität. Deutschland zwischen Bismarck und Hitler*, München: Hanser.

Raschke, Joachim (1980), »Politischer Paradigmenwandel in den westlichen Demokratien«, in: Ellwein, Thomas (Hg.), *Politikfeld-Analysen 1979. Wissenschaftlicher Kongress der DVPW 1.-5. Oktober 1979 in der Universität Augsburg; Tagungsbericht*, Opladen: Westdeutscher Verlag, S. 284-299.

Rawls, John (1971), *A Theory of Justice*, Cambridge, Mass.: Belknap Press of Harvard University Press.

Rawls, John (1980), »Kantian Constructivism in Moral Theory. The Dewey-Lectures«, in: *The Journal of Philosophy* 77, S. 515-572.

Raz, Joseph (1994), »Multiculturalism. A Liberal Perspective «, in: *Dissent* 41, Heft 1, S. 67-95.

Reheis, Fritz (1996), *Die Kreativität der Langsamkeit. Neuer Wohlstand durch Entschleunigung*, Darmstadt: Wissenschaftliche Buchgesellschaft.

Reheis, Fritz (1999), »Stichwort ›Entschleunigung‹«, in: Brilling, Oskar (Hg.), *Hand-Wörterbuch Umweltbildung*, Hohengehren: Schneider, S. 53 f.

Richter, Melvin (1990), »Reconstructing the History of Political Languages. Pocock, Skinner and the Geschichtliche Grundbegriffe«, in: *History and Theory* 25, S. 38-70.

Ricœur, Paul (1992), *Oneself as Another*, Chicago, London: University of Chicago Press.

Ritzer, George (1995), *Die McDonaldisierung der Gesellschaft*, Frankfurt/M.: Fischer.

Rivlin, Gary (2004), »Facing the World Online, With Egos Fully Exposed«, in *The New York Times*, Beilage zur *Süddeutschen Zeitung* vom 14.06.2004, S. 15.

Robinson, John P./Godbey, Geoffrey (1996), »The Great American Slowdown«, in: *American Demographics* 18, Heft 6, S. 42-48.

Robinson, John P./Godbey, Geoffrey (1999), *Time for Life. The Surprising Ways Americans use their Time*, University Park, PA: Pennsylvania State University Press.

Rorty, Richard M. (1967), *The Linguistic Turn. Essays in Philosophical Method*, Chicago: University of Chicago Press.

Rorty, Richard M. (1979), *Philosophy and the Mirror of Nature*, Princeton, NJ: Princeton University Press.

Rosa, Hartmut (1994), »Ideengeschichte und Gesellschaftstheorie. Der Beitrag der ›Cambridge School‹ zur Metatheorie«, in: *Politische Vierteljahresschrift* 35, S. 197-223.

Rosa, Hartmut (1994), »Neigung verpflichtet. Das schwierige Verhältnis von Treue, Verrat und Gerechtigkeit«, in: *Deutsche Zeitschrift für Philosophie* 42, S. 1107-1114.

Rosa, Hartmut (1995), »Paradigma und Wertbeziehung. Zu Sinn und Grenzen des Paradigmenkonzeptes in den Sozialwissenschaften«, in: *Logos. Zeitschrift für systematische Philosophie*, Neue Folge Band 2, S. 59-94.

Rosa, Hartmut (1995), »Hypergüter der Moderne. Die konfliktreiche moralische Landkarte der Gegenwart« (Literatur-Essay zu Charles Taylor, *Quellen des Selbst*, Frankfurt/M. 1994), in: *Politische Vierteljahresschrift* 36, S. 505-522.

Rosa, Hartmut (1998), *Identität und kulturelle Praxis. Politische Philosophie nach Charles Taylor*, Frankfurt/M., New York: Campus.

Rosa, Hartmut (1998), »On Defining the Good Life. Liberal Freedom and Capitalist Necessity«, in: *Constellations. An International Journal of Critical and Democratic Theory* 5, S. 201-214.

Rosa, Hartmut (1999), »Am Ende der Geschichte: Die Generation X zwischen Globalisierung und Desintegration«, in: Fischer, Karsten (Hg.), *Neustart des Weltlaufs? Fiktion und Faszination der Zeitenwende*, Frankfurt/M.: Suhrkamp, S. 246-263.

Rosa, Hartmut (1999), »Kapitalismus und Lebensführung. Perspektiven einer ethischen Kritik der liberalen Marktwirtschaft«, in: *Deutsche Zeitschrift für Philosophie* 47, Heft 5, S. 735-758.

Rosa, Hartmut (1999), »Operatives Paradigma und objektiver Geist: Kuhn, Taylor und die Konstruktion der sozialen Wirklichkeit«, in: Reckwitz, Andreas/Sievert, Holger (Hg.), *Interpretation, Konstruktion, Kultur. Ein*

Paradigmenwechsel in den Sozialwissenschaften, Opladen: Westdeutscher Verlag, S. 158-180.

Rosa, Hartmut (1999), »Rasender Stillstand? Individuum und Gesellschaft im Zeitalter der Beschleunigung«, in: Manemann, Jürgen/Grunden, Gabriela (Hg.), *Befristete Zeit*, Münster: LIT Verlag, S. 151-176.

Rosa, Hartmut (2001), »Temporalstrukturen in der Spätmoderne: Vom Wunsch nach Beschleunigung und der Sehnsucht nach Langsamkeit. Ein Literaturüberblick in gesellschaftstheoretischer Absicht«, in: *Handlung, Kultur, Interpretation* 10, S. 335-381.

Rosa, Hartmut (2003), »Social Acceleration. Ethical and Political Consequences of a Desynchronized High-Speed Society; with comments by William Scheuerman, Barbara Adam and Carmen Leccardi«, in: *Constellations. An International Journal of Critical and Democratic Theory* 10, Heft 1, S. 3-52.

Rosa, Hartmut (2004), »Wider die Unsichtbarmachung einer ›Schicksalsmacht‹. Plädoyer für die Erneuerung der Kapitalismuskritik«, in: *Berliner Debatte Initial* 15, Heft 1, S. 81-90.

Rosa, Hartmut (2005), *Beschleunigung. Die Veränderung der Zeitstrukturen in der Moderne*, Frankfurt/M.: Suhrkamp.

Rosa, Hartmut (2005), »The Speed of Global Flows and the Pace of Democratic Politics«, in: *New Political Science* 27, 4, S. 445-459.

Rosa, Hartmut (2009), »Kritik der Zeitverhältnisse. Beschleunigung und Entfremdung als Schlüsselbegriffe der Sozialkritik«, in: Jaeggi, Rahel/Wesche, Tilo (Hg.), *Was ist Kritik?*, Frankfurt/M.: Suhrkamp, S. 23-54.

Rosa, Hartmut (2010), *Alienation and Acceleration. Towards a Critical Theory of Late-Modern Temporality*, Malmö, Arhus: NSU-Press.

Rosa, Hartmut (2010), »Autonomieerwartung und Authentizitätsanspruch. Das Versprechen der Aufklärung und die Orientierungskrise der Gegenwart«, in: Breidbach, Olaf/Rosa, Hartmut (Hg.), *Laboratorium Aufklärung*, München: Fink, S. 199-216.

Rosa, Hartmut (2011), »Is There Anybody Out There? Stumme und resonante Weltbeziehungen als monomanischer Analysefokus im Werk Charles Taylors«, in: Kühnlein, Michael/Lutz-Bachmann, Matthias (Hg.), *Unerfüllte Moderne? Neue Perspektiven auf das Werk von Charles Taylor*, Frankfurt/M.: Suhrkamp 2011, S. 15-43.

Rosa, Hartmut/Kaiser, André (2004), »The Fine Art of Government. Wilhelm Hennis' Comprehensive Conception of Politics and Practical Insight«, in: *European Journal of Political Theory* 3, 1, S. 99-107.

Rosa, Hartmut/Schmidt, Steffen (2007), »Which Challenge, Whose Response? Ein Vier-Felder-Modell der Challenge-Response-Analyse sozialen Wandels«, in: Nève, Dorothe de/Reiser, Marion/Schnapp, Kai-Uwe (Hg.), *Herausforderung – Akteur – Reaktion. Diskontinuierlicher sozialer*

Wandel aus theoretischer und empirischer Perspektive, Baden-Baden: Nomos, S. 53-72.

Rosa, Hartmut/Strecker, David/Kottmann, Andrea (2007), *Soziologische Theorien*, Konstanz: UVK.

Rosa, Hartmut/Scheuerman, William E. (2009), *High-speed Society. Social Acceleration, Power, and Modernity*, Pennsylvania: Pennsylvania State University Press.

Rübner, Matthias/Samol, Peter (1996), »Zwischen Gleichheits- und Leistungsprinzip. Gerechtigkeitsorientierungen ostdeutscher Studierenden«, Manuskript, Jena.

Rumelhart, David E. (1980), »Schemata. The Building Blocks of Cognition«, in: Spiro, Rand J./Bruce, Bertram C./Brewer, William F. (Hg.), *Theoretical Issues in Reading Comprehension. Perspectives from Cognitive Psychology, Linguistics, Artificial Intelligence, and Education*, Hillsdale, NJ: Erlbaum Associates, S. 33-58.

Ryan, Alan (1972), »›Normal‹ Science or Political Ideology?«, in: Laslett, Peter/Runciman, W. G./Skinner, Q. (Hg.), *Philosophy, Politics and Society. Fourth Series*, Oxford: Basil Blackwell, S. 86-100.

Ryan, Alan (1988), *The Philosophy of the Social Sciences* [Reprint 1970], Basingstoke, London: Macmillan.

Sandel, Michael J. (1982), *Liberalism and the Limits of Justice*, Cambridge: Cambridge University Press.

Sandel, Michael (1993), »Die verfahrensrechtliche Republik und das ungebundene Selbst«, in: Honneth, Axel (Hg.), *Kommunitarismus. Eine Debatte über die moralischen Grundlagen moderner Gesellschaften*, Frankfurt/M., New York: Campus, S. 18-35.

Sandel, Michael (1994), »Political Liberalism«, in: *Harvard Law Review* 107, S. 1765-1794.

Sandel, Michael (1996), *Democracy's Discontent. America in Search of a Public Philosophy*, Cambridge: Belknap Press of Harvard University Press.

Scanlon, Thomas M. (1982), »Contractualism and Utilitarianism«, in: Sen, Amartya/Williams, Bernhard (Hg.), *Utilitarianism and Beyond*, Cambridge: Cambridge University Press, S. 103-128.

Schacht, Richard (1971), *Alienation*, Garden City, NY: Doubleday.

Schacht, Richard (1994), *The Future of Alienation*, Urbana: University of Illinois Press.

Scheuerman, William E. (2001), »Liberal Democracy and the Empire of Speed«, in: *Polity* 34, Heft 1, S. 41-68.

Scheuerman, William E. (2004), *Liberal Democracy and the Social Acceleration of Time*, Baltimore, London: Johns Hopkins University Press.

Schivelbusch, Wolfgang (2000), *Geschichte der Eisenbahnreise. Zur Indus-*

trialisierung von Raum und Zeit im 19. Jahrhundert, Frankfurt/M.: Fischer.

Schluchter, Wolfgang (1995), »Ethik und Kapitalismus. Zwei Thesen Max Webers«, in: *Berliner Journal für Soziologie*, Heft 3, S. 335-347.

Schmidt, Volker H. (1994), »Bounded Justice«, in: *Social Science Information* 33, Heft 2, S. 305-333.

Schrader, Ralph (2005), »Verdienst – Erfolg – Gerechtigkeit«, in: Corsten, Michael/Rosa, Hartmut/Schrader, Ralph (Hg.), *Die Gerechtigkeit der Gesellschaft*, Wiesbaden: VS-Verlag, S. 101-123.

Schultze, Quentin James/Anker Roy/Bratt, James D. (1991), *Dancing in the Dark. Youth, Popular Culture, and the Electronic Media*, Grand Rapids, Mich.: Eerdmans.

Schulze, Gerhard (1997), »Steigerungslogik und Erlebnisgesellschaft«, in: *Politische Bildung* 30, 2, S. 77-94.

Schulze, Gerhard (2003), *Die Beste aller Welten. Wohin bewegt sich die Gesellschaft im 21. Jahrhundert?*, München, Wien: Hanser.

Schulze, Gerhard (2005), *Die Erlebnisgesellschaft. Kultursoziologie der Gegenwart*, Frankfurt/M., New York: Campus.

Schwarz, Michiel/Thompson, Michael (1990), *Divided we Stand. Redefining Politics, Technology, and Social Choice*, Philadelphia, PA: University of Pennsylvania Press.

Seel, Martin (1993), »Ethik und Lebensformen«, in: Brumlik, Micha/Brunkhorst, Hauke (Hg.), *Gemeinschaft und Gerechtigkeit*, Frankfurt/M.: Fischer, S. 244-259.

Seiwert, Lothar J. (2000), *Wenn Du es eilig hast, gehe langsam. Das neue Zeitmanagement in einer beschleunigten Welt; sieben Schritte zur Zeitsouveränität und Effektivität*, Frankfurt/M., New York: Campus.

Selznick, Philip (1992), *The Moral Commonwealth. Social Theory and the Promise of Community*, Berkeley: University of California Press.

Sennett, Richard (1998), *Der flexible Mensch. Die Kultur des neuen Kapitalismus*, Berlin: Berlin-Verlag.

Shapiro, Ian (1990), *Political Criticism*, Berkeley, Oxford: University of California Press.

Shields, Rob (1992), *Lifestyle Shopping. The Subject of Consumption*, London, New York: Routledge.

Shklar, Judith N. (1998), »The Work of Michael Walzer«, in: *Political Thought and Political Thinkers*, hg. von Stanley Hoffmann, Chicago: University of Chicago Press.

Simmel, Georg (1897/1992), »Die Bedeutung des Geldes für das Tempo des Lebens«, in: *Soziologie. Untersuchungen über die Formen der Vergesellschaftung*, Frankfurt/M.: Suhrkamp, S. 215-234.

Simmel, Georg (1900/1989), *Philosophie des Geldes*, Frankfurt/M.: Suhrkamp.

Simmel, Georg (1903/1995), »Die Großstädte und das Geistesleben«, in: *Aufsätze und Abhandlungen: 1901-1908*, Bd. 1, hg. von Kramme, Rüdiger/Rammstedt, Otthein/Rammstedt, Angela, Frankfurt/M.: Suhrkamp, S. 116-131.

Simmel, Georg (1903/1995), »Soziologie der Konkurrenz«, in *Aufsätze und Abhandlungen: 1901-1908*, Bd. 1, hg. von Kramme, Rüdiger/Rammstedt, Otthein/Rammstedt, Angela, Frankfurt/M.: Suhrkamp, S. 221-246.

Simmel, Georg (1918/1996), »Der Begriff und die Tragödie der Kultur«, in: *Hauptprobleme der Philosophie. Philosophische Kultur*, Frankfurt/M.: Suhrkamp, S. 385-416.

Skinner, Quentin (1988), »A Reply to my Critics«, in: Tully, James (Hg.), *Meaning and Context. Quentin Skinner and His Critics*, Princeton, NJ: Princeton University Press, S. 231-288.

Skinner, Quentin (1988), *Meaning and Context. Quentin Skinner and his Critics*, hg. von James Tully, Cambridge: Polity Press.

Sloterdijk, Peter (1989), *Eurotaoismus. Zur Kritik der politischen Kinetik*, Frankfurt/M.: Suhrkamp.

Sloterdijk, Peter (1998), *Sphären*, Frankfurt/M.: Suhrkamp.

Smith, Adam (1801), *The Theory of Moral Sentiments*, London: Printed by A. Strahan, for T. Cadell, Jun., and W. Davies, W. Creech, and J. Bell and Co.

Snow, Charles Percy (1993), *The Two Cultures*, Cambridge: Cambridge University Press.

Statistisches Bundesamt (Hg.) (1995), *Datenreport. Zahlen und Fakten über die Bundesrepublik Deutschland*, Bonn.

Statistisches Bundesamt (Hg.) (2006), *Datenreport. Zahlen und Fakten über die Bundesrepublik Deutschland*, Bonn.

Steinfath, Holmer (1993), »Authentizität und Anerkennung. Zu Charles Taylors neuen Büchern ›The Ethics of Authenticity‹ und ›The Politic of Recognition‹«, in: *Deutsche Zeitschrift für Philosophie* 41, S. 575-584.

Stifter, Adalbert (1933), *Der Hochwald. Eine Erzählung*, Leipzig: Insel Verlag.

Straub, Jürgen (1993), »Zeit, Erzählung, Interpretation. Zur Konstruktion und Analyse von Erzähltexten in der narrativen Biographieforschung«, in: Röcklein, H. (Hg.), *Möglichkeiten und Grenzen der psychohistorischen Biographieforschung*, Tübingen: Edition Diskord, S. 143-183.

Straub, Jürgen (1998), *Erzählung, Identität und historisches Bewußtsein. Die psychologische Konstruktion von Zeit und Geschichte*, Frankfurt/M.: Suhrkamp.

Straub, Jürgen (1998): »Personale und kollektive Identität. Zur Analyse eines theoretischen Begriffs«, in: Assmann, Aleida/Friese, Heidrun (Hg.), *Identitäten. Erinnerung, Geschichte, Identität*, Frankfurt/M.: Suhrkamp, S. 73-104.

Straub, Jürgen (1999), *Handlung, Interpretation, Kritik. Grundzüge einer textwissenschaftlichen Handlungs- und Kulturpsychologie*, Berlin: de Gruyter.

Straub, Jürgen (2001), »Zur Psychologie des ›flexiblen Menschen‹. Ein Leitbild für jüngere Generationen?«, in: Lehner, Franz (Hg.), *Erbfall Zukunft. Vordenken für und mit Nachkommen*, München: Hampp, S. 357-368.

Straus, Florian/Höfer, Renate (1997), »Entwicklungslinien alltäglicher Identitätsarbeit«, in: Keupp, Heiner/Höfer, Renate (Hg.), *Identitätsarbeit heute. Klassische und aktuelle Perspektiven der Identitätsforschung*, Frankfurt/M.: Suhrkamp, S. 270-303.

Sullivan, William M. (1982), *Reconstructing Public Philosophy*, Berkeley: University of California Press.

Sunstein, Cass R. (1993), »Democracy and Shifting Preferences«, in: Copp, David (Hg.), *The Idea of Democracy*, Cambridge: Cambridge University Press, S. 196-230.

Taylor, Charles (1970), *The Pattern of Politics*, Toronto, Montreal: McClelland & Stewart.

Taylor, Charles (1971), »Interpretation and the Sciences of Man«, in: Taylor, Charles, *Philosophical Papers*, Cambridge, London: Cambridge University Press, S. 15-57; deutsch: Taylor, Charles, »Interpretation und die Wissenschaften vom Menschen«, in: ders., *Erklärung und Interpretation in den Wissenschaften von Menschen. Aufsätze,* Frankfurt/M.: Suhrkamp 1975, S. 154-219.

Taylor, Charles (1971), »The Agony of Economic Man«, in: Lapierre, Laurie u. a. (Hg.), *Essays on the Left. Essays in Honour of T. C. Douglas*, Toronto: McClelland and Stewart, S. 221-235, wiederabgedruckt in: Forbes, H. D (1985), *Canadian Political Thought*, Toronto: Oxford University Press, S. 406-416.

Taylor, Charles (1975), *Hegel*, Frankfurt/M.: Suhrkamp.

Taylor, Charles (1975), »Neutralität in der politischen Wissenschaft«, in: Taylor, Charles (Hg.), *Erklärung und Interpretation in den Wissenschaften vom Menschen. Aufsätze*, Frankfurt/M. 1975, S. 14-64.

Taylor, Charles (1977), »Self Interpreting Animals«, in: Taylor, Charles, *Philosophical Papers*, Bd. 1, *Human Agency and Language*, Cambridge: Cambridge University Press, S. 45-76.

Taylor, Charles (1977), »What Is Human Agency?«, in: Taylor, Charles, *Philosophical Papers*, Bd. 1, *Human Agency and Language*, Cambridge: Cambridge University Press, S. 15-44; deutsch: »Was ist menschliches Handeln?«, in: ders., *Negative Freiheit? Zur Kritik des neuzeitlichen Individualismus*, Frankfurt/M.: Suhrkamp 1988, S. 9-51.

Taylor, Charles (1978), »Hegel's Sittlichkeit and the Crisis of Representative Institutions«, in: Yovel, Yirmiahu (Hg.), *Philosophy of History and Action*, Dordrecht: Reidel, S. 133-154.

Taylor, Charles (1979), »Atomism«, in: Taylor, Charles, *Philosophical Papers*, Bd. 2, *Philosophy and the Human Sciences*, Cambridge: Cambridge University Press, S. 187-210.

Taylor, Charles (1979), *Hegel and Modern Society*, Cambridge: Cambridge University Press.

Taylor, Charles (1981), »Understanding and Ethnocentricity«, in: Taylor, Charles, *Philosophical Papers*, Bd. 2, *Philosophy and the Human Sciences*, Cambridge, London: Cambridge University Press, S. 116-133.

Taylor, Charles (1982), »Rationality«, in: Taylor, Charles, *Philosophical Papers*, Bd. 2, *Philosophy and the Human Sciences*, Cambridge: Cambridge University Press, S. 134-151.

Taylor, Charles (1982), »The Diversity of Goods«, in: Taylor, Charles, *Philosophical Papers*, Bd. 2, *Philosophy and the Human Sciences*, Cambridge, Mass., New York: Cambridge University Press, S. 230-247.

Taylor, Charles (1984), »Kant's Theory of Freedom«, in: C. Taylor, *Philosophical Papers*, Bd. 2, *Philosophy and the Human Sciences*, Cambridge/Mass., New York: Cambridge University Press, S. 318-337.

Taylor, Charles (1985), »Justice After Virtue«, in: Benedikt, Michael/Burger, Rudolf (Hg.), *Kritische Methode und Zukunft der Anthropologie*, Wien 1985, S. 23-48.

Taylor, Charles (1985), *Philosophical Papers* (2 Bde.), Bd. 1: *Human Agency and Language*, Bd. 2, *Philosophy and the Human Sciences*, Cambridge: Cambridge University Press.

Taylor, Charles (1985), »The Nature and Scope of Distributive Justice«, in: Taylor, Charles, *Philosophical Papers*, Bd. 2, *Philosophy and the Human Sciences*, Cambridge: Cambridge University Press, S. 289-317; deutsch: Taylor, Charles (1988), »Wesen und Reichweite distributiver Gerechtigkeit«, in: ders., *Negative Freiheit? Zur Kritik des neuzeitlichen Individualismus*, Frankfurt/M.: Suhrkamp, S. 145-187.

Taylor, Charles (1986), »Die Motive einer Verfahrensethik«, in: Kuhlmann, Wolfgang (Hg.), *Moralität und Sittlichkeit. Das Problem Hegels und die Diskursethik*, Frankfurt/M.: Suhrkamp, S. 102-135.

Taylor, Charles (1986), »Sprache und Gesellschaft«, in: Honneth, Axel/Joas, Hans (Hg.), *Kommunikatives Handeln: Beiträge zu Jürgen Habermas' »Theorie des kommunikativen Handelns«*, Frankfurt/M.: Suhrkamp, S. 35-52.

Taylor, Charles (1988), »Bedeutungstheorien«, in: Taylor, Charles, *Negative Freiheit? Zur Kritik des neuzeitlichen Individualismus*, Frankfurt/M.: Suhrkamp, S. 52-117.

Taylor, Charles (1988), »The Moral Topography of the Self«, in: Stanley Messer/Sass, Louis/Woolfolk, Robert (Hg.), *Hermeneutics and Psychological Theory*, New Brunswick, S. 298-320.

Taylor, Charles (1988), »Was ist menschliches Handeln?«, in: Taylor, Charles, *Negative Freiheit? Zur Kritik des neuzeitlichen Individualismus*, Frankfurt/M.: Suhrkamp, S. 9-51.

Taylor, Charles (1989), *Quellen des Selbst. Die Entstehung der neuzeitlichen Identität*, Frankfurt/M.: Suhrkamp.

Taylor, Charles (1990), »Comparison, History, Truth«, in: Reynolds, Frank E./Tracy, David (Hg.), *Myth and Philosophy*, Albany, NY: State University of New York Press, S. 37-55.

Taylor, Charles (1991), *The Ethics of Authenticity*, Cambridge, Mass., London: Harvard University Press; deutsch: ders., *Das Unbehagen an der Moderne*, übers. von Joachim Schulte, Frankfurt/M.: Suhrkamp 1995.

Taylor, Charles (1992), *Multiculturalism and »The Politics of Recognition«*, hg. von Amy Gutmann, Princeton, NJ: Princeton University Press.

Taylor, Charles (1992), »To Follow a Rule«, in: Taylor, Charles, *Philosophical Arguments*, Cambridge, Mass.: Harvard University Press, S. 165-180.

Taylor, Charles (1993), »Alternative Futures: Legitimacy, Identity, and Alienation in Late Twentieth Century Canada«, in: Taylor, Charles, *Reconciling the Solitudes. Essays on Canadian Federalism and Nationalism*, Montreal: McGill-Queen's University Press, S. 59-119.

Taylor, Charles (1993), »Explanation and Practical Reason«, in: Nussbaum, Martha Craven/Sen, Amartya Kumar (Hg.), *The Quality of Life. A Study prepared for the World Institute for Development Economics Research (WIDER) of the United Nations University*, Oxford: Clarendon Press, S. 208-231.

Taylor, Charles (1993), »Modernity and the Rise of the Public Sphere«, in: *The Tanner Lectures on Human Values* 14, S. 203-260.

Taylor, Charles (1994), *Quellen des Selbst. Die Entstehung der neuzeitlichen Identität*, Frankfurt/M.: Suhrkamp.

Taylor, Charles (1995), »Aneinander vorbei. Die Debatte zwischen Liberalismus und Kommunitarismus«, in: Honneth, Axel (Hg.), *Kommunitarismus. Eine Debatte über die moralischen Grundlagen moderner Gesellschaften*, Frankfurt/M., New York: Campus, S. 103-131.

Taylor, Charles (1997), »Leading a Life«, in: Chang, Ruth (Hg.), *Incommensurability, Incomparability and Practical Reason*, Cambridge: Harvard University Press, S. 173-183.

Taylor, Charles (1998), »Engaged Agency and Background in Heidegger«, in: Guignon, Charles B. (Hg.), *The Cambridge Companion to Heidegger*, Cambridge [u. a.]: Cambridge University Press, S. 317-336.

Taylor, Charles (2007), *A Secular Age*, Cambridge, Mass., London: Belknap Press of Harvard University Press.

Taylor, Charles (2009), *Ein säkulares Zeitalter*, Frankfurt/M.: Suhrkamp.

Tomlinson, Alan (1991), *Consumption, Identity, and Style. Marketing, Meanings, and the Packaging of Pleasure*, London: Routledge.

Tugendhat, Ernst (1984), *Probleme der Ethik*, Stuttgart: Reclam.

Tugendhat, Ernst (1991), »Koreferat zu Charles Taylor: ›What is Human Agency?‹«, in: Tugendhat, Ernst, *Philosophische Aufsätze*, Frankfurt/M.: Suhrkamp, S. 441-452.

Tugendhat, Ernst (1993), *Vorlesungen über Ethik*, Frankfurt/M.: Suhrkamp.

Tyrell, Hartmann (1990), »Worum geht es in der ›Protestantischen Ethik‹? Ein Versuch zum besseren Verständnis Max Webers«, in: *Saeculum* 41, S. 130-177.

Ullrich, Carsten (1996), »Solidarität und Sicherheit. Zur sozialen Akzeptanz der Gesetzlichen Krankenversicherung«, in: *Zeitschrift für Soziologie* 25, 3, S. 171-189.

Ullrich, Carsten/Wemken, Ingrid/Walter, Heike (1994), »Leistungen und Beiträge als Determinanten der Zufriedenheit mit der gesetzlichen Krankenversicherung. Ergebnisse einer empirischen Untersuchung zur Akzeptanz des Krankenversicherungssystems bei den gesetzlich Versicherten«, in: *Zeitschrift für Sozialreform* 40 (1994), S. 349-375.

Ungar, Anthony M. (1992), »The Relativism of Objectivity«, in: Bayley, James E. (Hg.), *Aspects of Relativism. Moral, Cognitive, and Literary*, Lanham, Md., London: University Press of America, S. 87-107.

Virilio, Paul (1980), *Geschwindigkeit und Politik. Ein Essay zur Dromologie*, Berlin: Merve.

Virilio, Paul (1990), *L'inertie polaire. Essai*, Paris: Christian Bourgeois; deutsch: *Rasender Stillstand*, München: Hanser 1992.

Virilio, Paul (1997), *Open Sky*, London; New York: Verso.

Virilio, Paul (1998), »Polar Inertia«, in: Der Derian, James (Hg.), *The Virilio Reader*, Oxford: Blackwell, S. 117-133.

Voß, Gert Günter (1990), »Wertewandel. Eine Modernisierung der protestantischen Ethik?«, in: *Zeitschrift für Personalforschung* 3, S. 263-275.

Voß, Gert Günter (2001), »Neue Verhältnisse? Zur wachsenden Bedeutung der Lebensführung von Arbeitskräften für die Betriebe«, in: Lutz, Burkart (Hg.), *Entwicklungsperspektiven von Arbeit*. Ergebnisse aus dem Sonderforschungsbereich 333 der Universität München, Berlin: Akademie Verlag, S. 31-45.

Wagner, Peter (1995), *Soziologie der Moderne. Freiheit und Disziplin*, Frankfurt/M., New York: Campus.

Wagner, Wolf (1999), »Gesellschaftlicher Wandel und Körperideal«, in:

Hessel, Aike/Geyer, Michael/Brähler, Elmar (Hg.), *Gewinne und Verluste sozialen Wandels. Globalisierung und deutsche Wiedervereinigung aus psychosozialer Sicht*, Opladen: Westdeutscher Verlag, S. 101-123.
Walser, Robert (1993), *Running with the Devil. Power, Gender, and Madness in Heavy Metal Music*, Middletown, Conn.: Wesleyan University Press.
Walzer, Michael (1983), *Spheres of Justice. A Defense of Pluralism and Equality*, New York: Basic.
Walzer, Michael (1987), *Interpretation and Social Criticism*, Cambridge, Mass.: Harvard University Press.
Walzer, Michael (1988), *The Company of Critics. Social Criticism and Political Commitment in the Twentieth Century*, New York: Basic Books.
Walzer, Michael (1992), *Sphären der Gerechtigkeit. Ein Plädoyer für Pluralität und Gleichheit*, Frankfurt/M.: Campus.
Walzer, Michael (1994), *Thick and Thin. Moral Argument at Home and Abroad*, Notre Dame: University of Notre Dame Press.
Walzer, Michael (1996), »Zwei Arten von Universalismus«, in: Walzer, Michael, *Lokale Kritik – globale Standards. Zwei Formen moralischer Auseinandersetzung*, Hamburg: Rotbuch-Verlag, S. 139-168.
Warren, Mark (1992), »Democratic Theory and Self-Transformation«, in: *American Political Science Review* 86, 1, S. 8-23.
Weber, Max (1988), »Die ›Objektivität‹ sozialwissenschaftlicher und sozialpolitischer Erkenntnis«, in: Weber, Max, *Gesammelte Aufsätze zur Wissenschaftslehre*, hg. von Johannes Winkelmann, Tübingen: Mohr, S. 146-214.
Weber, Max (1988), »Wissenschaft als Beruf«, in *Gesammelte Aufsätze zur Wissenschaftslehre*, hg. von Johannes Winkelmann, Tübingen: Mohr, S. 582-613.
Weber, Max (1991), *Die protestantische Ethik. Eine Aufsatzsammlung*, hg. von J. Winkelmann, Gütersloh: GTB Siebenstern.
Welsch, Wolfgang (1994), *Wege aus der Moderne. Schlüsseltexte der Postmoderne-Diskussion*, Berlin: Akademie Verlag.
Weyman, Ansgar (2000), »Sozialer Wandel. Generationsverhältnisse und Technikgenerationen«, in: Kohli, Martin/Szydlik, Marc (Hg.), *Generationen in Familie und Gesellschaft*, Opladen: Leske + Budrich, S. 36-58.
Willems, Herbert (1999), »Institutionelle Selbstthematisierungen und Identitätsbildungen im Modernisierungsprozess«, in: Willems, Herbert/Hahn, Alois (Hg.), *Identität und Moderne*, Frankfurt/M.: Suhrkamp, S. 61-101.
Willems, Herbert/Hahn, Alois (1999), *Identität und Moderne*, Frankfurt/M.: Suhrkamp.
Williams, Bernard (1978), *Probleme des Selbst. Philosophische Aufsätze 1956-1972*, Stuttgart: Reclam.

Williams, Bernard (1984), »Die Wahrheit im Relativismus«, in: Williams, Bernard, *Moralischer Zufall. Philosophische Aufsätze 1973-1980*, Königstein/Ts.: Hain, S. 143-154.

Wolin, Richard (1992), *The Terms of Cultural Criticism. The Frankfurt School, Existentialism, Poststructuralism*, New York, NY: Columbia University Press.

Wolin, Sheldon (1980), »Paradigms and Political Theories« [1968], in: Gutting, Gary (Hg.), *Paradigms and Revolutions. Appraisals and Applications of Thomas Kuhn's Philosophy of Science*, Notre Dame: University Press, S. 160-191.

Wolin, Sheldon (1997), »What Time is It?«, in: *Theory & Event* 1, S. 1-4.

Young, Iris Marion (1990), *Throwing Like a Girl and Other Essays in Feminist Philosophy and Social Theory*, Bloomington: Indiana University Press.

Young, Iris Marion (1993), »Werfen wie ein Mädchen. Eine Phänomenologie weiblichen Körperverhaltens, weiblicher Motilität und Räumlichkeit«, in: *Deutsche Zeitschrift für Philosophie* 41, S. 708-725.

Nachweis der Gedichte

Eichendorff, Josef von, *Weihnachtsgedicht*, in: ders., *Mein Herz still in sich singet. Eine Auswahl*, Stuttgart 1946: Riederer, S. 97.

Gryphius, Andreas, *Es ist alles eitel*, in: Baumann, Barbara/Oberle, Brigitta (Hg.), *Deutsche Literatur in Epochen*, Ismaning 1996: Hueber, S. 59.

Huggenberger, Alfred, *Das Dorf*, in: Abt, Georg (Hg.), *Deutsche Gedichte der Gegenwart*, Gütersloh 1954: Bertelsmann, S. 9.

Rilke, Rainer Maria, *Ich bin derselbe noch*, in: ders., *Sämtliche Werke*. Herausgegeben vom Rilke-Archiv in Verbindung mit Ruth Sieber-Rilke, besorgt von Ernst Zinn, Band 1, Wiesbaden und Frankfurt/M. 1955-1966: Insel, S. 307.

Rilke, Rainer Maria, *Herbst*, in: ders., *Sämtliche Werke*. Herausgegeben vom Rilke-Archiv in Verbindung mit Ruth Sieber-Rilke, besorgt von Ernst Zinn, Band 1, Wiesbaden und Frankfurt/M. 1955-1966: Insel, S. 400.

Namen- und Sachregister